《专利法》第22条和第23条的适用

—— 2015年专利代理学术研讨会优秀论文集

中华全国专利代理人协会 ⊙ 编

图书在版编目（CIP）数据

《专利法》第22条和第23条的适用：2015年专利代理学术研讨会优秀论文集/中华全国专利代理人协会编．—北京：知识产权出版社，2016.1
ISBN 978-7-5130-3892-8

Ⅰ.①专… Ⅱ.①中… Ⅲ.①专利权法—中国—学术会议—文集 Ⅳ.①D923.424-53

中国版本图书馆CIP数据核字（2015）第267265号

内容提要

本书是2015年专利代理学术研讨会优秀论文集，是对《专利法》第22条和第23条的理论与实践的讨论，内容涉及与《专利法》第22条和第23条相关的新颖性评判、创造性评判、现有技术的确定、结合启示的把握、技术效果的确定等。各位作者结合自己的工作实践，阐述了其对某一具体问题的看法及观点，对促进我国《专利法》第22条和第23条的理论研究及立法实践具有重要的推动作用。

责任编辑：	卢海鹰　胡文彬	责任校对：董志英
特约编辑：	张文婧　黄文柏	责任出版：刘译文
	丁晓涵　程　飞	
版式设计：	胡文彬	

《专利法》第22条和第23条的适用
——2015年专利代理学术研讨会优秀论文集
中华全国专利代理人协会　编

出版发行：	知识产权出版社有限责任公司	网　　址：	http：//www.ipph.cn
社　　址：	北京市海淀区马甸南村1号	天猫旗舰店：	http：//zscqcbs.tmall.com
责编电话：	010-82000860转8031	责编邮箱：	huwenbin@cnipr.com
发行电话：	010-82000860转8101/8102	发行传真：	010-82000893/82005070/82000270
印　　刷：	北京科信印刷有限公司	经　　销：	各大网上书店、新华书店及相关专业书店
开　　本：	720mm×960mm　1/16	印　　张：	35.5
版　　次：	2016年1月第1版	印　　次：	2016年1月第1次印刷
字　　数：	618千字	定　　价：	110.00元
ISBN 978-7-5130-3892-8			

出版权专有　侵权必究
如有印装质量问题，本社负责调换。

2015 年专利代理学术研讨会
征文评审委员会

主　任：杨　梧

副主任：马　浩　　王宏祥　　姜建成　　任　虹　　陈　浩
　　　　胡　杰　　吴大建　　徐媛媛

委　员：胡文辉　　吴　凯　　毕　囡　　王　澄　　李永红　　卜　方
　　　　陈　伟　　崔　军　　崔伯雄　　王霄蕙　　曲淑君　　林笑跃
　　　　葛　树　　白光清　　刘志会　　郭　雯　　魏保志　　李胜军
　　　　诸敏刚　　杨　梧　　马　浩　　王宏祥　　姜建成　　任　虹
　　　　陈　浩　　胡　杰　　吴大建　　徐媛媛　　徐晓雁

秘书组：
　　　　组　长：徐媛媛
　　　　组　员：徐晓雁

序　　言

　　2015年是深入实施国家知识产权战略、加快建设知识产权强国的关键一年。党中央、国务院颁布了《关于深化体制机制改革　加快实施创新驱动发展战略的若干意见》，明确"知识产权制度是激励创新的基本保障"。国务院办公厅转发《深入实施国家知识产权战略行动计划（2014—2020年）》，要求"努力建设知识产权强国"。随着知识产权强国建设的深入推进，对包括专利代理行业在内的知识产权服务业提出了新的更高要求。专利代理行业需要在创新成果产权化、知识产权产业化和知识产权贸易化过程中发挥重要作用，覆盖专利创造、运用、保护和管理的各个环节。应当说，专利代理行业的科学发展，已经成为知识产权强国建设的重要方面。

　　近年来，我国专利代理行业稳步发展。专利代理机构已超千家，执业专利代理人已经达到近万人的规模，高端人才不断涌现，专利代理质量逐步提升。同时，不断增长的社会需求需要专利代理能力持续提升。尤其是，以"三性"评判为主线的专利审查工作，尤其需要专利代理过程中加强对《专利法》第22条和第23条的理解。为了促进专利代理行业发展、支撑知识产权强国建设，中华全国专利代理人协会2015年继续举办专利代理学术研讨会，深入建设专利代理的学术交流平台。为了有效支撑专利审查工作、全面提高专利代理能力，本次研讨会征文活动的主题确定为"《专利法》第22条和第23条的法律适用"。

　　在国家知识产权局相关部门和各专利代理机构的大力支持下，本次征文活动取得了圆满成功，共收到稿件125篇。专利代理人和专利审查员结合工作实践，从技术启示的判断、发明解决技术问题的认定等角度分享经验，发表见解。本次征文活动评审委员会的成员包括国家知识产权局特邀专家，协会会长、副会长，以及协会秘书处的评委。本次评审工作实行匿名制，在科学、公正和公平的基础上，评审委员会对所有来稿进行了认真筛选和评比，共评选出优秀论文 23 篇、优秀提名论文 47 篇。为了激励征文作者的踊跃参与精神，有效运用他们的学术成果，评审委员会将优秀论文及优秀提名论文结集出版。本书的出版是本届学术研讨会的重要成果，对知识产权服务业的建设和发展，对广大知识产权服务业从业者学术水平的提高具有重要作用。

  在此，中华全国专利代理人协会衷心地感谢各界人士对知识产权服务业发展给予的关注和支持，感谢各位撰稿人及所在单位对本次征文活动的积极参与和大力支持，感谢征文评审委员会全体委员的辛勤劳动！对于本书中存在的不妥之处，敬请广大读者斧正。

中华全国专利代理人协会
二〇一五年十月二十日

目 录

第一部分 优秀论文

从"重构发明过程"的视角浅谈创造性审查
　　"三步法" ······················· 林朋飞　全先荣（3）
创造性判断"三步法"反思及"整体比较法"的提出 ········ 马云鹏（10）
从创造性评价的视角看等同原则和现有技术抗辩的适用 ········ 刘庆辉（19）
中欧专利理论和实践的比较研究之新颖性 ·············· 施晓雷（30）
如何有效地答复缺乏创造性的审查意见
　　——以作为"审查员的审查员"的视角 ············· 覃韦斯（38）
体会发明构思，正确选择最接近的现有
　　技术 ················· 吴江明　栗彬彬　刘　晴（48）
把握发明构思，切中创造性说理要害
　　——关于提高审查意见沟通效率的一点思考 ·········· 秦　晨（56）
把握发明构思，客观地使用"常规手段" ········ 詹红彬　余娟娟（66）
谈如何把握是否具备《专利法》第22条第3款所规定的
　　创造性 ·································· 闫　东（74）
客观认定对比文件公开的技术事实 ················· 聂慧荃（83）
准确认定现有技术　合理评价智慧贡献
　　——创造性判断中现有技术公开内容的认定 ········· 尹　昕（93）
专利申请创造性评述中结合启示的把握 ········ 赵　强　朱丽娜（100）

关于创造性结合启示的思考 ………………………………… 曾德锋（107）
浅谈创造性判断主体在实际解决技术问题确定中的
　　能力边界 ………………… 尚言明　何　麟　汪晓凤　郝瑞欣（116）
"小"写背景技术，"大"写创造性 ……………………… 项　霞（125）
对微创新申请创造性审查的一点思考 …………… 王　明　曲桂芳（131）
"idea 概念"在发明专利构建、布局和创造性评价中的应用 … 陈绍武（137）
关于化学领域对比实验数据的一点探讨 …………………… 原学宁（145）
申请日后补交对比实验数据证明创造性的判例思考 … 王扬平　张　宇（156）
从一个案例看公知常识的判断 ……………………………… 马美娟（167）
浅谈构效关系明确的通式化合物的创造性
　　审查 ……………………………… 陈　昊　蒋薇薇　府　莹（174）
发明构思在食品领域创造性判断中的把握与应用 …… 董艳红　徐　寅（184）
正确适用《专利法》第 23 条对模仿自然物外观设计的审查 … 彭　丽（192）

第二部分　优秀提名论文

浅谈创造性评述中的技术启示问题 ………………… 冯晓娜　徐　辉（203）
创造性评判过程中的几点思考 ……………………………… 魏　娜（208）
对复杂方法权利要求发明实质的整体把握及创造性评述
　　方式探讨 ……………………………………………… 王普天（216）
对创造性判断中"发明实际解决的技术问题"的思考 ……… 李　圆（226）
浅议创造性评判中"整体性"的考虑 ……………………… 徐　薇（230）
从如何准确把握发明构思的角度谈创造性的判断 …… 谢　明　刘冬梅（238）
浅谈如何在实审中避免创造性判断主观化 …………… 陈昌曼　朱丽娜（249）
对创造性初次评价后再判断的思考 … 刘宏伟　黄　玥　王新艳　张慧梅（254）
浅谈在发明完成过程及发明创造性判断过程中的技术问题 …… 谢海燕（264）
从艺术设计学角度谈发明创造的过程与创造性判断 …… 尹军团　霍　亮（273）
《专利法》第 9 条还是第 22 条？ …………………………… 王　灿（279）
把握发明构思，增强沟通效能，提升专利
　　质量 ……………………………… 冯远征　周红叶　张　宇（290）
浅谈从发明构思角度评判创造性 … 李艳子　刘　钿　夏铭梓　王　晶（296）

创造性审查中发明构思的把握 …………………………… 刘 文 刘 雯（304）
发明构思对判断技术启示的影响及申请人答复技巧…… 李小童 吕 媛（314）
对专利审查中遇到申请人投诉问题的思考 ……………… 史永良 朱永全（324）
充分重视申请人的意见陈述，适时调整创造性的审查策略 …… 秦保军（334）
由一起专利复审案件谈创造性评述中对发现、提出技术问题
　　要素的考量 ………………………………………………… 周小祥（344）
通过一个复审案例分析创造性评判中需注意的几个问题 ……… 于 萍（351）
从复审案例谈新的治疗机理对制药用途创造性的影响 ………… 宋春雷（359）
从"等同侵权"司法案例看专利的新颖性审查 ………………… 李 欣（366）
结合具体案例浅谈对"三步法"创造性评价过程中的问题
　　思考 ………………………………… 刘玲云 唐淑英 田 佳（377）
由一个案例看创造性评述中技术启示的说理…… 孙红花 许利波 田 佳（383）
从几则案例谈进行创造性争辩的技巧 …………………………… 邓世燕（391）
从一个具体案例浅谈运用"三步法"评判创造性 …… 何莉莉 汤丽妮（399）
答复中的"三步法"，你用对了吗？ …………………………… 辜 强（407）
对创造性"三步法"评判中技术启示的"动因"的
　　探讨 ………………………… 陈 君 孙红花 陈 怡 季 珩（412）
对公知常识的认定涉及发明点的探讨 …………………………… 陈 宇（417）
浅谈审查意见中运用法律思维释明公知
　　常识 ………………………………… 孙红花 季 珩 刘玲云（425）
浅谈最接近的现有技术与创造性判断 …………………………… 王 超（431）
对比文件与申请人/发明人紧密相关的发明申请的
　　创造性问题 ………………………………………… 郭丽祥 罗 丹（437）
关于创造性评判中现有技术的结合启示
　　浅析 ………………………… 王文涛 刘文治 刘 田 张少文（444）
关于"事后诸葛亮"的思考 ……………………………………… 喻学兵（452）
浅谈由区别技术特征确定发明实际解决的技术问题 …………… 刘 洋（458）
包含性能参数特征的产品权利要求创造性的审查 …… 艾变开 孙瑞丰（464）
对于《专利法》第22条中不起限定作用的技术
　　特征的思考 ………………………………………… 王 艳 郭姝梅（470）
技术效果畅谈 …………………………………………………… 刘 耘（475）

关于实用性审查中再现性的思考 …………………… 汤丽妮　何莉莉（486）
浅述专利审查过程中"惯用手段"的适用 ………………………… 郝家宝（491）
创造性答复方式的几个陷阱和应对之道 …………………………… 张浴月（496）
如何答复"区别特征被同一对比文件公开"的审查
　　意见 …………………………………………… 曹克浩　刘婷婷（506）
涉及商业方法的发明专利申请的创造性答辩 ………… 李镐的　张露薇（515）
从技术角度对创造性评述中"有限的试验"内涵和
　　适用条件的分析 …………………………………………… 王鹏飞（523）
浅谈创造性审查关于"合乎逻辑的分析、推理或有限的
　　试验"的理解 ………………………… 许肖丽　谭　远　路传亮（529）
化学领域答复审查意见过程中如何有效争辩缺乏技术启示 …… 彭晓玲（535）
浅谈稀土发光材料的新颖性和创造性审查 …………………… 张　丹（542）
从一起无效案例思考如何避免外观设计专利与在先权利相冲突 … 胡义康（554）

　　（优秀论文、优秀提名论文排名不分先后。——编者注）

第一部分

优秀论文

从"重构发明过程"的视角浅谈创造性审查"三步法"

林朋飞* 全先荣*（等同于第一作者）

【摘　要】

　　本文以创造性审查质量的提高为切入点，探讨了重构发明过程对以"三步法"评判发明创造性的提高审查质量方面的作用，并就如何由申请文件尽可能真实地重构出发明创造的过程进行了分析，最后以"三步法"为框架具体分析了重构发明过程是如何一步步提高创造性审查质量的，以期在实际审查工作中就创造性法条的理解及具体应用提供帮助。

【关键词】

　　创造性审查　重构发明　申请文件　"三步法"

一、引　言

　　审查中最难掌握的思维就是创造性思维，在创造性审查中，需要依靠本领域技术人员自身的知识和能力去把握，这在一定程度上难免在个别案件审查中存在主观评判的问题。本文将以创造性评判的"三步法"为框架，结合个人

---

* 作者单位：国家知识产权局专利局专利审查协作江苏中心。

日常的审查体会，从"重构发明过程"的视角浅谈对创造性审查的一些认识，以期为创造性的客观评判提供帮助。

二、重构发明过程与"三步法"

重构发明的过程即还原发明创造的过程。要做到高质量地创造性审查，我们首先要明确创造性审查的要求，《专利法》第21条给出了明确要求，也就是专利行政部门要"客观、公正"地进行专利审查，即创造性的审查要做到客观公正。要做到这一要求，要在充分理解案情的基础上，梳理出发明的前因后果，站在本领域技术人员的角度，以现有技术为依托，客观地评判发明对现有技术的智慧贡献。

发明创造实质上是人类为解决现有技术问题提出的一种技术改进思想或技术构思，而发明创造是上述改进过程的产出成果；从专利审查的视角理解，发明创造过程与课题研究的过程类似，一般都包括发现问题、技术调研、设定目标、寻求方案、方案验证等步骤，是发明人获得专利申请文件所请求保护的技术方案的过程。《专利法》第2条第2款对发明的定义"发明，是指对产品、方法或者其改进所提出的新的技术方案"，其实质上已表明了发明创造形成的过程基本上包括"新产品和方法的形成"和"产品和方法的改进"两类。同时，结合《专利法》第22条第3款创造性的定义"创造性，是指与现有技术相比，该发明具有突出的实质性特点和显著的进步"，可以知晓在专利法意义上，无论发明是按照哪一类形成的，创造性的判定都要与现有技术进行比对，也就是说，对于"新形成的产品和方法"的发明创造也需要与现有技术进行比对，因此，其创造性审查可以归于"改进的产品和方法"类发明创造性的审查，而产品和方法的改进过程其实质上遵循了问题—解决法则，这与发明人在问题的驱动下进行发明创造的过程类似，也与发明创造性审查的"三步法"中的确定实际解决的技术问题和显而易见性的判断相对应。因此，通过重构发明的过程，可以从中把握发明由问题到改进的前因后果，这将有助于客观、公正地使用"三步法"进行创造性的评判。

三、从申请文件到发明过程的重构

从上面的分析我们知道，要保证发明创造性审查的客观、公正，需要客观、整体、全面地把握发明改进的前因后果，而如何从申请文件中获取发明改进前因后果，进而重构发明过程呢？《专利法实施细则》第17条第1款规定了发明的说明书应当包括技术领域、背景技术、发明内容、附图说明、具体实施方式几部分，从说明书的上述撰写格式设置可以看出，发明内容的呈现过程体现了发明人问题导向型的发明创造过程，这在一定程度上为从申请文件确定发明形成的前因后果提供了便利。审查员可以从申请文件说明书的撰写特点按照问题导向型的思路从技术问题的探究和技术改进思路的提炼两个方面探寻发明的前因后果。

1. 发明人声称的技术问题的探究

一般情况下，发明人会在说明书中明确记载需要解决的技术问题，如果说明书中未明确记载，本领域技术人员就需要基于背景技术或现有技术的描述进行客观的把握。另外，即使说明书明确记载了要解决的技术问题，对技术问题的把握也不能忽视背景技术的作用，其原因为技术问题具有抽象性，其不能单独存在，需要依托于一定的背景技术，发明人对技术问题的解决过程，其实质就是对背景技术改进的过程，所以对说明书中解决的技术问题的把握，要以正确理解发明的背景技术为基础，把要解决的问题与一定的背景技术对应起来，只有这样才能尽可能向本领域技术人员靠拢，尽可能真实的重构发明人发明创造的过程。

2. 发明人技术改进思路的提炼

在提炼技术改进思路的过程中，对审查员来说，发明所要求保护的技术方案是现成的，其具体改进之处离不开发明所要求保护的技术方案与背景技术的比较，在通过比较确定了改进的内容后，本领域技术人员需要进一步分析每一项改进内容在所要求保护的技术方案中所起到的作用及达到的技术效果，由此作用和效果获取相应改进内容实际解决的技术问题，然后再按照问题导向型原则现身说法，以发明人的视角还原发明人的技术改进路径；同时，申请文件所记载的内容仅为发明最终的结果，不可能对改进过程中面临的所有问题进行详尽说明，因此，发明重构的过程不能仅依靠声称的技术问题与该技术问题对应的技术效果这一线索，还应当从"额外的技术效果"和实现该"额外的技术效果"的技术手段的角度确认其他相关的技术问题，然后，充分结合对申请文件具体实施例、权利要求、附图等的理解，以客观合理的逻辑获得重构发明过程中先后碰到的每一个问题，进而理清每一个相关技术问题与发明人声称的技术问题之间是包含关系，还是附带关系；对于包含关系，这些相关技术问题就是我们重构发明过程中不可忽视的内容；相反，对于附带关系，这些相关问题我们可以暂时不予考虑。

为了使上述重构过程更易于理解，举两个简单的例子进行说明。例1：为了解决发明人声称的技术问题 A，发明人改进路径为使用 B 技术手段，但在利用 B 技术手段解决 A 问题的过程中，又面临了相关问题 C，为了使 B 手段能够起作用，发明人不得已又选择了 D 手段来解决 C 问题。其中相关问题 C 与发明人声称的技术问题 A 就属于包含关系，即 A 问题的解决已经隐含了 C 问题的解决，因此，这里的问题 C 就属于我们在重构发明过程中需要充分考虑的问题。例2：为了解决问题 A，发明人改进路径为使用 B 技术手段，但在利用 B 技术手段解决 A 问题后，发明人发现这样的设计同时实现了 C 的效果。当我们对这样的发明过程进行还原时，由效果 C 确定的相关技术问题与问题 A 即是附带关系，暂时不属于我们重构发明过程需要考虑的技术问题。上述两个例子仅是非常简单的情况，实际中由技术效果确定的相关技术问题往往不止一个，包含关系和附属关系的情况往往同时出现在一个申请文件中，因此，这就要求我们对每一个相关技术问题进行认真分析，以理清其与发明人声称要解决的技术问题之间的关系。

由上述分析可以看出，审查员可以在把握申请文件的技术问题、技术方案和技术效果的基础上，基于"提出问题—解决方法"这一普遍的发明创造性产生的规律，从整个申请文件出发，理清多个技术问题间关系，进而提炼并重构出发明人最真实的发明过程。

四、从发明的重构过程看"三步法"

目前在应用"三步法"评判创造性的审查实践中，存在"事后诸葛亮"、机械套用"三步法"以及公知常识滥用等问题；对专利申请发明过程的重构，有利于审查员充分把握发明创造改进过程中的逻辑思维，进而客观地看待发明改进过程中的动机和启示，这无疑有助于纠正上述问题，客观地得到创造性审查结论。

1. 确定最接近的现有技术

最接近的现有技术，是指现有技术中与要求保护的发明最密切相关的一个技术方案。确定最接近的现有技术是"三步法"判断的基础。最接近的现有技术是本领域技术人员最容易获得要求保护的发明的最佳起点，也就是说该起点是"三步法"的源头，发明要在该源头的基础上改进获得，该步骤类似于发明重构过程中发明人声称的技术问题从何而来的探究过程，更是审查员学习背景技术，不断向本领域技术人员靠拢，权衡利弊选择最适宜发明改造起点的过程。

在审查实践中,出于权利要求审查意见撰写方便等原因,往往偏重于将公开技术特征最多的对比文件作最接近的现有技术,然而这样确定的最接近的现有技术,看似技术方案的区别技术特征很少,但是这样选择的最接近的现有技术往往存在区别技术特征评述上的说理困难或公开区别技术特征的Y类文献无法以合理的逻辑对其进行改进的问题。或者,按照上述方法确定的最接近的现有技术,其本身可能就不适宜作为发明改进的起点,从而导致创造性的评判缺乏对该最接近的现有技术进行改进的动机,整个创造性评述如无源之水,使申请人难以接受。

因此,最接近的现有技术的选择要合乎发明创造的过程。最接近的现有技术这一源头最好应在不改进的情况下可以完全公开发明技术方案的主题,否则,以该最接近的现有技术为起点的创造性评述将根基不牢且在逻辑上缺乏说服力。这也就是为什么《专利审查指南2010》提醒最接近的现有技术的选择首先考虑技术领域相同或相近,其次才是问题、效果、用途和公开特征最多的现有技术的原因所在。

2. 发明实际解决的技术问题

发明实际解决的技术问题是指为了获得更好的技术效果而需对最接近的现有技术进行改进的任务。在创造性通知书的撰写中,发明相对于最接近的现有技术实际解决的技术问题也就一句话,其占文虽少,但作用至关重要,关系到后续"技术启示"的判断是否客观,评价的结论是否正确。该步骤类似于重构发明过程中对技术问题及其背景技术的探究。

《专利审查指南2010》中首先分析权利要求保护的发明与最接近的现有技术相比有哪些区别技术特征,然后根据该区别技术特征所能达到的技术效果确定发明实际解决的技术问题,然而规定仅为审查操作的指导思想,实际操作中,审查员往往存在孤立地看待区别技术特征,使得由此确定的技术问题脱离整个发明的技术方案整体,游离于审查员单纯地根据常识判断区别技术特征所解决的技术问题的认识上,甚至有时候为了拼凑所谓的结合启示,刻意地根据对比文件解决的问题反推发明实际解决的问题。在这些认识下确定的发明实际解决的技术问题,往往导致创造性评价的逻辑不严谨,回案申请人争论结合启示的可能性也最大。对于上述存在的问题,基于对发明构思的理解客观的重构发明创造过程,有利于我们正确地确定发明实际解决的技术问题。具体来说,发明实际解决的技术问题的确定就相当于布置发明任务的过程,由于审查员与发明人所处的位置不同，其逻辑路径是截然不同的，一般情况下发明人是在调研的基础上发现问题进而实现任务目标设定，并根据任务目标完成改进任务的，这是一种正向的逻辑过程；相反，审查员是在最接近的现有技术的基础上，通过对发明技术方案的理解根据区别技术特征所能达到的技术效果反推可能的任务目标的，这是一种逆向的逻辑过程。在认识到了发明人和审查员确定发明任务的逻辑过程不同之后，在确定发明实际解决的技术问题时，我们要理解，我们所还原的发明过程不同于发明人所谓的发明过程，也不同于我们以申请文件的整个背景技术为基础重构得到的发明创造过程，因为，我们的立足点在于最接近的现有技术，关注点在于本发明的技术方案与最接近现有技术相比，区别技术特征所代表的最接近的现有技术相对于本发明的不足之处，核心点在于要牢记此时的我们相当于发明之始进行背景调研，发现问题的发明人，我们所知道的内容仅限于最接近现有技术公开的技术方案的特征，区别技术特征对于此时的我们来说是未知的；根据区别技术特征所带来的技术效果确定的发明实际解决的技术问题，仅代表最接近现有技术相对于发明的技术方案存在的不足，不能有任何指导最接近现有技术向使用该区别技术特征进行改进的指引。可见，通过发明过程的重构，能够使我们在确定发明实际解决的技术问题时，依不同阶段的发明人的能力范围来处理问题。在该认识的基础上，在明确要求保护的发明与最接近的现有技术之间的区别技术特征后，结合由申请文件重构得到的发明创造过程，可以使我们确定的发明实际解决的技术问题尽可能地达到客观、公正的要求。

3. 显而易见性的判断

由《专利审查指南 2010》关于显而易见性的分析可以知道，显而易见性的判断其实质是判断现有技术中是否存在将区别技术特征应用到最接近的现有技术以解决其存在的技术问题（即发明实际解决的技术问题）的启示。为了便于理解显而易见性的判断，我们仍可以先站在发明人的角度进行思考，在发明的形成过程中，对发明人来说所要解决的问题是明确的，但是基于发明人的认识水平等因素，解决该问题，需要选择哪些特征，特征如何组合成手段可能并不是那么容易确定的，发明人只能带着这个问题在现有技术中寻找解决方案。相反，审查员虽然也是带着发明实际解决的技术问题在现有技术中寻找解决方案，但是审查员是在知晓本申请的技术方案的情况下通过检索区别技术特征来寻找解决方案的，其寻找过程中区别特征的导向比发明实际解决的技术问题对检索目标的导向性更强，这样的检索往往容易得到公开区别技术特征的文献，然而这样检索得到的文献，可能并不存在结合到最接近的现有技术以解决其存在的技术问题的启示，这也就是《专利审查指南2010》要求存在技术启示的第（ⅲ）类情况中不仅要求用于结合评述创造性的Y文献的相关技术手段披露区别技术特征，而且还要求该技术手段在该Y文献中所起的作用与该区别技术特征在要求保护的发明中为解决发明实际解决的技术问题所起的作用相同的根本原因所在。正是由于审查员的检索方式不同于发明人的发明创造形成过程中的思维，且Y文献公开区别技术特征存在直观性，而作用相同的技术启示则往往需要对Y文献的整个技术方案进行理解后判断等原因，在实际审查中往往存在忽略技术特征在与最接近的现有技术中结合的其他文献中的实际作用，把不存在结合基础的文献生搬硬套地凑在一起，并认为这样的结合合情合理，实不知这样的评述方式已犯"事后诸葛亮"的毛病。由上述内容可以看出，审查员可以从重构的发明过程中获得合理的逻辑思维，进而有助于在显而易见性的判断中对动机和结合启示进行准确把握，以得到正确的创造性审查结论。

通过上述分析，结合最接近的现有技术的确定，可以理解创造性显而易见性的判断是以发明实际解决的技术问题为基础的，所谓通过"作用相同"确定技术启示，其实质还在于要求我们在创造性评述中遵循问题导向性的逻辑思维，以克服检索方式带来的重特征、轻作用的不足，正是由于这样的原因，由申请文件记载内容重构发明创造的过程有益于创造性评述中问题导向型逻辑思维的合理、客观、公正。

五、结　语

发明创造性之所以设计"三步法"的评述模式，是由于发明创造过程往往使用的是问题导向型的推导准则，"三步法"与该推导准则的关键步骤相呼应，判断发明创造过程中发明人是否付出创造性劳动的过程，反映了该过程下最终所得技术方案是否具有创造性。因此，通过重构发明过程，可以帮助我们加深对创造性"三步法"评判的认识，以及对法条的理解，进而提高创造性的审查质量。

创造性判断"三步法"反思及"整体比较法"的提出

马云鹏[*]

【摘 要】

作为《专利审查指南2010》明文规定的审查基准,"三步法"已成为审查及司法实践中评价创造性的重要标准,在理论和实务上似乎也成为大家公认的"法宝",如果不能通过"三步法"的检测,一项发明基本上就丧失了其可专利性。不过,从创造性标准设置的初衷来看,"三步法"也有着其不可克服的弊端及缺陷,本文试图从源头说起,对上述问题进行客观的分析,同时对创造性判断中另一方法"整体比较法"进行简要的梳理。

【关键词】

"三步法" 最接近的现有技术 整体比较法

一、创造性标准的设置

作为可专利性判断的两大标准,新颖性概念是专利法中的基本概念与专利要件之一,其与创造性的关系密不可分,二者具体的适用也有助于我们理解创

---

[*] 作者单位:北京知识产权法院。

造性设置的初衷及"三步法"的由来。

（一）新颖性

《专利法》基本宗旨之一是鼓励和保护创新。❶ 因此，《专利法》有"喜新厌旧""推陈出新"的特质。早期的专利制度中，只要专利申请体现出"新"的一面，就能授予其专利权，并美其名曰"新颖性"。用新颖性来评价专利申请，有其客观、高效的优点，有其天然的合理性，专利申请不能是已经存在的现有技术，只要客观上与现有技术拉开一定距离，就认为申请具有新颖性。❷ 因此，新颖性一直是专利制度中基本概念与专利要件之一。

依此标准，是否具有新颖性也很好检验。通常，比对方式采用"一对一"的方式，即只能用现有技术中的一篇文献（或者现实中存在的一个技术方案）与专利申请相比，且很容易看出来两者是否相同。因此，新颖性判断的结论具有客观性，较少产生争议。新颖性判断应该从以下四个方面来考察：技术领域、技术问题、技术方案、技术效果。本文称之为新颖性"四要素"。举例来说，两个"同性"的双胞胎，出生时间有前后，两人从各方面来比都"一模一样"，我们就说在后出生的孩子，相比在先出生的孩子，没有新颖性。但是，如果是"龙凤胎"，就算两人长相、身高、体重一样，甚至性格或行为举止也一样，但由于性别不同，就不能作出不具有新颖性的认定。

（二）创造性

新颖性要件在相当长一段时间内，一直是主要的专利要件。创造性标准是在新颖性标准基础上发展出来的，早期的专利要件没有创造性的要求。后来，随着现有技术的文献不断增加，发现即便是专利申请符合新颖性要件，但如果其"新的程度"不高，与现有技术的距离拉不开的话，一旦授予其专利权，便起不到鼓励创新的作用，反而可能会妨碍公众自由利用现有技术。也就是说，不能简单地以"新"作为要件，还需要同时具备一定的"高度"，即与现有技术能够产生一段明显的距离，这段距离，欧洲用"inventive step"表述，我国台湾地区用"进步性"，都是比较贴切的。

---

❶ 《专利法》基本宗旨有两个方面，鼓励和保护创新是其中一个方面，另一方面是保障公众有自由利用已有社会科技成果的自由。可以说，《专利法》基本宗旨是这两方面的和谐相处。

❷ 《专利法》第2条第2款规定："发明，实质对产品的形状、方法或者其改进所提出的新的技术方案。"其中，"新的技术方案"也表明，发明必须要与现有技术拉开一段距离，其不能属于现有技术。

创造性的概念，是围绕着什么是"新的"技术方案的判断而从判例法中脱胎的。美国专利法明文规定，发明要想取得专利保护，该发明就必须满足"实用性、新颖性、非显而易见性"三大专利要件，其中"非显而易见性"在明确写入美国1952年的专利法典前，但其被美国的专利判例所接受的时点，至少可以上溯到1850年。美国联邦最高法院在著名的"门锁"案——*Hotchkiss v. Greenwood*❶中明确表示，一项要求保护的发明不仅应具有新颖性和实用性，而且必须具备比新颖性更高的条件❷才能取得专利权。争议专利为一种制造门把的方法，其以制作陶器的成型方法来制造门把，而当时的现有技术采用常见的金属或木制材料来制造门把。然而，制陶方法在当时也早已是现有技术，故美国联邦最高法院认为该争议专利缺乏技术及巧思（skill and ingenuity），判决该专利无效。

1952年，美国利用又一次修改专利法的机会，首次在成文法中规定授予发明专利权的要求不仅是新颖性和实用性，还包括非显而易见性❸（unobviousness），从此奠定了现代专利体制的基本构架。可见，将"创造性"要件法典化（codify），编为美国专利法第103条（即35 U. S. C. §103），美国用了大约一个世纪的时间。这也说明，对专利法意义上的创造性的理解与适用，还是存在一定的难度的。

由此可见，授予专利除了满足新颖性要件之外，还必须满足创造性要件。我们由此可以得出，不满足新颖性要件，必然不满足创造性要件。但即便满足新颖性要件，也不一定就必然满足创造性要件。或者说，创造性要件是在满足新颖性要件之后更高的"价值判断"要件。

接下来要指出的是，"创造性判断"不同于新颖性判断方式。轮到创造性判断的时候，表明已经不能单纯用一篇对比文件（一个技术方案）来否定专利申请的新颖性了，但是否能授予专利权，还必须经过"创造性判断"。因此，既然一篇对比文件（或一个技术方案）"不好使"，应允许再找一篇对比文件（或一个技术方案）来帮忙。"创造性判断"的方式由此就变成可以用两篇（或以上）对比文件结合一起来评价创造性了。

---

❶ 52 U. S. 248（1851）.

❷ 贾尼丝·M. 米勒. 专利法概述［M］. 北京：中信出版社，2003（10）：131. "that patentability requires 'something more' than novelty."

❸ 对于创造性概念，各国专利法表述不同，例如欧洲用"inventive step"（发明高度），美国用"unobviousness"（非显而易见性），日本和我国台湾地区用"进步性"。

这样一来，如果对两篇（或以上）对比文件结合在一起来评价创造性的做法毫无限制，则在当前信息时代环境下，总能找到这些对比文件进行结合，便可得出不具有创造性的结论。这样对"结合"不加以限制的做法当然不妥，因此，现代专利制度中，对创造性的评价之难点，就在于如何理解"结合"及其限制上面了。

对于新颖性判断，堪比为"一对一"的"战斗"，即只能用一篇对比文件（或一个技术方案）与专利申请做比对，这在程序上是公平的；但是如果允许用两篇（或以上）对比文件结合一起来评价创造性，就好比是"多个人"跟你一个人打架，如果你输了，你会服气吗？所以说，对于"多人打一人"的情形必须加以限制。这是因为，如果不加以限制，"一比多"的"战争"中，赢家通常是"多方"。比赛还没有开始，就知道比赛结果了，就知道赢家是谁，这样的结果显然不会令人心悦诚服。这也就是当前申请人在遇到由于创造性问题被驳回时的"苦恼与不服"之处。

如何解决"一比多"的上述"不公平"问题，专利先贤们能想到的就是：需要对"多方"的"出场人员"作出适当的限制，包括谁可以作为主力队员（最接近的现有技术），辅助队员（其他对比文件）出场的时机和动机问题。

创造性的专利法原理就是这样考虑的。首先，"多方"可以"选"出一名"主力队员"，其他的队员，并不是主力队员，只是"辅助人员"，起到"拾遗补阙、呐喊助威"的作用，其杀伤力还是出自于"主力队员"，即"最接近的对比文件"本身。这样一来，如何选出"最接近的对比文件"，是便于创造性分析判断的关键所在，也就是本文下面要讨论的问题。

二、"三步法"及其内在逻辑

《专利审查指南2010》第二部分第四章第3.2.1.1节给出的判断要求保护的发明是否相对于现有技术具有创造性的方法，具体为如下三个步骤：

（1）确定最接近的现有技术；

（2）确定发明的区别技术特特征和发明实际解决的技术问题；

（3）从最接近的现有技术和发明实际解决的技术问题出发判断是否显而易见。

这三个步骤，被业内俗称为"三步法"❶。

"三步法"可以用通俗的语言表达：

——确定能够跟"发明"抗衡的"最接近的现有技术"——"主力队员"；

——确定"发明"与"主力队员"之间的技术差距（通常用"区别技术特征"来表示）；

——判断两者之间的"技术差距"是否"显而易见"。

在实务中，业内人士，无论是法官、审查员或者专利代理人，几乎没有怀疑过"三步法"的逻辑正当性。

"三步法"中的第一步是"确定最接近的现有技术"，即限制在以"最接近"为准，而不是随意找一份对比文件都能称之为"最接近"。

既然创造性标准是在新颖性标准基础上发展出来的，那其就应含有"新颖性标准"的"基因"，这个"基因"就是"最接近的对比文件"的概念。即最接近的对比文件，仍要从"技术领域、技术问题、技术方案、技术（有益）效果"这"技术四要素"去"确定"。这四个方面的衡量，是创造性审查中的"核心"，体现出两者"基因相同"的问题。

要确定最接近的现有技术，需要明确回答两个问题：

其一，最接近的现有技术如何定义？

其二，为什么要"确定最接近的现有技术"？

（一）"最接近的现有技术"的定义

《专利审查指南2010》第二部分第四章第3.2.1.1节是这样定义"最接近的现有技术"的：

"最接近的现有技术，是指现有技术中与要求保护的发明最密切相关的一个技术方案，它是判断发明是否具有突出的实质性特点的基础。最接近的现有技术，例如可以是，与要求保护的发明技术领域相同，所要解决的技术问题、

---

❶ 《欧洲专利局审查指南》中，关于"三步法"的规定被称为"问题—解决方案范式（the problem – and – solution approach）"。

In the problem – and – solution approach, there are three main stages：

(i) determining the "closest prior art",

(ii) establishing the "objective technical problem" to be solved, and

(iii) considering whether or not the claimed invention, **starting from** the closest prior art and the objective technical problem, would have been obvious to the skilled person.

技术效果或者用途最接近和/或公开了发明的技术特征最多的现有技术，或者虽然与要求保护的发明技术领域不同，但能够实现发明的功能，并且公开发明的技术特征最多的现有技术。应当注意的是，在确定最接近的现有技术时，应首先考虑技术领域相同或相近的现有技术。"

上述定义似有不清楚之嫌疑❶，本文试图分解为"技术领域相同或不同"两种情况。

第一种情况是在技术领域相同时：
——所要解决的技术问题最接近；
——技术效果或者用途最接近；和/或
——公开了发明的技术特征最多的现有技术。

第二种情况是在技术领域不同时：
——能够实现发明的功能；
——公开发明的技术特征最多的现有技术。

由上述分解可见，在上述第一种情况下的"最接近的现有技术"，其在本文所称的"技术四要素"方面是最接近的。由此可见，新颖性与创造性之间具有共同的"基因"或血缘关系；但如果"技术四要素"方面完全一样，则属于新颖性判断的问题了。

特别需要注意的是，《专利审查指南2010》明确表示"应首先考虑技术领域相同或相近的现有技术"，即首先考虑在上述第一种情况下的"最接近的现有技术"。实务中，对于上述第二种情况即技术领域不同的情况，最适合的例子当属将建筑用的"搅拌机"变成厨房用的"沙拉搅拌机"，基本原理和结构几乎没有改变，只是材料和尺寸上做适应性改变。因此，可以参考《专利审查指南2010》关于转用发明的创造性判断方式的规定。本文不打算对"技术领域不同"时的创造性判断展开讨论。

他山之石，可以攻玉。作为中国专利制度的"引路人"，《欧洲专利局审查指南》在Part G VII. 5.1 中关于"最接近的现有技术"（the closest prior art）

---

❶ 这段定义中文字表达上，给人以"混乱"的感觉，这也是导致业内对什么是"最接近的对比文件"认识不清的原因之一。

定义的规定❶，值得我们借鉴：

"最接近的现有技术是指：一篇单独的文献，其公开的特征组合构成了作为最有希望的出发点（starting point），经过显而易见的发展，便可达成本发明。在确定最接近的现有技术时，首先考虑的是其具有与本发明接近的目的或者效果，或者至少属于与本发明相同或最接近的技术领域。实务中，最接近的现有技术通常是对应于相近的发明目的、且只需要针对结构和功用做最小的修改并可得到所请求保护的发明（见 T 606/89）。"

（二）为什么要"确定最接近的现有技术"

众所周知，勾股定理是一个基本的几何定理，直角三角形两直角边（即勾、股）边长平方和等于斜边（即弦）边长的平方。也就是说，设直角三角形两直角边为 a 和 b，斜边为 c，则有：$a^2 + b^2 = c^2$。

勾股定理适用的前提是直角三角形。如果不是直角三角形，就不能用勾股定理来计算。否则结论就不真。

在专利审查实务中，通常采用"三步法"来判断要求保护的发明是否相对于现有技术具有创造性。与勾股定理异曲同工的是，由于"三步法"的三个步骤依次推进、相互关联，共同构成判断创造性的基本逻辑关系，如何"确定最接近的对比文件"就成为"三步法"得到正确适用的前提，如果所确定的对比文件不属于"最接近的现有技术"，那么利用该"三步法"得到的结论就是不可信的，在此条件下，"三步法"就会失灵。只有找到适格的对比文件作为"最接近的现有技术"，三步法的后两步的判断，才有实质意义。

我们还可以从前述的"技术四要素"来论述"最接近的现有技术"作为适用三步法的重要前提的理由。在技术领域相同的情况下，如果所解决的"技术问题"相同或相近，则说明两者的出发点（starting point）相同或相近，才有可能公开的技术特征最多，两者的技术方案才可能相同或相近，才最有可

---

❶ 该规定原文如下：

5.1 Determination of the closest prior art

The closest prior art is that which in one single reference discloses the combination of features which constitutes the most promising starting point for an obvious development leading to the invention. In selecting the closest prior art, the first consideration is that it should be directed to a similar purpose or effect as the invention or at least belong to the same or a closely related technical field as the claimed invention. In practice, the closest prior art is generally that which corresponds to a similar use and requires the minimum of structural and functional modifications to arrive at the claimed invention (see T 606/89).

能从最接近的现有技术出发来得到被比发明的技术方案（终点）。反之，如果所确定的对比文件在技术领域不同，或者面临的技术问题不接近，则其公开的技术特征也不可能最多，从对比文件到被比发明还有很长一段距离，反而证明被比发明具有创造性。

"三步法"毕竟是一个逻辑推理过程，其结论是否趋于正确，关键是所选取的最接近的对比文件是否真的是"最接近于"其比对的专利申请。如果这个被称之为最接近的对比文件的文献的确与本申请最接近，则经过之后的两步所演绎推理所得出的结论才接近真实可靠。

基于勾股定理的启发，我们可以得出这样的判断：如果对比文件不属于最接近的现有技术，则需要另外检索新的对比文件，从中挑选"最接近的现有技术"，所确定的对比文件与被比发明的差距大小，体现出"三步法"的精准度大小。如果对最接近的对比文件没有一个基本明确的标准，或者随意地认定"最接近的对比文件"，则"三步法"就会失灵，就会演变成"事后诸葛亮"。

三、用整体比较法（as a whole）进行创造性判断的基本原理

如上所述，在找不到最接近的现有技术情形下，如果随意确定一份对比文件作为最接近的现有技术，则"三步法"就会失灵。这就启发我们思考如何寻找新的判断方法。

中国《专利法》第22条第3款规定："创造性，是指与现有技术相比，该发明具有突出的实质性特点和显著的进步，该实用新型具有实质性特点和进步。"根据该规定，在评价发明是否具备创造性时，是与现有技术相比，因此，无论是待审查的该发明，还是对比文件，都应作为一个整体来看待。其实，这种"整体比较"的做法，在审查指南及配套文件中，也有系统论述。本文汇总如下：❶

"审查员不仅要考虑发明的技术方案本身，而且还要考虑发明所属技术领域、所解决的技术问题和所产生的技术效果，将发明作为一个整体看待。"

"必须从整体上考虑要求保护的发明，即在确定发明与现有技术的区别技术特征时，所要考虑的问题不是区别技术特征本身是否显而易见，而是要求保护的发明整体上是否显而易见，例如，一般来说，一项组合发明的权利要求中，每个特征分别考虑都是已知的或显而易见，但不能因此认为整个发明就是

---

❶ 参见《实质审查规程》第四章关于创造性的规定。

显而易见的。"

"同样的，还必须从整体上考虑对比文件，即不仅要考虑对比文件所公开的技术方案，还要注意其所属的技术领域，解决的技术问题，所达到的技术效果，以及现有技术对技术方案在功能、原理、各技术特征在选择、改进、变型等方面的描述，以便从整体上理解现有技术所给出的教导。"

"在考虑现有技术整体上是否存在技术启示时，要全面考虑现有技术中对解决发明所要解决的技术问题给出的正反两方面的教导。"

"采用'三步法'判断发明是否显而易见，是为了帮助审查员始终站在客观角度上评价创造性，在使用'三步法'判断过程中，当审查员重新确定发明实际解决的技术问题时，切记勿将技术手段作为技术问题的一部分，否则，难免成为'事后诸葛亮'。"

"发明人会以多种方式根据现有技术完成发明，理解发明的形成过程有助于判断发明是否具有创造性，新的构思或者尚未认识到的技术问题，为已知技术问题设计新的解决手段及对已知现象的内在原因的认识都可以作为发明的出发点。"

依照上述教导在创造性的判断中，采取整体比较的做法以克服"三步法"的失灵，本文称之为"整体比较法"。

苏特大法官曾说过："我相信，在一个我无法控制的不确定的世界里，仍然有可能满怀信心地活着，相信终能找到方法安然度过不确定的未来。"创造性问题就是苏特大法官所说的"不确定的世界"，"整体比较法"就是我们找到的"方法"。

四、结　　论

本文在介绍专利法新颖性与创造性的概念与关系的基础上，论述了适用"三步法"的前提条件与局限性。本文认为，"三步法"必须在整体分析法之下，才可能得出正确结论。犹如勾股定理的适用前提必须是在直角三角形中一样，适用"三步法"的前提条件是存在与发明相比最接近的现有技术。如果不存在最接近的现有技术，就一意孤行地机械适用"三步法"，其结论就不会"真"。特别要指出的是，当发明与对比文件相比，其面临的问题（起点）一样，而目标（终点）接近时，采用相同的技术路线，适用"三步法"得出的结论才趋于正确。即便是起点与终点相同但技术路线不同的情况下，用"三步法"判断创造性仍难以保证结论正确。但如果采用本文的整体比较法，即修正的"三步法"，对上述各情形，都能较好适用。

从创造性评价的视角看等同原则和现有技术抗辩的适用

刘庆辉*

【摘　要】

　　如果把实质异同视为一个上位概念，创造性、等同原则和现有技术抗辩就是三个下位的实施例，我国目前的国情决定了这三者应坚持其各自的判断标准和把握尺度。本文从创造性评价的视角管窥等同原则和现有技术抗辩的适用，认为等同原则和现有技术抗辩的适用有必要以创造性评价为参考，但应仅限于创造性评价的简单情形，以确保专利授权确权程序及侵权程序的协调一致。

【关键词】

　　实质性差异　创造性　等同原则　现有技术抗辩

一、实质异同牵出三大难点

　　理性的科技人不喜欢一模一样地照抄，而是追求"青出于蓝而胜于蓝"。在研发设计阶段，发明人在现有技术的基础上作出改进，由此产生发明创造；在专利审查中，审查员识别专利申请和现有技术之间的差异，再衡量这种差异

---

* 作者单位：北京市高级人民法院知识产权庭。

是否为实质性的,以判断是否达到了专利法所要求的创造性高度。在生产制造阶段,被控侵权者要么以专利技术为基础进行规避设计(design around),以避免相同侵权,要么以现有技术为基础进行必要的改进,以胜过现有技术,这两种行为都将导致被控侵权产品与参照物存在或多或少的差异;在司法审判中,面对权利人的等同侵权指控时,法官需要判断被控侵权技术方案和专利是否实质相同,而面对被控侵权者的现有技术抗辩时,法官则需要判断被控侵权技术方案和现有技术是否有实质差别。

新颖性、创造性和实用性是专利审查的主线,其中最难把握的是创造性。早在1851年,美国联邦最高法院就在"门把手"案中提出:专利性应具备比新颖性更高的条件——独创性(originality, ingenuity)。❶ 1883年,美国联邦最高法院更清晰地认识到:专利法的设计初衷是鼓励可增进人类知识或推动技术进步的实质性发明或发现;微不足道的设备,一般技师或操作员自然而然就能想到的构思,决非专利法的保护对象;不加分辨地授予专利权,将会阻碍而非鼓励发明;投机者将会利用小小的改良而兴风作浪,这对技术进步没有任何贡献。❷ 专利创造性要件的正当性理论基础即源于此。

文字肖像不足以刻画发明之精妙,更难以准确地界定专利的保护范围。如果允许侵权者稍加变动即可合法地使用专利的实质技术,专利保护就将成为空谈。为加强专利保护,美国联邦最高法院在1853年的Winans v. Denmead案中首开等同侵权之先河:专利的排他权涵盖与其实质相同的被控侵权技术方案,不论其形式或比例如何不同。❸ 在之后的Machine v. Murphy案中,针对何为实质相同提出了"三个基本相同"的判断标准:采用基本相同的方式,实施基本相同的功能,获得基本相同的结果。❹ 我国司法实践在此基础上又增加了"无需经过创造性劳动就能够联想到"这一限定,❺ 从而与创造性建立起了更加紧密的关系。

《专利法》第62条规定,如果被控侵权人有证据证明其实施的技术或者

---

❶ Hotchkiss v. Greenwood, U. S. 248 (1850).
❷ Atlantic Works v. Brady, 107 U. S. 192 (1883).
❸ Winans v. Denmead, 56 U. S. 330 (1853).
❹ Machine Co. v. Murphy, 97, U. S. 120 (1877).
❺ 《最高人民法院关于审理专利纠纷案件适用法律问题的若干规定》第17条第2款:等同特征,是指与所记载的技术特征以基本相同的手段,实现基本相同的功能,达到基本相同的效果,并且本领域普通技术人员在被诉侵权行为发生时无需经过创造性劳动就能够联想到的特征。

设计属于现有技术或者现有设计,则不构成侵权。《最高人民法院关于审理侵犯专利权纠纷案件应用法律若干问题的解释》第14条进一步明确:被诉落入专利权保护范围的全部技术特征,与一项现有技术方案中的相应技术特征相同或者无实质性差异的,人民法院应当认定被诉侵权人实施的技术属于《专利法》第62条规定的现有技术。这里又一次提到了实质性差异,从而不可避免地将现有技术抗辩与创造性、等同原则关联起来。

如果对创造性、等同原则和现有技术抗辩进行合理的概括,其上位概念就是"实质异同"。但是,三者的判断标准和把握尺度并不相同,如果拿捏不到位,很容易导致授权前后不协调的矛盾,此外,三者均涉及一定的主观判断,因此成为授权前后把握起来十分困难也极有争议的话题。鉴于业界已有大量文章涉及创造性问题的讨论,而且创造性评价对于等同原则和现有技术抗辩的适用具有一定的参考意义,本文从创造性评价的角度管窥等同原则和现有技术抗辩的适用。

二、等同原则

从根本上讲,创造性评价与等同原则的适用都要区别对待相关技术方案之间的非实质性差异和实质性差异,以平衡权利人和社会公众的利益,所以二者具有相通之处。但是,《专利法》第22条对发明和实用新型设置了不同的创造性门槛,❶ 而《最高人民法院关于审理专利纠纷案件适用法律问题的若干规定》的相关规定并未区别对待发明和实用新型。❷ 由此似乎可以认为:就发挥空间而言,等同原则的适用比创造性评价小;就比较对象而言,创造性评价从整体上比较发明或实用新型和现有技术,而等同判定着眼于局部特征。简言之,创造性评价可以更灵活一些,或者说线条可以更粗放一些。

总体来看,似乎不容易找出二者的共同规律。

首先,参照物和目标对象不同。创造性评价是以对比文件作为参照物,对涉案发明进行评价,而等同原则的适用是以涉案专利作为参照物,对被控侵权技术进行评价。但二者都是衡量相关技术方案的差距大小:如果涉案发明相对

---

❶ 与现有技术相比,发明应具有突出的实质性特点和显著的进步;与现有技术相比,实用新型应具有实质性特点和进步。

❷ 《最高人民法院关于审理专利纠纷案件适用法律问题的若干规定》第17条第1款和第2款的规定。

于对比文件拉开了足够的差距，就具备创造性，反之，就不具备创造性；如果被控侵权技术和涉案专利的对应技术特征拉开了差距，就不应归为等同，反之，就应归为等同。

其次，价值导向相反。创造性评价中，如果被评价对象相比参照物增加了技术特征，有利于创造性的成立，如果被评价对象相比参照物减少了技术特征，不利于创造性的成立；但在等同判定中，被评价对象必须首先满足全面覆盖原则，❶ 如果被评价对象相比参照物少了技术特征，则没有形成全面覆盖，故不等同，如果被评价对象相比参照物增加了技术特征，对等同判定没有任何影响。

最后，比对方式相似。在专利审查中，审查员以"对应于""等同于""相当于"的方式比对权利要求中的每一个特征和对比文件公开的内容；在侵权判定中，法官以类似的方式比对权利要求和被控侵权技术方案的技术特征。创造性评价采用三步法，重点是找出区别特征，然后看其所起的作用，以判断现有技术是否给出了结合的启示。等同判定是判断表面上不相同的对应特征是否以基本相同的手段，实现基本相同的功能，达到基本相同的效果，并且属于本领域普通技术人员无须经过创造性劳动就能够想到的内容。

现将创造性评价和等同侵权判定中技术特征比对的常见情形总结如表1所示。

表1 创造性评价和等同侵权判定中技术特征比对的常见情形

对应性	差异	创造性评价	等同判定
对应特征数目不一样	被评价对象在参照物的基础上增加新特征	取决于新增特征是否为公知常识	新增特征对等同判定没有影响
	被评价对象在参照物的基础上减少特征	如果相应功能也丧失，则为变劣技术方案，具有退步性，无创造性	不满足全面覆盖原则，属于变劣技术方案，不构成等同
	整体技术方案替换	通常（但不必然）具有创造性，主要取决于整体观察的结果	不构成等同（禁止整体等同）

---

❶《最高人民法院关于审理侵犯专利权纠纷案件应用法律若干问题的解释》第7条。

续表

对应性	差异	创造性评价	等同判定
对应特征数目一样	有一项以上对应特征既不相同也不等同	有创造性的常见情形	不构成等同
	与参照物相比，被评价对象使用惯常替换的特征以及工作原理基本相同的特征	无创造性	构成等同
	与参照物相比，被评价对象使用工作原理不同、但容易想到的特征	无创造性	构成等同
	被评价对象与参照物的各个对应特征是否等同存疑，但采用不同构思，或取得了预料不到的技术效果	有创造性	不构成等同

从表1中可以看出，创造性评价与等同侵权判定之间缺乏有规律的对应一致性，然而，在对应特征数目一样时，二者具有一定的联系：有创造性的，等同侵权不成立；无创造性的，等同侵权成立。

美国主流观点认为，创造性评价既涉及事实认定，也涉及法律问题，而等同判定则属于事实问题，创造性的判断主体是本领域普通技术人员，而等同判定的主体是陪审团，显然，二者的技术知识和能力不同。我国没有陪审团，事实问题和法律问题均由法官认定，此外，专利授权确权案件专属于北京知识产权法院、北京市高级人民法院和最高人民法院管辖，而对专利侵权案件有管辖权的法院达80多家，分布在全国各地，其中有相当部分的法官没有评价专利创造性的经验，不一定全面了解创造性的"真经"。因此，等同侵权判定和现有技术抗辩的适用不宜采用创造性评价的自由度，而应限于创造性评价的简单情形，例如，已知的常用技术要素的简单替换、产品部件位置的简单移动、技术特征的分解或者合并、方法步骤顺序的简单变化。所以，在授权确权程序中关于专利技术和对比文件差异的创造性分析，可以作为等同侵权判定的辅助性参考因素，法官裁量的自由度不应达到、更不能超过创造性评价的力度。

例如，2013年中国法院十大知识产权案件之一涉及新材料技术领域的等同判定,❶ 涉案专利为选择发明,是专利权人从现有工艺条件(即现有技术)中精心优选出的技术方案,而被控侵权者主张其产品的工艺条件属于现有技术,专利权人主张二者的工艺条件构成等同。再审法院判决认为:

"对于磁控溅射过程中所涉及的各种参数条件(包括电流密度、溅射时间、电极距离、本底真空度、工作真空度等),虽然其都是现有技术中曾经提到过或者是从现有技术大范围中选择出的小范围,但是,这些工艺参数并不是孤立存在的,为了获得最终的期望溅射效果,通常需要结合具体操作条件,例如溅射基底的材质,磁控溅射装置的类型等,综合调整各个工艺参数,这样的工艺条件的选择是一个动态的过程,需要在设计人员精心计算的基础上进行大量的具体实验才能确定出合适的参数范围,并且这些参数范围都是配套使用的,例如对于被控侵权技术方案在使用聚酯聚氨酯作为基底的情况下,使用相应的较低的真空度;而涉案专利权利要求中则针对聚醚聚氨酯采用相对较高的真空度。因此,这些参数已经由现有技术中供所有人员参考选择的公开属性转变为专用于某种特定对象的专有属性。另外,从专利申请人在授权程序中所作的相关意见陈述内容及科力远公司代理人于庭后提交的代理词的相关内容来看,涉案专利的磁控溅射工艺条件均系专利申请人花费许多心血进行创造性活动,经过反复实验得出的能体现其创造性的发明内容,是专利申请人经过创造性劳动从现有工艺条件(即现有技术)中优选出的技术方案。而被控侵权技术方案中所采用的本底真空度和工作真空度则系本领域普通技术人员无须创造性劳动即可从现有技术中轻易得到的技术方案。因此不能轻易地以两者间可能存在简单联想来主张等同特征的适用。"

本文赞同再审法院的观点,涉案专利与《专利审查指南2010》第二部分第四章第4.3节"选择发明"的举例无异,既然其因与现有技术拉开距离而具备创造性,就不应把同样距离的辐射圈纳入其等同保护范围。

再以格力与美的空调挡板专利纠纷案为例,200620064110.5号实用新型专利涉及一种可拆装式空调室内机管路安装挡板。该专利申请文件提到,现有技术中空调室内机箱壳上的管路安装端盖大部分采用一体式的钣金结构,当空调安装就位后,如果再改变安装位置将会在箱壳上留下孔洞,影响外观效果且限制空调安装的灵活性。为了解决上述技术问题,该专利的改进思路是设置可拆装的空调室内机管路安装挡板,利用该挡板在改变空调安装管路时遮挡原管

---

❶ 江苏省高级人民法院(2011)苏知民再终字第1号民事判决书。

路安装孔，并且通用性强，可普遍应用在目前所售的空调室内机上。所采取的技术方案为，可拆装的空调室内机管路安装挡板包括固定板、设置在固定板上的滑轨以及滑动板，如图1所示。

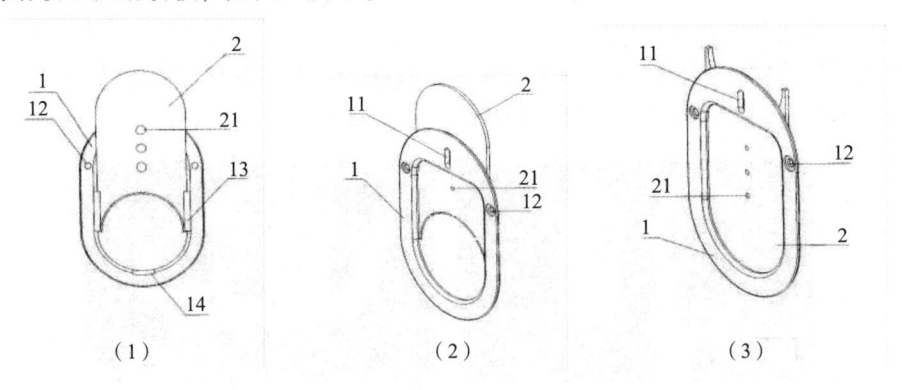

图1 200620064110.5号实用新型的附图

在专利权无效过程中，请求人以对比文件1作为最接近的现有技术，其公开了一种分体式空调室内机，为了克服改变已经安装的空调位置时在箱壳上留下孔洞的问题，通过设置挡板来挡住废弃的孔洞，其具体技术方案为在空调室内机的外壳上设置有供管路通过的开口、挡住开口的挡板，在开口周围的机壳上设置供挡板滑动的滑轨以及用于卡住挡板的固定部。

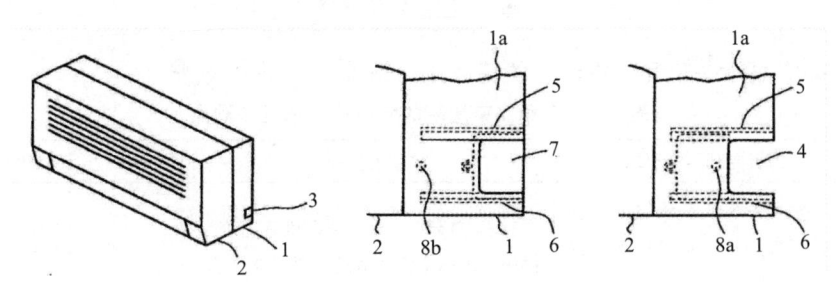

图2 对比文件1的附图

有观点认为，二者解决问题的技术构思相同，都是通过设置挡板来挡住废弃的孔洞，故涉案专利不具有创造性。

但有资深审查员认为：涉案专利不但解决了空调移位的孔洞遗留问题，而且解决了已售空调室内机的孔洞遗留问题，即挡板的通用性问题。因此，涉案专利的发明构思是为了解决空调移位的孔洞遗留及通用性问题，采用可拆装式的挡板来解决上述问题,其中"可拆装"是为解决挡板通用性问题而设置的。而对比文件1的技术构思在于利用空调室内机的侧板,在其上设置滑轨形成一体化的挡板,由于挡板的滑轨与空调室内机侧板形成一体,因此无法解决通用性即已售空调的孔洞遗留问题,可见,对比文件1与涉案专利的发明构思存在本质上的差别,不能仅通过二者均采用挡板就否定涉案专利的创造性。❶

涉案专利的侵权案中,被控侵权产品如图3所示。

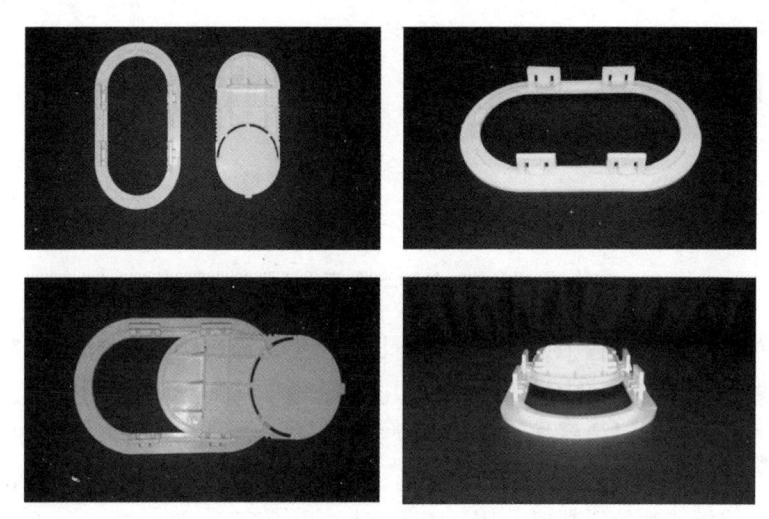

图3 被控侵权产品

表2显示一审和二审法院的特征比对情况和观点分歧。❷

表2 一审和二审法院的特征比对情况和观点

	挡板专利权利要求1	被控侵权产品	一审观点	二审观点
1	一种可拆装式空调室内机管路安装挡板,其包括固定板和滑动板	一种不可拆卸的空调室内机管路安装挡板,由固定板和滑动板两部分组成	相同	不等同
2	该固定板为一中空的薄板	固定板为一中空的薄板	相同	相同

---

❶ 马文霞,等. 创造性判断中发明构思的把握与应用 [EB/OL]. [2015-08-12]. http://www.sipo-reexam.gov.cn/scyfw/scrdwtzjt/10987.htm.

❷ 珠海市中级人民法院(2012)珠中法知民初字第165号民事判决书和广东省高级人民法院(2013)粤高法民三终字第615号民事判决书。

续表

	挡板专利权利要求1	被控侵权产品	一审观点	二审观点
3	在固定板一面有两个滑轨	固定板的一面有上、下两组共四个左右对称的卡扣，固定板上部两个左右对称的卡扣内设有卡爪	3、4、5等同	3、4、5不等同
4	两滑轨间距大于或等于滑动板宽度	两组卡扣间距大于或等于滑动板宽度，两个卡爪的间距小于滑动板宽度		
5	滑动板卡在两滑轨之间	滑动板中部两侧呈锯齿状，卡在两组卡扣及两个卡爪之间		

一审法院认为，对于第3、4、5点，权利要求1中的特征和被控侵权产品中的对应特征采用的手段均为两侧限位，构成等同。二审法院认为第3、4、5点的特征系采用不同的技术手段，实现不同的功能，达到不同的效果，是本领域的普通技术人员不经过创造性劳动所不能够联想到的，故不构成等同。

本文认为，侵权案中的等同判定与无效案中的创造性评价涉及同样的问题：技术构思存在本质上的差别，此时创造性成立，等同不成立。被控侵权产品在安装之后的拆卸过程中卡爪被破坏，无法再正常使用，因此是不可拆装的，无法解决本专利中的挡板通用性问题，所以，不能因为被控侵权产品和涉案专利均采用两侧限位就认为它们构成等同，正如在创造性评价中不能因为涉案专利和对比文件1都是通过设置挡板来挡住废弃的孔洞而否定涉案专利的创造性。

三、现有技术抗辩

关于现有技术抗辩中实质性差异的内涵，最高人民法院在盐城泽田机械有限公司与盐城格瑞特机械有限公司侵犯实用新型专利权纠纷再审案中❶指出：

"审查方式则是以专利权利要求为参照，确定被诉侵权技术方案中被指控落入专利权保护范围的技术特征，并判断现有技术中是否公开了相同或者等同的技术特征。现有技术抗辩的成立，并不要求被诉侵权技术方案与现有技术完全相同，毫无区别，对于被诉侵权产品中与专利权保护范围无关的技术特征，在判断现有技术抗辩能否成立时应不予考虑。被诉侵权技术方案与专利技术方

---

❶ 最高人民法院（2012）民申字第18号民事裁定书。

案是否相同或者等同,与现有技术抗辩能否成立亦无必然关联。因此,即使在被诉侵权技术方案与专利技术方案完全相同,但与现有技术有所差异的情况下,亦有可能认定现有技术抗辩成立。"

这否定了现有技术抗辩仅限于新颖性的观点。现有技术抗辩成立的标准除了与现有技术完全相同外,还可以包含所属技术领域的普通技术人员认为被诉侵权技术方案是一项现有技术与所属领域公知常识的简单组合的情况,例如两者的组合仅仅是简单的叠加,组合之后的各技术特征之间在功能无相互作用关系,总的技术效果是两者效果的总和,或者公知常识的应用仅仅是常规技术继续发展的必然性结果等。《最高人民法院关于审理侵犯专利权纠纷案件应用法律若干问题的解释(二)》(2014年7月征求意见稿)第26条也确认了这一点:被诉侵权人一般只能依据一项现有技术方案或者现有设计主张不侵权抗辩;但是,被诉侵权人举证证明被诉侵权技术方案属于一项现有技术方案与公知常识在专利申请日前是显而易见的组合的,或者被诉侵权设计属于一项现有设计与惯常设计在专利申请日前是显而易见的组合的,人民法院可以认定被诉侵权人的不侵权抗辩成立。

例如,在广东欧普照明有限公司与虞荣康、任明胜专利侵权纠纷案中,❶ 欧普公司以被诉侵权产品使用的是现有技术与本领域公知常识的简单组合为由适用现有技术抗辩,但提供了一份专利文献来对公知常识进行举证,二审法院认为该专利文献不足以证明被诉侵权产品使用定位槽这一技术属于公知常识,由此认定欧普公司以现有技术进行抗辩不能成立。再如,在苏州工业园区新海宜电信发展股份有限公司诉南京普天通信股份有限公司、苏州工业园区华发科技有限公司侵犯专利权纠纷案中,❷ 二审法院认为,被控侵权产品与US6192181B1号美国专利相比,只是增加了在开放式的出纤口基体上设有活动式出纤口盖这一技术特征,而对于本领域普通技术人员而言,根据《长途通信传输机房铁架槽道安装设计标准》的要求,在槽道或开放式出纤口基体上加盖或者加活动式的盖,对其中的光纤加以保护,同时又便于多次出纤和维护,这是容易联想到的,属于本领域中的一种公知常识,故被告提供的证据足以证明其主张的现有技术抗辩理由成立。

等同原则和现有技术抗辩呈现出矛盾关系,等同原则是专利权人的进攻之

---

❶ 江苏省高级人民法院(2006)苏民三终字第0138号民事判决书。
❷ 江苏省高级人民法院(2007)苏民三终字第0139号民事判决书。

"矛",现有技术抗辩是被控侵权人的防守之"盾",既然允许专利权人通过等同原则将专利权保护范围超出字面意思而扩大到等同的程度,出于原告和被告权利公平对等起见,也应当允许被控侵权人将现有技术扩张到同样的程度,以使得社会公众能够自由享用将现有技术扩张到与其某个或某些技术特征等同的技术特征所组成的技术方案。但需要注意的是,等同原则是在权利要求的基础上扩展,而现有技术抗辩往往是在说明书实施例基础上的等同扩展,由于基础的抽象程度不同,等同的弹性空间似乎也应存在差别,因此二者等同的差异还值得进一步研究。

在格力与美的空调挡板专利纠纷案中,一审法院在审理被告的现有技术抗辩时仅仅比较被控侵权产品和现有技术的形态、结构,并没有对功能和效果做具体分析,就得出二者存在实质性差异和现有技术抗辩不成立的结论,但在比较挡板专利和被控侵权产品时,却不管二者在形态、结构上的明显差异,而认为它们在工作原理、方法上是一样的。以创造性的视角观察,这样厚此薄彼的做法形成了巨大的反差,实为不妥。

四、结束语

美国法院在审理专利案件时,创造性评价、等同侵权判定和现有技术抗辩的适用均属于其职权范围,所以,统一三者的标准并非难事。但我国的专利制度采取二元制,专利授权确权以行政机关为主,专利侵权保护以司法机关为主,而且,专利行政案件的司法管辖权集中在北京的3家法院,所以,创造性评价、等同侵权判定和现有技术抗辩的操作标准的统一就成了不可避免的难题。考虑到这些现实情况,本文认为,等同侵权判定和现有技术抗辩的适用,可以学习和借鉴创造性评价的思想和精神,将等同侵权和现有技术抗辩的适用范围限于创造性评价的简单情形,要像防止"事后诸葛亮"一样防止等同原则和现有技术抗辩的滥用。

中欧专利理论和实践的比较研究之新颖性

施晓雷*

【摘　要】

本文从一个在中国和欧洲都有实践经验的专利代理人的视角，从理论和实践上比较了中国国家知识产权局和欧洲专利局针对新颖性判定的主要区别点。

【关键词】

专利　新颖性　中国　欧洲　比较

一、引　言

新颖性作为《专利法》第22条规定的一个专利应具有的三个特性中的第一个，是审查一个专利申请是否可以被授权的一个非常重要的准则。然而，新颖性的判定在专利审查过程中又往往不是特别被重视，而业界往往对创造性做更多的研究和讨论。

但是，笔者作为一个在中国和欧洲都有实践经验的专利代理人，发现中国和欧洲在新颖性判定的理论上和实践上都有不小的区别，其可能会导致对同一

---

* 作者单位：德国慕尼黑 Manitz, Finsterwald & Partner 知识产权律师事务所。

个案件产生完全不同的判定结果。

所以，本文在此对中国和欧洲的新颖性判定的理论和实践作一个比较研究，希望能够给业界同仁对新颖性判定的理解带来一个不同的视角，从而能对提升专利审查和代理的质量有所帮助。

二、新颖性的定义

《专利法》第22条规定："新颖性，是指该发明或者实用新型<u>不属于现有技术</u>；也没有任何单位或者个人就同样的发明或者实用新型在申请日以前向国务院专利行政部门提出过申请，并记载在申请日以后公布的专利申请文件或者公告的专利文件中。"这个定义的前半部分表明发明或者实用新型对于"现有技术"应该是新的，而后半部分表明发明或者实用新型对于"抵触申请"也应该是新的。

《欧洲专利公约》第54条规定："（1）An invention shall be considered to be new if it does not <u>form part of the state of the art</u>. （2）The state of the art shall be held to comprise everything made available to the public by means of a written or oral description, by use, or in any other way, before the date of filing of the European patent application. （3）Additionally, the content of European patent applications as filed, the dates of filing of which are prior to the date referred to in paragraph 2 and which were published on or after that date, shall be considered as comprised in the state of the art."这个定义的第一款是对新颖性概念的总体概括，即发明对于"现有技术"应该是新的，第二款定义了"现有技术"，而第三款追加定义了"抵触申请"也属于用于判断新颖性的"现有技术"。

可以看出，中欧专利法对新颖性的定义的含义基本一致，但是定义的方式有所不同。

三、新颖性判定的原则

中国和欧洲在新颖性的判定上有很多相同点，比如"单独对比"、"具体概念和一般概念"等（见中国《专利审查指南2010》第二部分第三章第3.1.2节和3.2.2节以及欧洲专利局审查指南G-Ⅵ，第1和5节）。这些也是各个专利局对新颖性判定所采用的普遍原则和基准。本文将不再讨论这些相同点，而是只重点论述中欧不同的地方。

1. 中国新颖性判定的原则

中国《专利审查指南2010》第二部分第三章3.1节明确提出:"审查新颖性时,应当根据以下原则进行判断:(1)同样的发明或者实用新型:被审查的发明或者实用新型专利申请与现有技术或者申请日前由任何单位或者个人向专利局提出申请并在申请日后(含申请日)公布或公告的(以下简称申请在先公布或公告在后的)发明或者实用新型的相关内容相比,如果其<u>技术领域、所解决的技术问题、技术方案和预期效果</u>**实质上相同**,则认为两者为同样的发明或者实用新型。需要注意的是,在进行新颖性判断时,审查员首先应当判断被审查专利申请的技术方案与对比文件的<u>技术方案是否实质上相同</u>,如果专利申请与对比文件公开的内容相比,其权利要求所限定的技术方案与对比文件公开的<u>技术方案实质上相同</u>,所属技术领域的技术人员根据两者的技术方案可以确定两者能够适用于<u>相同的技术领域</u>,解决<u>相同的技术问题</u>,并具有<u>相同的预期效果</u>,则认为两者为同样的发明或者实用新型。"

从如上对第一个判定原则的描述看,中国《专利审查指南2010》使用了"同样的发明或者实用新型"一词,且强调了:"技术领域、所解决的技术问题、技术方案和预期效果**实质上相同**"。

另外,中国《专利审查指南2010》第二部分第三章第3.2.3节提到的"如果要求保护的发明或者实用新型与对比文件的区别仅仅是所属技术领域的<u>惯用手段</u>的<u>直接置换</u>,则该发明或者实用新型<u>不具备新颖性</u>"似乎也是基于上述原则的,因为惯用手段的直接置换(类似等同原则)体现了技术领域、所解决的技术问题、技术方案和预期效果的<u>实质相同</u>。

2. 欧洲新颖性判定的原则

欧洲专利局审查指南关于新颖性判定的部分根本没有类似于中国《专利审查指南2010》中关于"同样的发明或者实用新型"或"实质相同"的论述。

特别是,欧洲专利局审查指南 G-VI,第2节明确提出:"Thus, when considering novelty, it is <u>not correct</u> to interpret the teaching of a document as embracing well-known equivalents which are not disclosed in the documents; this is <u>a matter of obviousness</u>." 即,欧洲明确规定惯用手段的直接置换不属于新颖性讨论的范围,而只属于创造性讨论的范围。

也就是说,欧洲的新颖性判定原则其实就是《欧洲专利公约》中定义的是否"属于现有技术"。

3. 新颖性判定原则区别的分析

从上面的对比可以看出，中欧在新颖性判定的原则上还是有很大区别的。

欧洲的原则似乎更符合"新颖性"这一名词汇的字面意思，即只要有不一样的地方就应该是新的。而中国的原则似乎将一部分原本应该属于创造性判定原则的内容纳入了新颖性的判定，容易引起新颖性判定的不确定性。比如，"实质相同"中的"实质"如何操作，以及如何判断何为"惯用手段的置换"。

本文在下一节会分析不同判定原则对具体实践操作的影响。

四、新颖性判定实践的区别

上述原则上的区别不可避免地会影响到专利申请实质审查过程中审查员和申请人论述自己观点时的思维方式和表达方式。

1. 中国的实践

在中国的审查意见通知书中，审查员判定新颖性的论述一般采用如下方式：

"对比文件1（第x1页第y1行到第x2页第y2行）公开了如下技术特征：技术特征1，技术特征2（相当于本发明的技术特征a），技术特征3……可见，对比文件1公开了权利要求1的全部技术特征，且对比文件1所公开的技术方案与权利要求1所请求保护的技术方案属于同一技术领域，解决了相同的技术问题，并能产生相同的技术效果，因此权利要求1不具备新颖性"。

这样的论述有如下几个特点：

（1）对对比文件1的引用方式"第x1页第y1行到第x2页第y2行"往往包括非常大的一个范围（有时几乎包括了对比文件1的所有实质内容），而其后对于对比文件1公开的技术特征的罗列经常是根据需要对对比文件1中相关文字的概括。这样的方式会导致申请人和专利代理人在阅读审查意见时经常无法准确找到审查员所罗列的技术特征到底是在对比文件1的哪个地方公开的，从而不容易进行有针对性的答复。

（2）并不是每个所罗列的对比文件1的技术特征后面都表明了其对应本发明的哪个技术特征。这经常会导致申请人和专利代理人无法明确知晓审查员所认为的对应关系，从而无法有针对性地回应审查员的意见。

（3）审查员为了能让对比文件1的技术特征和本发明的特征对应上，经常使用类似"技术特征2（相当于本发明的技术特征a）"的论述。这里用的"相当于"一词似乎就是上面提到的中国《专利审查指南2010》中强调的

"实质相同"的体现。针对这个"相当于",申请人和专利代理人往往会找出对比文件1和本发明相关技术特征的很多不同点来论证它们并"不相当于"。对此,审查员还可以指出相关技术特征的很多相同点来论证它们就是"相当于"。这就是本文在上面提到的"实质相同"中的"实质"如何操作会给新颖性判定带来不确定性。

(4) 由于在上述审查员判定新颖性的论述中技术方案是否属于同一技术领域、是否解决了相同的技术问题,以及是否能产生相同的技术效果也是决定本发明不具有新颖性的一个条件,申请人和专利代理人也可以在这个方面做文章,来争辩技术领域、技术问题和技术效果不同。

2. 欧洲的实践

在欧洲的审查意见通知书中,审查员判定新颖性的论述一般采用如下方式:

审查员先将本发明权利要求1的原文复制一遍,然后在各个技术特征后面加上括号并填入此技术特征所对应的对比文件1中的具体段落、特征、和/或附图标记,有必要时还会简要说明两者对应的理由。比如:

"1. 一种通信系统(对比文件1:说明书第 x 段),其包括:发射装置(对比文件1:图1标号"100");接收装置(对比文件1:图1标号"200"),其中接收装置包括:滤波装置(对比文件1:图1标号"210"以及说明书第 y 段,由于某某原因,对比文件1的模块210可以被解释为本发明的滤波装置)……由于本发明权利要求1的所有特征都被对比文件1公开了,所以没有新颖性。"

这样的论述有如下几个特点:

(1) 本发明权利要求1中每个技术特征后面的括号中所引用的对比文件1的相关内容都是非常具体的,所以申请人和专利代理人可以比较轻松地找到对比文件1中相关的内容。

(2) 本发明权利要求1的技术特征和对比文件1的相关内容的一一对应关系也是清晰可见的。

(3) 欧洲审查员一般不使用类似"相当于"的词汇来表述特征的对应关系,而是将对比文件中的某个特征解释到本发明某个特征的范围中去。

(4) 欧洲审查员也不会在讨论新颖性时对技术领域、技术问题和技术效果做任何评述。

3. 新颖性判定实践区别的分析

对比上述中欧实践中各自的第（1）和第（2）点，可以看出欧洲的方式不但有利于申请人和专利代理人更快速更准确地了解审查员的真实意图，从而有针对性地答复，而且还有利于审查员在之后的程序中迅速地回忆起自己之前的意图。所以这是一种可以提高双方工作效率的方式，也是一种值得借鉴的用来提升审查和代理质量的方式。

而上述各自的第（3）和第（4）点则更体现了中欧新颖性判定原则的不同。中国的实践更强调整体上是否"实质相同"，而欧洲新颖性判定的实践更像是一次"字面侵权"的判定。

从逻辑上讲，一个已授权的专利，其在先技术不能落入专利权利要求字面所定义的保护范围。否则，一个在先的技术将侵犯一个基于在后申请授权的专利。当然，这个情况可以通过事后的无效程序来解决。但是，专利实质审查的目的之一就是尽量提前避免这一情况的发生，而新颖性判定正是相关的基本手段。

在字面侵权判定时，权利人都会尽量将权利要求解释到其字面所能表达的最宽范围，以便让目标产品或方法更容易落入权利要求的范围内，以判定侵权。似乎根据同样的原理，欧洲专利局在新颖性判定时，审查员也将权利要求解释到其字面所能表达的最宽范围，然后尽量将某一对比文件所涉及的技术方案解释到权利要求所能表达的最宽范围内，以判定权利要求没有新颖性。

这一判定新颖性的实践方式的结果是，由于一个申请的原始独立权利要求往往定义得很宽泛，从而导致很多和本发明没有直接关系的现有技术方案（不同技术领域、不同的技术问题、和/或不同技术效果）可以被解释到权利要求的范围中去并致使权利要求丧失新颖性。这是在欧洲审查通知书中非常常见的情况。对此，申请人和专利代理人必须设法将权利要求限制到合理的范围以便获得新颖性。

另外，从这个角度也可以看出欧洲对权利要求保护范围的解释是更倾向于按权利要求字面所能表达的最宽范围来解释的，而说明书的内容起到的作用相对较小。与之相反，中国的实践在评判新颖性时考虑"实质相同"，而其中的"实质"一词的操作基准往往是根据很多说明书中的内容而不是根据权利要求中的具体定义的。与之对应，中国对权利要求保护范围的解释虽然也是以权利要求为准，但是说明书的内容经常起到很大的作用。

五、新颖性判定区别可能造成的不同结果

从上面的讨论可以看出，中欧对新颖性判定的主要区别在于中国的原则把"实质相同"（"领域、问题、效果"和"等同"）纳入新颖性的判定，而这些在欧洲不是属于新颖性而是属于创造性讨论的范围。

一方面，考虑"领域、问题、效果"可能会导致新颖性判定的标准偏松。在欧洲这些因素不被考虑，所以任何落入权利要求字面所能表达的最宽范围的现有技术都可以导致权利要求丧失新颖性，从而申请人/专利代理人需要相应地限制权利要求的范围从而导致保护范围变窄。而在中国，一些和本发明领域、问题或效果不同的现有技术即便可以被解释到权利要求的字面范围中去也不一定会导致权利要求丧失新颖性，从而权利要求的范围可以保持得比较宽。

而另一方面，考虑"等同"可能会导致新颖性判定的标准偏紧。一个申请的权利要求可能被判定丧失新颖性，即便相关的等同的"惯用技术手段"没有被同一对比文件披露。而同样的申请到了欧洲很可能会通过新颖性的评估。但是由于区别特征是等同的或是显而易见的，所以往往还是会被以不具有创造性的理由驳回。从这个角度讲，是否在判断新颖性时考虑"等同"在大多数情况下对整个申请的最后结果没有影响。

那考虑"等同"到底是否会带来不同的审查结果呢？本文给出的答案是肯定的，即在有抵触申请出现的情况下。

比如，申请 A1 要求保护产品 P1，产品 P1 包含特征 F1；申请 A2 要求保护产品 P2，产品 P2 包含特征 F2。如果 A1 是 A2 的抵触申请，P1 和 P2 的区别仅在 F1 和 F2，且 F1 和 F2 的关系可以被认为是惯用手段的直接置换（等同特征），那么在中国 A2 会由于 P2 对于 P1 没有新颖性而被驳回，而在欧洲 A2 会由于 P2 对于 P1 具有新颖性而被授权。

这样不同的审查结果还会给后续程序带来不同的影响。

设想如果 A1 被授权，且其权利人在 A2 的申请日之后开始准备并生产 P1，由于 A2 保护的 P2 在欧洲也被授权，P1 可能会被判定等同侵权 A2 所保护的 P2。这样的结果听起来似乎有些奇怪：一个权利人严格按照自己已经在先授权的专利所描述的方案制造了一个产品，但这个产品却侵犯了一个基于在后申请授权的专利所保护的一个"不太一样"的产品的权利。

而根据中国的实践，A2 要求保护的 P2 会因为不具有新颖性而被驳回，所以不会出现上述的奇怪现象。

六、结　论

综上所诉，中国和欧洲判定新颖性的原则和实践还是有不小差别的，其主要在于判定新颖性时是否应该考虑"实质相同"，包括技术领域、技术问题、技术效果以及技术手段是否是惯用手段的直接置换（类似等同原则）。如上所述，这样的区别也是中国和欧洲对如何解释权利要求保护范围的不同理解的一种体现：欧洲更强调权利要求的字面解释，而中国相对更强调从申请文件的整体来解释保护范围。

从理论上讲，上述判断是否"实质相同"时要考虑的各个因素似乎更适合在判断创造性的时候考虑，而不应该属于新颖性判定的范畴。新颖性判定应该是确定性比较高的，而这些因素会给新颖性判定带来很多不确定性。

然而从实际效果上讲，如果判断新颖性时不考虑这些因素，可能会出现上节中提到的看起来不太合理的奇怪现象。

所以，中欧的新颖性判定所采取的不同原则在实践中可能各有利弊，需要更深入的研究来分析。

但是，如上面第四点中提到的，欧洲专利局的审查意见通知书中对新颖性判定所采用的表达方式是一种值得借鉴的方式。根据笔者多年的经验，欧洲的表达方式确实可以更清楚地表示出一个发明和现有技术之间的对应关系，有利于审查员和申请人/专利代理人之间更迅速更准确地互相了解各自的意图，从而在很大程度上提高审查和代理的效率和质量。

如何有效地答复缺乏创造性的审查意见

——以作为"审查员的审查员"的视角

覃韦斯[*]

【摘　要】

对专利代理人而言，在实务中如何有效地答复缺乏创造性的审查意见普遍来说是一件颇为棘手的事情。本文提出了专利代理人如何以作为"审查员的审查员"的视角来答复审查意见，将答复审查意见的过程转变成核实审查意见的过程，并结合"三步法"的具体内容详细论述了专利代理人可以从哪些角度来逐项核实审查意见，寻找争辩点，完成答复。通过本文的介绍，希望能够帮助专利代理人形成切入点准、条理性好、逻辑性高、说服力强的答复意见。

【关键词】

创造性的答复　三步法　立与破　审查员的审查员　核实

一、引　言

创造性问题是整个专利制度的核心问题。在专利审查中，绝大多数的专利

---

[*] 作者单位：上海翰鸿律师事务所。

申请会涉及缺乏创造性的问题。专利代理人（以下简称"代理人"）在面对缺乏创造性的审查意见通知书（以下简称"审查意见"）时，可能会出现以下几种情况：（1）消极应对，表现为束手无策、不知该如何答复，从而放弃答复，导致专利申请被视撤，或者直接将审查员认可具有创造性的其他权利要求并入独权，虽获授权却不恰当地缩小了权利要求的保护范围；（2）没有针对性，表现为答复时没有针对审查员的具体观点、理由、证据进行回应，而是按照自己的思路分析了专利申请具备创造性，自说自话，答非所问；（3）没有说服力，表现为虽然针对审查意见进行了答复，但是其答复却不得要领，没有说服力，难以让审查员认可信服从而获得授权。

对于代理人而言，在实务中如何有效地答复缺乏创造性的审查意见普遍来说是一件颇为棘手的事情。原因在于：（1）创造性问题本身的复杂性，体现在相对于新颖性、实用性等其他授权的实质性条件而言，创造性判断标准高度抽象性，对其实质意涵的解读往往陷入各个抽象概念之间的辗转解释，难以正确把握；（2）审查指南是一部从审查员的视角编写的指导书，用于指引审查员的审查工作，使专利审查有章可循，然而，对于代理人而言却缺乏一部从代理人的角度来指导代理人如何有效答复审查意见的答复指南；（3）在博弈心态上，代理人容易在答复时陷入被动消极的状态，觉得发出审查意见的审查员是主动进攻的一方，而自己则是被动防守的一方，未战先怯。

因此，代理人如何能够形成正确的答复策略，有条理、有逻辑、有针对性、有说服力地答复缺乏创造性的审查意见是一个亟待解决的难题。

二、答复策略

在专利审查中，审查员通常使用"三步法"来评价权利要求的创造性。"三步法"是审查员在多年的审查实践中归纳形成的一套用于判断创造性的审查机制。审查员运用"三步法"对个案进行审查的过程实质上是一个演绎的过程，即在"三步法"所设定的大前提下，套入具体个案的小前提，最终得出是否具有创造性的结论。

笔者认为，"三步法"的审查机制具有两个最为显著的特征：（1）正面立论，所谓立论就是一种运用充分有力的证据从正面直接证明自己结论正确的论证形式，也就是说审查员为了证明其结论的正确性，就必须将其论据以及整个论证过程清晰完整地展示出来，这犹如一个盖房子的过程，核心在于"立"；（2）环环相扣，即"三步法"中的每一个步骤在逻辑上是单向的依次递进的关系,后一个步骤的成立必须以前一个步骤的成立为前提,犹如一个房子要盖到第三层,则必须依次先盖好第一层和第二层。

基于以上分析,笔者认为一个正确的答复策略应该是针对审查员的审查机制本身所具有的特征来设计的,这样才可能取得最理想的答复效果。具体而言,(1)由于审查员审查工作的核心在于"立",即如何盖房子,那么代理人答复工作的核心就在于"破",即如何拆房子;(2)由于审查员在运用"三步法"审查个案时每一个步骤都必须正确,才能证明其最终得出的权利要求不具有创造性的结论是正确的,那么对于代理人而言,只需要能找到和证明审查员在运用"三步法"的过程中至少有一个步骤不能成立,就可以推翻审查员的结论,从而证明权利要求是有创造性的。

因此,基于以上答复策略,代理人对审查意见进行答复的过程实质上就转变成代理人主动地对审查员在具体个案中运用"三步法"是否正确进行核实的过程,即代理人是以作为"审查员的审查员"的视角来分析解读审查意见,逐项地核实判断审查员在运用"三步法"进行审查时的每一个步骤是否正确,从审查员的每一个论证步骤中寻找争辩点,并以该争辩点作为答复审查意见的切入口和方向,通过反驳审查员在论证过程中的某一个步骤不能成立从而达到反向地证明权利要求具有创造性的目的。下面,笔者将结合"三步法"的具体内容来详细论述专利代理人可以从哪些角度来逐项核实审查意见,完成有效的答复。

三、确定最接近的现有技术

确定最接近的现有技术是"三步法"中的第一步。审查指南将最接近的现有技术定义为现有技术中与要求保护的发明最密切相关的一个技术方案,并且进一步指出在选择最接近的现有技术时需要综合考量技术领域、技术问题、技术效果、技术特征等因素。基于审查指南的规定,代理人可以从以下4个方面对审查员所选定的最接近的现有技术的适格性进行核实,判断最接近的现有技术是否真正具有评价本发明的资格。

(1)最接近的现有技术是否在申请日之前?

这一项最容易被疏忽却最为重要,如果核实时发现最接近的现有技术来源于本发明的申请日之后,则直接排除,无须考虑其具体内容。

(2)最接近的现有技术是否是技术方案?

现有技术包括专利文献和非专利文献。其中非专利文献包括了期刊、技术报告、图书以及学位论文等。当审查员引用非专利文献作为最接近的现有技术时，这些非专利文献不能当然地作为技术方案与本发明进行特征比对，代理人需要核实这些非专利文献是否为技术方案。原因在于，技术方案是指各个技术特征以特定的方式相互连接、共同作用而构成的一个完整的整体，用于解决特定的技术问题，获得特定的技术效果。而非专利文献种类众多，用途各异，当从非专利文献中不能明确地得出其解决的技术问题和技术效果时，说明该非专利文献不具有技术方案的基本属性，与本发明之间不具有可比性，不适合作为最接近的现有技术。

(3) 最接近的现有技术是否是一个技术方案？

在审查意见中，审查员通常会引用一篇对比文件来作为最接近的现有技术。代理人需要注意的是，一篇对比文件并不等于一个技术方案，其中可能包含了多个技术方案。另外，代理人需要核实当一篇对比文件公开了多个技术方案时，审查员是否将其中的几个技术方案组合在一起作为最接近的现有技术。例如，对比文件中公开了 a+b 和 a+c 这两个技术方案，但并不等于对比文件也公开了 a+b+c 或者 b+c 的技术方案。最接近的现有技术只能是以已经明确记载的一个技术方案的形式存在。

(4) 最接近的现有技术是否满足技术领域、技术问题、技术效果、技术方案这 4 个方面的要求？

根据《专利审查指南 2010》的规定，审查员在选择最接近的现有技术时，需要从技术领域、技术问题、技术效果、技术方案这 4 个方面综合考量。如果审查员所选择的最接近的现有技术在技术领域上与本发明相距甚远，其技术问题、技术思路以及所取得的技术效果与本发明完全不同甚至相反，那么该现有技术不能作为最接近的对比文件。

例如，在一种肠溶性长效涂覆芯的发明专利申请中，审查员基于对比文件 1 以及常规技术手段否定了该发明的创造性。申请人在仔细分析本发明和对比文件 1 时发现：对比文件 1 旨在选择不同脉冲时间，从而实现"滞后启动"药物的"快速释放"的机制，而本发明采用的却是"及早启动"且"长效控制释放"的机制。换而言之，本发明的思路是打持久战，而对比文件 1 是打快攻强攻战，这两种战法属于不同的技术构思。因此，在答复时申请人并没有用过多的笔墨去逐个分析区别技术特征，而是分别针对本发明和对比文件，将两种披露的技术方案作为一个整体，阐述其产生的效果以及分析两者所要解决的技术问题，通过论证对比文件 1 的不适格来证明本发明的创造性，审查员最终接

受了申请人的观点。❶

经核实,如果代理人发现审查员所选定的最接近的现有技术不满足适格性的要求,则可以从该角度争辩本发明具有创造性。

四、确定发明的区别特征

"三步法"的第二步包括确定发明的区别特征和确定发明实际解决的技术问题两个子步骤。《专利审查指南2010》规定,在审查中应当客观分析并确定发明实际解决的技术问题,为此,首先应当分析要求保护的发明与最接近的现有技术相比有哪些区别特征。基于《专利审查指南2010》的规定,代理人可以从以下两个方面来核实审查员对区别特征的确定是否正确。

(1) 审查员是否在客观上遗漏了区别特征?

审查员通常在审查意见中直接指出对比文件何处公开了权利要求的哪些技术特征。代理人不应该想当然地认同,而应该认真细致地核实这些被审查员认定为已公开的技术特征是否在对比文件中有明确的记载(尤其在对比文件是外文以及审查员只是泛泛地指出对比文件的全文公开了相关技术特征的情况下),如果核实后发现并没有记载,则说明这些技术特征实际上并没有被公开,属于区别特征,审查员在确定区别特征时发生了遗漏。

(2) 审查员是否在主观上错误地理解了区别特征?

在审查意见中,由于最接近的现有技术和权利要求之间缺少明确的特征比对,审查员可能会采用"最接近的现有技术的特征 A 相当于权利要求的特征 B、特征 A 对应于特征 B"等类似表述。例如,审查员认为对比文件公开的"加热器"相当于权利要求的"干燥器"。此时,专利代理人应该核实审查员将"特征 A"相当于"特征 B"的理解是否正确。笔者认为,要判断两个技术特征是否等价相当,并不仅仅是看在文字表达层面上两者是否相同或相近,更要看两个技术特征分别在对比文件中和在权利要求中所起的作用是否相同。只有这样才能够避免将异名同物确定为区别技术特征,也避免将同名异物确定为相同技术特征,从而在主观上正确理解把握区别特征。

经核实,如果专利代理人发现审查员确定发明的区别特征有误,则可以从该角度争辩本发明具有创造性。

---

❶ 魏征,刘峰. 浅谈"最接近的现有技术"与"三步法"的关系及相关答辩策略 [J]. 中国发明与专利, 2014 (3): 63-64.

五、确定发明实际解决的技术问题

《专利审查指南2010》规定，根据区别特征所能达到的技术效果确定发明实际解决的技术问题，同时由于审查员所认定的最接近的现有技术可能不同于申请人在说明书中所描述的现有技术，审查员也可以基于其所认定的最接近的现有技术来重新确定该发明实际解决的技术问题。基于审查指南的规定，代理人可以从以下3个方面来核实审查员对发明实际解决的技术问题的确定是否正确。

（1）审查员是否由于遗漏了或错误理解了区别特征而导致所确定的技术问题有误？

如果审查员在上一步中错误地确定了区别特征，则极有可能相应地错误地确定了技术问题，尤其是在所遗漏或误解的区别特征就是本发明的发明点的情况下，其所确定的技术问题必然有误。

（2）审查员是否根据区别特征来确定技术问题？

如果审查员在上一步中正确地确定了区别特征，但是却没有客观地以所确定的区别特征为基础来定义技术问题，就会导致其确定的技术问题错误，而错误定义的技术问题实质上等于忽略或否定了区别特征的存在，使得所确定的技术问题实际上与区别特征无关，进而否定了"三步法"中确定区别特征这个步骤的意义和价值。

例如，在笔者处理过的一种伸缩支架的专利申请中，审查员虽然正确确定了区别特征为"锥爪型摩擦环"，然而在确定技术问题时，审查员认为该发明要解决的技术问题是"如何增大摩擦力来阻碍伸缩管的下移"，并基于该技术问题认为区别特征"锥爪型摩擦环"是本领域的常规设计从而否定本发明的创造性。笔者不同意审查员的观点，认为基于区别特征"锥爪型摩擦环"本发明所要解决的问题应该是通过"锥爪型摩擦环"来提供一种可变化的摩擦力，这种摩擦力在伸缩管下移时变大，以避免伸缩管迅速下降造成物件砸坏或人员受伤，同时这种摩擦力在伸缩管上移时变小，使得伸缩管能够便捷地从固定管中伸展出来。基于该技术问题，"锥爪型摩擦环"不是本领域的常规设计，本发明具有创造性。审查员最终接受了笔者的观点，该发明顺利获得授权。从该案例可知，在实际审查中，审查员容易将技术问题定义得过于宽泛，如果将本案的技术问题确定为"如何增大摩擦力来阻碍伸缩管的下移"，实质上是将区别特征"锥爪型摩擦环"转变成了一个常见摩擦块，而这两者在具体的形状和结构上完全不同的。因此，在确定技术问题时，代理人一定要核实审查员是否客观地根据区别特征来确定技术问题，使发明所解决的技术问题与区别特征相匹配。

（3）审查员是否基于所有区别特征来确定技术问题？

如果审查员在上一步中正确地确定了区别特征，但区别特征的数量为多个，审查员针对每一个区别特征分别归纳了技术问题，那么其所确定的技术问题可能有误。具体而言，如果各个区别特征之间存在相互作用，为不可分割的整体，则必须只能作为整体来看待，要基于所有的区别特征来一起确定本发明的技术问题，而不能局限于单个区别特征本身所固有的功能或效果来确定技术问题。但是，如果多个区别特征是各自以其常规方式工作，没有相互作用，分别独立解决技术问题，则可以将其区分开来，各自评价。

经核实，如果代理人发现审查员确定发明实际解决的技术问题有误，则可以从该角度争辩本发明具有创造性。

六、判断要求保护的发明对本领域的技术人员来说是否显而易见？

判断是否显而易见是三步法的最后一步，也是最具争议的一步。根据《专利审查指南2010》的规定，笔者认为专利代理人可以从以下三个方面去核实判断本发明是否显而易见。

（1）是否存在技术启示？

《专利审查指南2010》中列举了通常认为现有技术中存在技术启示的三种情况：①区别特征为公知常识，是本领域解决该技术问题的惯用手段；②区别特征被同一份对比文件其他部分披露，且作用相同；③区别特征被另一份对比文件所披露，且作用相同，从而将"判断是否存在技术启示"的主观问题转变成"判断区别特征是否已被现有技术所公开且作用相同"的客观问题。

因此，当审查员认为"所述区别特征为另一份对比文件中披露的相关技术手段，且该技术手段在该对比文件中所起的作用于该区别特征在要求保护的发明中为解决所确定的技术问题所起的作用相同"时，代理人要核实在另一份对比文件中是否可以确实地找到该区别特征，并且更为重要的是，代理人一定要核实其作用是否相同。例如，在一种存储系统的发明申请中，该发明与最接近的现有技术对比文件1相比具有区别特征"放大器"，审查员虽然在对比文件2中找到了相同结构的"放大器"，但由于对比文件2中的"放大器"用于信号放大，而该发明中的"放大器"用于信号读出，两者作用不同，不存在技术启示。因此，存在技术启示的判断标准是特征相同且作用相同的统一。如果"只要拼凑在一起能够覆盖一项权利要求中记载的所有技术特征，就可以得出权利要求保护的技术方案不具备创造性的结论，那么世上将没有几件专利申请能够获得批准"。❶

进一步地，在实务中还会出现审查员认为"虽然对比文件中对区别特征的作用没有记载，但是其客观上可以具有与本发明相同的作用"的情况。笔者认为，所谓的作用是指相应的技术特征在对比文件公开的技术方案中实际起到的作用，而不是该相应的技术特征客观上可以具有的所有作用。这是因为"技术特征在该技术方案中所起的作用不可能是该技术特征在客观上可以具有的所有作用，而是针对特定技术问题并在考虑其他相关技术特征的情况下所做出的特别选择"。❷"例如，假如人们发现阿司匹林的第一用途为止痛，之后才发明了用阿司匹林治疗心脏病的药并申请专利，审查员是否可以基于用于止痛的阿司匹林的对比文件，认为虽然对比文件中没有明确提到阿司匹林可以用于治疗心脏病，但其客观上起到了治疗心脏病的作用从而否定其创造性呢？显然不可以"。❸

当审查员没有在对比文件中检索到区别特征，则可能直接认定"所述区别特征为公知常识"，此时代理人需要核实审查员"关于所述区别特征为公知常识"的论断是否正确。因为"专利法意义上的公知常识具有领域属性和惯用属性，此领域公知彼领域未必公知，以此方式使用为公知以彼方式使用未必公知，本发明所确定地技术问题限定了公知常识的领域属性和惯用属性，脱离了本发明的技术问题而泛泛地论及某常识是否公知将毫无意义"。❹

经核实，如果代理人发现现有技术中不存在技术启示，则可以从该角度争辩本发明具有创造性。

（2）是否存在结合障碍？

如果经核实确认存在技术启示，则还不能直接得到本发明显而易见从而不

---

❶ 尹新天. 中国专利法详解 [M]. 北京：知识产权出版社，2011：265.
❷ 宋淑华，杨存吉. 权利要求的技术特征被对比文件公开的认定标准 [J]. 人民司法，2012 (22)：6.
❸ 江耀纯. 创造性判断三步法中的万能公式——技术问题答案搜索法 [G] //中华全国专利代理人协会. 2014 年中华全国专利代理人协会年会第五届知识产权论坛论文. 北京：知识产权出版社，2014.
❹ 黄熊. 论以"三步法"评价创造性的过程中常见的降低创造性的若干手段与应对策略 [G] //中华全国专利代理人协会. 2014 年中华全国专利代理人协会年会第五届知识产权论坛论文. 北京：知识产权出版社，2014.

具有创造性的结论。因为根据《专利审查指南2010》的规定，还必须能够将"区别特征应用到该最接近的对比文件"。也就是说，代理人还需要核实当将区别特征应用到最接近的对比文件时，是否存在阻碍两者结合在一起的结合障碍。

例如，要求保护的发明的技术方案为 a+b，最接近的现有技术的技术方案为 a+c，区别特征为 b，为了获得要求保护的发明 a+b，首先需要从最接近的现有技术 a+c 中删除 c，然后添加 b。但是，如果 a 与 c 之间因为在结构上彼此关联而无法进行分离，或者 c 和 b 之间因为在功能上彼此抵触而无法相互替换，则可以认为最接近的现有技术和区别特征之间存在结合障碍而导致无法将区别特征应用到最接近的对比文件上，即区别特征与最接近的对比文件之间不能结合。此外，如果作为最接近的现有技术的对比文件的其他部分或另一份对比文件给出了与本发明相反的技术教导，也视为存在结合障碍，导致不能结合。

经核实，如果代理人发现区别特征与最接近的对比文件不能结合，则可以从该角度争辩本发明具有创造性。

（3）是否获得要求保护的发明？

如果区别特征与最接近的对比文件能够结合，则还不能直接得到本发明显而易见从而不具有创造性的结论。因为根据《专利审查指南2010》的规定，在将区别特征应用到最接近的对比文件之后，要能够获得要求保护的发明。

在实务中，会出现两种情况：①结合后直接获得了要求保护的发明的技术方案，说明本发明没有创造性；②结合后并没有直接获得要求保护的发明的技术方案，还需要进一步改进该结合所得的技术方案才能获得要求保护的发明。此时，代理人需要进一步核实，针对该结合所得的技术方案进行进一步的改进是否需要付出创造性劳动。

例如，要求保护的发明的技术方案为 a+b+c，结合后所得的技术方案为 a'+b+c，需要将 a' 进一步改进为 a 才能获得要求保护的发明 a+b+c。此时，代理人需要核实将 a' 进一步改进为 a 对本领域技术人员而言是否需要付出创造性劳动。具体而言，如果进一步改进的具体手段是本领域常用的或者公知的技术手段，例如将 a' 的螺栓连接改进成 a 的螺钉连接，则可以认为该进一步改进不需要付出创造性劳动，本发明没有创造性；反之，如果该进一步改进的具体手段不是本领域常用的或公知的技术手段，则说明需要付出创造性劳动，本发明具有创造性。

经核实，如果代理人发现区别特征与最接近的对比文件结合之后根本无法获得要求保护的发明，或者为了获得要求保护的发明还需要进一步改进该结合所得的技术方案并付出创造性劳动，则可以从该角度争辩本发明具有创造性。

七、结束语

综上所述，笔者简要探讨了专利代理人如何以作为"审查员的审查员"的视角来答复缺乏创造性的审查意见。当专利代理人将答复审查意见的过程转变成核实审查员是否严格按照"三步法"来审查个案的过程时，专利代理人就会发现《专利审查指南2010》本身就是答复指南，答复缺乏创造性的审查意见也可以是一件有章可循、有法可依的事情，从而提高了专利代理人答复审查意见的条理性和逻辑性。此外，由于专利代理人是通过在核实审查意见的过程中寻找争辩点来进行答复的，这使得代理人的答复具有较强的针对性，从而提高了专利代理人和审查员之间的沟通效率，降低了审查的成本，加快了审查进程。最后，这种有的放矢、有理有据的答复会具有较强的说服力，更容易被审查员所接受，对于专利申请的授权走向具有良好的推动作用。

体会发明构思，正确选择最接近的现有技术

吴江明* 栗彬彬*（等同于第一作者） 刘　晴*

【摘　要】

　　创造性评判"三步法"的第一步就是选择最接近的现有技术。最接近的现有技术选择是否正确、恰当对创造性评判结论的正确性和说服力都有着基础性的影响。体会发明构思则有助于正确选择最接近的现有技术。本文通过对发明构思与最接近现有技术关系的理论辨析推导出发明构思在选择最接近现有技术过程中所可能起到的四个方面的作用，并通过典型案例对这四方面具体的作用作了实证性阐述，包括对技术信息的理解、发明构思与技术问题的兼容性、技术思路的方向性、最佳的改进起点等。

【关键词】

　　创造性　最接近的现有技术　发明构思

一、前　言

　　近几年，随着以"三性"评判为主线的实质审查理念深入人心，新颖性

---

* 作者单位：国家知识产权局专利局专利审查协作江苏中心。

和创造性的评判正成为实质审查工作和审查员培训的核心内容。然而，在实践中发现诸多创造性评判不准确的问题，最接近的现有技术选择不当是常见的表现之一。

确定最接近的现有技术是开展创造性评判的基础。理解方案实质、体会发明构思有助于正确确定最接近的现有技术❶。本文通过对发明构思与最接近现有技术的理论关系辨析和对若干典型案例的归纳分析，发现发明构思可以在技术信息理解的正确性、发明构思与技术问题的兼容性、技术改进的方向性以及作为最佳的改进起点这四个方面为正确选择最接近的现有技术提供重要的帮助。现通过理论辨析结合典型案例实证与读者探讨。

二、发明构思与最接近的现有技术选择关系的理论辨析

众所周知，按照创造性评判"三步法"的第一步就是要从现有技术中寻找最接近的现有技术。我国《专利审查指南2010》规定，最接近的现有技术是指现有技术中与要求保护的发明最密切相关的一个技术方案，它是判断发明是否具有突出的实质性特点的基础。可见最接近的现有技术是发明与众多现有技术相比较所获得的结果。这必然要求本领域技术人员做到：（1）正确地理解发明与现有技术；（2）按照一定的规则将发明与现有技术作比较。对于这两点，我国《专利审查指南2010》仅作了原则性的规定。在审查实践中较多地从局部角度关注了公开技术特征的多少和所在技术领域相同与否，导致技术信息理解出现偏差以及最接近的现有技术选择不恰当的情况时有发生。

技术是将科学理论的真理所隐含的或者明确表述的内容翻译成适当的、实用的形式，包括以经验为主的发明和以抽象的物理学研究为主的发明。❷无论是以经验还是抽象研究为主形成的发明，绝大多数都是发明者创造性劳动的结晶，是长期科学研究或者生产实践的总结，因而还原发明的形成过程有助于正确理解发明和评判发明的创造性。发明形成过程一般包括"目的—构思—手段—方案"这样一个思维过程，其中发明构思是指申请人提出的为解决技术问题、完成相应任务的思路或者想法，包含着解决技术问题的技术方案的大体方向。❸它体现了技术方案的整体性和对社会的实质贡献，因而在理解发明以

---

❶ 朱秀仁，等. 体会发明构思 把握发明实质 [J]. 审查业务通讯，2014，20（8）.
❷ 刘易斯·芒福德. 技术与文明 [M]. 陈允明，等，译. 北京：中国建筑工业出版社，2009.
❸ 朱秀仁，等. 体会发明构思，把握发明实质 [J]. 审查业务通讯，2014，20（8）.

及将发明与现有技术作比较时应当考虑发明构思。《欧洲专利局申诉委员会案例法》也指出,用于评价创造性的最接近的现有技术通常是公开为了相同目的而构思的现有技术文件。❶

通过对发明构思含义的理解可以发现,其包括了技术问题和技术思路两个重要元素。依据这两个重要元素,准确体会发明构思在选择最接近的现有技术过程中应当可以起到如下作用:(1)准确把握发明实质,帮助正确理解本发明和对比文件公开的技术信息;(2)发明构思受到技术问题的约束,准确体会发明构思有助于判断不同技术思路在解决技术问题时是否兼容;(3)技术手段的选择及技术方案的形成均是在发明构思的指引下开展的,正确体会发明构思有助于准确把握技术改进的方向;(4)与发明的技术思路相同的现有技术在整体设计上与发明更加相似,本领域技术人员将其作为最佳改进起点无须对整体思路进行修改便可能获得本发明,因而该现有技术被优选作为最接近的现有技术。

下面,本文将通过实际案例对发明构思与最接近的现有技术选择关系进行实证剖析。

三、发明构思与最接近的现有技术选择关系的实证剖析

1. 发明构思与技术信息的理解

案例1涉及一种自动柜员机,其独立权利要求1请求保护的技术方案为:

一种自动柜员机,包括一伪钞鉴别单元和一钱箱,所述伪钞鉴别单元鉴别存入的钞票,所述钱箱将被鉴别为不是伪钞的钞票存入其中,其特征在于:所述自动柜员机还包括一钞票图像获取单元、一序列号提取单元和一信息存储单元,所述钞票图像获取单元获取被鉴别为不是伪钞的钞票的图像信息,所述序列号提取单元根据钞票的图像信息提取出钞票的序列号,所述信息存储单元存储所述钞票的序列号,并将所述序列号与存钱的储户的信息关联起来。

对比文件1公开了一种钞票存储的存款机,其具体的方案为输入单元对输送中鉴别为真钞的钞票进行读取扫描;获取单元获取钞票序列号的图像信息;识别单元对图像信息进行文字识别;存储单元存储识别出的序列号和与该序列号对应的存款者信息,将识别出序列号的钞票存入钱箱,将无法识别出序列号

---

❶ 国家知识产权局学术委员会. 欧洲专利局审查指南优先权、新颖性、创造性部分及判例法[J]. 学术观察,2014(11).

的钞票退回，如果出现无法鉴别为真钞的钞票，也同时将其退回。

进行局部的特征比对会得到如下结论：对比文件1所公开的特征"将识别出序列号的钞票存入钱箱，将无法识别出序列号的钞票退回，如果出现无法鉴别为真钞的钞票，也同时将其退回"的含义涵盖于该申请"所述钱箱将被鉴别为不是伪钞的钞票存入其中"之中，前者是后者的特定情形而已，属于上下位概念范畴。所以对比文件1公开了权利要求1的关键技术特征"所述钱箱将被鉴别为不是伪钞的钞票存入其中"，适合作为最接近的现有技术。

但通过体会发明构思我们可以发现，对比文件1为了解决存入钱箱的钞票无法溯源的技术问题，提出了"将识别出序列号的并且被鉴别为不是伪钞的钞票存入钱箱，同时对于无法识别出序列号的并且被鉴别为不是伪钞的钞票，柜员机退回该部分钞票"的发明构思；该申请为了解决同样技术问题，提出了将鉴别为不是伪钞的钞票存入钱箱，然后提取存入钱箱的钞票的序列号的发明构思。比较发现二者发明构思是不同的。该申请的发明构思体现为鉴伪、存钱、获取序列号的过程，柜员机所接收的是可识别序列号以及不可识别序列号的混合型非伪钞；对比文件1的发明构思则体现为鉴伪、获取序列号、存钱的过程，柜员机所接收的仅是序列号可识别的非伪钞，而序列号无法识别的非伪钞则被其退回。按照对比文件1的发明构思，特征"将识别出序列号的并且被鉴别为不是伪钞的钞票存入钱箱"与"对于无法识别出序列号的并且被鉴别为不是伪钞的钞票，柜员机退回该部分钞票"在技术上相互配合协同作用，构成彼此不可分割的有机体，在进行特征对比时，不适合将对比文件公开的彼此协同配合作用的两个特征进行人为肢解。可见，对比文件1并未完全公开权利要求的关键技术特征。只有在正确理解上述技术信息的前提下，才能准确地认定对比文件1是否为最接近的现有技术。

2. 发明构思与技术问题的兼容性

案例2涉及一种电池检测方法。其权利要求1请求保护的技术方案为：

一种电池检测方法，其特征在于包括：根据电池当前电量获取所述电池提供的总电压；根据所述总电压得到所述电池种设置的第一电阻的电压；获取所述第一电阻所在电路上的电流；根据所述第一电阻的电压、所述电流得到所述第一电阻的阻值；若所述第一电阻的阻值在预设范围内，则确定所述电池为标配电池。

对比文件1公开了一种电池组的异常检测方法，其获得电池的电压数据，获取电流检测电阻器22的电流数据，根据获取的电压数据、电流数据计算电池阻抗，判断电池组的阻抗是否在基准范围内，若在，则电池组正常。

对比文件1与该申请都同属电池检测领域，并且公开了包括步骤顺序在内的大部分技术特征，如果以特征公开多少及技术领域是否相同为评判标准的话，容易选择对比文件1作为最接近的现有技术。

但如果考虑该申请与对比文件所涉及思路与技术问题的关联性，会发现二者技术思路无法兼容。具体地，该申请所要解决的技术问题是如何检测出电子产品所使用的电池是否为标配电池，技术思路是测量电池的阻值，并将所测得的阻值与预设的阻值范围相比较从而确定电池是否为标配。对比文件1所要解决的技术问题是检测发现电池组电池单元由于劣化所造成的异常，技术思路是测量电池阻值，并将其与预设的阻值范围相比较从而确定电池组是否发生异常。比较两者的发明构思可以发现尽管两者的技术思路类似，但是所要解决的技术问题并不相同，不仅如此对比文件1在客观上也不存在该发明所述的电池是否标配的技术问题。在现有技术未提示用来解决上述不同技术问题的技术手段或思路之间可以相互转用的情况下，该领域技术人员想不到移植对比文件1披露技术思路来解决本申请电池是否标配的技术问题。所以说，对比文件1不适合作为最接近的现有技术。

以上案例的启示是，按照发明创造的内在规律，应当基于某种技术问题设计相应的技术思路，所以发明构思与技术问题往往存在关联。如果所选择的现有技术与该申请所要解决的技术问题不同或者技术问题在技术上没有密切的相关性，可能导致发明构思互不兼容，这样的现有技术不适合作为最接近的现有技术。

3. 发明构思与技术改进的方向性

案例3涉及一种油液体积弹性模量的测量方法。权利要求1要求保护的技术方案如下：

一种油液体积弹性模量测量的方法，其特征在于：将装有油液的油液容器浸在液体中，通过给油箱中的油液加压，油液被压缩，油箱变形膨胀，根据容器中水面高度变化计算出油液容器体积的改变量$\Delta V_{油箱}$，之后依据以下公式计算油液体积弹性模量K'：

$$K' = V_0 \frac{\Delta P}{\Delta V - \Delta V_{油箱}}$$

其中：V_0—油液初始状态的体积；

ΔP—油液压强改变量；

ΔV—与 ΔP 对应的油液体积改变量。

对比文件 1 公开了该申请较多的技术特征，实施例部分公开了测量油液体积弹性模量的方法：测试腔为无缝钢管，壁厚 30mm，因此可完全忽略管壁变形对油液弹性模量测量的影响……获取油液初始状态的体积 V_0、油液压强改变量 ΔP 以及与 ΔP 对应的油液体积改变量 ΔV，根据公式 $K' = V_0 \Delta P / \Delta V$ 计算出此时油液的弹性模量。

对比文件 1 和该申请所书技术领域相同，且公开了权利要求较多的特征，是否适合作为最接近的现有技术呢？

该申请和对比文件 1 都是为了解决测量油液体积弹性模量时油箱变形影响测量精度的技术问题，而为了减少测量油液体积弹性模量时油箱变形对测量精度的影响，理论上可以有如下多种技术方向可供选择，例如技术方向（1）改变油箱，使油箱变形减小或者不发生变形；技术方向（2）接受油箱变形，改进计算方法，补偿油箱变形带来的影响；技术方向（3）不适用油箱而采用其他装置进行测量等。这些技术思路体现了解决问题的互不交叉的技术方向。

通过对该申请以及对比文件发明构思的体会来分析，对比文件 1 采用了壁厚 30mm 的无缝钢管作为油箱进行测量，此时油箱几乎没有变形，体现的是第（1）种技术方向。该申请意识到油箱可发生变形会对测量结果产生影响，所以通过排水法计算得到 $\Delta V_{油箱}$，并在计算中补偿掉所述 $\Delta V_{油箱}$ 给测量结果带来的影响，体现的是第（2）种技术方向。本领域技术人员在审视对比文件的时候，看到的是油箱的变形几乎没有，也就是 $\Delta V_{油箱}$ 为 0。受此约束，本领域技术人员不再容易想到计算 $\Delta V_{油箱}$，并补偿 $\Delta V_{油箱}$ 给测量结果带来的影响。所以，本领域技术人员不可能在上述对比文件基础上进行改进从而得到该申请。

以上案例给我们的启示是，发明构思给予了解决技术问题的方向性引导。在选择最接近的现有技术的时候，需要审视其是否能够将本领域技术人员引导到本申请的构思方向上来。

4. 发明构思与最佳的改进起点

案例 4 涉及一种水下机器人辅助控制系统。权利要求 1 要求保护的内容如下：

一种水下机器人辅助控制系统，包括捷联惯性导航系统和视景仿真系统，其特征在于，水下机器人载体上安装有传送水下机器人位置和姿态信息的捷联惯性导航系统，捷联惯性导航系统与虚拟显示水下机器人运动轨迹的连接视景仿真系统连接，视景仿真系统安装在水下机器人控制室中。

对比文件1公开了水下机器人辅助控制系统,其利用捷联惯性导航技术向操作人员传送水下机器人的位置和姿态信息,并对水下机器人进行导航控制。对比文件2公开了通过建立水下机器人视景仿真系统,接收水下机器人的位置和姿态信息,将机器人在不同条件下的运动过程直观地显示出来,以利于仿真试验人员在线的对仿真过程和仿真结果进行分析、评判和决策。

经过分析发现对比文件1和2都公开了较多的技术特征,特征对比表如下。

该申请	D1	D2
水下机器人辅助控制系统	√	√
捷联惯性导航系统	√	×
视景仿真系统	×	√
机器人位置和姿态信息	√	√

通过对两篇对比文件的发明构思进行体会可以发现,对比文件1在技术思路上接近于专利申请背景技术部分提及的技术思路,即通过捷联惯性导航系统传送水下机器人位置和姿态信息,但观察起来不够直观形象;对比文件2在技术思路上接近于专利申请的发明构思,即水下机器人传送水下机器人位置和姿态信息给视景仿真系统,从而使操作员能直观地观察机器人,便于操作。

理论上,无论以对比文件1为最接近的现有技术结合对比文件2,还是以对比文件2为最接近的现有技术结合对比文件1均满足"三步法"的要求。选择对比文件1作为最接近的现有技术,那么区别技术特征则是视景仿真系统,实际解决的技术问题是如何将机器人的运动过程直观地展现给操作人员,而相同领域的对比文件2公开了通过视景仿真系统将机器人的运动过程直观地展现给操作人员,所以权利要求1不具备创造性。选择对比文件2作为最接近的现有技术,那么区别技术特征则是捷联惯性导航系统,实际解决的技术问题是如何获得水下机器人的位置和姿态信息。而相同领域的对比文件1公开了通过捷联惯性导航系统获得水下机器人的位置和姿态信息,所以权利要求1不具备创造性。

从以上两种不同的创造性评价的分析过程来看,得到的结果是相同的,但效能未必相同。我们都知道,在"三步法"的三个步骤当中,只要准确体会了发明与对比文件的构思,把握住实质,第一个步骤和第二个步骤一般是可以比较客观地认定的,而创造性的主观因素主要存在于第三个步骤当中,即主要存在于显而易见性的判断当中。对于一个方案，体现其发明构思的技术特征占主导地位，其他特征起辅助作用，如果将占主导地位的技术特征放在区别当中而交由主观因素较多的第三步来进行评判，势必会弱化说理逻辑，或者让发明人/申请人认为自己的发明与最接近的现有技术区别较大，从而降低审查效能。

由此可见，相对于对比文件1而言，对比文件2与该申请的发明构思更为接近，更适合作为最接近的现有技术。

该案例的启示是：选择技术思路相同的现有技术作为最接近的现有技术更客观地反映了专利申请与现有技术的接近程度，有助于创造性判断。

三、结　　语

对发明构思的理解一直都蕴含在"三性"评判工作当中，但在专利相关的法规和刊物中对此都少有涉及。系统地运用发明构思，把握发明实质，提高"三性"评判能力是专利审查的基础性工作，为此有必要对发明构思与创造性评判的关系作更深入的分析。本文仅就发明构思在选择最接近的现有技术过程中的作用角度作了粗浅的分析，希望能抛砖引玉，引起更多思考。

把握发明构思,切中创造性说理要害
——关于提高审查意见沟通效率的一点思考

秦 晨[*]

【摘 要】

审查意见的质量高低直接关乎与申请人的沟通效率。客观评价创造性是践行以"三性"评判为主线的全面审查工作中的重要环节,也是审查实践与代理过程中争论最激烈的问题之一。本文旨在结合案例,阐述关于准确把握发明构思,可从发明创造的核心内容入手选取说理角度,切中创造性说理要害,提高审查意见沟通效率的思考。

【关键词】

创造性 说理 发明构思 审查意见 沟通效率

一、引 言

审查意见通知书是审查员与申请人进行沟通的方式之一,其质量高低直接关乎双方的沟通效率。审查意见的正确性包括完整性、准确性和明确性。而审查意见不明确是指说理不充分、表述不清楚、逻辑不清楚。这些并未导致结论

---

[*] 作者单位:国家知识产权局专利局电学发明审查部。

错误的说理方式，特别是未引起足够重视的说理不充分问题，往往在沟通过程中起到了消极作用，使得审查员和申请人各说各话，未能达到有效沟通的目的。

一项发明创造能否被授予专利权的基本条件在于该项发明创造是否对现有技术进步做出了智慧贡献，而客观评价创造性是践行以"三性"评判为主线的全面审查工作中的重要环节，也是审查实践中，审查员与申请人争论最激烈的问题之一。

在创造性审查中，分析发明构思，把握发明实质，判断现有技术是否给出了这样的发明构思，即判断现有技术是否会引导本领域技术人员想要解决相同的技术问题，并为解决该技术问题而指明思考和改进的方向。分析过程中切中这些要害，才能使创造性说理充分。

二、把握发明构思，切中创造性说理要害

1. 从解决技术问题入手，把握发明构思

【案例1】

该案涉及一种电池系统，目的在于提供能够抑制二次电池的劣化进行、能够相应减少搭载的初始的电池容量，另外作为电池系统能够长时间确保能够充放电的电量的大小的电池系统。

为了解决上述问题，该案提供了一种电池方案，技术方案如图1所示。

该案权利要求1的技术方案为：

一种电池系统，具备二次电池，将该二次电池产生的电能用于动力源；具备上限电量设定单元，其将上限电量设定得比满充电的情况低，并且将所述上限电量设定为随着所述二次电池的劣化越发展、满充电电量与所述上限电量的差变得越小的值，并且，使所述上限电量与所述二次电池的劣化相比平稳地降低，所述上限电量是能够从所述二次电池取出的电量的上限，所述满充电电量是能够从满充电状态取出的电量；和充电单元，其在对所述二次电池充电时，以所述上限电量为上限，对所述二次电池充电。

实质审查阶段，审查员找到本案最接近的现有技术——对比文件1，其公开的技术方案参见图2、图3。

本发明的方式：逐渐减少上限电量C（上限电量C的宽度/劣化量=-2%/-10%）

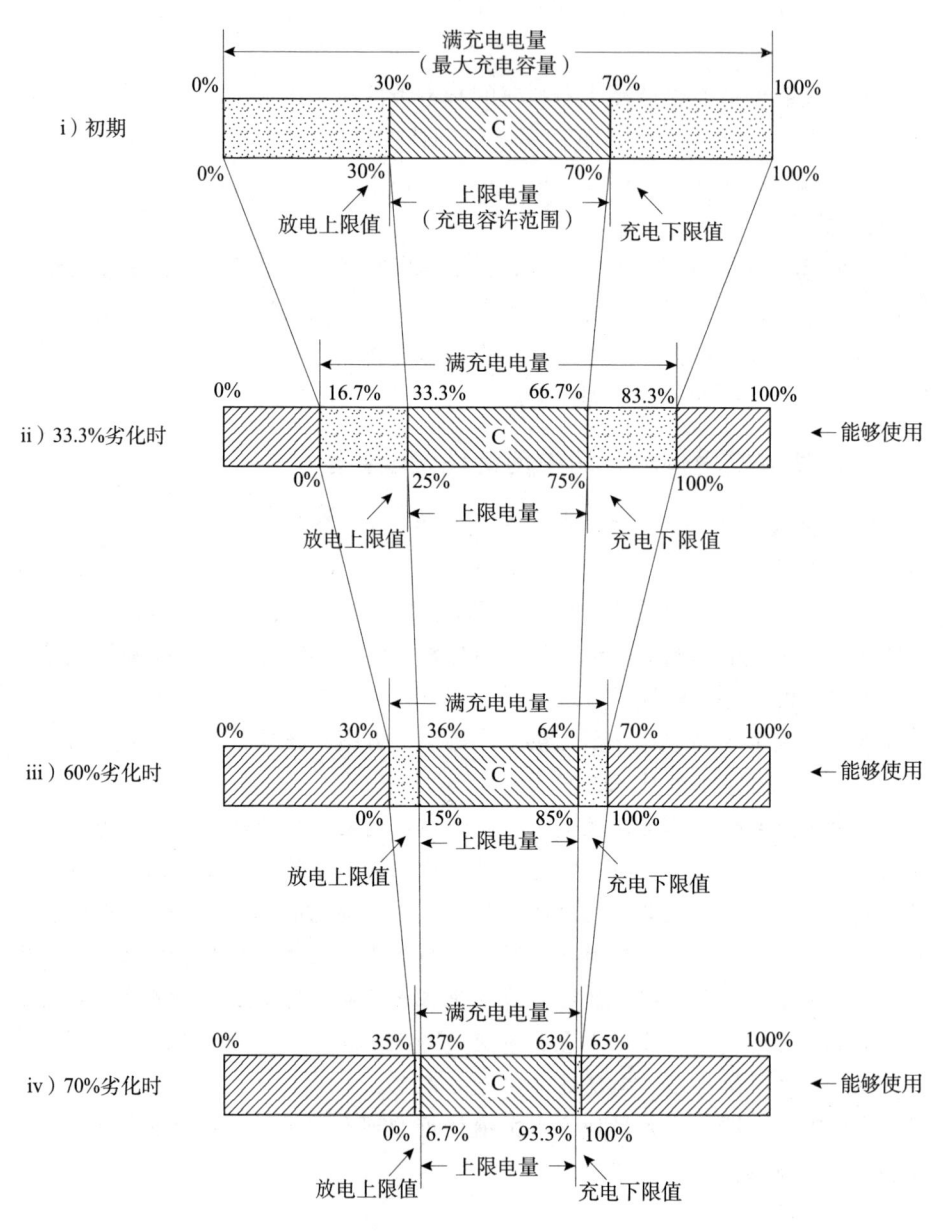

i）初期

ii）33.3%劣化时 ← 能够使用

iii）60%劣化时 ← 能够使用

iv）70%劣化时 ← 能够使用

图1

对比文件1的图2的方式：维持充电容许范围A的比例（30%~70%）

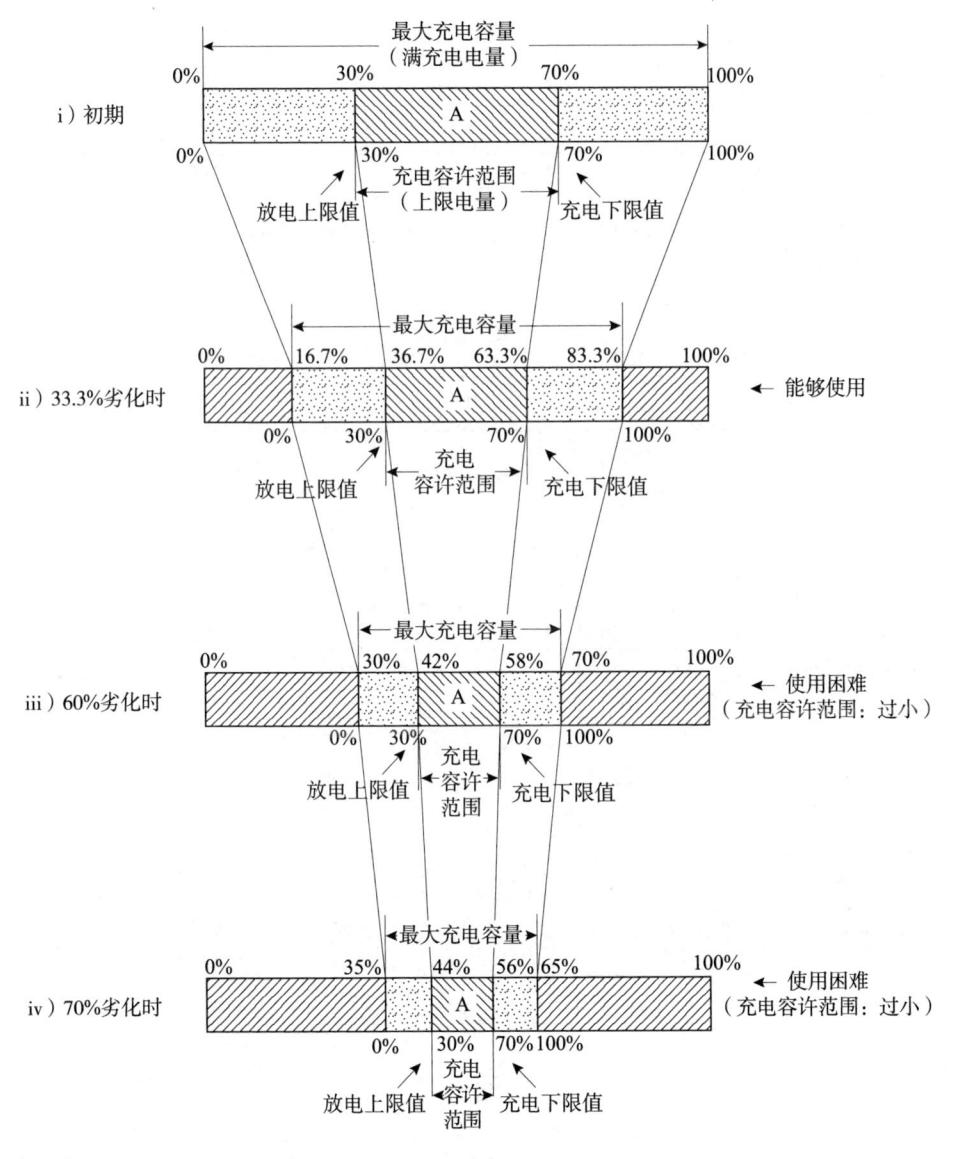

i）初期

最大充电容量（满充电电量）
0%　　30%　　　70%　　100%
放电上限值　充电容许范围（上限电量）　充电下限值

ii）33.3%劣化时

最大充电容量
0%　16.7%　36.7%　63.3%　83.3%　100%　← 能够使用
放电上限值　充电容许范围　充电下限值

iii）60%劣化时

最大充电容量
0%　30%　42%　58%　70%　100%　← 使用困难（充电容许范围：过小）
放电上限值　充电容许范围　充电下限值

iv）70%劣化时

最大充电容量
0%　35%　44%　56%　65%　100%　← 使用困难（充电容许范围：过小）
放电上限值　充电容许范围　充电下限值

图2

《专利法》第 22 条和第 23 条的适用

对比文件1的图3的方式：维持充电容许范围B的宽度

i）初期

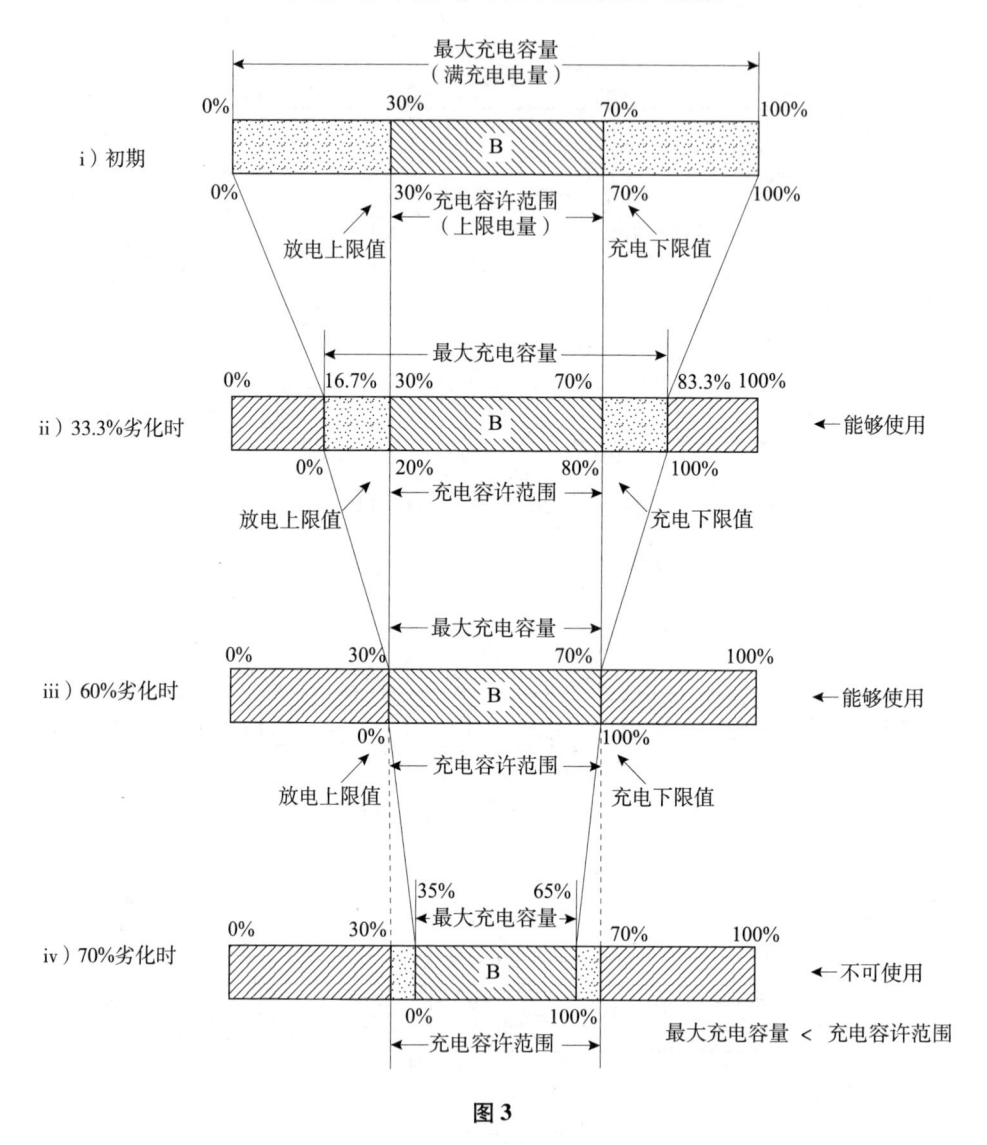

ii）33.3%劣化时　←能够使用

iii）60%劣化时　←能够使用

iv）70%劣化时　←不可使用

最大充电容量 < 充电容许范围

图 3

实审审查员在驳回决定中认为：权利要求 1 与对比文件 1 相比，区别在于：使所述上限电量与由所述二次电池的劣化导致的所述满充电电量的降低相比缓慢地降低。权利要求 1 实际要解决的技术问题在于延长电池使用寿命。

然而，本领域技术人员均知晓，随着电池的持续使用，其能够充电的最大电量不可能逐渐增加，使用者也不会将该最大电量设置得越来越高。此外，对比文件1已经公开了如果最大充电容量降低（二次电池的劣化发展），低充电限值将由70%增加到80%（将所述上限电量设定为随着所述二次电池的劣化越发展、满充电电量与所述上限电量的差变得越小的值），并且该最大充电容量是通过记忆存储部3记忆的电池劣化信息，算法电路2计算出来的。因此，本领域技术人员在对比文件1的基础上，仅仅通过合乎逻辑的分析、推理就能够得到权利要求1的技术方案，而无须为此付出创造性劳动。

此后，本案被提出复审请求，请求人认为：根据图1（本案）与图2（对比文件1的实施例1）所示的控制方法和图3（对比文件1的实施例1）所示的控制方法都不相同，也即，对比文件1并没有公开本申请权利要求1的"使上限电量与由二次电池的劣化导致的满充电电量的降低相比缓慢地降低"这一技术特征。并且，对比文件1涉及的发明（对比文件1的实施例2）是用于防止电池劣化时实质上能够充放电的范围变窄、使用户不会意识到电池劣化而使用电池的发明，也即是，对比文件1涉及的发明的构思和出发点与该发明完全不同，因此，该领域技术人员根本无法从这样的图1和图2（对比文件1的实施例1和2）公开的方法容易地想到该申请权利要求1的技术方案以实现该发明的上述技术效果。故本案权利要求1相对于这样的对比文件1具有创造性。

进入复审阶段，复审合议组认为：

权利要求1与对比文件1公开的是随着电池的劣化，劣化实质的放电容量（相当于本案的上限电量）即充电容许范围一直保持不变，其目的是防止电池劣化时实质上能够充放电的范围变窄。基于上述区别技术特征，权利要求1所要解决的技术问题是随着电池的劣化，上限电量相对缓慢降低，更有效地利用电池直到电池发生严重劣化，并能够相应减少搭载的初始的电池容量。

对比文件2公开了一种对电动汽车的二次电池进行充电的方法，但是对比文件2也没有公开上述区别技术特征。对比文件1虽然公开了充电容许范围（相当于上限电量），但是其一直是保持不变的，当电池劣化至最大充电容量小于充电容许范围时，电池无法使用，而本案的上限电量与充满电电量的下降相比是缓慢下降的，当电池劣化时上限电量总低于充满电电量而使得电池的利用率更高，可见对比文件1没有给出当电池劣化严重时，可缓慢降低充电容许范围以使得电池能够继续使用的启示，从而上述区别技术特征也并非本领域技术人员在对比文件 1 的基础上，仅仅通过合乎逻辑的分析、推理就能够得到的，而且也没有任何证据表明上述区别技术特征为本领域的公知常识，并且上述区别技术特征使得权利要求 1 所要保护的技术方案能够更有效地利用电池直到电池发生严重劣化。因此，权利要求 1 的技术方案相对于对比文件 1、2 和本领域的公知常识的结合具备《专利法》第 22 条第 3 款规定的创造性。

综上可见，实审审查员、复审请求人和复审合议组三者认定的区别技术特征是一致的。但是从本案发明构思的角度出发，可知（本案说明书背景技术部分记载）：如果将二次电池反复充电到满充电，则二次电池的劣化进程加快。与此相对，在上述二次电池中，通过上限电量设定单元将能够从二次电池取出的电量的上限（上限电量）设定得比满充电的情况低，以该上限电量为上限，通过充电单元对二次电池充电。通过这样限制充电的上限，能够抑制二次电池的劣化进行。这样，能够减小考虑到将来的劣化而需要的二次电池的容量，所以能够减小搭载于电池系统的二次电池的容量。从解决技术问题的角度来看发明构思，对比文件 1 公开的"充电容许范围（相当于本申请的上限电量）"，但其是一直保持不变的，也就无法获得解决"抑制二次电池劣化"这一技术问题的技术启示。故本案关于创造性说理的角度存在更好的选择。

通过案例 1 我们可以看到，从解决技术问题的角度把握发明构思，分析区别技术特征的具体作用，是更正面的回应，也更能直击技术方案的核心，切中本案创造性说理的要害。从而判断现有技术整体上是否存在技术启示，能避免陷入对技术细节的争论，快速、准确、客观地评价一项发明的创造性。

2. 从采用技术手段入手，把握发明构思

【案例 2】

该案涉及一种能减少抖动的继电器触头结构，电磁式继电器触头包括定触片、固定在定触片上的定触点、动触片、固定在动触片上的动触点。传统的电磁式继电器触头触点吸合和断开时会产生抖动，不能使用于要求抖动小的场合。现有的减少其触点吸合和断开时的抖动的主要措施是采用改变机械参数和触簧系统的材料的方法，例如对于静触簧为刚性的触簧系统，增加触点的压力，或者选用材料密度小、弹性模量大及振动衰减系数大的动触簧材料，或者减少动触簧片的长度和宽度、增大厚度等提高抗振动性，而很少在继电器的触头结构上采取措施，提高抗振动性以减少抖动，结果减振效果有限。

为了解决上述问题，该案提供了一种电池方案，技术方案如图 4 所示。

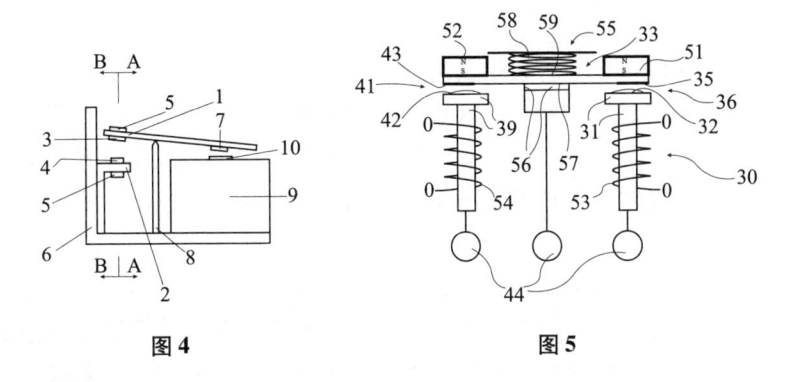

把握发明构思，切中创造性说理要害

图 4　　　　　图 5

该案权利要求 1 的技术方案为：

一种能减少抖动的继电器触头结构，包括动触片（1）、固定在动触片（1）上的动触点（3）、定触片（2）、固定在定触片（2）上的定触点（4），其特征为：具有固定在动触点（3）背面或与动触片（1）刚性连接地方的一个或一个以上永久磁体（5）、固定在定触点（4）背面或与定触片（2）刚性连接地方的一个或一个以上永久磁体（5）。

实审阶段，审查员找到本案最接近的现有技术——对比文件 1，其公开的技术方案参见图 5。

实审审查员在驳回决定中认为：

权利要求 1 与对比文件 1 的区别在于：该申请中固定在定触点背面的也为永久磁铁，而对比文件 1 中固定在第一固定部分 30 背面的第一磁性元件为软铁。

但是，在对比文件 1 中，虽然固定在第一固定部分 30 背面的第一磁性元件为软铁，通过缠绕线圈通电后将该软铁磁化形成具有磁极的磁铁，而该申请中仅仅是用永久磁体替换了对比文件 1 中通过线圈缠绕软铁磁化的磁体，而这样的替换属于本领域中的公知常识，并不需要本领域技术人员付出创造性的劳动。

此后，本案提出复审请求，请求人认为：对比文件 1 不是最接近的现有技术，发明名称、发明目的、技术措施均不相同，并特别强调未公开"防抖动"这一发明目的；该申请用永久磁体替换对比文件 1 中通过线圈缠绕软铁磁化的磁体，不是公知常识；该申请是开拓性发明，解决了热门渴望但始终未能解决的技术难题，取得了意料不到的技术效果——无须耗能即可实现触点防抖，而对比文件 1 通过永久磁体和通电线圈来保持动触点和定触点之间的压力，需要耗能。

进入复审阶段，复审合议组认为：

权利要求1与对比文件1的区别技术特征在于：固定在定触点背面或与定触片刚性连接地方的一个或一个以上永久磁体。基于上述区别技术特征可以确定该权利要求实际解决的技术问题是：采用体积更小的可以减少触点抖动的电磁元件。

对于上述区别技术特征，对比文件1中记载了将永久磁体设置在接触区的附近以便保证良好的接触压力，也就是给出了使用永久磁体保证接触稳定性的技术启示。因此，本领域技术人员在面对减少触点抖动的同时又要选用体积更小的电磁元件的需求时，容易想到使用永久磁体替换电磁线圈，这是显而易见的。

因此，在对比文件1的基础上获得该权利要求所请求保护的"具有固定在动触点背面的一个永久磁体、固定在定触点背面的一个永久磁体"的技术方案，对所属技术领域的技术人员来说是显而易见的。同时，对于"具有固定在动触点背面的一个以上永久磁体、固定在定触点背面的一个以上永久磁体"，或者"具有固定在动触点背面的一个或一个以上永久磁体、固定在定触点与定触片刚性连接地方的一个或一个以上永久磁体"，或者"具有固定在动触点与动触片刚性连接地方的一个或一个以上永久磁体、固定在定触点背面或与定触片刚性连接地方的一个或一个以上永久磁体"的并列技术方案，对本领域技术人员而言，仅是位置的改变和/或数量的改变，而这种要素的变更所带来的技术效果是本领域技术人员可以预料到的。因此，本案所要保护的技术方案不具备突出的实质性特点和显著的进步，因而不具备《专利法》第22条第3款规定的创造性。

最终，本案在复审阶段视撤。可见，实审与复审阶段认定的区别技术特征一致，在实审阶段，审查员仅仅比较技术方案的细节的说理方式，并不容易让申请人信服。在复审阶段，从采用的技术手段出发，抓住"对比文件1中记载了将永久磁体设置在接触区的附近以便保证良好的接触压力，也就是给出了使用永久磁体保证接触稳定性的技术启示"这一发明构思的说理方式，更切中要害。

通过案例2我们可以看到，创造性的比较不能进行机械的特征对比，而应去芜存菁地找出解决技术问题的关键技术手段，分析发明构思，有利于找出发明对现有技术作出的智慧贡献，从而使创造性说理更加充分有力。

三、结论

本文结合两个案例分别从发明解决的技术问题和采用的技术手段两个方面阐述了关于把握住发明构思利于提高创造性审查过程中的说理质量的一点思考。总结本文，对于创造性审查如何得出客观公正的审查结论，提高沟通效率，本文有以下几点建议。

首先，从解决技术问题的角度把握发明构思，分析区别技术特征的具体作用，是更正面的回应，也更能直击技术方案的核心，切中本案创造性说理的要害。从而判断现有技术整体上是否存在技术启示，避免陷入对技术细节的争论，快速、准确、客观地评价一项发明的创造性。

其次，创造性的比较不能进行机械的特征对比，而应去芜存菁地找出解决技术问题的关键技术手段，分析发明构思，有利于找出发明对现有技术作出的智慧贡献，从而使创造性说理更加充分有力。

最后，应当整体看待技术方案，而不应机械地剥离出区别技术特征，孤立地对待。而应将区别技术特征放入到技术方案的发明构思这一整体中，判断现有技术是否给出了引导本领域技术人员作出与该技术方案相同或类似的改进的技术启示，从而得出客观公正的审查结论，有效提高审查意见的沟通效率。

参考文献

[1] 李晓莉. 分析发明构思，客观评价创造性——浅谈创造性审查中的几点体会 [J]. 审查业务通讯, 2013 (19).

[2] 王璐，等. 从"技术问题"出发 准确把握发明创造的实质——以"技术问题"为视角谈如何答复审查意见 [J]. 中国专利代理, 2012 (4).

[3] 仓公林. 对发明专利申请实质审查中导致审查意见不明确的根本原因分析 [J]. 电子知识产权, 2010 (8).

把握发明构思,客观地使用"常规手段"

詹红彬*　余娟娟*（等同于第一作者）

【摘　要】

　　本文指出在创造性的"三步法"评判中,对于"常规手段"的认定应当从发明构思出发,充分考虑区别特征在发明创造中的重要程度和贡献度,把握发明的技术实质,从而正确地认定"常规手段",并且基于发明构思,进行有效、充分的说理。同时,对于申请人答复审查意见通知书时,也应当从发明构思出发,阐述区别特征在发明中的贡献度,提出有说服力的意见陈述。

【关键词】

　　发明构思　常规手段　说理充分

一、引　言

　　在审查实践中,对于发明创造性的评判常常存在这样的情形,就是发明是在对比文件的基础上作出的细微变型或者常规改进,审查员在撰写审查意见通知书时,通常都是采用"常规技术手段""常规设计""常规选择""容易想

---

* 作者单位：国家知识产权局专利局专利审查协作湖北中心。

到的技术手段"等表述，为方便叙述，本文中将上述表达统称为"常规手段"，通常作为公知常识的教科书或工具书都是具有明确证据可以提供的，而对于"常规手段"，是基于本领域技术人员的知识和能力，结合"普通技术知识"就能想到的，因此，"常规手段"的认定对于创造性评判有着举足轻重的地位。

然而，由于审查员自身掌握的知识有限，所审的发明所属领域又相对广博，基于这样的矛盾，作为"本领域技术人员"的审查员要想尽可能客观地运用"常规手段"，尤其是当申请人对"常规手段"提出质疑时，如何进行有针对性的说理，这些都是创造性评判中的难点和重点。

基于此，本文提出了一种正确把握发明构思，理清发明本质，从而客观地使用"常规手段"的审查思路，为审查实践中准确、恰当地评述发明的创造性提供参考。

二、发明构思与"常规手段"认定的关系

把握发明构思就是要对发明的智慧贡献作出评价，基于对现有技术的整体认识，衡量发明的技术问题的发现或者技术解决思路的形成是否超出了本领域技术人员的知识和能力水平。❶《专利审查指南2010》中规定的"三步法"评判创造性就是要求审查员站在本领域技术人员的视角，把握发明构思，从技术问题、技术手段以及相应的技术效果出发，客观、准确地认定"常规手段"，从而正确评判发明的创造性。

然而，权利要求所限定的技术方案往往是多个技术特征的组合，这些特征之间相互关联共同构成了完整的技术方案，而"三步法"评判中，将发明与最接近的现有技术比对之后，就是确定区别技术特征，判断该权利要求是否显而易见时，认为现有技术中存在技术启示的一种情况，即区别特征是在对比文件的基础上作出的细微变型或者常规改进，这时"常规手段"的认定，不应仅考虑该特征本身，而是应当将该区别特征与发明构思结合起来，考虑这些区别在发明创造中的重要程度和贡献度，把握发明的技术实质，有针对性地区分体现发明构思的区别特征和与发明构思关联度不大的特征，从而更客观地认定"常规手段"。下面本文将通过实际案例来说明。

---

❶ 刘丽伟，马文霞. 创造性判断中发明构思的把握与应用（下）[J]. 审查业务通讯，2015(5).

【案例1】

权利要求：

一种控制单向行驶及减震减速路障，其特征在于：该路障包括路障本体（1），路障本体（1）内设有阻行仓（2），阻行仓（2）的形状与阻行块（3）相配合，阻行仓（2）用于容纳阻行块（3），阻行块（3）的一端通过轴（4）连接到阻行仓（2），另一端底部通过弹簧（5）连接到阻行仓（2），轴（4）至少一端设有防倒转机构（6）；该路障还设有间隔体（9），间隔体（9）与路障本体（1）闭合后的形状、大小相同，且对应位置均设有连接孔（10）；路障本体（1）与间隔体（9）交叉排列，每两个相邻路障本体（1）之间设有一个间隔体；间隔体（9）与轴（4）的对应位置设有轴孔（11）。

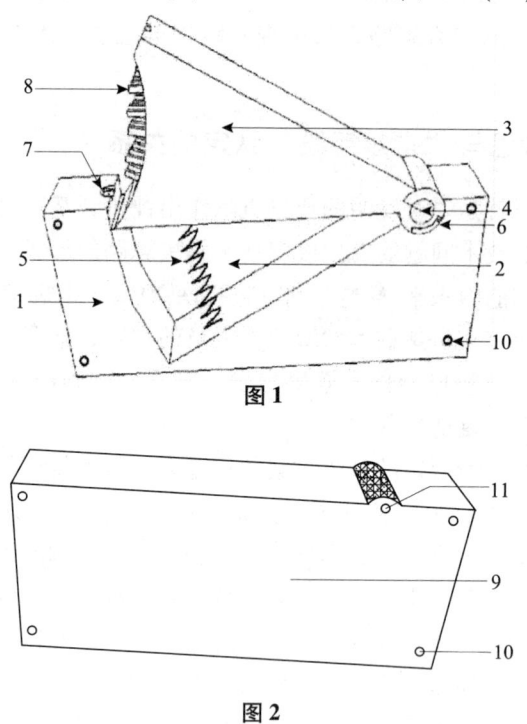

图1

图2

【案例分析】

本案涉及一种适用于单向行驶公路及通道的减震减速路障。对比文件1（CN2252201Y）公开了一种车辆定向行驶限制装置，并公开了本案的大部分的技术特征，但是没有公开"该路障还设有间隔体（9），间隔体（9）与路障本体(1)闭合后的形状、大小相同,且对应位置均设有连接孔(10);路障本体(1)与间隔体(9)交叉排列,每两个相邻路障本体(1)之间设有一个间隔体;间隔体(9)与轴(4)的对应位置设有轴孔(11)"。

现在的焦点问题就集中在间隔体的设置是否可以认定为"常规手段"呢?第一种观点认为,为了节省成本,在满足道路限行工作要求情况下,通常在道路上间隔设置多个路障,路障之间直接填筑道路材料,或者在每两个相邻路障本体之间设有一个间隔体,路障本体与间隔体交叉排列,以便于施工,至于间隔体的具体结构、形状大小可根据路障本体进行设计,以配合其使用。第二种观点认为,间隔体的设置不仅是节约成本,也能起到承重、延长路障的使用寿命的作用;因此,间隔体的设置不是公知,并且审查员也难以举证,所以,将间隔体认定为常规手段属于"事后诸葛亮"。

由此可以看出,对于路障之间设置"间隔体"是否为常规手段出现了两种截然不同的观点,对此,本文认为,在确定一个技术特征是否为"常规手段"时,不应当只考虑该特征本身,而是应当将该特征与本案的发明构思结合起来,还原发明创造的过程,充分考虑该特征对于发明创造的贡献度,进而从本领域技术人员的角度判定是否为"常规手段"。

就本案而言,其背景技术中提到解决的技术问题既能灵活限定车辆单向行驶,又能起到减速、减震的作用,采用的技术手段是在路障本体的阻行块一端底部设置弹簧,同时路障的设置方式是在相邻的路障之间设置与之形状相同的间隔体,所达到的技术效果是当阻行块处于工作状态时,对顺向行驶的车辆能够起到减速警示作用,当车辆通过路障时,车辆对阻行块施压,使得阻行块挤压弹簧收进阻行仓中,车辆通过之后,阻行块反弹到展开状态,可以起到减震作用且不会对车辆造成磨损,并且间隔体的设置不仅能够节省路障个数,还能有效分担路障承重,延长路障的使用寿命。也就是说,间隔体的设置是与路障本体成为一体的,它们共同作用,形成了车辆单向行驶的路障,而对比文件1中已经明确指出,其路障本体是安装在路面下的,就此得出,虽然看似本案与对比文件1的区别仅仅是设置了间隔体,但是,结合本案的发明构思,还原其发明创造的过程,间隔体和路障是同时作用的,两者密切相关,如果将间隔体单独割裂开来看,就容易得出"间隔体"是常规手段的结论,而从分析本案的发明构思出发就能得出,将间隔体割裂出来认定为"常规手段"是欠妥的。

三、正确把握发明构思,指引"常规手段"的说理方向

《专利审查指南2010》中规定:审查员在审查意见通知书中引用的公知常

识应当是确凿的,如果申请人对审查员引用的公知常识提出异议,审查员应当能够说明理由或提供相应证据予以证明。由此可见,专利法范畴内关于公知常识的举证包括两种方式:一是通过充分说理的方式予以证明;二是提供披露了公知常识的技术手册、工具书或教科书予以证明。然而,在审查实践中,"常规手段"一般是不需要举证的,这就需要审查员从技术的角度去充分说理。

对此,本文认为,如果审查员能够正确把握发明构思,将区别特征与发明构思的关联性分析清楚之后,再考虑从还原发明创造的过程出发,正确、有效地对"常规手段"进行说理,那么这样的方式,对申请人来说是比较容易接受的。下面本文将通过实际案例来说明如何从发明构思出发,进行有效、正确的说理。

【案例2】 专利复审委员会第54334号复审请求审查决定

权利要求:

一种折叠墨袋,其用于向印刷装置供给墨,其中,

该折叠墨袋包括:

薄膜袋,其用于贮存墨,在短边方向的两侧分别具有能够自折痕向内侧折曲的折叠侧面部;

口栓构件,其设在上述薄膜袋的前端部,用于导出上述薄膜袋内的墨;

上述薄膜袋在上表面部以及/或下表面部的内侧具有向上述薄膜袋的长边方向延伸的墨流路槽;

在上述折叠侧面部自上述折痕折叠时,上述墨流路槽调整到上述折叠侧面部的上述折痕处。

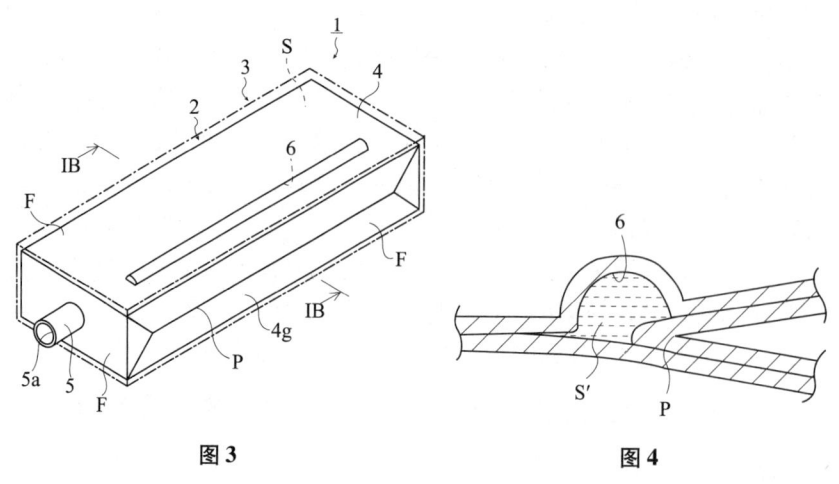

图3

图4

【案例分析】

本案涉及一种喷墨打印机中供给墨的折叠墨袋2，其通过导出来自口栓构件5的墨向打印机供墨。薄膜袋的一对折叠侧面部随着墨的供给自折痕P向内侧折曲。并且，在墨的供给结束之后薄膜袋的一对折叠侧面部处于折叠状态。然而，在折痕P处容易残留墨，这样会阻碍墨的流动，从而使得墨供给不稳定，因而，本案提出了一种解决的技术手段，就是在折痕P对应的墨袋上表面或下表面处设置墨流路槽6，避免墨由于折痕处的墨残留导致墨供给不稳定的问题。

对比文件1（CN1666875A）公开了一种折叠墨袋，该权利要求1与对比文件1的区别在于，（1）上述薄膜袋在上表面部以及/或下表面部的内侧具有向上述薄膜袋的长边方向延伸的墨流路槽；（2）在上述折叠侧面部自上述折痕折叠时，上述墨流路槽调整到上述折叠侧面部的上述折痕处。其中，上述区别（1）被对比文件2（CN1528593A）公开，其公开了薄膜袋在上表面部或下表面部的内侧具有向上述薄膜袋的长边方向延伸的墨流路槽，且其在对比文件2中的作用与其在本发明中相同，都是为了让墨袋中的墨水尽可能多地流出到打印头中，防止墨残留在墨袋内；而对于上述区别（2），也就是"在上述折叠侧面部自上述折痕折叠时，上述墨流路槽调整到上述折叠侧面部的上述折痕处"这一特征，如果审查员仅仅是简单认定墨流路槽的位置设定是"常规手段"，那么这样的说理显然太过生硬，对于申请人来讲，是难以接受的。那么如何对此进行有效、充分的说理呢？

本文认为，应当从本案的发明构思出发，还原发明的创造过程。首先，本案背景技术中提到在打印机领域，折叠墨袋随墨水量的减少会存在局部性阻塞而使朝向墨袋前端部方向的墨流动停滞的技术问题，也就是说，该技术问题是本领域技术人员所公知的，对比文件2给出了采用墨袋在上表面或下表面设置墨流路槽减少墨袋局部性阻塞的技术启示，而对于折叠墨袋来说，在折痕处较其他位置更易残留墨也是本领域技术人员所公知的，因此，在对比文件2给出的技术启示之下，结合本领域技术人员所公知的，那么将墨流路槽设在"在上述折叠侧面部自上述折痕折叠时，上述墨流路槽调整到上述折叠侧面部的上述折痕处"就是本领域的"常规手段"。经过这样一番分析，说理的有效性显然大大提升，从本申请背景技术所给的内容出发，还原了发明的创造过程，对于技术手段是否为"常规手段"进行了充分说理。可见，正确把握发明构思，对于"常规手段"的说理方向有着重要的指导意义。

《专利法》第22条和第23条的适用

四、正确把握发明构思，提出有说服力的答复意见

申请人在答复审查意见通知书时，对于发明创造性的意见答复直接关系到案件的整体走向，因此，一份有说服力的答复意见能够有效提高审查员与申请人之间的沟通和交流，那么怎样的答复意见才算是有说服力的呢？本文认为，如果仅是陈述本案与对比文件之间的区别，并且直接认为上述区别不是常规手段或是要求审查员举证是不够的，关键的是，应当结合发明构思，从技术的角度去分析上述区别特征在发明中的贡献度，阐述其在发明创造过程中的作用，从发明所产生的技术问题出发，结合具体的技术手段及达到的技术效果等方面进行意见答复，加强意见陈述的说服力。

【案例3】

权利要求：

一种图案转印方法，适用于一按键模块，该按键模块包括一底座（110）及多个组装在该底座（110）上的按键（120），而各该按键（120）与该底座（110）之间存有一第一空间，其特征在于，该图案转印方法包括：

安装一支撑治具至该按键模块，其中该支撑治具具有多个第一支撑部（210），该些第一支撑部（210）填充于该些第一空间内，以固定该些按键相对于该底座的位置；

定位一薄膜（300）于该些按键上，其中多个分别对应于该些按键的图案配置在该薄膜上；以及

加热及加压该薄膜，以将该些图案分别转移至该些按键上。

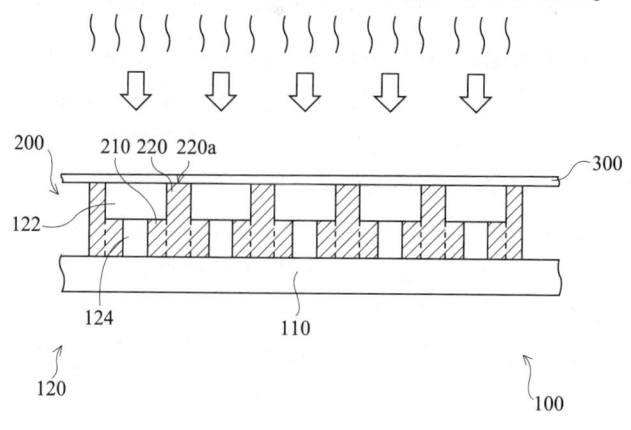

图 5

【案例分析】

本案涉及一种给笔记本键盘转印图案的方法，对比文件1（JP平1-232619A）公开了一种图案转印方法，权利要求1与对比文件1的区别仅在于，没有公开位于按键和底座之间的第一空间的第一支撑部，对此，审查员在一通中认定该特征是"常规手段"。申请人在答复一通时增加了特征"填充于第二空间的第二支撑部（220）"，并对发明的创造性进行了意见答复。

第一种答复方式，申请人强调，对比文件1没有公开第一支撑部和第二支撑部，并且认为该两处支撑部件能够起到固定相邻的按键之间及按键与底座之间的距离，使得图案的转印能够顺利进行，因此，上述特征不是常规手段。

第二种答复方式，申请人经分析后，认为该发明的发明构思在于，是将按键先安装到键盘上再进行图案转印处理，加快整个处理流程，因此该发明需要在按键之间加装支撑部件，这样既能防止加压转印时按键发生偏移，又能采用滚轮进行转印，从而进一步提高处理效率。对比文件1的图案转印不同于本发明，其是先进行图案转印再组装至按键底座，因而，在对比文件1中按键本身与底座（事实上应当为支撑座）之间位置是固定的，并且对比文件1是采用多个加压头同时加压转印，那么相邻按键之间的相对位置并不需要支撑固定，因此认为该发明具有创造性。

从上述两种答复方式来看，显然后者说服力更强，其从该案的发明构思出发，分析解决的技术问题，采取的技术手段及所达到的技术效果，陈述了"支撑部件"不能认定为"常规手段"的理由，而第一种答复意见仅仅是单从该特征本身起到的作用进行说理，显然有效性较低，不容易得到认可。因此，申请人进行意见答复时，应当将区别特征与发明构思结合起来，还原发明过程，分析区别特征对发明的贡献度，这样才能提高与审查员的沟通效率，进而加快案件的审查效能。

五、小　　结

综上所述，本文粗浅地阐述了把握发明构思对于创造性评判中"常规手段"的认定和处理问题的一点个人认识。在审查实践中，既要防止"常规手段"的滥用，也应避免技术贡献度不高的发明获得专利权从而损害公众利益。因此，在创造性的"三步法"评判中，对于"常规手段"的认定和处理，可以紧紧围绕发明构思来考虑，理清发明实质，抽丝剥茧，将与发明构思关联性大小的区别特征区分开来，站在本领域技术人员的角度，客观地使用"常规手段"。

谈如何把握是否具备《专利法》第22条第3款所规定的创造性

闫 东[*]

【摘 要】

规避在判断是否给出将区别技术特征应用到最接近的现有技术以解决所存在的技术问题的技术启示时所存在的误区,包括:(1)规避"相同的技术手段必然解决相同的技术问题、达到相同的技术效果"的误区;(2)规避"区别技术特征中的技术手段是本领域所常见的,其必然是本领域的公知常识"的误区;(3)规避"区别技术特征中的技术手段是本领域所常见的,所达到的技术效果必然能够被本领域的技术人员所预料到"的误区。

【关键词】

对比文件　公知常识　技术启示　预料　技术效果

关于《专利法》第22条第3款所规定的创造性的问题,一直是专利代理和审查中的热点问题,也是社会上较为关注的焦点。有人说创造性的判断本身就带有一定的主观性。然而,如果对于《专利法》第22条第3款所规定的创造性的判断带有较为强烈的主观性,势必将造成同案不同法、同案不同审查标

---

[*] 作者单位:国家知识产权局专利局电学发明审查部。

准的现象。因而本文认为创造性的判断应该是站在本领域技术人员的角度、运用客观的审查标准和尺度所得出的客观公正的判断结果。

在专利代理和审查实践中，往往容易出现一些误区，因而笔者根据审查实践中所常见的问题，在此浅谈一下关于创造性判断的误区，希望与业内的专家和同事进行探讨、相互借鉴。

《专利法》第22条第3款规定："创造性，是指与现有技术相比，该发明有突出的实质性特点和显著的进步，该实用新型有实质性特点和进步。"通常在面对一件专利申请时都会：确定最接近的现有技术；确定申请人所要求保护的权利要求与该最接近的现有技术之间的区别技术特征，并基于该区别技术特征确定权利要求相对于该最接近的现有技术实际所解决的技术问题；判断权利要求对本领域的技术人员来说是否是显而易见的。在判断权利要求对本领域的技术人员来说是否显而易见时，要判断现有技术中是否给出将上述区别技术特征应用到该最接近的现有技术以解决其所存在的技术问题的技术启示，该技术启示通常为由对比文件、公知常识所带来的技术启示。下面笔者将从以下三个方面进行阐述在判断是否给出将上述区别技术特征应用到该最接近的现有技术以解决其所存在的技术问题的技术启示时所存在的误区。

一、虽然对比文件采用与区别技术特征相同的技术手段，但并没有给出结合到最接近的现有技术的技术启示

如申请号为"200880120502.0"、名称为"用于背面接触太阳能电池的具有高吸光层的防反射涂层"的发明专利申请（以下简称"该申请"），其所要求保护的独立权利要求1如下：

1. 一种制造背面接触太阳能电池的方法，所述方法包括：使背面接触太阳能电池的正面上的硅基底的表面形成纹理以产生有纹理的正面表面，所述背面接触太阳能电池具有位于与正面相对的背面上的扩散区和与所述扩散区电耦接的金属触点，所述正面在正常操作期间面对太阳以收集太阳辐射；在有纹理的正面表面上形成包括二氧化硅的钝化层；在钝化层上形成高k氮化硅层，所述高k氮化硅层被配置来阻挡从正面进入硅基底的UV辐射的至少10%；和在高k氮化硅层上形成低k氮化硅层。

对比文件1（US2006/0196535A1，公开日为2006年9月7日）为与权利要求1最接近的现有技术。对比文件1公开了一种制造背面接触太阳能电池的方法，该方法包括（参见对比文件1说明书第20~24段，附图2）：使背面接

触太阳能电池 100 的正面上的硅基底 203 的表面形成纹理以产生有纹理的正面表面，所述背面接触太阳能电池 100 具有位于与正面相对的背面上的扩散区 204 和与所述扩散区 204 电耦接的金属触点 206，所述正面在正常操作期间面对太阳以收集太阳辐射；在有纹理的正面表面上形成包括二氧化硅的钝化层 202；在钝化层 202 上形成氮化硅层抗反射层 201。

权利要求 1 与对比文件 1 的区别技术特征为：在钝化层上形成高 k 氮化硅层，所述高 k 氮化硅层被配置来阻挡从正面进入硅基底的 UV 辐射的至少 10%；和在高 k 氮化硅层上形成低 k 氮化硅层。基于该区别技术特征，确定权利要求 1 相对于对比文件 1 实际所解决的技术问题为：防止 SiO_2/Si 界面状态密度增大，从而提高背面接触太阳能电池的性能。

对比文件 4（CN1448983A，公开日为 2003 年 10 月 15 日）公开了一种形成混合性抗反射层的方法，并具体公开了如下内容（参见第 4 页第 12 行至第 5 页第 5 行）：在半导体基底 100 的表面形成利用氮氧化硅材料形成的混合性抗反射层，所述混合性抗反射层的底部 120a 的折射率介于 1.8～2.2 之间，消光系数大于 1，最好在 1～1.7 之间，厚度大约为 250～550 埃之间；混合性抗反射层的顶部 120b 的折射率介于 1.8～2.2 之间，消光系数介于 0.25～0.7 之间，厚度亦为 250～550 埃（即 25～55nm）之间，在所述混合性抗反射层 120 表面形成二氧化硅保护层 140，所述保护层 140 的消光系数接近 0；通过在半导体基底上方形成混合性抗反射层，达到使混合性抗反射层的光学性质稳定化的目的，即减小光刻工艺过程中的光刻胶层下方的金属层或者多晶硅层对光源的反射从而影响图案的解析度。可见，该申请认识到背面接触太阳能电池的性能随着 SiO_2 与 Si 之间的界面状态密度减小而提高，同时认识到 UV 辐射使 SiO_2/Si 界面状态密度增大，从而通过上述区别技术特征防止 SiO_2/Si 界面状态密度增大，进而提高背面接触太阳能电池的性能。而对比文件 4 所公开的技术方案是通过在半导体基底上方形成混合性抗反射层，达到使混合性抗反射层的光学性质稳定化的目的，即减小光刻工艺过程中的光刻胶层下方的金属层或者多晶硅层对光源的反射从而影响图案的解析度。因而该申请所针对的太阳能电池领域与对比文件 4 所针对的光刻工艺领域不同，同时两者所解决的技术问题和所达到的技术效果也均不同，因而对比文件 4 没有给出将上述区别技术特征结合到对比文件 1 的技术启示。

同时，通过"在钝化层上形成高 k 氮化硅层，所述高 k 氮化硅层被配置来阻挡从正面进入硅基底的 UV 辐射的至少 10%，在高 k 氮化硅层上形成低 k 氮化硅层"来抑制 UV 辐射使 SiO_2/Si 界面状态密度增大的影响，从而来提高背面接触太阳能电池的性能，也并非是本领域所常用的技术手段，因而也不是本领域公知常识。由于上述区别技术特征的引入，该申请取得了以下有益的技术效果：防止 SiO_2/Si 界面状态密度增大，从而提高背面接触太阳能电池的性能。

因此，权利要求 1 相对于对比文件 1、4 和本领域公知常识的结合具有突出的实质性特点和显著的进步，具备《专利法》第 22 条第 3 款规定的创造性。

从上面这个案例可以看出，虽然对比文件 4 采用与权利要求 1 相同的技术手段"形成高 k 氮化硅层来阻挡 UV 辐射"，然而该申请所针对的太阳能电池领域与对比文件 4 所针对的光刻工艺领域不同，同时两者所解决的技术问题和所达到的技术效果也均不同，因而对比文件 4 没有给出将上述区别技术特征结合到对比文件 1 的技术启示。可见，在判断对比文件是否给出结合到最接近的现有技术的技术启示时，一定要结合其所面对的技术问题和所能够达到的技术效果，从而判断是否给出了结合到最接近的现有技术的技术启示。在专利代理和审查的实践过程中，应该避免"相同的技术手段必然解决相同的技术问题、达到相同的技术效果"的误区。

二、虽然区别技术特征中的技术手段是本领域所常见的技术手段，然而在面对特定技术问题和所取得的特定技术效果时，区别技术特征中的技术手段不是本领域的公知常识

如申请号为"201010125557.X"、名称为"低伸缩性树脂膜及其制造方法以及制造装置"的发明专利申请（以下简称"该申请"），其所要求保护的独立权利要求 1 如下：

一种低伸缩性树脂膜，至少单面上被施以压花加工，其特征在于：以膜状而被挤出至由循环传送带构成的传送带上的树脂素材连同所述传送带一起受到加热而使所述树脂素材成熔融状态，且受到形成着压花的冷却辊的加压而被施以压花加工。

关于权利要求 1 的创造性：

权利要求 1 要求保护一种低伸缩性树脂膜，对比文件 1（CN 1316325A，公开日为 2001 年 10 月 10 日）公开了一种树脂膜，并具体公开了以下的技术特征（参见说明书第 2 页第 11 行至最后 1 行、附图 2）：至少单面上被施以压花加工，将熔融树脂 40 通过挤出机 30 挤出到两层薄膜 A、B 之间，冷却辊轮

10 表面上具有压花面 11, 利用熔融树脂 40 的热量对树脂加压进行压花 (即树脂素材受到形成着压花的冷却辊的加压而被施以压花加工)。

权利要求 1 所要求保护的技术方案与对比文件 1 所公开的技术内容相比,区别技术特征为:①树脂膜为低伸缩性;②以膜状而被挤出至由循环传送带构成的传送带上的树脂素材连同所述传送带一起受到加热而使所述树脂素材成熔融状态。基于上述区别技术特征,可以确定权利要求 1 实际所解决的技术问题为:减少内部应变,使由于重新加热所引起的收缩率变小,从而可提高尺寸精度和稳定性。

对于上述区别技术特征①,对本领域技术人员来说,使用低伸缩性的树脂膜,可以减小由于重新加热所引起的收缩和形变,从而可提高尺寸精度和稳定性,因而是本领域技术人员所容易想到的,属于本领域公知常识。

对于上述区别技术特征②,对比文件 1 公开了在薄膜 A 和 B 之间夹入熔融树脂 40,并同时对薄膜 A 和 B 进行压花,熔融树脂 40 挤出后直接到达两辊轮 10 和 20 之间,并不需要传送的过程,因此本领域技术人员无法得到将树脂素材以膜状而被挤出至由循环传送带构成的传送带上的技术启示;而且"使用由循环传送带构成的传送带传送树脂"在面对熔融树脂 40 挤出后直接到达两辊轮 10 和 20 之间的技术方案时也不是本领域公知常识,若经过传送带传送,熔融树脂 40 将被冷却或者需要重新加热,这与对比文件 1 中直接利用熔融树脂 40 的热量从而节省能源和提高生产效率的目的相违背,因而在面对熔融树脂 40 挤出后直接到达两辊轮 10 和 20 之间的技术方案时,使用由循环传送带构成的传送带传送树脂不是本领域公知常识;同时对比文件 1 是充分利用了熔融树脂 40 的热量进行压花而不需要额外加热,从而节省能源和提高生产效率,因此本领域技术人员无法得到将树脂素材连同其他物体一起受到加热而使树脂素材成熔融状态的技术启示。而且"将树脂素材连同其他物体一起受到加热而使树脂素材成熔融状态"在面对直接利用熔融树脂 40 的热量从而节省能源和提高生产效率的技术方案时也不是本领域公知常识,若将自身带有热量而不需要额外加热的熔融树脂 40 同其他物体一起重新加热,其将浪费能源和降低生产效率,这与对比文件 1 中直接利用熔融树脂 40 的热量从而节省能源和提高生产效率的目的相违背,因而在面对直接利用熔融树脂 40 的热量从而节省能源和提高生产效率的技术方案时,将树脂素材连同其他物体一起受到加热而使树脂素材成熔融状态不是本领域公知常识。因而对比文件 1 没有给出上述区别技术特征②的技术启示,并且上述区别技术特征②也不是本领域的公知常识，且由于区别技术特征②的存在，使得权利要求1具有以下的有益技术效果：可以减少内部应变，使由于重新加热所引起的收缩率变小，从而可提高尺寸精度和稳定性。

因此，权利要求1相对于对比文件1和本领域公知常识具备突出的实质性特点和显著的进步，具备《专利法》第22条第3款规定的创造性。

从上面的案例可以看出，虽然区别技术特征"以膜状而被挤出至由循环传送带构成的传送带上的树脂素材连同所述传送带一起受到加热而使所述树脂素材成熔融状态"在本领域中经常使用，然而该技术手段在面对"熔融树脂40挤出后直接到达两辊轮10和20之间"的技术方案时，由于熔融树脂挤出后直接到达两辊轮之间不需要加热和使用传送带，因而上述区别技术特征在面对上述技术方案时，其不是本领域的公知常识，无法与对比文件1相结合。可见，除了开拓型的发明，其对于绝大部分的技术手段来说都是本领域已有或经常使用的技术手段，但不能因此就认为其为本领域公知常识而得到结合到最接近的现有技术的技术启示。判断一个技术手段是否为本领域公知常识，一定要结合其所面对的技术问题和所能够达到的技术效果，从而判断是否给出了结合到最接近的现有技术的技术启示。在专利代理和审查的实践过程中，应该避免"区别技术特征中的技术手段是本领域所常见的，其必然是本领域的公知常识"的误区。

三、虽然区别技术特征中的技术手段是本领域所常见的技术手段，然而其取得了预料不到的技术效果，使权利要求具备《专利法》第22条第3款规定的创造性

如申请号为"200710090083.8"，名称为"二次电池的正电极活性材料以及二次电池"的发明专利申请（以下简称"该申请"），其所要求保护的独立权利要求1如下：

一种用于基于非水性电解质的二次电池的正电极活性材料，包含锂/镍复合氧化物粉末，所述锂/镍复合氧化物粉末通过用水洗涤具有下列组成式（1）的烧结粉末，随后过滤并干燥而获得：$LiNi_{1-a}M_aO_2$ （1）（其中，M表示选自除Ni和Mn之外的过渡金属元素、2族元素或13族元素中的至少一种元素；"a"满足$0.01 \leq a \leq 0.5$），其特征在于，水洗后所述锂/镍复合氧化物粉末的比表面积为$0.3 \sim 2.0 m^2/g$，具有所述组成式（1）的烧结粉末通过烧结原料混合物来制备，所述原料混合物包含通过焙烧含有作为主成分的镍和作为辅成分

的选自其他过渡金属元素、2 族元素或 13 族元素中的至少一种元素的氢氧化镍或羟基氧化镍而获得的氧化镍,以及锂化合物,其中在所述水洗涤中的浆料浓度为 200~5000g/L,并且所述焙烧在 600~1100℃温度下在空气气氛下实施。

权利要求 1 请求保护一种用于基于非水性电解质的二次电池的正电极活性材料,对比文件 3 (CN1503386A,公开日为 2004 年 6 月 9 日) 公开了一种用于基于非水性电解质的二次锂电池的正电极活性材料(参见说明书第 2 页第 24 行至第 9 页第 3 行、表 1),包含锂/镍复合氧化物粉末即 LHO 粉末,所述粉末是经过水洗涤具有下列组成式的烧结粉末,随后过滤并干燥而获得:$Li_x(Ni_{1-y}Co_y)_{1-z}M_zO_2$,其中 $0.98 \leq x \leq 1.10$、$0.05 \leq y \leq 0.4$、$0.01 \leq z \leq 0.2$、M 是从 Al、Zn、Ti 和 Mg 类中选出的至少一种元素(此处的 Co 和 M 相当于权利要求 1 中的 M,并且 Ni 的下标 (1-y)(1-z)、Co 的下标 y(1-z) 与 M 的下标 z 之和等于 1);水洗后所述 LHO 粉末的比表面积为 $1.42~2.04m^2/g$,具有上述组成式的烧结粉末通过烧结原料混合物来制备,所述原料混合物包含有作为主成分的镍和作为辅成分的选自 Co、Al、Zn、Ti 和 Mg 中的至少一种元素的氢氧化镍,以及锂化合物。

该权利要求与该对比文件 3 的区别技术特征为:①对比文件 3 中的 X 取值为 $0.98 \leq x \leq 1.10$,而权利要求 1 中取值为 1;②权利要求 1 中在 600~1100℃温度下在空气气氛下焙烧上述氢氧化镍或羟基氧化镍而获得氧化镍,而对比文件 3 没有对上述氢氧化镍进行焙烧;③在所述水洗涤中的浆料浓度为 200~5000g/L。基于上述区别技术特征,可以确定该申请实际所解决的技术问题为:提高初始容量和热稳定性。

对于区别技术特征①,选择 X 为 1 是本领域技术人员根据需要从已有数值范围中进行的一种常规选择,不需要进行创造性的劳动。

对于区别技术特征②和③,对比文件 3 没有公开"区别技术特征②的在 600~1100℃温度下在空气气氛下实施的额外焙烧步骤和区别技术特征③的浆料浓度"与"提高初始容量和热稳定性"之间的关系,也没有给出通过"区别技术特征②的在 600~1100℃温度下在空气气氛下实施的额外焙烧步骤和区别技术特征③的浆料浓度"来提高初始容量和热稳定性的技术启示,同时也没有证据能够证明通过"区别技术特征②的在 600~1100℃温度下在空气气氛下实施的额外焙烧步骤和区别技术特征③的浆料浓度"来提高初始容量和热稳定性为本领域的公知常识。同时,通过"区别技术特征②的在 600~1100℃

温度下在空气气氛下实施的额外焙烧步骤和区别技术特征③的浆料浓度"来提高初始容量和热稳定性的技术效果也是本领域技术人员预料不到的。因此，权利要求1相对于对比文件3和本领域公知常识的结合具有突出的实质性特点和显著的进步，具备《专利法》第22条第3款规定的创造性。

从上面的案例可以看出，虽然对于区别技术特征"在600~1100℃温度下在空气气氛下焙烧上述氢氧化镍或羟基氧化镍而获得氧化镍，在所述水洗涤中的浆料浓度为200~5000g/L"来说，其技术手段在本领域中经常使用，且其中的数值也是本领域技术人员所容易得到的。然而其指出了上述区别技术特征与初始容量和热稳定性之间的关系，而这种技术效果是本领域的技术人员所预料不到的，因而使权利要求1具备创造性。可见，在判断权利要求是否具备创造性时，除了要关注技术手段以外，还要注意关注所达到的技术效果是否是本领域的技术人员所预料不到的。在专利代理和审查的实践过程中，应该避免"区别技术特征中的技术手段是本领域所常见的，所达到的技术效果必然能够被本领域的技术人员所预料到"的误区。

通过上面的论述，我们在专利代理和审查的实践过程中应该注意以下几点：

（1）在判断对比文件是否给出结合到最接近的现有技术的技术启示时，一定要结合其所面对的技术问题和所能够达到的技术效果，从而判断是否给出了结合到最接近的现有技术的技术启示。在专利代理和审查的实践过程中，应该避免"相同的技术手段必然解决相同的技术问题、达到相同的技术效果"的误区。

（2）对于本领域已有或经常使用的技术手段，不能因此就认为其为本领域公知常识而得到结合到最接近的现有技术的技术启示，判断一个技术手段是否为本领域公知常识，一定要结合其所面对的技术问题和所能够达到的技术效果，从而判断是否给出了结合到最接近的现有技术的技术启示。在专利代理和审查的实践过程中，应该避免"区别技术特征中的技术手段是本领域所常见的，其必然是本领域的公知常识"的误区。

（3）在判断权利要求是否具备创造性时，除了要关注技术手段以外，也还要注意关注所达到的技术效果是否是本领域的技术人员所预料不到的。在专利代理和审查的实践过程中，应该避免"区别技术特征中的技术手段是本领域所常见的，所达到的技术效果必然能够被本领域的技术人员所预料到"的误区。

总而言之，判断是否具备结合到最接近的现有技术的技术启示，要站在本领域技术人员的角度、把握整个发明构思来判断，同时关注技术手段、技术领域、技术问题和技术效果，这样就能够规避一些容易在创造性判断中所出现的误区。最后，以上仅为笔者个人的一点心得体验，愿和读者共同探讨，不当之处，敬请原谅！

客观认定对比文件公开的技术事实

聂慧荃*

【摘　要】

　　客观认定对比文件公开的技术事实是正确理解和适用《专利法》第22条的关键要素，这不仅会对新颖性、创造性的判断结果产生至关重要的影响，也是专利授权、确权实践中各方争议的焦点之一。在本文中，笔者结合最高人民法院的相关观点，借用3个案例，着重分析了北京市高级人民法院在专利授权及确权实践中，如何认定对比文件公开的技术事实，以期为"判断何为对比文件公开的技术事实"提供帮助。

【关键词】

　　对比文件　公开　新颖性　创造性

一、引　言

　　在专利授权及确权实践中，当进行新颖性和创造性判断时，首要环节是判断对比文件实际所公开的技术方案或技术内容，然后再比较其与本专利（或专利申请）的异同。然而，就同样一篇对比文件公开的技术事实，审查员、

---

* 作者单位：隆天知识产权代理有限公司。

申请人、无效请求人、专利权人、法官往往会做出截然不同的认定，进而得出全然相反的新颖性或创造性结论。

如何客观、公正地认定对比文件本身所公开的技术事实是正确理解和适用《专利法》第 22 条的关键要素，对是否具有新颖性或创造性的结论具有重要影响，也是实践中各方当事人争议的焦点。因此，在实践中，亟待进一步明确对比文件公开的技术内容的认定规则及方法，以确保各方尽可能站在本领域技术人员的角度来理解对比文件所公开的技术方案，正确进行对比文件公开事实的认定。尤其是，关于何为对比文件中的"对于所属技术领域的技术人员来说，隐含的且可直接地、毫无疑义地确定的技术内容"，何为对比文件的附图公开的内容，实践中都存在诸多争议与分歧。

二、当前专利授权确权实践中认定"对比文件的公开内容"的主要依据

当前的专利授权确权实践中，审查员或法官认定对比文件的公开内容的主要依据就是《专利审查指南 2010》第二部分第三章第 2.3 节（对比文件）中的相应规定，具体内容如下：

"对比文件是客观存在的技术资料。引用对比文件判断发明或者实用新型的新颖性和创造性等时，应当以对比文件公开的技术内容为准。该技术内容不仅包括明确记载在对比文件中的内容，而且包括对于所属技术领域的技术人员来说，隐含的且可直接地、毫无疑义地确定的技术内容。但是，不得随意将对比文件的内容扩大或缩小。在引用附图时必须注意，只有能够从附图中直接地、毫无疑义地确定的技术特征才属于公开的内容，由附图中推出的内容，或者无文字说明，仅仅是从附图中测量得出的尺寸及其关系，不应当作为已公开的内容。"

然而，《专利审查指南 2010》在作出如上规定的同时，并没有对于上述规定在具体实践中应当如何理解与适用给出有指导性的典型示例予以指引，因而在实践过程中，不同当事人基于其自身角度或利益的不同对同一对比文件的理解仍然各不相同，这不仅对正确理解和适用《专利法》第 22 条造成不利影响，也在一定程度上导致了审查程序与审判程序的低效性。

在当前的审查/审判实践中，无疑应当尽快统一各方对上述规定在实践中应如何适用的认知，明确在判断对比文件公开的技术事实的过程中应当考虑的因素和判断方法。

三、司法实践中"客观认定对比文件公开内容"的典型案例

笔者认为,就如何客观、公正地认定对比文件公开的技术事实而言,北京市高级人民法院(以下简称"北京高院")在以下 3 个案例中的判断方法给出了有益的启示。以下将结合这 3 个具体案例,详细阐释在专利授权确权实践中如何认定对比文件的公开内容,以有利于正确理解和适用《专利法》第 22 条。

1. 案例 1

在专利复审委员会诉杭州速能机械有限公司的实用新型专利无效行政纠纷二审案中,北京高院首先结合涉案专利(ZL200720311700.8)和证据 2(CN2712512Y)的说明书记载内容详细分析了各自公开的技术方案,在完整理解技术方案的基础上再来理解各部件之间的对应关系,依据相应部件在其技术方案中所起到的作用,来论证证据 2 中的"连接座 20"缘何不同于涉案专利的"上壳体体",证据 2 中的"上锁合框 12"缘何不同于涉案专利的"过渡环";借此得出证据 2 未公开本专利的技术特征"上述上壳体由上壳体体和过渡环构成,上壳体体的下部与过渡环采用螺栓连接"的结论(详见(2013)高行终字第 907 号判决书)。

具体而言,该案中双方争议焦点主要在于:证据 2 是否公开了涉案专利中"上述上壳体由上壳体体和过渡环构成,上壳体体的下部与过渡环采用螺栓连接"这一技术特征。

基于涉案专利说明书可知,多轴钻孔器的上壳体被分割成由上壳体体与过渡环构成的分体连接结构,上壳体体与过渡环之间采用凸台卡槽卡接匹配,而且上壳体体可以与不同的过渡环配合;如上构造的上壳体既能够确保上壳体的铸造质量和加工精度,便于安装,还有利于降低制造成本。

证据 2 公开了一种多轴钻头的结合结构(说明书第 5 页第 7~12 行结合附图 2),如图 1 所示,其包含主座 10、连接座 20、驱动机构,其中主座 10 设有下锁合框和上锁合框 12,上锁合框内缘设有一体延伸的嵌合槽座 13,连接座与主座结合时,该嵌合槽座与连接座的定位凸面相嵌合;其中,主座 10 是多轴器的下壳体,连接座 20 是指多轴器上壳体的一个部件。

原审判决认为,证据 2 中的连接座 20 具有凸台,相当于本专利权利要求 1 中的具有凸台的上壳体体,均外接主轴头;证据 2 中的上锁合框 12 和嵌合槽座 13 分别对应于本专利中的过渡环和凹槽,均下接多轴器的下壳体,连接座

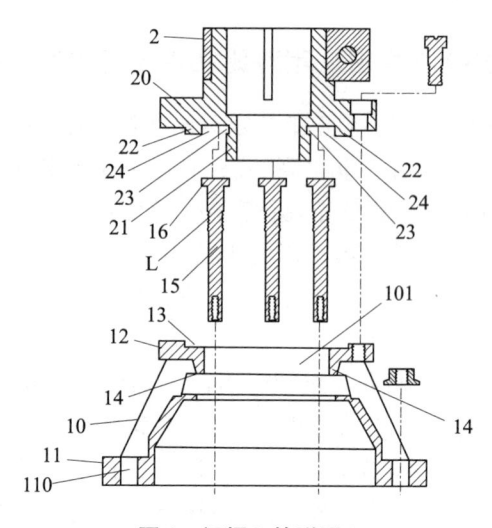

图1　证据2的附图2

上的凸台与上锁合框的凹槽卡接配合，且均通过螺钉相互连接，进而得出涉案专利权利要求1相对于证据2不具备新颖性的结论。

北京高院则认为：证据2中的连接座20是指多轴器上壳体的一个部件，其所起的作用是与主座10（即下壳体）相连接，而涉案专利的上壳体体与过渡环共同构成分体连接的上壳体，故证据2中的连接座20不同于涉案专利的上壳体体。北京高院还认为：证据2中的上锁合框12是主座10（即下壳体）的一部分，不是一个独立的部件，其不能根据需要随意更换以与不同的上壳体体配合，因此与本专利的过渡环不同。最终，北京高院支持了专利复审委员会的观点，得出了与原审判决相反的结论。

2. 案例2

在蒂森克虏伯机场系统（中山）有限公司（以下简称"蒂森克虏伯公司"）诉专利复审委员会的发明专利无效行政纠纷案二审中，北京高院对证据1（US6330726 B1）公开内容的理解方式同样有借鉴意义：在该案中，北京高院着眼于从证据1公开的整体技术环境来解读证据1的公开内容，利用证据1中明确记载的内容，从正反两方面来阐释证据1的公开内容与涉案专利的相似与相悖之处，通过充分的论证以支持其观点（详见（2013）高行终字第1494号行政判决）。

该案中，双方争议主要焦点之一集中于：证据1是否公开涉案专利（ZL200410004652.9）的"设置于登机桥的行走装置的行走横梁两端的下部、并可形成辅助支撑点辅助支撑该行走横梁及其上部的登机桥结构的登机桥辅助支撑装置"。

蒂森克虏伯公司认为，证据1中的外支腿300和306在结构上与涉案专利权利要求1限定的辅助支撑装置相同，也能起到相同的辅助支撑作用，故证据1公开了争议特征。

对此，北京高院从证据1的文字记载内容着手，首先结合附图7和8对证据1中公开的两种工况下支撑方式的变化作出了贴合本领域技术人员认知能力的论理分析。北京高院指出：涉案专利中的伸缩调节装置与支撑装置共同形成登机桥的辅助支撑，行走轮组提供主支撑，辅助支撑装置在主支撑始终不离地的情况下形成辅助支撑点，以提高登机桥的稳定性；而根据证据1中的相关描述（尤其是附图7、8，如图2、3所示），其驱动系统具有两个工况，在附图7工况时由下伸缩支腿300+302、306+308支撑实现升降，此时轮组机构294离地悬空，即只有下伸缩支腿做主支撑而无辅助支撑；在附图8工况时轮组机构294支撑实现行走，下伸缩支腿的内支腿302、308是离地的，并且不接触地面，即只有轮组机构做主支撑而无辅助支撑。基于以上分析可知，证据1中的每个工况下均无辅助支撑，其技术方案的实质就是下伸缩支腿与行走轮组交替作为支撑结构。因此，北京高院支持了无效决定及原审判决中的观点，认定证据1没有公开争议特征。

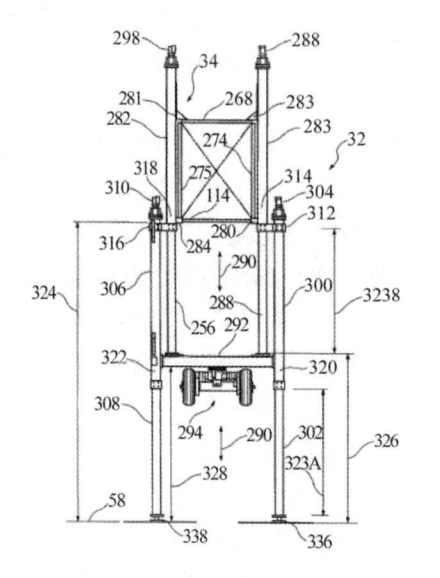

图2　证据1的附图7　　　图3　证据1的附图8

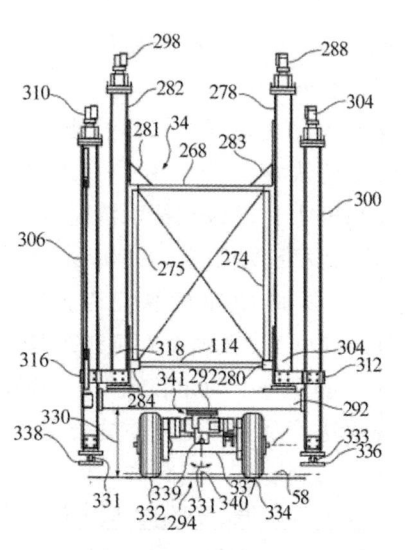

接着，北京高院又结合证据1中的相应文字记载内容，对蒂森克虏伯公司的观点作出来针对性的反驳。北京高院阐述道：由证据1的相应记载内容可知，通过支腿278和282上升第二端34时，轮组机构294主支撑，外支腿300和306不能与任何支承表面相接触，其显然不能起到辅助支撑的作用；其次，证据1的通道系统在行走工况下，由于外支腿300和306下部336和338为支撑座，故为安全考虑，外支腿300和306亦不会接触地面，显然不能起到辅助支撑的作用；再次，证据1中采用图7外支腿做支撑替代图8工况轮组机构支撑的动机在于，仅轮组机构294做支撑可能会因轮组相对横向间距过小而导致横向不稳定，故改用间距恒定且较大的外支腿300和306作支撑。北京高院基于以上分析认定，证据1中在不同工况下采用不同支撑方式的技术构思与本专利为提高登机桥稳定性而专门增设辅助支撑点的技术构思完全不同，蒂森克虏伯公司的主张没有事实依据。

3. 案例3

在陈昌泉诉专利复审委员会的实用新型专利无效行政纠纷二审案中，北京高院重申了附图的作用，进一步明确了不允许对附图中的内容进行推测或测量来得到相关部件的尺寸（详见（2013）高行终字第1744号判决书）。

涉案专利（ZL200420090400.8）的权利要求1请求保护一种快速活络扳手，该扳手有扳手体、扳口、蜗杆，扳手体的手柄体上开有安装槽，安装槽中装有带螺旋槽的导轴，手柄体上装有推钮，推钮与导轴的螺旋槽嵌配，其特征是：在导轴一端与蜗杆间装有相啮合的一对伞齿轮，蜗杆采用大螺距蜗杆，蜗杆的螺距为4～10mm。

最高人民法院（2012）行提字第18号行政判决（以下简称"第18号判决"）已经认定，涉案专利（ZL200420090400.8）的权利要求1与证据2（CN2090304U）的区别技术特征在于："本专利权利要求1中的蜗杆采用大螺距蜗杆、蜗杆的螺距为4～10mm"，该区别技术特征解决的技术问题是使得扳手的扳口2移动速度快。因此，本案中的争议焦点主要在于，证据3（CN2180412Y）、证据4（CN86207269U）及证据5（CN87203234U）是否公开了"扳手的蜗杆上两相邻螺纹中心的距离为大致5～6mm。"

原审法院及专利复审委员会均认为：根据证据3～5的附图，虽然活络扳手上涡轮与刻度有一定距离，但是，本领域技术人员结合证据3～5附图中公开的刻度范围、调节涡轮3与定位卡刹4的相对位置以及说明书"定位卡刹的宽度应等于调节涡轮的1.5个螺距""定位卡刹的位置置于调节涡轮长度中心线上"的内容，能够直接地和毫无疑义地确定"涡轮上两相邻螺纹中心的距离为大致 5~6mm"（参见图4）。因此，原审判决认定，证据 3~5 已经公开了扳手的"蜗杆"上两相邻螺纹中心的距离为大致 5~6mm，这落入了本专利权利要求 1 限定的螺距为 4~10mm 的范围之内，故证据 3、证据 4 及证据 5 均分别公开了权利要求 1 中"蜗杆采用大螺距蜗杆、蜗杆的螺距为 4~10mm"的技术特征。

北京高院对此持否定观点，其认为：附图的作用在于用图形补充说明书文字部分的描述，本领域技术人员通常根据附图来理解实用新型的结构、部件及连接关系等内容，但是，不允许对附图中的内容进行推测或者测量来得到相关部件的尺寸。证据 3~5 的附图中虽然均公开了具有刻度的活络扳手，但该刻度与蜗轮并无直接关系，不能当然地根据该刻度去确定蜗轮的尺寸。因此，北京高院认为争议特征属于依据附图推测出的内容，不属于证据 3~5 明确公开的技术特征。

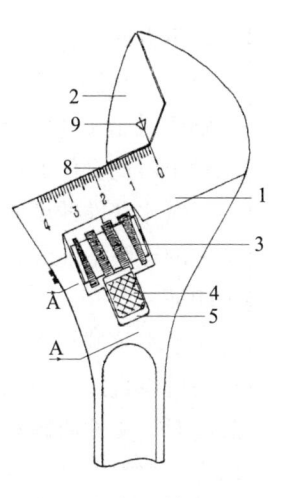

图4 证据3的附图1

四、以上案例对"客观认定对比文件公开的技术事实"给出的启示

从上述三个具体案例可以看出，北京高院在针对证据公开的技术事实的判断过程，恰好体现了最高院在实用新型专利权无效行政纠纷案（（2012）行字第3号）[1]中曾指出的观点："认定权利要求中的技术特征被对比文件公开，不仅要求该对比文件中包含有相应的技术特征，还要求该相应的技术特征在对比文件中所起的作用和该技术特征在权利要求中所起的作用相同。相应的技术特征在对比文件中所起的作用是指该相应的技术特征在对比文件公开的技术方案中实际所起的作用，而不是该相应的技术特征客观上可具有的作用的全集"。

在客观认定对比文件公开的技术事实的过程中，必须真正站在本领域技术人员的角度，切实从技术方案的整体出发来理解对比文件公开的特征，尽可能

---

[1] 奚晓明，孔祥俊. 最高人民法院知识产权审判案例指导（第五辑）[M]. 北京：中国法制出版社，2013.7：32-34.

做到以下方面。

第一，在认定区别技术特征时，需要基于对比文件中所公开的技术内容来完整解读对比文件所公开的技术方案。

对于对比文件的理解不能够脱离对比文件自身所处的技术环境，不能够脱离关于对比文件的说明书和附图所记载的技术内容的内容理解。尤其是，对对比文件的理解不能够与对比文件的客观记载内容相悖，这在前述案例2中也得到了印证。

对于本领域技术人员在阅读原申请文件后通过综合原说明书及附图和权利要求书可以直接、明确推导出来的内容，可以视为对比文件公开的内容。而对于脱离对比文件明确表达的内容，或者本领域技术人员在客观上无法确定的公开内容，都不应当被视为对比文件公开的内容。

第二，应当在准确理解本专利（或专利申请）中相关技术特征的结构和作用的同时，根据对比文件实际公开的内容，客观认定对比文件中所公开的技术特征是否具有与本发明相同或者等同的结构和作用，从而客观认定是对比文件否公开了相关技术特征。

最高院在发明专利权无效行政纠纷案（（2014）知行字第43号）❶中进一步明确，"确定区别技术特征是否已经被现有技术公开应当考虑它们各自在技术方案中所起的作用"，并且着重指出："特别是对于机械结构领域的发明创造，由于技术方案的整体技术构思、工作方式、技术效果不同，结构或者位置关系类似的部件在不同的技术方案中发挥的作用可能完全不同。因此，在确定现有技术中的某个技术特征与本专利的相应技术特征是否具有相当性时，要考虑它们在各自技术方案中所起的作用是否相同。"

前述案例1和2中，北京高院对于对比文件公开内容的判断思路与最高院的以上观点基本一致，均能够从涉案专利及证据各自的技术方案的整体出发，考虑了证据公开的技术方案所解决的技术问题及实现的技术效果与涉案专利的差异性，借此来判断证据中是否公开了争议特征。

当前的审查实践中，申请人往往会对审查意见通知书中关于证据公开内容的认定持有异议，会辩称通知书中对特征的解读脱离了证据本身记载的技术事实，不是基于证据公开内容的客观推导，而是根据被审专利申请的技术方案反

---

❶ 陶凯元，宋晓明. 最高人民法院知识产权审判案例指导（第七辑）[M]. 北京：中国法制出版社，2015.5：163-166.

推后的倾向性总结。为避免这种情况，审查员更应当注意防止按照被审专利申请的方案来理解对比文件，注重基于对比文件的整体技术方案来理解对比文件的公开内容，考虑相关特征在其技术方案中发挥的作用，以增强审查意见通知书的说服力，保证审查的客观性与公正性。

第三，在认定对比文件公开的技术事实的过程中，应当审慎对待对比文件的附图所公开的技术内容。

我们既应当认识到附图作为准确、通用的工程技术语言，其具有"用图形补充说明书文字部分的描述，使人能够直观地、形象地理解实用新型的每个技术特征和整体技术方案"的作用；又应当注意"由对比文件附图中推测的内容，或者无文字说明、仅仅是从附图中测量得出的尺寸及其关系，不应当作为已公开的内容"。尤其是，对于从附图测量得出的尺寸及其关系，不应当作为对比文件的公开内容。

在当前的专利确权授权实践中，对"从附图中直接地、毫无疑义地确定的技术特征"采取了总体上颇为严苛的态度，但又存在宽严不一的现象，这也导致申请人或代理人对与之相关的公开内容难以把握。笔者以为，在判断此类特征时，还是应当肯定所属技术领域的技术人员具备的基本识图能力，如果对争议特征的判断是该领域技术人员通过其所具备的常规识图能力，便能够从附图中直接地、毫无疑义地确定的技术特征，则应当认定其属于证据公开的内容。事实上，对于该领域技术人员而言，附图中示出的内容更直观、更容易理解也更容易模仿，如果对于对比文件附图公开的内容采用过于严格的认定标准，有可能会使权利人将现有技术的内容囊括于专利保护范围中，从而损坏公众利益。

实践中，我们还可以对对比文件说明书附图做适度、合理的延展来维护自身的权益。例如，在专利申请的审查过程中，我们可以借鉴最高院在实用新型专利权无效行政纠纷案（（2012）行提字第 25 号）❶中指出的观点："对比文件中仅公开产品的结构图形但没有文字描述的，可以结合其结构特点和本领域技术人员的公知常识确定其含义"，利用基于附图的延展内容（如工作原理、作用效果等）来寻求创造性答辩的突破口。

---

❶ 奚晓明，孔祥俊. 最高人民法院知识产权审判案例指导（第五辑）[M]. 北京：中国法制出版社，2013.7：250-258.

五、结　语

总体而言，如何客观公正地认定对比文件公开的技术事实是保障正确理解和适用《专利法》第 22 条的基石，对于全面提升审查、审判及代理的质量有着关键性影响。一方面，我们应当从审查或审判实践中汲取经验，总结认定对比文件公开的技术事实的常规判断方法；另一方面，笔者认为，有必要在《专利审查指南 2010》中增补关于前述对比文件公开内容认定规定的具体适用的典型案例，辅以示范和指引，统一各方对对比文件公开内容判定规则的认知，以有利于促进国家创新驱动发展战略的实施。

准确认定现有技术 合理评价智慧贡献
——创造性判断中现有技术公开内容的认定

尹 昕[*]

【摘 要】
　　准确界定和理解现有技术公开的内容是"三步法"判断的基础，直接决定了创造性判断的结论是否客观。本文结合复审、无效的典型案例，对理解和认定现有技术公开内容的过程中出现的问题进行探讨，以期帮助我们以本领域技术人员的视角，准确认定和理解现有技术的方案及其技术问题、技术效果，把握发明实质，合理评价发明创造对现有技术的贡献。

【关键词】
　　创造性　"三步法"　现有技术　智慧贡献

《专利法》第22条第3款所规定的创造性是判断一项发明创造是否能够被授予专利权的实质性条件之一，也是评价发明创造对现有技术贡献的重要标尺。因此其审查标准的把握直接影响到专利权人与社会公众之间的利益平衡，也关系到《专利法》"鼓励发明创造、提高创新能力、促进科学技术进步和经济社会发展"立法宗旨的实现。

---

[*] 作者单位：国家知识产权局专利复审委员会。

专利审查实践中创造性的判断一般采用《专利审查指南2010》规定的"三步法",即:(1)确定最接近的现有技术;(2)确定发明的区别技术特征和发明实际解决的技术问题;(3)判断要求保护的发明对本领域技术人员来说是否显而易见。深入理解、准确适用"三步法"是客观判断发明创造性的关键。由于创造性的判断都是在申请日后看到发明创造之后进行的,因此,回到专利申请日前,以本领域普通技术人员的视角重塑发明的过程,是避免创造性审查中的"事后诸葛亮"的关键。在利用"三步法"重构发明创造的过程中,每一步都与现有技术的认定密不可分。从确定最接近的现有技术到找出发明与最接近的现有技术之间的区别技术特征,从实际解决的技术问题的认定到技术启示的判断,都要求我们准确认定现有技术公开的内容。因此,准确界定和理解现有技术公开的内容是"三步法"判断的基础,直接决定了创造性判断的结论是否客观。同时,由于创造性判断是评价发明创造相对于现有技术贡献的过程,因此准确认定和理解现有技术的方案及其技术问题、技术效果也是我们把握发明实质,合理评价智慧贡献的前提。

实践中有观点认为,现有技术的认定只涉及技术事实的判断,其准确与否取决于判断者本身的技术水平和现有技术的复杂程度,因此只能具体案件具体分析,没有研究的必要和探索的空间。然而,笔者通过对实践中出现问题的梳理分析,发现现有技术的认定实际上有一些原则和规律可循,对此加以研究,明确标准,形成共识,则可以帮助我们更加准确地认定现有技术,合理评价发明创造对现有技术的智慧贡献。

本文结合复审及无效宣告请求的典型案例,对审查实践遇到的在现有技术公开内容的理解和认定过程中出现的问题进行分类探讨,以期引起大家对这些问题的重视,更加合理客观地进行创造性的判断。

一、模糊的潜在可能性不能视为现有技术的公开或明确的技术启示

由于创造性判断是看到发明创造的技术方案之后进行的,不可避免地会受到"后见之明"的影响,因此"三步法"判断方法要求我们在发明产生之后还原"本领域技术人员"创造该发明时的想法和做法,在认定和理解现有技术的内容时,应当尽量避免受到被评价的发明本身所记载的内容的影响。但实践中我们有时会不自觉地忽略这一要求,根据该发明的指引,把现有技术中模糊的潜在的可能性认定为有明确的指引,有时甚至认为"公开了"某个技术

特征或技术方案。

案例1涉及的申请的权利要求1要求保护一种多肽在制备用于促进神经元生长的药物中的应用。驳回决定引用的对比文件1记载了多肽序列1~20，其中序列16为本申请所述的多肽。对比文件1笼统地指出所述多肽序列1~20具备一定的细胞因子的生理功能，列出了现有技术中已知的细胞因子可能会具备的十余个类别的活性，其中在"组织生长活性"这一大类下，记载这些肽可用于骨、软骨、肌腱或神经等各组织的再生。但全文多处采用了"潜在的"、"可能的"的推测性用语以及类似的措辞，并没有记载某种肽的具体用途，也没有记载这些序列之间具有某个共同结构域或共同的生理活性，更未提供任何实验数据证实"本发明的肽"的生理活性。

驳回决定认为对比文件1已经公开了该申请权利要求1要求保护的多肽在制备用于促进神经元生长的药物中的应用，因此权利要求1不具备新颖性，其从属权利要求不具备创造性。复审决定认为，本领域技术人员根据对比文件1的描述可以发现，对比文件只是公开了包括该发明序列在内的多个多肽共同的潜在应用，所述的用途几乎涵盖了所有细胞因子的各种可能的生理活性，而对比文件1公开的多肽并不具备共同的结构，本领域技术人员看到这些模糊的信息不会认为这些肽都具备所述的生理功能，因此不能认为对比文件公开了该发明的肽促进神经元生长的用途。

那么，对比文件是否能够给予本领域技术人员将对比文件1的序列16用于促进神经元生长的技术启示呢？现有技术仅仅提供了一种模糊不定的可能性，其中包含了数量巨大的选择方案，而且每种多肽的功能都不清楚，每种选择方案可能取得的结果都很难预期，在这种情况下，本领域技术人员根据自身的逻辑分析、推理和有限试验的能力，不会进行这种风险巨大的尝试。只有当本领域技术人员对选择的结果有合理的成功期待时，现有技术才会驱使其进行这种尝试。如果没有客观、全面、准确地对现有技术公开的内容进行认定，而是看到本发明的方案之后，从对比文件中抽提出符合该发明的技术特征，就会陷入机械、僵化的泥潭，从而得出该发明不具备新颖性、创造性的结论。

二、将现有技术中的技术方案及其技术效果作为整体进行考量

在发明创造的过程中，现有技术是以完整的技术方案呈现在本领域技术人员面前的。所谓的"完整的技术方案"并非仅仅涉及组成技术方案的技术特征，技术方案必然会产生一定的技术效果，如果把现有技术的技术效果忽略不

计而仅仅考虑技术方案本身，必然会导致采用现有技术中技术特征的机械拼凑来评价发明的创造性，从而使创造性判断的结论有失客观。

案例2涉及一种酿造黄酒的方法，现有技术中传统的黄酒酿造工艺以麦曲进行糖化处理。为了操作简便、增加发酵效率等目的，在该发明申请日前，出现了生物酶制剂部分替代麦曲的工艺。该发明在此基础上，以生物酶制剂完全代替麦曲进行发酵糖化。根据说明书记载的实验数据，这种方法使黄酒生产操作简单、发酵安全、不易染菌，而且生产的黄酒氨基酸含量较高，口味新颖、清爽。

驳回决定引用的对比文件1涉及黄酒酿造工艺的实验研究，其中包括对糖化剂的研究。为了研究复合糖化剂的效果，文章对比了单独使用麦曲、同时使用麦曲和生物酶制剂以及单独使用生物酶制剂的三个实验组的效果。其中，单独使用的生物酶制剂的组分与该案的生物酶相同，但不同组分的配比含量差异较大。根据实验结果，全部使用麦曲的第一组生产的黄酒氨基酸含量高，口味醇香，但是产量很低；同时使用麦曲和生物酶制剂的第二组生产的黄酒糖化速度快，发酵旺盛，质量和口味正，但香气不如第一组；第三组的实验效果最差，氨基酸含量和种类少、口味淡薄，香味极差。据此，对比文件1得出结论，有必要进一步改进使用麦曲和生物酶制剂的复合糖化剂生产黄酒的工艺，弥补其香味差的缺陷。

驳回决定认为，对比文件公开了以生物酶制剂酿酒的技术特征，且所述生物酶组成与该申请完全相同，区别在于各种组分及配比的差异，而对现有技术中已知的生物酶的配比和含量进行调整是本领域技术人员的常规技能，因而认定该发明不具备创造性。

本案的焦点问题在于现有技术中是否存在以生物酶完全代替麦曲且调整不同生物酶的含量和比例的技术启示。要考察这一问题，需要本领域技术人员从整体上来理解和把握对比文件公开的内容，理清作为对比基础的最接近现有技术的来龙去脉。驳回决定将对比文件1中采用完全生物酶制剂的第三组实验作为与本发明最接近的现有技术，本领域技术人员根据对比文件1公开的内容可知，相对完全用麦曲的第一组实验和麦曲和生物酶制剂混合的第二组实验的技术效果而言，生物酶制剂组糖化发酵的效果很差，现有技术显然给出了更优的选择方向——麦曲和生物酶混合发酵的糖化剂。在申请日之前，本领域技术人员根据这样的技术信息，不会想到去进一步改进完全采用生物酶制剂的技术方案，也没有动机调整生物酶的含量从而获得本发明的技术方案。从技术效果的角度考虑，该发明在调整了生物酶的含量和配比后，不仅提高了黄酒产品的氨基酸含量和生产效率，而且提供了一种口味新颖的清爽型黄酒，其相对于对比文件而言取得了预料不到的技术效果，也进一步佐证了其技术方案并非显而易见。

由本案可知，如果脱离了对技术效果的考察，只是片面地关注技术特征本身是否在现有技术中有记载，或者是否为公知常识，割裂了技术方案与技术效果之间的密切联系，将导致对影响创造性的评判沦为技术特征的简单拼凑，实际上没有遵循"三步法"的要求。

三、从相互矛盾的现有技术中厘清本领域的主流做法

案例3涉及一种多价免疫原性组合物，其中包含肺炎链球菌的夹膜多糖和载体蛋白C。说明书验证了所述免疫原性组合物对肺炎链球菌具有免疫原性。证据1也公开了一种肺炎链球菌免疫原性组合物，其中所含有的肺炎链球菌的夹膜多糖与涉案专利相同，但载体采用了蛋白D。同时证据1的背景技术部分记载，常用的此类载体包括蛋白C，但是其缺点在于可能会产生表位抑制现象。因此，权利要求1与证据1的区别技术特征在于载体蛋白不同，涉案专利采用蛋白C，证据1则采用蛋白D。

对此，请求人提交的证据2~4公开了不同的肺炎链球菌夹膜多糖—蛋白质缀合物，其中均公开了以蛋白C为载体蛋白的技术特征。

请求人认为，现有技术中广泛采用蛋白C，本领域存在采用蛋白C替代证据1中的蛋白D的技术启示。而且该专利说明书中并未记载对蛋白载体有特殊要求，使用蛋白C作为载体未产生任何预料不到的技术效果。而专利权人则认为，证据1指出蛋白C存在缺陷，教导避免使用蛋白C，本领域存在采用该载体的技术障碍，本领域技术人员没有动机改变证据1中的载体。

无效决定认为，证据2~4的公开时间与证据1相当，证明现有技术中蛋白C一直被广泛采用，证据1中的记载的蛋白C的缺陷不足以形成普遍的技术偏见，本领域技术人员由现有技术的整体仍然会认为蛋白C是一种常规载体，而现有技术中常用的载体蛋白只有有限的几种，本领域技术人员会有合理的理由来探寻其技术领域的已知选择，如果该探寻结果导致了预期的成功，则是一种常规的选择，而非创新的结果。对于专利权人所强调的证据1中公开的载体蛋白C本身的缺陷，该专利采用蛋白C同样也会存在所述的缺陷，该专利并没有取得预料不到的技术效果。

实践中，有一种观点认为，证据1中已经说明蛋白C是本领域的一种常用载体，单独采用证据1即可以证明涉案专利不具有创造性。这种观点与专利权人的观点相比，走向了另外一种极端，在考虑正向启示的过程中，忽略了反向教导可能产生的技术障碍。如果领域技术人员不了解蛋白C是本领域长期以来普遍采用的一种常规载体的话，则证据1公开的内容一般会对本领域技术人员产生影响。如果不采用整体考量的原则，回避某些消极事实，则不符合本领域技术人员在面对技术问题的常规做法和考量。

可见，创造性判断的过程中，需要考虑本领域技术人员在面对要解决的技术问题时，现有技术中整体上是否会促使其改进最接近的现有技术。本案中，仅仅根据证据1的内容无法充分证明本专利的显而易见性，必须结合本领域技术人员对现有技术的整体了解。当本领域技术人员对改变的方案有合理的成功期待时，现有技术才会驱使其做出这种选择。

总之，对现有技术的准确界定和理解是"三步法"判断的基础，其对合理评价发明的创造性的重要性，主要表现为以下几个方面：

首先，这是创造性判断中本领域技术人员视角的基本要求。作为可以获知所有的现有技术，同时具备一般的逻辑推理和有限实验能力的假想的"人"，本领域技术人员会全面了解现有技术公开的相关内容，并运用本领域技术人员的逻辑推理和有限实验能力进行判断。在案例2中，本领域技术人员不会单纯考虑对比文件1中公开的技术方案本身而将其技术效果忽略不计，"他"会理性地看待现有技术的指引方向，而不会尝试与现有技术的教导相反的方案。在案例3中，本领域技术人员不会只考虑证据1而忽略本领域的常规知识，不会因为某一文献的记载即对某一技术手段弃之不用，"他"会对现有技术所公开的内容和信息作为一个整体来考虑和解读。

其次，对现有技术的准确界定和理解是客观评价发明创造相对于现有技术贡献的前提。实践中要防止将现有技术的水平认定得过高或过低的情况，也要避免误解现有技术改进的方向。案例1中，对比文件1笼统公开的20个序列所具有的十大类别的功能不能被具体化地认定为公开了某个具体序列的具体功能，也不能被认定为对某个具体序列的具体功能进行进一步研发的指引或启示。驳回决定的做法实际上是在看到该发明后不自觉地提高了现有技术的水平，从而导致不能客观评价该发明对现有技术的贡献。案例2中，对比文件1实际上并不存在与发明实际解决的技术问题相一致的技术缺陷。驳回决定将两种相反的思路和研发方向相提并论，必然导致抹杀本发明的创新之处。

最后，强调对现有技术的准确界定和理解是由现有技术的复杂性所决定的。虽然现有技术公开的内容是客观的，但技术方案是由多个技术特征有机组成，技术内容往往十分复杂，而且对发明实际解决的技术问题以及技术启示的判断还与技术效果紧密联系，此外，不同现有技术的记载有时还会存在偏差甚至截然相反。因此很多案件中对现有技术公开内容的认定和理解往往成为争议的焦点，本文列举的三个案例都反映了这一特点。其中存在的主要问题在于将技术特征从现有技术中孤立出来，割裂了技术方案的整体性，或者忽视了现有技术中存在的问题以及技术方案的效果，使创造性的判断沦为技术特征的简单拼凑，最终导致创造性评价无法客观地反映发明创造对现有技术的贡献。

专利申请创造性评述中结合启示的把握

赵 强* 朱丽娜*

【摘 要】

在专利申请的创造性评述中,两篇对比文件结合公知常识进行评述是一种常见的评述方式,但若公知常识涉及的是对比文件2中某一特征或是方案的改进,而非以最接近的现有技术为基准进行的改进,那么,这种方式得到的创造性结论是否会偏离《专利法》中创造性的判断标准,本文通过实际案例给出了关于上述疑惑的浅显见解。

【关键词】

创造性 结合启示

一、前 言

《专利法》第22条第1款规定:"授予专利权的发明和实用新型,应当具备新颖性、创造性和实用性。"第3款规定:"创造性,是指与现有技术相比,该发明具有突出的实质性特点和显著的进步,该实用新型具有实质性特点和进步。"

---

* 作者单位:国家知识产权局专利局专利审查协作天津中心。

在专利申请的诸多审查标准中，创造性的判断是使用频率最高的标准之一，很大程度上会决定一件专利申请的授权走向，但其具体判断标准的客观性也许是本领域技术人员最难以把握的一项标准。对于创造性把握得过于严格，将会使申请人的发明创造得不到保护，或是将申请人请求保护的合理范围缩小，从而损害申请人的利益，影响申请人进行创新的积极性，使得《专利法》"保护发明创造专利权，鼓励发明创造，有利于发明创造的推广应用，促进科学技术进步和创新"的宗旨不能贯彻落实。相反，对于创造性把握得过于宽松，则容易将社会已有的技术成果作为申请人的知识产权保护起来，从而损害公众利益，同时也使得申请人获得的专利权不稳定，在一定程度上也违背《专利法》的宗旨。

结合启示的把握很大程度上影响创造性的评述，《专利审查指南2010》第二部分第四章中列举了三种现有技术中存在技术启示的情况：

（1）所述区别特征为公知常识，例如，本领域中解决该重新确定的技术问题的惯用手段，或教科书或者工具书等中披露的解决该重新确定的技术问题的技术手段。

（2）所述区别特征为与最接近的现有技术相关的技术手段，例如，同一份对比文件其他部分披露的技术手段，该技术手段在该其他部分所起的作用与该区别特征在要求保护的发明中为解决该重新确定的技术问题所起的作用相同。

（3）所述区别特征为另一份对比文件中披露的相关技术手段，该技术手段在该对比文件中所起的作用与该区别特征在要求保护的发明中为解决该重新确定的技术问题所起的作用相同。

《专利审查指南2010》并未穷举所有具有技术启示的情况，在创造性的具体审查实践中，时常会用到多篇对比文件相结合的方式来评述，例如，"在对比文件1的基础上，结合对比文件2以及公知常识得到本权利要求请求保护的技术方案"等类似表述。但是若公知常识并非是在对比文件1的基础上进行的结合，而是仅仅涉及对对比文件2中某一特征或是方案进行的改进，那么，这种创造性的评述方式是否恰当，进而是否会偏离创造性的正常判断标准，造成案件走势的不当影响，下面结合具体的案例来探讨这种评述方式。

二、案例介绍

该申请权利要求1请求保护的技术方案为：一种内嵌式触摸显示屏，包括上基板72、下基板71以及设置于所述上基板和所述下基板之间的液晶层73；所述上基板包括相对于所述液晶层由远而近依次设置的上基板透明基底724、触摸结构层723、绝缘介质层722以及上基板公共电极721；所述触摸结构层由多个子触摸结构层（7231、7232、7233、7234）构成，所述多个子触摸结构层由触控芯片（IC1、IC2、IC3、IC4）对其进行控制。

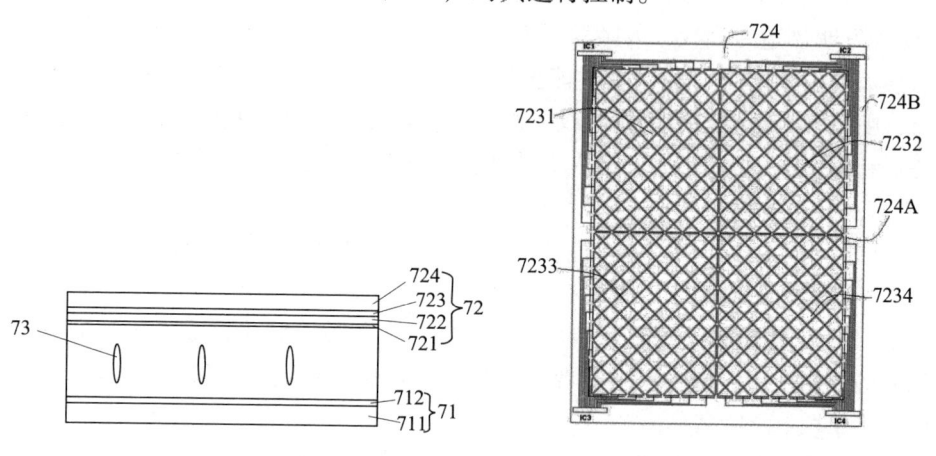

图1　内嵌式触摸显示屏叠层结构

图2　子触摸结构层

经检索，得到两篇相关的对比文件，其中：

对比文件1公开了一种内嵌式触摸显示装置，包括玻璃制成的透明上基板601和与透明上基板601相对设置的阵列基板608，液晶层606（相当于设置于所述上基板和所述下基板之间的液晶层）位于透明上基板601和阵列基板608之间。所述透明上基板601（相当于上基板透明基底）与阵列基板608正对的内侧表面依次形成有：触摸层602，绝缘结构603，公共电极605（上基板601、触摸层602、绝缘结构603以及公共电极605相当于上基板，上基板包括相对于所述液晶层由远而近依次设置的上基板透明基底、触摸结构层、绝缘介质层以及上基板公共电极），阵列基板608与所述上基板601正对的内侧表面形成有薄膜晶体管层607（阵列基板608与薄膜晶体管层607相当于下基板）。

图3　内嵌式触摸显示装置叠层结构

对比文件2公开了一种组合式互

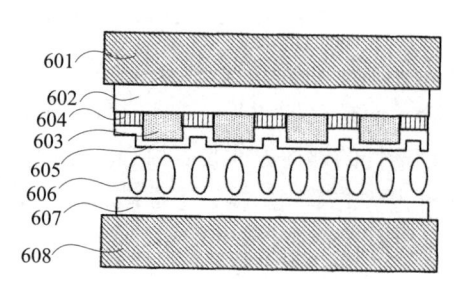

电容触摸屏，触摸面板 1100 覆盖的紧密排布的至少两个互电容触摸单元 1000（相当于触摸结构层由多个子触摸结构层构成），所述驱动电极 210 与该驱动电极 210 所在互电容触摸单元 1000 的激励信号模块 600 电连接，所述传感电极 310 与该传感电极 310 所在的互电容触摸单元 1000 的传感控制模块 700 电连接（相当于所述多个子触摸结构层由控制模块对其进行控制）。

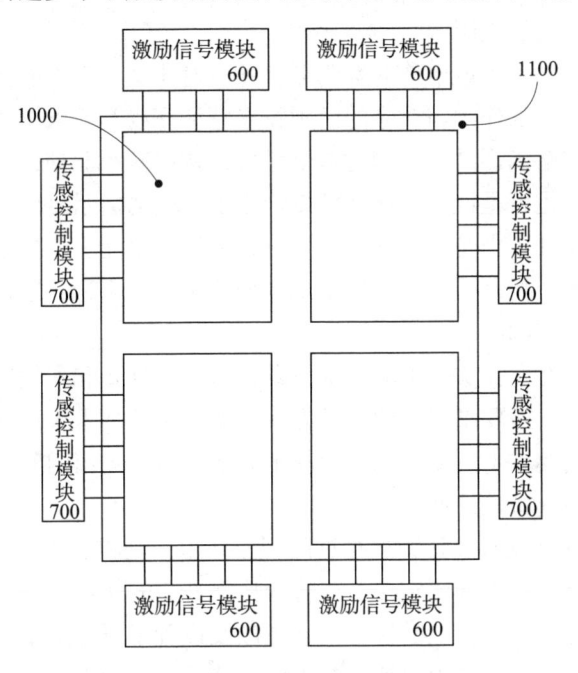

图 4　组合式互电容触摸屏结构

三、创造性的判断标准分析

对比文件 1 与该申请均属于触摸显示屏领域，而对比文件 2 属于触摸屏领域，与该申请技术领域相近。对比文件 1 公开了权利要求 1 中大部分的技术特征，但是没有公开关于发明点的技术特征，对比文件 2 仅仅公开了权利要求 1 中涉及发明点的技术特征，却并未公开其他的具体结构特征。通常情况下采用公开技术特征最多的对比文件作为最接近的现有技术，但有时为了能使申请人更直接地明了现有技术的水平，采用公开了发明点的对比文件更有利于与申请人的沟通。

下面，分别采用对比文件 1 和对比文件 2 作为最接近的现有技术，讨论创造性评述过程中结合启示的把握与判断标准分析。

(1) 采用对比文件 1 作为最接近的现有技术，则权利要求 1 所要求保护的技术方案与对比文件 1 的区别在于：权利要求 1 的触摸结构层由多个子触摸结构层构成，所述多个子触摸结构层由触控芯片对其进行控制。由此可以确定权利要求 1 所要求保护的技术方案实际解决的技术问题是：如何减小驱动线和感应线的寄生电容与线电阻。

对比文件 2 公开了该申请的发明点，并且对比文件 2 中的相应技术特征在其技术方案中所起的作用与对应的区别技术特征在权利要求 1 中所起的作用相同，均是用于将触摸层结构分割为多个触摸结构以减小驱动线和感应线的寄生电容与线电阻。也就是说，对比文件 2 给出了相应的启示。

然而对比文件 2 中是通过控制模块对各个触摸单元进行控制，而该申请是通过触控芯片进行控制。但是，对于本领域技术人员来说，通过触控芯片进行控制是本领域公知的。

综上所述，在对比文件 1 的基础上结合对比文件 2 和本领域的公知常识从而获得权利要求 1 所要求保护的技术方案对本领域的技术人员来说是显而易见的。因此，权利要求 1 所要求保护的技术方案不具有突出的实质性特点和显著的进步，因而不具备创造性。

(2) 采用对比文件 2 作为最接近的现有技术，则权利要求 1 所要求保护的技术方案与对比文件 1 的区别在于：将对比文件 2 的触摸屏应用于触摸显示屏中，并且触摸显示屏包括上基板、下基板以及设置于所述上基板和所述下基板之间的液晶层；所述上基板包括相对于所述液晶层由远而近依次设置的上基板透明基底、触摸结构层、绝缘介质层以及上基板公共电极；通过触控芯片进行控制。由此可以确定权利要求 1 所要求保护的技术方案实际解决的技术问题是：如何设置触摸显示屏的叠层结构及控制触摸结构层。

对比文件 1 公开了权利要求 1 请求保护技术方案中的触摸显示屏的叠层结构，并且对比文件 1 中的相应技术特征在其技术方案中所起的作用与对应的区别技术特征在权利要求 1 中所起的作用相同，均是用于将触摸屏应用于触摸显示屏中，并合理设置触摸显示屏的叠层结构。也就是说，对比文件 1 给出了相应的启示。

同时，对于本领域技术人员来说，通过触控芯片进行控制是本领域公知的，在面对如何控制触摸屏时，容易想到通过触控芯片代替对比文件 2 中的控制模块实现相应的控制作用。

综上所述，在对比文件 2 的基础上结合对比文件 1 和本领域的公知常识从而获得权利要求 1 所要求保护的技术方案对本领域的技术人员来说是显而易见的。因此，权利要求 1 所要求保护的技术方案不具有突出的实质性特点和显著的进步，因而不具备创造性。

分析上述两种评述方式可知，第（1）种评述方式中用公知常识对对比文件 2 的技术方案进行了微小的改进，即用触控芯片代替触控模块，进而将上述改进结果作为一个整体对对比文件 1 的技术方案进行改进，从而得到权利要求 1 请求保护的技术方案。这种评述方式更符合发明创造的产生过程，即在面对现有技术中存在的问题时，想出合理的解决方案对现有技术进行改进，评述逻辑更加直观、清楚。

但这样的评述方式也存在一种疑惑，创造性评述中结合启示的把握应当是基于最接近的现有技术，现有技术的改进应当是对最接近的现有技术的改进，而对其他现有技术进行改进后，再将改进后的技术方案对最接近的现有技术进行改进，是否会偏离创造性的评述标准，进而导致创造性高度的人为提高？其实，通过公知常识对现有技术的改进并不需要付出创造性劳动，而且上述案例中对比文件 1 与对比文件 2 的结合足以体现该申请的整个发明构思，只是某一具体的实现方式不同，即控制方式是选用控制模块还是触控芯片，然而上述控制方式均为本领域公知的，因此，从发明的实质考虑，通过公知常识对现有技术进行改进后，再对最接近的现有技术进行改进并未偏离审查标准，也并不会影响该申请的案件走势。

第（2）种评述方式中直接通过对比文件 1 和公知常识对对比文件 2 进行改进，属于《专利审查指南 2010》列举的第（1）、（3）种具有结合启示情况的组合，评述方式符合《专利审查指南 2010》列举情况的规定。对比文件 2 公开了发明点，与该申请属于相近的技术领域，但是由于触摸屏作为触摸显示屏中的一个组件，在评述过程中由触摸屏直接改进为触摸显示屏不免让人觉得有些跨度太大，改进顺序有些颠倒。但是这样的评述方式能够让申请人直接地认识到现有技术的发展水平，以便进行修改及意见陈述。

四、结　论

通过上述案例分析可以看出，在创造性的评述过程中，无论使用哪种评述方式，更重要的是对发明实质以及结合启示的把握。审查员的创造性评述不能是技术特征的简单罗列，也不能是公知常识的随意结合，更不能是机械地生搬照抄，应当站在本领域技术人员的角度，从发明申请的实质出发，充分考虑是否有动机进行改进以获取该申请请求保护的技术方案，更加清晰地引导申请人获得合理的保护范围、把握现有技术的发展水平，以促进申请人更加高效地进行发明创造。

关于创造性结合启示的思考

曾德锋*

【摘　要】

　　本文从创造性评判中简单特征叠加的问题出发，分析了"三步法"中结合启示的实质要求，并结合实际案例，阐述了思考现有技术是否存在改进的需求、现有技术之间能否结合、如何结合以及结合的结果等对正确评判创造性的重要作用。

【关键词】

　　创造性　特征叠加　结合启示　实质要求

一、引　言

　　在创造性的审查中，一个比较典型的问题是通过简单的特征叠加来否定权利要求的创造性。简单的特征叠加，指的审查员是根据所评述的权利要求的需要通过组合拼凑不存在技术启示的现有技术来否定权利要求的创造性。在一些审查员中也存在这样的疑问，对于一些案件，为什么明明技术特征已经被现有技术公开了，也给出了结合的启示，"三步法"的每一步看起来都是正确的，可为什么还是会导致错误的创造性结论呢？

---

　　* 作者单位：国家知识产权局专利局专利审查协作广东中心。

为什么会产生这个问题？

"三步法"是审查创造性的有效方法，对部分案件而言，按照确定最接近的现有技术、确定发明的区别特征和发明实际解决的技术问题、判断要求保护的发明对本领域技术人员来说是否显而易见这样三个步骤可以得到准确的创造性结论。《专利审查指南2010》中第二部分第四章"创造性"中，用较大篇幅在正向教导如何应用"三步法"，什么情况下有结合启示，什么情况下可以评述创造。因此审查员习惯于正向应用"三步法"。

但是，在看似简单的三个步骤之外，其实需要同时考虑的问题还有很多，这些问题是在教导"三步法"的同时没有给予深刻的认识。比如现有技术是否存在改进的需求？现有技术之间能否结合、如何结合以及结合的结果是什么？这些问题，在正向应用"三步法"的思维中，是极容易被忽略的，其表现形式就是简单地将现有技术公开的特征进行叠加得出权利要求的方案，这种技术特征的叠加是一种机械的组合，并非有机的结合，是"事后诸葛亮"式的错误。

为什么要考虑现有技术是否存在改进的需求？现有技术客观存在的技术问题和技术缺陷是本领域技术人员进行技术改造的出发点，只有问题和缺陷存在才会去寻找解决的方式和方法。如果问题和缺陷不存在，也就没有改进的需求，因此结合其他现有技术去解决问题和缺陷则无从谈起。

为什么要考虑现有技术之间能否结合、如何结合以及结合的结果？在审查实践中，我们发现一些情况下，虽然权利要求的技术特征被不同的现有技术公开了，作用也相同，看似存在结合启示，但深究发现彼此之间不能结合，或者结合存在技术障碍，或者即使结合也得不到权利要求请求保护的技术方案。

因此，如果不考虑上述问题，根据"三步法"所判断的结合仅仅是一种形式上的合理性。笔者认为，在正确应用"三步法"的同时，为了避免技术特征简单叠加的问题，可以在初步完成"三步法"之后，进一步补充考虑现有技术是否存在改进的需求、现有技术之间能否结合、如何结合以及结合的结果是什么的问题，这一补充的步骤相当于是对前面"三步法"是否准确进行验证的过程，这一验证过程相当于是"三步法"的逆向思维，以对正向思维的"三步法"进行补充，相当于是一种对结合启示的实质要求的考虑。通过这样的手段，可以比较简单地发现创造性审查之中隐藏的一些问题，进而对创造性的评述进行纠正。

二、案例分析

以下通过两个案例进行说明。

【案例 1】安全型抽芯铆钉

技术方案（权利要求 1）：一种安全型抽芯铆钉，包括钉体（1）和钉芯（5），钉体（1）一端沿轴向设有钉体内孔，钉体内孔中连接钉芯（5），其特征是：还包括锁紧套（3），锁紧套（3）轴向设有贯通的锁紧套内孔，锁紧套（3）通过锁紧套内孔紧套在钉体内孔中的钉芯（5）上；所述钉芯（5）一端为钉头（6），钉头（6）下端连接钉芯下部，钉头（6）和钉芯下部连接处设有锁紧槽（7）和断裂槽（8）；所述钉头（6）位于钉体（1）和锁紧套（3）之间；所述钉头（6）的直径大于锁紧套内孔的直径，小于钉体内孔的直径。

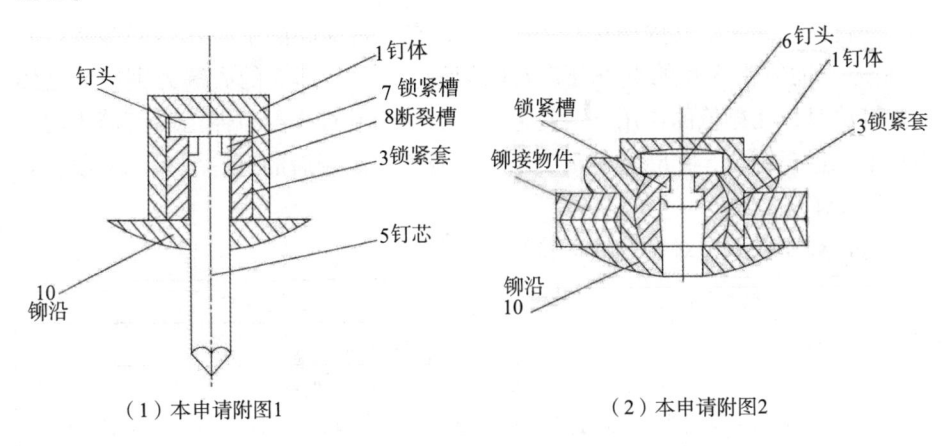

（1）本申请附图1　　　　　　（2）本申请附图2

图 1　【案例 1】的本申请附图

使用时，用普通铆枪拉动钉芯下部使钉体 1 内的钉芯 5 受到铆接的作用力，钉头 6 在该作用力的驱使下压迫锁紧套 3。锁紧套 3 使钉体 1 向外膨胀，把铆接物体的铆接内孔全部胀满无空隙。此时钉头 6 在铆接的作用力下继续向下压迫使得锁紧套 3 进入到锁紧槽 7 中，在铆接物体铆接内孔外的钉体 1 则向外膨胀成鼓形，紧贴铆接物体。在这个过程中，钉芯 5 的断裂槽 8 处发生断裂。

对比文件 1 公开了一种连接铆钉，其结构如图 2 所示。

《专利法》第 22 条和第 23 条的适用

（1）对比文件1附图1

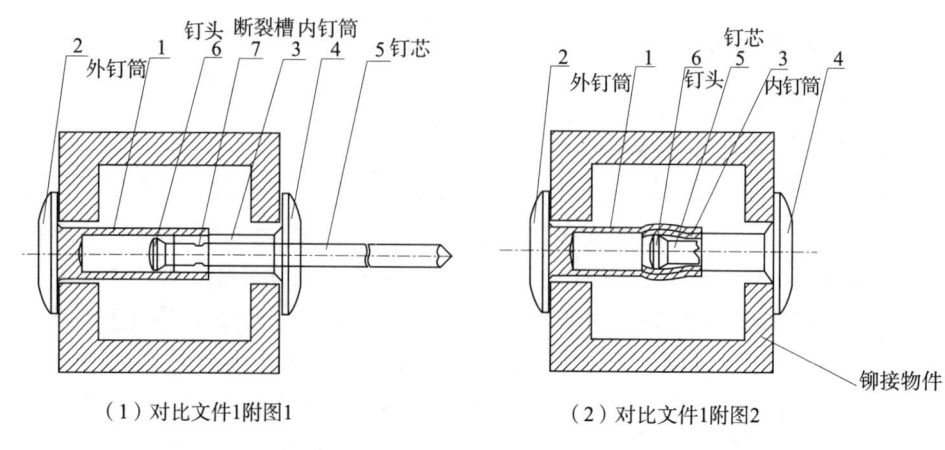

（2）对比文件1附图2

图 2　【案例 1】的对比文件 1 附图

外钉筒 1 的中心孔内插接有内钉筒 3，在内钉筒 3 的中心孔内插接有钉芯 5，钉芯 5 的钉头部 6 的下方开设有断裂槽 7，钉头部 6 的底端为倒立的锥体状。铆接时，在铆枪的作用下，钉芯 5 的钉头部 6 被强行拉伸至内钉筒 3 的中心孔中，直至钉芯 5 在断裂槽 7 处断裂，且使得断裂后的钉头部 6 与一段钉芯 5 留在内钉筒 3 内。

将权利要求 1 与对比文件 1 特征对比如下：

权利要求 1	对比文件 1
安全型抽芯铆钉	连接铆钉√
包括钉体（1）、钉芯（5），钉体（1）一端沿轴向设有钉体内孔，钉体内孔中连接钉芯（5）	包括外钉筒 1（即钉体）、钉芯 5，外钉筒 1 一端沿轴向设有钉体内孔，钉体内孔中连接钉芯 5√
锁紧套（3），锁紧套（3）轴向设有贯通的锁紧套内孔，锁紧套（3）通过锁紧套内孔紧套在钉体内孔中的钉芯（5）上	内钉筒 3（即锁紧套），内钉筒 3 轴向设有贯通的锁紧套内孔，内钉筒 3 通过锁紧套内孔紧套在钉体内孔中的钉芯 5 上√
钉芯（5）一端为钉头（6），钉头（6）下端连接钉芯下部，钉头（6）和钉芯下部连接处有断裂槽（8）	钉芯 5 一端为钉头 6，钉头 6 下端连接钉芯 5 下部，钉头 6 和钉芯下部连接处设有断裂槽 7√
钉头（6）和钉芯下部连接处设有锁紧槽（7）	×
钉头（6）位于钉体（1）和锁紧套（3）之间；钉头（1）的直径大于锁紧套（3）内孔的直径，小于钉体（1）内孔的直径	钉头 6 位于外钉筒 1 和内钉筒 3 之间；钉头 6 的直径大于内钉筒内孔的直径，小于外钉筒内孔的直径√

可见，权利要求 1 与对比文件 1 的区别特征仅在于：钉头（6）和钉芯下部连接处设有锁紧槽（7）。基于该区别特征，权利要求 1 实际要解决的技术问题是形成更有力的铆接。

对比文件 2 公开了一种拉丝铆钉，其结构如图 3 所示。

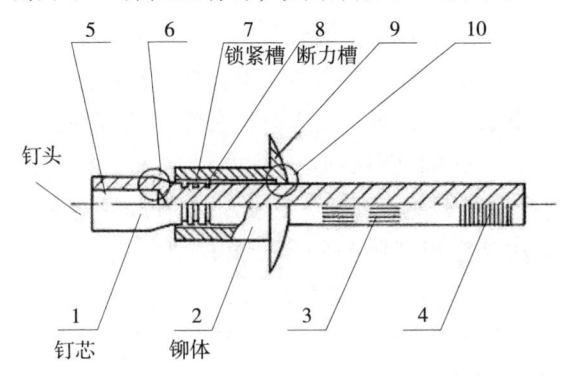

图 3　【案例 1】的对比文件 2 附图 1

使用时，气动枪顶住铆体顶 9，沿着纵向向后拉伸钉芯 1，铆体 2 在被铆接工件内孔起鼓变形产生挤压，使铆体 2 内壁牢牢地紧贴在钉芯 1 及被铆接工作内孔表面，同时镶嵌在锁紧槽 7 内锁紧，而在断力槽 8 截面处产生断裂，最终使钉芯 1、铆体 2 与被铆接工件相互挤压成三体为一，完成铆接工艺。

可见，权利要求 2 公开了在钉芯上设置锁紧槽以使得铆体嵌入而形成更稳定有力的铆接的技术启示。对比文件 2 公开了上述区别特征并且与在本申请中的作用相同，因此对比文件 2 给出了将上述特征应用于对比文件 1 以解决上述技术问题的启示。

按照常规的思维，三步法至此结束，每一步似乎都没有破绽，我们可以确定权利要求 1 没有创造性。

但是，我们需要进一步考虑或者验证一下，对比文件 1 是否存在改进的需求，对比文件 1 和 2 之间能否结合、如何结合以及结合的结果是什么，就会得出与"三步法"相反的结论。

案例分析：

在对比文件 1 中，在铆枪的作用下钉芯 5 的钉头部 6 被强行拉伸至内钉筒 3 的中心孔中，由于钉头部 6 的外径大于内钉筒 3 的中心孔内径，因此迫使内钉筒 3 和钉体 1 产生变形，使得钉芯 5、内钉筒 3 和钉体 1 较强的配合而实现稳定的铆接。

分析可知，在对比文件1公开的方案中，并没有设置锁紧槽供内钉筒3嵌入的需要，而且即使强行设置锁紧槽，在所得到的方案中，内钉筒3也不会嵌入锁紧槽中，并不会如同本申请一样协同变形作用而产生更有力的铆接，锁紧槽在该方案中并不能发挥其功能作用。

因此在对比文件1的基础上，虽然对比文件2公开了上述区别特征并且作用相同，形式上看似给出了结合的启示，但本领域技术人员仍然不会生硬结合而去拼凑得到权利要求1的方案，因为对比文件1没有改进的需求，而且即使强硬结合对比文件2公开的特征，也无法得到权利要求1的方案，这与按照"三步法"的评述结论是截然相反的。因此，在看起来毫无破绽的"三步法"之外，隐藏了值得注意和思考的问题，如果在"三步法"之后不进一步思考或者对"三步法"的过程进行逆向的验证，不对结合启示的实质进行考查，显然会犯下技术特征简单叠加组合的错误，而导致错误的结论。

【案例2】一种升降平台

背景技术：现有螺旋升降装置通过设有外螺纹的调节杆和螺母的简单组合实现升降，但在使用过程中，可能由于一些情况使得螺纹联接松动而影响工作。因此需要一种防松的螺纹式升降平台。

技术方案（权利要求1）：一种升降平台，包括底座（14）以及垂直设置在所述底座上的调节杆（6），其特征在于，所述调节杆上设有外螺纹，所述底座上方设有一升降台（12），所述升降台上连接有一与所述调节杆的外螺纹配合的调节螺母（8），所述调节螺母包括凸出设置在所述升降台下方的凸出部（16），所述凸出部上固定连接有一棘轮（10），所述升降台上铰接有与所述棘轮配合的棘爪（4）。

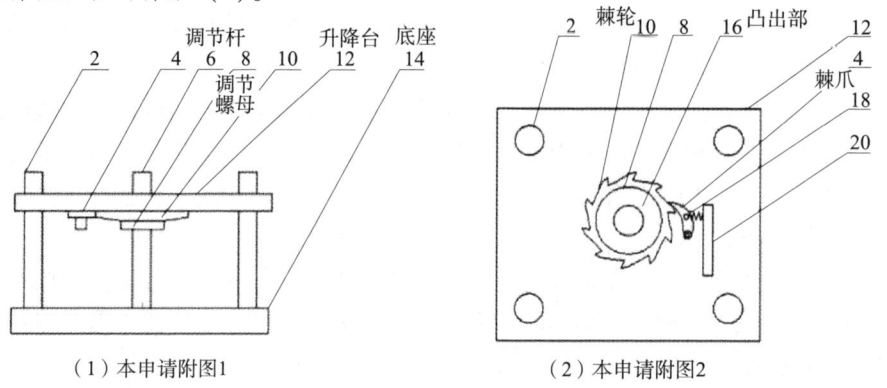

（1）本申请附图1　　　　　　（2）本申请附图2

图4　【案例2】的本申请附图

当调节螺母带动棘轮旋转向上时，将带动升降台向上运动，此时棘爪不会影响棘轮的转动；当调节螺母旋转向下时，棘爪与棘轮上的棘齿啮合而锁止调节螺母，防止其向下旋转，从而起到防松的效果。

对比文件1公开了一种平台升降装置，其结构如图5所示。

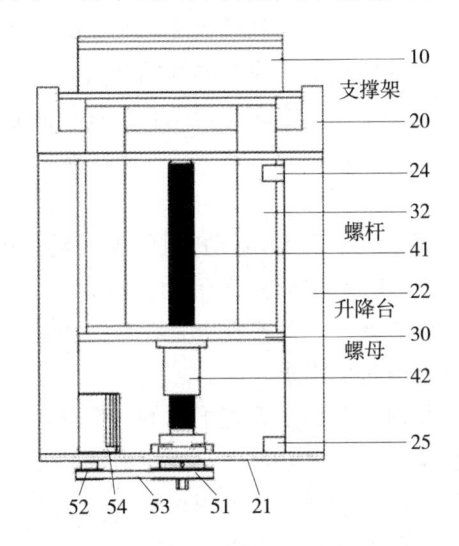

图5 【案例2】的对比文件1附图

该平台升降装置包括支撑架20、升降台30和驱动升降台30上下运行于支撑架20的驱动装置。驱动装置包括螺杆41、与螺杆螺纹连接的螺母42、传动部件和通过传动部件驱动螺杆41运动的步进电机54。螺杆41穿过升降台30并通过螺母42带动升降台30在四根支撑柱22上作上下运动。

通过分析，权利要求1与对比文件1的主要区别在于还设置了防止螺母松动的棘轮棘爪结构。

而在机械领域，通过棘轮棘爪的形式来防止螺母松动是常规的技术手段，如以下对比文件2（见图6）就公开了这种手段。

棘轮6位于固定螺栓7的外六角螺母与上固定板2之间，并且棘轮6与固定螺栓7固定连接，棘爪5可旋转地设于固定板2上，其具有一个转动轴，棘爪5与棘轮6啮合，用于防

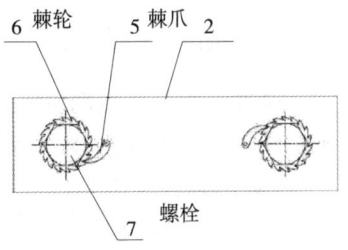

图6 【案例2】的对比文件2附图

— 113 —

止棘轮 6 朝着固定螺栓 7 松动的方向旋转。

可见，对比文件 2 公开了通过棘轮棘爪的形式防止螺母松动的技术启示，这与该申请的结构和作用均是相同的，因此对比文件 2 给出了结合的启示。按照三步法，只需将对比文件公开的棘轮棘爪技术手段应用于对比文件 1 即可解决对比文件 1 中存在的防松问题，权利要求 1 不具备创造性。但是，这样会不会同样犯了特征简单叠加的错误呢？我们同样需要进一步考虑，对比文 1 是否存在改进的需求，对比文件 1 和 2 之间能否结合、如何结合以及结合的结果是什么。

案例分析：

对比文件 1 中，通过步进电机 54 驱动螺杆 41 转动，由于螺母 42 固接于升降台的底部，因此螺杆 41 驱动螺母 42 带动升降台 30 作上下运动。也就是说，在对比文件 1 公开的方案中，其客观上是存在防止螺纹连接失效而影响工作的问题，也就是其存在改进的需求。

但该方案中，螺母相对升降台是固定不动的，螺杆转动实现升降，因此其不可能通过防止螺母转动的方式来防松，只能考虑从防止螺杆转动的角度去解决问题。因此虽然对比文件 2 公开了通过棘轮棘爪防止螺母松动的手段，但无法应用于对比文件 1，即使将该手段应用于对比文件 1，会发现其根本不能解决防松的问题，也不能得到权利要求 1 的技术方案。

因此同案例 1 类似，虽然对比文件 1 和对比文件 2 形式上满足了结合启示的要求，但实质上并不能将对比文件 2 公开的区别特征应用于对比文件 1，而且即使结合也得不到权利要求 1 的技术方案，并不能解决技术问题。因此为了避免技术特征简单叠加组合的错误，必须在"三步法"之后进一步思考或者对"三步法"的过程进行逆向的验证，对结合启示的实质进行考查。

三、总　　结

通过上述两个案例可以发现，对比文件 1 公开了权利要求的部分特征，对比文件 2 公开了区别技术特征并且作用相同，因此给出了结合的启示，按照"三步法"来看评述权利要求的创造性是正确的。但是，一旦我们进一步考虑"三步法"之外隐藏的一些问题时，会得出与"三步法"截然相反的结论。这并不是说"三步法"是错误的，通过大多数案件创造性审查也验证了"三步法"是有效的审查创造性的手段，只是我们在应用"三步法"时还需要思考一些问题。"三步法"是一种正向的思维过程，它更多关注对比文件是否公开了特征以及作用是否相同以确定是否可以结合，这种笔者认为所谓的结合只是一种形式上的判断，即满足了特征公开和作用相同这样的形式要求。而在形式要求之外其实还需要考虑一些问题来确定是否可以真正地结合，如现有技术是否存在改进的需求，现有技术之间能否结合、如何结合以及结合的结果是什么等实质问题的判断，笔者认为是一种实质要求，只有同时满足形式和实质两方面的要求时，才能是真正的有机的结合，而不是简单的技术特征的叠加，从而避免"事后诸葛亮"式的错误。

浅谈创造性判断主体在实际解决技术问题确定中的能力边界

尚言明* 何 麟* 汪晓风* 郝瑞欣*

【摘 要】

创造性判断主体的能力高低对实际解决技术问题的确定有重要影响。本文尝试从"三步法"重塑发明过程的本意出发,建立了创造性判断主体在实际解决技术问题确定中的能力边界二维模型;并结合具体示例,详细分析了创造性判断主体在实际解决技术问题确定中的能力边界,认为合理确定创造性判断主体在实际解决技术问题确定中的能力边界,有利于实际解决技术问题的准确认定,促进创造性判断的客观化和审查标准的统一。

【关键词】

创造性 审查 技术问题 本领域技术人员 能力边界

一、引 言

目前世界范围内对"创造性判断主体"概念的认识基本统一,即定义为

---

* 作者单位:国家知识产权局专利局专利审查协作湖北中心。

"所属领域的技术人员",或称"本领域技术人员"。❶ 在审查实践中,创造性判断主体的能力认定是把握创造性高度的关键因素。我国现行的《专利审查指南2010》对"所属领域的技术人员"的能力规定为"假定他知晓申请日或者优先权日之前发明所属技术领域所有的普通技术知识,能够获知该领域中所有的现有技术,并且具有应用该日期之前常规实验手段的能力,但他不具备创造能力。如果所要解决的技术问题能够促使本领域的技术人员在其他技术领域寻找技术手段,他也应具有从该其他技术领域中获知该申请日或优先权日之前的相关的现有技术、普通技术知识和常规实验手段的能力"。但由于这个判断主体在现实中并不存在,专利审查员就成为专利创造性判断的实际主体,他们是带着"本领域技术人员"的面具进行判断,❷ 这就不可避免地出现创造性判断主体能力的个体差异,造成创造性审查标准的不统一。

"三步法"是目前最行之有效的发明创造性判断思路,"确定实际解决的技术问题"是"三步法"中至关重要的一环,起到了创造性判断的前后传承的作用。对最接近的现有技术的把握不准确,往往影响实际解决技术问题确定的准确性;而在判断"显而易见"中被称为挥之不去的"幽灵"的"事后诸葛亮",❸ 也往往在"确定实际解决的技术问题"这一环节就已经埋下了隐患。机械套用"三步法"来确定实际解决的技术问题,往往导致创造性的审查结论出现偏差。由于创造性审查实践中,判断"显而易见"这一环节争议最多,目前对创造性判断主体能力的研究主要集中在判断"显而易见"这一环节。笔者认为,这一环节的研究固然重要,但是确定实际解决的技术问题是判断"显而易见"的基础,对创造性判断主体在实际解决技术问题确定中的能力的研究也不容忽视,创造性判断主体的能力高低对实际解决技术问题的确定有着重要影响。本文将尝试对创造性判断主体在实际解决技术问题确定中的能力边界进行探讨,以期以实际解决技术问题的准确认定为着力点,促进创造性判断的客观化和审查标准的统一。

---

❶ 魏聪. 专利创造性判断主体能力的比较研究 [M]. 北京:中国政法大学出版社,2013:3-7.
❷ 彭亮,等. 从实质审查过程分析专利创造性的客观化 [J]. 中国发明与专利,2011 (11):88-92.
❸ 牛强. 专利创造性判断中的"事后诸葛亮"——兼评我国《专利法》第22条及《审查指南》中相关规定 [J]. 知识产权,2009,19 (112):49-57.

二、创造性判断主体在实际解决技术问题确定中的能力边界二维模型

"三步法"判断思路的精髓在于重塑发明过程,❶ 即回到申请日(优先权日)之前,以最接近的现有技术为基础,站在本领域普通技术人员的角度,分析最接近的现有技术中存在的不足之处,并据此提出技术问题、找出问题的产生原因,再进一步寻找解决问题的技术手段。

假定重塑发明创造的整个过程都是在申请日(优先权日)当天完成的,以时间轴为横轴,以"三步法"重塑发明创造的步骤为竖轴,建立二维坐标系。其中,以申请日(优先权日)为T边界线,以"得知最接近的现有技术"为A边界线,以"找到该技术问题产生的原因"为B边界线,将T边界线、A边界线、B边界线共同确定为创造性判断主体在实际解决技术问题确定中的能力边界,三者围成的半封闭区间构成了创造性判断主体在实际解决的技术问题确定中的能力范围。据此,笔者建立了创造性判断主体在实际解决技术问题确定中的能力边界二维模型(以下简称"能力边界二维模型"),如图1所示。

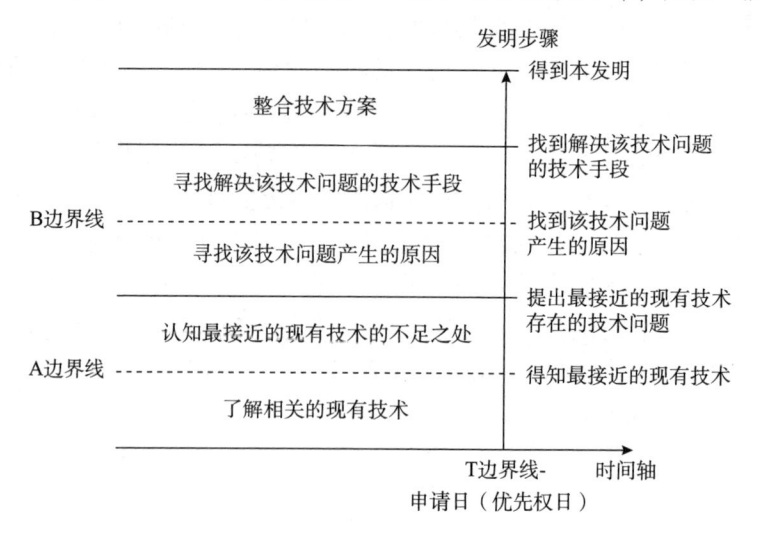

图1 创造性判断主体在实际解决技术问题确定中的能力边界二维模型示意图

---

❶ 于萍. 创造性评价中实际解决技术问题的确定[N]. 中国知识产权报,2013 - 12 - 20 (011).

基于该能力边界二维模型可以直观看出，低于 A 边界线、高于 B 边界线、超出 T 边界线，都将超出创造性判断主体在实际解决技术问题确定中的能力边界。

其中，超出 T 边界线，获知申请日（优先权日）之后才能提出的技术问题以及申请日（优先权日）之后才能找到的该技术问题产生的原因，就是典型的实际解决技术问题确定中的"后见之明"，以此为基础进行评述极易导致在后续判断"显而易见"中出现"事后诸葛亮"的错误。

之所以定义 A 边界线，一是为了明确重塑发明创造步骤的不可逆性，既然确定了最接近的现有技术，就不能再退回到没有得知最接近的现有技术的状态；二是强调创造性判断主体的能力，在已经得知最接近的现有技术的情况下，就应该能够认清本发明与最接近现有技术的区别所在，就应该能够认清最接近现有技术中所公开的一切细节。

之所以定义 B 边界线，首先也是为了明确重塑发明创造步骤的不可逆性，既然已经开始寻找解决技术问题的手段，就不能再退回到没有找到该技术问题产生的原因或没有提出该技术问题的状态；但更重要的是，笔者想从重塑发明创造过程的角度，提供一种在从确定技术问题向寻找技术手段前进的过程中尽量消除"事后诸葛亮"隐患的具体化边界，即 B 边界线。当然，高于 B 边界线并不意味着必然导致"事后诸葛亮"的错误，但如果在确定实际解决的技术问题时就带入了对技术手段的指引，则会埋下"事后诸葛亮"的隐患，影响创造性判断的客观化。

三、创造性判断主体在实际解决技术问题确定中的能力边界示例分析

下面，本文将结合几个具体示例对创造性判断主体在实际解决技术问题确定中的能力边界进行详细阐述（以下示例中，假定创造性判断主体所依据的最接近的现有技术是准确的）。

1. 已经得知最接近的现有技术——不能低于 A 边界线

在实际解决技术问题的确定中，创造性判断主体应该已经得知最相关的现有技术，对应于图 1 的表达，如果创造性判断主体的能力退到了 A 边界线以下，实际上主观降低了创造性判断主体的能力，造成了后续"显而易见"判断中技术难度的加大。笔者以为，既然已经得知最接近的现有技术，那么创造性判断主体就应当对其技术方案有完整全面的掌握，因而也就应当能够厘清本

发明与最接近的现有技术的区别特征,也应当能够得知最接近的现有技术客观上解决的技术问题以及实现的技术效果。

在此,要重申:审查员所认定的最接近的现有技术可能有别于申请人在说明书中所描述的现有技术,因此确定的实际解决的技术问题也就可能不同于说明书中所声称的技术问题;作为一个原则,发明的任何技术效果都可以作为重新确定技术问题的基础,只要本领域的技术人员从该申请说明书所记载的内容能够得知该技术效果即可。

(1) 已经得知最接近的现有技术,首先要能够择清本发明与最接近的现有技术的区别特征,如果在实际解决技术问题的确定中带入最接近的现有技术中已经解决的技术问题或已有的技术特征,则容易导致后续"显而易见"的判断出现偏差。

【示例一】

该申请的权利要求 1 要求保护一种阀结构,包括××结构的阀主体,其特征在于:在与阀主体连接的排气部分的端部设有一个阶梯状凸部,相应的与排气部分的端部连接的排气管道的端部设有一个阶梯状凹部。对比文件 1 公开了一种阀结构,包括××结构的阀主体(事实上,对比文件 1 还公开了与阀主体连接的排气部分,以及与排气部分的端部连接的排气管道,但审查员并没有写进对比文件 1 公开的特征中)。审查员认定区别特征为:在与阀主体连接的排气部分的端部设有一个阶梯状凸部,相应的与排气部分的端部连接的排气管道的端部设有一个阶梯状凹部。据此确定实际解决的技术问题为:使阀主体的排气部分与排气管道很好地结合在一起防止流体泄漏。评述时引入对比文件 2 (一种风机壳体结构),公开了进风道与风机壳体入口的连接处的凹凸密封结构,认为其有结合启示。

申请人在意见陈述中认为该区别特征的作用是解决阀主体排气部分与管道之间的连接问题,而对比文件 2 公开的密封结构是解决进风道与风机壳体之间的连接问题,两者所应用的对象不同、所要解决的技术问题不同。对此,审查员在后续审查意见中重新确定区别特征为:其排气部分的端部与排气管道的连接采用凸凹配合的连接结构(其排气部分的端部设有一个阶梯状凸部,相应的与排气部分的端部连接的排气管道的端部设有一个阶梯状凹部);实际解决的技术问题为:管道与管道之间连接时的流体泄漏性问题;再次结合对比文件 2,评述了该权利要求不具备创造性。最终,申请人同意了审查员重新发出的审查意见。如果审查员一开始就明确了 A 边界线,正确划分区别特征,由此准确地确定该实际解决的技术问题仅是一个通用领域的管道连接处防止泄漏的问题,那么审查意见将可能早一些获得申请人的认可,从而节约审查程序。

(2)已经得知最接近的现有技术,还应当能够得知申请日(优先权日)之前的普通技术知识和通过简单的分析、推理得知最接近的现有技术客观上解决的技术问题和存在的技术效果。如果最接近的现有技术已经解决了该发明所声称的技术问题,比如该发明的技术方案相对于最接近的现有技术仅仅是一种简单变形或技术手段的等效替代,那么就不能将该已经在最接近的现有技术中解决的技术问题再作为发明实际解决的技术问题,否则就造成了发明步骤的退步,再次重新去认识已经解决的技术问题,主观增加了发明创造继续进行的技术难度。

【示例二】

该申请的权利要求1要求保护一种真空吸尘器的吸嘴。权利要求1与对比文件1的区别仅在于:权利要求1中的吸嘴的吸音材料仅设置在下部箱体中央的吸入口上,而对比文件1中在下部箱体中央的吸入口以及在上部箱体与软管接口处都设置了吸音材料。并且,对比文件1客观上也已经实现了该申请说明书中所声称的"降低流入到吸嘴内的外部空气和异物产生的噪音"的技术效果。如果没有认清这一点,就容易把对比文件1客观上已经解决的技术问题又重新确定为实际解决的技术问题,导致发明创造步骤的退步,势必要重新去认知已经解决的技术问题,主观增加了发明创造进行的技术难度。对此,应根据区别特征客观地确定实际解决的技术问题只是如何节约吸音材料。

2. 认知最接近现有技术的不足之处——不能超出T边界线

在已经得知最接近的现有技术之后,创造性判断主体必须要意识到最接近的现有技术所存在的不足之处才能提出发明实际解决的技术问题。然而,在审查实践中,有这样一种情况:创造性判断主体基于申请日(优先权日)之前的普通技术知识根本就不能意识到最接近的现有技术的不足之处,但是一旦提出了该技术问题,找出问题产生的原因以及找到解决问题的手段却是显而易见的。由于审查员事先得知了该申请日(优先权日)之后才能被创造性判断主体所能认知和提出的技术问题,在后续评述中就容易带入"事后诸葛亮"的主观色彩,认为采用该技术手段是显而易见的,体现在图1中,即超出了T边界线。

【示例三】

该申请涉及一种智能插座,该插座上设有多个电源插口,该插座上还设有能够插入手机 USB 数据线的 USB 插口。该发明的背景是，使用普通插座给手机充电时，手机数据线虽然有 USB 插头，但都要先连接到充电器的 USB 插口，再将充电器连接到插座上的电源插口，会出现充电器电源插头与其他电源插头相互干扰的情况。因此发明人提出了在插座上还设有能够插入手机 USB 数据线的 USB 插口，避免了手机充电器电源插头与其他电源插头相互干扰。

假设经检索找到的最接近的现有技术就是普通插座，该插座上设有多个电源插口，并且，申请日前用插座进行手机充电的方式就如本申请背景技术中所述。显然，区别特征为"该插座上还设有 USB 插口"，根据区别特征在该发明中的技术效果，很容易就确定该发明实际解决的技术问题是如何解决手机充电器电源插头与其他电源插头相互干扰的问题。在随后的评述中也就容易认为，为了解决手机充电器电源插头与其他电源插头相互干扰的问题，在插座上设置 USB 插口是本领域的公知常识。

但是，仔细想想，我们已经习惯了通过充电器连接到插座上进行手机充电，虽然也会遇到电源插头相互干扰的情况，但我们多半基于惯性，先拔下几个电源插头给手机充电器电源插头腾出空间，普通技术人员会想到提出"手机充电受其他电源插头干扰"的技术问题吗？显然，如果连这一技术问题都不能发现，又何谈去解决这一技术问题呢？

本文以此为例并非想证明该发明必定具备创造性，只是想通过此例强调机械套用"三步法"而忽略了本领域技术人员在发现该技术问题中的能力边界，是有失偏颇的。由于创造性审查是"事后审查"，审查员在看到该发明提出的技术问题之后再去认知和提出实际解决的技术问题时，很容易戴上"后见之明"的有色眼镜。明确创造性判断主体在实际解决技术问题确定中的 T 边界线，有助于避免"事后诸葛亮"的主观判断，促进创造性判断主体能力的客观化。

3. 寻找该技术问题产生的原因——不能超出 T 边界线

在提出了发明实际解决的技术问题之后，若要继续进行发明创造，还需要找到该技术问题产生的原因。审查实践中还存在这样一种情况：本发明相对于最接近的现有技术的贡献在于发现了导致某技术缺陷的原因，而该原因一经发现，找到解决问题的技术方案却是显而易见的。❶ 此时，找到"原因"就成为

---

❶ 于萍. 创造性评价中实际解决技术问题的确定 [N]. 中国知识产权报，2013 - 12 - 20 (011).

创造性判断主体需要跨越的技术障碍，如果忽视发明人在寻找产生缺陷的原因的过程中做出的技术贡献，极易导致所确定的实际解决的技术问题超出"能力边界二维模型"的T边界线。在这种情况下，实际解决的技术问题应确定为"如何解决该缺陷"，❶ 而不应当将该超出创造性主体认知范围的"原因"作为实际解决的技术问题。

【示例四】

该发明的权利要求1要求保护一种化合物的制备方法，并限定所述反应在内壁上具有耐腐蚀层的容器中进行。权利要求1与对比文件1的主要区别在于，该申请使用的容器具有耐腐蚀层。依据现有技术公开的内容，本领域技术人员很难在理论上可能存在的任何杂质物质中确定杂质金属离子的存在和来源，也就难以认识到导致"该化合物产品着色"这一缺陷的内在原因是容器壁腐蚀产生的金属离子析出。如果不能认识到产生该化合物着色的原因，本领域技术人员很难有动机基于对比文件1向着本发明的方向改进。

如果审查中忽视了发明人在发现"该化合物着色"这一问题的原因过程中所做出的技术贡献，将技术问题认定为"防止反应容器的金属离子析出"，则很容易认为，为解决容器被腐蚀的问题而在容器上使用耐腐蚀层是本领域的公知常识，从而得出发明是显而易见的结论。显然，以上做法在确定技术问题时已经带入了申请日（优先权日）之后对原因的认知，已经超出了创造性判断主体的能力边界。对于这种情况，应当将实际解决的技术问题确定为如何解决该化合物着色的问题。

4. 尚未开始寻找解决技术问题的技术手段——不能高于B边界线

在找到技术问题产生的原因之后，下一步就要开始寻找解决技术问题的技术手段。在审查实践中，常常出现在确定发明实际解决的技术问题时将"技术问题"与"技术手段"混为一谈。实际解决的技术问题应该体现的是技术效果，而不是技术手段。"能力边界二维模型"为创造性判断主体在实际解决技术问题的确定中定义了能力上限，即B边界线，以期尽量避免后续对"显而易见"的判断陷入"事后诸葛亮"的误区。具体来说，首先，创造性判断主体不能够开始寻找技术手段，在技术问题中带入了对技术手段的指引，例如所确定的实际解决的技术问题中含有全部或者部分区别特征，以及包含能够指

---

❶ 于萍. 创造性评价中实际解决技术问题的确定［N］. 中国知识产权报，2013-12-20(011).

引创造性判断主体找到技术手段的上位特征；其次，创造性判断主体更不能够找到技术手段，比如以纯粹的技术手段代替技术问题。

【示例五】

该发明申请涉及一种散热风扇，其中的转子只靠单轴承支撑，该申请要解决的技术问题是消除转子在转动时产生晃动的问题。该申请与对比文件1的主要区别就在于该发明在底座上设置了一对与转子永久磁铁相互作用的平衡片。而分析可知，"在底座内设置一对与转子永久磁铁相互作用的平衡片"是解决"转子在转动时产生晃动"这一技术问题的技术手段，此时如果将发明实际解决的技术问题确定为"如何在底座上设置与转子永久磁铁相互作用的平衡片"则是不正确的，因其完全以技术手段代替了技术问题，造成了创造性判断主体在尚未开始寻找解决技术问题的技术手段时，就已经完全得知了该技术手段，显然超出了创造性判断主体在实际解决技术问题确定中的能力上限，即超出了B边界线；如果将发明实际解决的技术问题确定为"如何设置平衡片以消除转子转动时产生晃动"则也是不准确的，虽然其中包含了技术问题，但同时也在尚未得知运用"平衡片"这一手段的情况下，在实际解决的技术问题中指引创造性判断主体去运用"平衡片"，实际上已经开始寻找技术手段，也超出了"能力边界二维模型"所定义的B边界线。也就是说，创造性判断主体的能力不超过B边界线，创造性判断主体就应该能够厘清"技术问题"和"技术手段"。对于本例来说，发明实际解决的技术问题应确定为"如何消除转子在转动时产生晃动的问题"。

四、结　语

本文从"三步法"重塑发明过程的本意出发，尝试建立了创造性判断主体在实际解决技术问题确定中的能力边界二维模型。通过以上分析可以看出，合理确定创造性判断主体在实际解决技术问题确定中的能力边界，有利于发明实际解决技术问题的准确认定，在一定程度上能够避免创造性评判中"事后诸葛亮"及其他不当做法的出现，能够为审查员在审查实践中正确运用"三步法"提供一定帮助，促进实质审查过程创造性判断的客观化和审查标准的统一。创造性评判的影响因素纷繁复杂，本文只是借其一角展开探讨。由于笔者水平有限，上述内容中难免会存在疏漏之处，欢迎各位专家、同行们批评指正。

"小"写背景技术,"大"写创造性

项 霞[*]

【摘 要】

背景技术部分不应该仅仅作为一个技术方案所解决技术问题阐述的地方,对它的撰写还应该秉持一种"小"写背景技术,"大"写创造性的思维,该思维要求申请人及代理人在动笔前对技术方案的适用环境进行详细了解,充分利用背景技术部分,将适用环境与易混淆的类似环境、上位环境对照着进行充分的阐述,使得本申请的技术方案适用环境轮廓清晰地从庞杂的背景中突出出来,这样不仅更有利于专利代理人了解技术方案,布局权利要求,而且由于适用环境的特殊性,创造性也被放大,更有利于审查员对创造性的评判。

【关键词】

专利申请文件 背景技术部分 应用环境 创造性

《专利法》第22条第3款对创造性具有明确定义:与现有技术相比具备突出的实质性特点和显著的进步。而说明书的背景技术部分则是对现有技术的描述。《专利审查指南2010》第二部分第二章第2.2.3节对该部分的撰写提出明确要求:应当写明对发明或者实用新型的理解、检索、审查有用的背景技术,

---

[*] 作者单位:成都九鼎天元知识产权代理有限公司。

还要客观地指出背景技术中存在的问题和缺点。

在专利代理实践工作中，专利代理人及申请人都一般都会遵从上述规定，对现有技术本身进行说明，并尽可能指出其存在的问题和缺陷，以对应申请文件本身所解决的技术问题。但是，由于专业限制或者其他原因，很少有人会去深入阐述要申请的技术方案适用的特殊环境，从而使公众或者审查员将其与其他类似环境混淆。这无形之中其实是写"大"了背景技术，该巨大的背景并没有将技术方案适用的独特环境突出出来。对非本领域技术人员的审查员来说，他极有可能不了解该申请的技术方案能不能适用于其他类似性质的环境，或者不同环境下转用的难易程度，因此会以技术问题为关键词进行一个大范围的检索，而该大范围内则很可能就包括了其他类似的或者上位的技术环境。如果被检索到的某个文献具有类似技术术语或者类似技术特征，审查员就很容易低估创造性。

为了不使上面的话语过于抽象，下面笔者以亲身经历的两个审查意见答复为例对技术方案应用环境阐述的重要性进行说明。

【案例1】

涉及专利：专利号为201310441977.2，名称为"一种发酵池内温度测量装置"的发明专利。

技术方案情况介绍：该申请为一种用于在封闭的发酵窖池内形成多点温度测量的测量装置，结构如图1所示。

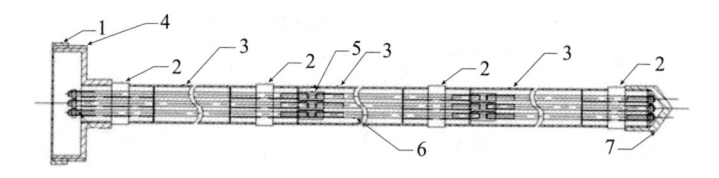

图1

1—端盖；2—绝缘绝热连接头；3—保护套管；4—电路盒；5—紧固螺母；6—机械连接固定螺杆；7—保护端头。

该装置的结构为：包括电源、感温器件（位于保护套管内，图1中未示出）、至少两个测量单元的测量部及一个放置有信号处理电路的电路盒，所述电路盒与测量部的一端连接；测量单元包含保护套管，感温器件位于其内，所述感温器件与信号处理电路连接；各个测量单元通过绝缘绝热连接头、机械连接固定螺杆、紧固螺母连接，所述机械连接固定螺杆穿过保护套管和保护套管两端的绝缘绝热连接头,所述机械连接固定螺杆两端由紧固螺母旋紧;电路盒还设置无线发送模块和与其连接的天线,所述无线发送模块与信号处理电路连接;所述机械连接固定螺杆兼做连接感温器件与信号处理电路的信号线和/或电源线,所述机械连接固定螺杆起于电路盒,终于最后一节测量单元;所述感温器件附着在保护套管上。

该申请说明书背景技术部分主要内容如下:目前大都采用普通的温度传感器,置于封窖泥下方,温度传感器感应到的温度通过刻度或者连接显示仪表进行测温;或者直接使用普通的水银温度计插入窖池测温等。这些测温方法简单,操作方便,但是会破坏密封窖池内的发酵系统,影响发酵效果,并且只能测量窖池上层的温度,不能方便测量中下层的发酵温度。

可以看出,该背景技术部分只展示了该申请解决了发酵窖池多点测量的技术问题,并没有在背景技术中将发酵窖池特有的封闭测温环境与常见的开放式测温环境或者上位的"测温环境"进行横向比较,并进行封闭测温环境的说明。因此,申请技术方案适用的环境无形之中被放大到所有的测温环境。受此暗示,审查员将检索范围扩大到所有的"测温环境",以"测温"及"无线传输测温功能"为关键词进行了大范围的检索,找到了如下2篇对比文件:

对比文件1:CN102359832A,名称为:一种卷烟烟包快速测温仪,该文献作为最接近的现有技术。

对比文件2:CN202393423U,名称为:一种便携式粮情检测器(其公开了传感器数据无线传输的技术)。

审查员认为:对比文件1公开包含了该申请所述的多点温度测量的测量装置的电源、感温器件、空心管体、测量单元、信号处理电路、电路盒等,结构和功能都类似,且对比文件1还具有液晶显示温度的功能,因此,该申请相对于对比文件1唯一的区别就是应用于发酵池内温度测量,本领域技术人员很容易想到将对比文件1公开的内容用于发酵窖池内的温度测量,而无线传输也被对比文件2公开,因此该申请相对于对比文件1、对比文件2及公知常识的结合不具备创造性。

可以看到,对比文件1技术方案的应用环境是开放式的测温环境。笔者在进行斟酌后,觉得单纯从技术特征比对上入手难以争辩创造性,毕竟技术特征确有类似之处,但是如果从技术方案的适用环境入手,缩小技术方案适用的背景,则有可能使得审查员改变想法,缩小检索范围。毕竟发酵窖池是与卷烟烟包是两种不同的物体,必然测温条件不同,前者测温环境封闭,后者测温环境开放,且测温环境也是审查员所指出的区别特征,正好可以以子之矛攻子之盾。

在提交的意见陈述书上,笔者进行了如下争辩,主要内容如下:

"申请人先提请审查员注意背景技术中对本发明背景技术的描述:窖池内是用窖泥密封,内部具有酵母菌等微生物,发酵过程中必须对窖池内的整体温度情况进行了解,发酵温度将影响出酒率。传统的温度测量过程必然要将温度测量装置伸入到窖池内,容易破坏里面的发酵系统,影响出酒率。传统的测量装置无法同时测量窖池内每一轴向上的上、中、下各个部位的发酵温度。也就是说,该发明所适用的发酵窖池是密封的环境,必须进行多点测量,且测温数据必须通过无线传输。而且很容易理解,由于使用的窖池深度的变化,其测温装置的测量单元最好具备扩展性。机械连接固定螺杆在机械上起连接、紧固不同深度测量部件的作用,在电气上担任不同深度温度(包括具有同种总线结构的不同性能的测量器件)测量信号的总线,提高了该装置面向未来的扩展性。对比文件1的技术方案中,虽然同为测温装置,但是其测量单元只有一个,其整体构造及信号处理方式都不具备测量单元的扩展性,不具备同时测量窖池内每一轴向上的上、中、下各个部位的发酵温度的性能。另外,由于对比文件1的测温仪温度数据是通过液晶显示器直接表示,仅仅适用于开放的测温环境,不适用于密封的测温环境。综上,基于应用环境及仪器构造的巨大差别,本领域技术人员不可能想到将对比文件1与对比文件2的无线传输技术结合起来得到本发明的技术方案。"

经过上述争辩,发酵窖池这种特殊测温环境及其对测温技术特殊要求就清晰地突出于审查员认知范围内的所有测温环境,审查员最终被引导认为由于技术方案适用环境的不同,对比文件1不能作为最接近的现有技术,本专利申请最终成功得到授权。

【案例2】

涉及专利:申请号为201110458605.1,专利名称为:一种基于嵌入式浏览器的网络账号管理方法。

技术方案情况介绍:该申请的背景技术部分主要内容如下:Cookie识别不精确,在某种程度上来说已经严重危及用户的隐私和安全:其可以收集用户的电脑数据,比如上网的记录;同时一些网站可以通过Cookie发送垃圾信息和邮件等,对用户进行干扰,甚至造成损害。此外,相对于PC客户端,电视浏览器有小、轻的特点,且嵌入式终端的资源比较有限,需要更好的方式来管理网络账号。

该申请的技术方案主要包括如下步骤：

（1）给浏览器的 javascript 里面添加一个类和这个类的对象，由这个类实现网络账号的管理；

（2）利用浏览器自带的 binding 方法，把一个 c＋＋实现的类变成一个 javascript 类；

（3）给这个类的接口写一个描述文件，并把该类添加成 Window 的属性，在 DOMWindow 类中做添加新子类的修改；

（4）编写调用本地函数的接口文件，更改浏览器编译前置，编译出识别新 JSE 的浏览器；

（5）编写调用本地函数的接口的实现，编译本地实现的动态库，所述本地函数实现网络账号的读取、保存，以及对账号的加密、解密，并设定账号的保存文件格式和路径。

可见，该案子的专利代理人只是对电视浏览器网络账号管理技术本身进行了阐述，背景技术很容易被扩展到所有浏览器上，因此审查员的检索范围扩展到了上位的"浏览器"，并找到了一个非常类似的对比文件，该对比文件是一篇发表在"IE 浏览器中文网站"的文章，名称为：在浏览器中加密 COOKIE。

审查员认为：对比文件公开了如下技术特征：在浏览器中加密 cookie 的方法（相当于基于浏览器的管理方法）；通过 Javascript 脚本调用 Cookie 加密 API，则必然在浏览器中存在用于管理的 javascript 类（相当于 javascript 实现管理）；CompletePrivateFiles 位置提供的 Cookie 加密方法（相当于编写调用本地函数的接口的实现）；建立一个 Javascript 的 API（相当于编写调用本地函数的接口的实现）；通过密钥来加解密 Cookie（相当于加密、解密）。该申请相对于对比文件的区别特征在于：该申请的技术方案是基于嵌入式浏览器中；管理的具体为网络账号，编译本地实现的动态库等。而将对比文件 1 的技术方案应用于嵌入式浏览器中属于本领域的惯用手段，其他特征也为惯用手段，因此该申请具备相对于对比文件及公知常识的结合不具备创造性。

同例一的审查员一样，【案例 2】的审查员同样将该申请的技术方案放置到了其他类似或者更上位的领域（浏览器）中进行了横向检索及比较，如果单独对权利要求技术特征进行比对，则该申请的创造性争辩较为困难。因此笔者借用了【案例 1】中的横向比较手法，将嵌入式浏览器与上位领域的浏览器进行了对比，并陈述意见如下：

"嵌入式系统相比于普通的浏览器有其一些先天的特点：

a. CPU 能力弱，功耗低，大多数不是 X86 架构，很多是基于 ARM 核心，有些是基于专门的 DSP 核心，这些处理器的运算能力远远比不上 PC 的 CPU，而且种类繁多。

b. 内存等资源可用的十分有限，一般 从 4MB 至 64 MB 的内存大小都有。

c. 所需要支持的 WEB 特性不需要 PC 版的那么丰富，一般支持最基本的 HTML 即可，Javascript 一般都不需要支持完全。

嵌入式浏览器的这些特点，并不是 PC 下能用的浏览器就能拿过来用在嵌入式设备上，因此，不能简单地认为适用于浏览器的技术方案就能适用于嵌入式浏览器中。"

以上阐述引导审查员的注意力集中到了"嵌入式浏览器"这一个小的背景中，从而检索范围减小。再通过其他一些细微技术特征的对比，笔者的意见陈述最终被审查员接受。

根据以上两个案例可以看出来，如果代理人或者申请人一开始就有预见性地在背景技术中对技术方案的实施环境进行详细的说明，将该申请技术方案的应用环境与类似的或者上位的应用环境区分开来，则可以使审查员在第一次检索中就能够有效地过滤掉因为应用环境不同而明显不能简单转用的技术方案。

综上所述，笔者认为，在背景技术部分的撰写上应该秉持一种"小"写背景技术，"大"写创造性的思维，该思维要求申请人及代理人在动笔前对技术方案的适用环境进行详细了解，充分利用背景技术部分，将适用环境与易混淆的类似环境、上位环境对照着进行充分的阐述，使得该申请的技术环境轮廓清晰地从庞杂的背景中突出出来，这样不仅更有利于专利代理人了解技术方案，布局权利要求，而且由于适用环境的特殊性，创造性也被放大，更有利于审查员对创造性的评判。

对微创新申请创造性审查的一点思考

王 明[*] 曲桂芳[*]

【摘 要】
本文借助案例分析了对涉及微创新的创造性审查的思路，提出对微创新申请的创造性审查，要避免以技术差异论创造性高低的审查思维，要关注其发现技术问题对现有技术的贡献，合理评价其创造性贡献。

【关键词】
微创新　创造性　技术问题

一、前　言

2012年底召开的十八大提出：科技创新是提高社会生产力和综合国力的战略支撑，必须摆在国家发展全局的核心位置。[1] 2015年初，中共中央、国务院又正式印发了《关于深化体制机制改革实施创新驱动发展战略的若干意见》，明确提出加快实施创新驱动发展战略，指出要"让知识产权制度成为激

---

[*] 作者单位：国家知识产权局专利局审查协作北京中心。
[1] 胡锦涛在中国共产党第十八次全国代表大会上的报告（全文）[EB/OL]．(2012-11-18)．http://politics.people.com.cn/n/2012/1118/c1001-19612670.html．

励创新的基本保障"。❶

与此同时,全球创新格局也发生着巨大变化。以往被大家所追逐的颠覆式创新、变革型创新逐渐被大量涌现的微创新所代替。无论是大到市值全球第一的苹果公司,还是刚刚起步的创业型小微公司,无不将微创新的理念植根于企业发展。苹果公司的乔布斯就说过"微小的创新可以改变世界"。微创新对企业的贡献、经济的推动的重要作用在社会上已经形成了共识。

然而在专利审查实践中,微创新由于其小处着眼、细微改进的特点,若从技术差异大小以及显而易见性的角度来评判其创造性,往往不容易得出其具备创造性的结论,也很难获得专利保护。如下两个案例均是与产品相关的微创新,涉及产品应用功能的微小改进,笔者将和大家一起探讨创造性审查问题。

二、案例一

该案涉及一种情感移动终端,其主要通过获取本终端以及另一终端的当前位置信息并在地图上标识出来,为寻找对方提供了便利。进一步地,该终端还能够对上述两个终端之间的位置相距某一距离阈值内的累计时间进行计时。终端利用该功能可在用户相处时间较短时给予提醒,以维护双方情感关系。

具体权利要求如下:

1. 一种情感移动终端,包括:

第一定位模块(1),用于获得本机的当前位置信息;

第二定位模块(2),用于获得第二移动终端的当前位置信息;

定位标识模块(3),其内存储有原始地图数据,用于根据本机的位置信息、第二移动终端的位置信息及所述原始地图数据计算生成标识了本机位置和第二移动终端位置的已定位地图数据;

距离计算模块(5),其内存储有经纬度数据,用于根据本机的位置信息和第二移动终端的位置信息及所述经纬度数据计算出本机与第二移动终端之间的直线距离值D;

显示模块(6),用于接收所述定位标识模块(3)输出的已定位地图数据并进行显示;

其特征在于,还包括:

---

❶ 中共中央国务院关于深化体制机制改革加快实施创新驱动发展战略的若干意见[EB/OL]. (2015-03-24). http://politics.people.com.cn/n/2015/0324/c1001-26738212.html.

第四距离阈值比较模块（10），其内存储有第四直线距离阈值D4，用于接收所述距离计算模块（5）输出的所述直线距离值D并与所述第四直线距离阈值D4进行比较，当D＞D4时，输出第四控制指令，当D≤D4时，输出第五控制指令；所述第四直线距离阈值D4为20米；

计时模块（17），用于当收到所述第四控制指令时中止计时，当收到所述第五控制指令时继续计时；

时间累加模块（18），用于按照周期T读取所述第一计时模块（17）的计时值M并清零。

现有技术（以下简称"对比文件1"）涉及一种两人约会地址确定的方法，其披露了终端能够获取双方终端所在的位置信息并显示在地图上，根据两个移动终端的直线距离，选择出一个合适的、介于两者之间的约会地点。

将对比文件1作为最接近的现有技术，发现上述画线部分为本发明与最接近的现有技术的区别特征。

三、两种观点

针对该案，一种观点认为，该案的上述区别特征仅是实现当位置距离满足特定条件时进行累计计时的简单功能，其解决的技术问题应为如何利用终端实现特定的基于位置信息的业务需求。由于对比文件1已经给出了可在获取双方终端当前位置信息后，将现实生活中的人解决相关问题的处理规则（寻找合适约会地点的规则）应用到终端中，对位置数据进一步处理（计算双方合适的约会地点）来满足业务需求的启示，因此，本领域技术人员很容易想到根据其他基于位置的业务需求，将现实生活中的人解决相关问题的处理规则应用到终端中，以借助终端的相应处理能力对数据进行处理以满足特定业务需求；而利用终端来确定距离是否达到阈值，以及累计计时等均是终端常规的处理能力。因此，在对比文件1的基础上结合本领域的惯用手段得到权利要求1的技术方案是显而易见的，不具备《专利法》第22条第3款规定的创造性。

另一种观点则认为：基于该区别特征，应将权利要求1实际解决的问题如何通过终端来衡量用户之间的情感关系程度。对比文件1与本申请虽同为基于位置信息的应用，然而两者要解决具体问题完全不同，所要克服的技术困难也不相同。对比文件1中的约会地点本身即属于位置信息类型，其与用户的当前位置信息也直接相关，而该案中的情感关系程度则并非与位置信息直接关联，其评估方式和规则在日常生活中也更加抽象而复杂。在现有技术没有给出启示的情况下，本领域技术人员是难以想到将与位置信息不相关的、且抽象的情感关系程度判断选择由终端的软件、硬件能力计算获得。

四、笔者观点

上面两种观点看似是对确定解决的技术问题归纳不同，本质上却是对于微创新的关注焦点不同。观点一更关注的是技术手段，认为权利要求1与对比文件1中的技术性框架类似，都是将日常生活中的规则应用到终端中来代替人执行一些判断和处理，而对解决的技术问题思考的不够深入；观点二则是关注到该案发明人发现技术问题对现有技术产生的贡献，认为发现这一技术问题本身就给技术方案带来非显而易见性。

对于该案，笔者更认同第二种观点。正如奇虎公司的创始人周鸿祎说的那样，"产品可以不完美，但是只要能打动用户心里最甜的那个点，把一个问题解决好，有时候就是四两拨千斤"。微创新将用户体验视为最高追求，而改善用户体验的关键就在于其发现了用户的痛点，也就是发现问题本身，从创新者角度来看，找准问题与利用技术解决问题同样重要，甚至比技术方案更为重要，忽略了发明人对发现技术问题所做的努力就意味着忽略了微创新中最有价值的部分。对比文件1与本案的技术框架虽然类似，均属基于位置的应用一类，但同一技术框架内依然可以存在创新空间。事实上LBS（Location Based Service）早在20世纪90年代就已被美国的SCHILIT提出。20年后的今天，各种基于LBS的解决不同问题的新应用仍层出不穷，反映出其具有的巨大创新潜力。

有人认为，如果给予涉及微创新的申请授予专利权，将会导致一个领域内的专利过多过滥，形成专利丛林现象，给企业发展带来阻碍。笔者认为，专利丛林的产生原因一是数量多，二是专利的质量低。而专利的质量高低不应简单由技术的改进大小来衡量，而更应从技术改进是否服务了用户需求，产生了社会效益，推动了经济发展等来衡量。如果能仅通过微小的技术改进，就准确解决了用户的痛点，让用户获得良好体验，通过产品差异化提高市场竞争力，促进社会进步，这种微创新不但不属于低质量的问题专利，反而更应将其列为值得鼓励和推广的优秀专利。专利丛林不是微创新带来的问题，也不能为了避免专利丛林而拒绝对微创新的保护，打击社会的创新热情。事实上，微创新的主要创新劳动都花费在对用户需求的挖掘上，其真正的技术实现门槛并不高，因而相对于其他创新更易被模仿和抄袭，也更需要给予更多的倾斜来保护发明人的创新成果。最近电梯广告中出现某饮用水公司的广告，他们发现1L装的婴儿用瓶装水由于婴儿父亲、母亲的手大小差异，不能同时满足单手稳定握持的需求，于是在瓶身有一个棱线的处理，婴儿父亲的手大可以从背后进行抓取，母亲可能手比较小，可以从正前方拿。这里笔者对该产品质量以及营销策略不做评论，但就瓶身设计而言，其原理简单，用户体验很赞，是一个优秀产品，但是，深入了解用户需求，准确发现问题才是这个设计最关键所在。

当然，关注微创新中的发明人对发现技术问题的贡献，并非意味着降低发明创造性高度的门槛，而是将发明作为一个整体，即合理考量发明人在发现技术问题、解决技术问题上对现有技术的贡献。我们再来看这样一个实际案例。

五、案例二

案例二涉及的是一种便携式电子装置的无线传输方法，其通过加速度传感器来感测电子装置的移动动作，并产生感测信号，通过判断感测信号是否符合预定的信号型样，如果符合则启动该电子装置的无线传输功能，发明人在权利要求中进一步限定了移动动作包括至少两个连续碰击，预定信号型样为包括至少两个连续峰值。

对比文件1公开了一种便携式电子装置的操作方法，其披露了可通过电子装置中的加速度传感器来感测电子设备的移动，根据感测到的移动数据并产生一操作信号，不同的移动数据对应不同的操作信号，通过操作信号来对便携式电子设备进行操作。对比文件2公开了手机根据加速度传感器来检测用户甩动手机的方向，来对当前播放的音乐进行相应处理，例如，用户向上甩手机时，可增加音量，用户向下甩手机则降低音量；用户向左甩手机时切换到上一首音乐播放，向右甩则切换到下一首播放。

本申请的权利要求1与对比文件1或2相比，区别在于：权利要求1中的移动动作包括至少两个连续碰击，预定信号型样为包括至少两个连续峰值，以及权利要求1启动的是无线传输功能。

六、案例分析

笔者认为，首先，从发现技术问题的角度来看，根据对比文件1或2的记载，案例二发明人所关注的实现移动电话上的特定功能时操作冗长而复杂的问题，在申请日前已被对比文件1或2披露，也就是说，该技术问题的存在本领域技术人员应当已经知晓，该案的发明人在后提出的同一问题对本领域技术人员是显而易见的。其次，从解决技术问题的方式来看，对比文件1或2均给出了利用传感器来识别特定动作并匹配执行相应功能的改进手段,本案发明人依然沿袭的是同一思路,就当前权利要求的技术方案而言,案例二在具体动作的选择上以及对应的操作功能上的一些差别,并未使用户获得有别于对比文件1或2的更多的效果和体验。因此,笔者认为,案例二中仅在具体动作以及触发的功能上进行简单的差异化的"微创新"无法使方案达到具备创造性高度,若是将此类"微创新"纳入专利进行保护,则会导致泛滥,毕竟动作的形式以及终端的操作数不胜数,人人在阅读了对比文件1以后都能想到各种替代动作和操作。若对由此撰写成的发明专利都予以授权,除了增加专利数量,对社会的经济发展、技术进步并无帮助,反而会降低专利制度的公信力。

当然,案例二中,发明人还在另一实施方式中描述了进一步解决的技术问题,即现有技术在启动无线传输功能后还需完成繁琐的识别码认证和配对。案例二则通过电子设备与欲配对的对端电子设备相互碰击两次,在启动无线传输功能后,通过比较电子设备自身碰击两次的间隔时间与其他电子设备记录的各自碰击两次的间隔时间是否相同,准确找到目的对端,实现了自动认证和配对。笔者认为,该进一步解决的技术问题是无线传输操作所特有的问题,即终端的配对需要手动选择和识别码认证操作,因此对比文件1、2均未关注到该技术问题;另一方面,从上述分析可知,该进一步解决的技术问题的手段与本申请的具体动作紧密相关,采用双方终端两次碰击能够获得的相同时间间隔这一特性作为配对和认证的依据,也就是说,对具体动作的选择恰恰体现了发明人为解决无线传输操作所存在的特定冗余操作问题所贡献的独特构思。笔者认为,发明人将上述改进方案加入权利要求中,使得改进后的技术方案进一步能解决未被现有技术所关注的技术问题,并且能够获得独特的用户体验,因此,其有助于凸显该"微创新"的创造性。

七、小　　结

总之,微创新正引领着时代潮流,其对用户体验至上的追求不但给人们的生活带来极大的便利,更因其广泛的社会影响力而慢慢改变着社会,改变着世界。可以说,要实施创新驱动发展战略,离不开对微创新的扶持和鼓励。在专利审查工作中,我们更应该重视对微创新的创造性审查,不能以改进微小而忽视其挖掘用户痛点、贴近用户需求的本质,但同时也需要保持客观公正的态度,合理把握创造性门槛,避免低质专利对技术发展和技术应用产生的阻碍,牢记《专利法》的根本宗旨,促进科学技术的进步与经济发展。

"idea 概念"在发明专利构建、布局和创造性评价中的应用

陈绍武[*]

【摘 要】

本文分析发明专利创造性评价因素，并针对项目研究或产品研发中专利申报的需要提出了一种新的"idea 概念"，用于发明专利构建、布局和创造性评价，对于理清发明思路、提高撰写质量和对发明专利授权前景的预判具有重要的参考价值。代理实践表明，"idea 概念"符合技术研发人员的科研思路和习惯，在专利撰写和申报中更容易被理解和接受。

【关键词】

发明专利 创造性 实质性特点 非显而易见

一、引 言

在代理实务中笔者发现，科研人员在完成项目研究或产品研发进行专利申报时普遍存在以下疑问：（1）项目或产品中那些方面的工作可以申报专利？（2）项目和产品进展到什么程度可以申报专利？（3）技术创新需达到怎样的

---

[*] 作者单位：西北核技术研究所。

高度才有望获得发明专利授权？

回答这些问题，代理人通常需要从专利保护的客体、专利的三性等角度对专利申请相关法律知识进行概述，然后由发明人对其发明创造的技术细节进行阐述，最后由代理人根据对该技术的理解做出初步的判断。但是在发明的创造性的解释方面，涉及"突出的实质性特点""本领域技术人员""非显而易见"等概念，往往使得初涉专利的发明人听得云里雾里，不利于后期技术交底材料的撰写。

作者总结多年的专利代理实践经验，提出了一种使科研工作者更容易理解的"idea 概念"，让发明人围绕其技术创造的"idea"将相关要素阐述清楚，有效克服了上述问题，而且更重要的是"idea 概念"可与发明的创造性评价体系相融合，对于初步判断专利授权前景具有重要参考价值。

二、"idea 概念"的提出

"idea"寓意为"点子、招数"的意思。在日常生活及科研实践中，点子是针对解决问题提出的一种方案，并具有一定的可期效果。"idea 概念"是国内外科技工作者公认和常用术语，在科研项目申报、评审和成果评价中经常会涉及，大部分发明人都对其具有深刻的理解并容易接受。

如图 1 所示，技术研发中的"idea"通常包含三要素：技术问题、技术方案和技术效果。其中技术问题是科研创造的目标，技术方案是科研创造的核心，而技术效果则是科研创造的根本所在，三者相互依存、缺一不可。

在专利代理实践中，让发明人把项目或产品研发中的"idea"阐述清楚，对于理清发明思路、正确理解和判断技术发明点具有重要的作用，具体有以下几点。

第一，"idea 概念"可以避免发明人在交底材料撰写中只强调自己技术的复杂性、指标参数的先进性和市场价值，而忽略专利技术本身的创造性和技术思路的来源，可使发明人给出技术思路的来源，并对技术方案进行实质性描述，否则无法保证"idea"的完整性，故有助于代理人理解和提炼发明点，撰写高质量的申请材料。❶❷❸

---

❶ 刘彬，杨晓雷. 技术交底书在专利申请文件撰写中的功用 [J]. 中国发明与专利，2012 (4).
❷ 沈乐平. 试述技术交底书的构成要素 [J]. 中国发明与专利，2014 (4).
❸ 沈泳. 专利文件撰写的完全解构 [J]. 中国发明与专利，2008 (2).

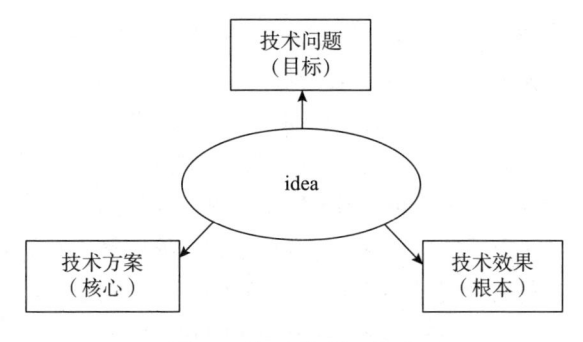

图 1　"idea"的三要素

第二，"idea 概念"可以避免发明人受到学术论文撰写习惯的影响，在背景技术撰写中只从正面强调自己项目和技术的意义，而欠缺对发明创造与现有技术的对比和问题分析。按照"idea"的思路来撰写技术交底材料，可确保发明目的、技术问题和技术效果的有机统一。

第三，专利保护的核心就是一种技术思路，在实践中并不需要与产品或项目的完成直接对应，这一点与"idea"的概念正好吻合，有助于发明人理解发明创造的保护对象，从而对技术思路进行更好地提炼和保护。

第四，由于"idea"就是一种与技术问题、技术方案和技术效果密切结合的思路，这一点与发明的创造性评价体系相吻合，有助于专利代理人回避对发明的创造性概念的诠释，并对发明的创造性作出初步判断，而且实践中更容易被科研工作者和发明人所接受。

三、"idea 概念"在创造性评价中的应用

（一）发明创造性评价的体系

具备创造性是发明专利获得授权的重要因素，也是代理实践中最难以把握的要点。世界上大多数国家都规定了创造性标准，并对创造性的含义加以诠释，有"非显而易见性""非自明性""先进性""进步性"和"创造步骤"等。❶❷❸

---

❶ 熊婷，穆丽娟，刘丽伟等. 浅谈创造性之现有技术的整体把握 [J]. 中国发明与专利，2013 (3).
❷ 刘晓军. 专利创造性评判中的技术启示 [J]. 知识产权，2012 (5).
❸ 彭亮，张凡，刘艳萍等. 从实质审查过程分析专利创造性的客观化 [J]. 中国发明与专利，2011 (11).

根据《专利审查指南 2010》规定，发明的创造性是指与现有技术相比，该发明具有突出的实质性特点和显著的进步。发明有突出的实质性特点，是指对所属技术领域的技术人员来说，发明相对于现有技术是非显而易见的。如果发明是所属技术领域的技术人员在现有技术的基础上仅仅通过合乎逻辑的分析、推理或者有限的试验可以得到的，则该发明是显而易见的，也就不具备突出的实质性特点。显著的进步，是指发明与现有技术相比能够产生有益的技术效果。

实践中是审查员将一份或者多份现有技术中的不同的技术内容组合在一起对发明的非显而易见性进行评价，通常采用如图 2 所示的"三步法"判断。判断过程中，要确定的是现有技术整体上是否存在某种技术启示，即现有技术中是否给出将上述区别特征应用到该最接近的现有技术以解决其存在的技术问题（即发明实际解决的技术问题）的启示。这种启示会使本领域的技术人员在面对所述技术问题时，有动机改进该最接近的现有技术并获得要求保护的发明。如果现有技术存在这种技术启示，则发明是显而易见的，不具有突出的实质性特点。

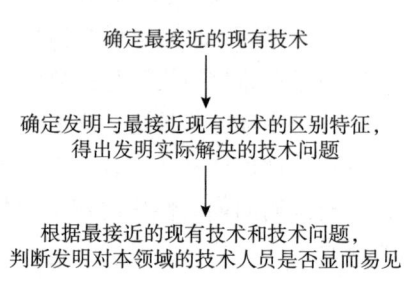

确定最接近的现有技术
↓
确定发明与最接近现有技术的区别特征，
得出发明实际解决的技术问题
↓
根据最接近的现有技术和技术问题，
判断发明对本领域的技术人员是否显而易见

图 2　非显而易见性评价的"三步法"

此外，当发明解决了人们一直渴望解决但始终未能获得成功的技术难题、发明克服了技术偏见、发明取得了预料不到的技术效果、因技术因素在商业上获得成功时，也不能排除其创造性。图 3 给出了对审查指南中对发明创造性评价的考虑因素。笔者认为，创造性的判断主要以技术问题和现有技术整体相结合、对技术方案的非显而易见性判断为主线，后面四种补充因素则是从技术效果的角度进行的考虑，是对前面技术方案因素的一个补充。

从图 3 中可以看出，发明的创造性评价要整体上综合考虑技术问题、技术方案和技术效果等因素，但由于涉及"突出的实质性特点和显著的进步""本领域的技术人员""非显而易见"等概念，对于初涉专利的发明人难以理解和接受，不利于后续的专利交底材料的撰写。

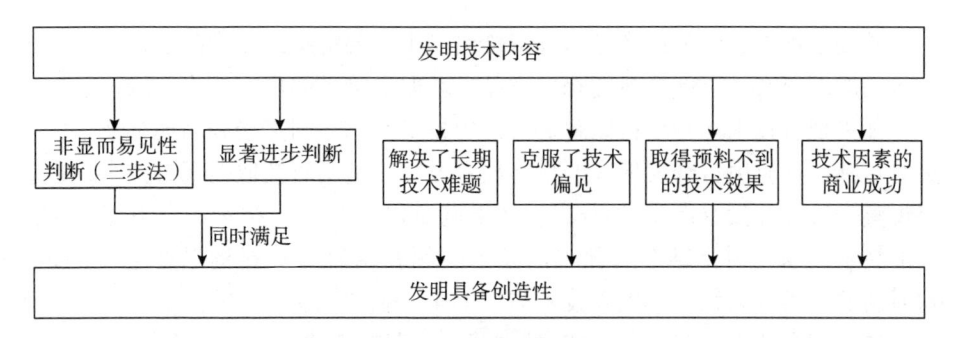

"idea 概念"在发明专利构建、布局和创造性评价中的应用

```
                    ┌─────────────────────────────┐
                    │        发明技术内容          │
                    └─────────────────────────────┘
        ┌──────┬─────────┬─────────┬─────────┬─────────┐
    ┌───┴──┐ ┌─┴────┐ ┌──┴───┐ ┌───┴───┐ ┌───┴───┐
    │非显而│ │显著进│ │解决了│ │克服了 │ │取得预 │ │技术因素的│
    │易见性│ │步判断│ │长期技│ │技术偏 │ │料不到 │ │商业成功 │
    │判断  │ │      │ │术难题│ │见     │ │的技术 │ │        │
    │(三步 │ │      │ │      │ │       │ │效果   │ │        │
    │法)   │ │      │ │      │ │       │ │       │ │        │
    └──────┘ └──┬───┘ └──────┘ └───────┘ └───────┘ └────────┘
              同时满足
                    ┌─────────────────────────────┐
                    │        发明具备创造性        │
                    └─────────────────────────────┘
```

图3 发明创造性判断的考虑因素

（二）技术研发中"idea"产生步骤与创造性评价的融合

如图4所示，在常规的项目研究和产品开发中，科技人员按照一套与创造性评价过程逆向的逻辑进行技术分析、调研并获得最终的技术方案。

```
┌─────────────────────────────────┐
│ 根据项目任务或产品目标提炼技术问题 │
└────────────────┬────────────────┘
                 ▼
┌─────────────────────────────────┐
│ 调研文献和市场，获取最接近的现有技术│
└────────────────┬────────────────┘
                 ▼
          ╱现有技术能╲   No
         ╱ 否解决技术 ╲─────────┐
         ╲  问题？    ╱          │
          ╲         ╱            ▼
           Yes                ┌─────────────────┐
            │                 │结合技术问题和现有│
            ▼                 │技术，构思出"idea"│
   ┌─────────────────┐        └────────┬────────┘
   │技术方案=现有技术 │                 ▼
   └─────────────────┘        ┌─────────────────┐
            │                 │技术方案=现有技术+idea│
            ▼                 └────────┬────────┘
        No idea                        ▼
       （第一种情形）           ┌─────────────────┐
                               │综合技术问题、方案和│
                               │效果对idea进行整体评价│
                               └────────┬────────┘
                                        ▼
                                  ╱good idea?╲  No    无创造性？
                                  ╲          ╱─────→ （第三种情形）
                                        │
                                       Yes
                                        ▼
                                   有创造性？
                                  （第二种情形）
```

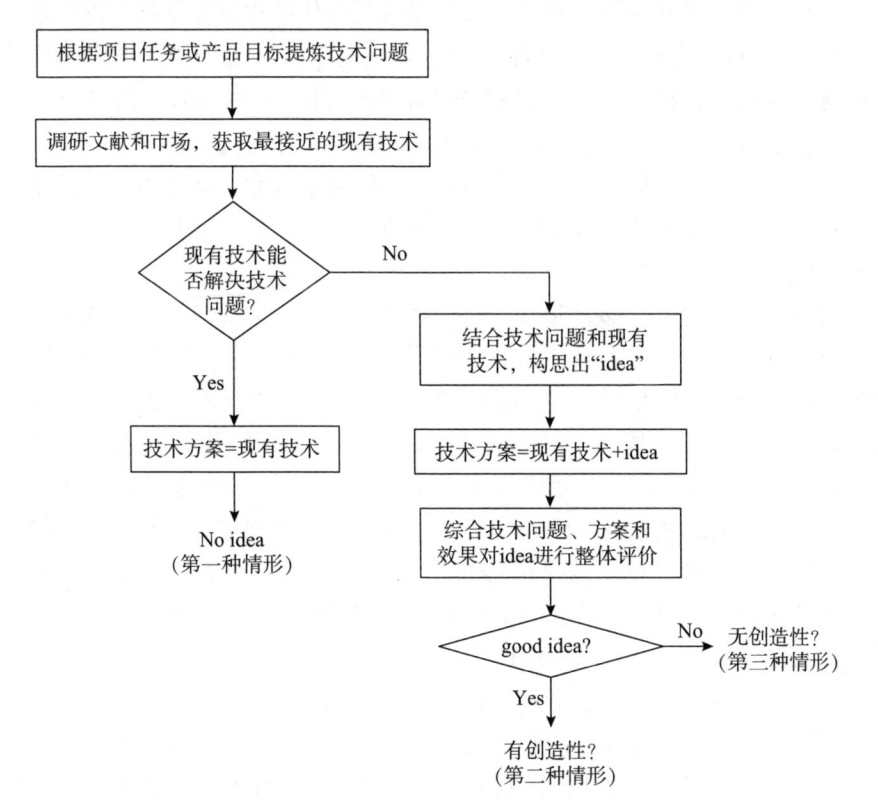

图4 技术研发中"idea"及技术方案的产生步骤流程

首先根据项目任务或产品目标提炼研发中需要解决的技术问题，然后根据技术问题调研文献资料或参阅相关产品，获取最接近的现有技术（或产品）。

如果现有技术本身就可以解决前述的技术问题，则直接利用现有技术完成最终目标，这时项目开发形成的最终技术方案就是调研获取的现有技术，也就是说整个过程并没有产生"idea"。如果调研得到的现有技术本身不能解决前述的技术问题，则要结合所面临的技术问题和调研的资料构思产生"idea"，这时新的技术方案就是在现有技术与"idea"相结合后的结果，姑且记作"技术方案＝现有技术＋idea"。这时的"idea"存在着高低之分，其水平高低与技术问题、技术方案和技术效果三要素相关。

科研实践中，要综合考虑三要素的高度和难度来对"idea"进行评价。如果"技术问题难提炼归纳""技术方案很巧妙"或者"技术效果很意外"，则应该称之为"good idea"。生活中人们常说"It's a good idea"，强调的是常人不容易想到的点子和主意，不是通过常规的逻辑分析和思维就能获得，这一点与创造性评价的"非显而易见性"相适应。相反如果三个要素中要解决的技术问题直接明确，技术方案也是根据技术问题的一个顺势而为的简单方案替换，并且也没有产生意想不到的技术效果，则不能称之为"good idea"。

在图4中，对于第一种情形"no idea"的技术方案，熟知本领域技术的研发人员会很清楚技术的来源是对现有技术的照搬而不具专利的创造性，这点在代理实践中没有争议。

对于第二种情形"good idea"的技术方案，至少具备"技术问题难提炼归纳、技术方案很巧妙或者技术效果很意外"三要素中的一种或两种。根据对创造性的判断步骤体系分析，如果具备前两个要素"技术问题难提炼归纳""技术方案很巧妙"，按照三步法的"根据现有技术和解决的问题，从整体上考虑是否存在技术启示"等原则，容易证明要评价的技术方案是非显而易见的，再加上一定的有益技术效果（普通的技术研究都具备），则是满足创造性的。而第三个要素"技术效果很意外"正好是创造性判断中对技术效果考虑的几点补充要素（见图3右），同样也不排除其创造性，因此按照"good idea"的三要素来评价创造性有其合理性。

对于第三种情形"not good idea"的技术方案，如果三个要素中要解决的技术问题直接明确，技术方案也是根据技术问题的一个顺势而为的简单方案替换，并且也没有产生意想不到的技术效果，则对于熟知本领域技术的研发人员而言，发明欠缺创造性也是容易理解和接受的。

(三)"idea 概念"在创造性评价的具体案例分析

下面分别从技术问题、技术方案和技术效果角度,列举《专利审查指南2010》中或大家熟知的案例进行分析。

1. 案例一:"no idea"类型

对比文件公开了采用螺钉固定的装置,而要求保护的发明或者实用新型仅将该装置的螺钉固定方式改换为螺栓固定方式。对于熟知本领域技术的研发人员,会很清楚将螺钉固定方式改换为螺栓固定方式是对现有技术的照搬,该设备研发中没有新的"idea"产生,故不具备专利的创造性。

2. 案例二:"not good idea"类型

要申请的专利保护一种内燃机排气阀,与最接近的现有技术(对比文件1)的区别是采用了一个由镍基合金材料 B 制成的阀头,解决了排气阀耐腐蚀、耐高温的技术问题;而对比文件 2 公开了镍基合金 B 具有耐腐蚀和耐高温的作用,可用于排气阀的制造。

研发人员按照图 4 的研发流程进行时,他首先通过调研得到对比文件 1 和对比文件 2 的技术方案,因此对于熟知本领域技术的研发人员而讲,"镍基合金 B 具有耐腐蚀和耐高温的作用,可用于排气阀的制造"属于本领域的常规知识,为了解决排气阀耐腐蚀、耐高温的问题,自然而然会采用对比文件 2 的公开的技术方案,这种技术是属于根据问题顺势而为的简单的方案替换,自然不属于"good idea",故不具备创造性。

3. 案例三:"good idea"中的"技术问题难提炼归纳"情形

要保护的专利是一种印刷设备,其特征是部件 A 采用不易变形的材料制成。说明书背景技术部分说明了现有印刷设备的缺陷是印刷时纸张跑偏,发明人发现纸张跑偏的原因是印刷机使用一段时间后其中的部件 A 产生变形。对比文件 1 公开了类似的印刷设备,具有部件 A,而专利的技术方案与现有技术的区别在于部件 A 使用材料 B 制造,而使用材料 B 制造的零部件具有更好的刚性或不易变形是公知常识,且现有技术中没有公开或暗示印刷机使用一段时间后其中部件 A 产生变形会造成纸张跑偏。

本发明面临的表象问题是纸张跑偏,而其实质解决的技术问题是部件 A 的变形,技术人员面对纸张跑偏表象问题时,不是按照常规思路去校正纸张或将图像倾斜,而是查找深层次问题,并归纳和提炼出该发明实质要解决技术问题——部件 A 使用中的变形,并提出了材料替换的解决方案。从"idea"的评价因素来看,属于"good idea"的第一种"技术问题难提炼归纳"情形,具备创造性。

4. 案例四:"good idea"中的"技术方案很巧妙"情形

自有农场以来,在牲畜皮上打上永久性标记但不给其带来疼痛或伤害一直是早期畜牧业想解决的技术问题,发明人发现冷冻会使动物皮革永久性脱色,据此发明人用冷冻标记的手段在牲畜的皮上作永久性"烙印"的方法成功地解决了这个技术问题。

该发明面临的技术问题很明确,但是采取了非常规的手段,解决了不疼痛烙印的问题,因而属于"good idea"第二种"技术方案很巧妙"情形,满足发明创造性要求。

5. 案例五:"good idea"中的"技术效果很意外"情形

公知的汽车轮胎具有很好的强度和耐磨性能,它曾经是由于一名工匠在准备黑色橡胶配料时,把决定加入3%的炭黑错用为30%而造成的。事实证明,加入30%炭黑生产出来的橡胶具有原先不曾预料到的高强度和耐磨性能,尽管它是由于操作者偶然的疏忽而造成的,但不影响该发明具备创造性。

该发明是因疏忽而偶然得出的,技术人员在研发中面临的技术问题不是很明确,采取的技术手段也没有特殊之处,但是却达到预料不到的效果,技术效果很意外,属于"good idea"第三种"技术效果很意外"情形,满足发明创造性要求。

总之,只要"idea"满足"技术问题难提炼归纳、技术方案很巧妙或者技术效果很意外"中的一种,就可以初步认为该发明有创造性,具备授权前景。

四、结　论

针对发明专利的创造性评价问题,笔者提出了一种符合技术研发人员的科研思路和习惯的与科研思路一致"idea 概念",用于发明专利构建、布局和创造性评价,对于理清发明思路、提高撰写质量和对发明专利授权前景的预判具有重要的参考价值。文中阐述了"idea"的相关要素——技术问题、技术方案和技术效果,给出了其初步评价因素,并给出了其在创造性评价中的应用案例。专利代理实践表明,该方法可以回避掉创造性判断中复杂概念和步骤,从道理上讲更容易被科研工作者和发明人所理解接受。

关于化学领域对比实验数据的一点探讨

原学宁*

【摘　要】

　　在答复创造性审查意见时，申请人有时会通过提交对比实验数据的方式，来证明其所要求保护的技术方案与现有技术相比具有预料不到的技术效果，但由于各种原因会导致对比实验数据不被采信或不具有说服力而不被认可。本文试图通过具体案例分析对比实验数据存在的常见问题，以期从中获得一些启示，为申请人合理有效提交对比实验数据提供参考和借鉴。

【关键词】

　　对比实验数据　创造性　预料不到的技术效果

一、概　　述

　　创造性是专利申请能否获得专利权的最重要的实质性条件之一，[1] 也是实质审查中涉及较多的条款和主要的驳回因素，同时也是申请人与审查员就相关

---

* 作者单位：国家知识产权局专利局专利审查协作北京中心。

[1] 尹新天. 中国专利法详解［M］. 北京：知识产权出版社，2011.

问题的理解存在较大争议而向专利复审委员会提出复审请求的主要问题。

在化学领域，在涉及创造性的审查过程中，申请人提交补充实验数据是答复审查意见的常见方式之一，尤其在审查员做出初步的显而易见性的判断后，申请人常常通过提交对比实验数据的方式，以证明其所要求保护的技术方案相对于现有技术具有预料不到的技术效果。❶

由于对比实验数据需要相对于审查员确定的最接近的现有技术作出，通常不是能够在申请日之前完成的，这似乎与《专利法》第 9 条第 2 款的"先申请原则"相悖，先申请原则旨在保护最先提出专利申请的人，其所能主张权利的基础限于申请日提交的申请文件所记载的、且与客观事实相符的事实。关于对比实验数据的法律效力和处理方式，《专利法》及其实施细则和《专利审查指南 2010》都没有明确规定。最高人民法院在（2012）知行字第 41 号行政裁定案中关于补充实验数据的要求对于审查意见和申请人答复意见具有权威性的指导价值，下文将首先对该行政裁定案进行简单梳理，以便对相关规定和要求有相对清楚的认识。

二、最高人民法院（2012）知行字第 41 号判例❷

武田药品工业株式会社拥有一项专利号为 96111063.5、名称为"用于治疗糖尿病的药物组合物"的发明专利，该专利授权公告的独立权利要求 1 为：用于预防或治疗糖尿病、糖尿病综合征、糖代谢紊乱或脂质代谢紊乱的药物组合物，其含有选自吡格列酮或其药理学可接受的盐的胰岛素敏感性增强剂，和作为胰岛素分泌增强剂的磺酰脲。

无效请求人对该专利向专利复审委员会提出无效请求，理由之一为涉案专利相对于证据 1~8 中（发表在《综合邻床》等杂志上的相关外文文献）的任一份均不具备《专利法》第 22 条第 3 款规定的创造性。对此，专利权人提交了对比实验数据（反证 7），以证明涉案专利相对于请求人提供的证据而言具有预料不到的技术效果。

专利复审委员会于 2008 年 10 月 31 日作出专利复审委员会第 12712 号无效宣告请求审查决定，以涉案专利相对于对比文件 1（即证据 1）不具备创造

---

❶ 寇飞. 在创造性评判过程中关于效果的实验数据的补充 [J]. 审查业务通讯, 2013, 19 (5): 29-35. 肖鹏. 专利申请补充实验数据在创造性审查中的认定和处理 [J]. 审查业务通讯, 2014, 20 (9): 36-42.

❷ 尹昕. 发明创造性判断中对实验数据及技术偏见的司法认定 [J]. 人民司法, 2013: 4-8.

性为由宣告该专利权全部无效，并指出，专利权人提交的对比实验数据（反证7）的内容没有显示其实验结果由哪一机构或个人作出，同时武田药品工业株式会社在无效程序中也没有提供证据证实其真实性，且无效请求人也不认可所述证据的真实性，故对所述实验数据的真实性不予认可。专利权人在一审程序中提交了涉案专利审查档案和欧洲同组专利审查档案，作为补强证据证明无效程序中提交的对比实验数据（反证7）的真实性。北京市第一中级人民法院对上述补强性证据不予采纳，裁定专利复审委员会对反证7的真实性不予认可正确，维持了专利复审委员会的无效决定；北京市高级人民法院二审认为专利复审委员会对反证7的真实性不予认可并认可涉案专利不具备创造性正确，也维持了专利复审会的无效决定。专利权人向最高人民法院申请再审，最高人民法院审理后作出了（2012）知行字第41号行政裁定书，认为，专利权人在一审程序中针对反证7的真实性提交的补强性证据应当予以采纳，但是不能证明反证7的真实性，一审、二审对反证7未予采信，并无不当，裁定驳回再审申请。

关于对申请日后补交的实验数据在何种情况下可以采纳的问题，最高人民法院指出：化学领域属于实验性科学领域，影响发明结果的因素是多方面、相互交叉且错综复杂的。说明书的撰写应该达到所属技术领域的技术人员能够实施发明的程度。根据现有技术，本领域技术人员无法预测要求保护的技术方案能够实现所述用途、技术效果时，说明书应当清楚、完整地记载相应的实验数据，以使所属技术领域的技术人员能够实现该技术方案，解决其技术问题，并且产生预期的技术效果。凡是所属领域的技术人员不能从现有技术中直接、唯一地得出的有关内容，均应当在说明书中予以表述。如果所属领域的技术人员根据现有技术不能预期该技术方案所声称的治疗效果时，说明书还应当给出足以证明所述技术方案能够产生所声称效果的实验数据。没有在专利说明书中公开的技术方案、技术效果等，一般不得作为评价专利权是否符合法定授权确权标准的依据。申请日后补交的实验数据不属于专利原始申请文件记载和公开的内容，公众看不到这些信息，如果这些实验数据也不是本申请的现有技术内容，在专利申请日之前并不能被所属领域技术人员所获知，则以这些实验数据为依据认定技术方案能够达到所述技术效果，有违专利先申请制原则，也背离专利权以公开换保护的制度本质，在此基础上对申请授予专利权对于公众来说是不公平的。当专利申请人或专利权人欲通过提交对比实验数据证明其要求保护的技术方案相对于现有技术具备创造性时，接受该数据的前提必须是针对在原申请文件中明确记载的技术效果。

最高人民法院关于补交的对比实验数据的上述规定，对于专利审查部门具有指导意义，申请人也可从中获得启示。合理有效的补充对比实验数据往往可成为决定专利申请克服创造性获得授权的"救命稻草"。但有时申请人提交的补充对比实验数据往往存在这样或那样的缺陷，导致无法被采信或者不能成被作为衡量创造性的依据，延长了审查周期。笔者将结合具体案例，分析申请人提交补充实验对比数据时常见缺陷或问题，希望为申请人提供参考或借鉴。

三、案例分析

（一）对比实验数据验证的技术效果在说明书中没有记载

【案例1】

1. 相关案情

权利要求1要求保护一种双（2-甲氧基乙基）胺合成方法，其特征在于：以二氯甲烷为溶剂，伯胺与羟乙基化原料环氧乙烷于25℃保温反应6h，GC监测原料伯胺反应完全，反应结束后，冷却反应母液0℃，缓慢滴加甲基化原料硫酸二甲酯，控制反应温度不超过15℃，待反应结束后，加入氢氧化钠水溶液，缓慢升温至体系回流为止，脱去伯胺上的保护基，GC监测原料反应完全后，水洗，取有机层干燥，脱溶，精馏得到产品。

说明书中对技术方案的描述与权利要求1相同；对技术效果的描述为：该方法可量产，质量稳定；说明书未提供任何实施例对所述技术效果进行验证。

权利要求1要求保护的技术方案涉及的反应路线为：

$$RNH_2 \xrightarrow{\triangleright O} RN\begin{pmatrix}OH\\OH\end{pmatrix} \xrightarrow{Me_2SO_4} RN\begin{pmatrix}O\\O\end{pmatrix} \xrightarrow{NaOH} \diagup O \diagdown N \diagup O \diagdown$$

现有技术存在按照与要求保护的技术方案相似的方法，包括环氧乙烷对氨基的羟乙基化反应、和硫酸二甲酯对羟基的甲基化反应，来合成双（2-甲氧基乙基）胺的技术方案，因而除非能证明权利要求1的技术方案具有预料不到的技术效果，其创造性难以被认可。审查意见评述了权利要求1的创造性。

2. 申请人的答复意见

申请人基于权利要求 1 不具备创造性的审查意见，在答复意见中指出本申请的方法可获得 99% 以上的几乎定量的反应，而审查意见所引用的最接近的现有技术收率均在 85% 以下，并通过对比实验数据予以验证，以要求保护的技术方案具有预料不到的技术效果为由争辩创造性。

3. 对申请人提交的对比实验数据的评析

最高人民法院在（2012）知行字第 41 号专利行政裁定书❶指出，当专利申请人或专利权人欲通过提交对比实验数据证明其要求保护的技术方案相对于现有技术具备创造性时，接受该数据的前提必须是针对在原申请文件中明确记载的技术效果。案例 1 说明书中关于技术效果的描述为"该方法可量产，质量稳定"，笼统而宽泛，而且缺乏实施例的支持和验证。申请人在答复意见中所声称的技术效果（高收率）在说明书中没有记载，对比实验验证的是说明书中未明确记载的技术效果，相对于原申请文件而言，是新增的技术效果或事实，有违专利先申请原则，也与专利权以公开换保护的本质相背离，因而不予认可，不能作为评价权利要求 1 的技术方法是否具有创造性的依据。

（二）对比实验数据不是针对最接近的现有技术做出的

【案例 2】

1. 案情介绍

权利要求 1 要求保护一种含蒽类化合物，其特征在于，所述含蒽类化合物为：

---

❶ 尹昕. 发明创造性判断中对实验数据及技术偏见的司法认定 [J]. 人民司法，2013：4-8.

依据说明书的记载,所述化合物用作绿色发光材料的掺杂化合物,可以显著改善和提高发光亮度和发光效率,并通过发光性能测试实验测试了相关的发光强度、发光效率和发光波长,结果如表1所示。

表1

实验编号	发光主体化合物	掺杂化合物	发光亮度 [cd/m^2]	发光效率 [cd/A]	波长 [nm]
1	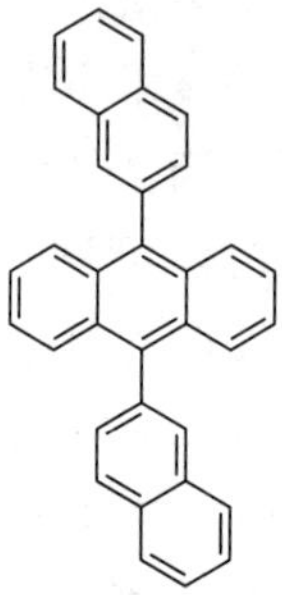 化合物 a	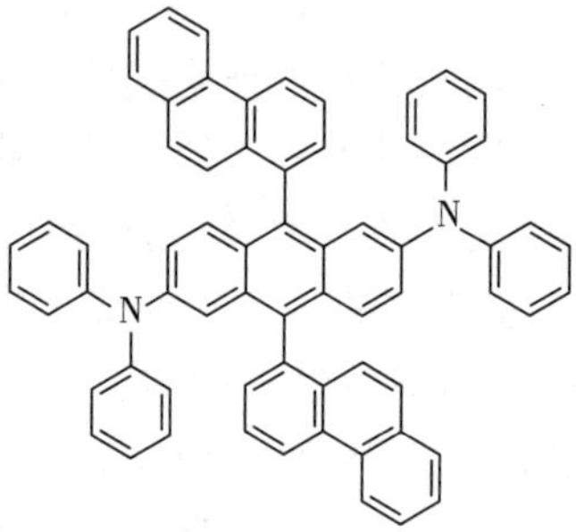 权利要求 1 的化合物	3164	31.6	520

现有技术有多种2,6-二(二芳基氨基)-9,10-二芳基蒽类化合物可用作发光材料的掺杂化合物,其中对比文件1公开的化合物P与权利要求1要求保护的化合物相比,区别仅在于化合物P中蒽环的9、10-位上为2-萘基,而不是菲基。对比文件1也公开了化合物P作为绿色发光材料掺杂化合物的应用,但发光性能测试方法与本申请的实验方法不同,无法确定本申请化合物相对化合物P具有预料不到的技术效果。审查意见以化合物P作为最接近的现有技术,评述权利要求1不具备创造性。

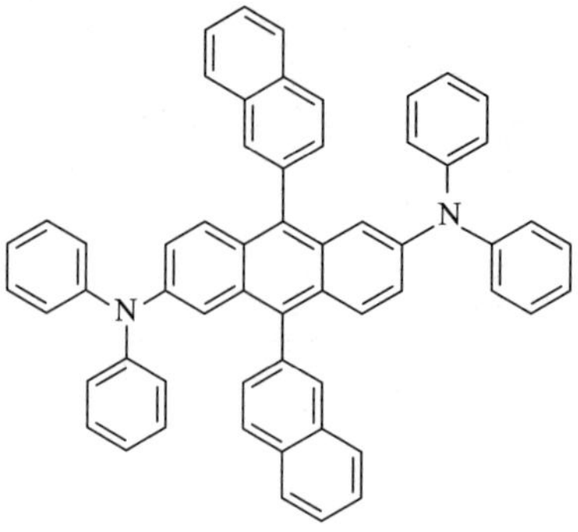

图1 化合物 P

2. 申请人的答复意见

申请人基于权利要求 1 不具备创造性的审查意见，提交了对比实验数据，在答复意见中指出，与对比文件 1 的化合物 P 相比，现有技术已知的化合物 c 在本领域被用作发光材料的掺杂化合物的普遍程度更高，因而选择化合物 c 作为对比实验的对象更能体现本申请相对于现有技术的普遍水平做出的创造性贡献。对比实验结果表明，用作发光材料的掺杂化合物时，本申请的化合物与化合物 c 相比可获得预料不到的好的发光亮度和发光效率，因而具有创造性（见表2）。

表 2

实验编号	发光主体化合物	掺杂化合物	发光亮度 [cd/m^2]	发光效率 [cd/A]	波长 [nm]
1*	化合物 a	权利要求 1 的化合物	3164	31.6	520
2	化合物 a	化合物 c	2032	20.3	516
3	化合物 b	化合物 c	1941	19.4	518

3. 对申请人提交的对比实验数据的评析

《专利审查指南2010》第二部分第四章第3.2.1.1节规定，最接近的现有技术，是指现有技术中与要求保护的发明最密切相关的一个技术方案，它是判断发明是否具有突出的实质性特点的基础。基于此，对比实验用到的化合物通常应当是对比文件公开的与要求保护的化合物结构最接近的化合物。案例2中，对比文件1的化合物P与申请人对比实验中所采用的化合物c相比，与本申请要求保护的化合物结构更为接近，更适于作为最接近的现有技术，合理有效的对比实验应当针对最接近的现有技术（即化合物P）做出，而非申请人所述的更普遍的化合物c，因为创造性的衡量基准是最接近的现有技术，而非最普遍的现有技术。此外，对比实验数据必须具有"可比性"才能体现其证明力；案例2的对比实验3与原说明书记载的实验1的发光主体化合物与掺杂化合物均不同，变量不是单因素，而且不同掺杂化合物与不同发光主体化合物组成的发光材料的发光性能存在差异是显而易见的，无法评估掺杂化合物对发光材料的发光特性的影响，即实验3和1之间不具有可比性，对于评价所要保护的技术方案的创造性没有任何意义。

申请人根据审查意见，再次提交了以最接近的现有技术（化合物P）为实验对象的对比实验数据，证明权利要求1的化合物用作绿色发光材料的掺杂化合物时，呈现出预料不到的好的发光亮度和发光效率。权利要求1要求保护的技术方案的创造性被认可。

（三）在说明书记载了多种技术效果时，应当针对能够支持创造性的技术效果提交对比实验数据

【案例3】

1. 案情介绍

权利要求1要求保护一种蟾毒灵糖基化衍生物，其结构如图2所示，R为D-葡萄糖基、半乳糖基、岩藻糖基、木糖基、来苏糖基或阿拉伯糖基。

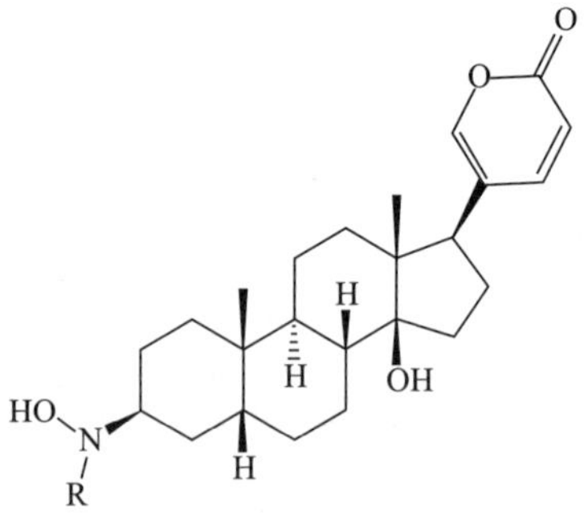

依据说明书的记载，本申请所要解决的技术问题是：提供一类具有抗肿瘤活性的蟾毒灵糖基化衍生物。说明书提供了多种蟾毒灵糖基化衍生物的对正常细胞和肿瘤细胞的抑制活性

图2 蟾毒灵糖基衍生物

对比，以证明本申请化合物对于肿瘤细胞的选择性，此外，说明书还测试了化合物的水溶性和毒性。

审查意见中结合对比文件 1 和 2 评述了权利要求 1 的创造性。对比文件 1 公开了如图 3 所示的化合物 4β，系将乙型强心苷类化合物被糖基修饰，可获得具有抗肿瘤活性的化合物，视为本申请最接近的现有技术，其与权利要求 1 要求保护的化合物 I 或 II 的区别特征仅在于甾体片段上连接的内酯环不同：一为环己烯内酯环，一为环戊烯内酯环。

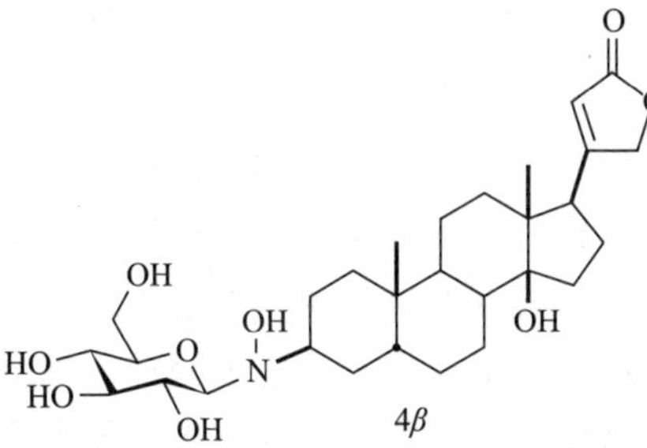

图 3 化合物 4β

对该区别特征，对比文件 2 教导，强心苷类化合物主要分为甲型和乙型，其中将乙型中的环戊烯内酯替换为环己烯内酯，即为甲型强心苷，在对比文件 1 已经公开将乙型强心苷进行糖基化可获得抗肿瘤活性的基础上，本领域技术人员有动机将甲型强心苷进行相似的糖基化修饰，并预期其抗肿瘤活性，从而得到权利要求 1 要求保护的技术方案。

2. 申请人的答复意见

申请人基于权利要求 1 不具备创造性的审查意见，提交了对比实验数据，在答复意见中指出，本申请的化合物对肿瘤细胞具有预料不到的选择性，对比文件 1 的化合物则没有肿瘤选择性，并采用与本申请相同的实验方法对对比文件 1 中的化合物 4β 抑制正常细胞 VERO 的活性进行了测定，结果为：化合物 4β 对正常细胞 VERO 的 IC_{50} 值为 0.25 ± 0.02 mM。这个 IC_{50} 值与对比文件 1 中 4β 对各种肿瘤细胞的 IC_{50} 值相似，表明化合物 4β 对肿瘤细胞和正常细胞无选择性。

3. 对申请人提交的对比实验数据的评析

申请人提交的对比实验数据中，化合物 4β 对正常细胞 VERO 的抑制活性（IC_{50}）按照本申请记载的测试方法测得，化合物 4β 对肿瘤细胞的抑制活性

(IC_{50})按照对比文件1的方法测得,由于两种测试方法具有较大差别,测得的结果不具有可比性,由上述对比实验数据无法确定化合物4β对肿瘤细胞是否具有选择性。此外,对比文件1的测试结果表明化合物4β对多种肿瘤细胞具有选择性。因此,基于上述对比实验数据无法确定权利要求1要求保护的技术方案相对于其最接近的现有技术(化合物4β)在肿瘤细胞选择性这一技术效果是预料不到的。

案例3的说明书还记载了化合物的水溶性和毒性,对比文件1未公开化合物4β的水溶性和毒性。《专利审查指南(2010)》第二部分第四章规定,基于最接近的现有技术重新确定的该发明实际解决的技术问题,可能不同于说明书所描述的技术问题。作为一个原则,发明的任何技术效果都可以作为重新确定技术问题的基础,只要本领域技术人员从该申请说明书中所记载的内容能够得知该技术效果即可。因此,根据案例3说明书记载的技术效果重新确定其实际解决的技术问题为:提供一类不仅具有肿瘤细胞选择性、同时具有良好的水溶性和低毒性的蟾毒灵糖基衍生物。如果权利要求1要求保护的技术方案在水溶性和毒性这一技术效果上相对于最接近的现有技术而言是预料不到的,可以认可其创造性。

申请人再次针对创造性审查意见进行答复,提交了化合物4β在说明书记载的实验条件下的水溶性和毒性测试数据,该对比实验数据表明,权利要求1的技术方案在水溶性和低毒性这一技术效果相对于对比文件1的化合物4β而言是预料不到的。权利要求1要求保护的技术方案的创造性被认可。

四、小　　结

针对创造性的审查意见,申请人可以通过在申请日后补充提交实验证据的方式,从所要求保护的技术方案相对于最接近的现有技术具有预料不到的技术效果的角度进行创造性争辩或者反驳审查员的观点。

但是,当专利申请人或专利权人欲通过提交对比实验数据证明其要求保护的技术方案相对于现有技术具备创造性时,接受该数据的前提必须是针对在原申请文件中明确记载的技术效果。由先申请原则决定,这类实验证据不能改变由申请文件和现有技术在申请日时所确定的客观事实。

要求保护的技术方案是否具备创造性,衡量基准是最接近的现有技术,因而对比实验的对象是其最接近的现有技术时,对于评价要求保护的技术方案相对于其最接近的现有技术是否具有预料不到的技术效果进而评价其是否具备创造性才具有说服力。

化学领域属于实验科学领域，影响发明结果的因素是多方面的、相互交叉且错综复杂的。仅靠设计构思提出的技术方案一般不一定能解决发明所涉及的技术问题，高度依赖实验证明。因而化学领域尤其重视实施例以及通过实验测定确认的技术效果，实施例在化学领域专利申请文件中占有突出的重要地位，适当的实施例的记载不仅有助于对技术方案的技术效果的评估和比较，也为后续采用补充对比实验数据进行创造性争辩提供了基础。

申请日后补交对比实验数据证明创造性的判例思考

王扬平*　张　宇*（等同于第一作者）

【摘　要】

本文通过对比中日两国的典型司法判例，探讨了申请日后补交的对比实验数据在创造性判断中的考量因素，依据诉讼证据的属性要件，结合专利制度的根本宗旨和原则，对补交对比实验数据在创造性判断中的判断思路提出意见和建议。

【关键词】

创造性　预料不到的技术效果　申请日后补交　对比实验数据

一、引　言

对比实验数据可以直观地证明发明是否具有某种技术效果、具有何种程度的技术效果，通常在专利审查及后续程序中作为重要的技术内容载体，尤其是在涉及化学等实践性学科的领域。由于发明所具备的技术效果及相应解决的技术问题往往决定了其是否满足专利法的相关要求，影响到能否获得专利权，因此，申请人除了在原申请文件中进行记载之外，常常还试图通过修改申请文

---

* 作者单位：国家知识产权局专利局专利审查协作北京中心。

件、补充提交证据的方式引入对比实验数据。

《专利审查指南 2010》规定，在创造性的判断过程中，考虑发明的技术效果有利于正确评价发明的创造性，如果发明与现有技术相比具有预料不到的技术效果，可以确定发明具备创造性。❶ 由于预料不到的技术效果是证明发明具备创造性有力的充分条件，因此在专利审查、无效及后续的诉讼过程中，申请人据此通过论述、证明发明具有预料不到的技术效果从而具备创造性的策略十分常见，也常采用在申请日后补交对比实验数据的方式进行证明。

一直以来，各版审查指南第二部分第八章均明确地将补交对比实验数据以说明发明的有益效果作为不允许修改的典型示例。在 1993 版审查指南中该示例进一步说明"这些补充的信息可以放入申请案卷中，供审查员审查专利性时参考"；而《审查指南 2001》中将上述说明放入括号内，并将"专利性"明确为"新颖性、创造性或实用性"，但《审查指南 2006》将该说明予以删除，并保持至最新版的《专利审查指南 2010》。《专利审查指南 2010》将上述说明性指引删除后引发了一系列探讨，由于缺乏相关规定支持，通常情况下，补交的对比实验数据均被持谨慎态度，除非是对现有技术的客观表征，否则补交的对比实验数据被认为是对发明的进一步研究、完善和改进，由于违背了先申请制原则，而不能接受。但对比美、欧等发达国家和地区的做法，这也被质疑有可能损害了申请人的利益❷。

由于现有的研究大多依据实审或者复审审查的案例，既无法得知法院对此问题的态度，也可能受审查员个人观点的影响，因此本文选取了两个司法判例作为研究对象。

二、案例介绍

1. 案例一❸

案例一为申请再审人武田药品工业株式会社与被申请人国家知识产权局专利复审委员会、四川海思科制药有限公司、重庆医药工业研究院有限责任公司

---

❶ 彭敏. 创造性判断中如何考量补交的实验数据 [J]. 中国发明与专利，2015 (5)：100 – 102.

❷ 田芳，卢士燕. 对申请日后补交的证明预料不到的技术效果的实验数据能否考虑 [J]. 中国发明与专利，2011 (12)：97 – 99.

❸ 最高人民法院 (2012) 知行字第 41 号行政裁定书.

发明专利权行政纠纷案，该案入选最高人民法院知识产权审判案例指导❶，对于同类案件有较强的指导意义。

涉案专利的权利要求 1 为"用于预防或治疗糖尿病、糖尿病综合征、糖代谢紊乱或脂质代谢紊乱的药物组合物，其含有选自吡格列酮或其药理学可接受的盐的胰岛素敏感性增强剂，和作为胰岛素分泌增强剂的磺酰脲"。专利复审委员会第 12712 号无效宣告请求审查决定中认为：尽管该专利权利要求 1 的技术方案与证据 1 公开的内容相比，区别仅在于权利要求 1 选择了具体的胰岛素敏感性增强剂即吡格列酮或其药理学可接受的盐，并将其与作为胰岛素分泌增强剂的磺酰脲一起制成用于预防或者治疗糖尿病、糖尿病综合征、糖代谢紊乱或脂质代谢紊乱的药物组合物。然而，证据 1 还指出吡格列酮与曲格列酮具有相同的降血糖作用机制，可以用作胰岛素敏感性增强剂，而且明确教导了胰岛素敏感性增强剂与磺脲剂或胰岛素的并用效果更值得期待。在此教导下，选择吡格列酮作为胰岛素敏感性增强剂与磺脲剂一起制成药物组合物用于预防或治疗糖尿病对于本领域技术人员来说是显而易见的；并且从该专利说明书记载的内容也看不到这种选择相对于证据 1 取得了任何意料不到的技术效果。因此，本专利不具备创造性。在无效审查过程中，专利权人提交了用于证明吡格列酮和格列美脲联用比单独使用或者其他同类组合的联用具有预料不到的技术效果的反证 7。专利复审委员会认为由于无法确认反证 7 的真实性，因此不能据此证明权利要求具备创造性。

专利权人武田药品工业株式会社不服该无效决定，向北京市第一中级人民法院提起行政诉讼，其理由包括反证 7 应当作为评价该专利创造性的关键证据，并提交了相关证据表明其在专利审查过程中向国家知识产权局及欧洲专利局提交过该实验结果。一审审理认为，反证 7 是专利权人单方面提交的对比实验数据，而无效请求人对其真实性不予认可，且反证 7 并没有记载作出该实验结果的机构或个人，因此维持上述无效决定。武田药品工业株式会社不服该判决并向北京市高级人民法院提起上诉，二审审理仍支持专利复审委员会对反证 7 不予认可的结论。

在申请再审理由中，武田药品工业株式会社仍坚持认为反证 7 的真实性应当被认可，并认为发明相对于现有技术的技术效果是无法改变的客观事实，不

---

❶ 《最高人民法院知识产权审判案例指导》编委会. 最高人民法院知识产权审判案例指导（第五辑）[M]. 北京：中国法制出版社，2013：287 – 301.

能因为在提出专利申请时没有提交相应的证据就否认该效果，由此认为权利要求具备创造性。

最高人民法院在（2012）知行字第41号行政裁定书支持了一、二审法院的结论，具体认为：反证7并非实验记录的原件，没有出处，其内容也没有显示由哪一机构或个人作出的实验，也没有任何公证手续，且无效请求人对其真实性不予认可，因此一、二审法院对反证7未予采信并无不当。

对于本领域技术人员根据现有技术无法预测请求保护的技术方案能够实现的用途、技术效果时，说明书应当清楚、完整地记载相应的实验数据。如果所述领域技术人员根据现有技术不能预期该技术方案所声称的治疗效果时，说明书还应当给出足以证明所属技术方案能够产生所声称效果的实验数据。没有在专利说明书中公开的技术方案、技术效果等，一般不得作为评价专利权是否符合法定授权确权标准的依据。申请日后补交的实验数据不属于专利原始申请文件记载和公开的内容，公众看不到这些信息，如果这些实验数据也不是本申请的现有技术内容，在专利申请日之前并不能被所属领域技术人员所知，则以这些实验数据为依据认定技术方案能够达到所述技术效果，有违专利先申请制原则，也背离专利权以公开换保护的制度本质，在此基础上对申请授予专利权对公众来说是不公平的。

2. 案例二❶

案例二涉及申请人宝洁公司不服日本特许厅驳回该专利申请的审决决定而向知识产权高院提起诉讼，该案例入选日本特许业务法人重要判例，同时也被一些教科书作为有指导性的判例予以引用。❷ 由于该案例法院给出了与特许厅及以往判例不同的意见，尽管有学者撰文表示该判例在实质上并没有改变法院和特许厅原先的观点，但是业界仍将其解读为对于申请日后补交的对比实验数据的要求有所降低。

案例二的权利要求为："一种适合作为防晒剂的组合物，包含：……

c）按重量计 $0.1 \sim 4\%$ 的 $2-$苯基$-$苯并咪唑$-5-$磺酸的 UVB 防晒活性成分；……"

日本特许厅在审决决定中认为，本发明与作为对比文件的特开平 $9-175974$ 号公报所记载的发明相比，本发明为"按重量计 $0.1 \sim 4\%$ 的 $2-$苯

---

❶ 日本知识产权高院知的财产高裁平21（行ケ）第10238号裁判书。
❷ 青山紘一. 日本专利法概论 [M]. 聂宁乐, 译. 北京：知识产权出版社, 2014（8）：102.

基-苯并咪唑-5-磺酸的 UVB 防晒活性成分",而对比文件为"可选地包含通常的 UVB 防护剂",除此之外,其余均相同。从常用的 UVB 防护剂中容易想到选用 2-苯基-苯并咪唑-5-磺酸,且由于原申请文件仅一般性记载了使用该 UVB 防护剂的效果,缺乏客观数据支持,因而不能根据原申请文件确定使用该 UVB 防护剂所具有的特定技术效果,因而权利要求不具备创造性。对于申请人补充提交的包含反映防晒效果的 SPF 值、PPD 值的对比实验数据"参考资料 1",由于特定的技术效果在原申请文件中没有具体的记载,因而不予考虑。

申请人不服上述审决决定,向知识产权高院提出上诉请求。知识产权高院推翻了特许厅的审决决定,认为应当在创造性判断中考虑申请人在申请日后提交的实验数据。知的财产高裁平 21（行ケ）第 10238 号裁判书论述了如何把握申请日后提交的对比实验数据:对于在原申请文件中对于发明的效果没有任何记载,而申请人在申请日后通过补交实验结果来主张或者证明该发明效果的情形,由于违背了先申请制原则以及以公开换保护的专利制度宗旨,因而不能被接受;但如果本领域技术人员根据记载的内容能够推论上述"发明的技术效果",且不超出记载的范围,基于各方公平考虑,申请日后提交的实验数据是可以接受的。对于本案,一方面申请文件中记载了"出人意料地发现"其组合物具有"光稳定性"、"抗紫外线"等效果,且记载了 2-苯基-苯并咪唑-5-磺酸作为优选的 UVB 防晒成分,因而本领域技术人员可以认识到本发明具有上述技术效果,从而尽管原申请文件没有包含反映上述技术效果的相关实验数据,在判断本申请的创造性过程中,考虑申请日后补交的上述对比实验数据,是符合申请人和社会公众的利益平衡的。并且由于申请人难以预知申请之后在审查、诉讼过程中被引用的所有现有技术,因而对于原申请文件中只是定性描述或者没有详细数据支持的技术效果,如果一概不考虑申请日后补交的对比实验数据,也会给申请人带来额外的负担。

三、对比实验数据的证据属性

案例一、二的争议焦点在于申请日后补交的对比实验数据是否可以用于证明创造性判断中的预料不到的技术效果。对比实验数据作为证据的一种,自然应当具有证据的属性和证明力。证据是证明案件事实的材料,证据问题是诉讼的核心问题,全部诉讼活动实际上都是围绕证据的搜集和运用进行。《最高人民法院关于民事诉讼证据的若干规定》第 50 条规定:"质证时,当事人应当围绕证据的真实性、关联性、合法性，针对证据证明力有无以及证明力大小进行质疑、说明与辩驳。"本文尝试从这几方面探讨申请日后补交对比实验数据的证据属性。

1. 实验证据的关联性

关联性作为证据最重要的属性，是指作为证据的事实材料必须与待证事实有着内在的联系，能够证明案件真实情况的部分或全部。关联性是证据各属性的前提，只有具有关联性的证据，才有进一步考虑合法性、真实性的必要。证据关联性规则通过发挥下述两方面的功能，从而体现出效率与公正两方面的价值：阻止无关联性的证据进入法庭，使法庭能够集中精力审理那些有证明价值的证据和可以决定诉讼结果的案件事实，排除虽有关联性但采纳该证据的收益小于其负面影响的证据进入法庭，保证程序运作的基本价值实现和社会效果。❶ 一般认为，关联性是证明性和实质性的结合，判断证明性即判断提出的证据是否使其欲证明的事实主张的成立更为可能或者更无可能，而判断实质性主要在于考察证据欲证明的是不是案件待证事实。❷

如果从证据属性的判断顺序，也即关联性应当在合法性、真实性的判断之前，似乎可以推断法院及专利复审委员会承认了申请日后提交对比实验数据对于判断与创造性有关的预料不到的技术效果具有关联性。但值得注意的是，由于关联性的判断较为复杂，而真实性的考虑因素则更多且更直观，因而在专利权无效纠纷中当事人大多以真实性为由质疑证据，也即不能推断案例一证据的关联性。

从证明性和实质性两方面考虑，首先由于预料不到的技术效果对于判断创造性的决定性地位，该证据的实质性毋庸置疑，但是对于其证明性则存在一定探讨空间。如果借鉴美国在证明性方面强调逻辑和经验的属性，也即将证明性归为事实问题而非法律问题，则案例一、二的对比实验数据从逻辑和经验上而言，应当都能满足其对具备预料不到的技术效果的证明性。从这一角度考虑，也可以理解一些美国判例中更多地强调发明客观上具有的技术效果，而不追究完成实验的时间。但是事实上根据案例一、二的裁判书中可知，我国法院及日本法院均强调了需要在原申请文件中能够获知该欲证明的技术效果，并强调了

---

❶ 李德恩，石浩旭. 证据关联性：一个利益衡量的命题 [J]. 山西师大学报：社会科学版，2012，39（1）：61-64.

❷ 马秀娟. 论证据的关联性及其判断 [J]. 政法学刊，2008，25（6）：19-23.

先申请制原则和专利制度的本质属性,可见在法院看来,其要证明的实质问题应该是申请人是否在申请日之前已经发现了该技术效果并将其公开在申请文件中,或者可以将问题简化为原申请文件是否体现了该技术效果。从这个角度考虑,由于案例一并无记载任何吡格列酮与格列美脲的联合用药方案相对于单独用药或者其他类似组合具有预料不到的技术效果,而案例二则说明了选择特定的 UVB 防护剂并能获得预料不到的技术效果,因而案例一的证据不具备关联性,而案例二的证据具备关联性。

判断补充实验数据的关联性时,最大难题即是该实验数据是否属于申请日之前取得的事实,并与本专利原始记载内容相一致。无论是原始申请文件、还是补充实验数据,都是对申请日前申请人已完成发明、并将其进行公开(这两点是现行专利制度下发明可以获得保护的基本条件)这一客观事实的证明,只要两者所证明的结论在逻辑上是一致的,则应认为两者之间具备关联性,这种一致性体现在原始申请文件存在与补充实验证据具有相关性的信息,如果补充实验数据与原始申请文件一样,本质上属于对科学实验过程和结果的客观记载和证明。例如,有合理的实验过程和实验方法,包括原材料、反应条件、实验设备、产物等,不同的实验人员在实验过程一致、实验方法一致的情况下再现获得实验产物,具有可验证性,则无论实验数据是何时完成的、其结果是何时提交的,都应当认可其证据资格,应作为证据予以考虑。

2. 实验证据的合法性

合法性,即符合法定程序和法定形式,主要是指证据在形式上和取得方式上要符合法律规定。有观点认为民事诉讼证据的合法性体现在其属于法定的证据形式,同时满足实体法和程序法的相关要求。在案例一中,法院认为武田药品工业株式会社所提供的对比实验数据没有任何公证手续,也即不满足域外证据需要经公证的法律规定,实际上也是对该证据合法性的质疑。

对于所提交的对比实验数据,虽然没有特别规定,但一般要求实验证据应当显示出具该证据的实验机构名称,有单位签章或负责人的签字、实验人的姓名和签字,必要时还需要证人证明等;应当如实记载实验客体,包括实验过程、实验方法、实验材料的清楚描述,提供具体翔实的测试数据和测试报告,并针对实验结果予以公证,这将更加有利于其在行政和司法程序中的作用。

日本特许厅审查基准中规定,专利权人可以通过提交实验数据证明材料来答复新颖性、创造性的否定性意见,特别是对于采用功能、参数等限定的场合,而社会公众也可以提交实验数据证明材料来质疑申请的新颖性创造性。该审查基准同时提供了一份实验数据证明材料的模板,包括了试验日期、试验者、试验场所、具体试验方法和条件、试验结果等多项内容。可见与我国相比,日本在专利审查、诉讼中对实验数据的法定形式有更明确的要求。

3. 实验证据的真实性

真实性,是指事实材料必须是客观存在的,而不是主观臆想或任意捏造的。专利无效宣告和行政诉讼程序中都有严格的举证和质证程序,可以采取例如对证据形式的严格要求、对方当事人的反证、专家证言、现场勘验等多种形式来确保补充实验数据这种证据形式的客观性和真实性。根据《最高人民法院关于行政诉讼证据若干问题的规定》以及《专利审查指南2010》第四部分第八章关于无效宣告程序中证据的审核规定,证据是否为原件、提供证据的人与当事人是否有利害关系等是审查证据真实性重要因素。因而在案例一中,由于武田药品工业株式会社所提交的反证7并非原件,也没有表明是何者所出具的实验数据,因而专利复审委员会及一、二审法院对该证据的真实性予以否定并无不妥。

专利审查程序缺乏取证和质证程序来确保证据本身的真实性,仅基于申请人提交的实验数据进行审查,如果本领域技术人员判断实验数据没有明显的瑕疵、前后矛盾等情况,则一般不质疑其真实性。且由于专利局属于行政机关,取证和质证能力受到约束,并考虑到其行政目的,一般较少从形式上否定证据的真实性及合法性。然而在目前的无效审查实践中,实验报告的真实性是质证过程中较为普遍的焦点,主要的理由包括:出具实验数据的人员/机构与当事人存在利害关系;承担实验的人员/机构不具备相应的资质;实验过程未进行公证。❶ 这也提醒有关当事人应当注意相关的法律要求和审判实践,不仅要使证据在实体内上具有证明力,同时还应当注意满足相关的法律要求,达到法律真实的要求。

四、案例分析及对比

在案例一、二中,法院对于申请人在申请日后提交的对比实验数据能否用于证明发明具备创造性作出了不同的结论,但考虑到两个案例中案情的区别,以及分别属于不同的国家、适用不同的法律,并不能得出两国在此问题上存在

---

❶ 刘丽芳,刘蕾. 对化学领域无效程序中实验报告证据的思考 [C]. 国家知识产权局内部刊物《审查业务通讯》. 第17卷专刊7: 79-82.

不一致的看法，相反地，可以梳理出如下异同点。

首先，中日两国在创造性的判断标准上是基本一致的。我国《专利法》第 22 条第 3 款将发明的创造性定义为"与现有技术相比，该发明具有突出的实质性特点和显著的进步"。在审查实践中，将二者分别归于非显而易见性和有益的技术效果，虽然通常采用判断现有技术是否存在将其组合获得发明要求保护的技术方案的启示来表示非显而易见性，并进而判断是否具备创造性，但有益的技术效果取得了"质"的变化或者超出预期的"量"变，则可据该预料不到的技术效果肯定创造性。日本专利法第 29 条第 2 款将发明的创造性的判断定义为是否能由本领域技术人员依据现有技术容易地得到该发明，而其中具体的判断方法及步骤同我国判断非显而易见性较为类似。并且日本特许厅在审查基准中也要求判断创造性时还应当考虑说明书中明确记载的有利效果，特别是如果具有明显超出预料范围的效果，则不能否定其创造性。可见，虽然中日两国在专利法中对创造性的表述不同，但在实践中的判断标准是基本一致的，具体到预料不到的技术效果对创造性的肯定作用方面是相同的。

其次，对于申请日后提交的对比实验数据能否接受的问题上原则是一致的。最高人民法院在案例一的裁判书中强调了专利的先申请制原则和专利权以公开换保护的制度本质，据此规定了凡是所属领域技术人员不能从现有技术中直接、唯一地得出的有关内容，均应当在说明书中予以表述，对于超出所属领域技术人员预期的效果还应当有实验数据支持，否则不得作为评价专利权是否具备创造性的依据。日本知识产权高院在案例二中同样强调了先申请制原则和公开换保护的专利制度本质，在探讨申请日后提交的对比实验数据中明确规定如果原申请文件对该效果没有任何记载，而申请人又在申请日后提交对比实验数据来主张并证明该技术效果的，一般不得接受。可见中日两国由于专利制度本质上的共同点，在对待申请日后提交的对比实验数据的态度上是基本一致的，杜绝了申请日后进一步补充发明内容来获得专利权的行为，也要求申请人必须在申请日时公开包括技术效果在内的技术内容，才能作为日后授权和确权的基础。

考虑包括美欧等国家和地区关于这一问题的做法可以发现，虽然其均采用先申请制及公开换保护的专利制度，但中日对于申请日后提交的对比实验数据是最为严格的，显然这与专利制度并无绝对关系。如前所述，美国由于受其成熟证据规则的影响，证据的逻辑关联性有较大的影响力，因而一般重视该实验数据是否反映了发明技术方案的客观技术效果，而没有从专利制度本质出发，对该实验数据作其他要求。这与我国有较大的差别，最高人民法院在该案例中就明确否定了武田药品工业株式会社关于该对比实验数据是反映客观存在技术效果的意见。而欧洲由于专利授权方式的差异，欧洲专利局作为财政自收自支的单位，更多地考虑保护申请人的利益，而将争议问题留待各国法律进行规范，因此在对申请日后提交的对比实验数据的要求有所降低的做法是可以理解的。这方面的差异也导致了在美欧等地能获得专利权的发明，可能由于申请日后提交的对比实验数据不被接受而在中日等国无法获得授权，因此申请人更应当从各方面体会各地对于该证据的态度。

虽然案例一、二存在上述共同点，但二者在具体确定原申请文件需要对该技术效果记载或公开到何种程度，从而能够将申请日后提交的对比实验数据作为判断创造性的依据是不同的。我国《专利审查指南2010》第二部分第二章规定，作为判断创造性的重要依据，有益的效果不能仅由发明所具有的效果断言，而应当通过分析和理论说明相结合，或者通过列出实验数据的方式予以证明。而对于包括化学领域在内的实验性学科，发明所具有的效果通常都需要实验数据予以证明。而最高人民法院认为没有在原申请文件中公开的技术方案、技术效果不得作为判断创造性的依据，此处的"公开"则应当理解为不仅是断言性地描述了该效果，对于本案需要实验数据支持的领域，还应当有相关的实验数据支持。换言之，对于申请人希望在创造性判断过程中新引入的预料不到的技术效果，基本上不存在补充对比实验数据的可能性。在案例二中，法院从各方利益平衡的角度出发，认为只要本领域技术人员根据记载的内容能够推论发明的技术效果，且不超出记载的范围，则可以接受申请日之后提交的对比实验数据。对上述"推论"，在案例二中则表现为原申请文件对于该技术效果的断言性记载以及说明相关的技术方案为优选的方案。对于特许厅关于相关的实验数据无法从原申请文件缺乏实验支持的定性描述推出的观点，日本知识产权高院予以否定，认为这会导致失去了检验技术效果客观性的机会，同时给申请人带来了额外的负担，因此对申请人不公平。可见，与特许厅及法院之前的做法不同，知识产权高院在对待申请日后提交的对比实验数据证明创造性方面采取了倾向于申请人利益的、更为宽松的要求。

五、对申请人的建议

从上述分析可知，中日两国由于在专利制度、创造性标准方面的相同点，对待申请日后补交的补充实验数据的态度是基本一致的。尽管案例二可以看作是日本知识产权高院对补交对比实验数据要求的降低,但从审查过程可知日本特许厅作为日本专利审查机构仍是持同我国类似的态度,学界也更多地将该案例的指导价值解释为仅限于考虑创造性或者看做是最低的保险。❶❷ 美国对于对应的技术效果是否在原申请文件中有记载的要求较宽松,欧洲专利局也没有完全拒绝采用补交对比实验数据的方式证明原申请文件没有明确记载的技术效果,但考虑到欧洲各国司法的不确定性,较保险的做法仍应当在原申请文件中尽量描述该技术效果。

因此,申请人在需要证明创造性时,应当谨慎的运用申请策略,慎重考虑申请日后补交的对比实验数据的方式。如果有意隐瞒技术效果的描述,可能难以在后续程序中通过补充实验数据的方式予以证明。

当确实需要在申请日后补充对比实验数据以说明某一技术效果时,一方面应当注意相关国家对于证据的一般要求,满足真实性、合法性要求,引导专利局或者法院进一步考虑证据的实体内容;另一方面应当具体陈述该证据的关联性,特别是从原申请文件找出足以使本领域技术人员理解、得知或者推论该技术效果的证据。

六、小　　结

对于申请日后补交对比实验数据用于证明创造性是否可以接受,本文讨论的司法判例显示,我国的审查和司法实践均要求本领域技术人员不能将从原申请文件中预测到的效果记载在原申请文件中,需要实验数据支持的还应当包含相关的数据,否则不能在申请日后通过补交对比实验数据的方式主张该技术效果以获得专利权。日本法院并不会简单以原申请文件仅结论性地记载了该技术效果而拒绝参考所提交的对比实验数据,但各方均对法院的该判例进行谨慎地理解。因此申请人应当重视在原始申请文件中全面、完整地记载其技术效果,对于特定的技术领域给出与技术效果相关的实验数据,避免采用在申请日后补交对比实验数据的方式来证明预料不到的技术效果。并且,申请日后补交对比实验数据作为证据的一种具体形式,应当满足证据的关联性、合法性、真实性等要求,申请人在提出该证据时应当予以注意。

---

❶ 生田哲郎,佐野辰巳. 審判請求理由補充書の実験結果を参酌して [J]. The invention,2011,108(4):37-39.

❷ Takanori Abe, Michiko Kinoshita, Later submitted experimental data and inventive step [EB/OL]. [2013-10]. http://www.managingip.com.

从一个案例看公知常识的判断

马美娟*

【摘　要】

　　本文从一个案例出发,对公知常识的定义进行了分析比较,对公知常识的来源进行了剖析,对公知常识的属性和判断方法进行探讨,进而希望就公知常识的判断标准统一提供参考。

【关键词】

　　公知常识　创造性　普遍性　直接性　明晰性

当前的专利审查实践中,无论是实审还是复审阶段,在判断某一技术手段是否是公知常识时,审查员和申请人或复审请求人之间通常存在很大的分歧与争议,往往会因为某个特征是否是公知常识而进行来回的拉锯战;而在不同审查员的手中,同一技术手段是否是公知常识往往也会得出不同的结论。因此,有必要对于公知常识的判断进行讨论。

一、一个案例

一申请其名称为"一种 TFT-LCD 阵列基板及显示装置",现有技术中,阵列基板和彩膜基板进行对位成盒时,由于阵列基板和彩膜基板出现偏差,容

---

* 作者单位:国家知识产权局专利局光电技术发明审查部。

易在公共电极线2和数据线4之间的空隙出现漏光的现象。为解决这一技术问题,参见图1,本申请提出的解决方案采用位于数据线4之下的公共电极2进行遮挡,从而降低基板的漏光,以及参见图2,在两层栅绝缘层3之间设置色阻层7,以增大公共电极线与数据线之间的距离,减小电容,避免像素显示不良。

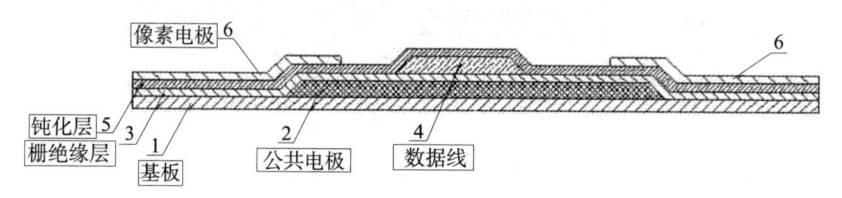

图1 本申请技术方案的一个实施例的结构示意图

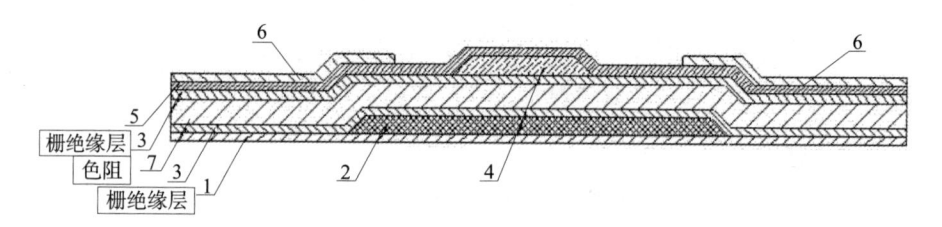

图2 本申请技术方案的另一个实施例的结构示意图

权利要求如下:

1. 一种TFT-LCD阵列基板,其特征在于,包括:

基板(1)以及设置于所述基板(1)上的薄膜晶体管、像素电极(6)以及钝化层(5);所述薄膜晶体管至少包括一栅极绝缘层(3),所述钝化层(5)覆盖于所述栅极绝缘层(3)上,所述像素电极(6)设置在所述钝化层(5)上方;

在所述栅极绝缘层(3)与基板(1)之间至少部分地设置有公共电极线(2),在所述栅极绝缘层(3)与所述钝化层之间设置有数据线(4),且所述数据线(4)位于所述公共电极线(2)正上方,且所述公共电极线(2)对应区域面积大于所述数据线(4)对应区域面积,所述公共电极线(2)可完全遮挡所述数据线(4)。

2. 如权利要求1所述的TFT-LCD阵列基板,其特征在于,在所述包括其特征在于,所述栅极绝缘层(3)为两层,在所述两层栅极绝缘层(3)之间进一步设置有色阻层(7)。

现有对比文件 1 如下：

一种 TFT-LCD 阵列基板，参见图 3 和图 4，公开了"公共电极线 2 遮挡数据线 13"，而且公开了权利要求 1 的大部分技术特征，唯一没有公开的技术特征为"像素电极设置在覆盖于栅极绝缘层的钝化层上方"。

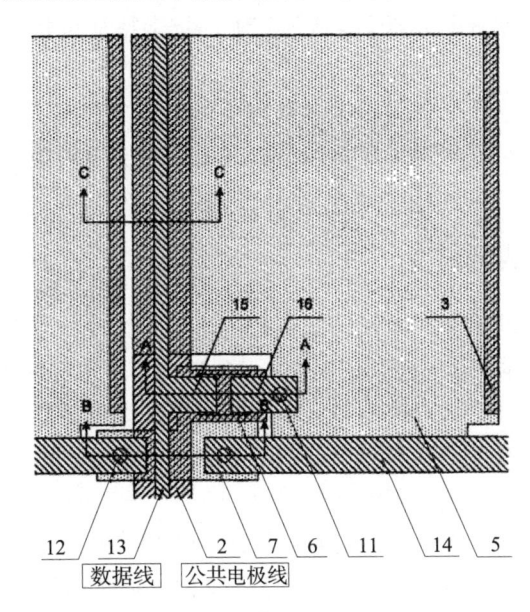

图 3　对比文件 1 技术方案平面图

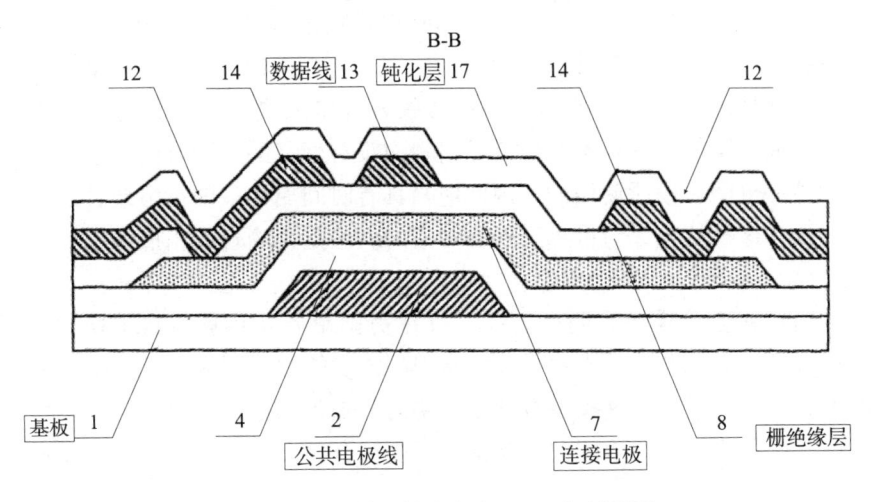

图 4　对比文件 1 技术方案 B-B 向剖面图

据此，审查员一的做法是，认为根据本领域技术人员的判断，像素电极设置在钝化层上方，是本领域的公知常识，并且像素电极是位于覆盖整个基板的钝化层的上方，还是位于数据线的下方，与本发明的技术方案以及发明点并没有关联。因此对比文件1能够评价权利要求1的创造性。

同时，对于从属权利要求2，认为其附加技术特征也是公知常识，因此同样不具备创造性。

也就是说，审查员一的做法，是认定了两个公知常识，一是像素电极设置在钝化层上方，二是栅极绝缘层为两层，在所述两层栅极绝缘层之间进一步设置有色阻层。那么，这种认定是否合适呢？这要从公知常识的定义说起。

二、公知常识的定义

对于公知常识的定义，在我国的专利法体系中并没有给出清楚而又明确的概念，仅仅在《专利审查指南2010》中以列举的形式来介绍了公知常识："所述区别技术特征为公知常识，例如，本领域中解决该重新确定的技术问题的惯用手段，或教科书或者工具书等中披露的解决该重新确定的技术问题的技术手段"。

而对此进行分析，从词源分析上来看，公知常识首先应该是一种"常识"，而所谓常识，就是具有普遍性、直接性和明晰性的知识。普遍性是一切理智正常的人都知道的，众所周知的；直接性是不需要推理或证明；明晰性是清楚明白，既不含糊也没有歧义。公知常识是技术领域的"常识"，因此也应该具有技术的普遍性、直接性和明晰性。即，公知常识应该是本领域技术人员知晓的普通技术知识，这种知识是被本领域技术人员所直接知晓的，无需推断、试验或证明的，并且本身应该是清楚而没有疑义的；同时由于公知常识是在创造性评价的阶段所使用的，因此应当具有时间属性，即在申请日之前。

那么，这一认定，与世界上别的国家的做法是否吻合或相抵触呢？

1. 美　　国

美国专利法同样没有明确定义，仅在美国审查指南❶2144.03A中规定，仅在审查员认为他断言是本领域公知常识的事实能够立刻被毫无疑问地证实的情况下，才适合于基于这条没有证据支持的公知常识作出通知书。

由此可以看出，在美国，公知常识需要符合两个条件：一是众所周知，与

---

❶ USPTO. Manual of Patent Examining Procedure. 2008.

普遍性相吻合；二是能够立刻被毫无疑问地证实，"立刻"代表了直接性，"毫无疑问"代表了明晰性，与上述三性相吻合。

2. 日　　本

日本专利体系中，不采用公知常识的概念，而是采用"周知""惯用技术"的概念。

在日本《特许实用新型审查基准》中记载："周知技术"是指在本技术领域普遍知道的技术，比如，与此有关，存在相当多的公知文献，或在产业界知晓，或按照无需列举的程度而熟知的技术。

普遍知道即普遍性，这里日本没有体现出直接性和明晰性，但提出了"在产业界知晓"这一条件。

3. 欧　　洲

《欧洲专利局审查指南》规定：公知常识是指在基本的手册、专论和教科书中关于所述主题的信息。当发明所属领域很新以致相关的技术知识在教科书中还未出现时，这些公知常识也可以是专利说明书或科学出版物中的信息。

因此，欧洲专利局给出的是公知常识的来源，而未对公知常识的性质进行描述。

那么，将公知常识的来源进行比较，又有什么差异呢？

三、公知常识的来源

我国《专利审查指南2010》既对性质进行描述，也对来源进行了列举：教科书或工具书，而欧洲专利局则认为来源包括手册、专论、教科书、专利说明书和科学出版物。在我国目前的审查实践中，观点也由此分成了两派，一派坚持以《专利审查指南2010》为指导，只认可教科书或工具书；另一派则借鉴欧洲专利局的做法，认为专利说明书和科学出版物同样可以作为公知常识的证据。

基于上述规定，教科书和工具书作为公知常识的来源是业界均认同的观点，没有异议；而专利说明书和科学出版物则需要进行分析。对于新兴技术，由于教科书和工具书的编撰相对较慢，因此其很有可能在工具书、教科书中并无记载，但在学科论文或专利中则通常认定该技术是基础技术，为该领域中的众所周知的基础技术，此时应该允许将科学出版物和专利说明书作为公知常识的来源。同时，由于专利很多都是应用型技术，而教科书通常是讲授科学原理为主，重原理轻应用是目前教科书中通常会存在的问题，这也是基础原理研究与专利申请保护之间需要衔接的地方。而公知常识如果是原理型，则自然很容易从教科书中找到，但倘若是应用型或操作型等手段的公知常识，则很难从轻应用的教科书中找到相应记载；相反，在同为应用的专利说明书中，通常会有普遍的描述，因此这种情况下也应该允许以专利说明书作为公知常识的来源。

但以专利说明书作为专利来源，也不应忽略公知常识的普遍性、直接性和明晰性的属性，而认为只要专利说明书中有记载就是公知常识，这样公知常识和对比文件就无法区分了。实际上，当以专利说明书为来源时，仍然需要符合普遍性、直接性、明晰性，具体表现是，需要有多篇专利说明书记载，且多篇记载的专利应来自不同国家、不同申请人，需在专利说明书中有直接记载，而不是根据专利说明书的内容进行推导得出，需不存在相反的证明，即不应有专利说明书中记载了相反的技术手段或会导致相互矛盾的内容。只有在符合上述条件下，专利说明书才可以突破我国《专利审查指南2010》的限制，成为公知常识的来源，作为技术不断发展的补充。

四、案例解析

回到文章开头提出的案例，对于第一点"像素电极设置在钝化层上方"，这样的像素电极结构是本领域周知的，普遍存在的，通常的设置，具有普遍性；这样的结构也是能够从多篇专利说明书中直接得到的；并且不存在与像素电极设置在钝化层上方相矛盾的说法。因此，在上述基础上，将这一点认定为公知常识，是合理并合法的。

对于第二点"栅极绝缘层为两层，在所述两层栅极绝缘层之间进一步设置有色阻层"，在液晶显示装置中，通常的栅极绝缘层为一层，即便有双层的栅极绝缘层，色阻层也不是惯常设置在两层栅极绝缘层之间；相反，色阻层或者设置在对置基板上，设置在阵列基板上的色阻层一般也是位于像素电极下方或栅极绝缘层上方，因此对于这一不具有普遍性、直接性、明晰性的特征，认定为公知常识，是非常不妥的。虽然该特征未被记载在独立权利要求中，但是独立权利要求或从属权利要求并不能成为某一技术手段是否是公知常识的判断依据。既不能因为该特征未在说明书中直接记载与声称所解决的技术问题相关而简单认定为公知常识，也不能因为该特征记载在从属权利要求中而随意认定为公知常识，是否与发明点相关、是否记载在独立权利要求中，不能成为判断公知常识的依据。

实际上，对于第二点的技术特征，专利数据库中存在一篇对比文件2，参见图 5，同样是一种 TFT-LCD 阵列基板，在基板 1000 上设置有第一栅绝缘层 20，滤色器 CF 设置在第一栅绝缘层 20 上，在滤色器 CF 上设置有第二栅绝缘层 30，并且该滤色器与双层栅绝缘层的设置目的是为了增大栅极金属与数据金属之间的距离，减小两者之间的寄生电容，提高显示质量，与本发明权 2 的技术方案所要解决的技术问题相同，达到的技术效果也一样。

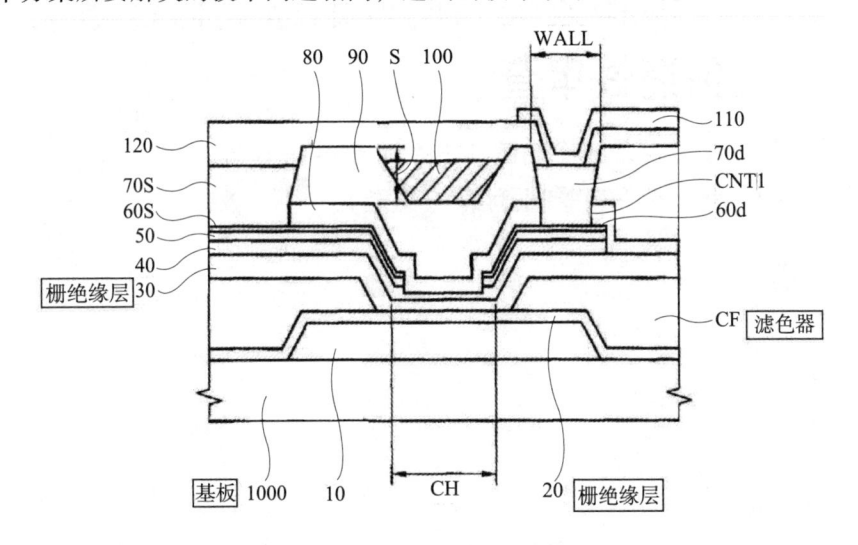

图 5 对比文件 2 技术方案示意图

因此，该特征被对比文件 2 公开，但并不能认为该特征是公知常识。

五、结　论

公知常识的判断，是创造性审查中非常重要的内容，涉及对技术内容的理解、对发明高度的认识、对创造性的认定、对一项技术的专利性的认可，也是审查实践中具有重大争议的内容。

在判断某一技术手段是否是公知常识时，应从该技术手段是否具有普遍性、直接性、明晰性进行判断，以此作为判断标准；同时不应将公知常识的来源局限于教科书或工具书，而应在符合判断标准的前提下，将来源有限制地扩展到专利说明书和科学出版物。

浅谈构效关系明确的通式化合物的创造性审查

陈　昊*　蒋薇薇*（等同于第一作者）
府　莹*（等同于第一作者）

【摘　要】
　　通式化合物发明是有机化学和药物化学领域中最为主要的一种发明，由于其涵盖了数量庞大的并列技术方案，因此此类发明的创造性审查一直是有机和药物化学领域的重点和难点，但是对于构效关系明确的一类化合物改进型发明，则可以从其构效关系出发，深入分析其结构特点与活性之间的可预期性，进而站在本领域技术人员的角度对其创造性进行客观公正的评判。

【关键词】
　　通式化合物　创造性　构效关系

一、引　言

通式化合物又称马库什（Markush）化合物，因匈牙利化学家 Eugene A. Markush（1888~1968 年）而得名。他于 1924 年申请了一类新颖的吡咯染

---

* 作者单位：国家知识产权局专利局专利审查协作江苏中心。

料专利,并在权利要求中采用了"…material selected from the group consisting of …"的表述。之后,这种具有多个并列选择项的表达方式被广泛继承和发扬,成为化合物领域的专利申请中典型的表达方式❶。这类专利申请虽然对申请人的利益起到了最大的保护,但由于其包含大量并列技术方案,因而对此类发明的审查一直是有机化学和药物化学领域的重点和难点所在。

构效关系(Structure – Activity Relationship,SAR)是药物化学最基本的理论之一,其是指药物的化学结构与活性之间的相互关系。随着现代药物研发技术的进步(特别是分子生物学的迅速发展),药物构效关系的研究也日益广泛和深入,如果能够知道配体与受体复合物的结构特点及相互作用时各自的变化,便有可能实现定向分子设计。特别是随着合理药物设计(Rational Drug Design)概念的提出,使得现代药物分子设计更加科学化,系统化和理论化,所谓合理药物设计,是指依据生物化学、酶学、分子生物学及遗传学等生命科学的研究成果,针对这些基础研究中所揭示的包括酶、受体、离子通道及核酸等潜在药物作用靶位,再参考其内源性配体或天然底物的化学结构特征设计合理的药物分子,以发现选择性作用于靶位的新药,这是目前新药研究的主要方向之一。❷

由于现今新药研发难度的增大以及新药审批标准要求越来越高,因此研发出结构完全新颖的化合物越来越少;而从现有的药用化合物出发,总结其构效关系,以此为基础进一步开发出结构类似的新化合物,成为现今药物设计的常规方法。对于药用化合物专利申请来说,有相当一部分申请就属于对构效关系明确的先导化合物或老药结构进行合理改进或修饰的改进型发明。❸ 对于此类申请,由于其构效关系明确,可以先从其所属类别的化合物的构效关系出发,找出药物分子设计的先导化合物及药效团结构,然后据此确定出其最接近的现有技术,也就是其改进的出发点,再结合现有技术中所报道的构效关系对其结构的改进点以及所取得的效果的可预期性进行评估,以科学合理地对发明的技术贡献进行全面评判。下文结合具体案例阐述如何从这个角度对此类药用化合物专利申请的创造性进行审查。

---

❶ 国家知识产权局专利局专利审查协作北京中心. 化学领域检索过程质量控制研究 [C]. 国家知识产权局学术委员会,2011 (12):94 – 95.
❷ 尤启冬,彭司勋. 药物化学 [M]. 北京:化学工业出版社. 2003 (12):22 – 62.
❸ 陈宁,等. 从先导物的优化角度谈化合物的检索 [J]. 审查业务通讯,2012,18 (1):59 – 64.

二、案例分析

(一) 案例 1

该申请涉及作为脑啡肽酶抑制剂的取代的氨基丙酸衍生物。权利要求1如下:

由如下式 I' 表示的化合物 (其中部分基团定义略去):

其中 B^1 是—C(O)NH—或—NHC(O)—、R^3 是 A^1—C(O)X^1 或 A^2—R^4。

该申请说明书中仅泛泛地介绍了中性肽链内切酶 (EC 3.4.24.11、脑啡肽酶、心房肽酶 (atriopeptidase)) 的药理作用, 以及该申请所设计的化合物的作用机理及其用途, 并未公开任何该申请所述化合物的设计思路。

通过对现有技术的检索可以发现现有技术中已经有着多篇讨论与该申请相同作用机理的中性肽链内切酶 (NEUTRAL ENDOPEPTIDASE, NEP) 抑制剂类化合物的构效关系的对比文件, 通过对这些文献进行阅读, 可以发现该申请的化合物属于现有技术已有大量报道的2-联苯基-酰胺类中性肽链内切酶抑制剂, 并且这类化合物的构效关系研究已经比较深入 (如图1所示): NEP 是一种含有锌离子的金属蛋白酶, 其酶结构可以分为 S_1、S_1'、S_2' 三个部分, 而2-联苯基-甲基戊酰胺类中性肽链内切酶抑制剂即包含了与 NEP 结构中的锌离子、S_1、S_1'、S_2' 的三个结合位点 P_1、P_1'、P_2'。特别是其中 P_1' 部分的联苯甲基对于与 NEP 的连接很重要, 是活性的关键。

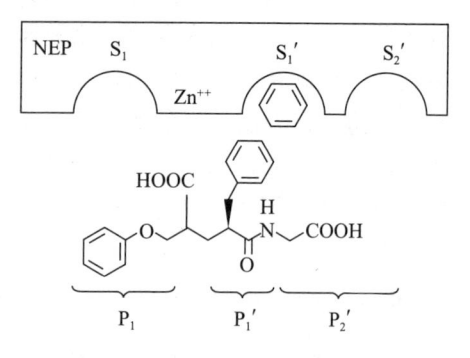

图1 中性肽链内切酶抑制剂类化合物的构效关系

具体到该申请通式化合物，其化学结构同样分为上述三个部分：即 P_1 部分的**羧酸酯**部分、P_1' 部分的**联苯酰胺**结构以及 P_2' 部分的氢键结合位点，直接以其结构在现有技术中进行检索即可检索得到能用于评价该申请创造性的最接近的现有技术，再结合现有技术中已有报道的研究该类化合物构效关系的对比文件，即可评价该申请的创造性。所采用的最接近的现有技术中与该申请通式化合物结构最接近的化合物及其通式化合物的化学结构分别如图 2 所示。

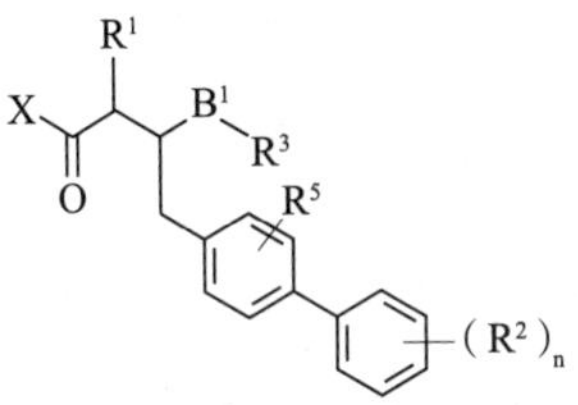

（1）权利要求1式I'化合物 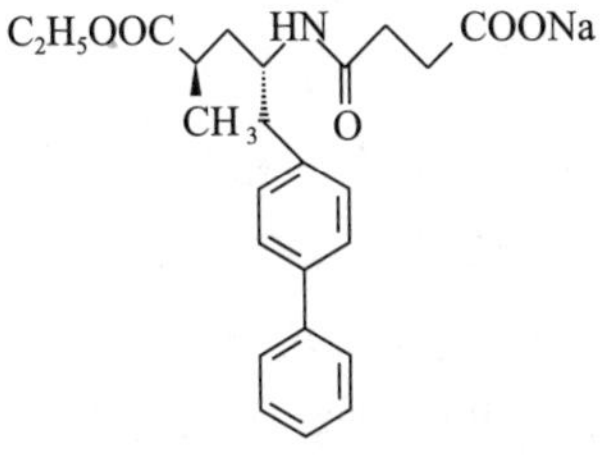　　　（2）对比文件实施例化合物

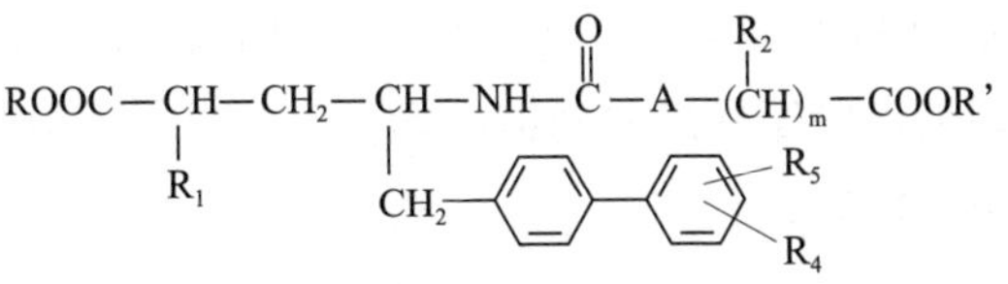

（3）对比文件通式化合物

图 2　案例 1 的申请化合物与对比文件化合物的比较

该申请创造性简要评述如下：由于对比文件公开的化合物与权利要求 1 的通式化合物结构相近，都具有联苯基烷基羧酸的母核结构，并且两者具有有相同的活性；进一步地，现有技术还公开了对于此类化合物的构效关系研究表明，联苯基团对于与 NEP 的连接很重要，是活性的关键，而其中的羧基主要是与 NEP 上的锌离子进行配位的结合位点。因此，对于本领域技术人员而言，在寻找具有同样的或类似活性的新的替代化合物时，在保持上述与 NEP 连接的关键基团不变的前提下，可对联苯基与羧基之间的碳链长度进行适当调整（增长或缩短），从而对现有技术中的药物化合物进行改进或修饰，以获得更多结构类似的新化合物，并且经上述改进后的化合物仍具有与现有技术化合物相同或类似的活性也是本领域技术人员可以预期的。

（二）案例 2

该申请涉及一种 3 - 吲哚啉酮类衍生物及其制备方法及其应用。其权利要求 1 如下：

一种 3 - 吲哚啉酮类衍生物，其特征在于：衍生物的结构通式如下：

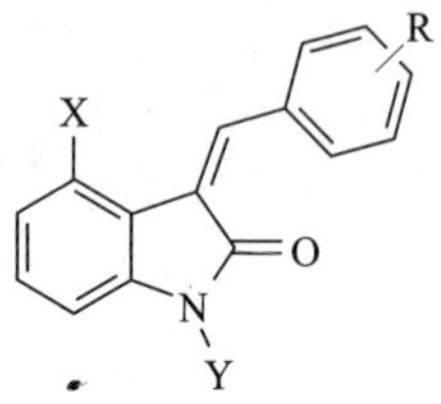

其中 R 为氢、卤素、硝基、烷氧基的任一种；

X 为卤素、烯烃、羧酸、酯的任一种；

Y 为氢、烷基、羧酸、酯的任一种。

该申请说明书中背景技术部分介绍了该申请所要求保护的化合物所属的 3 - 取代吲哚 - 2 - 酮化合物（结构见图 3）是一类有效的蛋白酪氨酸激酶抑制剂，特别是其中的苹果酸舒尼替尼（Sunitinib malate）是由辉瑞公司生产的 3 - 取代吲哚 - 2 - 酮类蛋白酪氨酸激酶抑制剂，具有抗肿瘤和抗血管生成的双重作用，是此类药物的代表。

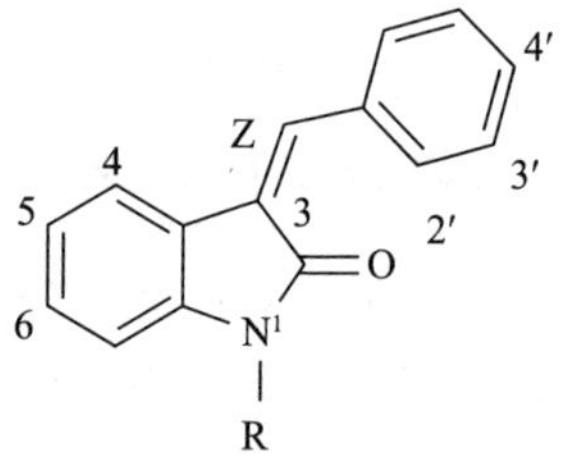

图 3 3 - 取代 - 2 - 吲哚酮类似物的结构式

通过对现有技术的检索可以发现酪氨酸激酶抑制剂类抗肿瘤药物是现今抗肿瘤药物的一个研发热点。美国 FDA 自 2001 年至今，已经相继批准了伊马替尼（imatinib, STI - 571）、达沙替尼（dasatinib, Sprycel）、吉非替尼（gefitinib, Iressa）、厄洛替尼（erlotinib, Tarceva）、索拉非尼（sorafenib, Nexavar）、舒尼替尼（sunitinib, Sutent）、拉帕替尼（laptinib, Tykerb）、尼洛替尼（nilotinib, Tasigna）和帕唑帕尼（pazopanib, GW - 786034）9 个小分子蛋白酪氨酸激酶抑制剂（tyrosine kinase inhibitor, TKI）上市，另外还有超过 100 个候选药物正处于临床试验阶段。因此可以预期此类药物也是一类研究得比较深入的药物，有关其构效关系的研究应该已经比较成熟，进一步具体到该申请所述的3-取代吲哚-2-酮类替尼药物，现有技术中也有许多详细讨论其构效关系的文章，对于此类3-取代-2-吲哚酮类蛋白酪氨酸激酶抑制剂而言，C-4位的取代基的电性和空间效应对双键的构型（Z式或E式）有较大影响，Z式构型的化合物对VEGFR-2酪氨酸激酶的抑制活性好；C-4位引入富电子取代基（如哌嗪、吗啉、四氢吡咯、哌啶）有利于增强化合物对VEGFR-2酪氨酸激酶的抑制活性；吲哚酮环的4、5、6位引入吸电子基团（如—F、—Cl、—Br、—COOH）不利于提高化合物对VEGFR-2的抑制活性；保留烯烃质子有利于提高化合物对VEGFR-2的抑制活性；保留吲哚酮环上的质子有利于提高化合物对VEGFR-2的抑制活性。

具体到该申请的通式化合物，其化学结构同样属于上述3-取代-2-吲哚酮类，其主要涉及到对吲哚酮氮上的取代基、3-位环上取代基以及4-位的改造和修饰。根据该申请化合物的结构特点，可以看出其由"**吲哚酮**"和"**苯亚甲基**"两部分拼接而成，直接以其结构进行检索即可检索得到能用于评价该申请创造性的最接近的现有技术，再结合现有技术中已报道的研究该类化合物构效关系的对比文件，即可评价该申请的创造性。所采用的最接近的现有技术中与该申请通式化合物结构最接近的化合物及其通式化合物的化学结构如图4所示。

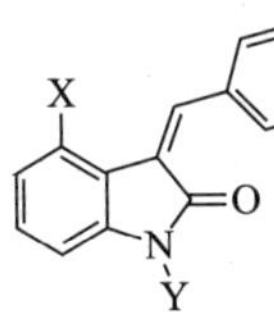

（1）权利要求1通式化合物 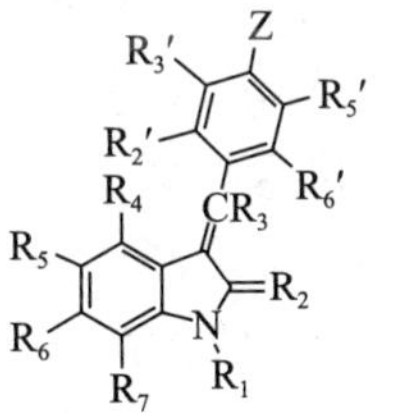　　（2）对比文件通式化合物 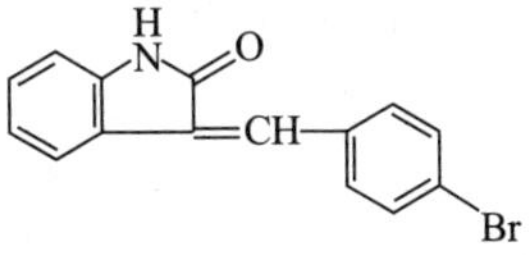　　（3）对比文件结构最接近化合物

图4　案例2的申请化合物与对比文件化合物的比较

另外，对于该申请，尽管说明书中并未公开任何化合物的活性数据，但是经过初步检索已经可以看出此类化合物是研究得比较深入的一类化合物，即基于现有技术对于本案化合物所要求保护的各化合物的活性是能够合理预期的，因此经过检索可以确定本案说明书是公开充分的，且现有技术中是有许多能评价其创造性的对比文件的。

该申请创造性简要评述如下：最接近的现有技术除了公开了的上述最接近

的化合物之外，在其进一步公开的包含上述具体化合物的通式化合物中，还公开了与该申请部分重叠的取代基定义。由此可见，对比文件给出了可对其公开的最接近的化合物上的取代基进行相应的基团替换的技术启示。因此为了得到更多结构类似并具有相近治疗效果的化合物，本领域技术人员在对比文件所公开的上述化合物的基础上，有动机结合对比文件所给出的上述技术启示利用本领域常规的基团替换等化合物结构修饰方法对对比文件公开的化合物进行结构改造，进而得到结构类似的化合物，并且得到的新的化合物也具有相同或类似的活性也是本领域技术人员可以预期的。

（三）案例 3

该申请涉及作为二肽基肽酶－Ⅳ（DPP－4）抑制剂的通式化合物。权利要求 1 如下：

由如下式（Ⅰ）表示的化合物（其中部分基团定义略去）：

$$\text{（Ⅰ）}$$

其中 Y 表示—O—、—S(O)$_p$—、—CH$_2$—、—CHOH—、—CHF—或—CF$_2$—；m、n 和 p 是独立选自 0、1 或 2 的整数；X 表示键，C$_1$～C$_5$ 亚烷基或—C(=O)—。

该申请说明书中说明了该申请化合物属于 DPP－4 抑制剂，其通过抑制 DPP－4 的活性，从而提高肠促胰岛素胰高血糖素样肽－1（GLP－1）浓度，促使胰岛 β 细胞产生胰岛素的同时，降低胰高血糖素浓度，是治疗Ⅱ型糖尿病的有效药物。

通过对现有技术的检索可知，到目前为止，已有 5 个小分子 **DPP－4 抑制剂**被批准上市，它们分别是默克公司的西他列汀（sitagliptin）、诺华公司的维格列汀（vildagliptin）、Bristol－Myers Squibb 及 AstraZeneca 公司的沙格列汀（saxagliptin）、Boehringer－Ingelheim 公司的利拉利汀（linagliptin）和 Takeda 公司的阿格列汀（alogliptin）。此外，还有多个 DPP－4 抑制剂进入不同的临床研究阶段。

现有的 DPP－4 抑制剂主要分为拟肽类及非肽类。上市药物维格列汀（vildagliptin）和沙格列汀（saxagliptin）均属于拟肽类化合物，拟肽类 DPP－4

浅谈构效关系明确的通式化合物的创造性审查

抑制剂是此类药物研发的一个重点。该申请所设计的化合物也属于拟肽类化合物。

对于拟肽类 DPP-4 抑制剂，其构效关系同样已经经过长期的深入研究，其构效关系如图 5 所示：大多数拟肽类 DPP-4 抑制剂由模拟 GLP-1 的 N 端二肽结构修饰而成，通常含有一个甘氨酰胺骨架，其基本结构可分为 P1 和 P2 两部分，其中 P1 通常为吡咯烷环部分（pyrrolidine）、P2 常为取代的甘氨酸，具有一个碱性的伯胺或仲胺基（amino）、另外有的化合物中还有能稳定整个化合物构象的大体积取代基部分。

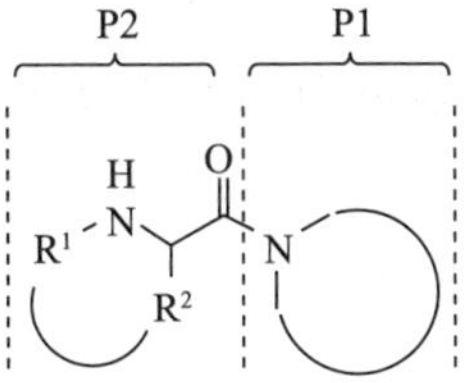

图 5　拟肽类 DPP-IV 抑制剂的构效关系

具体到该申请化合物，其同样可以按上述 3 个部分来分类：即 P1 部分的**吡咯烷环部分（pyrrolidine）**、P2 部分的**碱性仲胺基（amino）**以及稳定化合物构象的**环戊基（cyclopentyl）**部分，直接以其结构进行检索即可检索得到能用于评价该申请创造性的最接近的现有技术，再结合该类化合物的构效关系进行分析，即可评价该申请的创造性。所采用的最接近的现有技术中与该申请通式化合物结构最接近的化合物如图 6 所示。

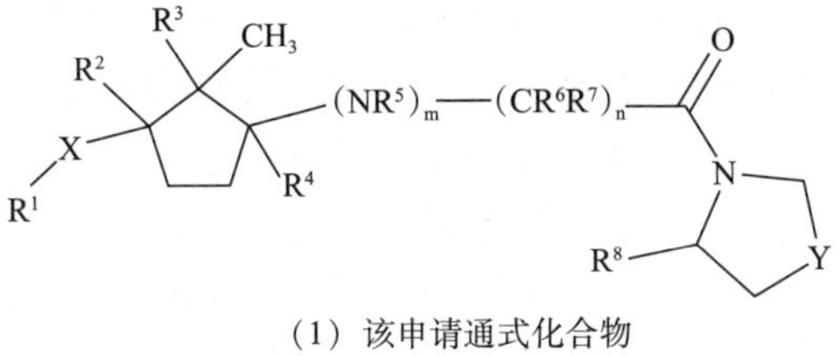

(1) 该申请通式化合物

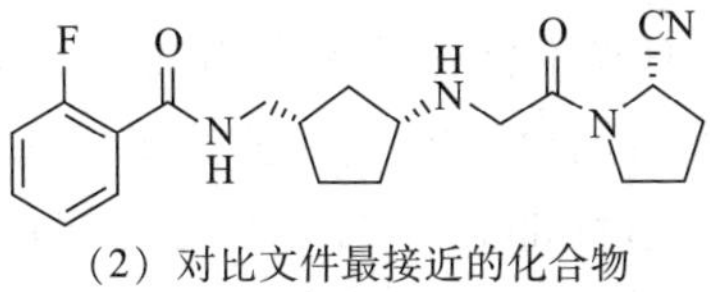

(2) 对比文件最接近的化合物

图 6　案例 3 的申请化合物与对比文件最接近的化合物的比较

该申请创造性简要评述如下：由于该申请与对比文件均属于经典的 DPP-4 抑制剂，而本领域所公知是：理想的 DPP-4 抑制剂应具有以下结构特征：①与 S1 口袋结合的部分；②与 Glu205、Glu206 的氢键结合部分；③与 Ser630 的共价结合部分。而该申请与对比文件所公开的吡咯烷类 DPP-4 抑制剂对二肽基肽酶 IV 主要起抑制作用的基团就在于：①与 DPP-4 疏水性 S1 口袋相结合的吡咯烷环；②与包含 Glu205、Glu206 和 Ser630 的蛋白表面负电区形成网状氢键作用的碱性伯氨或仲氨。因此，在对比文件所公开的上述吡咯烷类化合物的基础上，为了获得更多结构类似的同样可作为二肽基肽酶 IV 抑制剂的化合物，本领域技术人员有动机在保持其与二肽基肽酶 IV 主要起抑制作用的母核基团不变的前提下，采用常规的新化合物设计方法在环戊烷中氨基邻位引入甲基取代对化合物进行修饰，并且能够预期得到的新化合物也具有二肽基肽酶 IV 抑制活性。

三、总　　结

通过对上述案例的分析和探讨可以发现，对于此类构效关系明确的化合物，其创造性评判可以按照以下的步骤进行：第一步，理清药物化合物的分子设计思路，通过结构检索等手段确定最接近的现有技术，亦即所要求保护的化合物的改进基础；第二步，充分检索现有技术，全面掌握现有技术状况，明确此类化合物的构效关系；第三步，从构效关系出发确定出发明专利申请化合物的基本母核或药效团部分，再根据对化合物的结构特点的分析，对其结构的改进点以及所取得的效果的可预期性进行评估，以科学合理的对发明的技术贡献进行全面评判；第四步，在评述创造性的过程中，可以适当引用那些详细讨论所要求保护的通式化合物所属类别的化合物的构效关系的相关对比文件，以理清申请人的化合物设计思路，使得创造性说理更加充分。

当然，对于申请人来说，并不是说对于此类构效关系明确的化合物的改进型发明就一定不具备创造性，不能被授予专利权。如果要求保护的发明确实是此类构效关系明确的化合物，在回应审查员提出创造性质疑时，申请人可以将所要求保护的化合物与现有技术已知的化合物进行比较，从活性、毒性以及成药性等性质上来体现所得到化合物的优点和技术效果，以符合《专利审查指南 2010》上关于化合物创造性部分"结构上与已知化合物接近的化合物，必须要有预料不到的用途或者效果"的规定。此外，申请人还可以从构效关系的密切程度方面对创造性进行争辩：当所要求保护的化合物的活性数据显示了微小的结构改变将产生活性的巨大差异，则可以说明请求保护的化合物的构效关系是比较密切的。一般来说，在构效关系密切的技术领域或者对于构效关系密切的化合物（如甾族化合物等），即使请求保护的化合物与现有技术化合物具有相同的基本核心部分，也不能简单认定二者就一定是创造性意义上的"结构接近"的化合物。因此如果要求保护的化合物属于构效关系密切的化合物，从这个方面对审查员的创造性意见进行答复，一般均能获得审查员的认可。总之，对于申请人来说，对于此类构效关系明确的化合物发明，在申请文件的撰写以及审查意见的答复阶段，均可以从实际所作出发明的发明构思、技术方案、技术手段、技术问题以及技术效果等多个方面进行综合衡量，并结合一定的理论依据和客观证据，有理有据地针对审查员的审查意见进行答复，为自身争取最为合适的专利保护范围，以真正实现专利制度以公开换取保护的目的。

发明构思在食品领域创造性判断中的把握与应用

董艳红* 徐 寅*（等同于第一作者）

【摘 要】
   正确体会发明构思，有效利用"三步法"评述，是创造性审查的重要内容。本文以创造性审查中存在的问题为切入点，探讨了发明构思在"三步法"评判发明创造性审查中的作用，重点结合食品领域案例，就食品领域专利申请中如何在进行创造性审查和把握时，将发明构思贯穿于"三步法"的各个步骤，为食品领域创造性审查提供参考。

【关键词】
   创造性 "三步法" 发明构思 食品领域

一、引 言

   创造性是一项专利申请被授予专利权的前提之一，是实质审查中最难的内容和关键内容，是"三性"评判中最重要的内容，也是各方争议的焦点。为提高审查质量，提升社会满意度，创造性审查成为关键所在。对于如何提高创

---

   * 作者单位：国家知识产权局专利局专利审查协作江苏中心。

造性审查的质量，众说纷纭，其中不乏对创造性评述的"三步法"提出质疑的。笔者认为，"三步法"仍然是我们必须坚持的"形式"，而"体会发明构思，把握发明实质"❶则是我们应当努力践行的实质内容，两者须相辅相成，既要避免形式架空实质内容，也需防止实质内容游离形式之外。以下，笔者结合案例，谈一谈自己对于创造性审查的粗浅看法。

二、正确理解发明构思，体会"三步法"内涵

《专利审查指南2010》中明确指出判断要求保护的发明相对于现有技术是否显而易见，通常可按照以下三个步骤（即"三步法"）进行：（1）确定最接近的现有技术；（2）确定发明的区别特征和发明实际解决的技术问题；（3）判断要求保护的发明对本领域的技术人员来说是否显而易见。

"三步法"为创造性评述提供了一套操作性较强的步骤方法，但这只是"三步法"的外在"形式"，实质上"三步法"不仅仅只提供了步骤方法，其所具有的内涵与创造性本身的概念应该是融会贯通的，只不过在审查实践中，审查员由于种种原因，在创造性评述时，仅仅体现出了"三步法"的外在形式，而忘却其中内涵，出现了片面理解、机械化、字面化套用"三步法"等问题，从而导致了创造性评述的不客观。面对这样的评述，代理人或申请人也常常难以接受。这些问题产生的主要原因有以下三个方面。

（1）脱离申请所属技术领域，随意设置"本领域技术人员"的"知识"和"能力"。在审查实践过程中，审查员有时容易脱离申请所属的技术领域，随意设置"本领域技术人员"的"知识"和"能力"，如曲解"本领域技术人员"所应当具备的"知识"、随意扩大"本领域技术人员"的"能力"。

（2）片面理解发明构思，导致确定的技术问题不客观。在审查实践中，由于片面理解发明构思，从而导致泛泛地确定技术问题，即简单的根据区别技术特征以及对比文件之间结合的便利性，主观臆断出技术问题。

（3）忽视创造性的审查原则，机械处理结合启示。在创造性审查实践中，在进行组合技术内容进行评述时，存在将技术领域、技术问题以及技术效果相互剥离进行考虑的情况，从而只注重技术特征的机械比照，机械地、生硬地进行对比文件的结合，在现有技术中寻找是否公开这些割裂的特征，而忽略各个技术特征之间的组合关系，忽略技术特征之间的组合关系所能给整体技术方案

---

❶ 朱仁秀，等. 体会发明构思，把握发明实质 [J]. 审查业务通讯，2014, 20 (8).

带来的技术效果。

上述问题产生的根本原因是由于审查员过于重视技术特征比对而导致的，这与审查员大多具有理工科背景，更为擅长技术分析不无关系。技术分析往往是通过分析化整为零，拆解特征进行比对的过程，这种比较分析缺乏法律思维的支撑，体现在创造性评述中容易忽视整体原则，❶ 即将所要解决的技术问题、技术方案和技术效果割裂开来，只注重技术特征的比照，这样很容易陷入"事后诸葛亮"的思维怪圈中。

而专利审查是一项需要同时注重法律思维和技术思维的工作，是以法律思维为支撑，并将技术思维与法律思维相结合的审查工作。❷ 正是因为如此，就要求我们在判断发明是否具备创造性的审查过程中，应以专利法和创造性的立法宗旨为出发点，深入理解创造性判断"三步法"的内在含义，❸ 客观评价发明专利的技术智慧贡献，而不是生硬地套用创造性评述的方法和步骤。

为客观公正的评价申请是否具备创造性，则不能脱离发明构思谈审查，需要正确还原发明事实，即正确的理解和把握发明的构思，"发明构思"是基于确定的技术领域，并集技术问题、技术手段、技术效果于一身的概念集合体。❹ 正确理解发明构思需要对相关的技术背景、现有技术有深入且整体的了解和掌握，把握申请人所要解决的实际的技术问题，掌握申请人为何要解决该技术问题，理解为解决该技术问题所采用的技术手段，并判断所能达到的技术效果。只有遵循发明构思的逻辑脚步，才能重塑和还原发明过程，才能完整客观的反应发明创造的前因后果，准确把握发明的实质。

笔者主要从事食品领域的专利审查工作，以下将具体结合食品领域的案例，对正确理解发明构思以及如何在创造性审查过程中运用发明构思的方式去审查评述进行探讨。

三、食品领域专利申请现状

食品与人们的生活息息相关，随着人们生活水平的提高，食品创新需求不断增强，而食品工业的研发活动具有独特性，其技术研发的深度和广度差别较大，既有凭借经验对传统食品创新的简单研究成果，也有通过高新技术或精密

---

❶ 张伟波. 创造性评判中如何实现由技术比对向构思比较转变 [J]. 审查业务通讯, 2014, 20 (10).
❷ 李新芝. 论法律思维及其在专利审查中的运用 [J]. 审查业务通讯, 2015, 21 (3).
❸ 刘丽伟, 等. 创造性判断中发明构思的把握与应用（下）[J]. 审查业务通讯, 2015, 21 (5).
❹ 朱仁秀, 等. 体会发明构思, 把握发明实质 [J]. 审查业务通讯, 2014, 20 (8).

实验获得的科研成果。纵观食品领域的专利申请，其来源主要包括三类，即偏向于高新技术研究的高校和科研院所、偏向于新产品新工艺研发的食品企业，以及热衷于传统食品改良的普通个人。从常见类型来看，主要包括组合物类发明、传统食品功效改进类发明、工艺改进类发明等。

食品领域较其他高新产业相比，具有历史悠久、发展速度缓慢和技术水平相对较低的特点，在专利申请质量方面，食品领域较其他领域显得创新度不足。尽管如此，食品领域专利审查中创造性审查仍然存在与其他领域相类似的难点。具体地，食品领域专利创造性审查的难点主要表现在以下几个方面：（1）食品领域的专利申请中个人申请占较大比例，其撰写水平有限，申请人自身对发明的背景技术往往了解有限或者没有将重要的现有技术记载于发明的申请文件中，导致审查员在阅读申请文件时无法对现有技术进行全面的了解，从而影响其对发明实际解决技术问题的确定，无法客观判断其创造性；（2）申请人出于自身利益考虑，对发明解决的技术问题或达到的技术效果常采用夸大等方式记载，或采用非常主观的内容表述技术效果，导致审查员在对技术效果是否预料不到等判断尺度存在困惑；（3）申请人对现有技术的了解不够，往往无法提炼出发明中最核心的关键技术点，常将大多数甚至全部技术特征写入权利要求，形成技术特征多而细的技术方案，导致在评述过程中区别技术特征杂多，使得审查员常常使用较多的公知常识，并对整体技术方案是否具备创造性的判断存在疑难。

四、食品领域发明专利创造性判断中发明构思的把握与实际应用

基于食品领域专利申请的特点以及食品领域专利创造性审查过程中的对于技术方案存在原料组分多、工艺步骤多等技术特征冗长的专利申请，机械地采用"三步法"进行字面比对容易在创造性评述中出现偏差，究其主要原因还是没有将发明构思融汇到"三步法"中。只有将发明构思有效地贯穿于食品领域专利申请的创造性审查，才能真正保护对现有技术做出智慧贡献的食品发明创造，从而保障食品领域的授权专利的质量。下文将通过具体案例的形式，阐述发明构思在食品领域创造性判断中的应用。

1. 从发明构思入手，确定最接近的现有技术

最接近的现有技术，是指现有技术中与要求保护的发明最密切相关的一个技术方案。它应当是本领域技术人员尝试重构发明的最佳起点，但在实际创造性审查过程中，往往存在着忽视发明构思，并以公开技术特征的多少为依据选

择最接近的现有技术的情况。本领域技术人员将无法在这样的"最接近的现有技术"基础上，对发明做出改进，从而导致后续创造性判断的偏差。

在选择最接近的现有技术时，发明构思是一个重要的考虑因素，应当在准确理解专利申请发明构思以及现有技术发明构思的基础上，按照整体原则，从技术领域、解决的技术问题、技术效果以及公开技术特征的多少等多个方面对现有技术进行审视，优先选择与本申请发明构思一致或接近的现有技术，慎用与发明构思不同的现有技术，放弃发明构思相悖的现有技术。通过发明构思的比对寻找最接近的现有技术，客观反映本申请专利与现有技术的接近程度，从而寻找到发明改进的最佳起点。

【案例1】

权利要求1：一种金银花醋，其特征在于由下述重量份的原料制备而成：小米200~300份、麸皮200~300份、金银花10~15份、芥菜50~60份、麸曲100~150份、酒曲0.5~1.0份。

该申请的发明构思是：以米醋为载体，添加药食两用的中草药和蔬菜，具体是将米醋与金银花、芥菜的功效结合，提供一种具有清热解毒、助消化、降血压、降低尿糖功效的保健醋，提高传统米醋的保健功效。

通过检索，获得了两篇现有技术：对比文件1公开了一种清热调脂降压的菊花醋，其特征是，由下述重量份的原料制成，米醋550~650份、菊花10~15份、芹菜180~220份。

对比文件2公开了一种米醋及其制备方法，小米200~300份、麸皮200~300份、麸曲100~150份、酒曲0.5~1.0份。

针对这样的情况，最接近的现有技术该如何选择呢？首先应正确理解对比文件1和对比文件2的发明构思，从构思比对入手选择最接近的现有技术。对比文件1发明构思为：为增加传统米醋的营养价值，添加菊花和芹菜，从而达到清热、调脂和降压的功效。对比文件2发明构思为通过调整制备传统米醋所用的常规原料的种类和比例制备一种风味口感较好的米醋。经过与该申请发明构思的比对可以发现，对比文件1所要解决的技术问题以及所采用的技术手段、达到的技术效果与该申请一致或者近似，比如对比文件1和该申请均是想要克服现有技术中传统米醋营养保健功效单一的问题，均采用了具有一定功效的中药和蔬菜，从而达到清热、降压等效果。而对比文件2虽然也公开了一种米醋，且公开了制备本申请中米醋的原料种类和用量，但是对比文件2的发明构思与该申请并不相同。

因此，作者认为选择对比文件1作为最接近的现有技术，以对比文件1作为重构发明的起点更加客观。

2. 正确理解发明构思，合理重构发明并将发明构思贯穿于创造性审查的整个过程

组合物类发明是食品领域专利申请中常见的一类申请，其往往具有较长的权利要求且权利要求中记载了较多的技术细节或技术特征，这些细枝末节的技术特征往往会干扰创造性审查，审查员容易抓不住重点或者本末倒置，从而导致创造性判断发生偏差。

对于此类型案件，更加应该重视对发明构思的理解和把握。正确理解发明构思是正确解读权利要求的基础，在解读和分析权利要求的技术特征时，应把每个特征融入发明整体构思中加以考虑，从而区分哪些是与发明构思紧密联系的技术特征，哪些是非紧密联系的技术特征。通过区分技术特征与发明构思联系的紧密程度，突出发明的技术实质，集中争议焦点，在由繁杂技术特征构成的技术方案中抓住主线，排除技术细节的干扰，避免陷入机械比对技术特征的错误，进而准确客观衡量发明的技术贡献。

【案例2】

权利要求1：一种可以预防婴幼儿贫血的营养米粉，其特征在于，由下述重量份的原料制备而成：籼米50~60份、黑米10~15份、赤豆粉10~15份、红枣粉5~8份、枸杞粉4~5份、胡萝卜粉6~8份、桂圆肉4~6份、木耳粉4~6份、花生皮粉2~3份、红糖4~5份、猪肝8~10份、黄芪4~5份、党参6~8份、当归3~4份、白芍3~4份、熟地2~4份、鸡血藤3~4份、低聚果糖14份、每1kg米粉中添加柠檬酸亚铁15~20mg、肌醇80~90mg、胆碱900~1000 mg、生物素40~50μg。

该申请的发明构思在于为克服传统婴儿米粉中营养单一的问题，将多种具有特定营养保健功效的成分添加到米粉中，使其达到营养均衡、预防贫血的技术效果，具体是采用黄芪、党参、红枣粉、枸杞粉、猪肝等保健成分或中草药以及柠檬酸亚铁、肌醇等维生素、矿物质达到相应效果。

基于上述发明构思的理解，进一步解读权利要求请求保护的技术方案，其中共涉及22种组分，基于发明构思对这些组分进行分类，即可将权利要求1解读为一种预防婴幼儿贫血的营养米粉，由主材（籼米、黑米）、辅助原料（红糖、低聚果糖）、保健食材（赤豆粉、红枣粉、枸杞粉、胡萝卜粉、桂圆肉、木耳粉）、中草药（黄芪、党参、当归、白芍、熟地、鸡血藤）、维生素

矿物质（柠檬酸亚铁、肌醇、胆碱、生物素）、其他食材（猪肝、花生皮粉）这6类原料组合制备而成。其中保健食材、中草药、其他食材以及维生素矿物质是发挥保健功效的主要有效成分。

在确定最接近的现有技术时，基于上述发明构思的正确理解和技术方案的正确解读，应当按照技术特征的分类寻找公开重要类别更多的对比文件作为最接近的现有技术，即采用分类分层的方式确定最接近的现有技术，而非仅关注成分公开数量多或者用量公开多的对比文件作为发明改进的起点。

按照上述发明构思的理解和运用，检索获得以下对比文件，该申请和对比文件发明构思比对表如表1所示。

表1 该申请和对比文件的比对

	主题	主材	辅助原料	保健食材	中草药	维生素矿物质	其他食材
该申请	预防婴幼儿贫血的营养米粉	籼米 黑米	红糖 低聚果糖	赤豆粉 红枣粉 枸杞粉 胡萝卜粉 桂圆肉 木耳粉	黄芪 党参 当归 白芍 熟地 鸡血藤	柠檬酸亚铁、肌醇、胆碱、生物素	猪肝 花生皮粉
D1	有助于补血和助消化的婴幼儿营养米粉	红米	低聚果糖 白砂糖 或葡萄糖	红豆 红枣粉 枸杞 山楂粉 红薯粉 胡萝卜粉		维生素矿物质	
D2	小儿缺铁性贫血的辩证施食				炙黄芪 党参 当归 ……		动物肝脏 猪心 （含铁多）

通过表1可知，对比文件1公开了一种可以发挥补血功效的婴儿米粉，其发明构思与本申请发明构思较为一致，从而，可以确定对比文件1为最接近的现有技术。在此基础上，在创造性评判过程中，应侧重于实质区别技术特征的分析，而非针对每个单独的技术特征进行分析，机械罗列技术特征。即该申请

相对于对比文件1而言，其区别主要在于进一步添加了具有补血功效的中草药以及猪肝等其他原料；另外，对于同类原料的具体选择有所不同。

在考虑现有技术是否给出技术启示时，同样需要充分考虑该对比文件的发明构思，从而客观认识对比文件中公开的技术特征的作用，避免出现当发明专利申请的技术特征已被多篇现有技术全部公开或大部分公开时，简单认定该申请不具备创造性。本案中，虽然对比文件2公开的不是一种婴儿米粉，但是对比文件2公开了针对小儿缺铁性贫血时，如何针对性地给出辨证施食方式，其中也包括通过中草药原料以及猪肝等含铁多的其他原料发挥补血的功效。因此，通过该发明构思的分析，可以客观认定这些中草药原料以及猪肝等含铁多的其他原料发挥的作用与其在该申请中发挥的作用相同。

此外，对于各类原料具体种类的选择，由于说明书并未强调各个原料之间的配伍原则或是协同增效作用，仅笼统地记载了产品的功效，因此可以认定所涉及的多种原料为常规选择，其达到的技术效果也容易预期。因此，认为本申请不具备创造性。

对于此类案例而言，其组分众多且繁杂，采用机械的文字比对方式进行创造性评判，会找到大量的"区别技术特征"，如果按照这些文字区别逐一寻找对比文件进行评述，既未必能覆盖本申请的全部组分，也与发明的构思不符，从而影响对创造性的客观判断。因此，对于这类申请建议正确解读权利要求，紧抓其发明构思和技术贡献，评述时秉承整体把握的原则，重点体现发明构思的比对，弱化单个组分间的差别，有利于形成客观、整体的判断，避免陷入单纯文字特征比对的误区。

五、结　语

通过以上分析，可以更加清晰地认识到食品领域专利申请的特点，如果机械化地套用"三步法"进行文字区别的比对，往往容易陷入审查困境。而正确理解发明构思，从发明构思、技术贡献的角度对食品领域创造性的审查具有重要指导意义。

需要注意的是，将发明构思用于食品领域创造性的审查，这无疑对审查员掌握现有技术知识的能力以及检索现有技术的能力提出了更高的要求，审查员应不断扩大背景技术知识范围，更加符合本领域技术人员的能力要求，着眼于发明构思的分析与解读，客观认定技术问题及技术效果，从而客观公正地评价食品领域专利申请的创造性，有效提高食品领域专利审查质量。

正确适用《专利法》第 23 条对模仿自然物外观设计的审查

彭 丽[*]

【摘 要】

　　大自然巧夺天工创造了形态丰富的自然物和自然景象，这给了工业产品能设计师们提供了大量的创作素材。外观设计保护的是有一定创新高度的新设计，将创作水平低下、缺乏创新内容的设计给予保护，有违立法宗旨。而创造性高度判断主观性非常强，对模仿自然物外观设计的创造性给出合理的高度标杆，才能合理地平衡权利人和社会公众的利益，真正达到促进创新的目的。本文从仿真设计的定义和类型出发，结合实际案例，对模仿自然物、自然景象得到的外观设计的创新高度标准给予建议。

【关键词】

　　自然物　自然景象　仿生设计　现有设计　转用

一、引　言

　　大自然创造了丰富的自然生物和自然景象，一花一草一沙一石风雨雷电，

---

[*] 作者单位：国家知识产权局专利局外观设计审查部。

这给设计师们提供了大量的创作素材。对自然物、自然景观的仿生设计可谓鱼龙混杂，这其中既存在大批高水平、高质量的仿生设计，也存在不少单纯、直接照搬自然物，设计创新层次低下的仿生设计。

《专利法》第 2 条第 4 款和《专利审查指南 2010》第一部分第三章规定"以自然物原有形态、图案、色彩作为主体"的设计不属于外观设计的保护客体。《专利法》第 23 条规定，授予专利权的外观设计，应当不属于现有设计……授予专利权的外观设计与现有设计或者现有设计特征的组合相比，应当具有明显区别。《专利审查指南 2010》第四部分第五章规定若涉案专利是单纯模仿自然物、自然景象的原有形态得到的外观设计，二者的设计特征相同或者仅存在细微差别，这属于明显存在转用手法的启示，二者不具有明显区别。如何判断外观设计是否是单纯模仿自然物自然景象的原有形态、对仿生设计的审查标准主要是考虑其对自然物形态、色彩再设计过程新颖性、创造性高度。但创造性的判断，其主观性非常强，其本身是个仁者见仁智者见智的问题，给出合理的高度标杆、统一审查的标准，才能合理地平衡权利人和社会，真正达到鼓励创新的目的。下文将通过审查实践中一些具体的案例对此标准进行分析、归纳，总结 23 条对自然物、自然景观仿生设计这一客体的审查标准。

二、仿生设计的概念和分类

仿生设计是工业设计中一门专门研究自然物形态的设计学科，它探讨的是生物体和自然界物质的外部形态及其象征寓意，以及如何通过相应的艺术处理手法将之应用于设计之中。仿生设计的主要内容包括：仿生物形态的设计、仿生物表面肌理和质感的设计、仿生物结构的设计、仿生物功能的设计、仿生物色彩的合计、仿生物形式美感的设计、仿生物意想的设计。❶

对自然物、自然景象的视觉效应上的形态仿生可以分为具象的形态仿生和抽象的形态仿生，在具象的形态仿生的过程中，将看到的形态一五一十地运用到产品设计中。抽象的形态仿生将复杂的生物形态简化，运用想象、联想以及生活经验与人类的需求相结合，所以设计千变万化❷。"具象的形态仿生"没有新颖性或者创造性高度低，不满足新颖性、创造性的要求。而"抽象的形

---

❶ 于帆. 仿生造型设计 [M]. 武汉：华中科技大学出版社，2005.
❷ 陈天超，韩松芸. 工业设计中仿生设计的应用 [J]. 河南科技，2014（01）.

态仿生"创造性高度高,满足外观设计产品形态的创新性标准。

三、对"单纯模仿自然物、自然景象的原有形态"的外观设计是否需要启示的审查

1. 具象的形态仿生

图1中所列举的各类瓷砖,包括玉石、木材等的纹路肌理。从视图来看,其图案纹理和自然玉石或者天然木材的纹理并无区别,该类高仿真的设计属于单纯模仿自然玉石,木材的原有纹理形态得到的外观设计,没有任何设计者的创新设计,其与天然石材、天然木材的区别仅在于加工制作的方法、表面处理的工艺不同。其仅体现制作加工工艺的水平。从用途上看,其与玉石或者木材均为装饰材料。

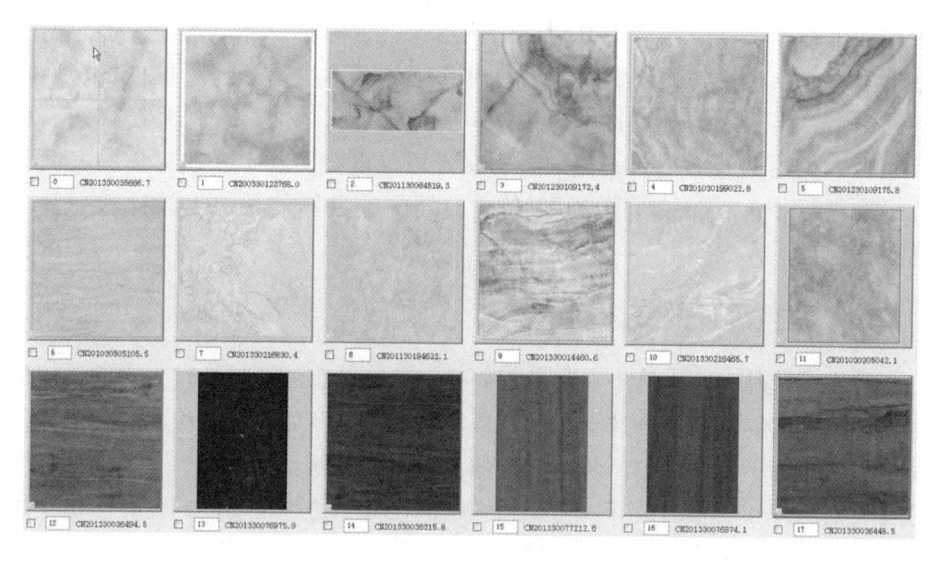

图1

图2为迷你电饭锅(申请号为200830056455.0)。从视图看上,其形状、色彩均模仿青椒的原有形状和色彩,其区别仅在于在青椒的底部有个圆形的底盘,侧面有按钮。整体观察,该设计与自然物青椒的原有形态仅存在局部细微差别,并未产生独特的视觉效果。从用途看,其为烹调的器具,显然产品的用途与自然物本身的用途完全不同,且在此产品用途内也未出现过类似的设计。

主视图　　　　　后视图　　　　　右视图

左视图　　　　　仰视图　　　　　俯视图

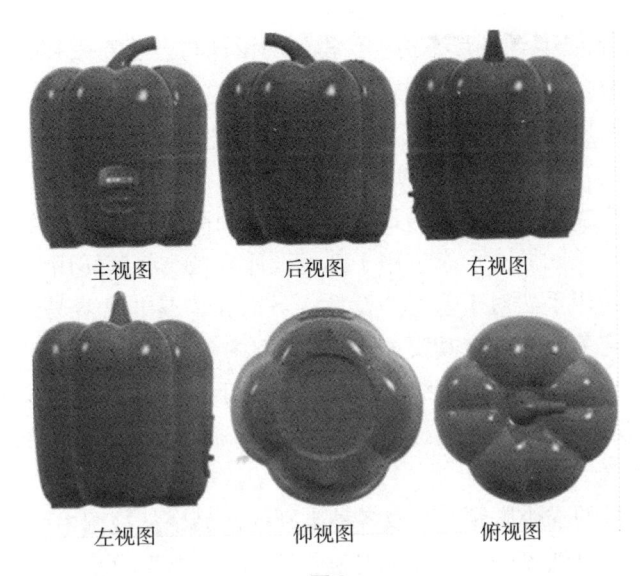

图 2

图 3 为工艺品（展翅鸟）（申请号为 201330106067.X），其模仿画眉鸟展翅的形态，其嘴巴、脑袋、身体、翅膀的形状均与画眉鸟的原有形态相同，其区别仅在于本专利把自然鸟羽毛状的身体形态转化为光滑的身体形态，羽毛的翅膀简化为带凹陷花纹的翅膀。经过整体观察，该产品与画眉鸟的原有形态相同，而区别仅在于局部的细微差异。

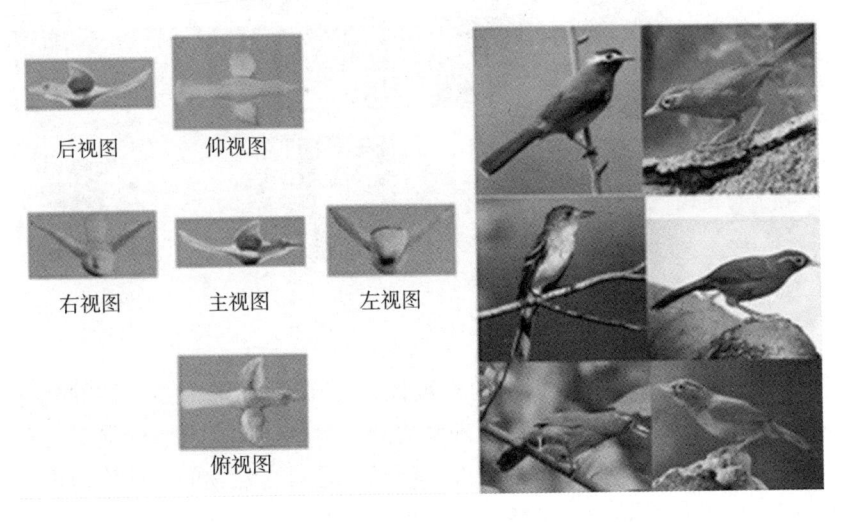

后视图　　仰视图

右视图　　主视图　　左视图

俯视图

图 3

从形态上看,"具象的形态仿生"得到的设计与自然物原有形态整体相同或者仅有细微区别。从设计本身的模仿程度来看,这仅是自然物、自然景象的重复再现,设计创新度低。从设计手法上看,模仿自然物产品一般包括三种用途:(1) 模仿自然物自然景象的原有形态,替代自然物原有用途的产品;(2) 完全模仿自然物自然景象原有形态得到的玩具、装饰品、工艺品、食品等;(3) 模仿自然物自然景象的原有形态应用于其他设计领域。将其转用到任何一个产品领域,这样的转用手法对于普通的设计人员而言,是非常容易的创作。"转用的手法可以认定为明显存在其实"。上述案例中具象地模仿自然物、自然景象的原有形态得到的产品不论最终所使用产品属于何种领域,均属于《专利法》第23条第2款规定的不需要启示而与现有设计不具有明显区别的设计。

2. 高度抽象的形态仿生

图4中列举的猫头鹰题材涉及各种类别的产品,从视图中可以看出,该类设计虽然也是以自然界中的猫头鹰类为题材,但是高度概括了自然物的主要设计特征,通过抽象、夸张、演化、拟人等不同的表现方式,使产品本身在形态(形状)、图案、色彩上都有别于自然的猫头鹰,此类设计包含了设计人的创新劳动,不属于单纯模仿自然物的原有形态的设计。同时,虽然取材与同样的设计题材,但是各设计的形态不一,设计与设计之间的差异非常大,设计空间也非常大。

图4

抽象模仿自然物、自然景象的外观设计,虽然强调"仿生"的概念,但核心强调与生物形态、生物表面肌理和质感、生物色彩所具有的典型外部形态的认知基础上,寻求产品形态的突破与创新,是对自然物的设计价值进行再创造。一般,这类产品简化、抽象了自然物的自然形态,延续了自然物所蕴含的美感规律,是对自然物、自然景观高层次的设计。此类设计不属于《专利法》第23条第2款规定的不需要启示而与现有设计不具有明显区别的设计。

此类产品设计上与自然物、自然景象的原有形态有着更大的差异,在实际中需要对其与相同或者相近种类产品的现有设计相比进行是否相同、实质相同、具有明显区别的比对。

3. 简单抽象的形态仿生

图5中的玩具鱼(小丑鱼)(申请号为201230113074.8)整体形状与自然界存在的小丑鱼整体形状非常接近,而鱼身上的花纹与自然界的小丑鱼却不完全相同。从现有设计中可以看出,以鱼为创作素材的产品的整体形状与自然界中鱼的形状均区别不大,但是在鱼嘴、鱼鳍、鱼尾、鱼身表面图案上的设计非常多。以自然物为题材进行设计,形态与自然物类似不可避免,其在自然物原有形态的基础上进行了加工和再创造,不属于单纯模仿自然物的原有形态的设计。

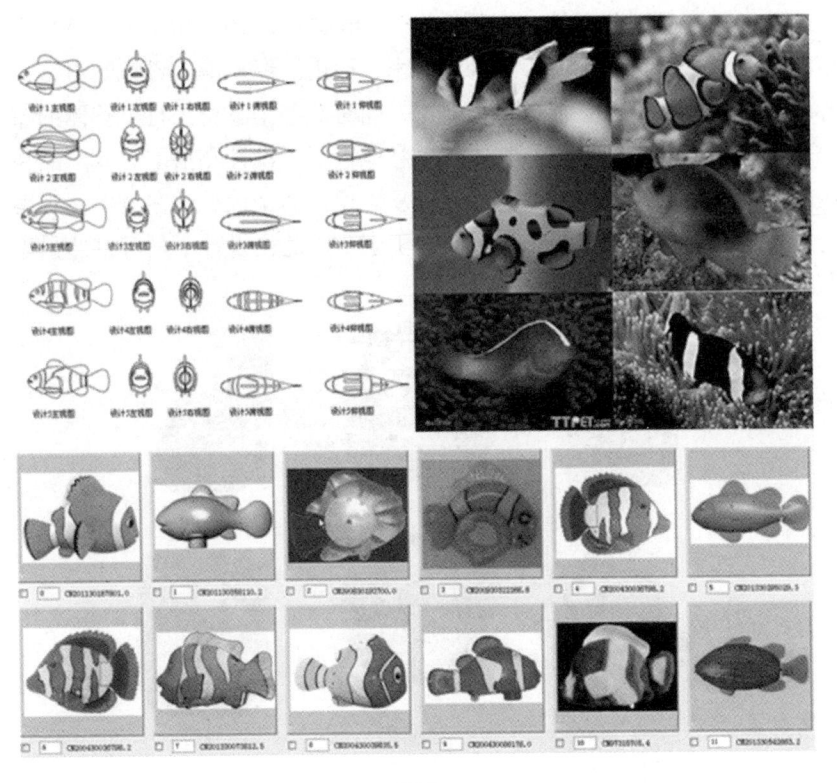

图5

在创新度高、创新度低的设计中间，总是存在一些灰色的区域，简单抽象的仿生设计整体和自然物的形态整体上非常相似，但又有着一定的区别，且这些区别是设计中的创新点。此类设计也融入了设计师的创新性劳动，但其创新度有限，对于此类设计，在实际的审查操作中也有一定的争议和难度。单纯模仿自然物、自然景象得到的外观设计的判断，应当是原封不动地模仿造型（包括仅有细微差别）。如果有创新性的设计内容，例如通过对特征的提炼得到的造型不同于原有形态的外观设计，则不属于明显的转用，甚至可能不属于简单的转用。笔者部分同意上述观点，对于此类设计，不能简单地认为是属于明显的转用，应结合自然界的客观存在和本产品领域的现有设计水平，整体观察，综合判断其创新点对整体外观设计视觉效果的影响而得出是否具有创造性的结论。若不同点能产品不同的视觉效果，则不属于明显存在启示的情况，反之，则属于明显存在启示，而与现有设计不具有明显区别的情况。

4. 模仿自然景观

图 6 中的产品工艺摆件（宝贝洗澡）（申请号为 201330422933.6）以自然界中的石头、水磨盘、茅屋、流水、树木、假山、绿草等为设计题材，对产品中各个题材的形状进行了抽象简化加工，同时对各个题材进行了整体的布局设计，对各个题材的色彩、产品整体的色彩也进行了设计和搭配。此产品视图中表达的场景不是拍照般对生活的简单重复再现，而是设计师在对生活观察的基础上所做出的再创作，来源于生活而高于生活，此类设计不是对自然景象原有形态的单纯模仿。

图 6

图 7 中的产品圣诞礼品（草窝鸡 3）的产品（申请号为 201230123275.6）以自然界中的鸡、草垫、鸭蛋为设计题材，每个题材均是自然界中自然物的具象形态仿生，而对其整体的布局设计简单。这类设计属于对自然景象原有形态的单纯模仿，创新性过低。

主视图　　左视图

右视图　　俯视图

图 7

对模仿自然景观的原有形态的产品的审查，由于场景的因素，只能通过审查员的生活经历和阅历决定，它的举证非常困难。笔者建议此类产品在没有确凿证据的情况下不要归入《专利法》第 23 条规定的不需要启示而与现有设计不具有明显区别的情况。

四、与相同相近种类产品的现有设计相同、实质相同、不具有明显区别

图 8 中所列的两款的兔子玩具，其形态与自然物兔子的形态有很大的差别，通过拟人的手法，这两只坐姿的兔子与自然界的兔子有明显区别。但是两兔子的整体造型均为坐姿的兔子；耳朵、头、身体、四肢的形状、比例相似；耳朵及耳内的形状相同；脸的形状相似，面部的眼睛、鼻子、腮红的形状、位置相似。仅蝴蝶结、胸饰的位置和形状不同。两者相比不具有明显区别。

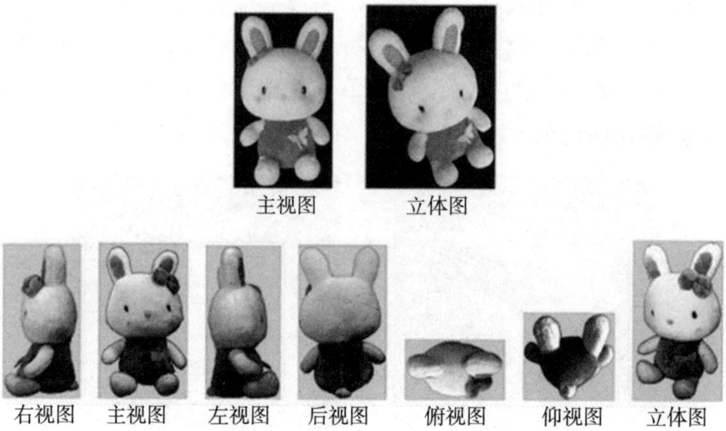

主视图　立体图

右视图　主视图　左视图　后视图　俯视图　仰视图　立体图

图8

对以自然物、自然景象为题材产品的新颖性、创造性判断中,是否是"单纯模仿自然物原有形态得到外观设计"的判断是初步的判断,与其他设计题材的产品一样,其也需要进行与现有设计是否相同、实质相同、不具有明显区别的判断。对"自然物、自然景观题材的产品"的判断标准与其他题材类产品的判断标准相同,只是在现有设计的考虑中不仅需要考虑现有设计状况,同时也需要考虑自然物本身,笔者在此文中不再分条展开论述。

五、结　语

只有对模仿自然物外观设计的创造性给出合理的高度标杆,在审查操作层面统一、合理地把握创造性高度标准,才能真正地平衡社会公众和专利权的利益,才能真正地促进设计创新和产业发展。

第二部分

优秀提名论文

浅谈创造性评述中的技术启示问题

冯晓娜* 徐 辉*

【摘 要】
　　创造性是一项发明创造能否被授予专利权的重要条件之一，是"三性"评判中最为复杂和困难的，也是专利申请实质审查、专利无效程序、专利行政案件中涉及比例较高的法律问题，因此，其审查标准也成为专利行业最受关注的问题之一。判断发明是否具备创造性，就是要判断发明是否具备突出的实质性特点和显著的进步，《专利审查指南2010》给出了使用"三步法"判断发明是否具有突出的实质性特点，其中第三步是主观分析判断，尽管《专利审查指南2010》中给出了认为现有技术中存在的技术启示的三种情况，但在实际案例中就技术启示的判断往往存在分歧，且技术启示的判断一度上升为争议的焦点。

【关键词】
　　创造性 "三步法" 技术启示

一、技术启示在创造性判断中的重要性

（一）创造性评判中的"三步法"

　　一项发明创造首先要具备《专利法》规定的新颖性、创造性和实用性才

---

* 作者单位：国家知识产权局专利局专利审查协作河南中心。

能被授予专利权,其中以创造性的判断最为关键也最为困难,在创造性审查中,一般采用"三步法"来判断申请的技术方案是否具有创造性:

第一步,确定最接近的现有技术;

第二步,确定申请的技术方案相对于最接近的现有技术存在的区别技术特征,以及基于上述区别技术特征,申请的技术方案实际解决的技术问题;

第三步,现有技术是否整体上给出了将上述区别技术特征用于最接近的对比文件以解决相应技术特征的技术启示,这种启示会使本领域的技术人员在面对所述技术问题时,有动机改进该最接近的现有技术并获得要求保护的发明。

然而,现有技术是否给出技术启示,基于判断人的知识储备、研究能力以及个人认知的不同必然导致判断结果存在差异,这就要求判断人努力向本领域技术人员靠近并接近。设定这一概念的目的,便在于统一审查标准,尽量避免审查员主观因素的影响。❶

(二)技术启示的认定

技术启示的认定"不仅要考虑技术方案本身,还要考虑发明所属技术领域、所要解决的技术问题和所产生的技术效果"❷。按照《专利审查指南2010》第二部分第四章给出了认为现有技术中存在技术启示的三种情况,另外,《审查操作规程2011》则进一步扩充了技术启示的范围,除了《专利审查指南2010》所指出的三种技术启示以外,另外给出两种情形。

(三)把握好"三步法"运用的尺度

由于"三步法"的判断逻辑不同于技术人员的研发过程,审查员需要理解技术方案,确定权利要求保护范围,进行全面检索,运用"三步法"判断创造性,这是不同于研发过程的,这是看到方案后的逆推导,是与客观真实存在偏差的,这也正是争议所在。❸ 为了尽量避免产生这些争议,我们要做到,基于本领域技术人员的知识和能力理解现有技术,整体考量所使用的现有技术的技术方案。创造性的判断因涉及主观因素较多,因此,其一直是专利审查中最难把握的问题,往往会造成审查员在创造性的审查中对审查尺度的把握过于严格。所以就要求审查员在实际的审查过程中,要做到客观、公正地对发明的

---

❶ 尹新天. 中国专利法详解 [M]. 北京: 知识产权出版社, 2011.
❷ 刘晓军. 专利创造性评判中的技术启示 [J]. 知识产权, 2012 (5): 42–47.
❸ 石必胜. 专利创造性判断研究 [M]. 北京: 知识产权出版社, 2012: 214–217.

创造性，把握好尺度，避免简单机械地套用"三步法"。❶

二、专利代理人或申请人应如何从"三步法"入手进行争辩

（一）核实审查意见的正确性和逻辑关联性

在专利审查中，"三步法"的前两步申请人一般较少持有疑义，所以审查员和申请人或专利代理人的分歧往往出现在最后一步上，因此后续对创造性的答复中，申请人不妨以最后一步为切入点，逐项核实每一步的审查意见的正确性和逻辑关联性。

申请人或专利代理人有时会遇到这种情况，发明本身的创造性程度较高，但在实质审查过程中仍被认为不具有创造性，这极大可能是审查员存在理解上的偏差，导致在进行新颖性和创造性评述时的事实认定不准确，抑或是审查员基于慎重，需要申请人作进一步的澄清性意见陈述。

关于这一点，以下从一个实际案例中专利代理人或申请人对审查意见的答复中来体现上述争辩策略。

【案例1】

全挡风玻璃平视显示器上的虚拟取景器，审查员指出独立权利要求1相比于对比文件1和对比文件2的结合不具备创造性。申请人对权利要求1进行了解释：

（1）"监测指示到所述图形投影显示器的一部分的使用者输入"指的是使用者进行相应的操作从而产生来自该使用者的使用者输入（例如由本申请说明书附图4~5所示的使用者输入模块515产生的图6所示的使用者输入512），该使用者输入被指示到图形投影显示器的一部分。因此，顾名思义，本发明中的使用者输入指的是使用者（如驾驶员或乘员）产生的使用者输入信息。

（2）"基于监测的指示到所述图形投影显示器的所述部分的使用者输入产生轨迹"指的是在图形投影显示器（如本申请说明书附图7的附图标记250所示）上产生相应的轨迹（如图7中的附图标记710所示）。

（3）"在对应于所述车辆的所述驾驶场景的所述图形投影显示器上动态地标示所述取景器图形的位置"指的是随着使用者输入的变化来在图形投影显示器上动态地标示出取景器图形（由上述轨迹限定）的位置。

---

❶ 陈立兵. 浅谈发明专利审查中对创造性尺度的把握 [J]. 中国发明与专利, 2015 (3): 101-104.

接下来是申请人或专利代理人的争辩：根据对比文件1的说明书总体公开的内容可知，其所提及的"监测描述车辆运行环境的信息输入"中的"车辆运行环境"指的是车辆所行驶的环境，而描述这种环境的信息输入不可能是如本发明所述的使用者输入，而是非人为输入，例如雷达信息和摄像机信息（第10段）、全球定位信息、3D地图等（第11段）。因此，这样的非人为输入信息显然不会如本发明那样被人为地指示到图形投影显示器的一部分。因此，对比文件1公开的"监测描述车辆运行环境的信息输入"不能等同于本发明的"监测指示到所述图形投影显示器的一部分的使用者输入"。

另外，根据对比文件1的说明书总体公开的内容可知，其所提及的"处理所述信息输入以合成运行环境模型"指的是对上述雷达信息和摄像机信息等进行处理以形成车辆的运行环境模型，这样的环形模型将被转换为图形图像（第5段，如图35所示）。不难理解，所述环境模型是车辆所处环境的客观状态，因此对比文件1所述的合成运行环境模型显然不是本发明的根据使用者人为输入的信息来在已有的车辆驾驶场景上显示相应轨迹。因此，对比文件1公开的"处理所述信息输入以合成运行环境模型"不能等同于本发明的"基于监测的指示到所述图形投影显示器的所述部分的使用者输入产生轨迹"。

（二）从技术问题、技术领域、公知常识入手同审查员争辩

1. 确定发明的区别技术特征和发明实际解决的技术问题

由于在实质审查时，由于个别权利要求篇幅较长，可能导致审查员确定的区别特征不够完整或不够准确。此时申请人可以逐一核实特征的对应关系和准确性。

若特征对比没有错误，接下来应该从确定区别技术特征实际解决的技术问题以及区别技术特征所能达到的技术效果入手。逐一核实审查员所认定的区别技术特征所解决的技术问题以及达到的技术效果是否正确。

2. 判断要求保护的发明对本领域的技术人员来说是否显而易见

在判断过程中，首先要确定的是现有技术从整体上是否存在技术启示，有时候仁者见仁，智者见智，所以该步骤成为审查员和申请人之间最具争议的部分。作为申请人或专利代理人，当然更希望不存在技术启示。当具有以下情况时，则认为不存在技术启示：

（1）当公开于最接近的现有技术的其他部分的区别技术特征所起的作用与其在该申请中为解决发明实际解决的技术问题所起的作用不同时。

（2）当其他对比文件中公开的区别特征在现有技术中所起的作用与在该

申请中的作用不同或者作用相同但将应用于最接近的现有技术时存在技术障碍时。

（3）当作为最接近的现有技术的对比文件的其他部分或者其他对比文件给出了与该申请相反的教导时。

3. 判断区别技术特征是否为公知常识

审查员有时会将区别技术特征认定为公知常识，例如陈述区别特征为本领域中解决该重新确定的技术问题的惯用手段，教科书或者工具书等中披露的解决该重新确定的技术问题的技术手段。对于提供的教科书或者工具书中的技术手段，因为是现有技术证据，往往具有较强说服力；而对于通过说理认定的区别特征为本领域惯用手段，申请人可能不会认可和接受。针对这种审查意见，申请人需先确认是否认可属于公知常识，如果不认可，既可提出质疑，又可进行尝试说理。

针对将作为发明点的区别技术特征作为公知常识的审查意见，申请人可在意见陈述中着重阐述现有技术的不足，以及本申请的技术改进如何有效地克服这种缺陷，获得了哪些技术效果，从而具有创造性。如果申请人对审查员引用的公知常识认定不认可，可在意见陈述中提出异议；根据《专利审查指南2010》的规定，对此审查员应当说明理由或提供相应的证据来予以证明。

三、结　语

创造性的审查过程不是简单的"是否"具有创造性的判断，而是一个持续地由专利代理或申请人与审查员基于客观事实和公平、公正程序而进行谈判、理论、说服的博弈过程。因此，就代表公众利益的审查员来说，应当客观、公正地对待发明的创造性，正确地运用"三步法"；就专利代理人或申请人来说，应当尽全力地据实与审查员争辩，以获取最合理、最大的保护范围。

创造性评判过程中的几点思考

魏 娜[*]

【摘 要】

对于创造性的审查,通常是采用"三步法"。实践中,审查员对于"三步法"的第二步认定往往容易出现偏差,特别是对技术问题的确定,对于公知常识也常常出现滥用的情况。本文旨在对如何确定技术问题进行梳理,对于公知常识与逻辑说理的关系进行分析,进而有助于审查员正确运用"三步法",客观公正地评价创造性。

【关键词】

创造性 发明构思 技术问题 公知常识 本领域技术人员

一、引 言

在创造性的审查过程中,通常是采用"三步法"对发明相对于现有技术是否显而易见进行评判。"三步法"的评述过程看上去似乎公正客观,但由于不同审查员理解发明的透彻度不同,看待问题的角度不同,因此往往得出不同的结论。例如,在运用第二步时,容易出现唯技术特征论,在基于区别技术特征确定发明实际要解决的技术问题时,容易出现技术问题割离,技术问题上位

---

[*] 作者单位:国家知识产权局专利局光电技术发明审查部。

化或主观随意选择等问题。同时，在创造性尺度把握方面，容易出现公知常识滥用、公知常识与逻辑说理混淆的问题。在此，作者试图从"三步法"涉及的区别特征与发明构思的关系、如何确定要解决的技术问题、公知常识与逻辑说理的关系这几个方面进行分析，结合案例阐述自己对创造性这几个问题的理解和思考。

二、关于"三步法"中第二步的思考

对于创造性的审查，《专利审查指南2010》中规定按照"三步法"进行评述：第一步，确定最接近的现有技术；第二步，确定发明的区别特征和发明实际解决的技术问题；第三步，判断要求保护的发明对本领域的技术人员来说是否显而易见。采用"三步法"来判断发明是否显而易见，其目的是确保审查员站在客观角度进行创造性的评判。但在实际审查过程中，审查员先前已完整阅读了发明的技术方案，站在发明的高度去检索和分析现有技术，容易低估发明的创造性，也容易过度关注发明的技术手段，弱化申请人为什么要对现有技术进行改进，即弱化了发明构思。

（一）技术特征叠加不等于发明构思

为了避免"事后诸葛亮"，在创造性评判时我们应从区别特征的比对向技术构思的方向进行转变，避免出现唯技术特征，即在确定发明与现有技术的区别特征时，所要考虑的不是区别特征本身，而是包含技术特征的整个发明是否是显而易见的。发明构思则是从技术问题入手，根据所需解决的技术问题的方向，整合现有技术手段的思路。可见，发明构思是整个技术方案的指导，技术方案是发明构思的具体体现。在创造性评判过程中，我们需要透过技术方案，透过具体的技术手段，去理解发明构思，把握发明和现有技术的区别，确定发明的贡献。

为什么在检索和审查过程中容易陷入技术特征比对的误区？这是由于在审查过程中，我们首先接触的是含有技术特征组合的技术方案，对于技术特征的剥离比较容易，而要想从中悟出发明构思，则需要对整个技术方案进行提炼才能得到。此外，在进行检索时，对于检索要素的确定，首先关注的就是技术特征、技术手段，审查员会不自觉地将技术特征孤立开，认为技术特征的堆叠就等同于技术方案，忽视了其内含的技术构思以及达到的技术效果。特别是在创造性评判的第二步中，由于需要确定权利要求与最接近的现有技术的区别特征，因此在检索及筛选对比文件时，审查员容易过度关注技术特征，在找到含区别特征的对比文件后，忽视该区别特征的具体作用，认为技术特征的拼凑就能显而易见得到发明，导致创造性的评判错误。

【案例1】

权利要求1要求保护一种骨植入件，包括：a）纵向细长的同种异体移植部件，该纵向细长的同种异体移植部件的中间部分限定多个狭槽，当螺钉插入该纵向细长的同种异体移植部件的空心空腔中时，所述狭槽发生膨胀，使得中间部分膨胀超过远近两侧部分中的每一个；b）所述纵向细长的同种异体移植部件是单块形成的且由单件同种异体移植组织形成，其至少一部分至少局部去矿物。

对比文件1公开了一种骨植入件，权利要求1与对比文件1的区别在于：（1）所述纵向细长的同种异体移植部件是单块形成的且由单件同种异体移植组织形成；（2）该同种异体移植部件至少一部分至少局部去矿物。根据创造性判定的第二步，将本发明与最接近的现有技术相比找到上述两个区别特征，在审查过程中，由于在技术特征的比对分析和检索过程中首先考虑的就是技术手段、单个技术特征，因此，在检索到区别特征时，审查员容易忽视该区别特征在本发明的作用。

当检索到这样一篇对比文件2时，即对比文件2公开了一种成型的骨修复件，是用去矿物的同种异体骨粉和凝胶混合冻干后得到。审查员可能直接认定对比文件2公开了上述区别特征（2）"同种异体移植部件至少一部分至少局部去矿物"，同时认定区别特征（1）"同种异体移植部件是单块形成的且由单件同种异体移植组织形成"为本领域的惯用手段，两篇对比文件结合惯用手段评述了创造性。

此种评述方法属于典型的唯技术特征论，认为技术特征相同，作用就相同，完全忽视了本申请的发明构思及要解决的技术问题。虽然形式上还是有三个步骤，但第二、三步的评判已完全脱离"三步法"的立法本意，属于创造性评判的重大错误。

反观本发明的发明构思是为了提高螺钉在骨组织中的保持强度和抓紧程度，利用局部去矿物的单块且单件同种异体移植组织构成纵向细长的同种异体移植部件仅仅是采用的具体技术手段。而对比文件2公开的成型骨修复件是由去矿物的同种异体骨粉和凝胶混合制成，凝胶的存在会导致骨修复件在体液中逐渐分解，其要解决的技术问题是如何促进骨生长。通过对区别特征涉及的发明构思以及对比文件2要解决的技术问题的分析可知，对比文件2形成的去矿物的同种异体骨修复件只是为了促进骨生长，自身在体液中会逐渐分解，完全不能达到提高螺钉在骨组织中的保持强度和抓紧的效果，并且属于相反的技术教导，即由于骨修复件的分解，骨螺钉不可能保持抓紧。因此，申请人在解决提高螺钉在骨组织中的保持强度和抓紧的技术问题的过程中，不会想到采用对比文件2公开的去矿物的同种异体骨修复件，因为两者的发明构思和要解决的技术问题完全相反。因此，对比文件2并未给出利用去矿物同种异体移植部件用于提高螺钉在骨组织中的保持强度和抓紧的技术启示，本领域技术人员无法将对比文件1和2及惯用手段结合显而易见得到本发明。

从上述创造性的评述中可以看出，其问题就是出在"三步法"的第二步，忽视了本发明的构思，未理解申请人为何要对现有技术进行改进，进而忽略了各区别特征之间的相互协同关系，以及其能解决的技术问题和达到的技术效果。这提示我们在以后的审查工作中，要重视技术问题，认真体会区别特征产生的技术效果，理解专利申请人的发明构思和技术贡献，避免唯技术特征论。

（二）如何确定实际要解决的技术问题

根据"三步法"的第二步可知，在确定发明的区别特征后，还需根据该区别特征所能达到的技术效果确定发明实际解决的技术问题。在审查实践中，容易出现技术问题手段化、技术问题过度上位化、技术问题随意选择等问题。发明实际解决的技术问题，是指为获得更好的技术效果而需对最接近的现有技术进行改进的技术任务。而实际要解决的技术问题的确定过程是需要审查员根据对最接近的现有技术进行的改进，作出一个客观公正的评判。一般情况下，动机源于需求，申请人为什么要对现有技术改进，是确定技术问题的一个关键点，这就需要我们充分阅读和理解发明，找出其发明构思，进而确定其要解决的技术问题。

1. 技术问题的割裂

针对上述案例1，权利要求1与对比文件1存在两个区别特征，那么在实际审查过程中，是否需要对每个区别特征都确定一个技术问题，即将区别特征与技术问题形成一一对应的关系呢？之所以会出现这种想法，就是我们在分析过程中过多地关注了区别特征，而弱化了区别特征之间的联系。一般发明的技术特征之间都是协同作用的关系，并非技术特征简单叠加就能构成本发明，我们应多关注多个特征之间相互配合所能达到的技术效果以及解决的技术问题，因此，我们更应从发明构思入手，综合考虑提炼出一个技术问题。

具体而言，对于案例1，我们不能割裂出：基于区别特征"（1）所述纵向细长的同种异体移植部件是单块形成的且由单件同种异体移植组织形成",本发明所要解决的技术问题是如何减小移植物的排异性;基于区别特征"(2)该同种异体移植部件至少一部分至少局部去矿物",本发明所要解决的技术问题是如何提高移植物的柔性。如果按照上述方式确定技术问题,那么我们可以认定对比文件2公开的用去矿物的同种异体骨粉和凝胶混合冻干后得到的成型骨修复件公开了区别特征(2),且对比文件2公开的技术特征所起的作用与该权利要求基于区别特征(2)实际要解决的问题所起作用相同,都是为了提高移植物的柔性,因此,对比文件2给出了相应的技术启示。同时,基于减小移植物排异性的这个技术问题,认定本领域技术人员采用由单块且单件同种异体移植组织形成同种异体移植部件属于本领域减小排异性的惯用手段,对比文件1和2结合惯用手段评述了创造性。

这种评述方式正确吗?显而易见是错误的。错就错在基于区别特征所确定的技术问题确定错误,对于每个区别特征割裂地确定技术问题,导致对于区别特征的技术效果、本发明要解决的技术问题及发明构思的认定都是错误的。我们重新阅读一下本申请后,再来看这两个区别特征,就会发现其不应被孤立对待。两者是有协同效果的,即通过单块同种异体移植组织提供强度,通过局部去矿物,提供一定的柔性,两者结合可以提高螺钉在骨组织中的保持强度和抓紧程度,重新提炼出本发明要解决的技术问题,即如何提高螺钉在骨组织中的保持强度和抓紧程度。显然,对比文件2是为了促进骨生长,提供可以逐渐分解的骨修复件,并未给出提高螺钉在骨组织中的保持强度和抓紧程度的技术启示,因此,无法将对比文件2应用于对比文件1以解决上述技术问题,无法评述权利要求1的创造性。可见,技术问题的确定是"三步法"的灵魂,如果不能客观地确定发明要解决的技术问题,则会导致创造性结论的错误。

2. 技术问题的上位化

在发明要解决的技术问题的确定上需要审查员进行判定,审查员就有可能加入主观元素。例如,当检索到类似区别特征时,为了能用"三步法"的技术启示说理,有时候会出现凑启示的情况,对区别特征要达到的技术效果和解决的技术问题进行人为选择或上位化,将本不同的技术问题模糊等同,并非客观认定。

针对上述案例1,基于区别特征(1)和(2),将本发明所要解决的技术问题认定为改善植入件的植入效果,实质是对真正要解决的技术问题:提高螺钉在骨组织中的保持强度和抓紧程度的上位化。审查员为何要上位化技术问题呢？实质上是为了能按照"三步法""合理"评述创造性。如果按照上述上位化后的技术问题，就可以认定对比文件 2 公开的用去矿物的同种异体骨粉和凝胶混合冻干后得到的成型骨修复件公开了区别特征（2），且对比文件 2 公开的这些技术特征所起的作用与该权利要求基于区别特征（2）实际要解决的问题所起作用相同，都是为了改善植入件的植入效果，因此，对比文件 2 给出了相应技术启示。同时，为了改善植入件的植入效果，本领域技术人员采用由单块且单件同种异体移植组织形成同种异体移植部件属于本领域减小排异的惯用手段，对比文件 1 和 2 结合惯用手段评述了创造性。

显然，这种评述方式也是错误的。因为，基于上述区别特征的技术效果、本发明要解决的技术问题及发明构思的认定是错误的，是人为上位化。因此，在确定技术问题时，我们需要认清与最接近的现有技术相比需要改进的任务是什么，为什么要进行改进，从发明构思和技术效果入手，客观地确定技术问题，保证"三步法"评判的正确性。

三、公知常识与逻辑说理关系的思考

曾听说过这样一句话："给我一篇对比文件 1，我就能想到全世界。"这实质是专利代理人或申请人对审查员的极大讽刺，但同时也反映出在创造性评判过程中，审查员在公知常识以及容易想到的逻辑说理方面还存在一定问题。有时候审查员在没有证据的指引下，将一些区别特征直接认定为公知常识或对于一些较小改动的技术特征也认定为公知常识，进而推断发明不具备创造性。如果在评述过程中，审查员将区别特征武断地认定为公知常识，缺少分析说理，就必然使得审查意见无法令人信服，导致审查周期的延长。如何才能让审查员正确认定公知常识呢？首先，审查员必须向本领域技术人员的水平靠拢。虽然实际审查过程中，审查员离本领域技术人员有一定的差距，不可能掌握本领域的所有公知常识，但我们可以通过充分检索，利用检索得到的对比文件对公知常识进行学习，逐步逼近本领域技术人员的标准。

（一）本领域技术人员的能力

《专利审查指南 2010》对本领域技术人员规定如下："本领域技术人员是指一种假设的'人'，假定他知晓申请日或者优先权日之前发明所属技术领域所有的普通技术知识，能够获知该领域中所有的现有技术，并且具有应用该日期之前常规实验手段的能力，但他不具有创造能力。如果所要解决的技术问题能够促使本领域的技术人员在其他技术领域寻找技术手段，他也应具有从该其

他技术领域中获知该申请日或优先权日之前的相关现有技术、普通技术知识和常规实验手段的能力。"同时，在评判创造性时还指出："如果发明是所属技术领域的技术人员在现有技术的基础上仅仅通过合乎逻辑的分析、推理或者有限的试验可以得到的，则该发明是显而易见的。"

由此可知，本领域技术人员具有两种能力：一是知晓普通技术知识，二是具有进行合乎逻辑的分析、推理或者有限的试验的改造能力。所谓普通技术知识包括所有现有技术、公知常识、惯用手段、教科书或工具书等中披露的技术手段，大部分知识都可以通过检索现有技术来获得。而本领域技术人员的合乎逻辑的分析、推理或者有限的试验的能力是对现有技术进行改造的能力，其改造采用的技术手段是熟知的，且获得的技术效果是可以预期的，不能改变发明的发明构思。然而，在创造性的评判过程中，由于审查员对本领域技术人员的上述两种能力认识存在不足，因而常常将两种能力混淆，即将公知常识与改造能力混淆，进而在评述过程中，常常将公知常识与简单设计、常规选择、逻辑推理、公知技术的替换混用，其评述过程往往一句话带过，使得审查意见难以信服。

通过上述分析可知，公知常识本质上是本领域技术人员广泛熟知的知识或技术手段，属于现有技术中已存在的技术。而改造能力不是一种现有技术，是一种逻辑分析、推理或试验的能力，具体体现为常规选择、数值变换、简单参数的设定、已知手段的替换，以及本领域技术人员的合乎逻辑的分析和推理，同时并没有产生特殊的技术效果，仅仅是一种量变，而非质变。事实上，在评价创造性时，本申请与对比文件的区别是本领域技术人员容易想到的，常常有两种情况：（1）区别为公知常识；（2）区别为数值设定、位置或形状的改变、已知手段的替换/变换等。如果在审查中我们能将上述（1）、（2）类情况区分开，则在创造性评述中说理将会更充分，减少争议。

（二）如何进行逻辑说理

【案例2】

权利要求1要求保护的是一种手术刀，其特征在于刀刃的长度约为2~4cm，而对比文件1公开的手术刀的刀刃长度是不大于6cm。权利要求1与对比文件1的技术方案相比较，其区别仅仅在于前者将刀刃的长度在对比文件1公开的基础上进行了具体限定。在权利要求1的结构为对比文件1公开的情况下，本领域的技术人员很容易在该对比文件1的基础上进行刀刃尺寸的改造，将刀刃长度不大于6cm变换为刀刃的长度约为2~4cm，从而设计出上述具体尺寸，而且这种参数的设计改造相对于对比文件1的方案，也没有带来本质上的差异，权利要求1不具备创造性。

基于上述分析可知本领域技术人员的改造能力不同于公知常识，尽管其都是本领域技术人员容易想到的。但改造是需要进行一定的逻辑推理，例如数值的设定、材料、位置或形状的简单设定，其是一种由无到有的改造。又例如参数的变更：数值的增加或减少，范围的选择，材料或形状的变换、代替，已知手段的替换等，其是对现有技术的改进。改造必须在未改变发明的技术构思、未得出特殊的效果时，才能认定这些改造是本领域技术人员容易想到的技术方案。反之，如果功能或作用效果不同，或者产生了特殊的技术效果，则不属于上述的改造。而公知常识则是一种现有技术，无须推理。虽然，在评述创造性时，利用改造能力与公知常识评述容易想到，最后得出不具备创造性的结论是一致的，但说理过程是不同的，应区别对待。因此，只有认清公知常识与改造能力的不同，才能在评述创造性时，避免概念混淆，做到事实认定清楚、说理充分。

对复杂方法权利要求发明实质的整体把握及创造性评述方式探讨

王普天*

【摘　要】

　　本文针对化学领域复杂方法权利要求的特点和审查现状，对现阶段该类专利申请大量出现的成因进行了解读，并通过对具体案例的详细研究，在正确理解和适用《专利法》第22条第3款的基础上，探讨了如何在创造性评述中整体把握复杂方法权利要求的发明实质，并在审查意见中提出了对该类权利要求进行客观、公正评述的可行性思路和方法。

【关键词】

　　复杂方法权利要求　　整体把握　　发明实质　　创造性

一、化学领域复杂方法权利要求概述及审查现状

　　对于化学领域中的方法发明，无论是制备方法还是使用方法、加工方法、处理方法等，其权利要求均可使用方法特征来进行表征。本文所称的复杂方法权利要求主要指：对方法中各个步骤的原料、工艺、设备等技术手段描述详

---

* 作者单位：国家知识产权局专利复审委员会。

尽，往往存在大量的参数限定且特征繁多、权利要求篇幅较长的方法权利要求。

复杂方法权利要求既可以存在于原始专利申请文件中，也可能随着申请人对权利要求的修改而出现。例如申请人对权利要求的合并、说明书内容的补入，或直接将实施例上升为权利要求等。目前复杂方法权利要求主要集中于国内申请中，而且数量有日渐增加的趋势，这种现象与目前对复杂方法权利要求的审查现状存在一定关系。

由于复杂方法权利要求往往具备新颖性，因此对该类权利要求的审查意见主要集中于创造性条款。但是在审查实践中，由于复杂方法权利要求包含的技术特征众多，因此增加了检索的难度，而在将权利要求与最接近的现有技术进行对比后往往存在大量区别特征，按照"三步法"难以准确认定实际解决的技术问题，甚至可能需要结合多篇对比文件以及众多的公知常识进行说理，审查员对该类申请的创造性评述方式和标准较难把握，无法作出客观、公正的评述，并进而导致该类案件后续授权率过高。鉴于实践中对复杂方法权利要求创造性的审查质量和效率均有待提高，本文通过具体案例，着重探讨复杂方法权利要求的创造性审查思路并给出可供参考的评述方法。❶❷❸❹

二、复杂方法权利要求创造性审查思路及评述方法探讨

基于抓住审查工作的关键要素，努力提升审查的质量和效率，正确理解和适用《专利法》第22条第3款，更好地从整体上把握发明实质，本文结合具体案例，提出针对复杂方法权利要求创造性的若干审查思路，以供探讨。

（一）案例一

1. 案情分析

权利要求1请求保护一种PET-N（聚对苯二甲酸乙二醇酯-新戊二醇酯）

---

❶ 李秀改. 方法权利要求的创造性审查分析 [G] //中华全国专利代理人协会. 2013年中华全国专利代理人协会年会暨第四届知识产权论坛论文汇编. 北京：知识产权出版社，2013.

❷ 金泽俭. 相似方法权利要求创造性的判断方法和原则 [M] //国家知识产权局条法司. 专利法研究2001. 北京：知识产权出版社，2001：214 - 221.

❸ 王玉桂. 化学领域的方法权利要求在新颖性/创造性答复中容易忽略的特征 [G] //中华全国专利代理人协会. 发展知识产权服务业 支撑创新型国家建设——2012年中华全国专利代理人协会年会第三届知识产权论坛论文选编. 北京：知识产权出版社，2011.

❹ 路剑锋. 包含"产品特征"的方法权利要求的创造性判断 [N]. 中国知识产权报，2009 - 12 - 09.

材料的制备工艺,其工艺步骤可简述为:第一步:溶液配制打浆:将原料对苯二甲酸(PTA)、乙二醇(EG)、新戊二醇(NPG)搅拌打浆;第二步:酯化工艺:酯化反应分为两个阶段,分别以特定的温度、压力和反应时间在第一酯化釜和第二酯化釜中进行;第三步:缩聚工艺:将酯化反应产物和缩聚催化剂、热稳定剂送入缩聚釜,进行低真空缩聚和高真空缩聚两个阶段反应;第四步:切粒工艺:出料、冷却、切粒。

本申请说明书中声称所要解决的技术问题是:将熔融状态下的PET-N特性黏度(单位:dl/g)增加到 0.9~1.0,分子量≥28000,克服了非结晶PET家族的黏度提不高的难题,克服PETG(聚对苯二甲酸乙二醇酯-1,4-环己二甲醇酯)材料在热收缩薄膜应用中的缺点,从而提供能更加适用于电池收缩标签用的新型材料。

2. 发明实质的整体把握

酯化工艺和缩聚工艺是现有技术中聚酯制备的最基本工艺,在对技术背景充分认知的基础上可以明确,即便权利要求中对反应涉及的所有工艺参数均进行具体选择并导致权利要求的保护范围极小,如果没有证据表明这些选择相对于现有技术取得了何种有益的技术效果,则不能直接认定这些选择对本领域技术人员来说是难以预料的。

对比文件1公开了一种非晶性聚酯切片的制造方法,与本申请均涉及非结晶聚酯领域,可以将其参照本申请划分为四个主要步骤:第一步,向第一酯化反应器中供给调制好的对苯二甲酸、乙二醇和新戊二醇浆料;第二步,经三个连续的酯化反应器进行酯化反应;第三步,经三个连续的缩聚反应器进行缩聚反应;第四步,喷丝、冷却、切片、干燥。将权利要求1请求保护的技术方案与对比文件1公开的技术方案在整体上进行对比可以发现,两者的主要工艺基本相同,均包括打浆、酯化、缩聚、切粒/切片工艺,这也是聚酯制备的常规工艺步骤。虽然权利要求1中大部分参数为点值并因此构成了其相对于对比文件1的区别,但这些具体数值都属于上述参数的常规选择。所以,此时把握发明实质应主要依赖于对技术效果可预期性的判断。

将对比文件1公开的产品性能数据与本申请说明书中公开的实验数据进行对比可以发现,本申请技术方案实际达到的技术效果与其在说明书中声称能够达到的技术效果并不一致,其产品性能参数的数值落入了对比文件1公开的产品性能参数的数值范围内,即权利要求1请求保护的技术方案所能达到的技术效果对本领域技术人员来说是可以预期的。

因此，根据上述分析可以确定，本申请的实质在于提供一种 PET-N 共聚酯的特定制备方法，其特征在于反应工艺中各项参数在常规范围内的具体选择，但是并无证据表明经过上述选择所获得的技术方案可以产生预料不到的技术效果。

3. 针对发明实质的创造性评述

通过上述分析，审查员对本申请的发明实质作出了判断。在此基础上，对于权利要求 1 相对于最接近的现有技术存在的众多区别特征，则可以通过分类归纳，合并后进行说理。

将区别特征根据工艺步骤的先后顺序进行分类归纳，可以得到主要区别为：(1) 在第一步溶液配制打浆中限定了原料在打浆釜中的搅拌温度、时间和速度；(2) 在第二步酯化工艺中包含一釜两个阶段，并分别对酯化阶段的数量，各酯化阶段酯化釜和脱水塔的温度、压力、时间和物料达到的酯化率等参数进行了具体限定；(3) 在第三步缩聚工艺中包含两釜两个阶段，并分别对催化剂、热稳定剂以及缩聚阶段的数量，各缩聚阶段的温度、压力等参数进行了限定；(4) 在第四步切粒工艺中分别对压力、铸带头温度、切粒机水量、冷却水压力和冷却器温度等参数进行了具体限定；(5) 权利要求 1 中未提及使用碱金属/碱土金属化合物、钴化合物。

对于区别 (1) 至 (4)，将混合后的原料单体通过酯化反应和之后在减压下进行的熔融缩聚反应制备共聚聚酯，并对生成的聚酯进行造粒的工艺过程属于本领域常规技术手段。针对不同的生产设备和生产条件，本领域技术人员能够根据对产品性能的需要确定出配液、酯化、缩聚、切粒等各个工艺步骤中涉及的搅拌速度、反应阶段数量，以及各反应阶段中温度、压力、时间等参数的合理范围。虽然权利要求 1 中大部分参数为点值并因此构成了其相对于对比文件 1 的区别，但这些数值都属于本领域技术人员在上述参数可能的、有限的范围内能够作出的常规选择，同时催化剂加入时机和对热稳定剂的使用在对比文件 1 说明书中也都有相应的公开。对于区别 (5)，权利要求 1 的技术方案中并未使用碱金属/碱土金属化合物和钴化合物，而对比文件 1 中提及上述物质用于改善成膜加工中的静电密合性和聚酯色调，由于这并非本专利申请所要解决的技术问题的关注点，且不添加上述物质时其所带来的效果也将相应消失，因此权利要求 1 不添加碱金属/碱土金属化合物和钴化合物的技术方案是本领域技术人员可以预期的。所以，权利要求 1 不具备创造性。

4. 案例小结

在复杂方法权利要求中将参数均限定为点值的情况时有出现，多数是由于申请人直接将实施例补入权利要求所导致的。这类权利要求虽然保护范围很小，但与最接近的现有技术进行对比后区别特征却非常多，按照"三步法"评述十分复杂。建议首先将所有区别按照方法步骤或特征类型进行分步或分类归纳，然后针对归纳后的区别分类进行说理，并得出最终结论。当然，在审查员通过分析能够准确把握发明实质的情况下，也可以在通知书中省略归纳和罗列区别的步骤，直接从整体上评述技术方案相对于现有技术的显而易见性，并辅以对发明技术效果可预见性的分析，使说理更加充分。

这种评述方式尤其适用于发明不具备授权前景，审查员在之前的通知书中已经提出过创造性问题，而申请人将实施例补入权利要求来进行修改的情况。将权利要求中参数的数值范围缩小为点值，必然导致其相对于最接近的现有技术的区别特征数量众多，但区别特征的数量与技术方案的创造性之间并没有必然联系，只有准确把握发明实质并从整体上进行思考，才能排除干扰作出正确判断。

（二）案例二

1. 案情分析

权利要求1请求保护一种抗紫外线、阳离子可染聚酯切片的制备方法。简化后包括三个主要步骤：（1）酯化反应工序，主要对原料配比、反应温度作了限定；（2）酯交换反应工序，主要对给聚酯切片带来阳离子可染性能的第三单体的制备方法和加入时机进行了限定，第三单体溶液为间苯二甲酸二甲酯-5-磺酸钠与乙二醇的部分酯交换产物，并使第一步酯化反应生成的对苯二甲酸双羟乙酯与第三单体进行酯交换反应；（3）聚合反应工序，特别限定了在酯交换反应完成以后缩聚反应之前加入光稳定剂和抗氧剂，并在预缩聚之后将紫外线吸收剂注入，搅拌均匀后进行终缩聚。权利要求1同时对反应过程中温度、时间、压力、各物质用量和聚酯的性能等参数以及紫外线吸收剂的具体种类进行了限定。

本申请说明书中声称所要解决的技术问题是：鉴于目前为止，还未见关于具有抗紫外线、阳离子可染复合功能的聚酯纤维及其制备方法的相关报道，因此提供一种抗紫外线、阳离子可染聚酯切片的制备方法。

2. 发明实质的整体把握

阳离子染料可染聚酯在国内已经形成了一定的生产规模，其制备工艺较为

对复杂方法权利要求发明实质的整体把握及创造性评述方式探讨

成熟,同时业内对赋予聚酯阳离子可染性能的第三单体的研究也非常广泛。图1展示了本申请制备方法的主要工艺流程。

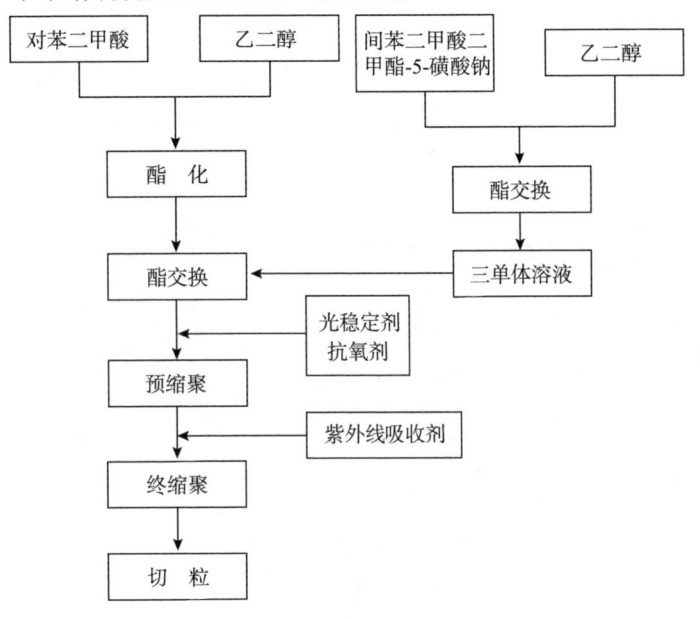

```
对苯二甲酸    乙二醇       间苯二甲酸二     乙二醇
                          甲酯-5-磺酸钠
     ↓ ↓                      ↓   ↓
     酯 化                     酯交换
       ↓                        ↓
     酯交换 ←─────────────── 三单体溶液
       ↓          光稳定剂
       ↓          抗氧剂
     预缩聚
       ↓          紫外线吸收剂
     终缩聚
       ↓
     切 粒
```

图1

对比文件1公开了一种阳离子可染聚酯的制备方法,与本申请属于相同的技术领域。其对比例1公开了详细的制备工艺,并提供了图2所示的现有技术工艺流程图。将两者进行对比可以发现,它们在主要工艺步骤上基本相同。同时作为本领域惯用技术手段(以检索到大量本领域相关现有技术为支撑),除对苯二甲酸和乙二醇外的第三单体(对比文件1中稀释液成分)经常被加入以制备阳离子可染聚酯切片,但该切片通常只能在高温高压下进行染色,在此基础上,如果加入另一种二元醇(如对比文件1中的新戊二醇或聚乙二醇)作为第四组分,将形成常温常压阳离子可染聚酯切片。因此,当对聚酯切片的常温常压阳离子可染性能没有要求时,本领域技术人员能够想到不添加第四组分,而仅使用第三单体制备阳离子可染聚酯切片的技术方案。此外,受阻胺类光稳定剂、受阻酚类抗氧剂以及苯并三唑类和三嗪类等紫外线吸收剂均属于聚酯领域常用的助剂,它们的加入将相应提高聚酯的光稳定性、抗氧化性和紫外线吸收性能。当对上述性能存在需求时,本领域技术人员有动机在聚酯切片的制备过程中添加上述助剂。

图 2

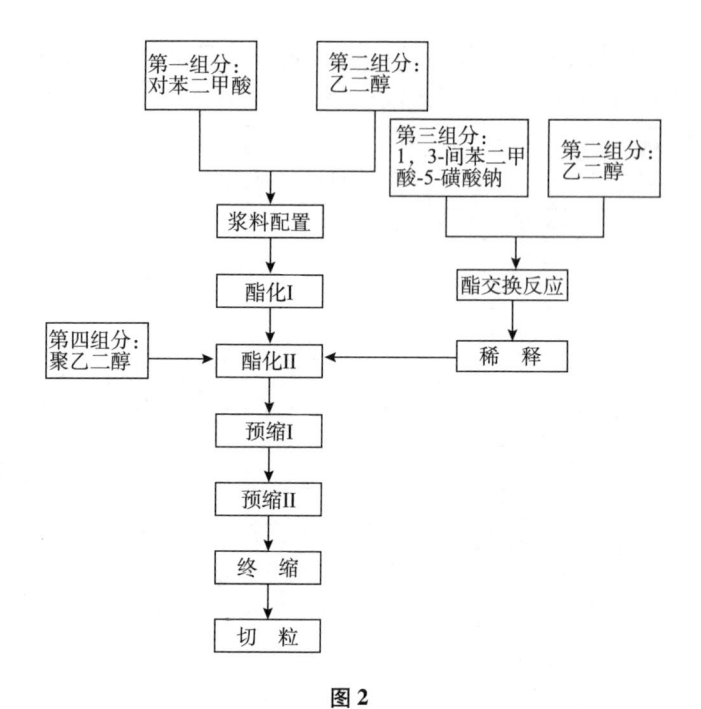

对于权利要求1的制备方法来说，并无证据表明其各步骤中原料的组成和配比、助剂的具体种类、反应温度和压力等具体反应条件，以及所得聚酯切片的特性黏度、熔点和玻璃化温度等性能参数的具体选择能够给本申请带来预料不到的技术效果，故应将其视为本领域的常规选择。

由此可见，权利要求1相对于对比文件1的关键区别在于：紫外线吸收剂在预缩聚之后、终缩聚之前单独加入反应体系。聚酯制备中的常规加料方式为将各种助剂在缩聚之前同时加入反应体系，而非在预缩之后、终缩之前单独添加紫外线吸收剂。

对本申请说明书实施例中给出的证据进行分析可以发现，实施例1和对比例1在仅仅改变紫外线吸收剂的加入方式而其他反应条件均相同的情况下，所制备得到的聚酯纤维面料的紫外线透过率相差很大。对比例1采用常规加料方法，其紫外线吸收剂在预缩聚反应之前与光稳定剂和抗氧剂等其他助剂一同加入；实施例1的紫外线吸收剂加入方式为在预缩聚反应之后、终缩聚反应之前将其单独加入。经分析，实施例1通过推迟紫外线吸收剂的加入时机，实现了聚酯纤维面料抗紫外线性能的大幅提高。

由此可见，本申请的实质在于通过控制紫外线吸收剂的加入时机以提高其在阳离子可染聚酯切片中的存留率，从而提高含有紫外线吸收剂的阳离子可染聚酯切片的抗紫外线性能。

3. 针对发明实质的创造性评述

在准确把握发明实质的基础上，审查员经过补充检索后，继续进行了创造性评述。

对比文件2公开了一种将紫外线吸收剂以最大利用率加入到PET（聚酯）中的方法，并在实施例中具体公开了：在包含多个反应室的聚酯制备过程中，从倒数第三个反应室传输聚合产物到倒数第二反应室期间，引入大约475ppm紫外线吸收剂。发现从最后反应室中移取的所产生的聚酯具有大约95%的紫外线吸收剂。对比文件2在说明书部分还公开了，在缩聚过程期间，可加入各种添加剂如着色剂和紫外光（UV）吸收剂。可是，已经观察到一些紫外线吸收剂有挥发性，在聚酯产物中造成这些紫外线吸收剂的利用率低于100%（通常为80%~85%）。

根据反应动力学原理，为促进聚酯在缩聚反应过程中分子量的提高，需要逐渐降低反应压力，移去挥发性化合物，但是具有挥发性的紫外线吸收剂也将被同时移除，显然聚酯中紫外线吸收剂含量的降低必然导致聚酯产品抗紫外线性能的劣化。对比文件2针对这种情况，明确教导了通过在缩聚反应多个步骤中的倒数第二步，即缩聚反应后期的终缩聚之前将紫外线吸收剂加入反应釜中，可以提高紫外线吸收剂的利用率。容易理解，在缩聚反应后期而非反应初期加入紫外线吸收剂，可以减少其在低压反应室内的停留时间，减少因挥发而造成的紫外线吸收剂利用率降低，从而使聚酯切片具有更高的紫外线吸收性能。

在对比文件2给出的教导下，本领域技术人员有动机推迟紫外线吸收剂在缩聚反应中的加入时机，选择在预缩聚反应之后、终缩聚反应之前加入紫外线吸收剂，从而得到权利要求1的技术方案，以提高其在聚酯中的存留率，并进而提高阳离子可染聚酯切片的抗紫外线性能。所以，权利要求1不具备创造性。

4. 案例小结

评述复杂方法权利要求的创造性需要在对现有技术深入理解的基础上进行，因为即使按照案例1的方式对所有区别进行了分类归纳，也很容易将关注点集中于三单体溶液的制备步骤而忽略了紫外线吸收剂的加料顺序，或者将紫外线吸收剂的加料步骤简单归结为本领域惯用手段，从而对发明的实质产生误判。准确把握发明实质同样对检索结果有重要影响。一般情况下，针对复杂方法权利要求设定的基本检索要素主要为反应原料和方法的基本步骤，在此基础上检索紫外线吸收剂无法得到本案的对比文件2。而如果意识到发明实质在于紫外线吸收剂的加料时机，而非反应原料和基本步骤时，直接使用"聚酯 and 紫外 and 方法分类号C08G 63/78"很容易就可以得到对比文件2。可见，准确把握发明实质对确定检索方向有重要的指导作用。

三、复杂方法权利要求创造性审查思路总结

复杂方法权利要求由于对技术方案细节限定过于详细，因而其保护范围通常较小，在很大程度上，该类申请已经脱离了通过专利权对发明进行保护的本意，而申请人对权利要求保护范围无底线地缩小也直接说明了其对专利授权本身的渴求。随着近年来全社会专利知识的普及，申请人的撰写水平已经有了显著提高，但含有复杂方法权利要求的专利申请数量却与日俱增，这种现象不得不引起我们的深思。

本文通过对两个具体案例的详细解读，探讨了针对复杂方法权利要求创造性审查的可行性思路和方法，而对于具体评述方式的选择，取决于审查员对个案发明实质的把握程度。创造性的整个审查过程，在某种意义上可以理解为对发明本质的一种不断探究，而"三步法"则是这一过程中的重要工具。因此，如果忽略了创造性审查的本质而僵化执行"三步法"，对众多支离破碎的区别特征进行分析后所得到的技术问题很可能与真正的发明实质相去甚远，并因此导致审查员与申请人之间无法进行有效的沟通和交流。

由于发明人对现有技术的理解往往更加直接，因此有时申请人声称的技术问题更接近真正的发明实质，审查员应予以重视。当面对众多区别特征时，不宜机械地套用"三步法"将得到的技术问题直接认定为发明实质，而要跳出区别特征的包围，立足于本领域技术人员的角度，结合说明书记载的内容、最接近的现有技术和本领域公知常识等进行整体考量，一旦发明实质确定，实际解决的技术问题也就呼之欲出了。应该意识到，无论是申请人还是审查员，其对发明实质的认识均有可能存在偏差，而创造性审查所针对的发明实质应该尽可能客观。申请人会参照审查意见给出的对比文件和公知常识修正自己对发明的认知，审查员也需要对说明书记载的内容和申请人的意见陈述进行充分的考虑和评估，并及时检索补充现有技术，这样才更加有利于二者在交流中统一认

识，在沟通中做到有的放矢。

同时，我们对于作为判断创造性重要工具的"三步法"也要灵活运用。对与最接近的现有技术区别特征较多的复杂方法权利要求来说，如案例1，对区别进行分类归纳只是为了便于分析说理和理顺思路的一种手段，应避免"只见树木，不见森林"式的评述，更注重从整体上把握发明。如果审查员能够有充分的理由和证据从整体上把握住发明实质，则更加推荐案例2的处理方式，即简化对区别特征的分析，主要针对发明实质进行说理。总之，审查员对于发明实质整体把握的思维应贯穿整个创造性评述的始终，而对于是否将提炼出的发明实质具体内容通过文字落实于审查意见通知书，则可以灵活掌握。

重视对复杂方法权利要求创造性的评述，提升专利授权质量，将"客观、公正"的审查理念落实到每一件案件中，可以有效引导创新主体端正对待专利制度的态度，提高申请人对于技术研发的热情，对于促进我国科学技术的进步和整个创新型国家的建设，推动创新驱动发展国家战略的实现具有重要意义。

对创造性判断中"发明实际解决的技术问题"的思考

李 圆[*]

【摘 要】

　　本文结合复审及无效决定的实际案例,对审查实践中遇到的确定"发明实际解决的技术问题"进行分析,确定"发明实际解决的技术问题"应当以区别特征所能达到的技术效果为依据,以及不应将"发明实际解决的技术问题"局限于现有技术本身的技术缺陷或不足,而应作广义解释,可以是提供一种与已知产品或方法具有相同或相似效果的替代方案。

【关键词】

　　发明实际解决的技术问题　技术效果

　　创造性是专利授权确权程序中涉及的核心法条,根据《专利审查指南2010》的规定,判断发明是否具备创造性,就是要判断发明是否具有突出的实质性特点和显著的进步。创造性的判断一般涉及三个步骤,即通常认为的"三步法"。本文将结合复审及无效决定的实际案例,对审查实践中遇到的确定"发明实际解决的技术问题"进行分析,希望能为创造性的审查判断提供

---

[*] 作者单位:国家知识产权局专利局电学发明审查部。

有益帮助。

在专利复审委员会第81109号复审请求审查决定中,合议组认为:"权利要求1实际解决的技术问题是:如何同步地、被动地使得同步端与客户端的用户界面皮肤保持一致。而基于对比文件1特有的技术构思——发起侧的主动换肤,对比文件1不存在被动地使得发起侧与响应侧的用户界面皮肤保持一致的技术问题,也就不存在对对比文件1进行这种改进的技术任务。因此,本领域技术人员没有动机对对比文件1进行这样的改进。"

在专利复审委员会第11858号无效宣告请求审查决定中,合议组认为:"本发明专利在降低致癌污染物氯苯方面与证据1相比并不存在更优的技术效果",并根据本发明客观上达到的技术效果确定了发明实际解决的技术问题,即"本发明相对于证据1实际解决的技术问题只是提供了一种可替代的制备方法,用于制备与证据1基本相同的产品",并以此为基础进行技术启示的判断。

经过比较分析,可以发现:上述两份决定的案情十分类似,都是发明与最接近的现有技术在技术方案上存在差别,但都获得了相同或相似的技术效果。虽然两份决定的案情类似,但其各自采用的创造性判断方式和审查结论却是不一样的,其中分歧的关键在于对"发明实际解决的技术问题"的确定和归纳上,从而导致了后续的技术启示判断的不同。

仔细分析不难发现,该第81109号复审请求审查决定在确定和归纳发明实际解决的技术问题时,是以技术手段为基础的,如确定的发明实际解决的技术问题为"如何同步地、被动地使得同步端与客户端的用户界面皮肤保持一致",并且,该复审决定认为发明实际解决的技术问题必然是要克服现有技术中的缺陷或不足,而该最接近的现有技术中不存在这种需要改进的技术任务。

而该第11858号无效宣告请求审查决定在确定和归纳发明实际解决的技术问题,则是以获得的技术效果为基础的,并且对发明实际解决的技术问题作了更为广义的解释,即认为该发明可以是"提供了一种可替代的制备方法,用于制备与证据1基本相同的产品"。

那么,《专利审查指南2010》中关于"发明实际解决的技术问题"是如何规定的呢?

《专利审查指南2010》中关于"创造性"的规定为:判断要求保护的发明相对于现有技术是否显而易见,通常按照"三步法"进行,即:(1)确定最接近的现有技术;(2)确定发明的区别特征和发明实际解决的技术问题;(3)判断要求保护的发明对本领域的技术人员来说是否显而易见。

并在"三步法"的步骤（2）"确定发明的区别特征和发明实际解决的技术问题"中规定：在审查中应当客观分析并确定发明实际解决的技术问题。首先应当分析要求保护的发明与最接近的现有技术相比有哪些区别特征，然后根据该区别特征所能达到的技术效果确定发明实际解决的技术问题。作为一个原则，发明的任何技术效果都可以作为重新确定技术问题的基础。

在"三步法"的步骤（3）"判断要求保护的发明对本领域的技术人员来说是否显而易见"中规定：在判断过程中，要确定现有技术中是否给出将区别特征应用到该最接近的现有技术以解决其存在的技术问题（即发明实际解决的技术问题）的启示。

通过研究《专利审查指南2010》的上述规定，可以得出以下结论：

（1）确定"发明实际解决的技术问题"，应当以区别特征所能达到的技术效果为依据。换言之，确定发明实际解决的技术问题的重点在于应以"技术效果"为依据，而不是区别特征。因此，所确定的技术问题不应包含发明为解决该技术问题而提出的技术手段，或是对该技术手段的指引，而是应以达到的技术效果为基础作出客观准确的归纳。

（2）"发明实际解决的技术问题"即是最接近的现有技术存在的技术问题。不应将最接近的现有技术存在的技术问题局限于现有技术本身的技术缺陷或不足，而是应将发明实际解决的技术问题认定为是该最接近的现有技术客观上存在的技术问题。

（3）应对"发明实际解决的技术问题"作更为广义的解释，在有些情况下，"发明实际解决的技术问题"可能只是提供了一种与已知产品或方法具有相同或相似效果的替代方案。❶

上述第81109号复审请求审查决定中，采用的就是以技术手段（区别特征）为基础确定发明实际解决的技术问题。其所确定的技术问题中明显包含了对技术手段（区别特征）的指引，并且，该复审决定中认为发明实际解决的技术问题需要克服现有技术的技术缺陷或不足，并由此认为该最接近的现有技术客观上不存在任何需要改进的技术任务。

而上述第11858号无效宣告请求审查决定中，对"发明实际解决的技术问题"的归纳，采用了与第81109号复审请求审查决定相反的方式。该无效决定

---

❶ 于萍. 创造性评价中实际解决技术问题的确定——专利法热点问题专家谈（四）[EB/OL]. (2013-12-24). http://www.sipo.gov.cn/mtjj/2013/201312/t20131220_890734.html.

是以达到的技术效果为基础确定发明实际解决的技术问题，并且，该无效宣告请求审查决定也没有将发明实际解决的技术问题局限于必须克服现有技术的技术缺陷或不足，而是采用了更广义的解释，如认定发明实际解决的技术问题是提供了一种与已知产品或方法具有相同或相似效果的替代方案。

综上来看，该第11858号无效宣告请求审查决定中对于"发明实际解决的技术问题"的确定和归纳方式更符合《专利审查指南2010》的规定，使得其创造性判断在逻辑上更为合理，结论也相对客观。

由于"确定发明的区别特征和发明实际解决的技术问题"是创造性判断"三步法"中的第（2）步，其在创造性的显而易见性判断中具有承上启下的关键作用，因此，对"发明实际解决的技术问题"的确定和归纳，将最终影响到创造性的审查结论。因此，需要我们充分理解《专利审查指南2010》的上述规定，以更加客观、合理的标准确定"发明实际解决的技术问题"。

浅议创造性评判中"整体性"的考虑

徐 薇*

【摘 要】
　　具备创造性是发明和实用新型可以授予专利权的必要条件之一。评判发明是否具备创造性时，需要考虑"整体性"，这个"整体性"既包括发明的"整体性"，也包括现有技术的"整体性"。"整体性"的考虑体现在评判"发明相对于现有技术是否显而易见"过程中的各个环节，包括"确定最接近的现有技术"时要注意考虑现有技术方案的整体性，"确定发明的区别特征"时要注意考虑发明技术方案的整体性，"确定发明实际解决的技术问题"时要注意考虑技术问题的整体性，等等。只有在上述各个环节准确考虑"整体性"，才能正确作出发明是否显而易见的结论，因此，"整体性"的考量是准确评判"创造性"的重要因素。

【关键词】
　　创造性　整体性　现有技术　发明　技术问题

一、引　言

根据《专利法》第22条第1款的规定，授予专利权的发明和实用新型，

---

* 作者单位：国家知识产权局专利局电学发明审查部。

应当具备新颖性、创造性和实用性。由此可见，具备创造性是发明和实用新型可以授予专利权的必要条件之一。因此，不论是对于审查员还是专利代理人，评判发明和实用新型是否具备创造性，都是其重要的工作内容。而如何能够对发明和实用新型的创造性作出客观、准确的评价，则成为专利审查和专利代理工作中重要的工作技能。

根据《专利法》第22条第3款的规定，创造性，是指与现有技术相比，该发明具有突出的实质性特点和显著的进步，该实用新型具有实质性特点和进步。因此，评判发明和实用新型是否具备创造性应该从两方面入手。以评判发明的创造性为例，即包括评判其是否满足"突出的实质性特点"以及"显著的进步"两项条件。由于"发明与现有技术相比能够产生有益的技术效果"即意味其具备"显著的进步"，因此，通常说来，具备"显著的进步"这项条件容易满足，因此评判发明是否具备创造性的重点在于评判其是否满足"突出的实质性特点"这项条件。根据《专利审查指南2010》第二部分第四章第2.2节的规定，"发明有突出的实质性特点，是指对所属技术领域的技术人员来说，发明相对于现有技术是非显而易见的"。因此，判断发明是否具有突出的实质性特点，就是要判断对本领域的技术人员来说，要求保护的发明相对于现有技术是否显而易见。如果要求保护的发明相对于现有技术是显而易见的，则不具有突出的实质性特点；反之，如果对比的结果表明要求保护的发明相对于现有技术是非显而易见的，则具有突出的实质性特点。判断要求保护的发明相对于现有技术是否显而易见，《专利审查指南2010》第二部分第四章第3.2.1.1节中提供了判断方法，即通常所说的"三步法"。其包括：首先，确定最接近的现有技术；其次，确定发明的区别特征和发明实际解决的技术问题；最后，判断要求保护的发明对本领域的技术人员来说是否显而易见。

根据《专利审查指南2010》第二部分第四章第3.1节的规定，在评价发明是否具备创造性时，审查员不仅要考虑发明的技术方案本身，而且还要考虑发明所属技术领域、所解决的技术问题和所产生的技术效果，将发明作为一个整体看待。根据《专利审查指南2010》第二部分第四章第3.2.1.1节中的规定，"三步法"中的第三步，即"判断要求保护的发明对本领域的技术人员来说是否显而易见"，具体而言，判断过程中，要确定的是现有技术整体上是否存在某种技术启示，即现有技术中是否给出将上述区别特征应用到该最接近的现有技术以解决其存在的技术问题（发明实际解决的技术问题）的启示，这种启示会使本领域的技术人员在面对所述技术问题时，有动机改进该最接近的现有技术并获得要求保护的发明。由此可见，评判发明是否具备创造性时，需要考虑"整体性"，这个"整体性"既包括发明的"整体性"，也包括现有技术的"整体性"，因此，"整体性"的考量是准确评判"创造性"的重要因素。

那么，在评判"创造性"时该如何考虑"整体性"呢？从《专利审查指南2010》的相关记载，可以得出以下结论：一方面，要考虑发明的"整体性"。具体而言，必须从整体上考虑要求保护的发明，即在确定发明与现有技术的区别特征时，所要考虑的问题不是区别特征本身是否显而易见，而是要求保护的发明整体上是否显而易见；进一步地，不仅要考虑发明的技术方案本身，而且还要考虑发明所属技术领域、所解决的技术问题和所产生的技术效果，将发明作为一个整体看待。另一方面，要考虑现有技术的"整体性"。具体而言，必须从整体上考虑对比文件，即不仅要考虑对比文件所公开的技术方案，还要注意其所属的技术领域、解决的技术问题、所达到的技术效果，以及现有技术对技术方案在功能、原理、各技术特征在选择/改进/变型等方面的描述，以便从整体上理解现有技术所给出的教导；此外，在考虑现有技术整体上是否存在技术启示时，要全面考虑现有技术中对解决发明所要解决的技术问题给出的正反两方面的教导。

接下来，本文将从三个方面对评判"发明相对于现有技术是否显而易见"过程中应如何考虑发明与现有技术的"整体性"，以及在考虑不足的情况下会导致什么样的问题进行分析。

二、"确定最接近的现有技术"时要注意考虑现有技术方案的整体性

最接近的现有技术，是指现有技术中与要求保护的发明最密切相关的一个技术方案。由此可见，"最接近的现有技术"本质上是一个技术方案，其包含两个层面的含义：(1)"最接近的现有技术"是技术方案，(2)该技术方案是"一个"方案，而非多个。"最接近的现有技术"作为技术方案，应该是一个"整体"。具体而言，其应具有以下特征：(1)有机性，即"最接近的现有技术"应该是一个有机的整体，其内部各组成元素间以某种方式相互连接、共同作用构成一个整体，从而可以解决某方面的问题、实现一定的目的；(2)客观性，即"最接近的现有技术"作为一个"整体"，应该客观存在于记载其内容的对比文件中，而不是出于评判发明创造性的目的，按照发明的技术方案主观拼凑对比文件中杂散记载的内容而成，即将原本不属于客观存在于一个技术方

案中的若干技术特征生硬拼凑成一个技术方案。从上面的分析可知,"最接近的现有技术"应该是客观地记载于对比文件中,为了解决一定的技术问题、获得一定的技术效果,从而由相互关联、共同作用的若干技术特征构成的一个有机整体。因此,"整体性"是"最接近的现有技术"的重要特性,也是评判发明是否具备创造性时需要着重考虑的方面。只有准确把握"最接近的现有技术"的整体性,才能准确评判发明的创造性,因为"确定最接近的现有技术"是"三步法"的第一步,是评判发明创造性的基础,只有"最接近的现有技术"确定得准确,才能进一步准确地确定发明的区别特征和发明实际解决的技术问题,从而准确地判断要求保护的发明对本领域的技术人员来说是否显而易见。相反,如果未能准确把握"最接近的现有技术"的整体性,将导致"最接近的现有技术"确定得不准确,从而不能准确地确定发明的区别特征和发明实际解决的技术问题,最终将影响判断要求保护的发明是否显而易见的结论的准确性。

例如,如果忽视了"最接近的现有技术"的整体性,将本不属于一个方案的若干孤立的技术特征生硬地组合在一起,形成一个方案作为"最接近的现有技术",则意味着该"最接近的现有技术"并非真正的"最接近的现有技术",真正的"最接近的现有技术"所公开的技术特征少于生拼硬凑的"最接近的现有技术"的技术特征,也即将本属于发明与真正的"最接近的现有技术"相区别的技术特征作为生拼硬凑的"最接近的现有技术"公开的内容,据此导致"发明实际解决的技术问题"确定得不准确,从而不能准确地判断要求保护的发明对本领域的技术人员来说是否显而易见。实际上,这种做法无疑降低了发明的创新程度,因为这种做法实质上属于本末倒置。具体而言,"最接近的现有技术"作为一个"整体"应该是有机而客观地存在于对比文件之中,即不论发明是什么样子,"最接近的现有技术"是不因其而变化的,但前述"生搬硬套"的做法属于根据发明的技术方案,为了与之匹配而人为地去拼凑若干技术特征从而形成原本不存在的技术方案,这样无疑增加了主观性,属于"事后诸葛亮"的做法,大大降低了发明的创新程度,影响其是否显而易见的结论的准确性,甚至因此得出发明不具备创造性的错误结论。

再如,如果忽视了"最接近的现有技术"的整体性,将本属于一个方案的若干有机紧密联系的技术特征去掉一个或多个,形成一个方案作为"最接近的现有技术",则意味着该"最接近的现有技术"也并非真正的"最接近的现有技术"。一方面,正如前述分析那样,"最接近的现有技术"应是一个有机的整体，其所包含的各个技术特征是为了解决某种技术问题、获得某种技术效果而有机地结合在一起的，如果去掉某个或者某些技术特征，将导致剩余的技术特征不能有机地结合成为一个技术方案，从而不能解决原有的技术问题，即对比文件客观上就不存在这样的技术方案，因此，去掉某个或某些技术特征后剩余的技术特征所组成的方案也并非真正的"最接近的现有技术"。另一方面，由于构成"最接近的现有技术"的各个技术特征之间相互关联、相互支撑，甚至有时也相互制约，这就使得某个或某些技术特征的存在与发明解决的技术问题背道而驰，即由于该技术特征的存在，这样的"最接近的现有技术"不能作为真正的"最接近的现有技术"与其他现有技术进行结合，从而得到发明的技术方案。但如果去掉该技术特征，将导致由剩余的技术特征组成的方案与发明解决的技术问题不相矛盾，因此与其他现有技术进行结合能够得到发明的技术方案。很显然，两种结论截然相反，而后一种结论是错误的。

三、"确定发明的区别特征"时要注意考虑发明技术方案的整体性

"确定发明的区别特征"就是确定发明与"最接近的现有技术"相区别的技术特征，"确定发明的区别特征"是"三步法"的第二步中重要的步骤。之所以重要，是因为它起着承前启后的作用。"承前"是指其根据"三步法"的第一步确定的"最接近的现有技术"确定发明与该"最接近的现有技术"之间的区别技术特征；"启后"是指"确定发明的区别特征"并非目的，而是实现目的的手段，即通过"确定发明的区别特征"进而能够"确定发明实际解决的技术问题"。因此，"确定发明实际解决的技术问题"才是第二步的目的，为了实现这个目的需要先"确定发明的区别特征"。"确定发明的区别特征"是服务于"确定发明实际解决的技术问题"，而"发明实际解决的技术问题"确定得准确与否，将直接影响"三步法"的第三步"判断要求保护的发明对本领域的技术人员来说是否显而易见"的结论的准确性。因此，为了准确确定"发明实际解决的技术问题"，就需要准确地"确定发明的区别特征"。由于评判发明是否具备创造性时需要将发明的技术方案所包括的技术特征与"最接近的现有技术"所包括的技术特征进行对比，因此，"确定发明的区别特征"时要注意考虑发明技术方案的整体性，即意味着要注意考虑发明技术方案所包括的技术特征的整体性。在"确定发明的区别特征"时如果对技术特征进行不当的拆分，则会导致错误的结论。

例如，就某一个技术特征整体而言，其并未在"最接近的现有技术"中公开，因此，其应属于发明与"最接近的现有技术"相区别的技术特征。但是，如果将该技术特征进行过度拆分，其结果是该技术特征的一部分被"最接近的现有技术"公开，另一部分是"发明的区别特征"。显然，不同的拆分方式导致出现了不同的结论，而后一种方式将本属于一个"整体"的技术特征进行了不当的拆分，从而导致本属于"发明的区别特征"的一部分成为了"最接近的现有技术"的一部分，很显然导致了错误的结论，即"确定发明实际解决的技术问题"的基础出现了错误，进而导致不能够准确"确定发明实际解决的技术问题"，这种做法无疑降低了发明的创新程度。因此，在与"最接近的现有技术"进行特征对比时，应注意技术特征拆分的合理性，重视技术特征的整体性，对有些属于一个"整体"的技术特征，则不宜对其拆分。

再如，如果对于确定的"发明的区别特征"进行过度拆分，将导致"发明实际解决的技术问题"确定得不准确。这是因为，在"三步法"的第二步中，"确定发明实际解决的技术问题"是根据区别特征所能达到的技术效果来确定的，也就是说，区别特征不同，其所能达到的技术效果也不同。作为一个"整体"的技术特征有其"整体"技术效果，而"孤立"的技术特征有其各自的技术效果。"整体"技术效果不同于各个技术效果，也不能等同于各个技术效果的简单叠加，甚至是大于各个技术效果之和。因此，如果将本属于一个"整体"的区别技术特征分割成若干个"孤立"的区别技术特征，将导致技术效果的归纳发生变化，甚至是低估了"整体"技术效果，从而导致发明实际解决的技术问题确定得不准确，进而得出发明不具备创造性的错误结论，这种做法同样降低了发明的创新程度。因此，在"确定发明的区别特征"时，应注意区别技术特征整体性，对有些属于一个"整体"的区别技术特征，则不宜对其进一步拆分。

四、"确定发明实际解决的技术问题"时要注意考虑技术问题的整体性

"确定发明实际解决的技术问题"是"三步法"的第二步中关键的步骤。之所以关键，是因为其是"三步法"的第三步"判断要求保护的发明对本领域的技术人员来说是否显而易见"的重要依据。根据第三步，在该步骤中，要从最接近的现有技术和发明实际解决的技术问题出发，判断要求保护的发明对本领域的技术人员来说是否显而易见。判断过程中，要确定的是现有技术整

体上是否存在某种技术启示,即现有技术中是否给出将上述区别特征应用到该最接近的现有技术以解决其存在的技术问题(发明实际解决的技术问题)的启示。因此,如果"发明实际解决的技术问题"确定得不准确,则会导致发明是否显而易见的结论不准确。"确定发明实际解决的技术问题"是基于此前确定的发明与"最接近的现有技术"之间的区别技术特征来进行的,也就是分析要求保护的发明与最接近的现有技术相比有哪些区别特征,然后根据该区别特征所能达到的技术效果确定发明实际解决的技术问题。此时,对于技术问题的整体性考虑至关重要,在"确定发明实际解决的技术问题"时如果对技术问题进行不当的拆分,则会导致错误的结论。

例如,在评判现有技术中是否给出将区别特征应用到最接近的现有技术以解决其存在的技术问题(发明实际解决的技术问题)的启示时,首要的是这个技术问题的提出是否具有难度,即应该考虑所属技术领域的技术人员基于最接近的现有技术能否提出该技术问题,如果该技术问题的提出本身就比较有难度,那么就谈不上如何去解决该技术问题,进而可以得出现有技术不存在解决技术问题的启示的结论,因而发明应属于非显而易见的。由此可见,评判发明是否显而易见时可能遇到这样的情况:对本领域技术人员而言,"发明实际解决的技术问题"作为整体提出可能有难度,因此现有技术不存在解决技术问题的启示,从而应该得出发明属于非显而易见的结论;如果对"发明实际解决的技术问题"进行不合理的拆分,使其从一个整体问题转化成若干个问题,就可能出现若干个问题分别提出并不具有难度的情形,如果该若干问题分别被现有技术所解决,就会得出发明属于显而易见的结论。很显然,上述两种分析方式出现截然相反的结论,而后一种结论是明显错误的。

再如,针对不同区别特征分别归纳技术问题可能使得"发明实际解决的技术问题"由于缺乏"整体性"而导致发明的创新程度被低估。"发明的区别特征"可能包含多个,这些区别特征所能达到的技术效果以及由此确定的技术问题应当是这些区别特征共同作用的结果,也即这些区别特征所能达到的技术效果应当是整体效果,而非每个区别特征的各自效果之和,这些区别特征所能解决的技术问题也应当是整体问题,而非每个区别特征各自能够解决的问题之和。如果忽视"发明实际解决的技术问题"的整体性,将出现将各个区别特征能够解决的问题组合起来作为"发明实际解决的技术问题"的错误情况。发明的各个区别特征不是分别解决技术问题,而是作为一个完整的整体解决一个统一的技术问题。就如同一个技术方案之所以成为"一个"技术方案,是因为该方案作为整体解决了一个整体的技术问题一样，该整体的技术问题将各个区别特征联系起来，而将"发明实际解决的技术问题"进行不合理拆分的做法忽略了其整体性。

综上所述，评判发明是否具备创造性时，需要考虑"整体性"，这个"整体性"既包括发明的"整体性"，也包括现有技术的"整体性"。"整体性"的考虑也体现在评判"发明相对于现有技术是否显而易见"过程中的各个环节，其中包括"确定最接近的现有技术"时要注意考虑现有技术方案的整体性，"确定发明的区别特征"时要注意考虑发明技术方案的整体性，"确定发明实际解决的技术问题"时要注意考虑技术问题的整体性，等等。只有在上述各个环节准确考虑"整体性"，才能正确作出发明是否显而易见的结论，否则，结论与事实将大相径庭。因此，"整体性"的考量是准确评判"创造性"的重要因素，不论在专利审查还是专利代理工作中，都是需要认真掌握的一项技能。

参考文献

尹新天. 中国专利法详解 [M]. 北京：知识产权出版社，2011.

从如何准确把握发明构思的角度谈创造性的判断

谢 明* 刘冬梅*（等同于第一作者）

【摘 要】

本文从创造性"三步法"谈起，尝试分析了在创造性判断时，如何通过把握整体发明构思回归创造性判断实质，对准确把握发明构思的具体含义进行了探讨，进而分析了技术问题在把握发明构思中的作用，最后结合两个具体案例对发明构思的比较的思路进行了介绍。

【关键词】

发明构思　技术问题　创造性

一、引　言

在创造性判断中，一般都会采用《专利审查指南2010》中定义的三个步骤，即所谓的"三步法"：（1）确定最接近的现有技术；（2）确定发明的区别特征和发明实际解决的技术问题；（3）判断要求保护的发明对本领域的技术人员来说是否显而易见。[1]而简单机械套用"三步法"在实践中可能造成机械

---

* 作者单位：国家知识产权局专利局专利审查协作江苏中心。

[1] 参见《专利审查指南2010》第二部分第四章第3.2.1.1节。

特征对比、对比文件结合启示判断错误等情况，避免以上情况的方法就是回归"三步法"的实质。采用"三步法"进行创造性判断的实质在于重构发明过程，根据现有技术的情况衡量其是否作出了智慧贡献。可以看出，在采用"三步法"对发明进行重构时，最重要的不是特征的机械对比，而是对其发明构思进行整体把握，并与现有技术进行比较，最终依据其是否作出了智慧贡献来判断是否具有创造性。

笔者认为，在创造性判断过程中准确把握发明构思应当有以下三层含义：

（1）准确把握发明构思包括对本发明的发明构思作出准确理解，即要对本发明要解决的技术问题、采用的技术方案以及能够达到的技术效果进行准确的理解。其中，对技术问题的理解尤为重要，因为重构发明的过程实际上就是一个问题的解决方案的提出过程。在一项发明的创造过程中，发明人必定是为了解决某项具体的技术问题而对现有技术作出改进，因而在重构发明的过程中，必须把技术问题放到首要的位置，带着问题从现有技术中寻找解决方案。对于本发明技术问题的理解应当注意，本发明实际解决的技术问题不一定是发明人所声称的技术问题，在创造性判断过程中，通过本发明与对比文件的比较，如果本发明所声称的技术问题已经被对比文件采用相同或相似的手段解决了，而本发明还在其他方面作出了智慧贡献的话，此时，本发明所解决的技术问题就发生了改变。

（2）准确把握发明构思还包括对对比文件构思的准确理解，即要对对比文件要解决的技术问题、采用的技术方案以及能够达到的技术效果进行全面的理解。同样地，在这个过程中也应当把技术问题放到首要的位置，准确理解对比文件所要解决的技术问题。对于对比文件技术问题的理解还应当注意，对比文件客观上能够解决的技术问题不仅包括其所声称的技术问题，还包括本领域技术人员基于对对比文件所公开的全部内容的理解，所认定的对比文件技术方案能够解决的全部技术问题。因而，在理解对比文件技术问题时，应当准确理解对比文件的全部内容，对其客观上能够解决的技术问题进行整体概括，为进一步对比分析打下基础。

（3）准确把握发明构思还包括对本发明以及对比文件发明构思客观的对比分析，在准确把握了本发明以及对比文件发明构思的基础上，对二者进行构思上的比较，分析二者所要解决技术问题的异同，从本发明所要解决的技术问题出发，全面理解对比文件的内容，评估对比文件是否能够促使本领域技术人员发现本发明要解决的技术问题并进行改进，进而比较二者改进思路的异同，

《专利法》第22条和第23条的适用

最后基于其是否作出了智慧贡献进行创造性的判断。

以下结合两个案例，具体分析如何从技术问题出发，根据发明构思的对比，通过是否作出了智慧贡献进行创造性的判断。

二、案例评析

（一）案例1：盾构机盾体用稳定装置

1. 本发明发明构思分析

问题的提出：盾构机，全名盾构掘进机，是一种隧道掘进专用工程机械；现有技术中的盾构机在工作时，刀盘持续旋转切削泥土，由于刀盘旋转的扭矩反力作用在盾构机的盾体上，容易使盾体发生旋转，从而威胁到工作人员的人身安全，造成设备破坏，降低设备使用寿命，以及影响项目的工程进度。

技术问题：如何减小盾构机工作时盾体的旋转振动。

技术方案：本发明提供一种盾构机盾体用稳定装置，通过在盾体的两侧对称安装稳定装置，当盾构机的刀盘旋转切削泥土时，稳定装置中的撑脚通过气缸带动向外伸出，并顶在开挖隧道内侧壁上，从而防止盾体发生旋转，保证盾体的稳定性。

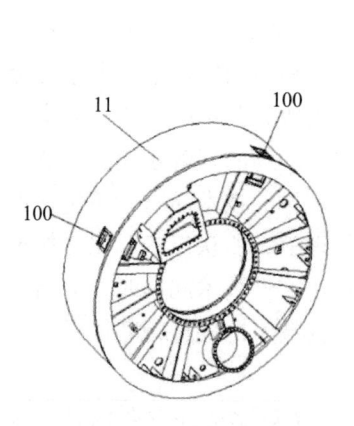

图1 稳定装置安装在盾体上时的状态结构示意图

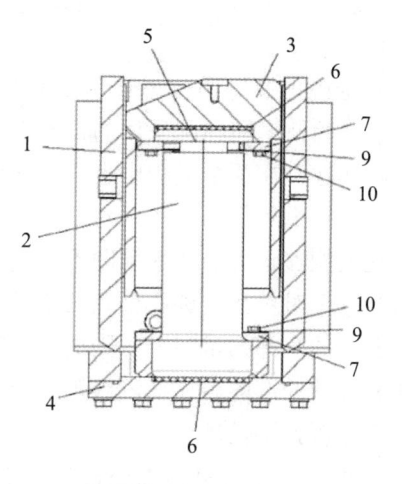

图2 稳定装置的剖面结构示意图

图1、图2中：11—盾体、100—稳定装置、1—箱体、2—气缸、3—撑脚、4—后罩、5—活塞杆、6—圆形尼龙垫片、7—压环、9—垫片、10—螺栓。

稳定装置100的具体结构为：箱体1、气缸2、撑脚3和后罩4，撑脚3固定连接在活塞杆5上，以通过气缸2带动撑脚3相对箱体1做伸出和收缩的往返运动（见图1和图2）。

使用时，把该稳定装置100对称地安装在盾体11的两侧，在撑脚3收缩状态时，该稳定装置恰好隐藏在盾构机的盾体内。即盾构机向前推进时，该装置不起作用；当盾构机刀盘旋转切削泥土时，撑脚3通过气缸2带动向外伸出，并顶在开挖隧道内侧壁上，从而防止盾体旋转，提高施工工作效率和延长设备的使用寿命。

权利要求1的技术方案：

1. 一种盾构机盾体用稳定装置（100），其特征在于：其包括箱体（1）、气缸（2）、撑脚（3）和后罩（4），所述撑脚和后罩分别设于所述箱体相对的两个侧面上，且所述后罩和箱体固连，所述撑脚和箱体活动连接；所述气缸设于所述箱体内并位于所述后罩和撑脚之间，且所述气缸可带动所述撑脚相对所述箱体做伸出和收缩的往返运动。

因而，其发明构思可以概括为：**通过在盾体上设置稳定装置，在盾构机工作时利用稳定装置中的撑脚将盾体支撑在开挖隧道的内侧壁上，从而解决了如何减小盾构机工作时盾体的旋转振动的技术问题。**

2. 对比文件发明构思分析

对比文件1：涉及一种硬岩掘进机（TBM）的辅助转向装置，现有的TBM在硬岩地质中掘进时需经常更换刀盘的边刀，而通常是靠人工凿除边刀旁的岩壁来获得更换空间，其劳动强度大、作业效率低，造成施工进度缓慢。因此，急需提供一种可快速简单地采用机械动作给更换边刀提供更换空间，提高劳动生产率，改善施工环境；除了提供更换空间外，还可用于TBM的转向和纠偏。

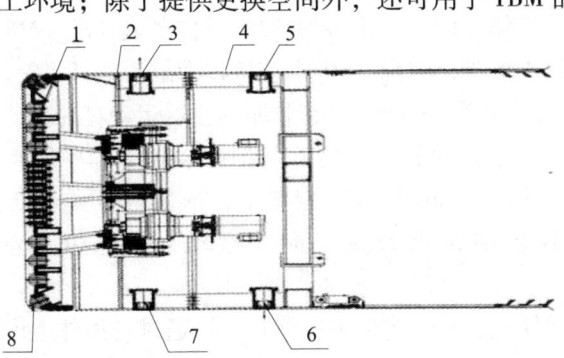

图3 安装在盾体上的油缸装置纵向布置示意图

对比文件 1 所要解决的技术问题是：如何更有效率地为边刀提供更换空间，并辅助硬岩掘进机进行转向和纠偏。

对比文件 1 所采用的技术方案是：通过在盾体的前盾 2 和中盾 4 上各伸出一组反向撑靴 10，抵在周围的岩壁上，以达到为盾体提供侧推力，使刀盘 1 向一侧偏转，以获得边刀 8 更换的空间，同时还使盾体达到转向的目的。

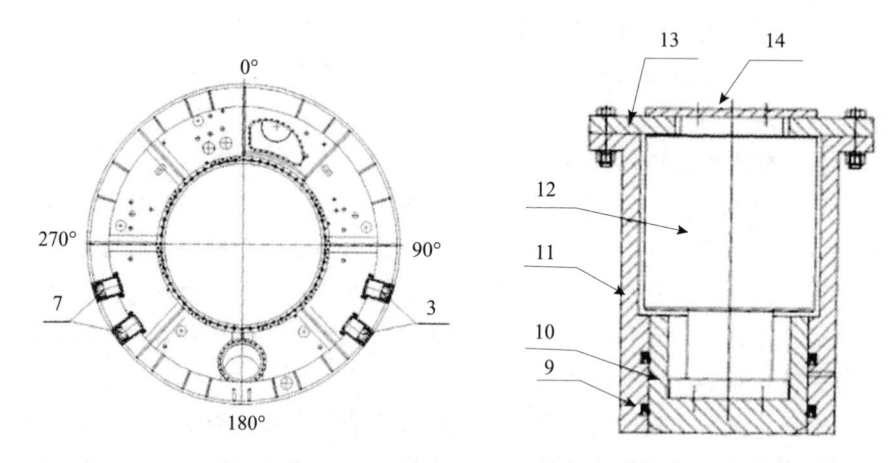

图 4 安装在前盾上的油缸装置周向布置示意图　　**图 5 油缸装置结构示意图**

其中：刀盘 1、前盾 2、B 组油缸装置 3、中盾 4、D 组油缸装置 5、C 组油缸装置 6、A 组油缸装置 7、边刀 8、密封 9、撑靴 10、导向外套 11、油缸 12、连接板 13、盖板 14。

TBM 辅助转向装置，由刀盘 1、前盾 2、中盾 4、油缸装置组成，前盾 2 和中盾 4 螺栓连接成盾体，油缸装置焊接在前盾 2 和中盾 4 上，刀盘 1 和前盾 2 连接，边刀 8 安装在刀盘 1 上（见图 3）。

油缸装置的具体结构为：由油缸 12、导向外套 11、撑靴 10、密封 9、连接板 13 和盖板 14 组成；撑靴 10 固定连接在油缸活塞杆上，以通过油缸 12 带动撑靴 10 相对导向外套 11 做伸出和收缩的往返运动（见图 4、图 5）。

装置工作时，通过前盾 2 上的 B 组油缸装置 3 和中盾 4 上的 C 组油缸 6 伸出撑靴 10，撑靴 10 抵在周围的岩壁上，形成两个支撑点，岩壁反作用给油缸，这样盾体就能带动刀盘 1 向左摆动，获得边刀左边方向的更换空间。

因而对比文件 1 的发明构思可以概括为：**通过在盾体上设置油缸装置，利用油缸装置中的撑靴顶住隧道壁，解决了如何更有效率地为边刀提供更换空**

间，并辅助硬岩掘进机进行转向和纠偏的技术问题。

3. 发明构思对比分析

从技术方案来看，本发明设置在盾体上的稳定装置包括箱体、气缸、撑脚和后罩等部件，撑脚通过气缸的带动能够相对箱体作伸出和收缩的往返运动。对比文件1公开了与本发明的稳定装置结构极其相似的油缸装置，并通过在盾体上设置撑靴，通过油缸装置带动撑靴进行伸出和收缩的往返运动。如果只对二者进行特征的机械对比，对比文件1公开了本发明权利要求1的大部分特征，另外诸如油缸和气缸这种区别的改进也属于本领域的公知常识，从这个角度来说，采用对比文件1评价本发明权利要求1的创造性似乎并无不妥。

但通过理解对比文件1的发明构思可以发现，对比文件1之所以利用撑靴来支撑盾体，其根本原因在于，对比文件1所要解决的技术问题是：如何更有效率地为边刀提供更换空间的同时还能用于TBM的纠偏，即纠正盾构机的前进路线。因而对比文件1必须关注如何给边刀提供更换空间，并同时帮助盾构机转向和纠偏。其采用撑靴的主要作用是为盾体提供侧推力，使盾体达到转向，并带动刀盘摆动以获得边刀更换的空间，因而对比文件1的发明构思并不关注盾体的稳定性。而本发明的发明构思是通过在盾体上设置稳定装置，在盾构机工作时利用稳定装置中的撑脚将盾体支撑在开挖隧道的内侧壁上，从而解决了如何减小盾构机工作时盾体的旋转振动的技术问题。在此情况下，虽然两者采用了极为相似的技术手段，但采用该技术手段所要解决的技术问题却完全不同，并且当本领域技术人员在重构本发明的发明过程时，在面对对比文件1采用撑靴进行转向和纠偏的技术方案时，难以想到对其进行改进以解决本发明如何减小盾构机工作时盾体的旋转振动的技术问题。

该案的启示在于：在通过发明构思的对比进行创造性判断时，通常关注的是本发明与对比文件所采用的技术手段的差异，但当本发明与对比文件所采用技术手段相同或相似时，不应当直接得出本发明不具备创造性的结论，还需要进一步比较二者间技术问题的异同，如果仅是技术手段相同或相似而解决问题不同，还应当站在本领域技术人员的角度，全面理解对比文件的内容，客观地判断对比文件是否给出了将对比文件中的技术手段用于解决本发明所要解决技术问题的教导，进而对创造性作出较为客观的判断。

（二）案例2：一种起重机的配重装置

1. 本发明发明构思分析

问题的提出：目前，在起重机上设置的配重装置常规采用固定配重的方式，即在尾端设置固定重量的配重装置。而在工作中，这种固定重量的配重装置的重量不可更换，容易造成在不同环境工作中，无法适应其相应操作的情况。因此，如何提高起重机的通用性，以提高其工作效率，是本领域技术人员亟待解决的问题。

技术问题：如何实现配重的重量可调以提高起重机的通用性。

技术方案：本发明提供一种配重装置，将配重装置的重量设置成可调整的，以适应不同的工作环境，提高起重机的通用性，进而有效提高了其工作效率。

其中，配重装置包括至少两个配重块1，并经连接杆2穿套后与固设于起重机本体上的固定装置3连接，连接杆2与固定装置3可拆卸地连接。在需要变更配重装置的重量时，仅需将固定装置3与连接杆2拆开，并将套设于连接杆2外的配重块相应地增减，然后再将固定装置3与连接杆2固定连接，即可达到变更配重装置的目的。其中，通过销轴4插入升降杆31上的第一销孔、连接杆2上的第二销孔实现升降杆与套筒的锁定。另外，连接杆2的一端设置有用于防止配重块1与连接杆2相对滑脱的防滑凸台21，配重块1上设置有用于容纳所述防滑凸台21的容纳槽，有效避免了配重块1与连接杆2的相对滑脱（见图6）。

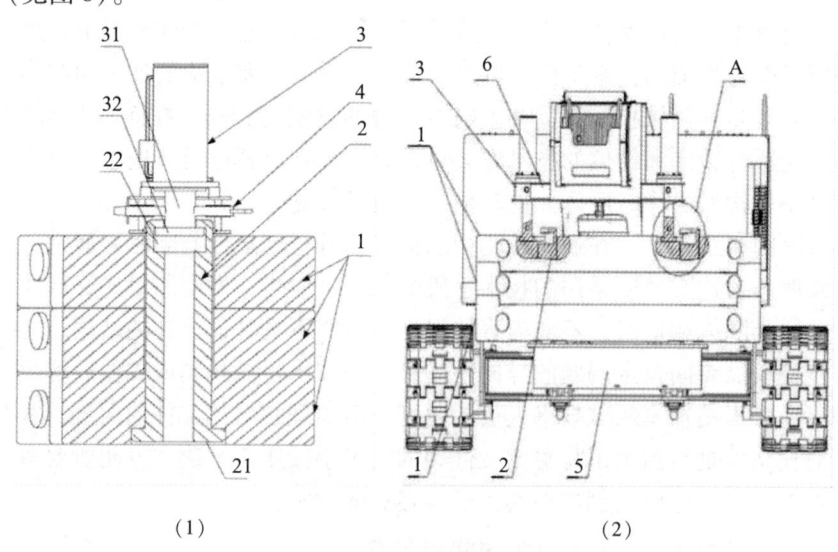

(1)　　　　　　　　　　　(2)

图6　本申请中配重装置的示意图

1—配重块；2—连接杆；3—固定装置；4—销轴；21—防滑凸台；31—固定装置中的升降杆；6—起重机转台。

权利要求 1 的技术方案：

1. 一种配重装置，其特征在于，包括：

至少两个配重块（1），所述配重块（1）上设置有连接孔；

穿套于所述连接孔内，用于连接各个所述配重块（1）的连接杆（2）；

与所述连接杆（2）可拆卸的连接，用于固设于起重机本体上的固定装置（3）；

所述连接杆（2）的一端设置有用于防止所述配重块（1）与所述连接杆（2）相对滑脱的防滑凸台（21），所述固定装置（3）与所述连接杆（2）的另一端连接；

在靠近所述防滑凸台（21）的所述配重块（1）上设置有用于容纳所述防滑凸台（21）的容纳槽。

因而其发明构思可以概括为：**通过采用连接杆将多个配重块穿套起来，并利用固定装置与连接杆的可拆卸连接，从而解决了如何实现配重的重量可调以提高起重机的通用性的技术问题。**

2. 对比文件发明构思分析

对比文件 1：涉及一种自锁、自拆装配重装置，现有中小吨位的起重机，其配重多为固定式，不可随意拆卸，然而随着移动式起重机吨位的增大，相应的配重重量也随之增大，因此配重不得不做成可拆卸式活动配重，即配重只能在起重机吊载工作时按需要安装。此时，对配重自拆装的安全性要求也越来越高，而现有的大部分配重装置主要通过安装在转台上的垂直油缸拉升配重到指定位置，工作时，依赖油缸活塞杆拉住配重，并保持配重位置不变；采用液压锁止的形式，随着配重重量的增大，油缸容易出现安全问题，液压油泄漏、平衡阀不能完全闭锁、油缸活塞杆密封圈不能完全密封等安全隐患。

对比文件 1 所要解决的技术问题是：如何提高配重锁止的安全性。

对比文件 1 所采用的技术方案是：一种自锁、自拆装配重装置（如图 7 所示），采用机械锁止结构对配重块进行锁止，使得提升油缸的载荷得到释放，从而提高配重锁止的安全性，避免因油缸出现漏油等因素而带来的安全隐患。

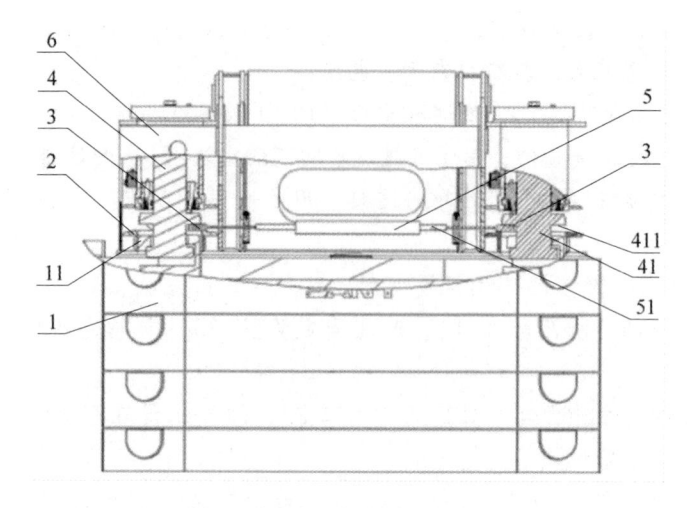

图7 对比文件1中配重装置的示意图

1—配重块；2—锁止支座；3—锁止卡板；5—锁止油缸；11—连接杆；4—提升油缸；6—起重机转台。

具体的技术方案为：一种自锁、自拆装配重装置，包括多个配重块1、用于提升配重块的提升油缸4，还包括锁止支座2、锁止卡板3和锁止油缸5；当提升油缸4将配重块1提升到位时，锁止油缸5驱动锁止卡板3卡设于锁止支座2和提升油缸4之间。采用机械锁止结构对配重块1进行锁止，此时由锁止卡板3和锁止支座2承受配重块1的重量，使得提升油缸4的载荷得到释放，从而提高锁止的安全性，避免因油缸出现漏油而带来的安全隐患。其中，配重装置的重量可更换，通过设置一连接杆11穿套各个配重块1后与固设在起重机本体上的提升油缸4连接，且连接杆11与提升油缸4可拆卸地连接，以使得连接杆11上的配重块1能够增减，从而达到配重装置的重量能够变更的效果。

因而其发明构思可以概括为：**通过油缸提升重量可变的配重，并采用机械锁止结构对配重块进行锁止，使得提升油缸的载荷得到释放，从而解决了如何提高配重锁止的安全性的技术问题。**

3. 发明构思对比分析

从技术方案来看，本发明采用连接杆将多个配重块穿套起来，并利用固定装置与连接杆的可拆卸连接，通过固定装置与连接杆之间的拆卸实现配重的调整。对比文件1公开了与本发明相似的技术方案，其通过机械锁止机构对配重块进行锁止,从而使得提升油缸的载荷得以释放,二者所采用的手段大致相同。而从所要解决的技术问题来看,对比文件1所声称的解决的技术问题与本发明所要解决的技术问题之间存在着较大差异。

但通过全面理解对比文件1的整体技术方案可以发现,对比文件1中的配重装置也是包括多个配重块,并且这些配重块也是可调的,这种设置与本发明中为了解决如何实现配重的重量可调以提高起重机的通用性的技术问题所采用的手段相同,因而虽然对比文件1的说明书中记载的技术问题与本发明所要解决的技术问题不同,但对比文件1客观上已解决了本发明所声称的技术问题。继续进行分析,将权利要求1的技术方案与对比文件1相比,其区别特征为:"连接杆的一端设置有用于防止配重块与连接杆相对滑脱的防滑凸台;在靠近防滑凸台的配重块上设置有用于容纳防滑凸台的容纳槽",由此可以确定本发明实际解决的技术问题是:如何提高配重块的连接稳定性。此时,基于最接近的现有技术重新确定的该发明实际解决的技术问题,已经不同于发明原始要解决的技术问题,即本发明不但解决了如何实现配重的重量可调以提高起重机的通用性的技术问题,而且解决了如何提高配重块的连接稳定性的技术问题。因而,在判断本发明是否具有创造性时,应该基于重新确定的技术问题在现有技术中寻找新的对比文件,根据其是否对现有技术作出了智慧贡献作出最终判断。

该案例的启示在于:首先,在通过发明构思对比进行创造性判断时,由于不同发明人对技术的认知程度不同,对比文件所声称解决的技术问题不等于是其客观上能够解决的技术问题,当对比文件所声称解决的技术问题与本发明所要解决的技术问题不同时,还要对对比文件的全部内容进行整体理解,站在本领域技术人员的角度对其客观上能够解决的技术问题进行评估,进而对其是否能够解决本发明所要解决的技术问题作出判断。其次,当出现本发明所声称解决的技术问题被对比文件公开的技术方案解决的情况时,根据本发明与最接近的现有技术之间的区别技术特征确定出其实际要解决的技术问题,基于重新确定技术问题对其是否作出了智慧贡献作出评估。

三、结 语

本文从如何正确理解运用"三步法"入手,以准确把握发明构思的角度分析探讨了在创造性判断时,如何回归创造性判断实质。笔者首先对于准确把握发明构思的具体含义进行了分层次的探讨,其次分析了技术问题在把握发明构思中的作用，将创造性的判断实质回归到"问题—解决方案"式的重构发明过程中来。最后，结合两个具体案例对把握发明构思在创造性判断时的思路进行分析和讨论。准确把握发明构思是避免简单错误套用"三步法"的一剂良药，其具有丰富的内涵和外延，以上分析仅是笔者对如何准确把握发明构思的初步探讨，希望能够抛砖引玉，引起广大专利从业者的思考，使得创造性的判断能够更加客观公正。

浅谈如何在实审中避免创造性判断主观化

陈昌曼* 朱丽娜*

【摘 要】

专利审查中创造性判断是核心内容也是难点内容,创造性判断标准直接影响着专利质量,而创造性判断中存在诸多主观性的因素,因此如何在专利审查中避免创造性判断的主体化,是对实审工作作出的更高要求。

【关键词】

专利审查 创造性 主观

一、前 言

专利制度改革的内在动力归根结底是提高专利质量,世界各国的专利法基本都一致规定,被授予专利权的发明应当具备新颖性、创造性和实用性。而专利质量的提高很大程度上受创造性标准的影响,因此在专利制度中创造性一直都是核心,而在实践中如何客观地确定创造性标准是最难把握的事情,因此专利审查和诉讼的焦点往往都是创造性。相比于专利的"三性"中的新颖性和

---

* 作者单位:国家知识产权局专利局专利审查协作天津中心。

实用性，创造性的评价是最具主观性的，因此创造性标准客观化一度成为世界各国专利法修订的难题，❶ 其中美国率先提出"非显而易见性"的评判标准力求使得创造性标准客观化，而此举并没有终结创造性判断中存在的主观性和不确定性。目前我国科技发展迅速，专利申请数量激增，如何在专利的实审中把握专利创造性的标准尤其重要，因此有必要对专利创造性问题进行研究。

《专利法》第22条第3款规定："创造性，是指与现有技术相比，该发明具有突出的实质性特点和显著的进步。"可见关于创造性的判断我国主要从技术方案的先进性（突出的实质性特点）和技术效果的优越性（显著的进步）两方面来考虑的。其中显著的进步则是从有益的技术效果来进行定义的，然而在实际案例中，有益的技术效果基本都能够通过"三步法"判断突出的实质性特点的过程中分析得出，少有根据"显著的进步"这一规定判断创造性的案例，"显著的进步"这一标准被逐渐弱化，因此本文的研究重点放在判断"突出的实质性特点"这一部分。

《专利审查指南2010》进一步规定："发明有突出的实质性特点，是指对所属技术领域的技术人员来说，发明相对于现有技术是非显而易见的。"而判断要求保护的发明相对于现有技术是否显而易见，通常可按照以下三个步骤进行：第一步，确定最接近的现有技术；第二步，确定申请的技术方案相对于最接近的现有技术存在的区别技术特征，以及基于上述区别技术特征，申请的技术方案实际解决的技术问题；第三步，现有技术是否整体上给出了将上述区别技术特征用于最接近的对比文件以解决相应技术问题的技术启示。上述判断的三个步骤即是俗称的"三步法"。可见创造性的判断有三个要件：现有技术、本领域技术人员和非显而易见性，其中每个要件都能导致创造性判断主观化。

二、创造性判断中为什么存在主观性问题

1. 创造性判断主体的主观性

为了尽可能降低由于创造性判断主体的差异化带来的创造性判断的主观性和不确定性，《专利审查指南2010》中对判断主体"本领域技术人员"作了归一化的设定。本领域技术人员具有一定的知识和一定的能力，他的知识包括"知晓申请日或者优先权日之前所属领域所有的普通技术知识"，他的能力包括"获得所属领域的所有现有技术，并且具有应用该日期之前常规实验手段

---

❶ 和育东，方慧聪. 专利创造性客观化问题研究 [J]. 知识产权，2007，17（2）：76-81.

的能力，如果所要解决的技术问题能够促使其在其他领域寻找技术手段，他应具有从该其他领域中获知该日期之前的现有技术，普通技术知识和常规实验手段的能力"，他不应具备的能力是"创造能力"。

作为一个实际的创造性判断主体而言，本领域技术人员始终贯穿于创造性判断过程中，他将是影响发明专利的创造性判断客观化的重要一环，但受限于本领域技术人员的知识水平和获取现有技术的能力，本领域技术人员所处的地位和角度往往难于确定。❶ 本领域技术人员一方面是一个难以达到的水平，就应该掌握的知识而言，没有一个审查员能够知晓申请日或者优先权日本领域的所有的普通技术知识，即便可以通过检索获得，也是仅仅能够做到部分获得，难以真正做到完全知晓；而另一方面，对于具备一些本领域技术知识和技能的审查员来说，特别是先入为主地看到了申请的技术方案后，再做到在申请日或优先权日之前的现有技术的基础上，完全没有创造能力，也是有一定的困难的。因此，即便是规定了归一化的判断主体，实际判断主体的只能无限地接近但是难以完全到达本领域技术人员的认知和能力，即法律拟制的这个判断主体在现实生活中并不存在，而专利创造性判断的实际的主体则是审查员，他们戴着"本领域技术人员"的面具进行判断，使得创造性的判断具备一定的主观性。

2. 创造性判断方法的主观性

判断要求保护的发明对本领域的技术人员来说是否显而易见，要确定现有技术整体是否存在某种技术启示。《专利审查指南2010》中给出了认为现有技术中存在"技术启示"的三种情况：（1）所述区别特征为公知常识，例如是公知的教科书或者工具书披露的解决该技术问题的技术手段，或者是本领域中解决该技术问题的惯用手段。（2）所述区别特征为与最接近的现有技术相关的技术手段，例如是同一份对比文件其他部分披露的技术手段，该技术手段在对比文件中所起的作用与该区别特征在要求保护的发明中所起的作用相同。（3）所述区别特征为另一篇对比文件中披露的相关技术手段，该技术手段在对比文件中所起的作用与该区别特征在要求保护的发明中所起的作用相同。

进入"三步法"的第三步后，方案被分解成了技术特征，当重点被放在分析每一个区别技术特征以及其能够起到的作用时，常常会忽视从整体上把握方案A与方案B之间的差别，只见特征不见整体方案的结果会出现多个区别

---

❶ 温大鹏. 所属技术领域的技术人员对创造性的影响［J］. 中国专利代理, 2010 (2).

技术特征均为本领域的公知常识。在认定公知常识时容易出现时间偏差或者认知偏差。审查员常常会出现的问题是，不能准确地把认知调整回到申请日或优先权日之前，或者不能完全摆脱申请日之后获得的知识和技能的影响，将会导致严重的"事后诸葛亮"问题，机械地运用"三步法"就是对这一问题的真实写照。这些偏差增加了创造性判断的主观性。

三、如何在专利实审中避免创造性判断的主观化

现结合具体的审查工作，针对如何避免创造性判断主观化提出以下**建议**：

（1）审查员在检索最接近的现有技术时，力求做到查全，而在确定最接近的现有技术时应当从现有技术的事实出发进行事实认定，这一步做到客观才能保证确定发明的区别特征和发明实际解决的技术问题能够客观。当客观地认定发明的区别特征和实际要解决的技术问题后，到最接近的现有技术之后，企图寻找用于结合的对比文件时，需要从区别特征的作用和发明解决的技术问题出发，要严格从现有技术整体上判断对比文件是否存在技术启示。在检索过程中务求做到判断主体客观化。

（2）审查员在专利审查过程中应当重视辅助判断因素是避免创造性判断主观化的途径之一。《专利审查指南2010》第二部分第四章第5节规定了几种判断发明创造性时需要考虑的其他因素，其中包括：①发明解决了人们一直渴望解决但始终未能获得成功的技术难题；②发明克服了技术偏见；③发明取得了预料不到的技术效果；④发明在商业上获得成功。《专利法》的立法目的之一是鼓励技术进步，商业成功可以有力地佐证技术进步。比如支持一个商业上成功的专利，总比支持一个商业上不成功的专利要强，尤其是在大量专利没有实际应用的我国。重视辅助因素能够避免主观化的另一重要原因在于，辅助判断往往会使创造性判断者掌握的信息更加完整。

（3）在"三步法"的运用过程中，应当切忌做"事后诸葛亮"，尤其在直接认定区别特征为惯用手段或者认为对比文件公开了该区别特征且作用相同，就直接得出存在技术启示时。为了避免机械地运用"三步法"，应当坚持从最接近的现有技术和发明实际解决的技术问题出发，在确定区别特征以后，促使本领域技术人员在解决该技术问题时积极地预期和寻找各种技术手段，并将这些技术手段汇总，再逐一分析这些技术手段是否为惯用手段或者被其他对比文件公开且解决相同的技术问题，进而确定该区别特征是否包含在上述预期的技术手段之中，如果包含则认定存在技术启示。这种预期和寻找技术手段以及汇

总的过程是创造性判断方法客观化的具体实现，它能够有效避免判断非显而易见性时的主观臆断。

（4）对相同情况适用相同判断规则是避免创造性判断主观化的途径之一。对于一些常见的类型相同的发明使用统一的判断规则，《专利审查指南2010》第二部分第四章第4节规定了几种不同类型发明的创造性判断规则，其中包括开拓性发明、组合发明、选择发明、转用发明、已知产品的新用途发明、要素变更的发明。值得注意的是，虽然在创造性判断中引入类型化判断规则有利于避免机械地使用"三步法"，但是这种类型化的判断规则同样也不能机械地使用，需要根据具体情况具体对待，不能生搬硬套。

（5）对于常见的技术领域相同的发明使用稳定统一的创造性判断规则，这样能够避免机械地使用"三步法"，同时避免创造性判断的主观化。这些稳定统一的创造性判断规则是根据技术领域的共同特性确定的，同样在使用中也不能机械地使用，仍需根据具体情况具体对待，避免机械地使用。

四、小　　结

容易造成专利创造性判断主观化泛滥的主要因素可归结为创造性判断主体的主观性和创造性判断方法的主观性。避免专利创造性判断的主观化，应当从以下几个方面来着手：第一，严格遵守专利创造性判断的"三步法"，但又不机械地运用"三步法"；第二，在创造性判断中应当重视辅助判断因素使创造性判断者掌握的信息更加完整；第三，对于一些常见种类以及常见技术领域的发明创造适用统一的判断规则，有利于避免创造性判断的主观化。

对创造性初次评价后再判断的思考

刘宏伟* 黄 玥* 王新艳* 张慧梅*

【摘 要】

创造性评价的过程中通常存在反复多次的评估考量，为了避免在创造性初次评价之后陷入在前的评价思路，从而导致创造性评价失当的情况出现，本文从重塑发明创造性，申请日前发明人与本领域技术人员的比较和目标导向下的技术问题确定三种视角分别进行尝试，以期获得保障创造性评价客观准确的可行的创造性再判断的方式。

【关键词】

创造性 初评 再判断 重塑发明 技术问题

在创造性评价的过程中，通常采用"三步法"的思考方式来评价，而根据目前"三步法"应用情况来看，在通过三步法评价创造性之后，往往会陷入先入为主的评价思路中，如果在创造性初次评价之后，再从其他方向来校验创造性评价是否合理，或能提高创造性评价的准确性。以下是笔者在实际的审查过程中，对创造性再判断的一点思考。

---

* 作者单位：国家知识产权局专利局专利审查协作广东中心。

一、重塑发明创造

欧洲专利局审查指南中,在创造性评价时,以最接近的现有技术明确为技术改进的起点,而评价创造性时,则以本领域技术人员作为技术实施的主体,以申请日为技术改进的时间界限,评判在重塑发明的正向过程中,能否获得申请请求保护的技术方案。如以本领域技术人员作为主体,在现有技术和本领域技术人员能力的支撑条件下,能够获得请求保护的技术方案,则可评判发明不具备创造性。

专利审查的行为属于后发评价,评价的时间点远在申请日之后,审查员在检索和审查时已经看到了申请的技术方案,在创造性评价过程中会不由自主地将已经看到的技术方案带入到评价过程中,从而造成低估发明创造性的"事后诸葛亮"行为。此外,从社会心理学[1]的角度来看,"事后诸葛亮"的现象会使得科学研究成果看起来和常识没有区别,使得评判主体妄自尊大,高估自己的智慧能力,更倾向于为那些事后看起来"显而易见"的科学研究成果定性为本质上显而易见。而事实上,在事后分析看来十分清晰明了的事情,事前往往没有那么清晰可辨,当时所需要考虑的信息之中充斥着大量的"噪音"和不确定因素。

因此,重塑发明之路,还原发明创造的过程,是尽量避免后发评价所带来的不客观的"事后分析"的很好的方法。

以下结合具体案例分析。

【案例1】

权利要求1:

1. 一种用于制造模塑制品的模具,所述模具包括:第一模具和第二模具,所述第一模具和所述第二模具在打开位置和闭合位置之间可松开地配合,所述闭合位置限定模腔,该模腔的表面包括至少一个排气口;

其中所述排气口包括开孔和阻塞物,所述阻塞物可在允许气体经由所述开孔从所述模腔排出的第一位置和所述阻塞物阻塞所述开孔的第二位置之间相对于所述开孔移动;并且所述模具进一步包括布置在所述排气口的阻塞物与所述模腔之间的传感器,所述传感器用于感测所述模腔内存在预定量的可模塑材

---

[1] 戴维·迈尔斯. 社会心理学 [M]. 张智勇,乐国安,侯玉波,等译. 北京:人民邮电出版社,2006.

料，所述传感器被构造成在检测到所述预定量的可模塑材料时将所述阻塞物从所述第一位置驱使到所述第二位置。

相关附图见图 1 和图 2。

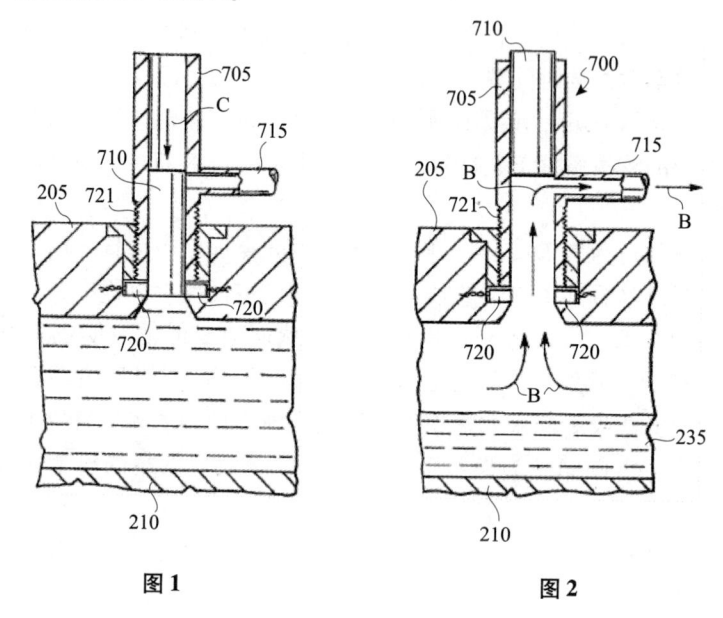

图 1

图 2

该技术方案的核心在于：

一种用于制备聚合物泡沫制品的注塑成型机，泡沫成型制品例如汽车座椅用的聚氨酯衬垫。成型时，为保证型腔里面的空气排出，同时又因为泡沫制品，需要在成型时在制品内部形成一定的气体孔洞，所以，成型需要排出空气，同时又要保证有一定的气体留在型腔内。

该申请的方案通过在注塑成型机的型腔部分设置有排气孔 700，如图 2 所示，熔融的聚合物 235 流道型腔时，将气体排出，而当熔体流满型腔时，传感器 720 感知到熔体达到了需要的量时，阻隔块 710 向下运动，把排气孔堵住，从而实现保证制品表面较好，空气排出，但所需量的空气又保留在了型腔内的目的。

审查过程中，审查员检索到对比文件 1，用于评价方案的创造性。

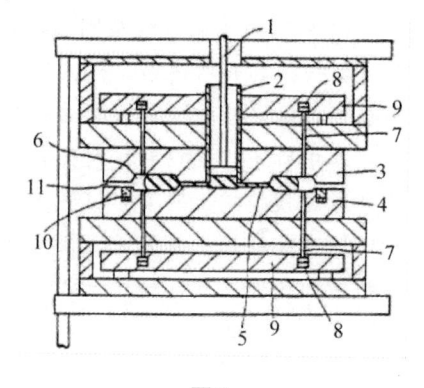

图 3

图 4　　　　　　　　　图 5

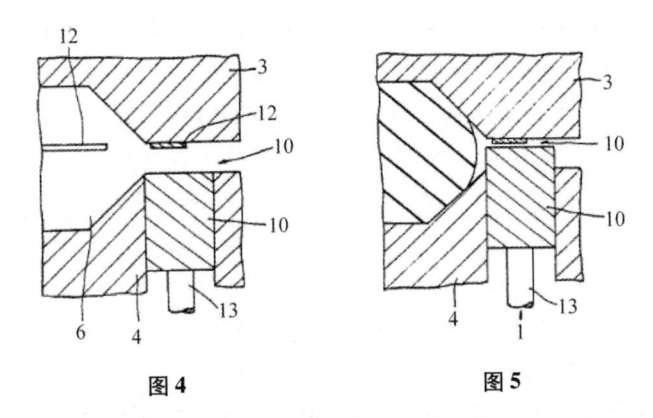

对比文件1公开的方案：上模3和下模4形成模腔，隐含公开上模3和下模4在打开位置和闭合位置之间可松开地配合，模腔旁有排气口11，因此，对比文件2公开了权利要求1的"一种用于制造模塑制品的模具，模具包括第一模具和第二模具，第一模具和第二模具在打开位置和闭合位置之间可松开地配合，闭合位置限定模腔，模腔的表面包括至少一个排气口"；从图4和图5可以看出，10相当于权利要求1的阻塞物，10可以在排气口上下移动，因此公开了权利要求1的"排气口包括开孔和阻塞物，阻塞物可在允许气体经由开孔从模腔排出的第一位置和阻塞物阻塞开孔的第二位置之间相对于开孔移动"；压力传感器8相当于权利要求1的传感器，压力传感器8感应到模腔内预定量的可模塑材料产生的压力后使得驱动部13驱动10向上移动。可见，对比文件2公开了权利要求1的"传感器用于感测模腔内存在预定量的可模塑材料，传感器被构造成在检测到预定量的可模塑材料时将阻塞物从第一位置驱使到第二位置"。

经过上述对比，两者区别在于该申请传感器的位置设置在排气口和阻塞物和模腔之间，而对比文件2的传感器8设置在了型腔的外围，与排气口不相关联。

针对传感器设置位置的区别，审查员认定传感器的目的相同，均为测量型腔内的压力从而调节阻塞物控制空气排出口的开闭，设置的位置并不影响功能的实现，也是本领域要技术人员可常规设置的。

区别技术特征的认定准确，传感器的作用认定也没有问题，创造性的评价看似合理。但是该案如果采取重走发明路的方式来评判，结果将有所不同。

重走发明路的过程中对于对比文件本身所处的技术环境、解决的技术问题等方面考虑整体技术方案，和机械地将其切割成技术特征对比有所不同。

对比文件为1984年的日本申请，其中制备的产品没有明确为发泡制品，因此，通常理解应当为常规聚合物型材。而根据对比文件当时所面临的最主要的技术问题是制品表面的熔接痕太明显，究其原因是型腔内压力太大致使本身便脆弱的熔接部分应力集中，痕迹更明显，机械性能也有所影响，因此，对比文件为了解决这一问题，才采取了控制型腔内压力的方式来控制空气排出，在型腔内达到预定压力时将排气口变窄，变窄的排气口仍然会在产品的端部产生飞边；总而言之，对比文件1是通过将熔接痕的位置转移到飞边处，待制品成型后将飞边去除来消除熔接痕。

如果以该方案作为研发或改进的起点，首先将面临以下改进：（1）制品材质的选定，用制备常规聚合物型材的设备用作发泡材料；这一改进难度不大，对本领域技术人员而言并不困难；（2）改用作发泡材料的制备之后，发现发泡材料内部气泡量过多或过少会造成材料材质不好，是从现象探究本质原因的过程，在没有明确证据或知识表明这属于明显的因果关系时，改进的作出并非简单推理可得知的；（3）通过传感器测定所需的空气量，并根据空气的量设定排出口的位置，再将需要的量的空气通过阻塞块压缩回型腔中，其是为达到**既要有适量的空气，又要排多余的空气**的目的而设计的，这一思路，放到申请日前的本领域技术人员面前，依据对比文件的基础，并无法推理得出；（4）另外，由于在对比文件1正是通过将熔接痕的位置转移到飞边处，待制品成型后将飞边去除来消除熔接痕，因此，在对比文件1明确排气口留有间隙可转移熔接痕位置的技术手段时，才用阻塞物将排气口阻塞的改进方式并不合理。

从上述案例的分析可知，在重塑发明的过程中，有改进的断点（2）、（3）、（4）使得本领域技术人员难以改进得出该申请请求保护的方案，从而得出该申请相对于对比文件具备创造性的结论。

可见，重塑发明创造的过程，是从正向思考发明的技术构思，从而可以在一定程度上避免在审查员看到申请的技术方案后，出现"事后诸葛亮"创造性评价的情况。

二、申请日前发明人与本领域技术人员的比较

除了重塑发明过程可用于校验创造性评判是否合理，还可采取本领域技术人员和发明人这两个申请日前的"人"水平高低的方式来进行检验。

简单来说，当申请日前发明人的技术水平和能力大于本领域技术人员的技术水平和能力，则具备创造性，当申请日前发明人的技术水平和能力小于本领域技术人员，则不具备创造性。

我们知道，《专利审查指南2010》第二部分第四章中赋予本领域技术人员的知识和能力包括：

（1）知识方面：①申请日前发明所属领域所有的普通技术知识；②能够获知该领域中所有现有技术；

（2）能力方面：①合乎逻辑的分析、推理能力；②具有申请日之前常规实验手段的能力，通过有限的试验得到结论的能力；③如果所要解决的技术问题能够促使本领域技术人员在其他技术领域寻找技术手段，具有从该其他领域中获知该申请日前相关现有技术、普通技术知识和常规实验手段的能力。

欧洲专利局审查指南中对于本领域技术人员的理解除是单独的个人，甚至在解决复杂技术问题时可以是相关领域科学家团队，足见对本领域技术人员技术知识和能力给予的充分认可。

本领域技术人员的缺陷在于：他不具备创造能力。

由此看来，发明人和本领域技术人员在知识和能力上的优劣势如表1所示。

表1　发明人和本领域技术人员在知识和能力上的优、劣势

	优势	劣势
本领域技术人员	全面掌握普通技术知识和试验技能，逻辑分析、推理的能力	不具备创造能力
发明人	技术知识面受限；技能有限；了解技术的能力受局限	具备创造能力

当然，这是理论上的优劣势比较，实践中发明人可能是顶尖科学家团队，而本领域技术人员的代表——审查员可能因自身技术能力水平的差异而达不到本领域技术人员的水平；发明人也可能是科学技术水平与本领域常规水平相当或者达不到本领域常规水平的普通民众，而审查员也可能因在某方面学术研究能力突出而自身科技水平超过本领域常规技术水平。

判断申请日前两个"人"水平的高低，以衡量发明人所采取的技术方案与本领域技术人员能力之间的差异时，通常有以下情况出现：

（1）发明人因自身知识面的局限，**误**将已有的知识（通常表现为技术问题、普通技术知识）当成了自己的独到见解；

（2）发明人因自身技能的局限，**误**将已有的技能当成自己独到的技术手段；

（3）发明人将通过合乎逻辑的分析、推理或有限的试验得出的结论误认为是创造能力；

（4）审查员为代表的"本领域技术人员"**误**将发明人独到的知识当成了普通技术知识；

（5）审查员为代表的"本领域技术人员"**误**将发明人独创的技术手段当成了本领域常规技术手段；

（6）审查员为代表的"本领域技术人员"将超出了合乎逻辑的分析、推理以及有限试验能力而获得的结果误以为是常规推理能力。

在评判创造性评价是否合理时，可着重看是否有上述情况，其中（1）和（2）、（4）和（5）的情况，通常可以采用涉及相关误解部分内容采用证据举证的方式，给予评判是否合理的结论。如审查员认定某特征为本领域普通技术知识、常规技术手段，发明人认为并非如此，可要求审查员对此举证以将见解不同之处弄清楚；如审查员认定某特征是在本领域普通知识和技能基础上通过逻辑推理可得出的内容，而发明人对此不认同时，可从双方各自阐述的逻辑推理链找出是逻辑链推理的问题还是逻辑推理中所运用的知识、技能上的问题，知识、技能的问题仍然采用证据解释的方式予以解决，逻辑推理的问题则通过明确逻辑关系可解决。

如【案例1】，审查员的逻辑为：（1）该申请与对比文件的区别在于传感器的位置不同；（2）传感器的作用是相同的，都为了获取型腔中压力的数值；（3）传感器的设置位置只要设置在能起到相应作用的位置即可，本领域技术人员可进行适当选择；（4）得到发明的技术方案。

发明人的逻辑为：（1）本申请与对比文件的区别在于两者解决的技术问题不同，该申请为了排出空气的同时但还要保留部分空气；（2）基于保留空气这一点，排气口的设置与传感器的设置有所要求，使得空气保留的量为所需的量；（3）保留的空气还需要通过阻塞块挤压进入到熔体中以形成发泡材料；（4）对比文件的空气排出型腔，并没有再将空气挤压回型腔。

从上述逻辑推理链条便可清晰地看出，该申请传感器位置的不同只是表面上的不同，两者解决技术问题不同才是实质的不同。即发明人所掌握的知识并非本领域普通技术知识，导致"本领域技术人员"对普通技术知识的判断超出了应有水平，致使创造性判断不适当。

三、目标导向下的技术问题

发明创造的过程通常是发明人发现了现有技术中的某项技术的缺陷，以为解决该缺陷未明确的目标，有明确目标导向的思维结合实践的过程。但如前文所述，因为发明人自身能力水平的局限，可能将现有技术中已经解决的问题或已经作出的改进当作他独有的目标，当有对比文件揭示了他的目标以及解决的方案时，创造性的评价通常比较明确；当对比文件并没有揭示其目标时，通过最接近的现有技术与发明方案之间的比较从而确定出所要解决的技术问题时，往往对技术问题的表述决定了创造性评价的标准。

根据 Triz 理论中对技术矛盾的发掘并重新提出要解决的技术问题是解决技术难题的第一步，甚至最重要的一步可知，确定发明实际解决的技术问题不能脱离申请日前的技术水准以及本领域技术人员的水平。可见，技术问题的确定往往是判断技术启示的基础，也对技术方案的评价起到承上启下的关键作用，对创造性结果产生直接影响。

以下为确定实际解决技术问题时需要考虑的方面：

（1）是否根据区别技术特征给发明方案带来的效果，并依据效果确定专利实际解决的技术问题。区别技术特征起到的效果对"技术启示"的判断有直接影响。忽略对发明实际解决的技术问题的考虑，之后对技术启示的判断很可能变成对技术特征本身是否显而易见的判断，而不是对发明技术方案是否存在技术启示的判断。这样做没有从发明技术方案整体考虑发明实际解决的技术问题，在此基础上对技术启示判断已经脱离了发明实质。

（2）当发明与对比文件的区别，表面上为多个特征时，需要考虑特征之间的关联性，并在此基础上确定发明实际解决的技术问题。技术特征如果相互关联，共同作用以解决同一个技术问题，技术启示的判断应以此为基础，否则会脱离发明本质；如果区别特征相对独立，各自完成不同的功能，则可以分别确定不同的技术问题。

（3）根据区别技术特征确定发明实际解决的技术问题时，所确定的技术问题不应包含发明解决该问题的技术手段。带入技术手段而确定的技术问题，则将事后的结果导向带入到事前的问题解读中，无意中降低了发明的水平。

（4）确定发明实际解决的技术问题，应当以所属技术领域技术人员的眼光，客观分析发明所要求保护的技术方案相对于最接近的现有技术所具有的技术效果，并据此确定发明实际解决的技术问题。同时，发明申请文件中声称的技术问题、技术效果可以作为参考，但并不必然被认定为"发明实际解决的技术问题"。

（5）在确定发明实际解决的技术问题时，需要注意不能超越申请日前本领域技术人员的水平和能力。

根据以上明确的技术问题确定的注意方面，结合在创造性评价中所撰写的技术问题，如果技术问题的撰写不符合上述的注意事项，则创造性判断失当的可能性较大。

【案例2】

权利要求1：

1. 一种旋转式吹塑成形装置，其特征在于，包括：

一次吹塑成形旋转部，其一边旋转输送被加热的多个一次吹塑模具，一边利用所述多个一次吹塑模具分别将预塑型坯吹塑成形为一次吹塑成形品，并且利用所述多个一次吹塑模具分别使所述一次吹塑成形品收缩；

二次吹塑成形旋转部，其一边旋转输送多个二次吹塑模具，一边利用所述多个二次吹塑模具分别将所述一次吹塑成形品吹塑成形为二次吹塑成形品；

中继旋转部，其配置在所述一次吹塑成形旋转部与二次吹塑成形旋转部之间，借助分别设于被旋转输送的多个中继臂上的至少一个第1保持部，将所述一次吹塑成形品从所述一次吹塑成形旋转部交接到所述二次吹塑成形旋转部。

权利要求1与对比文件的区别在于加粗部分。

该装置的核心看似在于区别技术特征：中继旋转部配置在一次和二次吹塑成型旋转部之间进行交接，基于此，审查员在"一通"和驳回中都认定该发明实际解决的技术问题是提供设备将一次吹塑成型品运输到二次吹塑的旋转部。

但实质上，该申请的核心并不在于中继旋转部的设置，而在于连接的一次和二次吹塑的吹塑设备对于热量和产品形状的控制，申请人在意见陈述中明确表述了对于连接设备设置时需要考虑的热量的控制并非根据需要获得。

基于此，权利要求1与对比文件1的实质区别在于：一次吹塑成型旋转部上旋转输送的一次吹塑模具是"被加热的"，利用所述多个"被加热的"一次吹塑模具使所述一次吹塑成形品成形并收缩，中继旋转部仅将所述一次吹塑成形品从所述一次吹塑成形旋转部交接到所述二次吹塑成形旋转部（即中继旋转部仅交接一次吹塑成形品，不加热一次吹塑成形品）。根据上述区别可以确定权利要求1实际解决的技术问题是如何设计一次吹塑成形品热收缩的位置、如何交接吹塑成形品以提高单位时间的耐热容器生产量。

上述【案例2】便属于没有针对第（2）点考虑确定技术问题，从而采用了简单的割裂开的"区别技术特征"所解决的技术问题代替了整体技术手段的特征集合所能够解决的技术问题，从而片面地将发明的实质进行了扭曲。

四、总　结

创造性评价的过程中通常存在反复多次的评估考量，笔者认为对初次评价创造性之后的再判断过程中，通过上述三种方法，能够使得创造性的评价更加接近于申请日时本领域技术人员对创造性评价的标准，保障创造性的评价合理有效，尽可能地避免"事后诸葛亮"。

浅谈在发明完成过程及发明创造性判断过程中的技术问题

谢海燕[*]

【摘　要】

　　本文针对在发明完成过程及创造性判断过程中的技术问题进行初步探讨,从具体案件分析在发明完成过程中目标技术问题的作用,以及遵循《专利审查指南2010》规定的发明创造性的显而易见性判断的"三步法"中的实际技术问题的确定及影响,在发明完成过程下的整体技术内容的考量下,如何才能使目标技术问题客观地体现于最大保护范围的独立权利要求中,以便目标技术问题与实际技术问题尽可能趋于一致,来确保发明发明创造性判断的客观性、妥当性。

【关键词】

　　技术问题　技术效果　最接近的现有技术　法律逻辑

　　中国专利审查中的创造性判断所采用的"三步法"原则,自中国《专利法》实施以来虽有审查指南的不同修订,也未进行过大的修改,但"三步法"的判断思路适用于绝大多数发明的创造性审查,它是客观判断发明创造性的有

---

[*] 作者单位:中科专利商标代理有限责任公司。

效方法，❶ 故在目前的审查意见通知书、驳回决定、复审通知书及复审请求审查决定、无效宣告请求审查决定等中只要涉及创造性判断，几乎毫无例外地都会应用"三步法"原则。但是，"三步法"原则中发明实际解决的技术问题（以下简称"实际技术问题"）并非是申请发明人在申请文件中所声称的技术问题（以下简称"目标技术问题"），且判断所要求保护的发明对本领域技术人员来说是否显而易见也是在实际技术问题的基础上进行的，然而，这些实际技术问题的相关原则是有别于欧洲、美国、日本、韩国等专利审查判断的相关规定的。针对这样的中国特有的涉及实际技术问题的相关原则，在借鉴前辈们及专家学者们尤其是法律界同仁们的相关探索实践下，探讨性阐述目标技术问题以及实际技术问题的区别、关联。

一、目标技术问题和实际技术问题

发明人在专利申请文件中声称的针对现有技术存在的缺陷所要解决的技术问题，即发明要达成的目标所涉及的技术问题，也称为发明的目标技术问题。就发明完成的过程而言，通常应该有如下三个步骤：步骤一，发明人**意识到**某现有技术在某一方面存在的缺陷（现象），即意识到目标技术问题的存在，例如发现某印刷设备在进行印刷时纸张跑偏；步骤二，在意识到目标技术问题的前提下，发明人**有动机**对该现有技术进行改进，即有动机去**分析使**该缺陷产生的技术方面的原因，例如通过分析发现上述纸张跑偏的原因是印刷机的部件 A 在使用一段时间后发生了变形；步骤三，基于该技术改进分析（原因分析）寻找**解决**该缺陷的技术手段，例如发明人采用了一种不易发生变性的已知材料 B 来制造部件 A。也就是，本领域技术人员在完成一项发明的过程中，通常会经历"问题意识、有动机改进、找到解决问题的手段"这三步骤，该三步骤应该是发明完成的合理性证明所对应的逻辑学上的要求。❷❸ 另外，三步骤中的"问题意识"，应该是任何发明完成的最根本的出发点，也就是说，只有当意识到该技术问题时，才能想到在现有技术中去寻找相应的技术解决手段，如果没有该技术问题的存在及对其的意识，则也当然不会再有其后的相应探索及其结果（寻找技术解决手段及获得技术解决手段）。

---

❶ 黄敏. 专利申请文件的撰写与审查要点（修订版）[M]. 北京：知识产权出版社，2006.
❷ 徐立. 法律条文的语言表述要注重逻辑性[N]. 人民日报及海外版，2010-07-20（08）.
❸ 于萍. 创造性评价中实际解决技术问题的确定[EB/OL].（2013-12-20）. http://www.sipo.gov.cn/mtjj/2013/201312/t20131220_890734.html.

相对于此,在《专利审查指南 2010》第二部分第四章第 3.2.1.1 节的有关创造性判断的"三步法"原则中,以下规定存在,即:(1)确定最接近的现有技术对比文件;(2)对比后,确定发明的区别技术特征和发明实际解决的技术问题;(3)从上述(1)及(2)步骤所确定的内容出发,判断要求保护的发明对本领域技术人员来说是否显而易见,即是否存在技术启示。

显然,发明完成过程的上述三步骤与发明创造性判断中的"三步法"原则并非相同。但是,从作者自身数十年的科研经验及近十年的专利代理实践的综合角度而言,在兼顾考虑发明完成过程及发明创造性判断过程下,考量科研研发行为及专利创造性判断程序的内涵,可以将发明创造性判断中的"三步法"原则视为核心,而将发明完成过程的上述三步骤视为围绕该核心的外延的限定。究其原因,发明创造性判断的"三步法"原则的精髓在于重塑发明过程,而该发明过程的重塑理应是对发明完成过程的特定化考察,这样的发明过程特定化考察当然是被涵盖于发明过程中的,基于该涵盖关系,通常发明完成过程的逻辑学要求当然应该将特定发明过程(重塑发明过程、创造性判断过程)的"三步法"原则圈划于其中。

通常,发明完成过程的上述三步骤的逻辑学要求是一个大圈,而创造性判断过程(重塑发明过程、特定发明过程)的"三步法"原则是该大圈中的一个小圈。然而,大圈与小圈的相互关系,随着要求保护的发明(独立权利要求的技术方案)的范围大小及其相应的发明重塑条件的改变会相应变化:两者圈划范围大致同样,或大圈包围小圈,或大圈小圈交叉等。

另外,尽管在《专利审查指南 2010》第二部分第四章第 3.2.1.1 节规定,最接近的现有技术,是指现有技术中与要求保护的发明最密切相关的一个技术方案,它是判断发明是否具有突出的实质性特点的基础。最接近的现有技术,例如可以是,与要求保护的发明技术领域相同,所要解决的技术问题、技术效果或者用途最接近和/或公开了发明的技术特征最多的现有技术。或者虽然与要求保护的发明技术领域不同,但能够实现发明的功能,并且公开发明的技术特征最多的现有技术。应当注意的是,在确定最接近的现有技术时,应首先考虑技术领域相同或相近的现有技术。而在专利实践中,通常审查员确定最接近的现有技术时,所涉及的要解决的技术问题是由独立权利要求所要求保护的发明即技术方案所涉及的技术问题,并非是专利申请说明书中所声称的目标技术问题,也就是说,审查员在审查意见通知书中对最接近的现有技术进行确定的实际基础,并非是所声称的目标技术问题,而是专利申请所要求保护的发明即独立权利要求的技术方案所相应的技术问题,❶ 该相应的技术问题通常与第二步的实际技术问题密切相关。

还有,《专利审查指南 2010》规定:"确定技术问题的依据是区别技术特征所能达到的技术效果。""作为一个原则,发明的任何技术效果都可以作为重新确定技术问题的基础"。在审查实践中需要注意的是,确定实际技术问题,是以技术手段达到的技术效果为基础,而不是以技术手段(区别技术特征)为基础。换言之,所确定的实际技术问题,要体现的是技术效果,而不是技术手段。

就发明实际解决的技术问题的客观分析判断而言,运用"三步法"对发明进行创造性评价、确定发明实际解决的技术问题时,应当以所属领域普通技术人员的眼光,客观地分析发明所要求保护的技术方案相对于最接近的现有技术所具有的技术效果,并据此确定发明实际解决的技术问题。专利说明书中描述的发明要解决的技术问题和声称的技术效果可以作为确定发明实际解决技术问题的重要参考,在上述声称的技术效果能够得到确认的情况下,其可以作为确定发明实际解决技术问题的依据。反之,则不能,此时发明实际解决的技术问题应由本领域技术人员根据专利申请文件公开的内容判断其所要求保护的发明客观上具有的技术效果来确定。❷

也就是说,所声称的技术效果能够得到确认,是以该技术效果作为确定发明实际解决技术问题的依据的前提。一旦该前提缺失,自然发明实际解决技术问题的确定不能依据该技术效果来进行。换言之,当专利申请由上位概念概括的独立权利要求的技术方案即所要求保护的发明的范围相当大以致所声称的技术效果得不到确认时,也即所声称的技术效果所对应的技术特征没有被包括在该独立权利要求时,审查员会针对该所声称的技术效果得不到确认的独立权利要求所要求保护的发明,**重塑**发明过程,实际上不但针对该独立权利要求的发明确认最接近的现有技术,而且相对于所确认的最接近的现有技术去重新确定该独立权利要求的发明所具有的技术效果,再以该重新确定的技术效果来重新确认实际技术问题。

---

❶ 谢海燕. 浅谈创造性判断中最接近现有技术的确定 [G] //创造性理论与实践——2011 年专利审查与专利代理高端学术研讨会论文选编. 北京: 知识产权出版社, 2012.

❷ 于萍. 创造性评价中实际解决技术问题的确定 [EB/OL]. (2013 - 12 - 20). http: //www. sipo. gov. cn/mtjj/2013/201312/t20131220_ 890734. html.

二、具体案例分析

一种红外发光元件的制造方法，具有以下技术特征：
(a) 准备含有 $1\times10^{15}\,cm^{-3}$ 以上、$2\times10^{18}\,cm^{-3}$ 以下的 C 的 Si 基板的工序；
(b) 在 Si 基板表面形成 SiO_2 膜的工序；
(c) 将形成有 SiO_2 膜的 Si 基板、在含氧气氛中进行 RTA 处理的工序。

（一）针对该请求保护的发明，审查员的审查意见

对比文件 1 公开了一种半导体晶片的制造方法，并具体公开了以下技术特征：准备一硅（Si）基板；在 Si 基板表面形成 SiO_2 膜；将形成有 SiO_2 膜的 Si 基板进行快速热退火处理工序。

该权利要求所要求保护的技术方案与对比文件 1 公开的内容相比，其区别技术特征为：含有 $1\times10^{15}\,cm^{-3}$ 以上、$2\times10^{18}\,cm^{-3}$ 以下的 C 的 Si 基板；在含氧气氛中进行 RTA 处理；红外发光元件的制造方法。基于上述区别技术特征，该权利要求所要求保护的技术方案相对于对比文件 1 实际解决的技术问题是：提高红外发光元件的发光效率。

对比文件 2 公开了一种单晶硅晶片的制造方法，并具体公开了以下技术特征：在含氧气氛中进行 RTA 处理，含有 C 的 Si 基板，其中 C 的浓度可以为 0.1~5ppm。而且该上述区别技术特征在对比文件 2 中所起的作用与其在本发明中为解决其技术问题所起的作用相同，都是对 Si 基板进行处理。也就是说，对比文件 2 给出了将该区别技术特征用于该对比文件 1 以解决其技术问题的启示。本领域技术人员进一步通过常规试验可以得到 C 的浓度在 $1\times10^{15}\,cm^{-3}$ 以上、$2\times10^{18}\,cm^{-3}$ 以下，不需要付出创造性的劳动，且没有取得预料不到的技术效果。

此外，将上述半导体晶片的方法应用到红外发光元件的制造领域，对于本领域技术人员是公知常识，基于此本领域技术人员容易想到将上述方法应用到红外发光元件的制造方法中，不需要付出创造性的劳动，且没有取得预料不到的技术效果。

为此，在对比文件 1 的基础上结合对比文件 2 以及本领域公知常识得到该权利要求所要求保护的技术方案，对本领域技术人员来说是显而易见的，不具有《专利法》第 22 条第 3 款规定的创造性。

（二）关于本申请

由于本申请采用了上述技术方案，因此能够提供一种**简便**且**低成本**地制造

浅谈在发明完成过程及发明创造性判断过程中的技术问题

1.57μm 附近的光源。

对此,在本申请背景技术部分明确记载了,在以 Si 为**基材**的大规模集成电路（Large Scale Integration, LSI）中,内部配线延迟和焦耳热发生而使温度上升等**之虞存在**。近来,在对该虞的抑制上,开发利用光学互接的光电积体电路,该光电积体电路在 LSI 芯片上同时制作 CMOS 等的**现有元件**和发光元件等的**光元件**,且光元件由以 Si 作为基材的材料制作,并被要求具有 1.55μm 附近的发光波长。目前,发光技术中公知着所添加的 **Er 的 3 价离子与 Si 中的氧(O) 原子结合**而发光的以及基于在 Si 中所形成的**结晶缺陷**而发光的。但是,Er 的添加使其稳定供给不确切、缺陷（点缺陷、线缺陷、环缺陷、位错等）容易生成而发光效率降低、扩散线（包括制造装置）兼用困难、专用制造线和专用制造装置需要追加而制造成本变高；基于 Si 中的结晶缺陷的发光,难以得到在 1.55μm 附近（1.50~1.60μm）具有**锐利线幅**的发光,且**发光强度**受其他的波长区域的发光限制。也就是说,本申请要解决的技术问题是：基于 **Er** 添加的发光,发光效率降低、扩散线兼用困难、专用制造装置（制造线）追加而成本上升；基于 **Si** 中的结晶缺陷的发光,其**锐利线幅**（1.50~1.60μm；在 1.55μm 附近）的发光困难,**发光强度**受限制。

（三）关于对比文件

对比文件 1 公开了一种用于修复**晶片**的**后干蚀刻清洁方法**,尤其是对由例如反应离子蚀刻（**RIE**）等的干蚀刻所损坏的晶片进行修复的**后干蚀刻清洁方法**,该**后干蚀刻清洁方法**包括：从晶片的蚀刻部分去除干蚀刻残余层而在这些蚀刻部分形成氧化物的步骤；对该晶片进行 RTA 处理而使氧化物层中的氧少量浸透到该晶片以吸取杂质到该氧化物层而修复在氧化物层下的结晶性的步骤；去除氧化物层及其吸取杂质的步骤。并且,这个包括氧化物形成步骤、RTA 处理步骤、氧化物去除步骤在内的**特定步骤顺序**,被验证在表面性能修复的实现上特别有效。还有,对比文件 1 的方案是在覆盖 SiO_2 的 Si 基板进行 $CCIF_3/H_2$ 反应离子蚀刻试验**环境**下进行的。

再有,对比文件 1 中,实现晶片的近表面区域中的**损坏区域的修复**（也就是**使缺陷减小**）。

对比文件 2 公开了一种单晶硅晶片的制作方法,其通过对含有晶格间氧元素的单晶硅晶片进行热处理来制造具有氧析出物的单晶硅晶片,且该热处理至少具有：使用电阻加热式的热处理炉进行热处理的工序；使用急速加热/急速冷却装置（RTA 装置）进行热处理的工序；并且,通过使用 RTA 装置的热处理，获得在有效去除晶片最**表面**附近的空隙缺陷的同时增加**内部**的氧诱导缺陷的效果，为了更有效获得氧诱导缺陷的增加，优选氮气、<u>氧气</u>或它们的混合气体的环境；另外，通过使用掺杂有氮 N 或碳 C 的单晶硅晶片，<u>促进氧析出</u>、<u>减小微缺陷</u>（grown-in defect）尺寸以致易于由热处理使其消除（也就是使<u>缺陷减少</u>）。也就是说，对比文件 2 中通过对**特定**单晶硅晶片（含有<u>晶格间氧元素</u>的单晶硅晶片）进行 RTA 处理、在特定气氛（氮气、<u>氧气</u>或它们的混合气体）下进行处理、在掺杂的特定单晶硅晶片（掺杂有氮 N 或<u>碳</u> C 的含有<u>晶格间氧元素</u>的单晶硅晶片）进行处理，获得有效去除晶片最**表面**附近的空隙缺陷且增加**内部**的氧诱导缺陷（促进内部的氧析出）的效果。

（四）关于非显而易见性

1. 关于本申请的目标技术问题

如前所述，本申请发明者们经过锐意研究，才确认了 **Er** 添加的发光及 **Si** 中的结晶缺陷的发光这两种**发光技术**中分别存在不同的技术问题，即基于 **Er** 添加的发光，发光效率降低、扩散线兼用困难、专用制造装置（制造线）追加而成本上升；基于 **Si** 中的结晶缺陷的发光，其<u>锐利线幅</u>（1.50~1.60μm：在 1.55μm 附近）的发光困难，<u>发光强度</u>受限制。

并且，本申请的最大保护范围的独立权利要求 1 中，通过对所声称的技术效果的确定，判明了该技术效果所对应的用于解决该目标技术问题的技术手段被明确记载，即判明了独立权利要求 1 具体包括了对现有技术作出贡献的用于解决其技术问题的技术手段。在这样的前提下，目标技术问题被认为客观体现于该独立权利要求中。为此，在对该独立权利要求所请求保护的发明进行创造性判断时，基于客观判断事物的逻辑学要求，该发明的最根本的出发点也只能是其目标技术问题。正是在这样的技术效果得以确定的前提下从其目标技术问题出发，才能更客观地遵循发明的思路，也不违背审查的思路。这是因为当目标技术问题被客观体现于独立权利要求时重塑发明过程所得到的实际技术问题也通常应该与目标技术问题一致的缘故。

2. 关于技术领域

在确定了目标技术问题被客观体现于该独立权利要求的前提下，从该目标技术问题出发，关于对比文件 1、2 是否为本申请的同一技术领域、或相关技术领域进行争辩。也就是说，本申请是<u>红外发光元件</u>的制造方法，而对比文件 1 请求保护一种用于修复<u>晶片</u>的**后干蚀刻清洁方法**，对比文件 2 请求保护一种单晶硅<u>晶片</u>的制作方法。这样的晶片的清洁方法、制作方法分别是在晶片的修复、晶片的制造上所使用的。而作为本领域技术人员清楚得知,晶片作为基板有着广泛的应用领域,例如,高温器件、高功率设备、激光器、半导体器件(包括发光器件)等。显然,修复晶片用的清洁方法、针对晶格间氧元素的单晶硅晶片的制作方法,均与以抑制锐利线幅的发光困难及发光强度的限制为主要目的的红外发光元件的制造方法在用途等上找不到任何共同性。为此,得出对比文件1/对比文件2与本申请不能属于同一技术领域的结论。

另外,本申请要解决的技术问题之一是:基于 **Si** 中的结晶缺陷的发光,其**锐利线幅**(1.50~1.60μm;在1.55μm附近)的发光困难,**发光强度**受限制。该问题(如何抑制发光困难及发光强度受限)要得以解决,作为本领域技术人员而言,能够且也会到作为发光器件的上位概念**显示技术区域**中去寻找解决手段,却**很难或根本不会到**相距较远的基板晶片制造区域中去进行相关寻找。也就是说,从本申请的发明目的出发对单纯的基板晶片制造的现有技术进行检索不是一个自然而然的过程,即,从要解决的技术问题出发难以想到在这样一个技术领域可以寻找到解决方案。因此,涉及基板晶片中的晶片修复的对比文件1、制造具有**氧析出物**的单晶硅晶片的对比文件2,均不应当视为与本申请专利相关的技术领域。

通过对本申请与对比文件1及对比文件2不是同一技术领域,也不是相关技术领域的争辩,提供了本申请发明的"非显而易见性"的佐证之一。

3. 关于本申请与对比文件的区别

退一步即使在无视上述诸多相异因素的情况下,在本申请的上述出发点即目标技术问题的基础上,详细分析本申请与对比文件在实质上的技术区别:本申请达成的**效果**(创造结晶缺陷、增大发光强度)与对比文件(对比文件1:缺陷修复(使缺陷减少);对比文件2:缺陷减少)的效果**相反**等(具体内容鉴于文章主题省略)。

因此,本申请的技术方案相对于对比文件1、2或其结合是非显而易见的。

三、结　　论

在针对创造性缺陷的审查意见通知书进行答复争辩时,首先,必然需要对本申请的整体技术内容进行掌控,即在确认申请的最大保护范围的独立权利要求的技术方案及其技术效果的同时,针对性地浏览说明书,判断本申请的目标技术问题及其是否被客观体现于该独立权利要求中;其次,在目标技术问题被客观体现于独立权利要求时,从该目标技术问题出发,以申请及对比文件的相关技术（技术问题、技术手段、技术效果）为工具，严谨审核发明完成的各个步骤以及创造性判断的各步，逐步判断是否存在逻辑学要求上的缺陷，以打断法律逻辑（即打断法律前提和法律实施条件等），获得争辩成果；最后，即使在目标技术问题未被客观体现于独立权利要求时，一方面可以通过对独立权利要求的修改而使目标技术问题被客观体现于独立权利要求，另一方面也可以退一步从审查员确定的实际技术问题出发，同样如上述那样以技术为工具进行针对法律逻辑的攻打。这样，无论是发明完成过程还是创造性判断过程中，均从最根本的基点出发，以技术和法律的逻辑严谨性，确保发明创造性判断的客观性、妥当性。

从艺术设计学角度谈发明创造的过程与创造性判断

尹军团[*] 霍 亮[*]

【摘 要】

　　本文介绍了艺术设计的一般创作过程，试图从艺术设计的角度给出还原发明人发明创造过程的方法，并对发明创造过程中的创造性判断方法提出一些建议，期望能为发明专利的创造性判断提供一种新的视角。

【关键词】

　　设计过程　发明过程　创造性　技术灵感

一、前　　言

　　艺术设计是人类改变原有事物，并使其变化、增益、更新、发展的创造性活动。发明创造（本文针对发明和实用新型）也是一种创造性活动，其是在特定的社会环境和技术背景下，出于各种需要，人类利用已知知识进行智力活动，从而探寻未知世界的一种实践。

　　回顾那些具有影响力的发明创造的过程，我们会发现发明创造的过程与艺

---

[*] 作者单位：国家知识产权局专利局专利审查协作河南中心。

术设计的过程紧密相连,有时艺术设计会指导发明创造的方向,有时发明创造也促进艺术设计的不断更新,它们以实践为纽带相互影响,共同发展。

目前,很少有人对发明创造过程给出科学的研究方法、归纳出发明创造的过程,而实际上,由于发明创造形成于人类的思维,所涉及领域又十分宽泛,因此也很难对如何实现发明创造,就其过程进行科学化的还原。而在艺术设计方面,在某些设计领域已经存在一些比较成熟的设计思维模式、设计方法和步骤。有趣的是,艺术设计的创作过程与发明创造的创造过程有很多共同之处,介于二者之间的共性,笔者试图从艺术设计角度对发明创造的过程进行还原。

二、艺术设计的创作过程

艺术、艺术设计和发明创造均是人类创造性思维的产物。艺术是用形象来反映现实,但比现实有典型性的社会意识形态,包括文学、书法、绘画等;艺术设计不同于单纯的艺术,它是基于有形的产品,将其进行艺术化的设计,多应用在建筑、服装、产品外观等多种方面。艺术设计与发明创造的所依托的对象是相同的,均是基于有型的产品,不同的是前者是从美感的角度出发,进行艺术化的创作,而后者是从产品的技术角度出发,进行技术方案的创造。

通常而言,艺术设计的创作过程是:提出客观需求、寻找灵感来源、提取要素、艺术创作。

1. 提出客观需求

艺术设计是构想和解决问题的过程。设计构想是创造事物或产品的意识,以及由这种意识发展、延伸的构思和想法的过程。设计师进行设计之前,首先要根据客户所提出的设计要求进行市场研究。其次,要主动收集相关信息和资料,不仅要了解市场现状、企业现状、竞争者现状、产品和消费现状等,还要了解它们的发展趋势与目标,以及潜在的发展态势。在以上调查与访问的基础上,进一步掌握企业、市场的能力、动向和接受程度,还要从产品的内外量方面因素的各个不同层面进行调查,分析、比较和归纳。最后,关键是要得到一个"全新"的产品的定义,预先描述出这个产品的市场价格、消费群体等定位等。

有了明确的创作意向之后,设计师究竟以什么形式出现、采用什么形态组合、利用什么色彩搭配以及具体材料的选择等问题,则需更通过后续的创作过程完成。

2. 寻找灵感来源

灵感是人们长期从事于某创作活动过程中产生的突发性思维。灵感在人类思维活动的浅意识中酝酿，在不经意中突然闪现，是人类创造过程中一种感觉得到但却看不见、摸不着的东西，是一种心灵上的感应。灵感在乎时无法预想，是偶然产生的，在人类的创造活动中起着非常重要的作用，许多的发明创造和攻而不克的难题是靠灵感的闪现来完成的。

然而灵感的出现也并不神秘，是人们的知识积累到一定程度，水到渠成、厚积薄发的结果，它同经验的累积、敏锐的观察、丰富的联想、奇特的想象有着内在的联系。它具有突发性、增量性、短暂性、愉悦性，因此在艺术设计中通过捕捉灵感得到与客观需求相关的那些灵感来源，用于艺术设计。对于艺术设计而言，灵感可以来自然界、传统文化、电影、绘画、文艺作品等多方面，对其提取要素应用在目标设计中。

3. 提取要素

有些艺术创作的过程中没有明确提出需要提取要素这个步骤，或者将其与灵感来源的步骤融合为一体。无论是什么形式获得的灵感，在被设计所用之前都是有形象感的问题。提取要素可以让艺术创作变得简单化，在灵感的来源中提取真正对设计有用的要素，将灵感更加具体化、形象化，有的要素可以直接应用，有的则需要艺术家进行再创作。

4. 艺术创作

创作开始只是在客观需求方向下的一个设计意向，较为模糊和粗放，随着设计师不断思考，利用从灵感来源中提取的要素，将其组合、融入、应用、转化到目标设计中，思路越来越清晰，形象越来越具体、明确，体现设计思想、体现艺术造诣，从而实现艺术设计的创作。在这个过程中，创造性思维的运用是关键的。

三、发明创造的一般过程与创造性判断

1. 从艺术设计角度还原发明创造的一般过程

发明创造要经过什么样的过程或步骤？这没有一个统一的模式，因为不管是不同的发明，还是相同的发明，它们经历的过程与步骤往往是不尽相同的。但同时，不管哪种发明创造，它们的过程和步骤又有一定的相似之处和相应的内在规律。所以就有可能和有必要对发明创造的一般过程和进行还原，从而有利于客观的评价发明创造。这里借用艺术设计的创作过程，即提出客观需求、

寻找灵感来源、提取要素、艺术创作,来寻求发明创造的创造过程。笔者将发明创造的创造过程进行如下假设:

(1) 提出技术问题。与艺术设计的创作相似,发明创造过程的开始也是由问题提出而启动。发明人在当前社会背景的条件下,根据其所掌握的市场信息和自身实际客观需求来提出一个"全新的目标"作为技术问题。

(2) 寻求技术灵感。在艺术设计领域灵感的运用产生了创作,在科学领域灵感的运用产生了发明。发明人解决技术问题也需要"灵感",发明人在提出技术问题后,通过寻求技术灵感,使得发明的过程更可执行化、简洁化,得到关于解决技术问题的大致思路。

(3) 提取解决手段。从获得的技术灵感来源中提取一些真正有用的、能够解决技术问题的内容作为要素,也就是提取解决手段。

(4) 创造技术方案。将提取解决手段组合、融入、应用、转化到目标中,将其付诸实践完成技术方案的创造过程。该过程中需要运用发明人的技术知识、技术手段、实验能力等。

2. 发明专利的创造性判断中存在的问题

在各国的发明专利的创造性判断过程中,最容易出现的问题之一就是"事后眼观"(hindsight)或者叫作"事后诸葛亮",为了避免该问题的产生,美国专利法中以"教导—启示—动机"(Teaching-Suggestion-Motivation)标准进行纠正;欧洲则采用了"问题—解决方案"(Problem and solution approach)的解决办法;我国专利审查采用了欧洲专利局的判断标准并将其演化为"三步法"的判断基准,即:(1) 确定最接近的现有技术;(2) 确定发明的区别特征和其实际解决的技术问题;(3) 判断要求保护的发明对本领域的技术人员来说是否显而易见。

虽然,各国对避免"事后诸葛亮"的问题均采用了一定的解决办法,但是各国也均意识到了,其解决办法依然存在弊端,也不是唯一的判断创造性的标准。因此,如何找到更有效地避免"事后诸葛亮"的问题,从而对发明的创造性给出更加客观、公正的判断依然是十分值得研究的课题。我们知道,任何问题若想解决它,那么从其源头进行分析是必要的,从发明人发明创造一般过程中逐步分析各步骤的创造性,则可以对创造性给出更加客观的判断。

3. 发明创造过程中的创造性判断

(1) 提出技术问题本身就是一个创造性的过程。在这一过程中发明人做以下工作:调研该领域的技术现状、市场现状、竞争者与自身现状;确定该技术的应用范围、产品和消费现状；预测该技术发展趋势与目标，以及潜在的发展态势，等等。

根据上述劳动结果发明人提出"全新目标"的技术问题，那么发明创造性必然和上述结果息息相关，发明人对上述工作做得越详细、越有深度，则越能够提出更加新颖、客观、有用的技术问题，其后续的发明则更容易具备创造性。甚至有些技术问题的发现本身就是难以想象的，则这个发明创造开端就非显而易见的。

（2）技术灵感的寻求过程决定创造性的高低。技术灵感的来源越是不可思议，领域相差越大，技术上相似程度越小，解决技术问题的关联性越小，则该过程的创造性越高；反之，则创造性越低。比如：蒸汽机的技术灵感是瓦特从烧开水的水壶上跳动的水壶盖而获得；带凹凸花纹的鞋底的技术灵感是威廉·德尔曼从用带有凹凸小方块的铁板压薄饼的方法而获得。

（3）可能在已获取的技术灵感来源中并没有直接存在能够解决该技术问题的技术手段，甚至没有直接存在的技术问题；也可能存在多种解决该技术问题的手段，但是不知道其中哪些是能够应用的，哪些是能够得到更好的效果的。因此，就需要发明人在寻求到的技术灵感中进行技术手段的提取、转换。或者在众多解决手段中进行筛选，找到真正对发明创造有用的内容，这一个过程有创造性。解决手段提取的难易程度、复杂程度关系到这一个过程中发明创造的创造性的高低。

（4）在创造技术方案的过程中发明人进行组合、融入、应用、转化的方法决定了发明创造在这一过程创造性的水平。此外，发明人运用技术知识、技术手段、实验能力的水平也会影响发明创造的创造性。

四、总结与展望

本文借鉴艺术设计的一般创作过程即"提出客观需求、寻找灵感来源、提取要素、艺术创作"，还原出"提出技术问题、寻求技术灵感、提取解决手段、创造技术方案"的发明创造的一般性过程，并提出在该过程中的各阶段进行创造性的判断及其创造性判断的方法。

本文中所提出的在发明创造过程中各阶段的创造性判断实际上与我国创造性"三步法"的判断过程具有一定的内在联系和对应关系性。比如：提出技术问题的过程要经过发明人的市场调研，这与"三步法"中第一步确定最接近的现有技术是有关联的，而最终提出即一个"全新的目标"这与第二步确定发明的区别特征和其实际解决的技术问题是对应的；而寻求技术灵感以及提取解决手段的过程与"三步法"第二步中所提到的技术启示是相对应的。

在各国的创造性判断过程中尚存在一些问题，比如：判断专利的标准相对比较僵化、判断过程容易步入"事后诸葛亮"的误区等。本文所提出的一些不成熟的观点难免有谬误，作者仅希望通过上述粗浅的分析为创造性判断提供一种新的视角，期望业界各位朋友对该问题共同探讨，以完善评判创造性的方法，进一步提高判断的客观性。

参考文献

[1] 张鹏. 设计学概论 [M]. 北京：北京工艺美术出版社，2008.

[2] 石必胜. 判断专利创造性判断 [M]. 北京：知识产权出版社，2012.

[3] 国家知识产权局专利复审委员会. 专利复审委员会案例诠释：创造性 [M]. 北京：知识产权出版社，2006.

[4] 叶云岳. 科技发明与专利 [M]. 杭州：浙江大学出版社：2007.

[5] 皮尔托. 创新的特质与灵感——高创意人的早期发现与训练 [M]. 陈昭仪，等，译. 北京：世界知识出版社，2004.

[6] 牛强. 专利创造性判断中的事后诸葛亮 [J]. 知识产权，2009，19（112）.

[7] 刘樟华. 从"还原发明过程、把握发明构思"的视角对创造性评判和检索的一些探讨 [J]. 审查业务通讯，20（6）.

《专利法》第 9 条还是第 22 条？

王 灿[*]

【摘 要】

对于同一申请人"先后"对同样的发明创造提出两件以上发明或者实用新型专利申请的情况，如果对在先申请进行实质审查时发现在后申请已获得授权，应当适用《专利法》第 22 条进行审查，而不应以《专利法》第 9 条为由要求申请人对在先申请的权利要求进行修改甚至驳回，由此可能带来的"重复授权"问题可以通过后续程序处理。

【关键词】

重复授权　同样的发明创造　抵触申请　新颖性

一、问题的提出

首先来看这样一个实际案例：申请人先申请了一件发明专利申请 A，过了几日之后又就同样的发明创造申请了实用新型专利申请 B；实用新型 B 首先获得授权。在对发明专利 A 的实质审查过程中，审查员检索到了已授权的实用新型专利 B，其中的权利要求存在与 A 申请权利要求完全相同的权项。假

---

[*] 作者单位：国家知识产权局专利局审查业务管理部。

定 A 申请已经符合授权的其他条件，此时应当如何对发明专利 A 进行审查？

在 2014 年标准执行一致案例汇编中还有由于补交文件而导致申请日不同的情况：申请人原本于同日提交了保护范围相同的发明申请和实用新型专利申请，并在申请时分别进行了同日声明。两件专利申请说明书中均有对某一幅附图的说明，但说明书附图中均缺少该幅附图。在发明初审和实用新型审查阶段，申请人按照审查员的要求，分别补交了该幅附图。由于申请人补交实用新型的附图日期在后，因此该实用新型专利申请的申请日晚于该发明的申请日。此处由于申请时进行了同日声明，实用新型审查员能够得知该发明申请构成对该实用新型申请的抵触申请；但容易想见，如果没有此项声明，实用新型审查员将无法获得尚未公开的该件抵触申请，该实用新型将会被授权；而在该发明申请的实质审查过程中也将面临如上情形。

故而，一方面《专利法》中并没有明确禁止申请人就同样的发明创造先后提交专利申请；另一方面，实务中也存在其他原因而导致同样的发明创造具有不同的申请日。因此，对上述问题进行探讨在理论上和实务中都有实际意义。

二、现存的做法及存在的问题

（一）现存的做法

审查实践中存在这样一种观点：既然在对 A 案的审查过程中检索到了同样的发明创造 B，就应当采取措施避免重复授权；由于是在对 A 案进行审查，所以能让 B 放弃就放弃，不能放弃就得让 A 修改，总之不能对 A 案进行授权，以此避免出现重复授权。例如，如上案例就给出了如下的审查意见：

本专利申请目前的权利要求所请求保护的技术方案与相同申请人提出的已授权实用新型专利 B 的权利要求所要求保护的技术方案属于同样的发明创造，不符合《专利法》第 9 条第 1 款关于"同样的发明创造只能授予一项专利权"的规定。根据《专利审查指南 2010》第 168 页："对于同一申请人同日（仅指申请日）对同样的发明创造既申请实用新型专利又申请发明专利的，在先获得的实用新型专利权尚未终止，并且申请人在申请时分别作出说明的，除通过修改发明申请外，还可以通过放弃实用新型专利权避免重复授权。"但是，本申请 A 与实用新型专利 B 不属于同日申请，因此，不能够通过放弃实用新型来避免重复授权。

针对该审查意见，申请人在 A 申请的独立权利要求中补入特征，使之与已授权的实用新型专利 B 权利要求保护范围不同，之后授权。

（二）存在的问题

应当说，避免重复授权的法律精神是没有错的，而且乍一看，上述审查意见似乎有理有据，没有什么问题。但是，如果这种做法是恰当的，那么在同样的逻辑下，对于同一申请人先后申请了两项发明专利申请或两项实用新型专利申请，进而不同申请人先后申请了两项专利申请的情形又如何处理？具体说来：

情形一：申请人就同样的发明创造先后申请了两件发明专利申请 A、B；出于种种原因，B 首先获得授权。在对发明专利 A 的实质审查过程中，审查员检索到了已授权的专利 B。

情形二：不同申请人，申请人甲首先申请了一件发明专利 A，过了几日之后申请人乙又申请了实用新型专利 B，实用新型专利 B 首先获得授权。在对发明专利 A 的实质审查过程中，审查员检索到了已授权的实用新型专利 B，其中的权利要求存在与 A 申请权利要求完全相同的权项。

情形三：不同申请人，申请人甲首先先申请了一件发明专利 A，过了几日之后申请人乙也申请了发明专利 B，并提出了加快审查申请，发明专利 B 首先获得授权。在对发明专利 A 的实质审查过程中，审查员检索到了已授权的发明专利 B，其中的权利要求存在与 A 申请权利要求完全相同的权项。

上述情形都属于不符合通过放弃 B 专利而避免重复授权的情形。为了避免重复授权，是否也应当依据申请日在后的 B 专利而要求 A 申请进行修改？显然，对于后两种情形，申请人甲必然会争辩其 A 申请在先，肯定不会因为申请人乙在后的 B 申请已经授权而同意修改。那么，在前述审查意见的逻辑下，是否应当以不符合《专利法》第 9 条第 1 款的规定为由驳回 A 申请呢？至少对后两种情形显然是不恰当的，因为其与先申请原则相悖。虽然先申请原则仅规定了不同申请人的情况，但同样的法律精神是否也应当适用于第一种情形？

除此之外，前述做法还存在以下问题：

由于发明专利申请 A 的申请日是在实用新型专利 B 的申请日之前，而发明专利 A 的公开日在专利 B 的申请日之后，因此发明专利 A 构成了实用新型专利 B 的抵触申请，按照《专利法》第 22 条第 2 款的规定，实用新型专利 B 不具备新颖性。故而，虽然实用新型专利 B 已经获得授权，但实质上该授权的权利要求也是不稳定的，任何单位和个人都可以新颖性为理由对 B 专利提出无效宣告请求使之无效。此时，申请人就只能获得修改后的 A 申请中相对较小范围的权利要求，而其本应当具有更大的权利要求。也就是说，申请人是因为国家知识产权局的前述审查意见而导致了潜在利益的损失。

那么，上述这些问题和矛盾能否合理、有效地解决？现有专利法规中是否给出了相关的规定和教导？申请人和专利代理人面对上述审查意见又应当如何争辩？

三、关于重复授权的相关规定及其解析

（一）专利法规中对此种情形没有给出明确的教导

（1）《专利法》第9条第1款规定了禁止重复授权原则：同样的发明创造只能授予一项专利权。其中给出了例外情况：同一申请人同日对同样的发明创造既申请实用新型专利又申请发明专利，先获得的实用新型专利权尚未终止，且申请人声明放弃该实用新型专利权的，可以授予发明专利权。

这是一个总体、上位的规定，其中并没有明确规定同一申请人"先后"对同样的发明创造提出两件以上发明或者实用新型专利申请时应当如何处理。

《专利审查指南2010》在第二部分第三章第6节"对同样的发明创造的处理"中对该规定进行了细化，其中规定："在先申请构成抵触申请或已公开构成现有技术的，应根据专利法第二十二条第二、三款，而不是根据专利法第九条对在后专利申请（或专利）进行审查。"❶

其中明确规定了对于同样的发明创造，如果由于不是同日申请而使得在先申请构成抵触申请或已公开构成现有技术的情况下，对"在后"申请应当如何审查。然而遗憾的是，在这种情况下怎样对"在先"申请进行审查限定得不够清楚，不能明确上述规定是否应当理解为："在先申请构成抵触申请或已公开构成现有技术的，应根据专利法第二十二条第二、三款进行审查，而不是根据专利法第九条对在后专利申请（或专利）进行审查。"也就是说，上述规定是否也应当理解为：对在先申请的审查也应根据《专利法》第22条第2款、第3款进行审查，而由于在后申请（或专利）不符合《专利法》第2款、第3款的规定而不应被授予专利权，因此对在先申请也没有必要再根据《专利法》第9条进行审查。此时，根据《专利法》第22条，在后专利申请不能影响在先申请的新颖性、创造性，因此在先申请将符合《专利法》第22条第2款、第3款的规定。

如果《专利审查指南2010》中的表述能够明确上述含义，那么审查就可

---

❶ 参见《专利审查指南2010》第167页。

以直接依据该规定进行。但目前规定的表述方式使得对在先申请应当如何审查没有给出清晰的指示,这也使得审查实践中出现了前面的做法。

(2)《专利审查指南 2010》中进而接着在第二部第三章第 6.2 节"处理方式"中对一件专利申请和一项专利权的处理的情况作出了如下规定(第二部第三章第 6.2.2 节):❶

"在对一件专利申请进行审查的过程中,对于同一申请人同日(指申请日,有优先权的指优先权日)就同样的发明创造提出的另一件专利申请已经被授予专利权,并且尚未授权的专利申请符合授予专利权的其他条件的,应当通知申请人进行修改。申请人期满不答复的,其申请被视为撤回。经申请人陈述意见或者进行修改后仍不符合专利法第九条第一款规定的,应当驳回其专利申请。

但是,对于同一申请人同日(仅指申请日)对同样的发明创造既申请实用新型专利又申请发明专利的,在先获得的实用新型专利权尚未终止,并且申请人在申请时分别作出说明的,除通过修改发明专利申请外,还可以通过放弃实用新型专利权避免重复授权。因此,在对上述发明专利申请进行审查的过程中,如果该发明专利申请符合授予专利权的其他条件,应当通知申请人进行选择或者修改,申请人选择放弃已经授予的实用新型专利权的,应当在答复审查意见通知书时附交放弃实用新型专利权的书面声明。此时,对那件符合授权条件、尚未授权的发明专利申请,应当发出授权通知书,并将放弃上述实用新型专利权的书面声明转至有关审查部门,由专利局予以登记和公告,公告上注明上述实用新型专利权自公告授予发明专利权之日起终止。"

其中的后半部分也是审查意见中引用的部分。审查意见引用该部分的意思可以理解为两层:(1)本申请和该实用新型专利构成了重复授权;(2)通过放弃实用新型专利来克服该缺陷从而使本申请得以授权的途径不符合《专利审查指南 2010》的规定,不能适用。

其中,第(2)点是《专利审查指南 2010》中的明确规定。然而,关于第(1)点,《专利审查指南 2010》在上述前半部分中也都明确地限定了其适用的情形是同一申请人"同日"提出申请的情况,因此将该处作为如此审查的依据理由并不充分。该部分中并没有规定不同日的情况下也应当这样审查,其中的文字表述反而隐含着不同日的情况下不能这样审查。这又是为什么呢?

---

❶ 参见《专利审查指南 2010》第 168 ~ 169 页。

（二）相关专利法规的解析

事实上，2008 年《专利法》修改前的《审查指南 2006》在规定同一申请人就同样的发明创造提出一件以上的申请如何处理时，并没有限制是"同日"申请，那时可以通过放弃已授权专利来获得在审申请的授权。《审查指南 2006》第二部分第三章第 6.2 节"对一份申请和一项专利权的处理"中的具体规定如下：❶

"在对一件申请进行审查的过程中，对于同一申请人就同样的发明创造提出的另一件专利申请已经被授予专利权，并且尚未授权的专利申请符合授予专利权的其他条件的，应当通知申请人进行选择。此时，申请人可以放弃已经获得的专利权，也可以撤回尚未被授权的申请。申请人期满不答复的，其申请被视为撤回。经申请人陈述意见或者进行修改后仍不符合专利法实施细则第十三条第一款规定的，应当驳回其专利申请。申请人选择放弃已经授予的专利权的，应当在答复审查意见通知书时附交自该已授权专利的申请日起放弃专利权的书面声明一式两份。此时，对那件符合授权条件、尚未授权的专利申请，应当发出授权通知书，并将放弃前一专利权的书面声明转至有关审查部门，由专利局予以登记和公告，公告上注明前一专利权自申请日起予以放弃。"

从中可以看到，其中对同一申请人已经被授予专利权的另一份申请并没有限制其申请日是与在审申请的申请日相同还是在先或者在后，并且实际上也没有限制哪份申请是发明、哪份是实用新型。只要是同一申请人、另一份申请已经授权，就可以通过放弃已授权专利，进而授权此份在审专利来避免重复授权。

那么，为什么从文字上看，《专利审查指南 2010》又不允许通过放弃来获得授权了呢？

我们知道，2008 年《专利法》的修改当中，将抵触申请的范围进行了扩大，删除了"他人"的限制，改为"任何单位和个人"，因此同一申请人的不同日的申请也会构成抵触申请。而在此之前，同一申请人的不同日申请则不会构成抵触申请，因此不管是在先申请还是在后申请，除非构成了现有技术，否则都无法依据《专利法》第 22 条的规定进行审查，只能通过原《专利法实施细则》第 13 条第 1 款的规定来避免重复授权。所以，在《审查指南 2006》中，对同样的发明创造的处理包括同一申请人、不同日申请的情况，其根源就

---

❶ 参见《审查指南 2006》第 160 页。

在于对于这种情况无法依据《专利法》第22条的规定进行审查。

但在抵触申请的定义修改之后,情况发生了变化。《专利审查指南修订导读2010》在"关于对同样的发明创造的处理"(第6节)中指出:"由于修改后的专利法将抵触申请扩大到包括相同申请人在先申请的情形,因此,本节有关同样发明创造的处理不再包括不同申请日的情形。"❶虽然没有明确说明,但言外之意清楚无误:对于不同申请日的情形,并不适用于本节有关同样的发明创造的处理。显然,从导读的该部分中可以看出,现行的《专利审查指南2010》关于可以通过放弃来获得专利授权的条件中加入"同日"的规定,其本来的含义并不单纯是为这种放弃方式增加条件,而是对于不同申请日的情形,根本就不适用于该节有关同样的发明创造的处理。这也可以从通篇规定的都是"同日"申请的情况得到印证。

事实上,《专利审查指南2010》中关于重复授权的R类文献的定义都随之发生变化,由原来的"在申请日或申请日后公开的同一申请人的属于同样的发明创造的专利或专利申请文件以及他人在申请日向专利局提交的、属于同样的发明创造的专利申请文件以及他人在申请日向专利局提交的、属于同样的发明创造的专利申请文件",❷修改为"任何单位或个人在申请日向专利局提交的、属于同样的发明创造的专利或专利申请文件"。❸ 也就是说,修改前的R类文件是按申请人是否相同分成两种:对于同一申请人,不论申请日,只看公开日;公开日在申请日前构成现有技术,而公开日在申请日或申请日后就构成R类文献,其中又包括该专利申请文件的申请日在本申请申请日之前、之后和申请日相同三种情况。对于不同申请人,R类文献则仅包括同一申请日的情况。在2008年《专利法》修改之后,对于不同申请人的情况没有变化,但对于同一申请人,只有申请日相同的情况没有发生变化,而对该专利申请文件的申请日在本申请申请日之前、公开日在本申请的公开日之后(含申请日)的情况,该专利申请文件构成E类文件(抵触申请)。需要着重注意的是,对于该专利申请文件的申请日在本申请申请日之后的情况,该专利申请文件既不构成E类文件,也不构成R类文件。也就是说,虽然该情况下也属于广义的重复授权,然而在《专利审查指南2010》中却不将其列为R类文件,亦即意味

---

❶ 国家知识产权局专利局审查业务部. 专利审查指南修订导读2010 [M]. 北京:知识产权出版社,2010:108.

❷ 参见《审查指南2006》第208页。

❸ 参见《专利审查指南2010》第217页。

着不以《专利法》第9条规定的"同样的发明创造"的情况进行审查。

因此,综合上面的分析可以认为,《专利审查指南2010》所规定的"在先申请构成抵触申请或已公开构成现有技术的,应根据专利法第二十二条第二、三款,而不是根据专利法第九条对在后专利申请(或专利)进行审查",应当理解为:"在先申请构成抵触申请或已公开构成现有技术的,应根据专利法第二十二条第二、三款进行审查,而不是根据专利法第九条对在后专利申请(或专利)进行审查。"也就是说,对在先申请的审查也应根据《专利法》第22条进行审查,而不是根据《专利法》第9条进行审查。

在这种情况下,由于是在先申请构成在后申请的抵触申请,而在后申请对在先申请的新颖性并没有影响,因此,对在先申请的实质审查过程中,对在后申请但已被授权的专利可暂不予考虑,由此造成的可能存在"重复授权"问题交由后续程序处理。

需要说明的是,表面上看起来,或者是从字面意义上说,这两件专利的确也构成了重复授权。但这与同日申请的专利所构成的重复授权在本质上是不同的。在同日申请的情况下,如果满足授权的其他条件,那么除了《专利法》第9条以外并不能通过其他方式来避免重复授权。而在这里所谓"重复授权"的在后申请授权专利,其在根本上就是不符合《专利法》第22条第2款所规定新颖性的专利。其带来的问题从本质上说,与其他通常不具备新颖性、创造性却被授权的专利所带来的问题是一样的。不具备新颖性、创造性却被授权的专利是通过后续程序来解决,因此由于申请人先后对同样的发明创造提出两件以上发明或者实用新型专利申请,其所带来的所谓"重复授权"问题同样也可以通过后续程序进行处理。

(三) 关于《专利法》第9条和第22条的选择

或许有人会问,对于先后申请的同样的发明创造,其固然存在抵触申请,不符合《专利法》第22条的规定,但无论怎样,如果再审专利被授权,其将同样也不符合《专利法》第9条的规定,为何应根据《专利法》第22条而不是根据《专利法》第9条进行审查呢?

由于应当授权的专利应当同时满足上述两条规定,因此哪一条规定更加严格,就应该优先适用哪一条。❶ 首先,新颖性的全文判断标准比重复授权的权

---

❶ 尹新天. 中国专利法详解 [M]. 北京: 知识产权出版社, 2011.

利要求判断标准更加严格。其次，抵触申请的效力比为克服重复授权而撤回或放弃申请的效力更加严格。抵触申请的规定使得在后申请必然不具备新颖性，申请人只能保留在先申请；而为克服重复授权而撤回或放弃申请则是无论撤回或放弃在先申请还是在后申请都能避免重复授权，从而抵触申请的效力更加严格。基于上述理由，依据2008年修改的《专利法》，在同一申请人先后对同样的发明创造提出两件以上发明或者实用新型专利申请，且在先申请属于申请在先、公开在后的情况下，应当优先适用《专利法》第22条第2款关于抵触申请的规定，采用新颖性的判断方式来判断是否属于同样的发明创造；只有在同一申请人或者不同申请人同日对同样的发明创造提出两件专利的情况下，由于不存在抵触申请，才依据《专利法》第9条第1款的规定，采用保护范围是否存在重叠的判断方式来判断是否属于同样的发明创造。

因此这里可以这样理解，对于同一申请人先后提交的发明创造，由于在后续审查过程中仍然还可以通过《专利法》第22条解决，因此在实质审查过程中也不用《专利法》第9条去解决，否则就会造成前后审查标准的不一致，从而带来诸如之前所列审查意见所带来的问题。

再回到最初的审查意见。可以看出，该审查意见实际上一方面以类似《审查指南2006》中"不同日"的申请适用了重复授权的条款进行审查，另一方面却又按照《专利审查指南2010》有"同日"要求的条件来限制申请人通过放弃来获得授权，从而出现了不合理的审查结果。究其原因，虽然抵触申请定义的变化为大家所熟知，但对于该定义变化所导致的、在实质审查阶段对同样的发明创造的处理范围（R类文献）所发生的变化，认识则不够深入。

至于前面假定的三种情形，通过上面的分析梳理可以看出，情形一在2008年《专利法》修改前适用于同样的发明创造的处理，在修改后则不适用，而情形二和情形三则在2008年《专利法》修改前、后都不适应于同样的发明创造的处理。

四、关于"重复授权"问题的后续处理

（一）将此处的"重复授权"问题留待后续程序处理是合理的

众所周知，虽然不具备新颖性、创造性但却在实质审查程序中被授权的专利，是通过后续程序来解决其不符合《专利法》第22条规定的问题。而由于这里对在先申请进行授权而造成重复授权的根本原因在于对不具备新颖性的在后申请授权，因此该重复授权问题同样也可以通过后续程序进行处理。

(二) 后续无效程序可以有效地解决"重复授权"问题

首先,如前所述,由于在先申请构成在后申请专利的抵触申请,在后申请所授予的专利权实际上不符合《专利法》第 22 条的规定,以此提出无效宣告请求符合《专利法实施细则》第 56 条第 2 款规定的理由,可以按照《专利法》第 45 条的规定请求宣告其无效。当在后申请的专利被宣告无效之后,重复授权问题自然得到解决。

其次,当此两件专利被以《专利法》第 9 条为由请求宣告无效时,应当依据《专利法》第 22 条的规定进行审查。《专利审查指南 2010》在第四部分第七章"无效宣告程序中对于同样的发明创造的处理"引言部分指出:❶ 任何单位或者个人以某项发明或者实用新型专利权与申请在先的另一项发明或者实用新型专利权构成同样的发明创造而不符合《专利法》第 9 条的规定为由请求宣告无效的,如果申请在先的专利已构成现有技术或者属于任何单位和个人申请在先公开在后的专利,专利复审委员会可以依据《专利法》第 22 条的规定进行审查。

虽然此处使用的措辞是"可以"依据《专利法》第 22 条的规定进行审查,但在《专利审查指南修订导读 2010》中,对该部分的解释中明确认定该部分就是"专利法第九条、第二十二条的适用原则",其中在修订说明里指出:❷ 修改后的《专利法》第 22 条第 2 款已将构成"抵触申请"的条件由他人改为"任何单位和个人",因此,在两件专利的申请日不同的情况下,适用《专利法》第 22 条进行审查,而不再适用《专利法》第 9 条。这也就意味着,虽然从广义上也构成重复授权,但如果是两件专利申请日不同,优先适用《专利法》第 22 条进行审查。这里的规定实际上与前面的论述在内在逻辑上也是一致的,从而也佐证了前面的结论。进而,上述措辞中的"可以"在实际操作中即为"应当",否则与实质审查过程中的规定存在逻辑上的不自洽,并且也无法根据后续的处理规定进行处理,因为后续内容也都是针对申请日相同的情况。

因此,在后审程序中对在后专利申请(或专利)不符合《专利法》第 22 条的规定进行审查不存在任何障碍。

---

❶ 参见《专利审查指南 2010》第 413 页。
❷ 国家知识产权局专利局审查业务管理部. 专利审查指南修订导读 2010 [M]. 北京:知识产权出版社, 2010:199-200.

五、结论和建议

《专利法》第 9 条所规定的禁止重复授权原则，从广义上说可按专利申请人是否相同、申请日是否相同两个维度分为四种情况。但在实际操作中，实质审查阶段以《专利法》第 9 条进行审查的都是相同申请日的情形，其中又细分为相同申请人和不同申请人两种情形。对这两种情形的具体审查，《专利审查指南 2010》中都进行了规定。而对于相同申请人、不同申请日以及不同申请人、不同申请日的情形，在实质审查阶段则不适用《专利法》第 9 条进行审查，《专利审查指南 2010》中也未作规定。

因此，对于开篇提出的案例，对在先申请不应当适用《专利法》第 9 条进行审查，而应当适用《专利法》第 22 条第 2 款、第 3 款的规定，在符合其他授权条件的情况下，应当授权。对由此所造成的"重复授权"问题，留待后续程序处理。这虽然不是完美的解决之道，却是相对来说更加合理、有效的处理措施。

如果要做得再完善一点，审查意见中可以指出，在后申请但在先授权的实用新型 B 实际上不符合《专利法》第 22 条第 2 款的规定。该意见虽然并不针对在审的在先申请，而是业已授权的在后申请，但由于其与该案密切相关且申请人相同，本着善意的原则可将该情况向申请人说明，以供申请人参考。

而在申请人和专利代理人一方，尤其是代理人，在进行申请时就应当清楚地意识到不在同日申请所面临的风险，而不应抱有侥幸心理；即使利用了实用新型和发明审查制度的差异使在后申请的实用新型获得了授权，其权利也是不稳定的。而在收到如前的审查意见通知书后，也不应当简单地进行权利要求的限缩以与在先授权的权利要求进行区别进而获得授权，而应根据前文的理由进行意见陈述，确保在先申请的专利获得授权，避免在先申请仅能获得一个较窄的保护范围而本应获得的较宽范围却因为是在后申请而被宣告无效，从而尽可能多地维护申请人的利益。

把握发明构思，增强沟通效能，提升专利质量

冯远征* 周红叶* 张 宇*

【摘 要】
　　本文提出创造性审查过程中，应当站位本领域技术人员角度，把握发明申请的技术核心，理解发明的智慧所在；并以两个具体案例的分析来说明，从智慧贡献的角度，将创造性审查意见的评述要点集中在发明专利的发明构思上，可以公正、客观地体现发明人的智慧高度及贡献，增强沟通效能，缩短审查周期，提升专利质量。

【关键词】
　　创造性　智慧贡献　发明构思　"三步法"　公知常识

一、引　言

　　专利审查员通常采用"三步法"对发明申请进行创造性审查，其在判断发明专利申请是否显而易见时不可避免地会带有一定的主观因素，这导致创造性审查成为专利实质审查过程中不易把握、争议较大的焦点。如某案中，权利要求请求保护一种汽车灯光亮度和温度控制系统，审查员在一通中认定了11

---
* 作者单位：国家知识产权局专利局专利审查协作湖北中心。

个零散的技术特征作为区别技术特征,专利申请人指出:"审查员列举出本发明和现有技术的区别技术特征多达11项!这么多的区别技术特征仍然没有创造性,是否不合适?"该案经合议认定,这11个零散的特征确实是本技术领域的常规技术手段。但审查员只是机械地进行特征对比,孤立地对各个特征分别说理评述,没有从发明构思的角度分析技术方案并把握技术核心,也没有从整体分析该区别技术特征对现有技术的贡献,导致申请人无法接受。

本文结合实际案例,从发明构思的角度入手,探讨优化创造性评述的方式,希望给出一种使申请人和专利代理人更易接受的评述方式,使双方在沟通过程中意见趋于一致,提升专利质量,客观高效地维护申请人的权益。

二、把握发明构思,优化审查策略

【案例1】

权利要求1请求保护一种用于分拣系统的备货道分配方法,其包括如下步骤:(1)统计:在分拣前,分拣系统首先调取数据库中的品牌订单,根据统计模块对件烟订单进行统计,得出大品牌订单信息和小品牌订单信息;所述订单信息包括件烟品牌名、数量及所属的订单号。(2)分配:将统计出的大品牌订单信息按照品牌类别分配给单一备货库,统计出的小品牌订单信息分配给一个或多个混合备货库中。(3)分拣:分拣系统根据分配给单一备货库和混合备货库的订单信息,控制单一备货道和混合备货道对件烟进行分拣。(4)实时检测:根据预先排好的订单顺序,实时检测当前备货道内件烟剩余数量。(5)补货:根据显示模块显示的剩余量对混合备货道进行补货。

审查员以文献CN101234677A作为最接近的现有技术,通过特征对比确定其区别在于:(1)用于分拣件烟;(2)订单信息包括订单号,剩余量通过显示模块显示,对混合备货道补货。而后审查员结合公知说理认定该区别技术特征对本领域技术人员而言是显而易见的,进而得出该权利要求不具备创造性的结论。申请人未修改权利要求,仅陈述意见"本申请的技术方案中未采用对比文件中的'周转箱筐',且权利要求1中限定的保护主题是'用于分拣系统的备货道分配方法',而不是整个分拣分装系统",质疑对比文件公开的特征和启示。审查员"二通"坚持意见并针对申请人意见进行回复,并在二通后驳回了该申请;申请人提出复审请求。

本案复审合议组在第一次复审通知书中,首先强调了独立权利要求1的发明构思在于:先将待分配卷烟根据订单量分为大小品牌订单信息;给大品牌订单信息按照品牌类别以及需求量分配单一备货库和单一备货道,而小品牌订单信息由于分配量小而共享一个混合备货库以及混合备货道,由此提高了备货道利用效率,减少备货道的使用数量。然而,这一发明构思已被对比文件1(CN101234677A)公开。对比文件1也披露了一种分选方法:通过对年配送量的统计(该年配送量可以理解为过往年配送量和当年预计配送量),将配送的货物分为配送量极小的若干品牌规格货物以及其余品牌规格货物(即得出小品牌订单信息和大品牌订单信息),再为配送量较大的货品配备单一输送机,为配送量较小几个货品配备一个或多个输送机。由此可见,对比文件1中的分选思路与本申请是一致的。接着再将权利要求的技术特征与对比文件1公开的内容一一对比,确定区别技术特征,然后结合本领域的常规技术手段说理,得出权利要求1不具备《专利法》第22条第3款规定的创造性的结论。

本案实审审查员在对案件进行审查时,只是机械地进行了特征比对,然后将区别技术特征认定为公知常识,使得申请人感觉其努力作出的发明创造没有获得理解和认可。而复审合议组对于本申请和对比文件的技术方案理解更为准确,在创造性评述的特征对比中正确把握发明构思,并从发明构思角度出发进行说理,申请人随后也接受了复审合议组的意见。因此,在创造性评述时,应注意特征对比是表象,发明构思的对比才是关键,只有把握申请人的发明构思,抓住其发明的技术核心,对技术方案的评价才能重点突出、思路清楚,也利于申请人/专利代理人的理解,便于有效沟通,避免审查员和申请人在某些技术特征细节上争辩,而忽视了技术方案的核心,加快案件的审查,在节省了双方投入的同时,也保证了专利权的稳定性。

三、把握发明构思,优化审查意见

【案例2】

权利要求1请求保护一种多功能报警系统,其包括声音报警子系统和光报警子系统,声音报警子系统包括至少一个声报警器,光报警子系统包括至少一个光报警器,声报警器与光报警器相连,其中声报警器包括:声报警处理器、声报警电源、声报警级别控制器、语音模块、语音功放驱动器、声音分贝调整器及扬声器;光报警器包括:光报警处理器、光报警电源、光报警级别控制器、光报警驱动器及发光器,光报警处理器与光报警级别控制器及光报警驱动器相连,用于对光报警信号进行级别控制。且该权利要求还对声光报警子系统部件间的连接关系以及语音功效驱动器的电路结构进行限定。权利要求1篇幅长达一页。

虽然该案例权利要求特征多、篇幅长，看似复杂，但其反映的发明构思实际为：在发出危险警报的同时警示危险级别，将声光报警级别警示应用在多功能报警系统中。以该"发明构思"为聚焦点，将本案例权利要求 1 众多技术特征之间的关联性和地位作用梳理如下：

（1）与"发明构思"密切相关的必要技术特征，即：关于在声光报警器中设置声光报警级别控制器的特征；（2）与"发明构思"关系不很密切的其他细节特征，即：声报警器 11、光报警器 12 中除"声光报警级别控制器"之外的其他内部电路结构细节，以及声报警器 11 中语音功放驱动器 115 的内部电路结构细节。

经检索获得一篇专利文献，其公开了"当传感器检测到危险状况时可自动触动不同路开关，报警装置根据不同路触发开关的开启信号发出不同的声光报警信号，利用不同的声音和光来警示不同的危险级别"的发明构思，因此确定该文献作为最接近的现有技术，作为评判创造性的起点。

1. "传统"的评述方式

权利要求 1 请求保护一种多功能报警系统，对比文件 1（D1）公开了一种应急信号报警器，并具体公开"报警装置 1 中包括了控制电路、发声装置和警示灯，其中控制电路分别与发声装置、警示灯、自动触发开关 2……电连接，控制电路可以根据自动触发开关 2 向其发出的开启信号控制发声装置和警示灯发出多种声光报警信号"。D1 还公开了"利用自动触发开关 2，当传感器检测到危险状况时可自动触发报警，多个自动触发开关 2 与报警装置 1 连接，报警装置 1 可以根据不同的触发开关 2 的开启信号发出不同的声光报警信号，利用不同的高分贝的声音和醒目的光来警示不同的危险级别"。由此可见，D1 的控制电路必然包括声、光报警级别控制器，用于对声光报警信号进行级别控制。

综上，权利要求 1 与 D1 的区别在于：（1）声报警器还包括除"声报警级别控制器"之外的其他内部电路结构；（2）光报警器还包括除"光报警级别控制器"之外的其他内部电路结构；（3）声报警器包括的"语音功放驱动器"的内部电路结构。基于上述区别特征，权利要求 1 实际解决的技术问题是：如何设置电路以实现声光报警。

但区别特征（1）已被对比文件 2（D2）所公开，且其在 D2 中的作用与其在本发明中的作用相同，都是提供一种声报警的电路结构，因此 D2 给出了将上述特征用于 D1 以解决其技术问题的启示。区别特征（2）已被对比文件 3

（D3）所公开，且其在 D3 中的作用与其在本发明中的作用相同，都是提供一种光报警的电路结构，因此 D3 给出了将上述特征用于 D1 以解决其技术问题的启示。区别特征（3）已被对比文件 4（D4）所公开，且其在 D4 中的作用与其在本发明中的作用相同，都是提供一种声音功放的电路结构，因此 D4 给出了将上述特征用于 D1 以解决其技术问题的启示。

由此可见，在 D1 的基础上结合 D2、D3、D4 得出该权利要求 1 的技术方案对于本领域普通技术人员来说是显而易见的，因而上述权利要求 1 不具备创造性。

2. 基于"发明构思"的评述方式

权利要求 1 请求保护一种多功能报警系统，其所体现的发明构思是：为在发出危险警报的同时也能警示危险级别，将声光报警级别警示应用在报警系统中。D1 公开了一种应急信号报警器，并具体公开了"利用自动触发开关 2，当传感器检测到危险状况时可自动触发报警，多个自动触发开关 2 与报警装置 1 连接，报警装置 1 可以根据不同的触发开关 2 的开启信号发出不同的声光报警信号，利用不同的高分贝的声音和醒目的光来警示不同的危险级别"。由此可见，D1 的控制电路必然包括声、光报警级别控制器，用于对声光报警信号进行级别控制。亦即 D1 已经公开了权利要求 1 的"发明构思"，二者区别仅在于：D1 未明确公开除"声、光报警级别控制器"之外的声光报警器的其他内部电路结构以及声报警器包括的"语音功放驱动器"的内部电路结构。但对于本领域技术人员来说，这些具体电路结构均为本领域实现声光报警功能的常规电路设计，如现有技术中的 D2、D3、D4 等专利文献中已给出了同样的实现声光报警功能的常规电路结构设计。由此可见，这些区别特征对本发明的改进并没有任何实质性作用，因此权利要求 1 不具备创造性。

从上述两种评述方式的比较可知：①不能单纯地以区别技术特征包含的技术细节的多少来决定其是否具备创造性，而是应站位本领域技术人员，把握发明的实质，对创造性进行客观审查；②通知书从分析"发明构思"入手进行创造性特征对比的评述方式更有助于审查意见的撰写，突出发明实质，使审查意见详略得当，也容易获得申请人的认同，提升沟通效能。

采用"发明构思"的评述方式与美国专利商标局对创造性的审查方式相似。2007 年美国联邦最高法院对 KSR 案的判决明确了应用 TSM 标准，即只有现有技术明确了"教导、启示和动机"时，技术方案才被认为是显而易见的。除了该 TSM 标准外，当根据已知的方法对于现有技术中的技术要素进行组合，且产生的技术效果是本领域技术人员可预料的时，则技术方案可以认定为是显而易见的而不具备创造性。参考美国专利商标局的做法，在创造性评述时，适当转换思路，站位本领域技术人员，从现有技术出发，提取发明技术构思，把握发明核心内容，沿着申请人获取发明创造的路径判断其是否显而易见性，有利于提升专利质量。

四、结　　论

综上所述，审查员在评述权利要求的创造性时，应当把握发明点、理解发明的智慧所在，从智慧贡献的角度出发，将评述的重心集中到发明专利的技术方案的整体发明构思上，这样可以使得通知书公正、客观地体现发明人的智慧高度，使得申请人更加认可审查员的评述意见，进而缩短审查周期，提高专利质量和专利权的稳定性。同时，也应注意，对于体现发明构思的技术特征，应避免在没有举证的情况下，盲目地认定为公知常识。

此外，从申请人和专利代理人的角度出发，也可以在撰写发明专利申请时强化对发明构思的表达，弱化权利要求中与发明构思相关不大的技术细节，明晰自己的发明意图，加速审查的同时也提升了专利质量；在答复审查员的审查意见时，应从发明构思的角度出发，整体认定技术特征在技术方案中的作用，便于审查员更加透彻地理解发明构思，增强沟通效能。

参考文献

[1] 刘彦明. 美国新版《审查指南》创造性评判标的变化及对我国强化"三性审查"的影响 [G] //中华全国专利代理人协会. 2013 年中华全国专利代理人协会年会暨第四届知识产权论坛论文汇编. 北京：知识产权出版社，2013：117 – 122.

[2] 石必胜. 专利创造性判断比较研究 [D]. 北京：中国政法大学，2011.

[3] 刘姝晶，李雪莹. 美国化学领域创造性审查的研究和借鉴（上）[J]. 审查业务通讯，2015（1）：42 – 49.

[4] 郑明，朱宁，宋庆华. 把握技术方案核心，提高通知书说服力 [G] //中华全国专利代理人协会. 提升知识产权服务能力　促进创新驱动发展战略——2014 年中华全国专利代理人协会年会第五届知识产权论坛优秀论文集. 北京：知识产权出版社，2014：232 – 239.

浅谈从发明构思角度评判创造性

李艳子* 刘 钿* 夏铭梓* 王 晶*

【摘 要】

　　对创造性的把握最能集中体现一名审查员的审查智慧，而在实质审查过程中，正确体会发明构思，准确把握发明实质，是正确理解申请人专利申请诉求、进行创造性客观评判的基石。本文从"还原发明事实，把握发明构思"的角度对专利审查过程中发明构思和创造性评述之间的关系展开深入讨论。并且，结合实际案例，阐述如何通过具体还原一项发明创造形成过程中经历的目的、构思、手段、方案四个阶段，客观地评价发明的创造性。

【关键词】

　　发明构思　创造性　发明过程　发明实质　关键技术手段

一、引　言

　　《专利法》第1条开宗明义地指出，《专利法》的立法宗旨是鼓励发明创造、提高创新能力。而把握实质，以"三性"评判为主线的全面审查理念很好地体现了实质审查工作的核心价值。《专利法》第22条第3款规定："创

---

* 作者单位：国家知识产权局专利局专利审查协作湖北中心。

性，是指与现有技术相比，该发明具有突出的实质性特点与显著的进步。"对创造性的把握最能集中体现审查员的审查智慧，创造性的评判通常使用"三步法"，然而在实质审查时，往往会遇到一些问题。如只重视技术特征的一一对比，机械地割裂技术方案中的特征，仅看技术方案的特征是否被不同的现有技术文献所公开，根据公开技术特征的多少来确定最接近的现有技术。然而，若未从整体上考虑技术方案，忽略现有技术可能给出的反向启示，则可能造成"三步法"的机械套用，产生盲目"结合"现有技术，"事后诸葛亮"的现象。

而审查员在面对这些由许多细枝末节的零散技术特征堆砌而成，实质上其对现有技术作出的智慧贡献不能达到《专利法》对创造性高度要求的专利申请时，若未将重点放在体现发明构思的关键技术手段上，仅仅因为公开特征不够多而认为不能评价，则可能得出不合适的审查意见。❶

在专利审查过程中，正确体会发明构思，准确把握发明实质，是正确理解申请人专利申请诉求、进行创造性客观评判的基石，也是避免技术启示误判、公知常识使用不当的有效保证。❷ 本文试图从"还原发明事实，把握发明实质"的角度出发，回归技术本身，对实质审查中，如何进行有效的创造性评判进行深入的探讨。在审查过程中，准确把握发明实质，才能建立正确的审查思维，从而进行客观、公正的审查。发明创造的作出实质上是遵从"问题—解决"法则，在发现问题的前提下，提出解决方案。本文从两个实际案例出发，遵从发明创造"问题—解决"的内在规律，通过体会专利审查的发明构思，还原一项发明创造形成过程中经历的目的、构思、手段、方案四个阶段，紧扣这四个环节，在进行创造性的评判时，回归到申请日之前来看待发明创造的过程，阐述对创造性评判时的理解和把握。

二、案例分析

（一）案例1

该案权利要求1为：

一种城际轨道用排水沟间连接结构，所述城际轨道用排水沟的沟体内侧呈

---

❶ 郑明，朱宁，宋庆华. 把握技术方案核心，提高通知书说服力［G］//中华全国专利代理人协会. 提升知识产权服务能力 促进创新驱动发展战略——2014年中华全国专利代理人协会年会第五届知识产权论坛优秀论文集. 北京：知识产权出版社，2014.

❷ 朱仁秀，等. 体会发明构思 把握发明实质［J］. 审查业务通讯，2014（8）：1-6.

U形沟槽结构，排水沟的沟体沿其长度方向的两端分别设有端盖，端盖上形成圆形或椭圆形连接孔，该连接孔下侧与排水沟槽内侧壁下端弧形面对齐，还设有连接管，所述连接管与端盖上连接孔外形一致，该连接管长度方向的两端分别密封插设于城际轨道两侧的排水沟相邻侧端盖上的连接孔内。

本申请的城际轨道用排水沟间连接结构如图1所示。

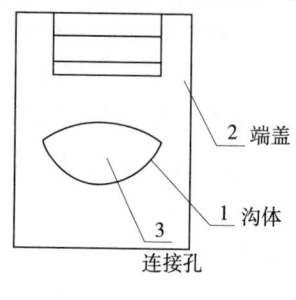

图1

针对权利要求的技术方案的理解，需结合技术领域、技术问题、技术效果，通过还原发明事实，把握发明实质，体会发明构思。发明创造的产生具有一定的发展逻辑，即发明创造的形成过程需要经历目的、构思、手段、方案四个阶段。对于本案，实际社会问题或需求是像动车、地铁等城际轨道两侧需要排水沟排放积水，目前的排水沟结构复杂，施工难度大，制造成本高。基于这个实际需求，发明人提出一个目标：发明一个装置实现城际轨道间积水的快速排放，且安装方便。发明人基于产业现状或自身对现有技术的认识对目标进行分析，认为目前位于城际轨道两侧的排水沟分别设置排水口进行分别排水，这样导致结构复杂，施工难度大，排水口多，容易出现漏水，制造成本高。于是，发明人确定技术问题是减少排水口数量，同时可以快速地将排水沟内的积水排出。申请人经过反复的思考和研究后提出了解决该技术问题的想法：排水沟的两侧不设置排水口，积水在排水沟内快速流动，从排水沟端口流出。这就是本申请的发明构思。那怎么实现这个想法呢？如何实现排水沟内的水快速流动，以及排水沟之间不发生漏水？申请人针对这些具体任务或者关键问题提出了关键技术手段：排水沟与排水沟之间设置有连接孔和连接管，连接管的外形与连接孔的外形一致，连接管密封插设于该连接孔内。除了这些关键技术手段之外，还有其他非关键技术手段辅助，如排水沟包括沟体和端盖等，共同集合构成了一个完整的技术方案，以达到快速将排水沟的积水排出的技术效果。

如图2所示，按照发明创造的发展逻辑，我们还原发明过程，认定发明事实，弄清发明所要解决的技术问题，体会发明构思。通过分析权利要求中的技术细节与要解决的技术问题之间的关系，我们提取了本申请为解决上述技术问题所采用的关键技术手段，确定出各技术手段/技术特征在权利要求中的地位。把握上述关键技术手段，同样有助于我们正确地检索。

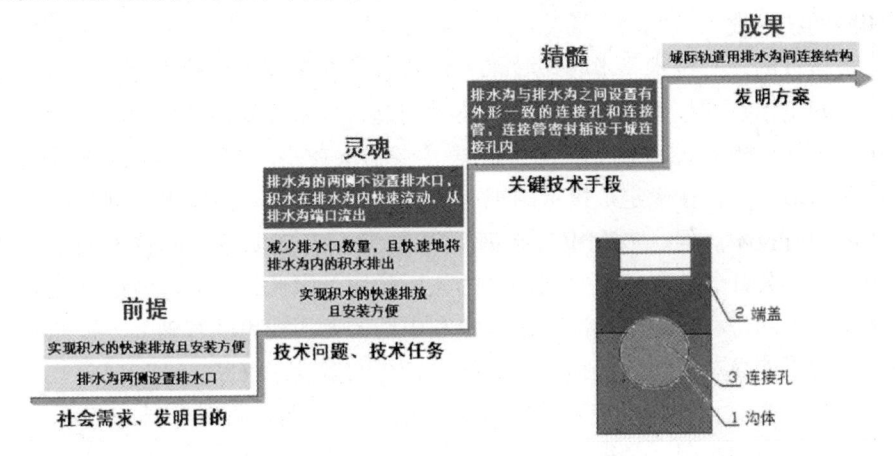

图2

"三步法"第一步是确定最接近的现有技术。对比文件1是最接近的现有技术，其公开了一种用于道路、停车场等场所的排水沟（如图3），该排水沟具有沟体5、圆形的连接孔和套筒11（本申请中的连接管），套筒11与连接孔外形一致，套筒11长度方向的两端分别插设于两侧的排水沟相邻端部的连接孔内，并且在连接间隙处填入密封材料，即套筒11密封插设于连接孔内。由

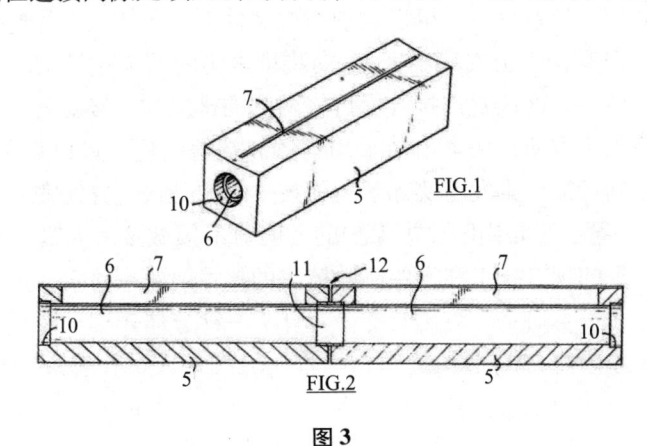

图3

此可见，对比文件1同样公开了一种排水沟间连接结构，也是利用连接管实现排水沟间的连通，实现排水沟间积水的快速排放，通过连接管的外形和密封施工达到结构简单、不易出现漏水等技术效果。对比文件1和本案的发明构思相同，体现发明构思的关键技术手段也是相同的，可以解决相同的技术问题，达到相同的技术效果。

最接近的现有技术是本领域技术人员最容易获得要求保护的发明的最佳起点，其确定需要从技术领域、解决的技术问题、技术效果以及公开的技术特征等多个方面对现有技术进行审视。根据《专利审查指南2010》第二部分第四章第3.2.1.1节，在确定最接近的现有技术时，应首先考虑技术领域相同或者相近的现有技术。但《专利审查指南2010》并没有指明解决的技术问题、技术效果以及公开的技术特征之间确定的先后顺序。因此，我们应考虑其是否符合发明产生的过程，应当在准确理解专利申请的发明构思的基础上，按照整体原则，而不能简单机械地根据公开的技术特征的多少来判断。

其次，客观分析并确定发明实际解决的技术问题，将对"技术启示"的判断给出正确的指引，是得出正确的创造性评判结论的基础和前提。通过特征对比，可以确定权利要求1所要求保护的技术方案与对比文件1的区别在于：该排水沟具体应用于城际轨道，排水沟的沟体内侧呈U形，沟体两端具有端盖，端盖上形成圆形或椭圆形连接孔，该连接孔下侧与排水沟槽内侧壁下端弧形面对齐，连接管与端盖上连接孔外形一致，连接管密封插设于该连接孔内。在分析各个区别特征所能达到的技术效果的基础上，需要考虑每一技术特征及特征的组合或特征之间的协同作用，获得技术方案整体上解决的技术问题及所达到的技术效果。通过分析，可以发现对比文件1的沟体端部的连接孔为一体结构（排水沟没有沟盖板或端盖），在安装排水沟间的连接结构时，连接管和排水沟需同时施工，即放置连接管后再将两侧的排水沟对接安装，这样导致安装较复杂，施工不方便；而本申请采用沟体和端盖结构，可以克服这个问题。因此，基于区别特征，本发明实际解决的技术问题是快速方便安装连接管。

"三步法"第三步是判断要求保护的发明对本领域技术人员来说是否显而易见，从最接近的现有技术和发明实际解决的技术问题来检索、判断现有技术整体上是否存在技术启示。对比文件2公开了一种分体式排水沟，其包括沟体和沟盖板，沟体内侧为U形沟槽结构。本领域技术人员在解决最接近的现有技术所面临的技术问题时，是有动机将对比文件2公开的特征运用到最接近的现有技术，即将排水沟设置成分体式结构，如排水沟包括沟体和沟盖板，或者在沟体两端分别设有端盖，排水沟的沟体内侧呈圆形或U形，通过这种设置可以在安装连接管时先完成沟体的施工，再放置连接管实现排水沟间连接结构安装。

体会发明构思，使得我们将技术领域、技术问题和技术效果融入技术方案之中，将其作为一个整体进行考虑，有助于正确区别各技术手段之间及其与要解决的技术问题的关系，避免仅重视各个特征是否被现有技术文献公开，而忽略技术特征之间的关系。例如本案的对比文件2虽未公开"端盖的连接孔下侧与排水沟槽内侧壁下端弧形面对齐，连接管与端盖上连接孔外形一致"，但是对于本领域技术人员来说，在对比文件1已经明确公开套筒11密封安装于排水沟之间的基础上，其就容易想到将沟盖板或端盖上设有与连接管外形一致的圆形或椭圆形连接孔，该连接孔下侧与排水沟槽内侧壁下端弧形面对齐，以方便连接管密封插设于该连接孔内。因此，在对比文件1的基础上结合对比文件2得出权利要求所要求保护的技术方案，对本领域的技术人员来说是显而易见的。

（二）案例2

该案例涉及一种挖掘机斗杆。挖掘机在进行挖掘作业时，若铲斗内的物料为坚硬物料如大块坚硬岩石时，在收斗时该物料可能会碰到斗杆的前端而造成斗杆的损坏。

然而，为了防止斗杆遭物料碰撞而损坏，目前在斗杆前端下盖板焊接防碰装置，该防碰装置包括垫板，在垫板上焊接有防碰条，垫板及防碰条的长度方向与斗杆的长度方向一致。但这种结构存在如下缺点，即当斗杆工作受力时斗杆会在中支座铰点处发生弯曲变形，此处的垫板与防碰条也会跟着弯曲变形，垫板要进行弯曲变形必要先克服防碰条的刚性弯曲，所以当防碰条的刚性提高时，垫板也要相应地提高其刚性，而垫板刚性的提高必然会导致垫板的厚度增加，这样才能防止垫板及其相应焊缝的开裂。所以这种防碰装置的缺点是：垫板的刚性要求高，板厚成本高；如果设计取值不当还会造成垫板的撕裂及其周围焊缝的开裂。

其权利要求如下：

一种挖掘机斗杆（1），

包括防碰装置（2），所述防碰装置（2）包括垫板（4）与防碰条（5），所述防碰条（5）的长度方向与垫板（4）长度方向相一致，所述防碰条（5）的底面与所述垫板（4）相焊接，其特征在于所述防碰条（5）的顶面设置有横向贯穿防碰条（5）的凹槽（6）。

其中，该权利要求所要求保护的技术方案的结构示意图见图4。

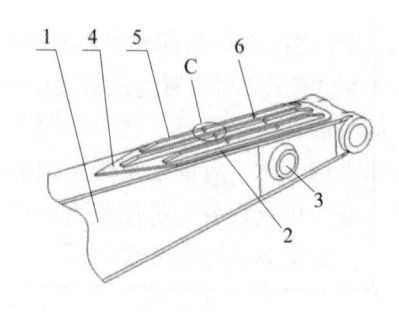

图4

结合本案，通过还原发明事实，来把握发明实质，体会发明构思：

首先，本案实际社会问题或需求是，为了防止斗杆遭物料碰撞而损坏，目前采用在斗杆前端下盖板焊接防碰装置，但是这种防碰装置对其垫板的刚性要求高，板厚成本也高。

基于上述实际需求，发明人提出了一个目标：降低成本、防止防碰装置撕裂的挖掘机斗杆。

接下来，发明人基于产业现状或自身对现有技术的认识对目标进行分析：目前采用在斗杆前端下盖板焊接防碰装置易造成垫板的刚性要求高，板厚成本也高。因此，发明人确定技术问题是在不增加垫板厚度的基础上，提高防碰装置的防撕裂性。经过反复的思考和研究，申请人提出了解决该技术问题的想法：在不增加垫板厚度的基础上，通过弱化防碰条的刚性，防止斗杆弯曲时防碰条撕裂垫板及附近相关焊缝。这也是本案的发明构思。

那如何弱化防碰条的刚性呢？专利申请人针对上述技术问题提出了关键技术手段：在防碰条的顶面上设置横向贯穿防碰条的凹槽。当然，一个完整的技术方案除了这些关键技术手段之外，还有其他非关键技术手段辅助，如防碰条的长度方向与垫板长度方向相一致，防碰条的底面与垫板相焊接。

通过对现有技术进行检索，获得了疑似XY文件。对比文件1公开了一种挖掘机斗杆108，包括防碰装置，防碰装置包括垫板112和防碰条114，防碰条的长度方向与垫板长度方向相一致，防碰条的顶面设置有横向贯穿防碰条的螺孔槽113（凹槽），防碰条的底面与垫板通过安装在螺孔槽113中的螺钉116连接。

因此，权利要求1所要求保护的技术方案与对比文件1所公开的内容相比，区别特征为：防碰条的底面与垫板之间采用焊接的方式进行连接。基于该区别特征，我们可以确定本发明相对于对比文件1实际解决的技术问题是防碰条与垫板之间的永久固定连接。

对比文件1和本案的关键技术手段都是"在防碰条的顶面设置有横向贯穿防碰条的凹槽",然而对比文件1的目的是为了提高防碰条和垫板之间的牢固性,而本案的目的是降低成本、防止防碰装置撕裂的挖掘机斗杆;对比文件1的发明构思是选择合适的固定连接方式以提高牢固性,而本案的发明构思是通过弱化防碰条的刚性,防止斗杆弯曲时防碰条撕裂垫板及附近相关焊缝。即对比文件1和本案的目的和发明构思均不一样。

同时,对于对比文件1取消螺钉连接的方式也就意味着"螺钉槽"无存在的意义了,"螺钉槽"也会和"螺钉"一起被替代。若保留"螺钉槽",就会有"事后诸葛亮"的嫌疑。因此,将对比文件1作为最接近的现有技术,对其进行改进后并不一定能得到权利要求1请求保护的技术方案。由此可见,对比文件1结合本领域的常规技术手段并不能评述该权利要求的创造性。

三、小　　结

站在客观公正地对专利申请进行评判的角度,基于对专利申请的发明构思的还原,进行发明专利申请的审查是正确地理解《专利法》中有关创造性规定以及正确使用"三步法"评判的基石。社会需求是申请的原动力,是我们准确理解技术方案的前提;技术问题、技术任务促使发明人提出解决技术问题的思路或想法,即发明构思,它是申请的灵魂,也是我们理解发明的关键;关键技术手段与要解决的技术问题密切相关,体现了创新能力的大小,是申请的精髓;最后的技术方案是对要解决的技术问题所采取的技术手段的集合,是申请的成果。它包括了关键技术手段和其他技术手段,甚至可能还包括一些与解决技术问题无关的技术细节。

笔者从申请人的角度出发,通过发明创造的四个阶段再现发明的创作过程,❶回归技术本身,准确地反映创造性劳动在发明过程中的体现,并结合审查员的审查过程准确地进行事实认定,把握发明实质,客观公正地对发明人的发明劳动进行创造性评述。同时,笔者也引出在审查过程中发明构思与关键技术手段的关系,对于发明构思相同、关键技术手段不同的情况,笔者也认为是不能进行评述的。本文主要阐述了如何进行发明构思的还原,从发明创作的过程把握发明点,理解关键技术手段。文中的很多观点还欠缺考虑,期望各位同仁进行批评指正,共同学习探讨,以求得出有效的评述方法。

---

❶ 朱仁秀,等. 体会发明构思 把握发明实质[J]. 审查业务通讯,2014(8):1-6.

创造性审查中发明构思的把握

刘 文* 刘 雯**（等同于第一作者）

【摘 要】

本文对发明构思在创造性审查中的作用进行了分析，阐述了在创造性审查中应当将把握发明构思作为创造性审查的起点并贯穿创造性审查全过程，整体看待由技术特征构成的技术方案，进一步结合具体案例探讨了不同情况下如何把握发明构思以辅助创造性审查。

【关键词】

创造性 现有技术 发明构思 整体

《专利法》所称的发明，是指对产品、方法或者其改进所提出的新的技术方案。技术方案是对要解决的技术问题所采取的利用了自然规律的技术手段的集合。通常，技术方案是围绕一个技术构思来展开并实现的，这种应用于发明中的技术构思就是本文所称的发明构思。

申请人通过专利申请文件表达或描述其发明构思。审查员基于专利申请文件把握发明构思时，需要以本领域技术人员的视角，客观、整体、全面地了解发明创造的来龙去脉、前因后果，从技术问题、技术手段、技术效果等几个方

---

* 作者单位：国家知识产权局专利局专利审查协作北京中心。
** 作者单位：国家知识产权局专利局审查业务管理部。

面进行全面综合的考虑,只有这样才能够准确把握发明的本质。其中,技术问题是发明创造的起因,技术效果是发明创造的结果,技术方案是解决技术问题实现技术效果的具体过程。在把握发明构思时,首先应当考虑现有技术,这里所指的现有技术既可以单纯指申请人所声称的背景技术,也可以是通过简单检索就可得知的、在申请日前于本申请技术领域分支中普遍存在的、与本申请发明较为接近的技术或者最有可能发明得到本申请发明的技术;其次应当从专利申请文件的整体出发,还应当考虑权利要求以外的其他部分的理解,这些内容对于技术方案有着更详细的解释说明,通过阅读这部分内容,再结合对权利要求,就能更准确地理解发明构思及其在技术方案中的作用。

以下,将结合三个案例更详细地探讨不同情况下如何准确地把握发明构思。

一、从说明书的背景技术出发确定发明构思

在审查过程中,审查员通常着重关注权利要求、具体实施方式等重要部分的内容,往往忽视背景技术。事实上,背景技术是技术问题的宿主,是发明人技术改进的对象,是发明创造的起点,只有正确理解了背景技术之后才能确保审查员与发明人站在了相同的技术起点上,探寻发明构思、重构发明创造才有了正确的基点;通过发明创造与背景技术的比较,审查员就能具体了解两者技术手段上的差异,通过进一步分析每一项改进的内容在整体技术方案中所能实现的技术效果,就可以获知发明人的技术改造路径,探知在技术改造过程中发明人曾逐步遇到并成功解决了哪些技术问题,唯有如此,才能正确认识发明的智慧贡献。

有些申请的背景技术详细记载了其技术发展历程,仔细研究理解该背景技术,有利于准确地还原其发明过程,把握发明构思。尤其是该申请与现有技术非常接近,仅仅是对某一细微技术内容进行了改进,且背景技术中又记载了发明人为解决现有技术中的问题而实施的技术改造思路,其相当于是给出了最接近的现有技术,也就是给出了本发明技术改进的起点,从而有助于能够尽快了解发明本身相对于现有技术的改进点;进一步,审查员可以针对涉及该改进的内容,进行有针对性的检索,从而可以快速作出是否具有创造性的结论。

【案例1】

本案例请求保护一种基于线电极放电磨削的微成形模具原位制造装置,权利要求篇幅较长,尤其对如图1所示的线电极磨削装置中导轮的组成和排列的

描述极为细致。申请人提出其所要解决的技术问题为：为了解决在微型模具加工过程中块电极的放电间隙难以精确控制，导致微型模具表面变质层明显，表面质量较差，影响了微型模具的使用寿命的问题，进而提供了一种基于线电极放电磨削的微成形模具原位制造装置，以提高模具的加工质量。本申请属于高校申请，该申请人作为大学教师对该领域的技术研究较为深入，审查员认为必须对本申请的发明构思吃透、吃准才能提供足够有说服力的审查意见，出现任何纰漏都会被申请人从技术角度来反驳。

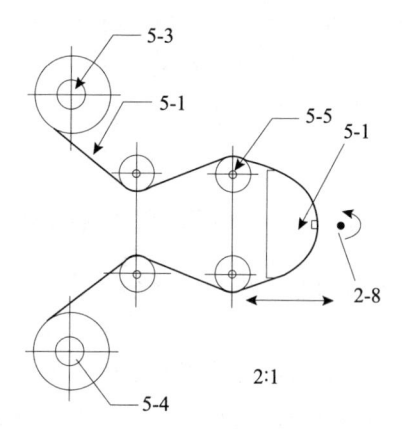

图1　【案例1】的线电极放电磨削装置

本申请的背景技术部分详细介绍了微成形模具原位制造装置的发展历程，审查员仔细研究了其背景技术部分给出两篇参考文献：（1）CN102489802A；（2）台湾专利申请人Chern的一篇期刊文章。其中，文献（1）公开了一种微成形模具原位制造装置，其核心采用块电极进行模具加工用冲头的加工，其公开了权利要求1的前序部分，并公开了从属权利要求中的很多特征，相当于本申请所改进的起点，可以认定为本申请权利要求1的"最接近的现有技术"。通过对比发现本申请的技术方案的实质在于采用线电极放电磨削装置替换了现有技术中的块电极放电磨削装置进行模具加工用冲头的加工以提高模具的加工质量，从而也就确定了本申请的发明构思，因此审查员下一步的检索重点放在如图1所示的线电极放电磨削装置上。文献（2）期刊文章公开了基于线电极磨削方法加工微型冲头，上述期刊的线电极放电磨削装置与本申请存在较多的区别技术特征，特别是还存在背景技术中提及的技术问题。审查员认为该期刊的线电极磨削装置虽然已经公开了本申请的线电极磨削装置的大部分结构，但如果将该期刊文章作为与"最接近的现有技术"结合来评价创造性的其他现有技术，通过公知常识说理来对权利要求 1 进行评述可能使得申请人不能信服。审查员认为还是应该坚持证据优先原则，应针对上述所分析的发明过程继续进行追踪检索。审查员在 ScienceDirect 中查看了其引证和被引证的文献未发现合适的对比文件，于是进一步研究了该网站给出的推荐文献，主要是 Chern 后期研究的一系列期刊文章。其中一篇"Punching of noncircular micro – holes and development of micro – forming"，其基于文献（2）中的线电极放电磨削装置作了进一步改进，结构如图 2 所示，其与本申请中的线电极磨削装置几乎完全相同，解决的技术问题也完全相同，将其作为与"最接近的现有技术"结合来评价创造性的其他现有技术基本不用公知说理。本案并未采用常规的检索模式，而是从申请的背景技术出发确定发明构思，并由此快速锁定相关的对比文件，"三性"评判过程中提供了更具说服力的审查意见。本案"一通"后视撤。

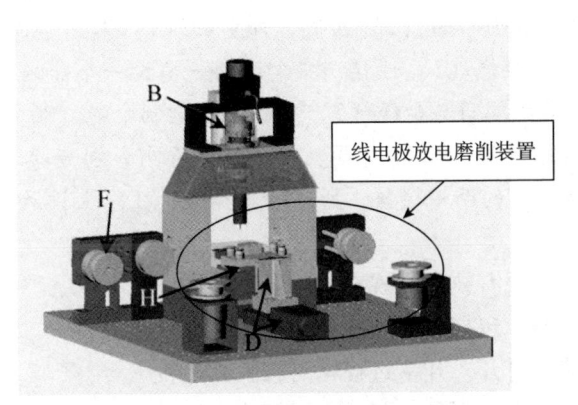

图 2 【案例 1】的对比文件 2 线电极放电磨削装置

通过该案例可见，深刻理解背景技术有利于真实还原其发明过程，准确把握发明构思，从而提供更有说服力的创造性审查意见。

二、从重新确认的现有技术出发确定发明构思

由于背景技术文件并不是专利申请文件的实质部分，其撰写自由度较大：个别申请人了解的最接近的现有技术并不是真正的最接近的现有技术，也有个别申请人为了获得专利权，在背景技术中并没有客观反映本申请与现有技术的差别，如放大现有技术的缺陷，夸大本申请的效果等。如果按照上述申请人的

背景技术描述的现有技术存在的技术问题，以及其基于该技术问题提出的改进的技术手段，有可能使得其技术方案顺理成章地具有创造性。审查员基于对本领域现有技术的掌握发现其背景技术无法准确地概括现有技术时，应该对申请人声称的现有技术持怀疑的态度，借助于阅读引证文献、该技术领域综述性技术文献、某些相关的现有技术文献以及简单检索等方式了解申请日前存在的现有技术使自己达到本领域技术人员的水平，以确认申请日前存在的现有技术是否为说明书中所陈述的现有技术，进一步应当从重新确认的现有技术出发确定发明的发明构思。此外，审查员还要防止把个人的创造力带入发明的理解过程，避免先入为主的印象，客观地进行检索和审查，避免在把握发明构思过程中出现偏差。

【案例2】

权利要求1：

一种主动开伞式降落伞，它包括伞面和伞绳（5），其特征在于所述的伞面由外伞面（1）和内伞面（2）组成，外伞面（1）和内伞面（2）之间为密封气囊，二者由连接线（3）连接；在伞面的一角设一个压缩气体罐（4），压缩气体罐（4）上的阀门与伞绳（5）中的一根控制伞绳（8）连接；在伞面最顶端设一个可伸缩的圆孔（6），圆孔（6）的两侧分别连接拉绳（7），拉绳（7）与伞绳（5）中的两根连接；所述的外伞面（1）上设放气阀，放气阀与密封气囊相通。

申请人声称的现有技术为现有的降落伞均采用被动开伞方式，即伞包打开后，由物体下落使伞面在空气作用下被动打开，开伞过程耗时较长，且受风力、风向影响较大，不易控制。为了解决上述技术问题，申请人采用的技术手段为：参见图3结构，在开伞时，当控制伞绳受力达到一定强度，在控制伞绳的作用下，压缩气体罐打开阀门，瞬间释放气体，向伞面气囊内充气，使伞面尽快打开成型；伞面最顶端的可伸缩圆孔，用于跳伞人员控制伞面受力面大小，以达到控制下降速度的目的；在伞面上加装放气阀，在需要时可放气，例如跳伞后收伞时使用。

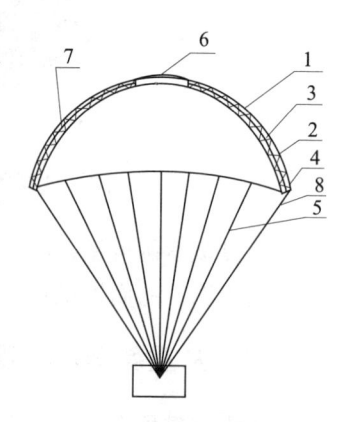

图3 【案例2】的主动开伞式降落伞

背景技术中给出的为传统意义上的降落伞，根据申请人的描述可以确定其

"发明构思"为通过气体罐向伞面充气主动控制伞面张开,以提高伞降效率和安全系数。审查员经过简单检索发现,在该技术领域中已经存在较为普遍的一种现有技术:充气式/气包式降落伞,大都如图4所示通过储气罐向伞体内充气,实现开伞,即"主动开伞",即本申请发明构思与对比文件基本相同。换句话说,本申请的主体结构其实已经是一种现有技术,相对于申请日前普遍存在的现有技术重新确定的发明构思实际为对气包式降落伞部件之间的连接关系进行改进、控制下降速度以及收放伞,而显然这些改进属于本领域在如图4所示的现有技术基础上为实现顺利开伞、操作方便、结构简单等目的可以作出的常规设置和技术选择,无须付出创造性劳动,也不会带来任何预料不到的技术效果,智慧贡献较低,显然无法达到《专利法》关于创造性高度的要求。该案在审查中只进行了简单的常规检索,重新确定本领域的现有技术,虽然还存在较多区别技术特征,但由于准确地确定了发明构思,从而更容易判断本案的智慧贡献大小,更容易作出创造性的判断。本案在"二通"后视撤。

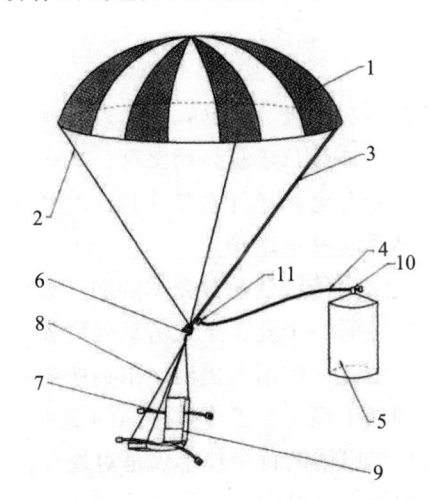

图 4 【案例 2】的现有技术气包式降落伞

通过该案例可见,准确确定现有技术有利于准确确定发明构思,以判断发明的智慧贡献的大小,从而更容易准确作出是否具有创造性的结论。

三、从申请文件的整体出发确定发明构思

我国《专利法实施细则》规定:"独立权利要求应当从整体上反映发明或者实用新型的技术方案,记载解决技术问题的必要技术特征。"一份符合上述

规定的独立权利要求显然有助于整体理解发明的发明构思，有利于社会公众或审查员准确把握解决技术问题不可缺少的核心技术手段，理解发明对于现有技术的技术贡献所在。审查员首先应当以独立权利要求所限定的技术方案作为检索的主题。这时，应当把重点放在独立权利要求的发明构思上，而不应当只限于独立权利要求的字面意义，但也不必扩展到考虑说明书及其附图的内容后得出的每个细节。❶ 但上述《专利审查指南2010》的规定只给出了理想权利要求的情形下的检索模式，如果权利要求过于上位，也有可能妨碍对其发明构思的准确把握。从属权利要求中的附加技术特征也可能是发明人认为的技术改进手段，并且说明书也通常会对附加技术特征的技术效果进行描述，其也有助于理解发明的改进思路。此外，还要充分研究说明书中提及的发明的工作过程、有益效果等相关描述，透过这些描述进一步准确理解其发明构思。总之，在确定发明构思时，审查员有必要整体理解包括权利要求在内的全部专利申请文件，在此基础上作出客观、全面的判断。

【案例3】

权利要求1：

一种变速器壳体多轴钻孔装置，包括：机体、电机、主轴、工作台、多轴器、钻头，所述电机与机体连接位于机体的上部，所述的工作台与机体连接位于机体的下部，所述的主轴与电机通过皮带连接，其特征在于：所述的主轴与多轴器连接，所述的多轴器与钻头连接。

申请人声称的现有技术为传统变速器壳体的加工采用台式钻床，一个孔加工完成后，再次装夹后加工另一个孔，工人劳动强度大，工作效率低，而且多次装夹影响产品的质量。由此，申请人提出本申请所要解决的技术问题为：本发明的目的在于提供一种加工简单、工作效率高的变速器壳体多轴钻孔装置。

与【案例2】相似，本申请的背景技术仅是对现有技术作了极为泛泛的解释，但显然其仅说明了单轴钻孔装置在应用中所产生的技术问题，审查员基于对本领域现有技术的掌握意识到这种用于多孔加工的多轴钻孔装置应该还是挺常见的；其权利要求中也仅是记载了主要构成部件以及它们之间的连接关系，审查员阅读了权利要求和背景技术之后以至于附图仍然没有搞明白该装置是如何工作的，尤其该独立权利要求比较上位概括，其既可包括主轴下降工作台静止式，也可包括主轴静止工作台上升式，还可包括主轴和工作台相对运动式，

---

❶ 参见《专利审查指南2010》第二部分第7章第3.2节"对独立权利要求的检索"。

显然单纯阅读背景技术以及权利要求对于审查员理解和掌握发明构思是极不容易的。审查员进一步仔细研究其说明书的具体实施例部分,其进一步记载了电机1转动带动主轴2转动并下降高度,主轴2带动多轴器3转动并下降高度,多轴器3转动带动钻头4转动并下降高度,钻头4转动与下降高度完成对工作台5上的变速器壳体的钻孔,从而完成对变速器壳体的钻孔作业。由此可见,本申请实质为一种主轴下降、工作台静止的多轴钻孔装置。通过上述工作过程的分析,我们可以完成对发明构思的正向探寻。虽然说明书中没有进一步给出主轴是如何一边转动一边下降高度的,但由于其发明构思已经确认了,其技术细节可以放到检索中去进一步探究。

审查员在初步检索中获得了大量多轴钻孔装置,但大多数都为如图6所示的主轴6静止、工作台3上升式的多轴钻孔装置。这些钻削装置中涉及多轴器,由于其结构复杂,要实现本申请所述的主轴一边转动一边下降高度存在一定技术障碍,这也就是现有技术中大都采用工作台上升式结构的原因。但采用工作台上升结构时,其工件在加工中处于运动状态,因此其稳定性和精度相对较差。本申请的申请人正是基于图6所示现有技术的技术问题和技术方案作为起点进行改进,设计了一种主轴下降工作台静止式的多轴钻孔装置,这就是基于申请文件的整体以及从检索得到的现有技术出发重新确定得到的本发明的发明构思,这也进一步印证了审查员在检索之前的对发明构思的初步判断。

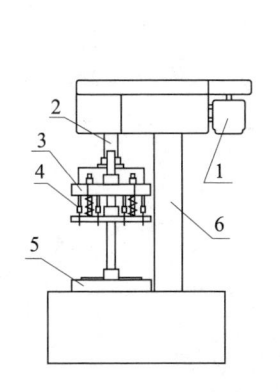

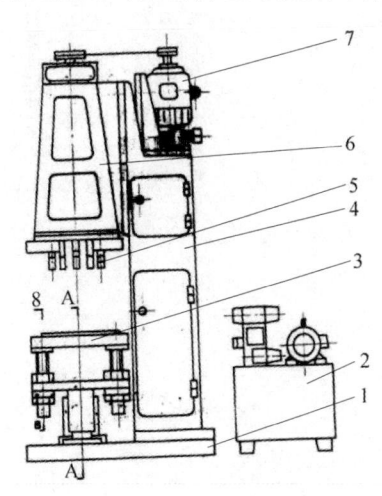

图5 【案例3】的结构图 图6 【案例3】的现有技术图

单从权利要求1中的技术特征来分析,如图6所示的多轴钻孔装置已经公开了几乎全部的技术特征，如果用其作为最接近的现有技术来评述权利要求1，由于其主轴/工作台的运动方式与本申请的发明构思是截然相反的，申请人对基于该对比文件的审查意见通知书可能不会认可；申请人进一步可通过将上述工作过程加入权利要求中以克服创造性的缺陷，该类的对比文件就不能再用了，审查员还需要进一步检索对比文件。为了避免出现上述反复的过程影响审查周期，审查员没有就此终止检索，而是进一步根据上述分析得到的发明构思进行检索，并最终获得了如图7所示的主轴下降工作台静止式的多轴钻孔装置。该对比文件巧妙地将螺纹套和花键轴组合，使得电机转动带动主轴转动并下降高度，多轴器转动带动钻头转动并下降高度，同时完成多个孔的钻削，其公开的技术特征与图6所述的对比文件几乎相同，由于其实际发明构思与本申请完全相同，用其作为对比文件显然更具有说服力。本案权利要求记载的技术方案过于概括，并且审查员在常规检索中已经检索到了公开权利要求几乎全部技术特征的对比文件，但结合本案说明书的具体实施方式部分，发现发明构思截然不同，审查员进而从遵从申请人本意的实际发明构思出发进一步进行检索，并最终获得合适的对比文件。

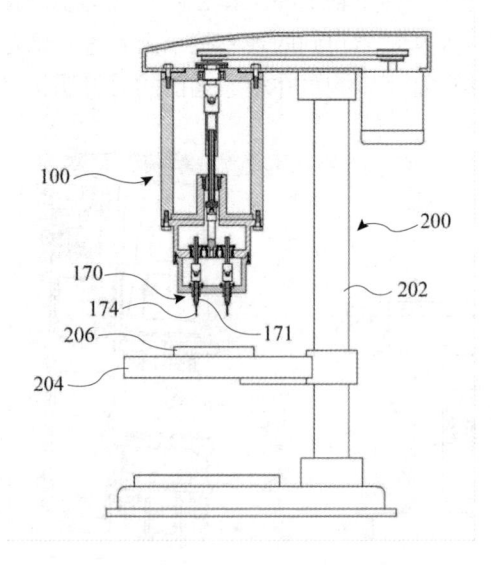

图7 【案例3】的对比文件结构图

通过本案例可知，确定发明构思不能局限于权利要求书，尤其是其字面意义，而应从申请文件的整体出发去把握，从而使创造性的判断结论更加准确、客观。

四、总　结

作为一项发明的主线，技术方案的构成、发明点的体现、技术特征的分布都是围绕着发明构思来展开的。审查员只有准确确定发明构思，才能为基于发明构思的创造性评述打下良好的基础。首先，要认真研究说明书的背景技术部分，确定其发明创造的路径，进而确定发明构思；其次，审查员基于对现有技术的掌握发现其背景技术无法准确地概括现有技术时，应该进行检索以重新确认现有技术，进而以重新确定发明的发明构思；再次，审查员有必要整体理解包括权利要求在内的全部专利申请文件，在此基础上确定发明构思。只有准确地确定发明构思，在创造性评价时才能作出客观、全面的判断。

审查员应当养成将把握发明构思作为实质审查起点并贯穿创造性审查全过程的意识和习惯，整体、客观地看待发明，为评价发明创造的智慧贡献奠定基础。

发明构思对判断技术启示的影响及申请人答复技巧

李小童* 吕 媛*

【摘 要】

　　本文从实际案例出发,通过分析审查意见评述的合理性,研究发明构思在判断技术启示时的影响以及发明构思与技术启示的逻辑关系,并针对申请人答复技巧给出了适当建议。

【关键词】

　　技术启示　发明构思　技术作用　答复技巧

　　目前的审查工作中存在这样的现象,即当在审发明专利申请的技术特征已经为多篇现有技术文献全部公开时,审查员就简单地认为现有技术给出了技术启示,从而作出发明没有创造性的结论。这种只看特征而不从整体看待各个组成特征之间关系或不看特征具体作用的做法,会导致创造性评判的主观臆断,也是引起目前国家知识产权局有效 XY 率不高的原因之一,❶ 更是引起审查员和申请人不同意见的主要矛盾之一。

---

* 作者单位:国家知识产权局专利局专利审查协作河南中心。

❶ 朱仁秀,杨永红,孙红要.体会发明构思把握发明实质——浅谈发明构思在专利审查工作中的作用[J].审查业务通讯,2014(8):1-6.

因此，如何客观地判断现有技术是否给出技术启示是专利审查和专利代理中的一个难点和重点。本文从一个实际案例出发，试图通过对涉案专利发明构思的理解、分析和比对，在发明构思的指引下对现有技术是否整体给出技术启示作出判断，并对申请人的答复意见给出若干建议。

一、相关案情

1. 权利要求的技术方案

权利要求1：

一种锡钴合金装饰性代铬电镀液，其特征在于其电镀液配方组成为：氯化亚锡 40～50g/L，氯化钴 30～40g/L，氯化钾 60～90g/L，乙二胺四乙酸二钠 10～12g/L，酒石酸钾钠 5～10 g/L，丙烯酸－2－乙基己酯 0.2～0.5g/L，苄叉丙酮 0.1～0.2g/L，聚氧丙烯甘油醚 0.1～0.2g/L，香豆素 0.02～0.05 g/L。

2. 第一次审查意见通知书评述要点

审查员在第一次审查意见通知书（以下简称"一通"）中使用三篇对比文件结合评述权利要求1不具备创造性。权利要求1相对于对比文件1的主要区别在于：①权利要求1请求保护的氯化亚锡和氯化钴的浓度与对比文件1公开的不同；②对比文件1未公开香豆素及其用量；③对比文件1未公开乙二胺四乙酸二钠和酒石酸钾钠双络合剂（以下简称"双络合剂"）。

表1 发明技术特征对比表

区别技术特征	对比文件1	公知常识	对比文件2	对比文件3
氯化亚锡和氯化钴浓度	×	√		
香豆素	×		√	
双络合剂	×			√

针对区别技术特征①，关于氯化亚锡和氯化钴的浓度，本领域技术人员根据实际的电镀需要是可以调整的，并且其效果是可以预期的；针对区别技术特征②，对比文件2公开了三价铬电镀液中采用香豆素作为整平剂来使基材表面更平整，因此，对比文件2给出了在电镀锡钴溶液中加入香豆素进而使镀层表面更平整的技术启示。

针对区别技术特征③，对比文件3公开了利用乙二胺四乙酸二钠与酒石酸钾钠双络合剂体系来增加化学镀铜液的稳定性，其原理就是乙二胺四乙酸二钠与酒石酸钾钠与镀液中的铜离子络合进而提高镀液的稳定性。同时，本领域技术人员知晓乙二胺四乙酸二钠与酒石酸钾钠也能与亚锡离子和钴离子络合。因此，本领域技术人员为了提高锡钴合金电镀液的稳定性，有动机将对比文件3公开的乙二胺四乙酸二钠与酒石酸钾钠双络合剂体系用于对比文件1公开的电镀液中来提高镀液的稳定性。审查员据此判定权利要求1不具备创造性。

二、审查意见合理性辨析

1. "三个相同"则通常存在技术启示

判断现有技术是否整体上给出技术启示时，对比文件与涉案专利是否具有相同的技术领域，针对区别技术特征是否解决相同的技术问题并具有相同的技术作用，此三项判据非常重要，即"三个相同"。对审查员的一通评述进行深入研读可以发现，虽然一通中认定三个区别特征都存在技术启示，但三个区别特征的技术启示明显程度有很大差异。对于区别技术特征①，通过检索不难发现，氯化亚锡和氯化钴作为代铬电镀液中常用的主盐，已经获得了广泛的应用，在工具书和相当多的专著中可以查到其使用浓度的相关信息。即使现有技术中未披露氯化亚锡和氯化钴的浓度特征，但是如果出于解决本领域中公认的问题或满足本领域普遍存在的需求的目的，如出于更便宜、更洁净、更快捷、更轻巧、更耐久或更有效的考虑，本领域技术人员有动机能够采用已知技术手段对最接近的现有技术进行改进而获得发明。

对于区别特征②，其所涉及的香豆素是电镀液中常用的一种助剂，审查员本着证据优先的原则，通过检索找到了对比文件2，其也是将香豆素加入到电镀液中作为整平剂使用，能够起到将基体表面细微不平处填平的作用，使得最终形成的镀层平整。并且，通过本申请实施例和对比文件实施例测试数据来看，在香豆素存在的条件下，所得到的产品确实较为平整。因此，本领域技术人员可以很容易认定，现有技术确实给出了将香豆素应用到最接近的现有技术以解决其技术问题的技术启示。因此，在对比文件2和涉案专利属于相同技术领域的情况下，香豆素在涉案专利中与对比文件2中又解决了相同的技术问题并具有相同的技术作用，在"三个相同"的情况下，通常会存在技术启示。

表2 香豆素是否存在技术启示的分析

考虑因素	本申请	对比文件2
技术领域	电镀液	电镀液
所起作用	整平剂	整平剂
技术效果	镀层光亮	镀层光亮

2. 公开区别特征不等于给出技术启示

但是，在另外一些情形下，对比文件公开了区别特征并不必然带来技术启示。分析一通中针对区别特征③的评述，对比文件3虽然公开了使用乙二胺四乙酸二钠与酒石酸钾钠双络合剂体系来增加化学镀液的稳定性，但是在多个方面与涉案专利存在实质性区别。

第一，应用领域不同。涉案专利将双络合剂用于电镀而对比文件3将双络合剂用于化学镀。电镀是利用电解原理，在电流作用下，镀层金属阳离子在待镀工件表面还原形成镀层，待镀工件做阴极，镀层金属做阳极并被不断消耗。❶ 而化学镀则是通过溶液中适当的还原剂使金属离子在金属表面的自催化作用下还原进行的金属沉积，其实质是化学氧化还原反应，有电子转移但是无外接电源，❷ 消耗溶液中的镀层金属离子而无外来补充，随着镀液的使用，镀层金属离子浓度逐渐降低，镀液逐渐失效。由此可见，二者有着本质区别。

第二，解决的技术问题不同。涉案专利要解决的技术问题是以氯化亚锡和氯化钴为主盐的酸性电镀液连续工作半个月就会发生混浊、难以镀出合格产品的技术问题，而对比文件3解决的是以硫酸铜为主盐的镀液中，铜离子瞬间就会生成氢氧化铜沉淀的问题。技术问题实质上不同。

第三，稳定对象不同。涉案专利中双络合剂用以稳定锡离子和钴离子，而对比文件3中双络合剂用以稳定铜离子。在元素周期表中，铜是第Ⅰ副族元素，而锡是第Ⅳ主族元素，钴是第Ⅷ副族元素，上述元素在元素周期表中的位置相距甚远。化学科学是一个以实验为基础的科学，公认其可预见水平明显低于机械领域和电学领域。举例来说，在机械领域，如果某个零件的钢板厚度增加一倍，通常其机械强度和力学性能会随之增加，这种效果是本领域技术人员可以预期的；但在化学领域，如果一种药物分子中碳链长度增加一倍，通常情况下很难预期其对疾病的治疗效果也能够增加，化学领域产品的微观结构与其宏观性能之间的逻辑关系的不确定性更大，如果没有实验数据的支撑，无法轻易作出结论。回到元素周期表，处于同一主族或同一副族的元素，其化学性质通常具有较高的相似度，比如第Ⅶ主族的氟、氯、溴、碘，无论单质还是其阴离子，都具有某些相似性。但是，在元素周期表既不同族又不同周期的元素之间，作出其具有相同化学性质的结论难度很大。所以，能够对铜离子进行稳

---

❶ 张胜涛. 电镀工艺及其应用 [M]. 北京：中国纺织出版社，2009：1-6.
❷ 李宁. 化学镀实用技术 [M]. 北京：化学工业出版社，2004：1-5.

定的双络合剂并不必然对锡离子和钴离子具有很好的稳定作用。

第四,稳定环境不同。涉案专利中电镀液配方中无强碱加入,溶液应为中性或偏酸性,pH应在7左右;而对比文件3中氢氧化钠的加入,镀液为强碱性,酸碱环境的根本性差异,其稳定机理自然不同。

第五,也是最重要的,稳定时间不同。涉案专利通过双络合剂的加入,使得镀液能够保持半年以上的时间清亮不浊,长期保持稳定,而对比文件3的稳定时间为8~13小时,前者以年计,后者以小时计,二者存在多个数量级上的差别。

综上所述,由于涉案专利与对比文件3的应用领域、技术问题、稳定对象、稳定机理和稳定时间都不相同,尤其是稳定时间,存在多个数量级的差别,本领域技术人员很难根据对比文件3获得技术启示将对比文件1的技术方案进行改进。

表3 双络合剂是否存在技术启示的分析

考虑因素	本申请	对比文件3
技术领域	电镀液	化学镀液
技术问题	半个月混浊	瞬间沉淀
稳定对象	锡(Ⅳ主族)钴(Ⅷ副族)	铜(Ⅰ副族)
稳定机理	非强碱	强碱
稳定时间	半年以上	8~13小时

三、发明构思对判断技术启示的影响

1. 涉案专利发明构思分析

发明是以技术形式表现出来的人类思维创造,通过利用自然力达到改造自然的有效结果,以满足人类的需求。❶ 发明构思并非单纯地指申请人所要解决的技术问题或者申请的发明点,而是指为解决现有技术中存在的技术问题而产生的、体现发明智慧的、有中心及层次的、系统性、整体性的思维活动。❷ 把握发明构思要了解发明的来龙去脉,即相关的背景技术、所要解决的技术问

---

❶ 尹新天. 中国专利法详解 [M]. 北京:知识产权出版社,2011:17.
❷ 黄君. 基于发明构思确定检索要素的检索策略在电路领域的运用 [J]. 审查业务通讯,2015(1):57-65.

题、所采用的技术手段、最终实现的技术效果等多个方面。❶

通过对涉案专利申请文件的认真研读可以发现，在锡钴合金代铬电镀液的相关现有技术中，存在若干缺点和问题，电镀液连续工作半个月就会发生混浊难以镀出合格产品。针对这一缺陷，发明人经过研究发现在电镀液中同时加入乙二胺四乙酸二钠和酒石酸钾钠可以起到长期保持稳定的作用，进而提出了发明的关键技术手段——在电镀液中加入乙二胺四乙酸二钠和酒石酸钾钠双络合剂，并通过实验测试证明获得了良好的技术效果，镀液能够稳定半年以上，其发明构思如图1所示。

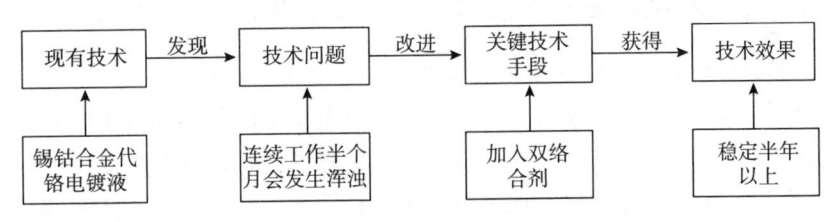

图1　涉案专利发明构思分析

2. 发明构思与技术启示的辩证关系

在使用"三步法"判断创造性的过程中，如果区别特征为另一份对比文件中披露的相关技术手段，该技术手段在该对比文件中所起的作用与该区别特征在要求保护的发明中为解决该重新确定的技术问题所起到的作用相同，则认为现有技术中存在技术启示，发明不具备创造性。"三步法"的第一步和第二步具有半主观半客观的特性，而第三步对技术启示的判断过程则是一个完全主观的行为，而技术启示在三步法中又居于核心地位。❷ 因此，为了保证技术启示判断结果的客观性，一个较好的办法是引入发明构思帮助审查员进行判断。

一旦把握了发明构思，审查员就可以与申请人站在具有相同高度的平台上使用相同的眼光和视角去看待发明，最佳视角是从发明创造形成的过程去看待一项发明。同时，一旦把握了发明构思，不同审查员对同一件发明认识水平将会趋同，而对技术启示的判断结果也将更加一致。技术启示判断的客观性增强自然带来对创造性判断结果的标准化和客观化，从而实现审查标准执行一致。

另一方面，技术启示的本源就是来自发明构思。所谓技术启示，其实是在

---

❶ 马文霞，刘丽伟. 创造性判断中发明构思的把握与应用（上）[J]. 审查业务通讯，2015 (2)：32 - 38.

❷ 刘晓军. 专利创造性评判中的技术启示[J]. 知识产权，2012 (5)：42 - 47.

发明完成以后为了帮助对发明创造性进行认识而引入的概念，其目的实质上是为了度量发明完成的难度大小。即技术启示是一个判据，发明完成难度大小是其判断对象和目标，而发明构思则是发明创造性高度的源泉和渊薮，那么一旦把握了发明构思，自然就可以洞若观火，更加驾轻就熟地运用技术启示这个判据。如果涉案专利与对比文件发明构思相同，那么认定现有技术给出技术启示的依据和理由将得到加强；反之，如果发明构思不同，那么认定现有技术给出技术启示一定要十分慎重。

四、把握发明构思判断技术启示的三个难点

1. 技术领域的上位概括与下位概括

发明构思不是一个空洞虚无的概念，其有着现实的载体和具体的支撑。要想把握发明构思，必须厘清三个无法回避的关键性问题，即涉案专利与对比文件的技术领域是否实际相同、区别技术特征在涉案专利与对比文件中的技术作用是否实质相同、发明整体显而易见还是单个技术特征显而易见。这三个问题既是关键点也是难点，很容易受到迷惑和干扰，从而作出错误的判断。

在判断技术启示时，有观点认为既然《专利审查指南2010》中没有规定公开区别技术特征的对比文件必须属于相同技术领域，那么无须考虑对比文件的领域，只要其公开了技术特征即可。与此相对，也有观点认为《专利审查指南2010》规定存在技术启示是指本领域技术人员在面对技术问题时，必须有动机对最接近的现有技术进行改进从而获得发明。既然规定了考虑问题的主体是本领域技术人员，而不是突破了领域限制的所有人，因此无论对比文件是最接近的现有技术还是另一份或多份对比文件，"本领域"都必须作为创造性评价的必要前提。❶

其实，仅凭常识判断，也应该想到对比文件的技术领域不能和涉案专利的技术领域相距过远，至少应当是相同或相近。但是在审查实践中常常引起争议的是审查员和申请人对技术领域是否相同的认定标准不一致。究竟何为技术领域相同，有如盲人摸象结论五花八门。仍然以涉案专利为例。如果认定其技术领域为镀液，那么其和对比文件3就具有相同的技术领域，因为对比文件3涉及的也是镀液；如果认定其技术领域为电镀液，那么其与对比文件3就不具有

---

❶ 卜冬泉，栗彬彬. 浅谈创造性评价中技术领域对技术启示的影响［J］. 中国发明与专利，2013（4）：79-81.

相同的技术领域，因为对比文件3涉及的是化学镀液而非电镀液。类似情况在审查实践中屡见不鲜。审查员认定一个技术领域之后申请人常常不认可，并认为涉案专利或者对比文件属于一个更加上位或者更加下位的技术领域；反之亦然，审查员对申请人认定的技术领域也可能提出不同意见。

就涉案专利而言，应当将技术领域锁定在电镀液而非镀液，因为电镀液和化学镀液已经不仅仅是一类物质中的细分，而是涉及整个镀合机理以及镀合设备的改变。应当判定涉案专利和对比文件3所属技术领域不同，这种判断也与国际专利分类表中的分布相呼应。在国际专利分类表中，电镀液对应C25D 3/00，而化学镀液对应C23C 22/05，二者既不归属于相同的小组，也不归属于同一个大组，更不归属于同一个小类，技术领域不同。所以，技术领域的认定，应该有一个合适的范围，既不能太上位也不能太下位，其通常与国际专利分类表中可能分入的最低位置有关，最多不超出国际专利分类表中的大组。只有对发明和对比文件的技术领域作出清晰的判断，才能正确把握发明构思。

2. 技术作用的表面相同与实质相同

从表面看，乙二胺四乙酸二钠和酒石酸钾钠都是稳定剂，都能起到稳定镀液的作用，但是，根据上述分析，在对比文件3中，双络合剂的作用是防止铜离子与强碱的氢氧根离子瞬间生成沉淀，而在本申请中，双络合剂的作用是防止镀液长期使用后因发生副反应而混浊。但是此稳定非彼稳定，其技术作用表面相同而实质并相同。

导致技术作用认定错误的原因有很多。第一是说明书撰写问题。很多专利说明书中对技术作用的记载常常是笼统的泛泛而谈，描述不准确不精确，为审查员和专利代理人的理解带来困扰。第二是技术方案本身的困难。有些发明技术方案较为复杂，本身就很难理解。第三是阅读者个人能力的限制。无论是审查员还是专利代理人，人的精力是有限的，掌握的知识也是有限的，所谓"本领域技术人员"只是法律意义上一个虚拟的概念，审查实践中很难有审查员一开始就具备本领域技术人员所应具有的全部特点，因此，阅读者不一定能够找到正确的技术作用。所以，技术作用的认定，一定要透过表面现象去探寻内在本质，要判断技术作用实质相同而非形式相同。

3. 发明整体显而易见与单个技术特征显而易见

几乎所有的发明创造，如果将其技术方案进行拆解组合并寻找足够多的对比文件，理论上其技术特征都可以在现有技术中找到对比文件予以公开，亦即绝大多数发明都可以使用多篇对比文件将其特征进行组合得到。但是，这与现实中专利申请的授权比例明显不符。所以，创造性的判断不是技术特征的简单比对，而是发明构思与智慧贡献的整体考量。

使用"三步法"判断发明是否显而易见时，要确定现有技术整体上存在某种技术启示，而不仅是单个技术特征给出技术启示。由于"三步法"的判断逻辑不同于技术人员的研发过程，审查员是在看到技术方案之后进行判断，并针对区别特征去进行检索进而寻找技术启示，是一种逆向推导行为，并可能与客观真实存在一定偏差。❶ 审查员的思维过程与发明人的研发过程顺序恰恰相反，发现了区别去找启示比之与没有区别去找启示，其难度不可同日而语。

发明人在完成发明之前，虽然其知晓现有技术中已有技术方案的弊端，但是并不知晓何种技术手段可以解决其技术问题，现有技术中存在数量庞大的与发明相关的技术手段，只有经过创造性的劳动，才可以确定何种技术手段可以解决其技术问题。在本案中，对电镀液、化学镀液和其他镀液进行稳定的稳定方法与稳定剂不计其数，发明完成以前本领域技术人员并不能很容易地想到将用于稳定化学镀液的、稳定时间仅为数小时的稳定剂加入到涉案专利的电镀液中，就能够实现稳定半年以上的效果。现有技术中并不存在将乙二胺四乙酸二钠和酒石酸钾钠双络合剂用于锡钴合金代铬电镀液的技术方案，这一事实本身就说明技术方案并非显而易见的。

但是，如果已经知道了发明的技术方案，就可以很容易找到一篇包含了乙二胺四乙酸二钠和酒石酸钾钠同时使用的对比文件，并认为其给出了技术启示。但这种判断的思维方式是以单个技术特征的显而易见代替整体技术方案的显而易见，错误的逻辑过程自然很难得到正确的思维结果。而要作出发明不具备创造性的结论，必须是现有技术整体上给出了技术启示，必须是基于对发明构思的完整理解之后，发现对比文件所公开的区别特征能够与发明的构思相契合。

五、申请人答复技巧

发明构思对判断技术启示的指引作用，不仅适用于审查员，也适用于申请人和代理人。所以在对有关创造性的审查意见进行答复时，也应当首先建立在对涉案专利充分理解的基础上，在把握了发明完整构思的前提之下进行，并且有明确的指向性和针对性。具体来说包括以下三点。

---

❶ 石必胜. 专利创造性判断研究 [M]. 北京：知识产权出版社，2012：214-217.

第一，申请人和代理人应当对发明的技术方案和发明构思在熟悉程度和认识深度上超过审查员。因为任何一件发明专利申请，其申请人和专利代理人依常理应当是对发明最了解和最熟悉的人。申请人作为发明的所有权人，完全知晓发明诞生的背景与缘由，全部经历了发明从构思到完成的流程，并且深入理解发明的有益效果与创新之处。而专利代理人受申请人委托帮助其从事专利的申请工作，也应当对发明有着超过审查员的认识水平，只有这样，当受到相关质疑的时候，其才能够胸有成竹、从容应对。如果申请人和代理人对发明不是很熟悉，那么就应当通过阅读申请文件、学习背景知识、实地考察实验等方式使得自己尽快把握发明构思。

第二，申请人应认真阅读审查意见通知书及其中所引用的对比文件，对通知书的评述过程完全理解，对所引用的对比文件涉及的技术领域、解决的技术问题和所能实现的技术效果作出准确的判断，特别是对区别技术特征所起到的作用和相关实验数据进行深入分析，吃透吃准其发明构思，从而掌握主动，进可攻退可守。针对审查意见通知书中的质疑，专利申请人应当摒弃主观因素，完全从客观事实出发，形成自己的判断。如果基于对发明构思的理解，对比文件确实和涉案专利具有相同或类似的发明构思，并且现有技术整体上存在技术启示，也不必坚持发明具备创造性。如果对比文件和涉案专利发明构思不同，整体上不存在技术启示，那么申请人应当从发明构思入手据理力争。

第三，审查员的判断出现偏差的原因常常在于未对发明构思的来龙去脉前因后果作出全面的把握，那么申请人进行意见陈述时就应该釜底抽薪、正本清源，从审查员判断错误的根源入手，通过合适的说理与剖析，帮助审查员对涉案专利的发明构思获得一个正确的认识。尤其应当针对涉案专利和对比文件的技术领域、技术问题、技术效果进行分析，指出涉案专利和对比文件之间技术领域、技术问题和技术效果的本质区别，抽丝剥茧、拨云见日，从而使得审查员对技术启示作出正确的判断。而审查员也只有厘清了发明人对现有技术的改进思路，进而以此为视角寻找和研究用于评判创造性的现有技术，才能准确还原发明创造的过程，正确评判发明的智慧贡献。❶

---

❶ 刘丽伟，马文霞. 创造性判断中发明构思的把握与应用（下）[J]. 审查业务通讯，2015(5)：22-29.

对专利审查中遇到申请人投诉问题的思考

史永良* 朱永全*

【摘 要】

分析在专利审查中,专利审查员和专利申请人的矛盾及处理,提出了如何处理好专利审查的一种思路。

【关键词】

专利审查 申请人 审查员 技术方案 歧异 投诉

一、引 言

在专利审查过程中,由于"审查员"和"申请人"的工作责任范围、技术背景以及他们利益需求不同,在专利申请审查中出现种种争议是常见的,在中国当今的知识产权环境下,专利申请人通过长时间的科研,提请一份或多份专利申请是付出了很多辛勤劳动,专利申请人的希望是:他们的申请迅速地获得批准。这种心情完全可以理解。但中国建立知识产权制度比较晚,在现实的《专利法》普法程度比较低,一般人对《专利法》具体规定的了解非常低的情况下,专利申请人一般很难自己独立撰写出一篇符合《专利法》规定的专利

---

* 作者单位:国家知识产权局专利局专利审查协作北京中心。

申请文件，也对专利的申请，受理和审查各个过程及这些过程的规则不甚熟悉，因此专利申请人最好聘请具有本领域的技术科学知识的专利代理人给以法律支持，专利申请人应该积极与专利代理人协作才可能撰写合乎法规规范的专利申请文件，专利代理人有自己的职责所在，也有自己的专业领域，他们也需要为自己的代理公司的牌子和营运收入工作，不可能专门给每一个申请人做到尽善尽美，把每一件代理案件都做到批准周期短，授权率高。面对专利审查员的发回来的驳回倾向的审查意见通知书，专利代理人有自己对申请文件技术内容的理解，多数情况下他不了解审查员作出的对专利申请的权利要求书的评述的完善性和技术内容，只能把这些问题转述给专利申请人，尤其在中文转换成外文或者外文翻译成中文的翻译过程中，难免有措词不当处，但是申请人看着审查员发出的意见通知书，限于他所充实的技术领域的专业知识，往往是从他希望保护的最小范围上去理解，认定审查员在审查意见中对其权利要求新颖性和创造性质疑属于"强词夺理"，申请人大段地写出反驳审查通知书的意见陈述，长篇大论地论述自己的发明中某限制语句的具体含义，某个功能单元的具体操作原理。认为在这些具体的技术和功能定义下，自己的发明具有完全不同于对比文件所公开的技术方案的内容，因而必然是具备专利性。专利代理人限于他们的职责和对本领域技术的了解，一般也只能把这些长篇论述改写成符合于意见陈述书规范的答复意见。当专利申请人遇到申请长久不能批准，就可能对审查员的业务水平和审查意见通知书产生反感，向国家知识产权局投诉他的专利申请受到不公正待遇。遇到这类投诉问题，审查员如何慎重应对，在合理、合法并合情的条件下缩小或解决审查员和申请人的矛盾，让专利审查工作顺畅高速进行，这是专利审查员需要仔细考虑的问题。

二、如何应对申请人投诉

专利审查员都是经过严格的入职考试后从事专利审查工作的，都是理工科本科学历以上毕业生，许多审查员有硕士或者博士学位，他们对自己在校学习的科学技术是滚瓜烂熟的，比较符合"本领域普通技术人员"的技术要求。而在中国现有专利审查员的选拔制度下，多数新入职专利审查员并不具备较长时间从事本领域技术科研和生产的经历，只有少数审查员具有几年到十多年的本领域技术工作的经历，对本领域的科研生产实际过程有比较深入的了解。大多数专利审查员对专利审查技术方案的理解只能来自阅读申请文件，依据申请文件所描述的限定保护范围在中外文文献库实施检索，进而获得与申请文件技术相关的参考文件，阅读这些相关的参考文件，进一步了解专利申请的技术方案，多次循环后依据检索获得的最相关参考文件所公开的技术内容，撰写审查意见通知书，对专利申请作出部分权利要求或者全部权利要求不具备专利性的评述。

当然，审查意见通知书的内容也体现了审查员对检索获得的参考文件所公开的技术内容的理解，这些理解也可能存在误差。申请人在阅读审查员随审查意见通知书所提供的对比文件后，则是依据他自己所从事的研究技术领域，对专利申请作出解释，这种解释往往和审查员对专利申请的理解不同。

如上所述，专利申请人的技术背景与专利审查员有比较明显的不同，专利申请的申请人是长期从事本领域技术工作的科研生产人员，对自己的专利申请的技术领域有较为深入的理解和研究，他们是通过科学实验和研究过程来确定自己提出的专利申请的保护范围和涵盖区域，尽管他们对所申请的全部技术内容非常熟悉。但是也囿于他们长期从事的技术领域，可能对撰写专利申请文件的规则理解比较狭窄，甚至一些申请人习惯于使用本领域的技术俗语，对这些技术的标准科技术语反而相当生疏。这必然导致审查员和申请人对专利申请的权利要求所限定的保护范围的不同理解。举个例子，在金属加工领域有个专有名词"淬火"，其具体技术内容是：把金属零件加热到高温，立即放入冷却液中，让金属表面因为受到急速冷却，而形成一个硬度较高的表层。但在中国多数科研机构和工厂的俗语却称这个工艺为"蘸火"。假如没有本领域的专业知识，或者申请人和专利代理人作过比较深入的交流，写到这个名词的时候，专利代理人极可能直接按照申请人的陈述写作"蘸火"这样的错误术语，轻则因为说明书写得过于简略，导致审查员认为说明书的描述不清楚。可能不熟悉这个俗语的审查员会指出申请文件公开不充分，用《专利法》第26条第3款对申请文件的公开充分与否提出质疑。而申请人收到的审查意见通知书中有描述不清楚/公开不充分的质疑时，会趾高气扬发出质问：你们连"蘸火（淬火）"也不懂，有资格审查本人的专利吗？但你要正确地写成"淬火"审查员就算是不了解金属材料领域的专业技术，起码他可以查技术辞典来理解其具体技术内容。

在外文翻译中也常出现这类问题，笔者遇到一个外国申请人在中国的专利申请，是一个半导体器件制造工艺类的申请，因为是非PCT类中国申请，审查员审查中文文本时发现其中出现一个技术词语"逆流"，这个词在申请文件尤其是权利要求书中多次出现，但在说明书中没有任何解释，仅仅提到在半导体材料的某一个制造步骤中使用"逆流",查阅专业词典也找不到"逆流"的具体含义。审查员在通知书中多次指出"逆流"的含义不清楚,专利代理人协助撰写的意见陈述书也一再直接回答说:"逆流"是本领域通用科技术语,并未作出任何解释。后来笔者请教同部门的一位具有多年半导体晶片制造领域工作经验的老审查员,他在看了该申请文件的美国同族申请后答复说,按英文的词句,对应的中文标准技术术语是:回流。特指在半导体集成电路制造过程中,于晶片上开通孔后,在通孔中沉积金属导体材料,再次实施掩模蚀刻,因为酸类蚀刻后的金属导体材料边缘酸类不整齐,技术措施上用能够让该金属材料达到熔点的温度加热,让通孔内的金属材料受表面张力的作用略微收缩,变成边缘圆钝状态的一种工艺流程。其相当于印刷线路板在焊接工艺中加热,让连接焊点呈圆球状的做法。笔者在后续审查意见通知书向申请人质疑所说的"逆流"是否属于如此含义,是不是应该译为"回流"。得到申请人的肯定答复,而后该申请的审查过程得以继续下去。

专利申请人在修改申请文件时,可能出现对审查意见的误解而影响到专利权的获得,即使得到专利授权也可能由于修改不当而授权专利的保护范围很小。在申请人与专利代理人合议后撰写的申请文件中,也同样存在撰写不当问题,主要原因是专利代理人甚至申请人对权利要求所要求保护的技术方案的描述不清楚不准确,申请人对采用上位术语描述的技术方案的覆盖范围不完全了解,或者认定只限于他们所研究过、在说明书中描述的那几项实施例的方案中的情况。

由于上述的审查员和专利申请人对在本领域技术的发展进步了解方向不同,出现对技术问题的看法不同,和对限定技术方案的描述术语的理解不同在所难免的,《专利审查指南2010》中对权利要求的撰写作出规定:"专利法第二十六条第四款规定,权利要求书应当以说明书为依据,清楚、简要地限定要求专利保护的范围。专利法实施细则第十九条第一款规定,权利要求书应当记载发明或者实用新型的技术特征"(《专利审查指南2010》第143页),"权利要求的保护范围是由权利要求中记载的全部内容作为一个整体限定的,因此每一项权利要求只允许在其结尾处使用句号"(《专利审查指南2010》第148页)。同时《专利审查指南2010》对评述权利要求是否不具备专利性的审查则规定:"判断新颖性时,应当将发明或者实用新型专利申请的各项权利要求分别与每一项现有技术或申请在先公布或公告在后的发明或实用新型的相关技术内容单独地进行比较,不得将其与几项现有技术或者申请在先公布或公告在后的发明或者实用新型内容的组合、或者与一份对比文件中的多项技术方案的组合进行对比。即,判断发明或者实用新型专利申请的新颖性适用单独对比的原则。这与发明或者实用新型专利申请创造性的判断方法有所不同","发明的创造性,是指与现有技术相比,该发明有突出的实质性特点和显著的进步"(《专利审查指南2010》第170页),"发明有突出的实质性特点,是指对所属技术领域的技术人员来说,发明相对于现有技术是非显而易见的。如果发明是所属技术领域的技术人员在现有技术的基础上仅仅通过合乎逻辑的分析、推理或者有限的试验可以得到的,则该发明是显而易见的,也就不具备突出的实质性特点"(《专利审查指南2010》第170页)。

在审查工作的实际中,往往申请一方强调的是《专利审查指南2010》规定的前一部分,而审查员依据后一部分的规则进行审查工作,出现前面所述的各类对审查意见的歧义后,部分申请人就会向专利局投诉自己受到不公正审查。遇到这类申请人的投诉审查员如何对待?笔者用一件个人经历的投诉事件介绍一点体会:

【案例1】专利公开号 CN101917791A

这是一件国内申请,申请人是大学教师,理论上他有学校的专利部门作代理人,但该代理部门对专利代理的工作专业化做得很不够,每次答复的意见陈述书都是由申请人自己撰写的。该申请的基本技术方案简介如下:

独立权利要求1:一种LED铁路信号灯,包括主信号灯电路和副信号灯电路,其特征在于:主信号灯电路由主直流稳压电源电路(4)、主LED故障模拟电路(5)和一个(组)独立的大功率主LED(6)构成;副信号灯电路由副直流稳压电源电路(7)和一个(组)独立的大功率副LED(8)构成;主LED(6)、副LED(8)作为主、副信号灯光源,分别由两路完全独立的主直流稳压电源电路(4)和副直流稳压电源电路(7)为主LED(6)、副LED(8)供电;整个电路只有三个输入端,即主灯丝电源端(1)、副灯丝电源端(3)和公共电源端(2),可配合原铁路信号灯点灯电路中的灯丝转换电路、报警电路及相关的继电器电路使用,一旦主LED(6)或主直流稳压电源电路(4)出现故障,通过灯丝转换电路,马上切换到副LED(8)和副直流稳压电源电路(7),保障信号灯的正常工作,同时报警电路发出主灯丝断丝报警信号,提示信号灯出现故障,需要维护。

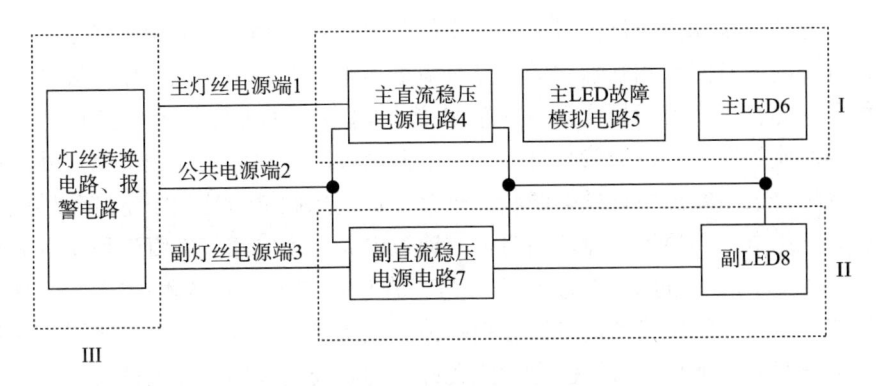

对专利审查中遇到申请人投诉问题的思考

图1 该申请主要附图

该申请完全是申请人自行撰写，名义上也有专利代理人，但首次申请文件和后续的意见陈述都由申请人自行负责，学校的专利代理人只负责按照申请文件格式给以调整。审查员检索到一个X类相关文献，也是铁路信号灯，采用发光二极管灯作为信号灯具的专利申请，它的主要附图如图2所示。

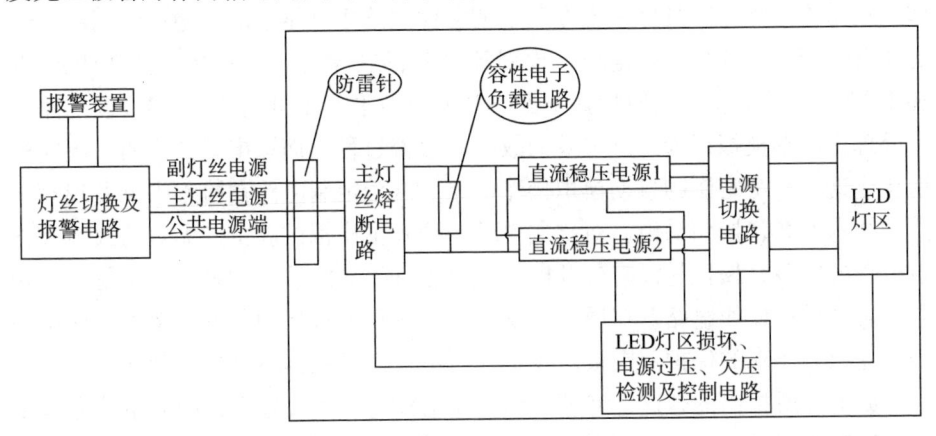

图2 X类相关文献的附图

从图2中可以看到二者在电路原理上基本相同，仅仅在实际电路上有部分电路连接不同，但这些区别特征根本没有记载在权利要求书中。原始申请的权利要求1所要求保护的技术方案和对比文件所公开的技术方案并无差异，于是审查员据此对比文件撰写了平时该申请的权利要求不具备创造性的意见通知书。其主要内容如下：对比文件公开了一种铁路信号灯光源，并具体公开了以下的技术特征：一种铁路信号灯光源，包括灯壳，LED灯区和灯脚，通过三线制灯脚分别连接原白炽灯信号灯具的主灯丝电源线，副灯丝电源线和公共电源端，灯壳内部有两组相互独立的交流直流稳压电源，即主直流稳压电源和副直流稳压电源，主直流稳压电源和副直流稳压电源通过电源切换电路点亮 LED 灯区的对应的发光二极管信号灯，当主电源故障时，检测及控制电路向外部的切换及报警电路发出主灯丝熔断状态告警，促使控制继电器切断主灯丝供电给出副灯丝供电，并显示故障。同时控制通过电源切换电路使副直流稳压电源点亮 LED 灯区的对应的发光二极管信号灯，在该申请的背景技术中提到 LED 信号灯有二组独立的发光管信号灯分别由独立电源供电。权利要求 1 所要求保护的技术方案的各项技术特征已在对比文件 1 的不同实施例中分别被公开，结合对比文件 1 的不同实施例获得该权利要求所要求保护的技术方案，对所属技术领域的技术人员来说是显而易见的，因此权利要求 1 所要求保护的技术方案不具备《专利法》第 22 条第 3 款规定的创造性。

  在这件案卷的审理中，审查员仔细研究过专利申请文件的主要内容，认为对比文件的技术方案和专利申请文件附图所给出的技术方案所存在的差异是具体的电路连接顺序，具体来说专利申请文件在给主灯供电的主稳压电源和主灯之间有一个主灯故障模拟电路，而对比文件的技术方案中在主 LED 稳压电源和主 LED 之间是一个电源切换电路，按对比文件的说明书的描述，该电路手工处理也能够模拟试验主灯失效的故障和报警过程，而该申请的说明书中含糊地认定这是一个定制的自动模拟操作电路。这个定制电路在检索中未发现有相同的技术方案，换句话说，对比文件已经公开了模拟试验主灯失效的故障和报警电路的内容，仅仅是没有公开模拟试验主灯失效的故障和报警电路是一个定制的自动模拟操作电路。在原始申请文件的权利要求书的技术方案下，该申请的独立权利要求的保护范围被对比文件所覆盖而导致其不具备专利性。

  如前面所指出的，这件专利申请实质上没有专利代理人，因而申请人丝毫不了解审查程序，在历次答复意见中对专利申请的权利要求书一个字也没修改，每次答复内容也很少针对审查意见的作直接答复，基本是一种一个教师批判学生的教训的口气指出审查员不具备基本的铁路通号设备和电子线路常识，答复意见摘要如下："为了便于沟通，有必要与审查员在一些最基本的公知常识上达成共识。1.1 先看图一（a）和图一（b）：图一（a）是两条平行但中间有交叉的线段，图一（b）是两条平行线段。不知审查员是否认为图一（a）和图一（b）是完全相同的几何图形，如果审查员认为图一（a）和图一（b）是完全相同的，我只能无语了，而且没有继续讨论的必要了，因为这不是中国教育部的悲哀,就是中国知识产权局的悲哀";"从最基本的公知常识上来探讨一下两个专利的不同。人们都知道高速公路和普通公路的区别:高速公路中间有隔离带将两个方向行驶的车辆完全隔开,是上下行分开的平行的两条路,车辆只能在同向车道内行驶;而普通公路,车辆是可以借用逆向车道行驶的,所以车速就必须低,以保证安全。我想审查员应该不会有异议吧,除非审查员没见过高速公路。因为两个专利都是用于铁路领域,所以再看一下铁路的情况。普通铁路线整条线路都是铺设单条轨道线路,称为单线,只在车站才分成双轨或多轨。高速铁路全线都是铺设两条并行的轨道线路,称为双线,不能存在交叉点,以保证高速行驶列车的安全。单线与双线虽然只一字之差,但从设计、施工到运营,差别都是巨大的,是完全不能混用的,其安全级别就相差更远了。对比文件1与本专利申请的差别就像普通公路与高速公路的差别,普通铁路与高速铁路的差别一样,是完全不同的。从图五中可见,对比文件1的原理框图中包含共用部分,而本专利申请的原理框图没有共用部分,是完全独立的两个电路,所以,本专利申请比对比文件1更安全可靠,从保障铁路运输的安全性来说,本专利申请的优势是显而易见的,不知审查员为什么会认为对比文件1与本专利申请是完全相同,从而得出本专利申请的权利要求'已在对比文件1中相应地公开'的荒唐结论,从而否定本专利申请的创造性。如果像审查员所说的,那么从小学就不用再学几何了,更不用说中学、大学了,因为所有的图形都是相同的。二、既然与审查员在一些最基本的公知常识上能达成共识,下面从'对所属技术领域的技术人员来说是显而易见的'专业角度来分析对比文件1与本专利申请的差别。不知为什么,也许是巧合,审查员为了证明本专利申请在背景技术中指出的目前LED铁路信号灯存在的问题,所以给出对比文件1以作为例证。换句话说,对比文件1正是本专利申请在背景技术中指出的存在问题的LED铁路信号灯。"尽管申请人这种语气已经在斥责审查员没有智商。但审查员仍然再次仔细研究了申请人的说明书的电路原理图,认为他的发明点虽然比较小,但确实有和现有技术不同的内容,因此先后发出了4次审查意见通知书,一再解释专利申请文件中,权利要求书才是限定专利保护范围的法律依据,希望申请人仔细参考对比文件修改他的申请文件,以走向专利授权的方向。但是由于专利代理工作出现误解,专利代理部门认为:既然审查员指出不具备授权前景,那没有什么可说的,让申请人陈述意见就作了答复。在反复地发通知书和意见答复之后,申请人非常不满地向国家知识产权局投诉:审查员故意拖延给他的专利授权,而且没有任何正当理由。

审查员接到投诉后，再次仔细审查了申请文件的权利要求书和对比文件的技术内容，确认自己的审查意见：现有的权利要求所要求的保护范围概括过宽，其技术内容已经被对比文件公开的技术方案覆盖。审查意见并无错误。为此也查阅铁路信号系统的设计规范，向中国铁道科学研究院通信信号研究所的研究人员了解铁路信号灯的现有技术的真实发展情况。通过这些技术研究分析，审查员了解到以下内容：自从铁路管理系统建立后，铁路信号灯的准确连续工作就是根本问题，按照铁路通信信号灯的设计规范，每个铁路信号灯都是双路供电，也就是申请文件所说的："主灯丝电源和副灯丝电源"，从早期的电池供电，到后来铁路电气化形势下的配电线供电始终保持这种双路供电的结构。为了克服主灯因故障熄灭而导致的铁路信号失灵，每个铁路信号灯灯体内安装有两个灯具，即"主灯和副灯"，或者称为"主灯丝和副灯丝"，并且具有自动控制电路，当主灯出现故障后立即自动切换到副灯的点亮，并立即自动向维护工段报警，以便及时更换主灯，实际工程中根本不允许副电源或副灯长时间代替主灯工作，而更换故障主灯或修复主电源故障后，必须有检修人员当场试验上述主灯的自动控制电路的实际操作，证实可靠后才能算检修结束。明了上述现有技术后，审查员撰写了详细的审查理由和现有技术状况的说明给上级领导，解释审查过程的合法性和合理性，随后由部领导主持了申请人和审查员的会晤：在审查员仔细按照《专利法》的规定讲解该申请技术方案的保护范围、现有的铁路通号系统技术状况和设计规范，介绍了对比文件所公开的具体技术内容，向申请人认真地讲解了在专利申请文献中，权利要求书和说明书的相互关系，仔细解释了在专利审查中使用上位概念和下位概念对专利性的判断等审查工作规定，介绍了审查员为该项申请专门去中国铁道科学研究院通信信号研究所了解铁路信号等设备的技术规范等一系列的审查工作过程。申请人无异议地接受了审查员再次重复的审查意见，请求审查员给他指出权利要求书的修改方向，并一丝不差地照审查员的方案修改了专利申请文件，最终获得了一个缩小很多的专利授权。

上面的案例说明，申请人请专利代理人是很有必要的，并且最好是能够找到对本发明的技术领域比较熟悉的专利代理人，有这样技术背景的专利代理人容易和申请人/发明人作比较深入的技术交流，能够撰写出保护范围比较恰当的申请文件，也能够比较深入地理解审查员发出的审查意见通知书的观点，依据审查意见通知书的要求给申请人提出合理的修改建议，促使专利申请向申请人希望的结果发展。当然，专利代理人不是包治百病的神医，最终能否获得专利保护，关键是申请人要对自己的专利申请在本领域的技术发展具有全面的了解，最低限度对本领域的技术作过相关的检索。

审查员在专利审查工作中遇到申请人的投诉时，既不必惊慌恐惧地拒绝会晤，也必须重视被投诉案卷的具体审查问题所在，首先审查员应在仔细地研究自己的审理过程，譬如历次审查意见通知书，核对申请人对申请文件的修改和意见陈述书的内容，首先逐项排除自己的审查失误点，这些工作应该作出完整的记录，然后针对申请人投诉的内容，逐一写好书面答复，分析确认申请人对专利申请要求保护的技术方案上的认识错误，最好能具体讲明上下位概念的相互关系，在专利审查中如何对待上下位概念；认定申请文件是否存在不清楚内容的理由和如何修改描述内容才能克服不清楚的问题等。然后审查员应该把这些准备情况给主持会晤的领导解释清楚，这一步也很重要。审查员应该根据自己的解说问题再次重复上述的会晤答辩的准备工作。这个过程可能要重复几次，一定要在会晤前做好充分的准备。对申请人的会晤答辩应该合理、合法、合情，审查员对申请人的意见作出解答应当理由清楚，说理透彻，引用的本领域技术描述应该合理有据，评述权利要求所要求保护的技术方案的理由用语应该合乎《专利法》《专利法实施细则》和《专利审查指南2010》的相关规定。如果可能审查员也应该帮助申请人设身处地地设想，提出一个让专利申请走向较好结果的处理思路。

三、结　语

专利申请的成功涉及多个方面的协调，申请人和审查员的沟通是个重要而比较复杂的过程，双方的相互协调需要一个互相理解的环境。希望成功地获得专利授权，须要求申请人对自己的发明创造要有清楚深入地了解，尤其是本领域的技术发展和专利状况。也需要审查员广泛地涉猎本领域和相关的技术知识，并且能熟练地利用这些专业知识恰当的评述待审专利的专利性。而仅仅熟练套用专利法条是不够的。做好审查员的审查工作，要求具有对所属领域和相关领域都具有广泛的，较为深入的了解，即俗语所说的"技术万金油"，这一点对审查人员的要求是不同于某个具体技术领域的从事科研或生产技术人员。只有审查员确实对所属技术领域和相关技术领域的技术内容具有广泛的、较为深入的了解，审查工作才能做得比较顺畅。

充分重视申请人的意见陈述，适时调整创造性的审查策略

秦保军*

【摘　要】

　　国家知识产权局在发明专利的实质审查过程中，实施以"三性"评判为主线、以权利审查为主导的全面审查工作，发明是否具备创造性，应当基于本领域的技术人员的知识和能力进行评价。审查意见通知书和意见陈述书是审查员和申请人沟通的主要方式，审查员应该充分重视申请人的意见陈述，找到争议焦点，在此基础上适时调整创造性的审查策略，力争在本领域的技术人员的角度上与申请人达成共识，合理准确结案。

【关键词】

　　意见陈述　创造性　审查策略

一、引　言

　　目前，国家知识产权局在发明专利的实质审查过程中，实施以"三性"评判为主线、以权利审查为主导的全面审查工作，审查员普遍采用发出审查意

---

* 作者单位：国家知识产权局专利局机械发明审查部。

见通知书的方式和申请人进行沟通，而申请人通常采用意见陈述书的方式答复审查意见，发明是否具备创造性是审查员和申请人非常容易出现分歧的地方，究其原因，主要还是因为审查员和申请人对本领域技术人员的把握有偏差，双方看问题的角度、深度不同导致意见不统一。

针对这种现状，对于审查员而言，应该充分重视申请人的意见陈述，认真分析，找到争议焦点，在此基础上适时调整创造性的审查策略，而不能一味坚持前次审查意见通知书中的做法，本文将通过3个案例，对适时调整创造性的审查策略的必要性进行探讨。

二、案例一：针对申请人的意见陈述进行详细说理

本案例（201110022809.0）涉及一种汽车空调用一体式无刷永磁有霍尔电动涡旋压缩机总成（参见图1），由于传统燃油汽车空调压缩机不能直接适用于电动汽车。电动汽车需要一种适合各种直流电压、高转速、高效率、小体积、低噪音、零排放的新型压缩机。本发明提供一种汽车空调用一体式无刷永磁有霍尔电动涡旋压缩机总成，是专用于电动汽车、混动汽车的空调压缩机。

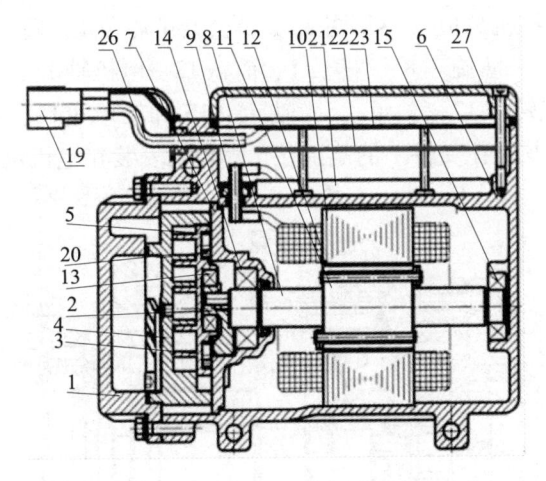

图1 汽车空调用一体式无刷永磁有霍尔电动涡旋压缩机总成

权利要求1：一种汽车空调用一体式无刷永磁有霍尔电动涡旋压缩机总成，其特征在于由无刷永磁有霍尔电机及涡旋压缩机部分与驱动器部分两个部分集成为一体；无刷永磁有霍尔电机及涡旋压缩机部分包括后盖（1）、偏心轴衬（2）、涡旋动盘（3）、涡旋静盘（4）、防旋环（5）、外壳（6）、前盖

(7)、电机轴(8)、接线端子(9)、电机定子(10)、电机转子(11)、霍尔传感器(12)、轴承Ⅰ(13)、轴承Ⅱ(14)和轴承Ⅲ(15);外壳(6)上设有吸气口(16)、后盖(1)上设有排气口(17)和泄压阀(18);电机定子(10)固定在外壳(6)中,通过接线端子与驱动控制器电源(19)相连接;电机转子(11)装在电机轴(8)上,电机轴(8)两端用轴承Ⅱ(14)和轴承Ⅲ(15)支撑,电机轴(8)一端装有偏心轴衬(2),偏心轴衬(2)上装有涡旋动盘(3),偏心轴衬(2)与涡旋动盘(3)之间装有轴承Ⅰ(13),涡旋静盘(4)装在外壳(6)内,涡旋动盘(3)和涡旋静盘(4)相配合;涡旋动盘(3)上设有防旋环,防旋环套在前盖(7)的柱销(20)上;霍尔传感器(12)安装在电机定子(10)内端;驱动器部分包括驱动功率器件(21)、驱动线路板(22)、控制线路板(23)、电源线(26)、信号线(24)和控制线(25),其中驱动器功率器件(21)、驱动线路板(22)、控制线路板(23)装在无刷电机外壳侧面,驱动器盖板(27)与驱动器密封圈密封固定,其中驱动器功率器件(21)紧贴在外壳(6)内侧,压缩机与无刷电机外壳紧扣在一起。

对比文件1(CN101619721A)公开了一种汽车空调用一体式无刷永磁无霍尔电动涡旋压缩机总成(参见图2),其公开了后盖1、偏心轴衬4、涡旋动盘6、涡旋静盘7、防旋环8、外壳11、前盖12、电机轴13、接线端子14、电机定子16、电机转子17、轴承Ⅰ5、轴承Ⅱ15和轴承Ⅲ18、驱动控制器部分等。权利要求1与对比文件1的区别在于:包括安装在电机定子内端的霍尔传

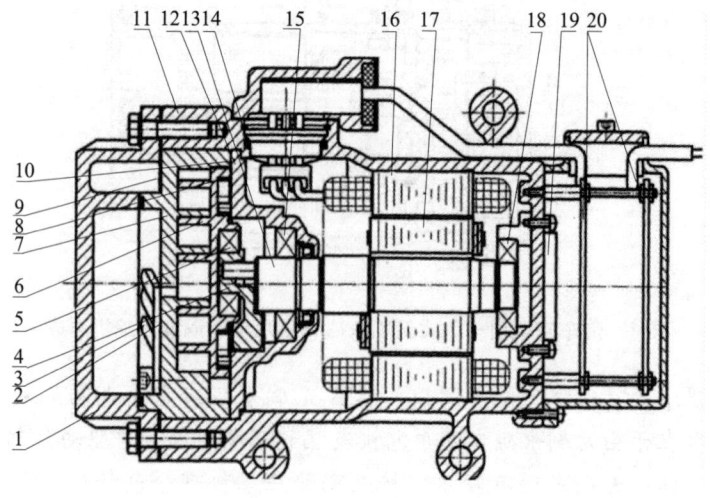

图2 汽车空调用一体式无刷永磁无霍尔电动涡旋压缩机总成

感器，驱动器部分包括驱动功率器件、驱动线路板、控制线路板、电源线、信号线和控制线。

对比文件2（CN1053329A）公开了一种稀土永磁无刷直流电冰箱电动机，其具有安装在电机定子内端的霍尔传感器6（参见图3），且在对比文件2中所起的作用与在本发明中为解决其技术问题所起的作用相同。审查员认为其他区别属于公知常识，在"一通"中指出权利要求1相对于对比文件1、2和公知常识的结合不具备创造性。

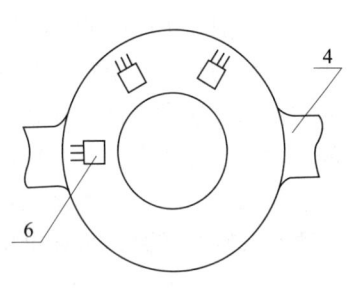

图3 稀土永磁无刷直流电冰箱电动机

申请人在意见陈述书中对于对比文件1、2公开的事实表示同意，同时强调：本发明无刷永磁电动机驱动器包括驱动功率器件、驱动线路板、控制线路板、电源线、信号线和控制线，这些功率器件实现电动机转速设定、闭环反馈、转子抱死、常规保护等方面控制调节，但本身容易发热。本产品将这些器件围绕在压缩机吸气口附近，利用压缩机制冷剂散热，实现制冷剂的最大化利用。这一技术特征是本申请人单位技术人员经过反复研究、多次试验猜得出的，本发明无刷永磁电动机驱动系统设计并非采用的本领域常用的技术手段，也不是本领域普通技术人员能够轻易得出的。

审查员对申请人的意见陈述进行了认真分析，确定了本案的争议焦点在于"驱动器部分包括驱动功率器件、驱动线路板、控制线路板、电源线、信号线和控制线，上述器件围绕在压缩机吸气口附近"是否属于公知常识，审查员深入思考后还是认为上述器件属于机电控制系统的常规技术手段，因此在"二通"中对此展开了进一步的分析：申请人对电动机的驱动器通常包括上述器件并无异议，但认为这些器件容易发热，因而"本产品将这些器件围绕在压缩机吸气口附近，利用压缩机制冷剂散热"，但是上述有关器件位置的技术特征在权利要求1中并没有记载（在说明书中也没有记载），因而是无须考虑的，何况申请人所述的这一技术特征在从事电子产品热设计的技术人员看来也仅仅属于一种常规的气流组织设计。本案"二通"后视撤。

案例小结：针对申请人的意见陈述，审查员找到了争议焦点，并对其进行了针对性的详细评述，在评述中注意了说理的条理性和层次性，消除了申请人的疑惑。

三、案例二：针对申请人的意见陈述进行补充检索

本案例（201110305030.X）涉及一种水平对置双气缸真空泵（参见图4），由于传统的真空泵电机只带动一个活塞进行运动。如果要达到提高真空泵真空度的目的，通常有两个途径：一是提高电机的转速，二是增加气缸的体积，但是这两种途径都有一个共同的缺陷，即在增加真空泵的真空度同时，也伴随着真空泵功耗的增加。本发明针对上述传统真空泵存在的问题，提供了一种水平对置双气缸真空泵，可在电机功耗不增加的情况下，提高真空泵的真空度。

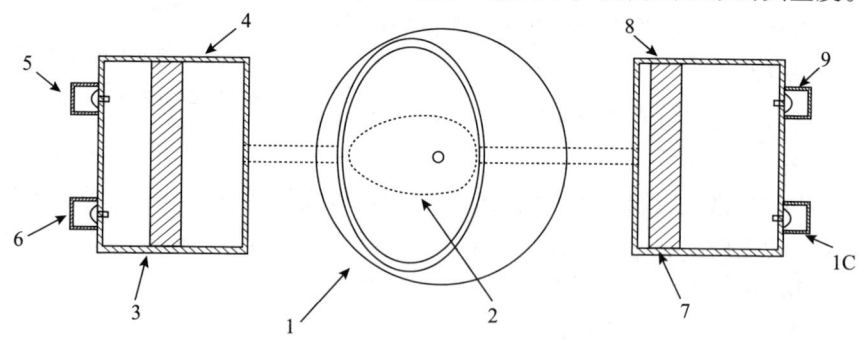

图4 水平对置双气缸真空泵

权利要求1：一种水平对置双气缸真空泵，包括电机及驱动轴、带有吸气阀和排气阀的气缸及气缸中的活塞，其特征在于，所述气缸包括A气缸、B气缸两个气缸，水平对置在电机两侧，所述A气缸中的活塞与B气缸中的活塞均与一个活塞连杆相连，所述电机的驱动轴通过一个凸轮带动活塞连杆做往复运动。

对比文件1（CN2105573U）公开了一种往复式双缸压缩机（参见图5），其公开了电源及偏心驱动轴410、带有入气阀和排气阀的气缸座及气缸座中的活塞，气缸座包括气缸座101、102两个气缸座，水平对置在电源两侧，气缸座101中的活塞430与气缸座102中的活塞431均与一个轴环420相连，偏心驱动轴410通过一个偏心凸轮411带动轴环420做往复运动。权利要求1与对比文件1的区别在于：对比文件1中是压缩机，权利要求1是真空泵。审查员认为压缩机跟真空泵的工作原理基本是相同的，只是根据其用途（产生高压或获得真空度）划分为压缩机或真空泵，两者在结构上可以互相借鉴，在"一通"中指出权利要求1相对于对比文件1和公知常识的结合不具备创造性。

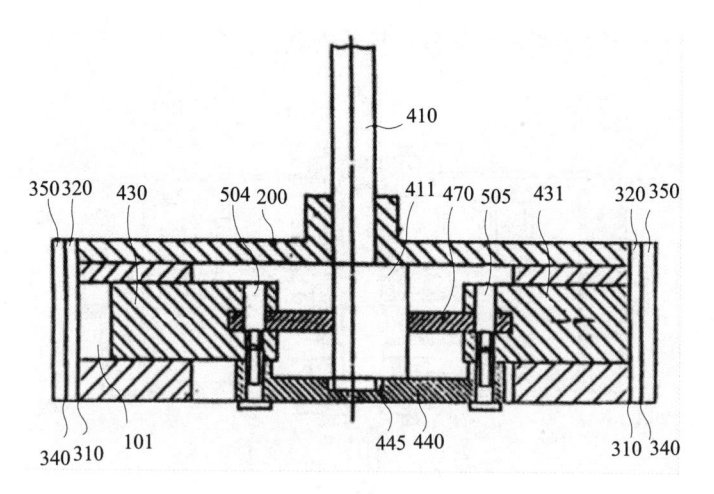

图 5 往复式双缸压缩机

申请人在意见陈述书中对于对比文件1公开的事实表示同意,将权利要求2、3的技术特征并入权利要求1,同时强调:本发明"真空泵"和对比文件1"压缩机"根本不是同一类型装置。

针对申请人的意见陈述,审查员认为如果坚持采用"压缩机与真空泵是工作原理相同,只是用途不同"的原观点进行阐述还是没问题的,但是要申请人信服肯定还需要更详细的说理,且可能导致各说各有理的情形,于是决定进行补充检索,找到了双气缸真空泵的对比文件2,在"二通"中将其作为最接近的现有技术和对比文件1结合评价权利要求1的创造性。本案"二通"后视撤。

以下为"二通"部分审查意见:对比文件2(JP2010209903A)公开了一种水平对置双气缸真空泵(参见图6),包含驱动轴3,带有吸气阀和排气阀的气缸19A、19B及气缸19A、19B中的活塞6A、6B,所述气缸包括气缸19A、19B两个气缸,水平对置在驱动轴3两侧,所述气缸19A中的活塞6A与气缸19B中的活塞6B均与一个活塞连杆5相连,驱动轴3通过偏心凸轮10、突起凸轮11及行星凸轮13带动活塞连杆5做往复运动。权利要求1与对比文件2的区别特征在于:(1)还包括电机,所述电机的驱动轴通过一个凸轮带动活塞连杆做往复运动,该活塞连杆为中空的椭圆环状结构,凸轮在活塞连杆的椭圆环内圈接触式旋转,使活塞连杆推动A、B气缸内的活塞做往复反时相运动;(2)所述A、B气缸的吸气阀并联在一起,同时连接一个容器。区别特征(1)被对比文件1公开,区别特征(2)是公知常识,因而权利要求1相对于对比文件2、1和公知常识的结合不具备创造性。

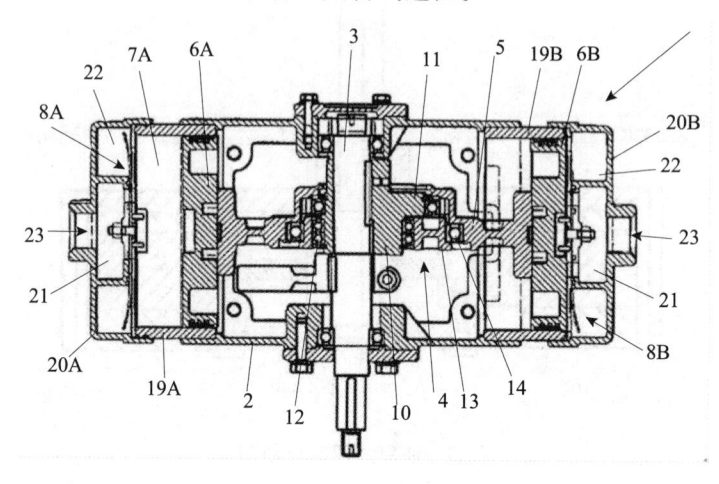

图6 水平对置双气缸真空泵

案例小结："事实胜于雄辩"，针对申请人的意见陈述，审查员进行了补充检索，使用了更适合的对比文件2作为最接近的现有技术，使得申请人更容易接受。审查员同时对申请人的意见进行了有理有据的分析，增强了审查意见的说服力。

四、案例三：针对申请人的意见陈述修正审查意见

本案例（201080008881.1）涉及一种电磁泵（参见图7），由于现有的电磁泵通过电磁线圈获得的吸引力相对较弱，为了获得足够的压送能力，需要增

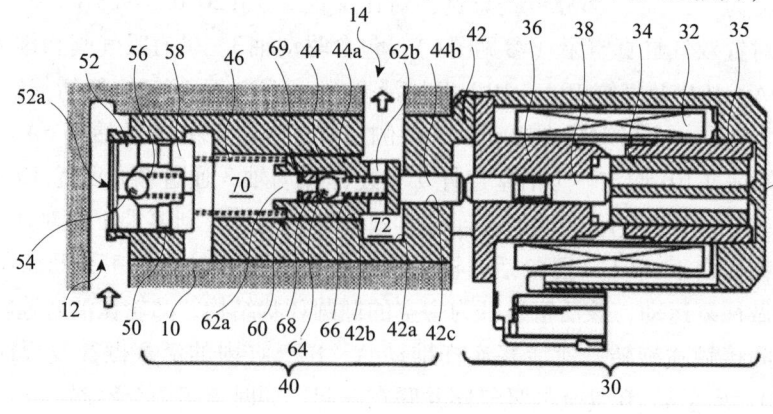

图7 电磁泵

— 340 —

加线圈的尺寸，但应用于车辆上时又有空间限制，期望在提高电磁泵的性能同时尽可能缩小其尺寸，因此本申请的电磁泵设置了第一流体室和第二流体室，且第一流体室的容积变化大于第二流体室的容积变化，与仅利用电磁部来压缩流体的电磁泵相比，提高了压送能力，同时保持了电磁泵的结构紧凑。

权利要求1：一种电磁泵，其特征在于包括：活塞（44），可滑动地设置在汽缸（42）中，并将第一流体室（70）与被连接到操作对象的第二流体室（72）隔开；电磁部（32），通过电磁力向前移动所述活塞（44）；弹性件（46），通过沿与所述电磁部（32）的电磁力的方向相反的方向向所述活塞（44）施加弹性力，来向后移动所述活塞（44）；第一开关阀（50），容许工作流体从外部流入所述第一流体室（70）中，并防止工作流体从所述第一流体室（70）流到外部；以及第二开关阀（60），设置在将所述第一流体室（70）与所述第二流体室（72）彼此连接的连接流路中，容许工作流体从所述第一流体室（70）流入所述第二流体室（72）中，并防止工作流体从所述第二流体室（72）流入所述第一流体室（70）中，其中当所述活塞（44）向前移动时，所述第一流体室（70）的容积减小并且所述第二流体室（72）的容积增加，并且当所述活塞（44）向后移动时，所述第一流体室（70）的容积增加并且所述第二流体室（72）的容积减小，以及在所述活塞（44）的往复运动过程中，所述第一流体室（70）的容积变化大于所述第二流体室（72）的容积变化。

对比文件1（US4300873A）公开了一种燃油喷射泵（参见图8），电磁部驱动活塞运动时能够压送工作流体，包括活塞12，可滑动地设置在汽缸11中，并将形成于凹陷13中的第一流体室与被连接到燃烧室的第二流体室（与出口19连接）隔开；电磁部25，通过电磁力向后移动活塞12；弹簧15，通过

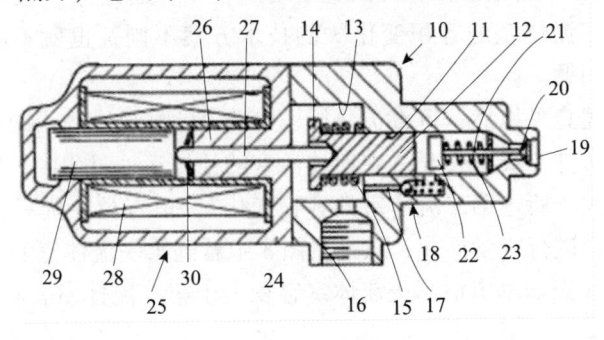

图8 燃油喷射泵

与电磁部 25 的电磁力的方向相反的方向向活塞 12 施加弹性力，来向前移动所述活塞；进口 16，允许工作流体从外部流入所述第一流体室中；以及球阀 18，设置在将所述第一流体室与所述第二流体室彼此连接的通道 17 中，容许工作流体从所述第一流体室流入所述第二流体室中，并防止工作流体从所述第二流体室流入所述第一流体室中，其中，当活塞 12 向前移动时，所述第一流体室的容积减小并且所述第二流体室的容积增加，并且当活塞 12 向后移动时，所述第一流体室的容积增加并且所述第二流体室的容积减小，以及在所述活塞 12 往复运动过程中，两个流体室的容积变化不相等。

审查员进行特征对比后认为对比文件 1 公开了权利要求 1 中绝大部分技术特征，仅存在一点细微差别：未公开第一开关阀，但该阀的设置属于本领域常规技术手段，因此在"一通"中指出权利要求 1 相对于对比文件 1 和公知常识的结合不具备创造性。

申请人答复"一通"时，强调对比文件 1 没有公开"在所述活塞的往复运动过程中，所述第一流体室的容积变化大于所述第二流体室的容积变化"，并给出了定量分析：

对比文件 1：在利用电磁力向前（出口 19 一侧）压送燃料时，将活塞 12、按压棒 27 向出口 19 的移动量设置为 L1，将轴部 21 向出口 19 的移动量设为 L2（从图 8 可知，L1 > L2），将活塞 12 的截面积设为 $S-piston$，将按压棒 27 的截面积设为 $S-push$，将轴部 21 的截面积设为 $S-stem$，从图 8 可知，$S-push$ 大于 $S-stem$，则第一流体室的容积变化为：$(S-piston \sim S-push) \times L1$；第二流体室的容积变化为：$S-piston \times L1 \sim S-stem \times L2$。由于 $S-push \times L1$ 大于 $S-stem \times L2$，所以第一流体室的容积变化小于第二流体室的容积变化，与本申请的"在所述活塞的往复运动过程中，所述第一流体室的容积变化大于所述第二流体室的容积变化"的技术方案不同，也就不能解决本申请要解决的技术问题。

申请人陈述意见以后，审查员分析了申请人的推导过程，同意上述定量分析，认同对比文件 1 没有公开"在所述活塞的往复运动过程中，所述第一流体室的容积变化大于所述第二流体室的容积变化"，审查员在撰写"一通"时没有如申请人那样进行定量推导，只是从图 8 中看到第一流体室的容积大于第二流体室的容积（正如本申请第一流体室容积大于第二流体室容积一样），就认为在活塞往复运动时第一流体室的容积变化大于第二流体室的容积变化。审查员意识到，由于上述区别特征的存在，本发明无论活塞因电磁部或者弹性件的作用力而向前或向后移动时，都能够压送工作流体，在不增大电磁线圈尺寸的前提下提高了压送能力，技术方案具有突出的实质性特点，因此在"二通"中不再针对创造性提出审查意见。

案例小结：针对审查员引用的对比文件1，申请人在意见陈述中给出了定量分析，纠正了审查员在"一通"中的不当之处，审查员接受意见陈述后意识到所述区别特征使得技术方案具有了突出的实质性特点，进而改变了本案的结案走向。

五、结　语

发明是否具备创造性，应当基于本领域的技术人员的知识和能力进行评价，而本领域的技术人员是一种假设的"人"，由于本领域的技术人员与时间节点相关，对于申请日不同的发明，本领域的技术人员也呈现出不同的知识和能力，面对一个具体的发明，审查员和申请人谁都无法保证自身就是纯粹的本领域的技术人员，通过审查意见通知书和意见陈述书互换意见，双方都在更加接近相对于该发明的本领域的技术人员。对于审查员而言，通过理解发明、检索发明，完成了对本领域的技术人员的第一次接近；申请人答复审查意见通知书后，审查员应该充分重视申请人的意见陈述，认真分析，确定争议焦点，在此基础上适时调整创造性的审查策略，绝不能对申请人的意见陈述视而不见，而只是一味重复前次审查意见通知书中的观点。

具体而言，针对争议焦点，审查员或者继续详细剖析，明辨是非，以理服人；或者进行补充检索，找到更有说服力的证据；或者接受申请人的意见，修正之前的审查意见。审查员应通过审查策略的适时调整，完成对本领域的技术人员的第二次接近，力争在本领域的技术人员的角度上与申请人达成共识，合理准确结案。

参考文献

[1] 尹新天. 中国专利法详解 [M]. 北京：知识产权出版社，2011.
[2] 中国社会科学院语言研究所词典编辑室. 现代汉语词典 [M]. 5版. 北京：商务印书馆，2005.
[3] 朱仁秀，杨永红，孙红要. 体会发明构思　把握发明实质 [J]. 审查业务通讯，2014，20（8）.
[4] 沈琏. 创造性审查常见问题的思考 [J]. 审查业务通讯，2014，20（10）：73-78.

由一起专利复审案件谈创造性评述中对发现、提出技术问题要素的考量

周小祥[*]

【摘 要】

专利复审程序中，专利复审请求人或其代理人对于发明专利申请创造性的意见陈述，一般关注评述创造性诸多步骤中的区别技术特征是否在现有技术中公开或给出相应技术启示这一步，而往往忽视在其技术问题的提出对于现有技术是否有技术贡献方面作争辩。本文从机械领域一个复审维持驳回的实际案例探讨对于创造性的审查中，专利复审请求人或其代理人是否就发现、提出技术问题是发明人对现有技术作出技术贡献作相关意见陈述将会影响专利复审委员会作出复审决定的最终结论。

【关键词】

发明专利审查　发明专利代理　创造性　技术问题　技术贡献

一、案情简介

国家知识产权局专利复审委员会第58045号复审请求审查决定涉及申请号

---

[*] 作者单位：国家知识产权局专利复审委员会。

为 200780006953.7，名称为"吸尘器的电缆卷绕装置的冷却软管的弯曲保护"的 PCT 发明专利申请（以下简称"本申请"），本申请最后的权利要求即上述复审决定所针对的权利要求如下：

1. 电缆卷绕装置，其可以安装在吸尘器的相应的容纳室中，其中一个中空管（16）通过它的一个末端（17）连接到电缆卷绕装置上，该中空管的另一个末端终止于吸尘器风机的抽吸区中，其特征在于，在中空管（16）中至少分段地布置有弹簧元件（20），弹簧元件（20）的外径稍微大于中空管（16）的内径，所述中空管（16）是弹性的冷却软管，其将弹簧（20）保持在预定的位置上，所述冷区软管本身通过弹簧元件（20）稳定住。

2. 按照权利要求 1 所述的电缆卷绕装置，其中在电缆卷绕装置的路径上该中空管（16）以至少一个例如大约 90°的拐角引导到抽吸区中，由此在中空管（16）形成弯曲部位，其特征在于，弹簧元件（20）在弯曲部位的高度上布置在中空管（16）中。

3. 按照权利要求 1 或 2 所述的电缆卷绕装置，其特征在于，弹簧元件（20）是螺旋弹簧。

4. 按照权利要求 1 至 3 之一所述的电缆卷绕装置，其特征在于，中空管（16）是由塑料制成的软管。

5. 按照权利要求 1 至 4 之一所述的电缆卷绕装置，其特征在于，中空管（16）通过它的另一个末端连接到一个设置在吸尘器风机外壳的外侧上的连接管上。

6. 按照权利要求 1 至 4 之一所述的电缆卷绕装置，其特征在于，中空管（16）通过它的另一个末端通入吸尘器的集尘室。

本申请技术图见图 1。

其所要解决的技术问题是：中空管处于负压状态下易变窄甚至堵塞而引起卷筒上电缆散热不畅并加速老化。

专利复审委员会第 58045 号复审请求审查决定（以下简称"第 58045 号决定"）中引用了如下 2 份对比文件：

对比文件 1：德国专利文献 DE8532395U1，其公开日期为 1986 年 9 月 4 日，为本申请的申请人在 20 世纪 80 年代提出的申请，除管的弯折部内不具有弹簧外，其他结构均与本申请完全相同。

对比文件 2：德国专利文献 DE10247255A1，其公开日期为 2004 年 4 月 22 日，其公开了一种用于洗澡的软管 1，其管内设置有弹簧元件 2，使得软管 1

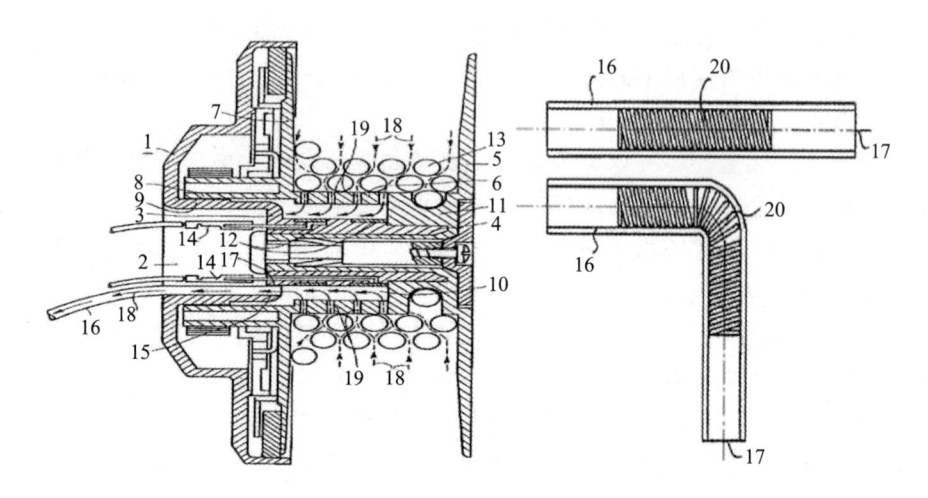

图1 本申请技术图

不受弯折部位变窄的限制，依然能够流畅地通过水。对比文件2主要技术图见图2。

尽管复审请求人认为：（1）本领域的技术人员没有动机将对比文件2与对比文件1相结合而得到本申请，因为对比文件2涉及洗浴装备这一专门技术领域，而这与本申请所涉及的真空吸尘器的技术领域截然不同；（2）即使考虑了对比文件2，也不能得到本申请权利要求1的技术方案，因为对比文件

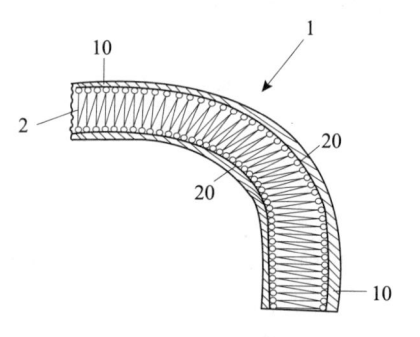

图2 对比文件2主要技术图

2公开了弹簧元件2的外径与软管1的内径相等或比之稍小，而这与本申请权利要求1中的特征"弹簧元件的外径稍微大于中空管的内径"是恰好截然相反的；（3）"弹簧单元的外径稍微大于中空管的内径"并不属于本领域中的常规设计，但第58045号决定均没有支持上述复审请求人的意见。具体如下：

第58045号决定指出，权利要求1与对比文件进行对比，区别在于：本申请权利要求1中限定了中空管中至少分段地布置有弹簧元件，其将弹簧保持在预定的位置上，并通过弹簧元件稳定住，且该弹簧元件的外径稍微大于中空管的内径，而对比文件1的中空管中未布置有弹簧元件，其所要解决的技术问题是：缺少内部支撑的引导冷却气流的中空管在真空和热空气热负荷作用下变得越来越窄导致电缆卷筒散热不良。对于上述区别，第58045号决定认为：对比

文件2公开了一种用于淋浴装置的软管1，该软管内侧设置有螺旋形的弹簧元件2；该弹簧元件2用以确保软管1不会扭折，尤其是防止软管1弯曲部位的水流通道变窄，从而保证软管1可流畅地通过水流，同时也可以解决所述区别所要解决的技术问题。因此，本领域的技术人员可以从对比文件2中得到技术启示，将对比文件2中所公开的弹簧元件2应用于对比文件1中的中空管内，并将弹簧保持在预定位置上，通过该弹簧元件支撑、稳定住中空软管从而使中空软管在弯折部位不会变窄而具有始终恒定的横截面以流畅地通气，从而解决所述区别所要解决的技术问题。尽管淋浴软管所对应的淋浴装置和本申请中的中空软管所对应的吸尘器不属于同类产品，但均属于小家用电器领域，故小家用电器技术领域的普通技术人员在面对吸尘器中的某个技术问题时容易想到将淋浴器中解决该类问题的技术手段应用到吸尘器中，并不存在技术领域跨度方面较难的问题。另外，不管是淋浴器中用以流水的软管，还是吸尘器中用以通气的软管，其均属于流体需要通过的中空软管，无论是水还是空气都是流体，均遵循流体动力学原理。因此，当软管发生变形导致管道受阻时，采用对比文件2所公开的技术措施或采用公知的技术手段来提高其刚度，对于本领域普通技术人员来说是显而易见的。至于"弹簧元件的外径稍微大于中空管的内径"既可以防止管内的弹簧元件滑动移位，又可以便于弹簧元件安装到软管内侧，由于两者需要紧固配合，所以使弹簧外径稍微大于中空管内径是本领域技术人员的必然选择，属于本领域的公知常识。尽管对比文件2中公开了弹簧元件2的外径与软管1的内径相等或比之稍小，不同于本申请权利要求1中的技术特征"弹簧元件的外径稍微大于中空管的内径"，但二者同样是为了解决软管因弯折而致使流体通道变窄受阻的技术问题，并且解决管道变形的技术措施也都是本领域技术人员容易想到的。因此，在对比文件1的基础上结合对比文件2以及本领域的常规设计从而得到权利要求1所要求保护的技术方案，对本领域的技术人员来说是显而易见的，故权利要求1不具备《专利法》第22条第3款规定的创造性。其他权利要求或为本领域常规技术手段，或在对比文件1或2中公开，故也不具备创造性。

二、案例解析

上述复审案的焦点在于权利要求的创造性问题，尽管《专利审查指南2010》中对如何判断要求保护的发明相对于现有技术是否具备创造性作了详细的规定，其判断方法即为"三步法"，但"三步法"的应用不是机械的，在一些情况下需要灵活变通。本案合议组尝试在上述"三步法"在基础上，再补充一步（至于该步在"三步法"中的顺序问题，可视具体情况而定），即判断本专利所要解决的技术问题的发现是否是显而易见的，如所要解决的技术问题是所属技术领域普遍存在的，或是技术发展亟须解决、市场需求迫切需要解决的技术问题，则该技术问题的发现、提出对于本领域技术人员是容易的、显而易见的；反之，如该技术问题的发现、提出本身对本领域技术人员而言是非显而易见的，则用于解决该技术问题的权利要求具备创造性。当然，在说明书未尽详细说明的情况下，发现原因所需跨越的技术障碍情况及对现有技术的技术贡献程度需要先由复审请求人或其代理人向合议组解释说明，再由合议组结合案情认定。

　　从本申请完成的过程来看，不外乎如下三个步骤：第一步，发明人意识到现有技术中卷筒上的电缆散热不畅而易加速老化，即认识到现有技术中存在技术缺陷；第二步，通过若干次实验或查找分析，克服诸多技术障碍，发现、提出上述技术缺陷的原因；第三步，基于该原因找寻、分析解决该缺陷的技术手段。

　　合议组在考虑该复审案有无创造性时，意识到在评述本申请创造性的诸多步骤中，判断技术问题的发现、提出对现有技术是否有技术贡献相当关键，需要慎重对待，并一致认为复审请求人或其代理人能否就提出技术问题的过程中需跨越较多技术障碍作有力争辩并辅以相应证据将影响到本申请有无创造性的具体评判，而如复审请求人或其代理人继续纠缠于对比文件1与对比文件2并不能相结合来评述本专利权利要求1的创造性，合议组将倾向于作出维持驳回的复审决定。下面将剖析具体原因。

　　驳回决定引用的对比文件1为本申请的申请人在1985年11月15日在德国提出的专利申请，其首次提出了对卷绕的电缆卷筒上的电缆进行冷却的技术方案。本申请的申请日为2007年2月23日，优先权日为2006年2月28日。本申请相对于对比文件1大部分结构均相同，唯一改进之处就在于在中空管的一个或多个弯曲部位上，至少分段地布置有弹簧元件，避免在中空管工作过程中处于负压状态下其弯折部位变窄甚至堵塞，不利于卷筒上电缆的散热并最终加速电缆老化、缩短电缆的使用寿命。1985～2006年这将近20年的时间里，未有任何本领域相关企业或技术人员提出过吸尘器的中空管处于负压状态下易变窄甚至堵塞并会引发一系列技术问题，更未提出过改进的技术方案，其原因可能是多方面的。例如，吸尘器的电机或其他部件的寿命相对而言较短，在卷筒上的电缆因散热不畅而最终老化前就已不能正常工作，致使技术人员未能发现，或技术人员拆机寻找电缆因发热老化的原因时,因吸尘器并非处于工作状态,中空管易变窄甚至堵塞的负压环境不在,中空管已恢复到正常状态,表面上仍安然无恙,致使技术人员忽略对其检查,难于发现电缆散热不畅而老化的根源,或卷筒上的电缆散热不畅老化后,检修人员直接更换新的电缆,不屑查找电缆散热不畅之根源,等等。总之,在本申请说明书未尽详细说明的情形下,电缆发热老化的根源即本申请技术问题的发现、提出对本领域技术人员而言是不是显而易见的,是否需要跨越多方面的技术障碍,是否对现有技术有技术贡献,需要复审请求人或其代理人进一步向合议组陈述,在此基础上,再由合议组进一步确认。

尚且不考虑发现上述原因所需跨越的技术障碍情况及对现有技术的技术贡献程度,如本领域技术人员轻易地发现了卷筒上的电缆散热不畅而易加速老化的根源在于中空管在负压状态下易变窄甚至堵塞,并基于该原因去寻找相应的解决手段,即在中空管的一个或多个弯曲部位上至少分段地布置有弹簧元件或其他部件,只要确保中空管在负压状态下不再变窄甚至堵塞即可,而这样的技术手段对本领域技术人员而言确属公知常识是显而易见的,并不需要付出创造性劳动。也就是说,如不考虑发现、提出该原因所需跨越的技术障碍情况及对现有技术的技术贡献程度,本领域技术人员一旦发现了上述缺陷出现的根源,那么后续提出相应的解决手段是显而易见的,国家知识产权局专利实质审查部门的审查员可不用引用对比文件2,仅用对比文件1结合本领域的公知常识就可以否定本申请权利要求的创造性。当然,采用对比文件2结合对比文件1评述本申请权利要求的创造性也未尝不可、无可厚非,尽管对比文件2的技术领域与本申请不尽相同,但毕竟其给出了相关的技术启示。

显然,本申请的复审请求人或其代理人如果在复审程序中,强调本申请相对于现有技术的贡献在于发现、提出了导致卷筒上的电缆散热不畅快而加速老化的原因,并就发现该原因的过程乃至付出的努力作详细阐述。同时,在条件允许的情形下提供相应证据,用以说服合议组成员,即向合议组强调发现上述原因对于本领域技术人员来说在申请日前并不是显而易见的,则合议组将考虑发明人在发现产生上述缺陷的原因的过程中所作出的技术贡献,确定发明实际解决的技术问题时将"原因"和"技术手段"共同认定为发明人需要跨越的技术障碍,确定技术问题为"如何解决卷筒上的电缆散热不畅而加速老化"。这样的话,合议组将考虑发现上述原因所需跨越的技术障碍,考虑到发明人对现有技术的贡献主要在于发现问题,并会作出撤销驳回的复审请求审查决定。

遗憾的是,本申请的复审请求人或其代理人在提出复审请求时或答复复审通知书时始终没有就发明人对现有技术的贡献主要在于发现、提出吸尘器中电缆散热不畅而加速老化的原因方面作任何陈述或争辩，而是始终围绕权利要求1相对于对比文件1的区别"中空管中至少分段地布置有弹簧元件，其将弹簧保持在预定的位置上，并通过弹簧元件稳定住，且该弹簧元件的外径稍微大于中空管的内径"并没有在对比文件2中公开或给出相应技术启示，也不属于本领域公知常识等方面作争辩，最终合议组在复审请求人或其代理人没就本申请相对于现有技术的贡献阐述到位的情形下作出了维持驳回的复审请求审查决定，即前面的第58045号决定。

可见，作为复审请求人或其代理人，在强调专利申请具有创造性的意见陈述中，不一定非要一味地强调其相对于现有技术的贡献在于采用了某种技术手段不可，有时发现了导致某缺陷的原因对现有技术贡献更大，反而找到原因后，所采用的技术手段或为现有技术，或是本领域的公知常识，总之是显而易见的，在这种情况下，复审请求人或其代理人有义务也很有必要在意见陈述书中，向审查员阐述在申请日前以所属普通技术人员的水平和能力，发现上述原因所需跨越的技术障碍相当大，而本申请对现有技术的贡献恰恰在于逾越了上述技术障碍，发现了导致上述缺陷的原因并同时提出解决问题的手段。一般而言，审查员会考虑并采纳上述意见，在确定发明解决的技术问题时，会将"原因"和"技术手段"共同认定为发明人需要跨越的技术障碍，所确定的问题就为"如何解决该缺陷"，并不会将技术问题直接认定为基于所发现的原因而采用的技术手段本身所固有的功能和效果。

综上，复审请求人或其代理人在提出复审请求时或答复复审通知书时，有时不要仅陈述审查员引用的对比文件能否相互结合来评述创造性的意见，拘泥于评述创造性诸多步骤中的区别技术特征是否在现有技术中公开或给出相应技术启示这一步，而忽视了在其技术问题的提出对于现有技术是否有技术贡献方面的争辩，致使审查员不能确定技术问题的发现、提出对本领域技术人员是否是显而易见的，对现有技术是否有技术贡献，不能据此判断权利要求是否具备创造性，最终得出对复审请求人不利的审查结论，实乃可惜。

参考文献

路剑锋, 李晴. 由一起专利无效案谈一种特殊的创造性评判 [J]. 中国发明与专利, 2010 (4): 96-97.

通过一个复审案例分析创造性评判中需注意的几个问题

于 萍[*]

【摘 要】

本文结合一个复审案例对创造性评判中容易出现的几个问题进行了分析,并对于如何避免这些问题给出了具体建议。"三步法"的精神实质是重塑发明的正向过程,并判断发明的技术方案相对于现有技术是否有技术贡献。运用"三步法"时,在每一步均应当注意对技术方案整体把握,避免将"三步法"演化为技术特征叠加拼凑法。在第二步"确定发明的区别特征和发明实际解决的技术问题"应注意对发明方案的整体把握,并注意特征之间的关系性。如果多个特征之间相互关联、共同作用来解决同一个技术问题,此时应将这多个特征作为一个整体看待。第三步,技术启示的判断,应当从最接近的现有技术和发明实际解决的技术问题出发,判断发明要求保护的"方案"对本领域技术人员来说是否显而易见,而不是只看"区别特征"是否显而易见。对公知常识的认定,也应将手段与其所解决的技术问题结合考虑,而不应局限于特征固有的功能。

---

[*] 作者单位:国家知识产权局专利复审委员会。

【关键词】
　　技术特征的关联　　技术手段　　技术问题　　公知常识

一、引　　言

　　"创造性"是发明实质审查以及复审、无效宣告审查中最为常见的问题，是广大审查员及专利代理人最为熟悉的法律问题。在此结合一个复审案例，就创造性评判中应如何把握发明实质、正确运用"三步法"予以说明。

　　根据《专利法》第22条第3款的规定，对发明创造性的要求包括两个方面：一是与现有技术相比，具有突出的实质性特点；二是与现有技术相比，具有显著进步。在实际审查中，比较容易出现争议的主要集中在第一个方面，即突出的实质性特点，也就是通常所说的"非显而易见性"的判断上。导致对"非显而易见性"判断出现分歧的原因大致可以归为两类。第一类，是由于现实中的实际审案人员与理想状态的本领域普通技术人员，即理想的创造性判断主体，在知识和能力方面存在着或高或低、或大或小的差异；第二类是由于对"非显而易见性"的判断方法、判断思路运用不当，特别是对于《专利审查指南2010》中规定的"三步法"运用不当。本文主要是针对第二类原因，结合一个复审案例予以分析，并提出创造性评判中需注意的问题。

二、案情介绍

　　本案例涉及名称为"内燃机"的发明专利申请，该发明涉及具有多级涡轮增压的内燃机。现有技术中为了提高内燃机的效率和功率，为内燃机装备了废气涡轮增压器，即将发动机排出的废气导入涡轮机、驱动涡轮机旋转，并由涡轮机带动空气压缩机，在压缩机中压缩要输送到发动机中的空气。配备了涡轮增压装置后，发动机的效率、功率得到提高，然而单级增压的作用有限，现有技术在单级涡轮增压的基础上，又进一步发展了多级，例如两级废气涡轮增压器，即配备有高压增压装置和低压增压装置。在两级涡轮增压装置中，高压涡轮机排出的废气再进一步驱动低压涡轮机，并由低压涡轮机带动低压压缩机，进入到发动机的空气，首先经过低压压缩机增压后再进入高压压缩机进一步压缩。增压装置数量的提高，提高了内燃机的效率，但是，对内燃机的安装空间提出了挑战，并且内燃机的强度和振动性能受到影响。

　　为解决上述技术问题，本发明采取的技术解决手段为：将低压增压装置作为单独的模块安装在单独的机架上,与高压部分及发动机分离;并将高、低压涡轮机之间的废气连接管改为柔性管,高、低压压缩机之间的气管也改为柔性管。由此带来的技术效果是:高低压侧的振动相互解耦,维持内燃机的振动性能相对于单级增压的内燃机不变,且安装灵活,解决了空间紧张的问题(见图1)。

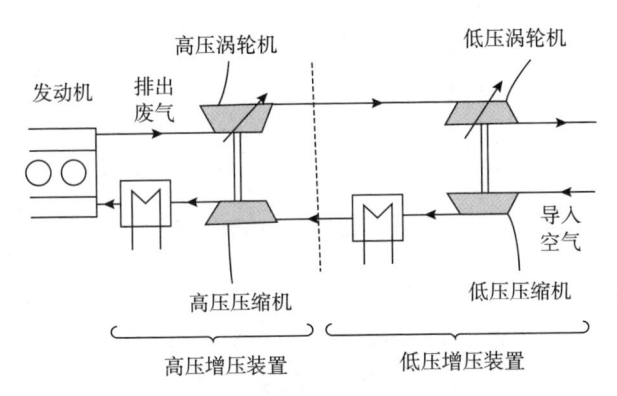

图1 本发明的示意图

本发明权利要求1所要求保护的技术方案如下:

1. 内燃机,具有发动机(11)和由高压增压装置(12)和低压增压装置(13)构成的两级废气涡轮增压器,其中高压增压装置(12)具有使发动机(11)的废气减压的高压涡轮机(14)、用于使输送到发动机(11)的燃烧用空气流压缩的高压压缩机(15)和连接在高压压缩机(5)与发动机(11)之间的增压空气冷却器(16),其中低压增压装置(13)具有用于使离开高压涡轮机(14)的废气流再减压的低压涡轮机(17)、用于使要输送到高压压缩机(15)的燃烧用空气流预压缩的低压压缩机(18)和特别是连接在低压压缩机(18)与高压压缩机(15)之间的增压空气冷却器(19),低压增压装置(13)被作为单独的模块构成,并与发动机(11)及高压增压装置(12)分离,使低压增压装置(13)安置在单独的框架或机架上,高压涡轮机(14)与低压涡轮机(17)及低压压缩机(18)与高压压缩机(15)分别通过柔性连接导管连接。

审查中检索到的最接近的现有技术(对比文件1)也是涉及两级涡轮增压的内燃机。该对比文件1为解决安装空间紧张的问题所采取的解决手段是:将两级增压装置紧凑地集成在一个公共壳体19中,并且高低压涡轮机之间、高低压压缩机之间分别通过刚性连接管连接。对比文件1这一结构设置的目的在于：使涡轮增压装置结构紧凑，废气排放距离小，以提高低压涡轮旋转速度。

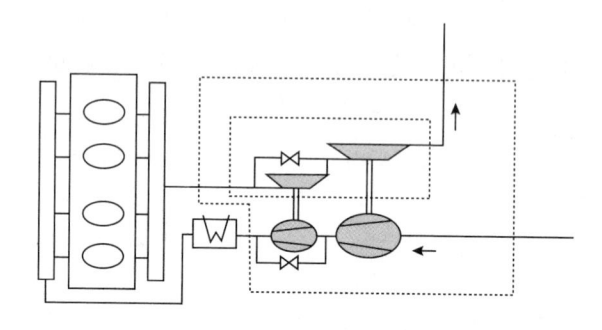

图2　对比文件1的示意图

将本发明权利要求1的方案与对比文件1比较，两者的区别在于：

A：增压空气冷却器的设置数量不同。本发明在高压增压及与发动机之间、低压压缩机与高压压缩机之间各设有增压空气冷却器，而对比文件1仅在高压压缩机与发动机之间设置一个增压空气冷却器。

B：高、低压涡轮机之间，以及高、低压压缩机之间的连接导管不同。本发明中的连接管是柔性连接管，而对比文件1的是刚性连接管。

C：安置高压装置与低压装置的机架不同。本发明中低压增压装置作为单独模块构成，并与发动机及高压增压装置分离，安置在单独的框架或机架上；而对比文件1的高低压装置集成在一个壳体中。

该案的争议焦点在于，本领域技术人员在对比文件1的基础上结合本领域的公知常识，能否获得技术启示：采用与本发明相同的技术手段，解决多级增压内燃机的振动性能及强度变差，以及安装困难的技术问题，并获得如本发明权利要求1所限定的技术方案？对此存在两种不同的观点。

观点1认为，本申请权利要求1相对于对比文件1的区别技术特征在以下方面。区别A：在高低压压缩机之间增设增压空气冷却器；区别B：高、低压涡轮机之间，以及高、低压压缩机之间分别通过柔性连接导管连接；区别C：低压增压装置作为单独模块构成，并与发动机及高压增压装置分离，安置在单独的框架或机架上。关于区别A，增压空气冷却器的设置为公知常识。关于区别B，采用柔性管路连接设备以输送气体是公知常识；关于区别C，将低压增压装置作为单独模块并与发动机及高压侧分离设置，与对比文件1略有不同，但就设备安装固定来说，其效果实质相同，是容易想到的。因此权利要求1不具备创造性。

从表面上看，上述观点1并没有什么不妥，本发明相对于对比文件1的区别特征A、B、C均是通用机械领域常见的技术手段，将其分别认定为本领域的公知常识似乎也是合理的。然而对于本发明的权利要求1相对于对比文件1是否具备创造性存在着与之相反的另一种观点，即观点2。

观点2认为，该发明的发明构思在于，利用"高、低压压缩机之间以及高、低压压缩机之间分别通过柔性连接导管连接"与"将低压增压装置作为单独模块构成，安置在单独的框架或机架上"共同作用，来切断高压侧与低压侧之间的振动传递，并可灵活利用内燃机内部的空间，使高低压装置的安装更为灵活，从而解决安装困难、振动性能差的问题。在此基础上确定本发明权利要求1与对比文件1的区别在于：区别1：高低压压缩机之间增设增压空气冷却器；区别2：高、低压涡轮机之间，以及高、低压压缩机之间分别通过柔性连接导管连接，并且将低压增压装置作为单独模块构成，安置在单独的框架或机架上，与发动机及高压增压装置分离。根据区别特征1在发明中的作用，确定发明实际解决的技术问题之一是：进一步调节输送到内燃机中的压缩空气的温度；根据区别特征2的作用，确定发明实际解决的技术的另一技术问题是：使两级涡轮增压的内燃机其振动性能及强度相对于单级不变，且安装便利。关于区别1：为调整送入内燃机的空气的温度，在高压压缩机与发动机之间、高低压压缩机之间均设置增压空气冷却器，是本领域的公知常识。关于区别2：由对比文件1公开的内容可知，该现有技术为使结构紧凑，并缩短废气排放距离，从而提高低压涡轮机的转速，特意将高、低压增压装置设置在同一个壳体内。即对比文件1没有给出启示采用本发明上述的区别技术特征2来解决"安装困难"及"多级增压内燃机的振动性能及强度变差"的技术问题，同时也没有证据或充分理由表明采用这样的手段解决这样的技术问题是本领域的公知常识。权利要求1相对于对比文件1及公知常识具备创造性。

三、案例分析

针对上述两种观点的分歧，我们发现两者在判断思路上存在如下区别：
——在"区别技术特征"及"发明实际解决的技术问题"认定上：观点1将区别技术特征孤立地分为区别特征A、B、C，没有考虑特征之间的关联作用，且跳过对"发明实际解决的技术问题"的认定，直接对三个区别特征是否是公知常识或容易想到进行了评述，即直接进入到技术启示的判断。观点2

则根据区别特征在发明中的作用，考虑了发明实际解决的技术问题；并且根据特征之间的关联性及其在发明中的作用，将相互关联、用于解决共同技术问题的特征B、C作为一个区别特征看待。

——在"技术启示的认定"方面：观点1根据区别技术特征本身固有的功能，直接认定相关的技术手段是否为公知常识或容易想到；观点2则从最接近的现有技术出发，考虑发明要解决的技术问题（在多级涡轮增压内燃机这样一个特定的设备，解决振动及强度，以及安装空间紧张的问题），以及特征之间的配合关系，认定对于区别特征2，在对比文件1没有启示，且不是公知常识。

在上述分析基础上，笔者提出在创造性评判中应注意的如下几个问题：

问题1：是否考虑区别技术特征给发明方案带来的效果确定专利实际解决的技术问题，对于"技术启示"的判断有直接影响。如果忽略对发明实际解决的技术问题的考虑，之后对技术启示的判断很可能变成对技术特征本身是否显而易见的判断，而不是对发明技术方案是否显而易见的判断。实际上，没有从发明技术方案整体考虑发明实际解决的技术问题，在此基础上对技术启示判断已经脱离了发明实质。本案中，如果只是考虑特征B、C固有的功能（输送气体、安装支撑），则技术启示的判断，变成对特征B、C是否显而易见的判断，即：就输送气体的功能而言，特征B是否为公知常识；就设备安装固定的功能而言，特征C相对于对比文件1是否属于实质上的不同，是否容易想到。

问题2：当发明与最接近的现有技术比较的区别技术特征表面上为多个时，需要考虑特征之间的关联性，如果这些特征相互关联、共同作用以解决同一个技术问题，则应在考虑它们共同作用给发明方案带来的技术效果的基础上，确定发明实际解决的技术问题，而不应将关联的特征拆分后，分别各自考虑所解决的技术问题。本案中，特征B、C是相关联的，它们相互作用共同完成"消除多级涡轮增压装置对内燃机的强度和振动性能产生的不利影响，使内燃机的振动性能相对于单级不变，并解决安装困难的问题"这一技术任务。设想如果仅有特征B而无特征C，即仅将高低压装置之间的连接管变为柔性管，而高低压装置仍然安装在同一个机架上，则高低压侧的振动仍然会通过共同的机架相互传递；另外也无法根据内燃机内部空间灵活安置高低压装置，达到安装便利的技术效果。此时在确定区别特征及发明实际解决的技术问题时，应将特征B、C作为一个整体，第三步技术启示的判断应以此为基础。

当然，如果多个技术特征相对独立，各自完成不同的功能，则可以分别确定不同的技术问题。例如本案中，区别特征1，在高低压压缩机之间增设空气冷却器，其所解决的"调节压缩空气温度"这一技术问题，与区别特征2所解决的"振动及安装"技术问题相对独立，此时可以分别确定出不同的技术问题，并在此基础上进行"技术启示"的判断。

问题3：对于公知常识的认定，需要将技术手段与所解决的问题结合考虑，不能孤立地看技术手段本身是否常见。手段A解决问题X为惯用技术手段，并不代表手段A解决问题Y也是惯用技术手段。本案中，就一般气体输送的功能而言，采用柔性连接导管连接（特征B）是公知常识，但并不等于在多级增压内燃机中采用特征B结合特征C，解决内燃机振动性能变差、增压装置安装困难的问题也是公知常识。

问题4：对于公知常识的认定，不能脱离发明方案的具体环境。本案中，就一般的流体（如水）输送而言，采用刚性管或柔性管均是惯用的技术手段；然而对于具有多级增压装置的内燃机而言，其高低压涡轮机之间传输的是高温高压的气体，并且需要考虑减少能量损失，在这样的环境下有何依据认定采用柔性导管连接是惯用技术手段？另外，就设备安装而言，如果是在一个宽敞的生产线车间，相邻的两个设备安装在同一个机架上或不同的机架上，可以说不会有本质差别，均是惯用的技术手段。然而，对于内部空间紧张的多级增压内燃机而言，通常的考虑是尽量减少部件数量，并且部件之间尽可能紧凑，如对比文件1的教导，将"低压增压设置与高压增压装置设置在不同机架上"认定为公知常识或容易想到显然缺乏依据。

在审查中，多数情况下我们会运用"三步法"对发明的创造性予以评价，理解"三步法"的精神实质，正确运用"三步法"是做好创造性审查的关键。笔者认为"三步法"的精神实质是：重塑发明的正向过程，并判断发明的技术方案相对于现有技术是否有技术贡献。即回到申请日前，以最接近的现有技术为起点，判断本领域技术人员是否有动机对其存在的技术缺陷进行改进，并从其他现有技术中获得技术启示：采用与本发明相同的技术手段解决所述的技术问题，并获得发明的方案。如果答案是肯定的，则发明不具备创造性，否则不能否定发明的创造性。"三步法"的第二步，"确定发明的区别特征和发明实际解决的技术问题"其目的是确定发明与最接近的现有技术二者的技术方案上的差别，并判断发明的方案在最接近的现有技术的基础上有哪些技术"贡献"。审查中，确定区别技术特征及发明实际解决的技术问题时，应注意把握发明实质，并注意特征之间的关系性。第三步，技术启示的判断，应当从最接近的现有技术和发明实际解决的技术问题出发，判断发明要求保护的"方案"对本领域技术人员来说是否显而易见，而不是只看"区别特征"是否显而易见。对公知常识的认定，也应将手段与其所解决的技术问题结合考虑，而不应局限于特征固有的功能。最后，应尽量避免"事后诸葛亮"，在技术启示的判断中应抛开发明的方案，回到专利申请日前，以最接近的现有技术为起点，以申请日前的现有技术为依据，兼顾申请日前本领域技术人员的知识和能力，由本领域技术人员进行判断。运用"三步法"时，在每一步均应当注意对技术方案整体把握，避免将"三步法"演化为技术特征叠加拼凑法。

从复审案例谈新的治疗机理对制药用途创造性的影响

宋春雷[*]

【摘 要】

本文结合实际案例分析和探讨了新的治疗机理对于制药用途创造性的影响。对于已知药物用于治疗已知疾病，即使发明人发现了新的治疗机理或者改变了人们对于原有机理的认识，此时由于该化合物对于该疾病的制药用途已经属于公共领域的技术，申请人对于新机理的发现不能使得不具备创造性的制药用途具备创造性。对于发现的新的治疗机理，建议积极探寻新的治疗机理与其他疾病之间的关系，来拓展该已知药物的新的制药用途。

【关键词】

创造性 治疗机理 制药用途

一、引 言

在医药领域，对于已知物质新的医药用途的研发是药物研发的重要方向之一，通过对于药物治疗机理的探寻，有利于开发出效果更优或者能够治疗其他

---

[*] 作者单位：国家知识产权局专利局专利审查协作河南中心。

疾病的药物。投入成本高、研发周期长是药物研发领域的显著特点，全世界每年用于新药研究与开发的费用高达500亿~800亿美元，占销售额的10%~15%，平均每个新药的开发费用超过10亿美元，费时8~12年，由于制药公司对药物研发投入高昂，需要对专利药品制定相对较高的价格，以期从后续专利权中获得收益。❶ 因此，医药领域也是专利保护依赖度极高的行业之一。

创造性是专利审查实践中的重点和难点，其判断尺度和标准一直是讨论的热点。出于发明人对现有技术贡献的考虑，如果发现某种物质能够治疗某种疾病，采用瑞士型权利要求给予保护是必要的，❷ 目前包括我国在内的大多数国家都对药物的新用途予以保护，❸ 但仅仅发现药物的新的治疗机理只是科学发现，属于《专利法》第25条第1款第（2）项规定的不授予专利权的客体。然而新机理的发现是否会对制药用途的创造性判断带来影响，在发现了新的治疗机理时，如何对研究成果寻求专利保护，是值得探讨的问题，本文将以一件复审案例对此进行阐述。

二、从复审案例看新机理对于创造性的影响

本案例❹涉及一种益生元组合物在制备预防和治疗肠道疾病组合物中的应用，其中公开了半乳寡聚糖和多聚果糖的组合物不但能够促进肠道中短链脂肪酸总量的增加，而且还增大了醋酸在短链脂肪酸中的比值，而醋酸的增加又可以显著的提高肠黏膜的产生，进而提高了肠的屏障功能，达到预防和治疗某些肠道疾病的目的。

本案例的独立权利要求1如下：

1. 半乳寡聚糖和多聚果糖用于制备提高肠屏障功能和/或大肠中黏液产生的组合物的用途。

并且申请人/复审请求人在后续的所有程序中均未对该独立权利要求进行修改。

审查员在审查过程中引用了两篇对比文件结合评述了权利要求1不具备创造性，对比文件1公开了一种碳水化合物混合物，其中该混合物由促进双歧杆菌和/或促进乳酸菌的碳水化合物组成，这些混合物不仅促进了天然存在于大

---

❶ 许军，王润玲，等．药物化学［M］．北京：清华大学出版社，2013．
❷ 欧阳石文．回归制药用途权利要求的本质探讨［J］．审查业务通讯，2014，20（11）：21–24．
❸ 郑永锋，范立君．药物用途专利保护的发展趋势［J］．中国专利与商标，2010（3）：21–24．
❹ 参见专利复审委员会第87462号复审请求审查决定．

肠中乳酸菌的生长，而且有利于短链脂肪酸（丁酸盐、丙酸盐等）的产生。一个具体的混合物实施例即为半乳低聚糖（即本案例中的半乳寡聚糖）和菊粉（即本案例中多聚果糖的下位概念）。

对比文件2公开了肠道中黏液层在上皮细胞上形成一道物理－化学屏障，进而可以使黏膜固有层与肠道中流动物分离开来，对于清除膳食和细菌抗原具有重要作用，同时还公开了短链脂肪酸可以增加黏液分泌。

审查员在驳回决定中指出，在对比文件1公开的"半乳低聚糖和菊粉混合物可以促进细菌代谢生成短链脂肪酸"的基础上，同时在对比文件2公开的"短链脂肪酸可以提高肠屏障功能以及短链脂肪酸可以促进大肠中黏液产生的"教导下，本领域技术人员在面对如何扩展对比文件1中半乳低聚糖和菊粉的用途的技术问题时，有动机将对比文件1中的半乳低聚糖和菊粉用于制备提高肠屏障功能和/或大肠中黏液产生的组合物。

申请人对上述驳回决定不服，提出复审请求。复审请求人认同了对比文件1、2所具体公开的内容，但指出：由半乳寡聚糖和多聚果糖的组合而形成的脂肪酸具有特定的特征，特别是与丙酸和丁酸相比具有非常高含量的醋酸，而这种特征对于黏液的产生和肠屏障功能具有有利作用。对比文件1仅笼统地公开了促进乳酸菌生长导致作为代谢产物的短链脂肪酸的产生，并未披露具体哪些短链脂肪酸的相对浓度增加了，对比文件2仅涉及黏液的产生以及该黏液由此带来的黏膜保护。两篇对比文件均没有教导包含半乳寡聚糖和多聚果糖的组合物使得形成的短链脂肪酸具有相对高的醋酸含量、进而有利于黏液分泌的特征，因此权利要求1具备创造性。

合议组在复审通知书中认同了审查员在驳回决定中的理由。同时指出：虽然复审请求人强调半乳寡聚糖和多聚果糖的组合对黏液的产生和肠屏障功能的有利作用，是由于该组合形成的短链脂肪酸中具有高含量的醋酸所致，但所述半乳寡聚糖和多聚果糖的组合已经被对比文件1所公开，其使用方法也与本申请完全相同，因此产生高醋酸含量的短链脂肪酸将是给予该组合后所得到的必然结果。本申请只是发现了半乳寡聚糖和多聚果糖的组合增加大肠中黏液产生、进而提高屏障功能的一种作用机理，但该机理并不能使所述"提高肠屏障功能和/或大肠黏液产生"的用途发生任何变化，也没有使其治疗的具体疾病和现有技术产生任何区别，因此这种新机理的发现并不能使上述用途具备创造性。

针对上述复审通知书，复审请求人提交了意见陈述，认为：发明人首次发现了经给予半乳寡聚糖和多聚果糖的组合而形成的脂肪酸具有醋酸含量高的特征，这种特征对黏液的产生和对肠屏障功能具有特别有利的作用。其所带来的技术效果也是本领域技术人员根据对比文件1和对比文件2难以预料的，例如，这种组合物的使用相对于现有技术而言，具有更好的短链脂肪酸发酵产生模式，也就具有更有利的"提高肠屏障功能和/或大肠黏液产生"效果。

最终合议组作出了维持驳回的决定，其中的理由与在复审通知书中所指出的类似，认同了复审请求人所提出的半乳寡聚糖和多聚果糖的组合在提高肠屏障功能和/或大肠黏液产生的新的机理，但认为这种新机理的发现并不能使上述用途具备创造性。而产生高醋酸含量的短链脂肪酸将是给予该组合后所得到的必然结果。

三、新机理对于创造性影响的判断

判断一项权利要求是否具备创造性的方式很多，然而只要其中所保护的技术方案中存在部分情况相对于现有技术而言不具备创造性，那么该权利要求就不具备创造性。因此我们可以通过比较权利要求的保护范围和本领域技术人员在现有技术基础上容易想到的内容的范围，只要两者出现重叠的情况，就可以判定权利要求相对于现有技术而言不具备创造性。为了能够更好地理解本案例中的权利要求1相对于对比文件1和对比文件2是否具备创造性，我们在下面分三个步骤进行详细分析。

1. 关于权利要求1保护范围的界定

《专利法》第59条第1款规定：发明或者实用新型专利权的保护范围以其权利要求的内容为准，说明书及附图可以用于解释权利要求的内容。也就是说一项权利要求的保护范围以其所包含的技术特征所限定的范围为准。对于本案权利要求1而言，其要求保护"半乳寡聚糖和多聚果糖用于制备提高肠屏障功能和/或大肠中黏液产生的组合物的用途"，即将半乳寡聚糖和多聚果糖的组合用于制备任何一种组合物，只要这种组合物能够用于提高肠屏障功能和/或大肠中黏液产生，这样的用途就落入了该权利要求1的保护范围。换句话说，无论该包含半乳寡聚糖和多聚果糖的组合物的具体作用机理是通过增加短链脂肪酸的含量来达到提高肠屏障功能和/或大肠中黏液产生的效果，还是进一步通过增加醋酸在短链脂肪酸中的比例，来达到更好的效果，只要将半乳寡聚糖和多聚果糖用于制备这种组合物的用途，都属于权利要求1所要保护的范围。

2. 本领域技术人员容易想到内容的判断

现有技术中尽管没有教导，但出于解决本领域中公认的问题或满足本领域普遍存在的需求的目的，也会使得本领域技术人员有动机及能够采用已知技术手段对最接近的现有技术进行改进而获得发明，并可以预期其效果。对于本案而言，对比文件1给出了半乳寡聚糖和菊粉的组合可导致短链脂肪酸混合物的形成的教导，对比文件2给出了短链脂肪酸混合物对肠屏障功能和/或大肠的黏液产生具有有利作用的教导。本领域技术人员在了解到对比文件1、2所教导的内容之后，出于扩展对比文件1组合物用途这一本领域普遍存在的需求的目的，能够想到将对比文件1中半乳寡聚糖和菊粉的组合用于制备一种新的组合物，而该组合物能够用于促进短链脂肪酸的生成，进而提高肠屏障功能和/或大肠中黏液的产生。即将包含半乳寡聚糖和菊粉的组合物通过促进短链脂肪酸生成的方式，来提高肠屏障功能和/或大肠中黏液的产生，这属于本领域技术人员容易想到的内容。

3. 权利要求1保护范围与本领域技术人员容易想到内容的比较

判断用途权利要求的创造性时，药物治疗机理对疾病治疗用途是否具有限定作用，首先要判断该治疗机理是否能够将疾病类型以及药物适应症进行清楚的区分，如果限定该治疗机理后，将用途的保护范围限定到疾病下特定的疾病类型和药物适应症，那该限定具有限定作用，反之则不具有限定作用，仅仅是机理的阐释。❶ 通过比较可以发现，权利要求1所要求保护的范围中实际上已经包含了本领域技术人员在现有技术上容易想到的内容。

另外，权利要求保护的范围还应当与专利申请相对于现有技术所作出的贡献相匹配，即使申请人对现有技术作出了创造性贡献，但无论该创造性贡献有多大，都不应当把本属于社会公共领域的技术纳入权利要求的保护范围之内。对于本案而言，本案相对于现有技术的贡献在于发现了半乳寡聚糖和多聚果糖的组合物提高肠屏障功能和大肠中黏液产生的一种机理，而半乳寡聚糖和多聚果糖的组合物可以提高肠屏障功能和大肠中黏液的产生量这一效果是本领域技术人员容易想到的，该机理的发现不能使得申请人将本领域技术人员容易想到的内容纳入到其专利的保护范围之内。对于采用已知化合物治疗某种疾病，尽管可以从不同的机理进行研究，但是这种机理的研究和发现不会改变化合物本

---

❶ 参见专利复审委员会第56322号复审请求审查决定。

身的用途,❶ 新机理的发现并不能使得不具备创造性的制药用途具备创造性。

四、结论及建议

通过以上案例我们可以得出以下结论:在现有技术中,如果本领域技术人员能够知晓采用已知药物可以用于治疗已知疾病,虽然在现有技术中尚未阐明具体的治疗机理,甚至现有技术对治疗机理的认识存在偏颇。即使发明人发现了具体的治疗机理或者改变了人们对于该机理的认识,但由于该化合物对于该疾病的制药用途已经属于公共领域的技术,申请人对于新机理的发现也不能使不具备创造性的制药用途具备创造性。

尽管治疗某种疾病是医药研发的最终目的,然而对于药物研发而言,这一目标的实现首先需确定该疾病的致病机理。新药研发的第一个环节也是非常重要的一个环节就是靶标/治疗机理的确定,接着根据具体靶标的特点(如受体结构和结合特点)建立模型,进而发现和优化先导化合物。可见,治疗机理是现行常规药物研发模式的基础环节,体现了药物研发者对于该领域的技术贡献,❷ 药物研发者所作出的贡献也应当有相应的回报。

然而在审查实践中,通常认为治疗机理的确定仅仅是对所治疗疾病原因的发现,属于《专利法》第25条第1款第(2)项规定的不授予专利权的客体,即科学发现,如果对于治疗机理授予专利权,就会阻碍人们对通过这一机理介导的疾病的研究以及相关药物的研发,不但不利于科学技术发展,也有碍于人类健康水平的提高。❸ 因此目前还不能仅仅通过发现治疗机理而获得专利权的保护。

另外,对于制药用途权利要求而言,对已知治疗作用的机理的发现不能使制药用途权利要求与现有技术产生区别,❹ 如果致病原因和治病机理的限定不能使得具体的疾病改变,则致病原因和治病机理所限定的疾病仍为原来的疾病,❺ 其制药用途依然不具备创造性。因此本案中如果申请人采用治疗机理对权利要求1进行限定,修改为"半乳寡聚糖和多聚果糖用于制备提高肠屏障功

---

❶ 参见专利复审委员会第78547号复审请求审查决定。

❷❸ 朱洁,杨杰,等.如何考虑治疗机理在药物化合物创造性判断中的影响[G]//中华全国专利代理人协会.加强专利代理行业建设 有效服务国家发展大局——2013年中华全国专利代理人协会年会第四层知识产权论坛论文汇编.北京:知识产权出版社,2013.

❹ 参见专利复审委员会第44675号复审请求审查决定。

❺ 参见专利复审委员会第72508号复审请求审查决定。

能和/或大肠中黏液产生的组合物的用途,其特征在于:所述组合物通过提高肠中产生的短链脂肪酸中的醋酸的比例,而实现提高肠屏障功能和/或大肠中黏液产生的作用",修改后的权利要求1其治疗机理并没有使得具体的疾病发生改变,因此这样修改的权利要求也不具备创造性。

  为了保护在药物研发过程中的技术成果,在仅仅发现了新的机理的前提下,本文建议发明人通过进一步分析新机理与其他疾病之间的联系,进一步拓展药物的新用途。例如,对于本案例,发明人可以查找现有技术中醋酸含量变化与其他肠道疾病之间的关系,通过保护该组合物在制备治疗其他肠道疾病药物中的用途来实现对自己研究成果的保护。

从"等同侵权"司法案例看专利的新颖性审查

李　欣[*]

【摘　要】

　　专利新颖性审查过程中涉及"惯用手段的直接置换"。通过分析两个涉及"等同特征"认定的司法案例，尝试从司法判定的角度为新颖性中"惯用手段的直接置换"的判断提升审查质量提供一些启示和参考。

【关键词】

　　惯用手段的直接置换　等同原则　等同特征　抵触申请

一、引　言

　　具备新颖性是发明和实用新型获得授权的必要条件之一。一件发明或者实用新型是否具备新颖性，既要判断其是否属于现有技术，同时还要判断其是否存在抵触申请。所谓抵触申请，是指在发明或者实用新型新颖性的判断中，由任何单位或者个人就同样的发明或者实用新型在申请日以前向专利局提出并且在申请日以后（含申请日）公布的专利申请文件或者公告的专利

---

[*] 作者单位：国家知识产权局专利局专利审查协作北京中心。

文件损害该申请日提出的专利申请的新颖性。为描述简便，在判断新颖性时，将这种损害新颖性的专利申请，称为抵触申请。这就是专利新颖性审查过程中较为特殊的一种情形，即使用抵触申请评价在审申请的新颖性。在使用抵触申请进行评价时，如果要求保护的发明或者实用新型与对比文件的区别仅仅是所属技术领域的惯用手段的直接置换，则该发明或实用新型不具备新颖性。

有观点认为，惯用手段的直接置换，用等同原则进行判断更为合适。❶ 等同原则是在专利的等同侵权中判定等同特征时涉及的一种原则。根据规定，❷ 被诉侵权技术方案包含与权利要求记载的全部技术特征相同或者等同的技术特征的，人民法院应当认定其落入专利权的保护范围；等同特征是指与所记载的技术特征以基本相同的手段，实现基本相同的功能，达到基本相同的效果，并且本领域的普通技术人员无须经过创造性劳动就能够联想到的特征。可以说，"等同特征"是司法认定中一种基本相同的判断，而"惯用手段的直接置换"是专利审查中一种实质上相同的判断，二者存在一定的相似之处，本文试图从司法案例的角度探讨一下"惯用手段的直接置换"的判断标准。

二、相关司法案例分析

由于所选取的实际案例中涉及的方面较多，仅节选相关司法案例中涉及"等同特征"认定的部分进行探讨。

【案例1】仁达公司诉新益公司专利侵权案❸

此案中，原告仁达公司涉案专利权利要求中限定的筒管部分的"水泥材料间隔夹有至少二层以上的玻璃纤维布"，而被告新益公司的被诉侵权产品的筒管部分的"水泥材料中夹有一层玻璃纤维布"，这种数值范围的差异是否构成等同，成为该案审理的焦点之一。

该案先后经历一审、二审以及最高人民法院的终审判决，其中，虽然在一、二审判决中将前述特征认定为等同特征，但根据最高人民法院2005年8月22日的终审判决，前述特征并不构成等同特征，一、二审判决被撤销（一

---

❶ 尹新天．中国专利法详解 [M]．北京：知识产权出版社，2011：597.

❷ 2010年1月1日实行的《最高人民法院关于审理侵犯专利权纠纷案件应用法律若干问题的解释》第7条；2001年6月19日实行的《最高人民法院关于审理专利纠纷案件适用法律问题的若干规定》（法释 [2001] 21号）第17条.

❸ 最高人民法院（2005）民三提字第1号民事判决书.

审、二审及终审过程的简单对比见表1)。

表1 仁达公司诉新益公司侵权案相关审理过程及结论对比表

法院	主要证据和/或理由	结论
一审	① 从**手段**上看，两者都是在水泥无机胶凝材料层之间增设玻璃纤维布，本质都是在水泥层之间增加了玻璃纤维布结构，一层与两层只是数量的差别，这种差别不会引起质的变化，所以，两者的手段基本相同； ② 从**功能**上看，两者增设玻璃纤维布层都起到了增强薄壁强度的功能作用，特别是起到增加薄壁受力变形拉伸强度的功能，两端有堵头的薄壁筒管，受力变形主要发生在筒管管壁，所以，增加薄壁受力变形的拉伸强度的功能主要体现在筒管管壁，两端的筒底主要起封堵作用，承受的是周向压力，壁层之间增加玻璃纤维层，并不增加筒底的抗压强度，只要在筒管管壁形成了水泥层间增加玻璃纤维层，就达到了增强变形的拉伸强度的功能，形成的功能就与涉案专利的功能基本相同； ③ 从**效果**上看，两者都是有效地减少了筒体的重量及楼层面的重量，效果基本相同。通过上述比较，可以看出，该领域的普通技术人员可以根据需要选择玻璃纤维层数量多少且不引起功能的本质变化的构造，无须经过创造性劳动就能想到，并达到基本相同的效果	等同
二审	虽然被控侵权产品与专利权利要求书载明的必要技术特征存在玻璃纤维布层数的差别，但这种差别与化合物和组合物等数值范围的限定不同，它只是数量的替换，并没有引起**产品本质的变化**	等同
终审	① 涉案专利中玻璃纤维布层数的不同，不能简单地认为只是数量的差别，而是对于筒体构件的抗压能力、内腔容积以及楼层重量具有不同的物理力学意义上的**作用**。 ② 筒管部分含有"至少二层以上"玻璃纤维布，在增强抗压能力、减轻楼层重量、增加内腔容积方面达到的技术效果应优于筒管部分仅含"一层"玻璃纤维布的效果。应当认为，仅含"一层"玻璃纤维布不能达到含有"至少二层以上"玻璃纤维布基本相同的**效果**	不等同

在【案例1】中，一审法院从手段、功能、效果三个方面分析涉案专利与被诉侵权产品的相应特征是否等同，认为这种数量的差别不会引起质的变化，两者手段基本相同、功能基本相同、效果基本相同，构成等同特征，二审的认定与一审相同。但最高人民法院在本案中的观点是，涉案专利中玻璃纤维布层数的不同，不能简单地认为只是数量的差别，筒管部分含有"至少二层以上"玻璃纤维布，在增强抗压能力、减轻楼层重量、增加内腔容积方面达到的技术

效果应优于筒管部分仅含"一层"玻璃纤维布的效果。应当认为，仅含"一层"玻璃纤维布不能达到含有"至少二层以上"玻璃纤维布基本相同的效果，二者不属于等同特征。

等同侵权与相同侵权不同，相同侵权是指被诉侵权技术方案包含与权利要求记载的全部技术特征相同。一般情况下，毫无改动的抄袭专利技术方案是比较罕见的，被诉侵权人往往会对涉案专利中的一个或几个特征稍加修改，从而试图避免侵权，等同原则正是适应这种情况产生的。如果"与所记载的技术特征以基本相同的手段，实现基本相同的功能，达到基本相同的效果，并且本领域的普通技术人员无须经过创造性劳动就能够联想到的特征"，则构成等同特征。等同原则的初衷是给予专利权人以对他们专利的公平保护，不能因为字面的简单差异就轻易地认定他人行为不构成侵权。但是，如果对等同特征认定得过于宽泛，便会对已授权专利的保护范围造成不适当的扩张，如果将他人对于已授权技术方案的改进轻易地认定为是一种等同的侵权，不仅会对他人的创新热情产生影响，更加损害了公众的利益。在存在字面差异的情况下，这种字面的差异究竟是否会导致等同便需要一个细致的分析过程。在案例1中，一、二审法院多角度的对手段、功能、效果上的等同进行了分析，认为"两者都是有效地减少了筒体的重量及楼层面的重量，效果基本相同"；终审法院同样是从一、二审法院的分析角度出发，但其对效果、作用做了进一步的挖掘，"'至少二层以上'玻璃纤维布层数在增强抗压能力、减轻楼层重量、增加内腔容积方面达到的技术效果应优于筒管部分仅含'一层'玻璃纤维布的效果"，可见，终审法院的观点认为，虽然两者都减少了筒体的重量及楼层面的重量，但"至少两层以上"在增强抗压能力、减轻楼层重量、增加内腔容积方面达到的技术效果更优，于是得出了与一、二审法院不同的结论。

【案例2】澳诺公司诉午时药业公司等专利侵权案[1]

此案中，原告澳诺公司拥有的涉案专利的权利要求1保护一种防治钙质缺损的药物，对组分及其含量进行了限定。被告午时药业公司生产的被诉侵权产品为一种葡萄糖酸钙锌口服溶液，其说明书载明了口服液的成分为（具体特征对比见表2）。

---

[1] 最高人民法院（2009）民提字第20号民事判决书。

表2 原告澳诺公司涉案专利与午时药业公司被诉侵权产品对比表

	原告—涉案专利	被告—被诉侵权产品
特征1	一种防治钙质缺损的药物，由下述重量配比的原料制成的药剂：	葡萄糖酸钙锌口服溶液，每10ml含
特征2	活性钙 4~8 份	葡萄糖酸钙 600mg
特征3	葡萄糖酸锌 0.1~0.4 份	葡萄糖酸锌 30mg
特征4	谷氨酰胺或谷氨酸 0.8~1.2 份	盐酸赖氨酸 100mg

该案同样先后经历一审、二审以及最高院的终审判决，其中，"特征2、4是否为等同特征"是主要争论焦点之一。一、二审以及终审法院分别给出了相同或不同的证据及理由，最终，虽然在一、二审判决中将特征2、4认定为等同特征，但根据最高人民法院2010年3月23日的终审判决，特征2、4并不构成等同特征，一、二审判决被撤销（一审、二审及终审过程的简单对比见表3）。

表3 澳诺公司诉午时药业公司等专利侵权案相关审理过程及结论对比表

法院	主要证据和/或理由	结论
一审	① 委托北京紫图知识产权鉴定中心进行了技术鉴定，**鉴定报告**认为：活性钙与葡萄糖酸钙同样都是可食用的能被人体吸收的钙剂，作为补钙药剂的原料两者是等同的，可供任意选择的；午时药业公司产品为盐酸赖氨酸，涉案专利为谷氨酰胺或谷氨酸，盐酸赖氨酸与专利的谷氨酸是不同的氨基酸，具有不同的营养价值，但在防治钙质缺损的药物中两者是与钙剂配伍使用，且均实现促进钙吸收的功能和效果，所以二者等同	等同
二审	① **涉案专利在其说明书**中对"葡萄糖酸钙"提供了配制药物的实施例，所属技术领域的技术人员对"葡萄糖酸钙"和"活性钙"按该发明进行配方均能在人体中发挥相同的作用是显而易见的，说明活性钙与葡萄糖酸钙在用作补钙药物的制药原料方面不存在实质性差别，两者可以等同替换。 ② 国家药品监督管理局国药管安〔2000〕131号《通知》附件中，直接载明了"锌钙特口服液"可以"用盐酸赖氨酸10g代替谷氨酸10g"。 ③ 一审中做出的**鉴定结论**	等同

续表

法院	主要证据和/或理由	结论
终审	① 587号专利权人在该专利审批过程中提供的《意见陈述》中称，在葡萄糖酸锌溶液中加入盐酸赖氨酸，与加入谷氨酰胺或谷氨酸的配方相比，前者使葡萄糖酸钙口服液在理化性质上有意料之外的效果，在葡萄糖酸钙的溶解度和稳定性等方面都有显著的进步，并提供了相应的实验数据证明其上述主张。国家知识产权局也据此申辩主张授予了587号专利权。由于587号专利的权利要求1与涉案专利权利要求1的主要区别，就在于将涉案专利权利要求1记载的"谷氨酸或谷氨酰胺"变更为"盐酸赖氨酸"，可见，从**专利法意义**上讲，"谷氨酸或谷氨酰胺"与"盐酸赖氨酸"这两个技术特征，对于制造葡萄糖酸锌溶液来说，二者存在着实质性差异。 ② 国家药品监督管理局国药管安〔2000〕131号《通知》附件中，虽然公布了可以"用盐酸赖氨酸10g代替谷氨酸10g"，但这只是国家采用的一种行政管理措施，并非专利法意义上的等同替换，不能据此就认为被诉侵权产品的盐酸赖氨酸技术特征与涉案专利权利要求1记载的"谷氨酸或谷氨酰胺"技术特征等同	不等同

在【案例2】中，一审法院根据鉴定中心出具的鉴定报告认定被诉侵权产品的特征与涉案专利的特征等同，二审法院对该等同特征的认定做了进一步补充，除使用了一审法院的鉴定报告，还使用了国家药品监督管理局文件，并结合了本领域技术人员的技术认定，同样认为被诉侵权产品的特征与涉案专利的特征等同。

但最高人民法院在本案中的观点是，❶ 被诉侵权产品为另一已授权专利（587号）权利要求中的技术方案相同，国家知识产权局在该已授权专利（587号）的审理过程中使用的最接近的现有技术即为本案中的涉案专利申请文件，已授权专利（587号）与涉案专利权利要求1的主要区别，与被诉侵权产品与涉案专利权利要求1的主要区别相同，均在于将涉案专利权利要求1记载的"谷氨酸或谷氨酰胺"变更为"盐酸赖氨酸"。已授权专利（587号）专利权人在该专利审批过程中提供的《意见陈述》中称，在葡萄糖酸锌溶液中加入盐酸赖氨酸，与加入谷氨酰胺或谷氨酸的配方相比，前者使葡萄糖酸钙口服液在理化性质上有意料之外的效果，在葡萄糖酸钙的溶解度和稳定性等方面都有显著的进步，并提供了相应的实验数据证明其上述主张。国家知识产权局也据此申辩主张授予了587号专利权。据此，最高人民法院认为，"从专利法意义

---

❶ 关于特征2是否等同属于禁止反悔情况下的等同特征问题，此处暂不讨论。

上讲,'谷氨酸或谷氨酰胺'与'盐酸赖氨酸'这两个技术特征,对于制造葡萄糖酸锌溶液来说,二者存在着实质性差异"。最高院并未采纳一审法院出具的鉴定报告,同时认为国家药品监督管理局文件只是国家采用的一种行政管理措施,并非专利法意义上的等同替换。

等同侵权的分析及举证没有特定的规则,案例2中,一、二审法院先后试图使用鉴定报告、国药文件等方式证明二者构成等同,但这些证据并未被终审法院采纳。相对于前述这些佐证,终审法院更倾向于认可对比实验所提供的直接证据。专利法的立法宗旨一方面在于保护专利权人的合法权益,促进专利技术的实施;另一方面还在于保护公众从专利实施中受益,推动发明创造的应用,并促进科学技术的再进步和经济社会的发展。等同特征的认定虽然从形式上看时一个技术判断的过程,但其实质依然是专利权人与社会公众之间的利益平衡,严格把控等同特征的认定可以对他人的创新进步起积极的促进作用。

三、相关司法案例的启示

从以上两个司法案例的终审判决中我们不难看出,等同特征的认定正日趋严格,等同特征的认定仅仅是等同侵权判定过程中部分特征是否"基本相同"的认定;而对于新颖性的审查,是一种是否"相同"或"实质上相同"的认定,其要求较等同特征的认定应更为严格。虽然,专利审查与侵权判定存在差别,差别之一便是被控侵权行为涉及的都是具体的产品或方法,而专利审查针对的权利要求可能是抽象的、上位概括的,使用的对比文件也可能是抽象的、上位概括的,但如果我们将前述两个司法案例稍作修改,将涉案专利作为在审专利申请权利要求中的技术方案,将被诉侵权产品的技术方案作为"申请在前、公开在后的"抵触申请,那么我们是否能借助之前"等同特征"的认定过程及标准对"惯用手段的直接置换"进行判断呢?

【案例3】依案例1修改

假设修改后:在审专利申请权利要求中限定的筒管部分的"水泥材料间隔夹有<u>至少二层以上</u>的玻璃纤维布",对比文件1(申请在前、公开在后,即时间上抵触)的筒管部分的"水泥材料中夹有<u>一层</u>玻璃纤维布",这种数值范围的差异是否为惯用手段的直接置换?

由于"惯用手段的直接置换"存在一定程度的主观判断,在认定时难免存在差异,这与等同侵权中等同特征的认定相似,前述两个司法案例中,一、二审法院与终审法院在等同特征的认定上就存在差异。有观点认为❶：在新颖性中引入"惯用手段的直接置换"这一规定时，是为了使之与创造性中有关情况区分，所以采用了"惯用"、"直接"的用词来进行限定，以试图表示出这是一种习惯性的且不带有丝毫变化的置换。在案例1中，一审法院从手段、功能、效果三个方面分析得出三方面均基本相同，构成等同的结论。而终审法院认为"至少二层以上"的技术手段"在增强抗压能力、减轻楼层重量、增加内腔容积方面达到的技术效果"更优，并非基本相同。

在案例1的启发下，我们来思考案例3中"惯用手段的直接置换"该如何考量。既然是"惯用手段的直接置换"，要求保护的权利要求中的技术方案一定与对比文件中的技术方案存在区别，即两个技术手段一定或多或少的存在不同，对于存在本质区别的两个技术手段，可以直接分析技术手段的本质差异。当无法直接认定两技术手段为不同还是基本相同时，受案例1的启发，我们不妨先从功能和效果上进行比较。案例1中，"至少二层以上"与"一层"两个技术手段在功能及效果上存在诸多基本相同之处（参见表1中一、二审的分析过程）。但如果我们进一步对二者的作用做进一步比较，从更具体、更全面的技术角度分析，便不难得出最高院的分析理由，即"在增强抗压能力、减轻楼层重量、增加内腔容积方面达到的技术效果"并非基本相同。案例1中，这种数量的差别所带来的功能及效果上的不同很有可能还不止最高院列举的这三点，但只要关注到这三点的不同，已经足以确定不构成等同特征。

那么，我们在认定案例3中"惯用手段的直接置换"时，就应该更多的关注作为"直接置换"的两个"技术手段"的差别之处。首先，案例3中技术手段的差别在于数量的差别，尤其是一种带有端点值的范围与范围外单点的差别，两个数值在本案中暂且认为均是本领域的惯用手段，但这种差别是否构成本质差别，单从技术手段本身没有足够的理由和证据，应该结合其带来的功能、效果、作用作进一步分析判断。如果对功能、效果、作用考虑的过于上位、宽泛，过多强调定性，而忽略定量，如我们用案例1一、二审法院的分析思路，认为二者都起到了"增强薄壁强度的功能作用，特别是起到增加薄壁受力变形拉伸强度的功能"，"有效地减少了筒体的重量及楼层面的重量"，就容易得出"基本相同"的结论。事实上，我们应该在得到上述定性结论的基础上，再深入地对比一下效果差异，比如虽然都能增强抗压能力、减轻楼层重

---

❶ 黄敏. 对修改新颖性条款的几点浅见 [J]. 审查业务通讯, 1998, 4 (3): 1-6.

量、增加内腔容积,但其增强及减轻的程度及效果,即对其进行定量表征的话,二者是存在差异的,案例3中的技术可预见性较好,即使没有实验数据支持,作为本领域技术人员应该能够知晓"至少二层以上"玻璃纤维的效果明显更优,这种情况下前述技术手段的置换产生的效果并非基本相同,技术方案整体上更谈不上"相同"或"实质上相同",这种情况下将前述技术手段的替换认定为"惯用手段的直接置换"显然是不合适的。

我国的专利法实行先申请制,即当两个或两个以上的人就同样的技术分别向专利局提出专利申请时,专利权授予最先提出申请的人。申请人在申请日向专利局提交专利申请,并在以后向公众公开,从申请到公开存在一定的时间间隔,关于抵触申请的规定,其最初的也最直接的目的是为了避免从申请到公开这段时间间隔中所产生的重复授权,是对在先申请人在专利申请过程中权利的保障。但由于在后申请在申请时,在先申请并没有公开,这种对于在先申请人的保障只是在很有限的范围内进行,因此"惯用手段的直接置换"只适用于新颖性判断,而不能用来评价创造性。可见,抵触申请在设立之初就已经确定了其适用范围,在新颖性的适用范围内运用"惯用手段的直接置换",就应该本着更加谨慎的态度,思考、判断的过程也应该更加全面、深入,否则会给在后申请人带来不公的待遇,从而挫伤社会公众进行科技创新的热情,损害公共的利益。

【案例4】依案例2修改

假设修改后:在审专利申请权利要求中请求保护一种防治钙质缺损的药物,对组分及其含量进行了限定。对比文件1(申请在前、公开在后,即时间上抵触)记载了一种葡萄糖酸钙锌口服溶液,其说明书载明了口服液的成分为(具体特征对比见表4)。

表4 【案例4】的特征对比表

	在审权利要求	对比文件1(抵触申请)
特征1	一种防治钙质缺损的药物,由下述重量配比的原料制成的药剂:	葡萄糖酸钙锌口服溶液,每10ml含
特征2	活性钙4~8份	活性钙600mg❶
特征3	葡萄糖酸锌0.1~0.4份	葡萄糖酸锌30mg
特征4	谷氨酰胺或谷氨酸0.8~1.2份	盐酸赖氨酸100mg

---

❶ 由于原司法案例中对该等同特征的认定涉及禁止反悔原则,此处将该特征假设修改为与在审专利相同。

在【案例4】中，技术手段的差异之处在于用将在审权利要求中的"谷氨酸或谷氨酰胺"变更为"盐酸赖氨酸"，首先，我们可以对三种物质的理化性质、药物作用等进行充分了解。如果我们能够获取的仅仅是一些相对上位的、定性的表述，诸如案例2中一审、二审法院提供的证据（参见表3 一、二审法院给出的分析理由），尤其是二审法院提供的国家药品监督管理局国药管安〔2000〕131号《通知》附件（其载明了"锌钙特口服液"可以"用盐酸赖氨酸10g代替谷氨酸10g"），笔者认为，如果该附件文件的公开日在案例4的申请日之前，至少可以说明两个技术手段均为本领域的惯用手段。由于药物领域的可预见性较低，如果没有更相关的技术信息证明二者的作用、效果、功能存在差异，我们不妨根据现有的定性证据认定二者为惯用手段的直接置换，这样可以避免有可能产生的重复授权。但是，如果申请人在答复审查意见通知书时，提交了充分的证据，如案例2中最高院在终审判决中提及的专利权人所陈述的"在葡萄糖酸锌溶液中加入盐酸赖氨酸，与加入谷氨酰胺或谷氨酸的配方相比，前者使葡萄糖酸钙口服液在理化性质上有意料之外的效果，在葡萄糖酸钙的溶解度和稳定性等方面都有显著的进步，并提供了相应的实验数据证明其上述主张"，此时我们对申请人提供的证据，尤其是对可接受的实验数据应当给予充分的重视及考虑。案例4中，如果申请人试图通过补交额外实验数据的方式证明其非惯用手段的直接置换，首先，在后证据证明的应该是申请日前的事实，在充分考量在后证据证明事项的真实性及与原申请的关联性后，如果确定该数据真实且具有直接相关性，则应接受在后证据。如果案例4中补充的实验数据真实的表明了在申请日前，其技术方案使口服液在理化性质上有意料之外的效果，在葡萄糖酸钙的溶解度和稳定性等方面都有显著的进步，那么这种惯用手段的替换应当认为是存在实质性差异的，并非直接置换。即便替换前后两种技术手段均为本领域的惯用手段，但不能简单地认为惯有手段的改变即为直接置换，这是对在后发明人的一种保护，也充分体现了专利法鼓励发明创造的立法宗旨。

四、结　论

从两则司法案例中的终审判决不难看出，我国司法政策对于等同侵权中"等同特征"的认定正日趋严格，这也符合目前的司法走向，即"要准确把握司法解释有关等同侵权规则的适用精神，既要以等同原则克服字面侵权的局限,又要适度从严把握等同侵权的适用条件,防止等同原则适用过宽过滥,避免以认定等同侵权的方式不适当地扩张专利权保护范围,压缩创新空间和损害公共利益"❶,其主要目的是为了鼓励创新,维护公共利益。《专利法》中所规定的抵触申请,其适用范围仅限于新颖性评价,也充分体现了对于在先申请人在专利申请过程中权利的保障是在很有限的范围内进行的,其目的同样是为了鼓励创新,平衡公共利益。因此,受相关司法走向的启发,我们在认定"惯用手段的直接置换"时应该充分、深入地考虑技术手段变换后有可能导致的各种差异,从而更为严谨的对待"直接置换"的认定。客观、全面的评价技术手段及其置换前后的功能、作用及效果,是"惯用手段的直接置换"判定的主要方法,也是全面提升审查质量的有效途径,更是平衡专利权人利益与社会公共利益的核心所在。

---

❶ 最高人民法院副院长奚晓明在全国法院知识产权审判工作座谈会上的讲话——能动司法,服务大局,努力实现知识产权审判工作新发展 [EB/OL]. (2010 – 04 – 28). http://www.pkulaw.cn/fulltext_ form. aspx? Gid = 149633&Search_ Mode = accurate.

结合具体案例浅谈对"三步法"创造性评价过程中的问题思考

刘玲云[*] 唐淑英[*] 田 佳[*]

【摘 要】

在采用"三步法"进行创造性评价时,"三步法"的三步是环环紧扣的,而第一步"确定最接近的现有技术"直接关系到后续步骤的处理,从而影响最终关于有无创造性的判断以及相应陈述理由的说服力。最接近的现有技术往往存在多种选择的可能,本文通过具体案例的两种评价方式的对比,分析了在选择过程中需要结合相关领域的技术水平和发展走向来确立最接近现有技术。

【关键词】

"三步法" 最接近的现有技术 创造性

一、引 言

在创造性的评价过程中,通常采用"三步法"进行评述,所谓"三步法"即为:(1)确定最接近的现有技术;(2)确定发明的区别技术特征和发明实际解决的技术问题;(3)判断要求保护的发明对本领域技术人员来说是否显

---

[*] 作者单位:国家知识产权局专利局专利审查协作北京中心。

而易见。"三步法"的三步是环环相扣的，只有选取了合适的最接近的现有技术才能确定出区别特征和实际要解决的技术问题，然后才能基于实际要解决的技术问题客观的评价本领域技术人员能否从其他现有技术中得到相应的技术启示。因此，在选择最接近的现有技术时，要做到"走一步想三步"，才能使整个创造性评述过程有理有据，具有足够的说服力。《专利审查指南2010》第二部分第四章第 3.2.1.1 节规定了如何确定最接近的现有技术。具体内容为："最接近的现的技术，是指现有技术中与要求保护的发明最密切相关的一个技术方案，它是判断发明是否具有突出的实质性特点的基础。""可以是，与要求保护的发明技术领域相同，所要解决的技术问题、技术效果或者用途最接近和/或公开了发明的技术特征最多的现有技术，……""在确定最接近的现有技术时，应首先考虑技术领域相同或相近的现有技术。"《专利审查指南2010》中的上述规定实质上是指需要结合技术领域、技术效果、技术问题和技术特征各方面综合考虑，这种综合需要结合说明书记载的内容和现有技术整体发展水平来考虑，绝非单纯地从字面意思理解或者仅看文字记载的字数多少而定。以下将结合具体的案例就如何快速合理地确定最接近的现有技术。

二、案例与讨论

1. 案情介绍

本案例是已授权发明专利，该专利授权后被第三方提出无效宣告请求，专利复审委员会（以下简称"复审委"）基于第三方的无效宣告请求作出了发明专利权部分无效的审查决定，专权利权人对无效宣告请求审查决定不服已向法院提起诉讼。以下主要针对被宣告无效的权利要求1的创造性评价展开讨论。

本案例涉及一种热变色书写工具，声称要解决的技术问题是：现有热变色书写工具是笔帽型，笔帽的连接/拆卸操作需要双手操作，只使用一只手很难快速进入可书写状态或者存储状态。

授权的权利要求1：

一种包含热变色油墨的热变色书写工具，包括：

笔杆；书写主体，其容纳在所述笔杆中并能够纵向移动；

以及操作部分，其设置在所述笔杆的外表面上，其中，通过操作所述操作部分使所述书写主体的笔尖从所述笔杆的前端孔伸出或缩回进入所述笔杆的前端孔中，

热变色油墨包含在所述书写主体内部，能够排出所述热变色油墨的所述笔

尖设置在所述书写主体的前端,并且

在所述笔杆的外表面上设置有摩擦部分,所述摩擦部分能够通过用所述摩擦部分摩擦所述热变色油墨的字迹时产生的摩擦热使所述热变色油墨的字迹热变色,所述摩擦部分设置在所述笔杆的后端,所述操作部分从所述笔杆的侧壁径向向外伸出。

针对已授权的权利要求1,无效宣告请求人(以下简称"请求人")提交了证据1和证据2,证据1、2分别公开了如下相关技术内容:

证据1:公开了一种复式书写工具,包括轴筒笔杆;活动铅笔书写主体,书写主体,其容纳在所述笔杆中并能够纵向移动;作为操作部分的滑动件,其设置在所述笔杆的外表面上,其中,通过操作滑动件使所述书写主体的笔尖从所述笔杆的前端孔伸出或缩回进入所述笔杆的前端孔中,能够排出油墨的笔尖设置在所述书写主体的前端,橡皮擦设置在所述笔杆的后端,操作部分即滑动件从所述笔杆的侧壁径向向外伸。

证据2:公开了一种具备摩擦体的书写用具,含可逆热变色油墨的笔芯管,即书写主体,能够排出所述油墨的所述笔尖设置在所述书写主体的前端,还具有笔帽,摩擦体设置在笔帽上,摩擦体能够通过摩擦所述热变色油墨的字迹时产生的摩擦热使所述热变色油墨的字迹热变色。

2. 请求人采用的"三步法"评价方式

根据上述证据1、2,请求人和复审委的意见概括如下:权利要求1保护的技术方案对现有技术作出的贡献仅在于将现有技术中的热变色书写工具与可便捷操作笔尖的书写工具简单组合,得到一种可便捷操作笔尖的热变色书写工具。

根据请求人的主张,其在对权利要求1评价创造性时,采用如下标准的"三步法":(1)首先确定证据1为最接近的现有技术。(2)然后根据证据1公开的内容确定发明的区别特征和发明实际解决的技术问题,权利要求1相对于证据1的区别特征在于:具有可变色油墨和摩擦头,摩擦头能够通过摩擦使油墨变色。基于该区别特征实际要解决的技术问题是:提供一种可热变色的书写工具。(3)最后结合证据2来判断权利要求1的技术方案对本领域技术人员来说是显而易见的:在证据2公开了热变色油墨笔芯、用于产生摩擦热使热变色油墨字迹热变色的摩擦体的技术启示下,权利要求1保护的技术方案实质上是将证据1所公开的书写工具中的圆珠笔芯、橡皮擦用证据2所公开的包含热变色油墨的笔芯、摩擦部分替换而得到,因此权利要求1相对于证据1、2的结合不具备创造性。

然而,对于请求人的上述主张,专利权人表示不同意,其基于请求人的上述评价提出如下不同意见:证据1中的笔芯和笔尖专用于铅笔或圆珠笔,其特殊笔芯结构不能使用证据2中的热变色油墨,难以替换油墨;证据1中的橡皮是用于擦除铅笔字迹的,与证据2中摩擦变色的摩擦部分,两者作用完全不同,本领域技术人员不会想到使用证据2中的摩擦体代替橡皮擦。

综合三方意见,专利权人与请求人及复审委的争议点集中在:用证据2中的可变色油墨替换证据1中普通油墨,以及用证据2中的摩擦头替换证据1中的橡皮是否能够直接替换。

针对上述争议点,结合书写工具领域的普通技术发展水平和技术发展走向,客观上说,请求人根据上述区别特征确立的技术问题"提供一种热变色书写工具"本身并不是平常书写过程需要考虑的技术问题,该技术问题本身的发现和提出具有一定难度。尤其是在证据1公开了一种普通的铅笔和/或圆珠笔的技术启示下,本领域技术人员是否会想到要"提供一种热变色书写工具",并有动机去找寻相应的技术方案,进一步将证据2中公开的热变色油墨和摩擦头分别去替换证据1中的圆珠笔油墨和擦铅笔的擦皮,是否存在技术障碍,都应当是有待商榷的。

3. 假设的另一种"三步法"评价方式

基于专利权人对复审委作出的无效宣告请求审查决定不服,无修改继续向北京知识产权法院提起上诉,我们不妨转换思路,假设采用另一种评价方式,即将证据2作为最接近的现有技术,结合证据1评价权利要求1的创造性,同样采用创造性"三步法"评价,过程会是怎样呢?

假设以证据2作为最接近现有技术的三步法评价过程如下:

(1)证据2作为最接近的现有技术,其公开了如下技术特征(略,同上)。

(2)此时确定的区别特征仅在于:还具有笔尖操作部,且摩擦头位于笔杆的后端(概括简写)。基于上述区别特征实际解决的技术问题是:便捷的切换书写与存储状态,以及便于调用摩擦部件。

(3)针对上述技术问题,证据1公开了一种铅笔和/或圆珠笔,其具有滑动块即笔尖操作部,且具有摩擦铅笔迹的橡皮位于笔杆后端(概括简写),由此可见,证据1公开了笔尖操作部,并将橡皮置于后端,且其在证据1和本案例中的作用相同,都是为了能便捷地切换书写与存储状态,以及便于调用摩擦部件，即证据1给了将上述区别特征应用于证据2以解决其技术问题的启示。因此，在证据2的基础上结合证据1得到本案例权利要求1的技术方案对本领域技术人员而言是显而易见的。

上述假设的评述过程中，确立实际解决的技术问题为"便捷地切换书写与存储状态，以及便于调用摩擦部件"，结合书写工具领域的普通技术发展水平，可以看出比较于之前的评述方式，假设评述方式中确立的技术问题则是我们平常使用书写工具的过程中经常碰到的，是本领域技术人员很容易想到并尝试要去解决的技术问题，技术问题的发现和提出本身是没有难度的。不妨进一步假设，如果一开始用上述假设评述方式来说服专利权人，此时专利权人争论的焦点会集中于：能否从证据1中得到启示，将证据1中公开的操作部转用到证据2的热变色书写工具中，以及将笔帽式摩擦头变换为位于笔杆后端的摩擦头是否需要付出创造性劳动。因此，以证据2作为最接近的现有技术时，再将证据1公开的技术特征应用于证据2，在结合的难易程度上，立分高下，显然假设评述方式中将证据1中普通书写工具的操作部结合到证据2中的热变色书写工具中，技术难度较小，不至于构成技术障碍。

4. 案例小结

最接近的现有技术是判断发明是否具有突出的实质性特点的基础，在实际的确定过程有很多种方式，需要从技术领域、技术问题、技术效果或者用途最接近和/或公开的技术特征多少综合考虑，一般首先考虑技术领域相同或相近的现有技术。从细分技术领域分支上看，本案例为一种具有笔尖操作部的热变色书工具，证据1为一种具有笔尖操作部的普通书写工具，证据2为一种具有摩擦体的热变色书写工具，单从细分技术领域上分析不能简单地选出最接近的现有技术，所以需要进一步根据解决的技术问题、达到的技术效果和公开的技术特征综合考虑。关于本案，证据1、2侧重点不同，证据1可以操作笔尖，使书笔操作方便，证据2则能使字迹摩擦变色，证据1、2两者解决的技术问题不同但都是属于本案例要解决的问题，此时在做选择时，则要结合考虑到后续步骤的处理，如同下棋"走一步想三步"，如上述案例，通过上述假设评述过程的比较可见，选取证据2为最接近的现有技术时，后续第三步对创造性结合启示的说理过程更顺畅，也会更具有说服力。

三、总　　结

针对同一个案子，面对同样的对比文献，采用不同的评述方式，尤其是从中选择的最接近的现有技术不同时,对于创造性结合启示的说理角度和方式完全不同,结合启示的难易程度,需要克服的技术难度也完全不一样,从而最终影响案件创造性评述的说服力。

因而,在确定最接近的现有技术时,要站在申请人相同的视点去考虑案件的发明构思,发明构思为"解决现有技术中存在的技术问题而产生的、体现发明智慧的、有中心及层次的、系统性、整体性的思维活动",往往发明构思包含了多个发明点,不同发明点的地位和作用是不同的,需要克服的技术难度也相差甚远,应当根据地位作用较重要的发明点来确定最接近的现有技术。发明点的地位和作用高低又与其对现有技术所作贡献的大小直接关联,在分析多个发明点的地位作用的高低以及需克服技术难度的高低时,则需要整体分析和把握相关技术领域的普通技术水平和技术发展走向。

虽然,本案涉及的是无效宣告请求过程中的创造性评价,但从中得到的教导同样适用于普通的发明实审中的创造性评价,为了作出合理的创造性评价,给予申请人一种合理的保护范围,审查员需要客观而清晰地分析案件本身对现有技术实际作出贡献的大小,争取尽可能地作出具有充分说服力的创造性评判意见,专利代理人也要基于同样的角度,在客观而清晰地分析案件本身对现有技术实际作出贡献的大小的同时,认真分析审查员作出的创造性评判意见,然后作出具有针对性和说服力的创造性意见陈述,这样对于后续程序的节约以及案件审理的总周期都能起到良好的控制作用。

由一个案例看创造性评述中技术启示的说理

孙红花* 许利波* 田 佳*

【摘 要】

在采用两篇对比文件应用"三步法"评价一项权利要求的创造性时,对比文件之间能否结合往往是容易引起争议的地方。本文以一个案例出发,结合两份审查意见讨论了如何使得具有技术启示的审查意见更有说服力要注意的几个方面。

【关键词】

"三步法" 技术启示 审查意见 说理 说服力

一、问题的提出

创造性评判是专利审查工作的核心,"三步法"作为创造性评判的通用方法被广泛使用,在"三步法"中最关键的一步就是判断现有技术是否存在"技术启示"。在用两篇对比文件结合评价创造性的情况下,对比文件能否结合往往是容易引起争议的地方,这时怎样让对比文件之间技术启示的说理有说服力就变得尤为重要。在判断对比文件之间是否存在技术启示时,通

---

* 作者单位:国家知识产权局专利局专利审查协作北京中心。

常要考虑的因素是被结合的对比文件是否公开了发明与最接近的现有技术之间的区别技术特征，以及该区别技术特征在被结合的对比文件中所起的作用与在该发明中所起的作用是否相同，如果相同，通常就认为存在技术启示。这种方式看似简单明了，容易操作，但实际情况却并非如此。下面结合一个具体案例来说明创造性评述中涉及技术启示时如何使得审查意见更有说服力。

二、案例介绍

1. 本申请（200710161527）

本申请涉及的是电动手持工具机，特别是弯把手提砂轮机。

本申请要解决的技术问题是提供一种具有保护罩的电动手持工具机，保护罩与电动手持工具机简单连接并即使在磨具破碎时也能有效保护操作者。采用的技术方案是定位杆的回转轴与从动轴平行地设置，和开口设置在保护罩的保护罩轴颈中，达到定位凸块在径向上穿过保护罩的保护罩轴颈，并这样使定位杆的力方向同样在径向上，与现有技术中的从动轴相关轴向相反分布的目的，这样在磨具破碎时，散开的磨具碎片的力基本上于定位方向垂直击中保护罩并可以尽可能地避免保护罩与机壳相关的转动位置意外松开（参见图1和图2）。其请求保护的独立权利要求1如下：

一种电动手持工具机，特别是弯把手提砂轮机，具有用于容纳电动机的机壳，所述电动机用于旋转驱动传动轴和通过锥齿轮传动装置与传动轴连接的用于在自由端上容纳磨具的从动轴，其中利用主体（14）至少部分包围磨具的保护罩（12）具有与主体（14）连接的保护罩轴颈（16），其中所述保护罩轴颈（16）具有基本上圆柱形的形状，使得所述保护罩轴颈可松开地接合于设置在机壳上的凸缘（20）并可旋转调整地固定在离散的位置上，其中所述保护罩（12）在转动位置上借助于定位杆（18）在机壳的凸缘（20）上固定和止动，通过设置在所述机壳的凸缘（20）上的所述定位杆（18）利用定位凸块（42）穿过保护罩（12）中的开口（40），其特征在于，所述定位杆（18）的回转轴（22）与从动轴平行地设置并且所述开口（40）设置在所述保护罩（12）的保护罩轴颈（16）中，使得定位凸块能够径向地穿过所述开口。

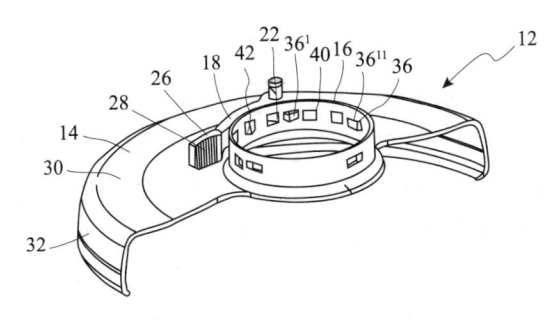

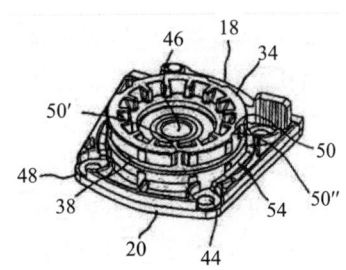

图1 本申请带定位杆的保护罩　　图2 本申请手持工具机的凸缘

2. 对比文件1（200380106763.4）

对比文件1公开了一种用于盘状旋转刀具的手工电动工具机，其解决的技术问题是：可手动松开的锁止装置可以使保护罩任意扭转到不同的转动位置，又防止保护罩在破碎刀具的飞溅的部分的作用下一起转动。其技术方案是：一种手工电动工具机，具有：一个机器壳体11，用于刀具18的驱动主轴12从该机器壳体伸出；一个可松开地安装在机器壳体11上的保护罩20，用于至少部分地覆盖刀具18，该保护罩具有一个带有夹紧部件24的夹紧卡圈23；一个在机器壳体11上构造的、与驱动主轴12同轴心的空心圆柱状的夹紧颈部15，保护罩20借助于夹紧卡圈23可套在并固定在该夹紧颈部上，夹紧卡圈23可转动地保持在夹紧颈部15上并在夹紧卡圈23与夹紧颈部15之间这样地构造一个可手动松开的锁紧装置，以使保护罩20可在多个确定的相对转动位置中相对夹紧颈部15止动；该可手动松开的锁紧装置具有一个在夹紧颈部15上构造的设齿区段34及一个设置在夹紧卡圈23上的棘爪37，该棘爪通过弹簧力被压入到设齿区段34中（参见图3和图4）。

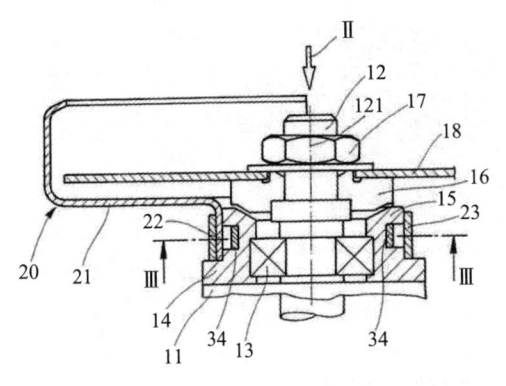

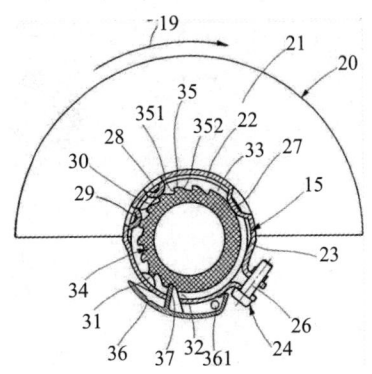

图3 对比文件1电动工具保护罩局部剖面　　图4 对比文件1上图中III–III剖面

3. 对比文件2（US7063606B2）

对比文件2公开了一种手工电动角磨机10，其解决的技术问题是：提供一种方便固定保护盖在任何旋转位置上的角磨机。其保护的技术方案是：一种手工电动角磨机10，其具有用于容纳电动机的机壳12、14，电动机用于旋转驱动电动机轴，并通过齿轮箱14与传动轴连接的用于在自由端上容纳磨具的从动轴16；保护罩43包括主体50和保护罩轴颈44，利用主体50至少部分包围磨具的保护罩43具有与主体50连接的保护罩轴颈44，保护罩轴颈44具有基本上圆柱形的形状，使得保护罩轴颈可松开地接合于设置在机壳12、14上的凸缘24并可旋转调整地固定在离散的位置上，其中保护罩43在转动位置上借助于定位杆30在机壳的凸缘24上固定和止动，通过设置在机壳上的定位杆30利用定位凸块32穿过保护罩的保护罩轴颈44中的开口48，定位杆30的回转轴34与从动轴16垂直地设置，并且开口48设置在保护罩43的保护罩轴颈44中，使得定位凸块32能够轴向地穿过开口48（参见图5）。

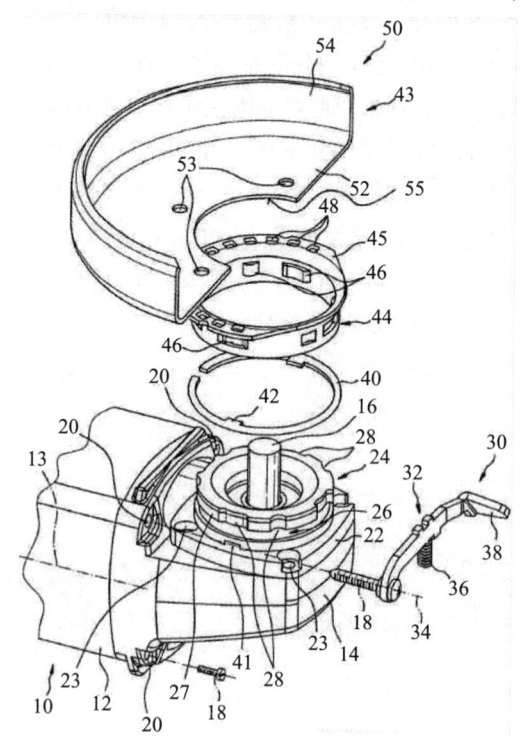

图5 对比文件2的电动工具

三、案例分析与讨论

从以上案例介绍可以得知：对比文件1、对比文件2均与该申请技术领域相同，都涉及电动手持工具机保护罩的连接，二者都公开了该申请权利要求1的大部分技术特征。其中，对比文件1公开了该申请的发明点：手柄的摆动轴线与驱动主轴平行设置，其对应于该申请的定位杆的回转轴与从动轴平行地设置，其定位结构字面上也能与该申请对应起来，即凸块径向地穿过开口；而对比文件2中则是定位杆的回转轴与从动轴垂直地设置，对应的其定位结构与该申请存在差距，即凸块轴向地穿过开口。

1. 审查意见一

该申请权利要求1与对比文件1的区别技术特征主要是：该申请所述定位杆设置在机壳的凸缘上，而对比文件1的弹簧加载的手柄（对应于该申请的"定位杆"）设置在保护罩上。由此可以确定，该申请权利要求1所要解决的技术问题是如何选择定位杆设置位置。

由于对比文件2公开的定位杆是固定在机壳上的，为了更稳定地固定或便于更换保护罩，结合对比文件1平行设置结构之后根据具体结构和位置的需要，将定位杆固定在同样固定不动的凸缘上是本领域技术人员很容易想到的，这种设置对本领域技术人员来说属于常规设计手段；因此，在对比文件1的基础上结合对比文件2和本领域的常规技术以获得该权利要求所要求保护的技术方案，对本领域的技术人员来说是显而易见的，因此该权利要求不具备创造性。

2. 审查意见二

权利要求1与对比文件2的区别技术特征主要是：（1）本申请所述定位杆设置在机壳的凸缘上，而对比文件2的定位杆固定在机壳上；（2）本申请的定位杆的回转轴与从动轴平行地设置，定位凸块能径向地穿过所述开口，而对比文件2的定位杆的回转轴与从动轴垂直地设置，定位凸块能轴向地穿过所述开口。基于这些区别技术特征，权利要求1实际要解决的技术问题是：定位杆设置位置的选择，以及如何避免在磨具破碎时散开的磨具碎片的力基本上与定位方向垂直击中保护罩，并尽可能地避免保护罩与机壳相关的转动位置意外松开。

但是，关于区别技术特征（2），对比文件1公开了一种具有保护罩的手持式工具机，并具体公开了：在该机器壳体凸缘上构造有一个与驱动主轴12的轴线121同轴心的空心圆柱状的夹紧颈部15（凸缘的一部分），保护罩20具有一个罩主体21和一个在该罩主体上整体成型的、与罩轴线同轴心的、在轴向上从罩主体 21 凸出的半圆形的轴环 22 以及固定在该轴环上的、带有夹紧部件 24 的夹紧卡圈 23，轴环 22 和夹紧卡圈 23 构成了保护罩轴颈；保护罩 20 在转动位置上借助于锁止装置在夹紧颈部上固定和止动，该锁止装置为可摆动地弹簧加载的手柄 36（相当于本申请的定位杆），该手柄利用一个棘爪 37（相当于本申请的定位凸块）穿过保护罩上的夹紧卡圈槽口（即开口），即槽口设置在保护罩的保护罩轴颈中，且手柄的摆动轴线（即回转轴）与罩轴线平行，而罩轴线与驱动主轴 12（相当于本申请的从动轴）轴线平行，即手柄的摆动轴线与驱动主轴平行地设置，且棘爪 37 能够径向地穿过槽口，并且这些特征在对比文件 1 中所起到的作用与其在本申请中所起的作用相同。因此，在对比文件 1 的启示下，为了在磨具破碎时散开的磨具碎片的力基本上与定位方向垂直击中保护罩并尽可能地避免保护罩与机壳相关的转动位置意外松开，将定位杆的回转轴设置成与从动轴平行并使得定位凸块径向穿过开口对于本领域技术人员而言是显而易见的，而且这种平行设置的方式对本领域技术人员来说并未取得意料不到的技术效果。

对于区别技术特征（1），同上理由这种设置对本领域技术人员来说属于常规设计手段。

因此，在对比文件 2 的基础上结合对比文件 1 和本领域的常规技术以获得该权利要求所要求保护的技术方案，对本领域的技术人员来说是显而易见的，因此该权利要求不具备创造性。

3. 审查意见分析

显然，上述审查意见一是我们审查实践中经常能看到的审查意见。该审查意见的逻辑就是将对比文件 1 中固定在保护罩上的定位杆改为固定在凸缘上就能得到本申请的技术方案。但是，仔细推敲，其实不难发现，上述审查意见并不具有说服力，原因在于，首先，基于对比文件 1 公开的内容，其具体定位结构与本申请形式上虽然对应，但实质并不相同。因为对比文件 1 中设置在夹紧卡圈上的开口不是起到锁定作用，而是为了避让开棘爪 37 以便棘爪能穿过该开口与齿形段 34 接合。因此对比文件 1 中位于轴颈上的开口的作用与本申请和对比文件 2 中的开口不同；如果为了得到该申请，则还需要结合对比文件 2 中的定位结构，但该申请与对比文件 1 的结构上的区别均与水平设置有关联，而对比文件 2 公开了相反的"垂直设置"，如果硬是把对比文件 2 公开的与"垂直设置"相关的特征结合到"水平设置"的对比文件 1 中，需要对对比文件 1 的结构做出较大改变；而基于对比文件 2 公开的内容做出这种结构上的改变不容易说理，或者说这种改变也并非是显而易见的。其次，对比文件 1 水平设置定位结构的方式已经解决了力的方向垂直的相关问题，因此基于对比文件 1 的教导，没有动机结合对比文件 2 垂直设置的定位结构，即使将两者结合，也必须重新设计定位杆的布置结构，这需要付出创造性劳动。

那么，本申请权利要求 1 是否就一定具有创造性呢？

再看审查意见二，其选择对比文件 2 为最接近的现有技术，虽然其形式上看，区别技术特征好像比选择对比文件 1 时还要多，但是由于其从该申请构思出发，将申请人在说明书中描述的发明点"定位杆的回转轴与从动轴平行地设置"认定为主要的区别技术特征。对比文件 2 中定位杆的回转轴与从动轴垂直地设置，定位凸块能轴向地穿过所述开口，当磨具破碎散开时磨具碎片飞溅，作用力轴向击中保护罩，其存在容易使得保护罩与机壳相关的转动位置松开的问题。因此，本领域普通技术人员存在对对比文件 2 进行改进的动机，防止保护罩与机壳相关的转动位置松开，而对比文件 1 公开了定位杆的回转轴与从动轴平行地设置，其作用就是防止保护罩与机壳相关的转动位置松开。因此在对比文件 1 给出了结合的启示。

也就是说，表面上看两份意见都是认为区别技术特征被另一份对比文件公开了，作用相同，因此具有结合的启示；但是，审查意见一只是字面上的特征对应，并没有整体上考虑技术特征在技术方案中所起的作用，导致事实认定存在偏差，结合的启示的说理也仅是流于形式而不是实质上的具有启示因此不具有说服力；而审查意见二则在仔细认定事实的基础上，经过完整的说理和推理过程，层层递进得出对比文件给出了技术启示，具有较强的说服力。事实上，本案申请人对审查意见一不服，但是对于审查意见二则没有答复，本案因此视撤。

四、由案例引发的思考

根据对前述案例的两份审查意见的分析可以看出，如何使创造性中技术启示的说理具有说服力，在技术领域均相同时，还需要注意以下几点。

（1）准确认定客观事实，包括准确认定该申请和对比文件的客观事实是评价一项权利要求是否具有创造性的基础。如上述案例中审查意见一，对该申请和对比文件 1 公开的内容理解不全面，仅从字面上对应认为对比文件 1 公开了该申请的开口，导致遗漏区别技术特征，审查意见没有信服力。而审查意见二充分挖掘该申请和对比文件公开的技术内容，从整体上对二者的技术方案进行把握，并考虑技术方案中各技术特征之间的内在联系及作用，从而客观地对二者的区别进行比对，做到了有理有据，说理充分客观。

（2）最接近的现有技术的选择是判断对比文件之间是否存在结合启示的基础，并且对于对比文件结合启示说理的难易度和说服力也具有很大的影响。例如从本案的审查过程可以看出，两份审查意见仅仅由于最接近的现有技术的选择不同，导致对比文件结合启示说理的难易度和说服力的不同，从而导致申请人的接受程度不同。因此，在实际审查过程中，在遇到两篇对比文件均可作为最接近的现有技术的情况下，在考虑如何加强对比文件之间结合启示说理的说服力时，需要将最接近的现有技术的选择也纳入考量范围，这样才能降低说理难度，并使得说理更为流畅更有说服力。换句话说，最接近的现有技术就是在使用"三步法"评判创造性时，站在本领域技术人员的角度上使本申请权利要求不具备创造性的最符合逻辑、最有说服力的一份现有技术❶。

（3）"三步法"中实际解决的技术问题的确定是创造性说理的起点。判断要求保护的技术方案相对于现有技术是否显而易见，就是要从最接近的现有技术和发明实际解决的技术问题出发，判断权利要求所要求保护的技术方案相对于现有技术做出的改进是否超出了本领域技术人员的认知范畴，也就是本领域技术人员在其认知范畴内是否存在应用该区别技术特征获得发明所要求保护的技术方案的动机。本案例中对比文件1已经公开了该申请的发明点，已经解决了该申请提出的相关问题，因此基于其教导没有动机结合对比文件2，另外即使将两者结合，也必须重新设计定外杆的布置结构，而这超出了本领域技术人员的认知范畴，需要付出创造性的劳动；但是从发明的构思出发，选择对比文件2为最接近的现有技术，这样基于区别技术特征确定的该申请实际要解决的技术问题与该申请声称要解决的技术问题相同，申请人对此不容易产生异议，为后续说理做好了铺垫；进一步地，对比文件1存在解决该相同技术问题的技术手段，本领域技术人员在其认知范畴内存在应用该技术手段来改进对比文件2从而获得该申请所要求保护的技术方案的动机。因此，基于发明实际解决的技术问题，分析现有技术中是否存在启示的过程，就是说理的过程；说理充分与否直接关系到创造性的判断是否准确❷。

以上仅是由一个案例引起的在创造性评述中如何使得具有技术启示的说理更具有说服力的思考，未必正确，在此提出以供大家共讨。

---

❶ 武树辰. 最接近现有技术的选择与创造性判断［J］. 审查业务通讯，2007，13（12）.
❷ 武兵. 由两个复审案例看新颖性和创造性评述中的说理充分［J］. 审查业务通讯，2009，15（7）.

从几则案例谈进行创造性争辩的技巧

邓世燕[*]

【摘 要】

　　本文从笔者亲历的创造性争辩成功了的几个案例出发,讲述了笔者在审查员给出的对比文件与专利申请文件非常接近甚至几乎看不出有任何实质性的区别的情况下,是如何将细微之处进行放大,放大之后再对其进行分解,然后从分解后的细节中来寻找区别点,最后将区别点直观明确地呈现给审查员,从而成功地说服审查员,使得发明专利得到授权的经过。

【关键词】

　　创造性　对比文件　区别技术特征　放大　分解

一、引　言

　　针对审查员认为专利申请没有创造性的审查意见的答复,其实就是一个寻找对比文件和本申请的区别点的过程。这些区别点包括技术特征的区别、技术特征所起的作用(或解决的技术问题)的区别,当这些区别点比较直观和明确时,争辩创造性就会比较容易。但随着我国专利审查质量的提高,这种情况

---

[*] 作者单位:成都九鼎天元知识产权代理有限公司。

将会越来越少甚至不再出现，审查员给出的对比文件通常会与专利申请文件非常接近甚至几乎看不出有任何实质性的区别。在这种情况下，专利代理人应该如何进行争辩、有理有据地说服审查员呢？

二、案例分析

以下，笔者将介绍几个真实的案例以期和同行进行探讨和分享。

（一）案例一：申请号为201010294029.7的发明专利

审查员和专利代理人（亦包括专利申请人）均一致认为：

（1）与对比文件1（CN201018510Y）相比较，权利要求1具有的区别技术特征为：探测器芯片4与金属壳3采用胶粘接，在光纤组件2的外圆上设置有平台6。

（2）该区别技术特征解决的技术问题是：采用何种方式排出器件内部的气体。

审查员和专利代理人的分歧在于：

审查员认为：该区别技术特征已被对比文件2（CN101833141A）公开，摘录审查意见如下：对比文件2公开了一种带有排气槽的插芯体装置（参见说明书第3~4页，图1~5）：连接管6对应于第一插芯5端部的内周面上设有排气槽7，所述排气槽延伸到第二插芯9的端部，并与第二插芯9的端面在同一平面上（相当于连接管的内圆上设置有平台），使得空腔中的气体从排气槽排出。即对比文件2中公开了：在第一插芯5与第二插芯9之间的连接管的内圆上设置有排气槽，而第一插芯5与第二插芯9位于连接管的内圆中。因此，本领域技术人员很容易想到将排气槽设置在与连接管内圆对应的第一插芯5、第二插芯9的外周面上，因此，"在插芯的外圆上设置排气槽（相当于平台）"是本领域技术人员在现有技术的基础上经过合乎逻辑的分析、推理就可以得到的。

而专利代理人却认为上述区别技术特征没有被对比文件2所公开，摘录代理人意见陈述的理由如下：

（1）对比文件2具体公开了以下技术特征（参见其说明书第0020段和说明书附图之图1、图3、图4、图5）：在连接管6内壁上设有排气槽7，排气槽7的另一端延伸到第二插芯9的端部，并与第二插芯9的端面在同一平面上（见图2，亦即专利代理人进一步标注后的原图5）。

（2）对比文件2公开的技术特征所要解决的技术问题是：如何将断点

（即第一插芯5与第二插芯9之间的接触面）处本身存在的空气排净，避免匹配液使用时将断点处的微量空气包裹起来，导致接续损耗（详见其说明书第0004段）。

（3）对比文件2采用的技术特征解决其技术问题的<u>工作原理</u>是：光纤10对应于位于连接管6内的端部伸出第二插芯9，待接续尾纤与第一插芯5连接好后，将第一插芯5伸入连接管6内，第一插芯5与第二插芯9在连接管6内形成<u>空腔</u>（见图1，亦即专利代理人进一步标注后的原图1）。随着第一插芯5在连接管6内的不断移动，<u>空腔</u>内的气体沿着连接管6内壁上开设的均匀分布的四个排气槽7排出（见图2，即专利代理人进一步标注后的原图5）。当第一插芯5与第二插芯9的端部紧密接触时，连接管6内的光纤匹配液包围第一插芯5与第二插芯9的端部，使第一插芯5与第二插芯9相接触端面处在全真空状态，减少了第一插芯5与第二插芯9间的接续损耗（详见其说明书第0017段、第0020段和第0022段）。

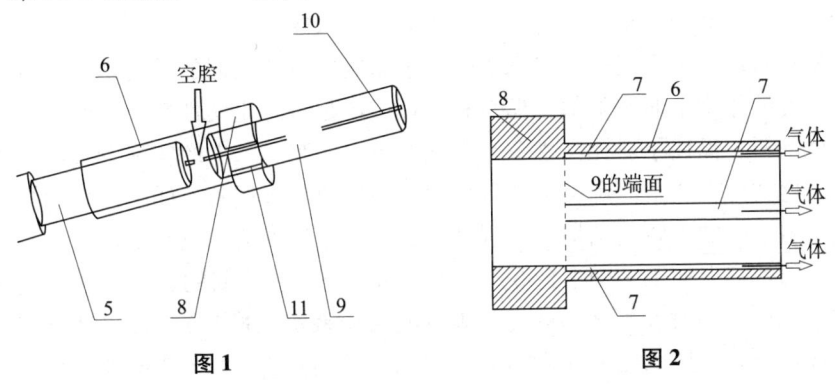

图1

图2

（4）本申请通过在光纤组件2的外圆上加工一个平台6（即将光纤组件2的外圆周去掉一小段圆弧，缺掉圆弧的那段光纤组件的外表面就形成了一个平台6，如本申请的图2和图3所示），使得光纤组件2和金属壳3之间形成间隙，利于器件内部受热膨胀的空气从间隙中排出，避免受热后的空气将胶爆破出小孔，即避免胶爆泡（如本专利申请"背景技术"部分、"积极效果"部分以及"具体实施方式"第二段所述）。

（5）正如图2，亦即专利代理人进一步标注后的原图2所示，对比文件2的排气槽7的一端延伸到第二插芯9的端部，并与第二插芯9的<u>端面</u>在同一平面上，该平面并不构成一个平台，与本申请中在光纤组件2的外圆上设置的平台6结构完全不同。同时，本领域技术人员也不可能想到将排气槽设置在与连接管 6 内圆对应的第一插芯 5、第二插芯 9 的外周面上，<u>因为本领域技术人员均知悉</u>：第一插芯 5 和第二插芯 9 是一段光纤，光纤只能是圆柱状的，即光纤的外表面只能是完整的圆周，<u>光纤本身的结构是不能改变的</u>。因此不可能通过"在插芯（即光纤）的外圆上设置排气槽"来实现排气。

(6) 对比文件 2 和本申请的背景技术中提到的现有技术一样，都是<u>通过改变包围密闭空间的壳体的结构</u>（如本申请背景技术中提到的在金属壳 3 上加工一小孔 5，或者如对比文件 2 中提到的在连接管 6 的内壁上开设排气槽 7），使密闭空间内的空气通过壳体上的孔或槽排出到壳体外。这种改变外壳的构造增加了加工难度（在已有的结构上增加一道开孔工序），而且在金属壳 3 上加工一小孔 5，还会影响产品表面形状的完整性和一致性。

案例一小结：

审查员对本申请和最接近的现有技术（即对比文件 1）的技术方案的理解都很正确，准确地理解了二者的区别技术特征及基于该区别特征所要解决的技术问题，因此专利代理人对这些内容均表示了认同。

尽管对比文件 2 表面上看来也公开了与区别特征相似的排气结构、排气原理，二者的作用也非常类似，但专利代理人还是对对比文件 2 公开的特征进行了深度剖析，抓住了对比文件 2 与专利本申请权利要求 1 的实现方式的<u>细微区别</u>：对比文件 2 和本专利申请背景技术中提到的现有技术一样，均是<u>通过改变包围密闭空间的壳体的结构来实现排气</u>，而本专利申请的权利要求 1 是在光纤组件 2 的外圆上加工一个平台 6，使得内部的光纤和外部的金属壳 3 之间形成间隙来排气（即改变壳体内的光纤本身的结构来实现排气），且这种改变是在现有技术中存在技术偏见（即<u>本领域技术人员均知悉：光纤本身的结构是不能改变的</u>）的情况下作出的。

专利代理人在抓住上述<u>细微区别</u>的基础上，再进一步挖掘出该<u>细微区别</u>所带来的技术效果上的不同，于是仅通过一次意见陈述就成功地说服了审查员，使得该发明专利得到了授权。

（二）案例二：申请号为 201310589326.8 的发明专利

在第一次审查意见中，审查员认为："对比文件 1（CN201760894U）公开了一种夹线钳，实质也是一种夹持机构，并具体公开了以下技术特征（参见说明书第 11~13 段及附图 1）。包括轴销 11（相当于本申请的主轴）、夹臂 3、4（相当于本申请的左、右旋转块）、钳头 5、6（相当于本申请的左、右料夹）和气缸 5，其中，夹臂 3、4 通过双层轴承装配在轴销 11 上，钳头 5、6 分别安装在夹臂 3、4 的两个夹持端上。权利要求 1 与对比文件 1 存在的区别技术特征及本发明实际要解决的技术问题均是本领域的常规技术手段，因此不具备创造性。"

答复审查意见时，专利代理人对权利要求 1 进行了如下修改："一种热加工自动化 L 形汽缸夹持机构，其特征在于：包括主轴、主支架、左、右旋转块、左、右料夹、汽缸支座和汽缸，其中：主轴和汽缸支座分别安装在主支架的两端，左旋转块和右旋转块通过轴承装配在主轴上；左、右料夹通过料夹支架安装在左、右旋转块上；<u>左旋转块和右旋转块分别通过销与链接块连接，链接块通过销与支座连接；支座与汽缸支座连接，汽缸安装在汽缸支座上</u>。"

同时，专利代理人陈述了修改后的权利要求 1 具有创造性，理由如下：

（1）修改后权利要求 1 与对比文件 1 相比，存在如下<u>区别技术特征</u>："主轴和汽缸支座分别安装在主支架的两端；左旋转块和右旋转块分别通过销与链接块连接，链接块通过销与支座连接；支座与汽缸支座连接，汽缸安装在汽缸支座上"。

（2）基于上述<u>区别技术特征</u>，权利要求 1 实际要解决的技术问题是："增强热加工自动化 L 形汽缸夹持机构的稳定性和汽缸的寿命，保证了夹持机构在<u>高温、高粉尘的恶劣环境下能稳定运作</u>"（详见本申请说明书"背景技术"和"发明内容"的技术效果部分）。

（3）对比文件 1 公开的夹臂 3 和 4 与本申请的左、右旋转块 3 和 4 的结构完全是不同的：对比文件 1 的夹臂 3 和 4 是<u>两个完全对称且近乎平行的直臂</u>，夹臂 3 和 4 的<u>连接端和夹持端均分别位于直臂的两端</u>（图中分别为上、下端）；而本申请的左旋转块 3 和右旋转块 4 的结构完全是不同的，<u>左旋转块 3 的连接端和夹持端位于两端，而右旋转块 4 的连接端和夹持端为同一端</u>（即在夹持端上开有销孔，通过销与链接块 8 连接，从而使夹持端同时也成为连接端），<u>左旋转块 3 和右旋转块 4 的位置关系近乎"Y"形或"T"形</u>（详见本申请说明书图 1 和图 2 所示）。正因为这种特殊的结构，才使得左旋转块 3 及右旋转块 4 在有限的空间内起到换向、旋转和连接料夹支架 2 的作用（详见本申请说明书"具体实施方式"部分第四段的记载）。

（4）对比文件 1 公开的夹线钳，是用于在灯泡装配过程中<u>剪断灯泡底部导线的</u>（详见对比文件 1 第 0001 段、第 0007 段和第 0013 段），而本申请公开的夹持机构是用于<u>高温、高粉尘的恶劣环境下进行热加工自动化生产</u>的夹持机构（详见本申请说明书"背景技术"和"发明内容"的技术效果部分），因此二者完全属于不同的技术领域。

案例二小结：

对比文件1和本申请公开的都是夹持机构，二者的构造和工作原理都几乎是一样的，而且两个技术方案看起来都很简单，特别是在机械领域的技术人员看来二者是没有什么实质性区别的。但本案专利代理人却将二者的夹持部分（即对比文件1的夹臂3和4及本申请的左、右旋转块3和4）进行放大，突出二者在形状和构造的区别点，同时对二者的结构进行了分解（分解为连接端和夹持端），再寻找出分解后的细微区别（即连接端和夹持端位于同一端或分置在两端），并结合说明书强调了这种细微区别所起的作用（即所带来的好的技术效果），从而成功地说服了审查员接受了本次意见陈述。

（三）案例三：申请号为201310320317.9的发明专利

审查员和专利代理人（亦包括申请人）均一致认为：权利要求1与对比文件1（CN10628658A）相比，存在区别特征（1）至（4）。但申请人不同意审查员对于区别技术特征（1）和（4）的评述，理由如下。

1. 对于区别特征（1）的评述

对比文件2（CN103144943A）公开的行程凸轮6的作用是使进料板2的右端绕转轴9上下旋转，使进料板2相对于前挡料板3作打开、闭合的周期运动，从而使进料板2和前挡料板3之间形成的送料口周期性地打开和关闭，其作用是让油管11被逐根放出（详见对比文件2说明书第［0008］段、第［0009］段和图1）。

而本申请的堆料板24和第三前挡板26之间形成的出料口永远是打开的，不会关闭（如本申请的图1所示）；而且本申请的推料凸轮25起推料和理料双重作用（详见本申请说明书第［0008］段），与对比文件2行程凸轮6的让送料口周期性地打开和关闭的作用是完全不同的。

因此，本申请的"堆料板24、推料凸轮25和第三前挡板26"并没有没对比文件2公开。

2. 对于区别特征（4）的评述

首先，对比文件3（CN201931320U）公开的两组贴近的链轮3和4以及链轮槽高度调节器5的形状和结构（详见对比文件3的图1）与本申请的两个送料轮（3和4）及其两侧的高度调节板15和直径调节板16的形状和结构（详见本申请的图1～5）完全不同。

其次，对比文件3公开的由两组贴近的链轮3和4的凹槽错位组合形成的凹槽空间的作用是将要加工管材从低处的挡料支架 1 和链轮槽高度调节器 5 之间形成的投料空间运送到高处的弧形护板 6 位置后从凹槽空间中落下进入导料槽 8（详见对比文件 3 的图 1 及其说明书第［0074］段至第［0078］段），因此对比文件 3 的链轮 3 和 4 的作用是克服重力做功，将待送料从低处运送至高处。

而本申请的两个送料轮（3 和 4）及其两侧的高度调节板 15 和直径调节板 16 的作用是将不同直径的工件从高处的排料缓冲区送至低处的板式加热器上，以实现对板式加热器进行单件、连续和均匀的送料，减轻待送料下落时对板式加热器的冲击（详见本申请说明书第［0011］段及图 1 至图 5 所示）。

本领域技术人员均知悉，将物料从低处运送到高处，必定要克服重力做功，必须用到牵引、提升装置，如对比文件 3 公开的"两组贴近的链轮 3 和 4"。而让物料从高处到低处，完全可以不采用任何设施，让物料在重力作用下自由坠落即可，正如对比文件 3 公开的那样"让待送料到达(高处的) 弧形护板 6 位置后从凹槽空间中落下进入导料槽 8"。特别是对于本申请的送料：如本申请图 1 所示，高处的排料缓冲区与低处的板式加热器之间的高度差仅相当于送料轮的半径长度，这么短的高度，完全可以像对比文件 3 那样"让待送料到达（高处的）弧形护板 6 位置后从凹槽空间中（直接）落下进入导料槽 8"，而不必采用任何措施，就可以让本申请的待送料直接从（高处的）排料缓冲区落下（到低处的板式加热器）。本申请之所以采用送料轮 3 和 4 以及高度调节板 15 和直径调节板 16 配合送料，送料距离仅为送料轮的四分之一圆弧长度，正是为了实现对板式加热器进行单件、连续和均匀的送料，以减轻待送料从（高处的）排料缓冲区下落时对板式加热器的冲击。

案例三小结：

关于区别特征（1），虽然对比文件 2 和本申请都公开了凸轮、料板和挡板，而且所起的作用都是将物料从堆料区输出，相当于二者的构造、原理和带来的技术效果都是相同的。但专利代理人却深挖出料板和挡板之间形成的料口的细微区别（即二者的开闭状态不同：一个是周期性地打开和关闭，一个是常开不关闭），然后再找出这种细微区别解决的技术问题不同，从而带来的效果也不同。

关于区别特征（4），虽然对比文件 3 公开了链轮和链轮槽高度调节器，相当于本申请的送料轮及其两侧的高度和直径调节板，且二者的作用都是送料。但专利代理人却对其送料过程进行了分解（一个分解成"从低处送到高处,再从高处落下",另一个分解成"从高处送至低处"),从而找出二者的<u>细微区别</u>;然后再从细微区别入手,强调和突出了二者的<u>本质区别</u>(一个利用的是本领域技术人员均知悉的常识"将物料从低处运送到高处,必定要克服重力做功,必须用到牵引、提升装置",一个是创新性地"利用送料轮和调节板将高处的物料连续、均匀地轻放到低处,以减轻物料下落带来的冲击")。

三、结　论

从以上几个案例可以看出,专利代理人需要练就一双像放大镜甚至显微镜一样的眼睛来将细微之处进行放大,放大之后再对其进行分解,然后从分解后的细节中来寻找区别点,最后将区别点直观、明确且浅显易懂地呈现给审查员,这样才有可能成功地说服审查员,使发明专利得到授权。

从一个具体案例浅谈运用"三步法"评判创造性

何莉莉* 汤丽妮*（等同于第一作者）

【摘　要】

创造性审查是专利审查工作的核心内容之一，是国家知识产权局审查能力的集中体现。创造性审查的前提是能够将发明以及对比文件分别作为一个整体看待，不但要考虑发明、对比文件的技术方案、技术领域、技术问题、技术效果这4个方面，还要考虑组成技术方案的各个技术特征以及技术特征之间的相互关系；重点是从发明的整体构思出发确定最接近的现有技术，然后判断其相对于最接近的现有技术的贡献，也就是找到区别技术特征及其所解决的问题，最后再判断其是否为现有技术作出了足以让该发明创造获得法律保护的贡献。

【关键词】

创造性　"三步法"　最接近的现有技术　技术启示

一、引　言

《专利法》第22条第1款规定，授予专利权的发明和实用新型应当具备新

---

* 作者单位：国家知识产权局专利局光电技术发明审查部。

颖性、创造性和实用性。因此，申请专利的发明和实用新型具备创造性是授予其专利权的必要条件之一。而在实质审查、复审无效审查中，《专利法》第22条特别是其中第3款是出现频率最多的条款之一。

《专利法》第22条第3款规定：发明的创造性，是指与现有技术相比，该发明具有突出的实质性特点和显著的进步。《专利审查指南2010》第二部分第四章第3.1节详细阐述了创造性审查的审查原则："在评价发明是否具备创造性时，审查员不仅要考虑发明的技术方案本身，而且还要考虑发明所述技术领域、所解决的技术问题和所产生的技术效果，将发明作为一个整体看待。""与新颖性'单独对比'的审查原则不同，审查创造性时，将一份或者多份现有技术中的不同的技术内容组合在一起对要求保护的发明进行评价。"其中，对于"将发明作为一个整体看待"，笔者认为，要从发明的整体上考虑，不但要考虑发明的技术方案、技术领域、技术问题、技术效果这4个方面，还要考虑组成技术方案的各个技术特征以及技术特征之间的相互关系，也就是从发明的整体构思出发判断其相对于现有技术的贡献；同时，不仅对于要求保护的发明要从整体考虑，而且对于评判创造性所用的现有技术也要从整体考虑。对于"将一份或者多份现有技术中的不同的技术内容组合在一起对要求保护的发明进行评价"，在《专利审查指南2010》第二部分第四章第3.2.1.1节中给出了通常的判断方法，而"三步法"也是审查员在进行创造性评判时用得最多的判断方法。在实际审查过程中，要时刻把握"将技术方案作为一个整体看待"，将其融入到"三步法"评判的每一个步骤中。在此，本文以一个具体案例为基础，进行一些粗浅的分析。

二、案情介绍

某案涉及一种聚合色粉，其主要技术方案如下：提供一种制造聚合色粉的方法，在该方法中通过将具有一定粒径范围的聚偏1,1-二氟乙烯（PVDF）颗粒作为有机颗粒与含量低于特定值的黏合剂单体混合并且悬浮聚合，使聚偏1,1-二氟乙烯颗粒以高浓度分布于色粉母粒的表面附近，从而提高了色粉母粒对作为外部添加剂的二氧化硅的亲和性，并使得所述外部添加剂能够有效地固定于所述色粉母粒，并使聚合色粉获得足够的表面电荷量以及提高的转移效率。其简化后的权利要求1内容如下：

一种制造聚合色粉的方法，包括将一种分散体稳定剂与水混合以制备水性分散体；将一种包含平均粒径为$1.1\sim1.5\mu m$的聚偏1,1-二氟乙烯粒子、黏合剂用树脂单体和电荷控制剂的单体混合物分散在所述水性分散体中从而将所述单体混合物均化为微小液滴的形式；使所述均化的单体混合物聚合以制备聚合色粉母粒；洗涤并干燥所述聚合色粉母粒，以及用一种外部添加剂包覆所述聚合色粉母粒；所述黏合剂用树脂单体的用量为40~95重量份，基于聚合色粉的总重量计。

相关对比文件的内容如下：

对比文件1（CN101097411A）公开了一种制备色粉的方法，首先，利用蒸馏水和分散剂制备稳定剂分散溶液；接着，将可聚合单体、着色剂、蜡、引发剂、电荷控制剂等的色粉组成物穿过注射器和注射器针头的内部形成的液滴加到稳定剂分散溶液中来保持液滴，注射器针头的平均内径可以为0.005~0.1μm；稳定剂分散溶液和包含在稳定剂分散溶液中的色粉组成物的混合物进入反应器，形成核粒子；然后，洗涤、过滤、分离、干燥；其中，以色粉组成物的总含量按重量计为100份，可聚合单体的含量按重量计可为大约3~50份。

对比文件2（CN1774669A）公开了一种色粉，其包括色粉母粒、和在色粉母粒上形成的涂层，所述色粉母粒包括黏合剂树脂、着色剂以及流动性促进剂、释放剂、电荷调节剂等添加剂，所述涂层中包括有机颗粒、二氧化硅等，有机颗粒可选自包括1,1-二氟乙烯等的组的一种或多种单体而制备的均聚物和共聚物，通过机械混合方法将有机颗粒、二氧化硅等固定于色粉母粒的表面上。所述聚偏1,1-二氟乙烯粒子的作用是通过降低带电过程中在带电叶片和套筒内产生的摩擦热而部分地防止过量的带电，从而改善了均匀电荷分布和长期稳定性。

权利要求1制造得到的聚合色粉的示意图如图1所示。

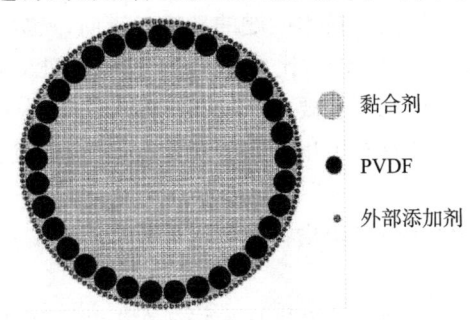

图1 聚合色粉的示意图

对比文件 2 的色粉示意图如图 2 所示。

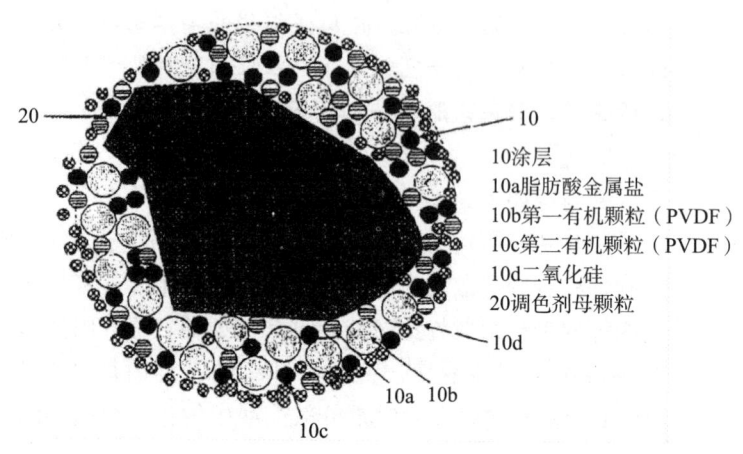

图 2　对比文件 2 的色粉示意图

10涂层
10a脂肪酸金属盐
10b第一有机颗粒（PVDF）
10c第二有机颗粒（PVDF）
10d二氧化硅
20调色剂母颗粒

三、几种不同的观点

对于本案的权利要求 1 是否具备创造性，有以下三种观点。

观点一：对比文件 1 不能作最接近的现有技术，权利要求 1 具备创造性。

该观点的理由如下：在对比文件 1 中，通过悬浮聚合制备得到的色粉母粒即直接用作聚合色粉，没有再添加外部添加剂包覆所述色粉母粒。因此，在对比文件 1 中不存在对其进行改进以实现对外部添加剂的高亲和性这一技术问题，虽然，在对比文件 2 公开了在制备色粉的过程中使用聚偏 1,1-二氟乙烯粒子的技术手段，但是，由于在对比文件 1 中不存在提高了色粉母粒对外部添加剂二氧化硅的亲和性的技术问题，本领域技术人员不会产生将该技术手段应用于对比文件 1 以解决上述技术问题的动机，进而，也就不存在将对比文件 2 所公开的上述技术特征应用于对比文件 1 以解决上述权利要求 1 所要解决的技术问题的启示，权利要求 1 所要求保护的技术方案相对于对比文件 1 和对比文件 2 是非显而易见的，具有突出的实质性特点和显著的进步，因此，权利要求 1 具备创造性。

观点二：对比文件 2 没有给出技术启示，权利要求 1 具备创造性。

该观点的理由如下：

权利要求 1 与对比文件 1 的区别技术特征在于"在用于制备聚合色粉母粒的单体混合物中，包含平均粒径为 $1.1\sim1.5\mu m$ 的聚偏 1,1-二氟乙烯粒子；

且在形成色粉母粒后,用一种外部添加剂包覆所述聚合色粉母粒"。基于上述区别特征可以确定,该权利要求相对于对比文件1实际所要解决的技术问题是:使聚偏1,1-二氟乙烯粒子以高浓度分布在色粉核心的表面附近,从而提高了色粉母粒对作为外部添加剂的二氧化硅的亲和性,并使得所述外部添加剂能够有效地固定于所述色粉母粒,并使聚合色粉获得足够的表面电荷量。

在对比文件2中,聚偏1,1-二氟乙烯粒子与外部添加剂二氧化硅一起存在于形成在色粉母粒表面的涂层中,聚偏1,1-二氟乙烯粒子也是一种外部添加剂,其是在色粉母粒制备完成之后、通过机械混合的方式附着在色粉母粒表面上的,而且根据对比文件2说明书记载的内容可知,聚偏1,1-二氟乙烯粒子的作用是通过降低带电过程中在带电叶片和套筒内产生的摩擦热而部分地防止过量的带电,从而改善了均匀电荷分布和长期稳定性。在对比文件2中并没有公开在制备色粉母粒的单体混合物中包含聚偏1,1-二氟乙烯粒子,聚偏1,1-二氟乙烯粒子的存在也不是用来提高色粉母粒对外部添加剂的亲和性的,因此,对比文件2没有给出将聚偏1,1-二氟乙烯粒子用作单体混合物的组成部分以制备聚合色粉母粒进而有效地固定外部添加剂二氧化硅的技术启示,权利要求1所要求保护的技术方案相对于对比文件1和对比文件2是非显而易见的,具有突出的实质性特点和显著的进步,因此,权利要求1具备创造性。

观点三:对比文件1结合对比文件2能够破坏权利要求1的创造性。

该观点的理由如下:对比文件1公开了制备聚合色粉的方法具体的工艺步骤,与权利要求1的工艺步骤相同,对比文件1中没有公开权利要求1中的"在用于制备聚合色粉母粒的单体混合物中,包含平均粒径为1.1~1.5μm的聚偏1,1-二氟乙烯粒子;且在形成色粉母粒后,用一种外部添加剂包覆所述聚合色粉核心"。对比文件2公开了在制备色粉的过程中使用聚偏1,1-二氟乙烯粒子,并且通过机械混合方法将有机颗粒、二氧化硅等固定于色粉母粒的表面上。而对聚偏1,1-二氟乙烯粒子大小进行限定的特征,是本领域的常用技术手段。另外,聚偏1,1-二氟乙烯粒子的存在,客观上提高了对外添加剂二氧化硅的亲和性,将具有这样性能的物质用于一种公知的制备色粉的方法中,对本领域技术人员而言是容易想到的,并不需要付出创造性劳动。因此,对比文件1结合对比文件2可以破坏权利要求1的创造性。

四、分析与讨论

通过上述介绍可以看出,上述三种观点的观点一中争辩的理由主要涉及

"三步法"中的第一步"确定最接近的现有技术"。《专利审查指南2010》第二部分第四章第3.2.1.1节中规定:"判断要求保护的发明对本领域的技术人员来说是否显而易见,要从最接近的现有技术和发明实际解决的技术问题出发,判断要求保护的发明对本领域的技术人员来说是否显而易见。""最接近的现有技术,是指现有技术中与要求保护的发明最密切相关的一个技术方案,它是判断发明是否具有突出的实质性特点的基础。最接近的现有技术,例如可以是,与要求保护的发明技术领域相同,所要解决的技术问题、技术效果或者用途最接近和/或公开了发明的技术特征最多的现有技术,或者虽然与要求保护的发明技术领域不同,但能够实现发明的功能,并且公开发明的技术特征最多的现有技术。应当注意的是,在确定最接近的现有技术时,应首先考虑技术领域相同或相近的现有技术。"笔者认为,在选择最接近的现有技术时,也要从整体考虑,首先判断该现有技术中是否客观的存在需要被解决的技术问题或技术缺陷,如果在现有技术中不存在上述技术问题或技术缺陷,那么本领域技术人员也就没有动机对其进行改进,即使该现有技术的技术领域与要求保护的发明的技术领域相同、公开了最多的发明的技术特征,这样的现有技术也不适合用作最接近的现有技术。

具体到本案,虽然,对比文件1公开的也是通过悬浮聚合法制备聚合色粉,其公开了权利要求1中大部分的工艺步骤,但是,对比文件1中的色粉不需要添加外部添加剂二氧化硅,也就不存在色粉母粒对外部添加剂二氧化硅亲和性差、外部添加剂二氧化硅不能有效地固定在色粉母粒表面的问题,也就是说,对比文件1公开的技术方案实质上不同于权利要求1的发明构思,本领域技术人员很难以对比文件1为基础对其作出相应的改进从而得到权利要求1的技术方案。

上述三种观点的观点二中争辩的理由主要涉及"三步法"中的第三步"判断要求保护的发明对本领域的技术人员来说是否显而易见"。《专利审查指南2010》第二部分第四章第3.2.1.1节中规定:"判断过程中,要确定的是现有技术整体上是否存在某种技术启示,即现有技术中是否给出将上述区别特征应用到该最接近的现有技术以解决其存在的技术问题(即发明实际解决的技术问题)的启示,这种启示会使本领域的技术人员在面对所述技术问题时,有动机改进该最接近的现有技术并获得要求保护的发明。""下述情况,通常认为现有技术中存在上述技术启示:(iii)所述区别特征为另一份对比文件中披露的相关技术手段,该技术手段在该对比文件中所起的作用与该区别特征在要求保护的发明中为解决该重新确定的技术问题所起的作用相同。"本领域技术人员在面对最接近的现有技术时,认识到该现有技术是存在技术问题或技术缺陷的,有需要改进完善的地方,然后去寻找现有技术整体上是否存在技术启示。笔者认为,在寻找和判断现有技术中是否存在技术启示时,同样需要从整体上考虑,首先找到与之相关的技术手段,然后,要从现有技术公开的技术方案整体的发明构思考虑技术领域是否相同或相近、该技术手段与技术方案中的其他技术手段之间的相互关系、该技术手段在技术方案中具体起到的作用或具体解决的技术问题等,不能将技术手段与技术方案割裂开来,只看单个的技术手段是否相同或相似,就判断其作用是否相同。

具体到本案,假定以现有的对比文件1为最接近的现有技术时,可以确定权利要求1与对比文件1的区别技术特征是"在用于制备聚合色粉母粒的单体混合物中,包含平均粒径为$1.1 \sim 1.5 \mu m$的聚偏1,1-二氟乙烯粒子;且在形成色粉母粒后,用一种外部添加剂包覆所述聚合色粉母粒"。在对比文件2中确实公开了"在色粉的制备过程中添加聚偏1,1-二氟乙烯粒子",也公开了"形成色粉母粒后用包括外部添加剂二氧化硅的涂层包覆色粉母粒",但是,从对比文件2公开的技术方案整体上看,聚偏1,1-二氟乙烯粒子是在色粉母粒形成后用作外部添加剂与二氧化硅一起添加在包覆色粉母粒的外涂层中的,而在权利要求1中"在用于制备聚合色粉母粒的单体混合物中包含聚偏1,1-二氟乙烯粒子",也就是说"添加聚偏1,1-二氟乙烯粒子"这一技术手段是与制备工艺的具体步骤相关联的,在不同的步骤中添加聚偏1,1-二氟乙烯粒子起到的作用是不同的,在制备色粉母粒的单体混合物中添加聚偏1,1-二氟乙烯粒子、聚偏1,1-二氟乙烯粒子处于色粉母粒中,能提高色粉母粒对作为外部添加剂的二氧化硅的亲和性从而使二氧化硅有效地固定在色粉母粒上,而在包覆色粉母粒的外涂层中添加聚偏1,1-二氟乙烯粒子、聚偏1,1-二氟乙烯粒子处于外涂层中,能降低带电过程中在带电叶片和套筒内产生的摩擦热,即使聚偏1,1-二氟乙烯粒子的存在客观上能提高对二氧化硅的亲和性,也是外涂层中聚偏1,1-二氟乙烯粒子对二氧化硅的亲和性,而不是色粉母粒对二氧化硅的亲和性,也就不能使二氧化硅有效地固定在色粉母粒上。因此,对比文件2没有给出"添加聚偏1,1-二氟乙烯粒子"从而使二氧化硅有效地固定在色粉母粒上的技术启示。

基于此,笔者认为权利要求1所要求保护的技术方案相对于对比文件1和对比文件2是非显而易见的,具有突出的实质性特点和显著的进步,因此,权利要求1具备创造性。

五、结　　论

通过上述案例可以看出，在应用"三步法"的过程中，要始终把握"将发明作为一个整体看待""将现有技术作为一个整体看待"，同时也要将"三步法"作为一个整体，上一步是下一步的基础，下一步是上一步的延续，从技术构思整体出发进行创造性评判。具体而言，在创造性审查过程中选择"最接近的现有技术"时，要整体上考虑现有技术给出的方案是否客观的存在需要被解决的技术问题或技术缺陷，如果现有技术中不存在上述技术问题或技术缺陷，那么本领域技术人员也就没有动机对其进行改进；其次，在寻找现有技术中是否存在关于区别技术特征的技术启示时，同样需要从整体上考虑，找到与之相关的技术手段后，还要从现有技术公开的技术方案整体的发明构思考虑技术领域是否相同或相近、该技术手段与技术方案中的其他技术手段之间的相互关系、该技术手段在技术方案中具体起到的作用或具体解决的技术问题等，不能将技术手段与技术方案割裂开来，只看单个的技术手段是否相同或相似。总而言之，"三步法"的正确使用的前提是准确理解发明构思，从整体上理解申请，不仅包括技术问题与技术方案之间的关系，还包括各个技术特征之间的关系以及整体上考虑现有技术是否给出的结合的技术启示。

答复中的"三步法",你用对了吗?

辜 强[*]

【摘 要】

本文从《专利法》规定的专利授权条件出发,介绍了"创造性"的定义,并引出《专利审查指南2010》中关于判断专利申请是否具有"创造性"的方法——"三步法",然后根据实务经验,谈及其如何使用"三步法",并对"三步法"第二步中的如何"确定发明的区别特征"作了详细分析。

【关键词】

创造性 "三步法" 技术特征

根据我国《专利法》第22条第1款的规定,授予专利权的发明和实用新型应当具备新颖性、创造性和实用性。下文主要针对发明专利的授权条件之一"创造性"作一些探讨,实用新型专利的"创造性"类似。

为了便于说明,本文先引用《专利法》及《专利审查指南2010》中关于"创造性"的一些规定或概念作为铺垫。《专利法》第22条第3款中对"创造性"的具体概念作了进一步的规定:创造性,是指与现有技术相比,该发明具有突出的实质性特点和显著的进步。从该规定中不难看出,评判创造性的比

---

[*] 作者单位:成都九鼎天元知识产权代理有限公司。

较对象是"现有技术",而评判准则则是:是否具有"突出的实质性特点"和"显著的进步"。

"现有技术"的定义在《专利法》第22条中给出:本法所称现有技术,是指申请日以前在国内外为公众所知的技术。

"突出的实质性特点"的定义在《专利审查指南2010》中也有定义,即指对所属技术领域的技术人员来说,发明相对于现有技术是非显而易见的。而判定是否是"显而易见"的方法,最常用的就是"三步法"。

"显著的进步"的定义在《专利审查指南2010》中也有定义:是指发明与现有技术相比能够产生有益的技术效果。且《专利审查指南2010》还以列举的方式给出了一些通常被认为是具有显著的进步的例子。

然而从专利代理人的实践经验来看,虽然评判准则有两条,但评判时主要看的还是发明是否"具有突出的实质性特点"。如前所述,判断发明是否"具有突出的实质性特点"的方法最常用的就是"三步法",在《专利审查指南2010》第二部分第四章中规定,所谓"三步法"的三个步骤为:

(1)确定最接近的现有技术;

(2)确定发明的区别特征和发明实际解决的技术问题;

(3)判断要求保护的发明对本领域的技术人员来说是否显而易见。

审查员在评判一件发明是否具有创造性时,用的是前述"三步法";专利代理人在答复审查意见通知书时,常用的也是前述"三步法"。作为专利代理人,在使用"三步法"时,都用对了吗?笔者根据多年的专利代理经验,仅谈一下笔者在使用"三步法"时的一些心得体会,以抛砖引玉。专利代理人在拿到审查意见通知书后,所做的三步如下。

1. 确定最接近的现有技术

通常审查员在审查意见通知书中(以下简称"审通")都会给出一篇或多篇对比文件作为评判创造性的现有技术文件。专利代理人首先需要对这些对比文件进行判定,即根据"现有技术"的定义判断其是否能作为该件发明申请的现有技术文件。虽然绝大多数情况下,审查员给出的对比文件都能作为评判创造性的现有技术,但也有例外。笔者就曾在专利代理实践中,以对比文件不能作为评判创造性的现有技术文件为理由,使得一件发明申请被授权。因此,专利代理人一定不能忽略此步。

然后,再确定作为最接近的现有技术的对比文件,此步骤可参见《专利审查指南2010》中给出的方法。一般来讲,满足前步骤的情况下,审查员在审通中确定的最接近的现有技术都是正确的。除非该对比文件所属领域与本发明申请所属的技术领域跨度太大，则专利代理人可以以此为理由进行创造性争辩。

2. 确定发明的区别特征和发明实际解决的技术问题

专利代理人常说，"三步法"中的第三步才是最关键的一步，笔者却认为"三步法"中的第二步才是最关键的一步。只有第二步中的区别特征找准、找全了，第三步才有价值。若区别特征没找准，第三步在判断"显而易见"时，将空无说服力，轻则会再收到审查意见通知书，重则专利申请直接被驳回。若区别特征没找全，最好的情况是已找出的区别特征足以使该发明申请具有创造性，专利申请被授权。不好的情况可能是：（1）找出的区别特征没有说服力，再次收到审查意见通知书或者被驳回；（2）专利代理人将说明书中的内容提到权利要求中，该专利被授权，缩小了专利本应能获得的保护范围。

那么，到底如何才能找准、找全区别特征呢？

纵观涉及创造性的审查意见，通常审查员在审通中都会列出本发明申请与最接近的现有技术的相同特征和区别特征。审查员列举的相同特征包括两种情况：（1）技术特征用语相同的技术特征；（2）技术特征用语不同，但可以相当于的技术特征。根据笔者的了解，通常专利代理人在核实审查员所认定的相同特征和区别特征的常见做法是：针对技术特征用语不同的技术特征，专利代理人往往都会去核实该技术特征是否为相同技术特征，但对于技术特征用语相同的技术特征，则往往会被忽略。然而，为什么技术特征用语相同的技术特征就很容易被认为是相同特征，对于技术特征用语不同的技术特征又如何去核实是否是相同特征呢？

首先，我们需要弄清楚的是，什么是技术特征，什么是"三步法"中的相同特征、区别特征。然而，《专利法》《专利法实施细则》以及《专利审查指南2010》中并未有此定义。笔者找寻了其余相关的法律法规，找到两个与此相关的法条：

（1）北京市高级人民法院《专利侵权判定指南》第5条：技术特征是指在权利要求所限定的技术方案中，能够相对独立地执行一定的技术功能，并能产生相对独立的技术效果的最小技术单元或者单元组合。

（2）《最高人民法院关于审理专利纠纷案件适用法律问题的若干意见》（法释［2001］21号）第17条：《专利法》第56条第1款所称的"发明或者实用新型专利权的保护范围以其权利要求的内容为准，说明书及附图可以用于解释权利要求"，是指专利权的保护范围应当以权利要求书明确记载的必要技术特征所确定的范围为准，也包括与必要技术特征相等同的特征所确定的范围。等同特征是指与所记载的技术特征以基本相同的手段，实现基本相同的功能，达到基本相同的效果，并且本领域的普通技术人员无须经过创造性劳动就能够联想到的特征。

从《专利侵权判定指南》中关于技术特征的定义以及《关于审理专利纠纷案件适用法律问题的若干意见》中关于等同特征的定义可看出，技术特征至少包含技术手段、实现技术功能和产生技术效果，而相同特征和区别特征作为技术特征的下位概念，也必然至少包括技术单元、技术功能和技术效果。

因此，笔者认为，在确定技术特征用语相同的技术特征是否是相同特征时，不能仅看对比文件中存在与本发明申请中的技术特征具有相同技术特征用语的技术特征（技术手段相同），就认为两者是相同的技术特征，而同时应该看该技术特征用语相同的技术特征在对比文件中所实现的技术功能和产生的技术效果是否与该技术特征在本发明申请中所实现的技术功能和产生的技术效果相同，只有三者均相同，才能认为是相同技术特征。

在确定技术特征用语不同的技术特征是否是相同特征时，需要看对比文件中和本发明申请中的两个技术特征用语不同的技术特征是否具有相同技术手段，同时还需要看该技术特征用语不同的技术特征在各自技术方案中所实现的技术功能和产生的技术效果是否相同，只有三者均相同，才能认为是相同的技术特征。

至于技术特征用语不同的技术特征若判定为等同特征时，是否在"三步法"第二步中认为是相同特征，还是放到"三步法"第三步中判定是显而易见的，则有待探讨。

3. 判断要求保护的发明对本领域的技术人员来说是否显而易见

如何判断是否显而易见，在《专利审查指南2010》中也有规定：判断过程中，要确定的是现有技术整体上是否存在某种技术启示，即现有技术中是否给出将上述区别特征应用到该最接近的现有技术以解决其存在的技术问题（即发明实际解决的技术问题）的启示，这种启示会使本领域的技术人员在面对所述技术问题时，有动机改进该最接近的现有技术并获得要求保护的发明。如果现有技术存在这种技术启示，则发明是显而易见的，不具有突出的实质性特点。

同时，《专利审查指南2010》中列举了三种常见的存在技术启示的例子：

（i）所述区别特征为公知常识（审查员也常用惯用手段来评述）；

（ii）所述区别特征为与最接近的现有技术相关的技术手段；

（iii）所述区别特征为另一份对比文件中披露的相关技术手段，该技术手段在该对比文件中所起的作用与该区别特征在要求保护的发明中为解决该重新确定的技术问题所起的作用相同。

针对审查员使用（i）来评述发明申请，建议专利代理人不要直接论述：区别特征不是公知常识（惯用手段）或者要求审查员举证，而还是要从区别特征自身技术手段、其所产生的技术效果（特别是同其他技术特征的相互作用）和实现的技术功能来论述。

针对审查员使用（i）或（iii）来评述，建议专利代理人可以采用"三步法"第二步中介绍的判断是否是相同特征或区别特征的方法来判断，即：对比文件中是否披露相关技术手段，该技术手段在该对比文件中所起的作用与该区别特征在要求保护的发明中为解决该重新确定的技术问题所起的作用相同。

对创造性"三步法"评判中技术启示的"动因"的探讨

陈 君* 孙红花*（等同于第一作者）
陈 怡* 季 珩*

【摘 要】

"三步法"是判断发明或实用新型创造性的重要方法，而技术启示的认定则是"三步法"的核心。由于"三步法"是逆向判断创造性的方法，其并不符合发明或实用新型的形成逻辑，容易导致审查员站在理解发明内容的基础上，错误地认定现有技术存在相应的技术启示，从而低估发明或实用新型的创造性。为了尽量避免"事后诸葛亮"问题的出现，应在技术启示判断中关注"动因问题"，即本领域技术人员在面对现有技术中存在的缺陷时，是否有动机对最接近的现有技术进行改进，以解决该技术问题。如果过分注重技术特征的比对和区别特征单独的作用，而忽视了发明是在何种背景下提出所要解决的技术问题，以及发明为什么要提出这样的解决方案，则容易导致在发明的创造性判断中产生误判。

【关键词】

创造性 技术启示 动因 "三步法" 技术问题

---

* 作者单位：国家知识产权局专利局专利审查协作北京中心。

一、引　言

创造性是发明和实用新型专利必须具备的法定授权条件之一，它表达了发明或实用新型同现有技术之间的实质差别，这种差别应足以保证发明或实用新型实质上不同于现有技术。在审查实践中，"三步法"作为创造性评判的通用方法被广泛使用。即先确定最接近的现有技术，然后确定发明或实用新型相对于最接近的现有技术的区别技术特征及其实际解决的技术问题，最后判断要求保护的发明或实用新型对本领域技术人员来说是否显而易见。其中，技术启示的认定是判断发明和实用新型是否具有显而易见性的关键，同时也是"三步法"的核心。

相对于前两步所具有的较强的客观性，最后一步却充满了更多的主观性和分歧。从发明创造的完成过程来看，发明人通常是发现现有技术的缺陷后，才会有动机去寻求解决该技术缺陷的技术方案。但"三步法"却是在发明或实用新型已经创造完成后逆向判断其形成过程，这种判断属于事后行为，容易忽视发明的"动因"，从而犯下"事后诸葛亮"式的错误。❶

德国联邦最高法院在其新近的判决中，比以前更加强调所谓的"动因"理论：专业人员是否本可以从其他范围更广泛的文件中将待判断的发明与最接近的现有技术文件区别开来的特征作为启示而推导出来发明或基于其专业知识与专业能力而本可以寻找到发明，以及专业人员是否具有这方面的动因，采用已经发现的启示并往发明的方向推进。❷

从专利实践来看，在专利复审委员会撤销驳回决定的案件中，驳回条款涉及创造性条款的案件绝大多数，事实上在无效审查中涉及无效条款的案件也占据了相对大的比例。

下面将通过一个具体案例来进行分析考虑"动因"对评判结合启示的重要性。

二、案例分析❸

审查实践中，一般在确定与发明最接近的现有技术之前，首先会找出若干

---

❶ 刘晓军. 专利创造性评判中的技术启示 [J]. 知识产权, 2012 (5).
❷ 李明德, 等. 欧盟知识产权法 [M]. 北京：法律出版社, 2010.
❸ 朗亦虹. 从一个无效案例谈创造性的判断 [J]. 电视技术, 2013, 37 (S2).

份对比文件，然而根据各份对比文件与发明之间的异同以及不同点所产生效果进行分析，比较直接的做法是在看到了发明所要解决的技术问题后，将发明的技术方案中的所有技术特征列出后找到这些技术特征的一份或多份对比文件，并由此来评价发明的创造性。但如果过分注重技术特征的比对和区别特征单独的作用，而忽视了发明是在何种背景下提出所要解决的技术问题，以及发明为什么要提出这样的解决方案，则会导致在发明的创造性判断中产生误判。❶

1. 案例简介

本案涉及一种"儿童汽车座"，审查员采用对比文件1结合对比文件2评述了该申请的创造性，并以该申请不具备创造性驳回，此后，申请人向专利局提出复审请求，认为该申请具备创造性。专利复审组经审查后以对比文件2无法结合到对比文件1中为由撤销该驳回决定。

本案争论的焦点在于面对对比文件1中的结构，是否有动机将对比文件2中的可拆卸扶手结构应用于对比文件1中。

2. 结合案情具体分析创造性

要判断改进后的技术方案是否具备创造性，首先依据指南中给出的"三步法"分析本申请有无技术启示。

第一步，确定最接近的现有技术。对比文件1被确定为最接近的现有技术。

第二步，判断区别特征以及实际解决的技术问题。

将本申请权利要求1所公开的儿童汽车座与对比文件1所公开的儿童汽车座进行对比，可获得相关的区别技术特征在于"座位包括设置于座位架的左侧部的左扶手架、拆卸连接在左扶手架上的左扶手、设置于座位架的右侧部的右扶手架、拆卸连接在右扶手架上的右扶手"。基于该区别技术特征确定本申请相对于对比文件1实际解决的技术问题是：设置方便拆卸的扶手，减小收纳体积。

第三步，判断要求保护的发明对本领域的技术人员来说是否显而易见。

《专利审查指南2010》第二部分第四章第3.2.1.1节指出：判断发明或实用新型对本领域的技术人员来说是否显而易见，要确定的是现有技术整体上是否存在某种技术启示，即现有技术中是否给出将该发明或实用新型的区别技术

---

❶ 张政权，刘佳，张欣. 对创造性判断中"三步骤"用法的探讨——关于《专利法》第27条第3款的思考 [M] //中华全国专利代理人协会.《专利法》第22条——创造性理论与实践. 北京：知识产权出版社，2011：597-606.

特征应用到最接近的现有技术以解决其存在的技术问题的启示，这种启示会使本领域的技术人员在面对相应的技术问题时，有动机改进最接近的现有技术并获得该发明或实用新型专利技术。

对比文件2公开了一种汽车座，包括座位、设置于座位架的左侧部的左扶手架、拆卸连接在所述的左扶手架上的左扶手5、设置于所述的座位架的右侧部的右扶手架、拆卸连接在所述的右扶手架上的右扶手5，提供了一种方便拆卸的扶手。

如果仅仅将对比文件1和对比文件2的技术特征简单地合并在一起，从字面上看确实覆盖了本申请发明的全部技术特征。然而本领域技术人员在面对上述实际解决的技术问题时，无法从对比文件2得到技术启示，将对比文件2中的可拆卸的左右扶手用于对比文件1，因为对比文件1限定为基座的第一座椅构件本身有其特殊的形状设计，在其左右两侧分别设计成向上弯曲的起到扶手作用的形状，从而省略了可拆卸的扶手，也就是说对比文件1不需要再单独设置一个像对比文件2一样的可拆卸扶手了，因此本领域技术人员不具有将对比文件1与对比文件2结合的动因，如果将对比文件2的可拆卸扶手用于对比文件1中，需要对对比文件1的整体技术方案作出全新的设计改变，因此，对比文件2的扶手结构无法结合到对比文件1中。

3. 案例小结

区别特征所起的"作用"不能仅从区别特征单独和狭义的范围来理解，而应当理解为区别特征结合相关特征在对比文件中或者发明中所起到的作用，它应当是与对比文件或者发明要解决的技术问题相关的。

技术启示的整体性要求在该启示下形成的技术方案能够解决同样的技术问题。本领域技术人员不仅有"动因"将区别技术特征与最接近的现有技术进行结合，而且还需要认识到这种结合的目的是为了解决发明或实用新型实际解决的技术问题。

技术问题的提出或发现本身是发挥其指引作用的前提，如果本领域技术人员不会或者根本不可能意识到技术问题，自然也不会有动机去寻求解决该技术问题的技术方案。技术启示根源于技术问题的推动，技术问题的发现同样可能具有创造性。

三、小　结

"动因"来源于最接近的现有技术中所存在的技术缺陷，正是该缺陷促使本领域技术人员产生对该项技术进行改进的想法，进而作出寻求改进手段的努力。在发明创造性的具体评判时，最基本的出发点应当是最接近的现有技术，据此判断在申请日前，本领域技术人员曾经得到过什么样的启示，这种启示能够引导他进行什么样的技术活动。

换而言之，在确定现有技术整体上是否存在某种技术启示，使得本领域技术人员有动机改进该最接近的现有技术并获得要求保护的发明时，需要考虑的不仅仅是本领域技术人员当初根据对比文件能否作出该发明，同样需要考虑本领域技术人员在当时的技术背景下是否有可能想到发明提出的技术问题及其解决方案，即注重发明的"动因"，否之，则无"技术启示"。

对公知常识的认定涉及发明点的探讨

陈 宇[*]

【摘 要】

公知常识的认定及说理是判断创造性过程中经常遇到的难点问题。本文通过两个实际案例对审查意见答复过程中对有关公知常识的认定标准和说理的切入点进行探讨,特别对涉及发明点被审查意见质疑为公知常识情况下的答复进行了重点分析,以期对同类案件的答复给出参考与启示。

【关键词】

创造性 公知常识 发明点 审查意见答复

一、公知常识的判断标准

在创造性的审查及答复过程中,涉及审查意见中对公知常识的使用及意见陈述中对公知常识的辩驳非常普遍。公知常识是《专利审查指南2010》对创造性审查基准中对显而易见性的判断中提到的概念,属于"三步法"的第三步,如果区别特征为公知常识则属于现有技术存在技术启示的一种情况。根据《专利审查指南2010》中对公知常识的记载,该指南并没有给出公知常识的明

---

[*] 作者单位:深圳中一专利商标事务所。

确定义，而是以举例的方式说明了公知常识包括的情况：公知常识包括本领域中解决重新确定技术问题的惯用手段，教科书或者工具书中披露的解决重新确定的技术问题的技术手段。

一方面，上述对公知常识的举例说明是一种开放式的描述方式，并不能认为是涵盖了公知常识的所有情况。因此，对于公知常识的认定标准的把握尺度存在一定的难度，难以仅通过教科书和工具书记载的确凿证据来认定公知常识。

而另一方面，如果不借助任何依据即认定公知常识则会造成对专利申请创造性尺度把握不一致，影响专利质量。因此，在审查意见通知书中和答复审查意见的意见陈述中，审查员和专利代理人大多数情况下借助逻辑分析和说理的方式来认定区别特征是否属于公知常识。

在实际的审查意见中，除了将区别特征认定为公知常识之外，也经常出现将区别特征认定为"常用技术手段""容易想到"等的情况，这些情况本质上与认定为公知常识的情况性质相同，都是区别特征没有被具体的对比文件证据公开。本文在分析和讨论时，把上述情况均归类为区别特征被认定为公知常识的情况。

对公知常识的正确认定对正确评价专利申请的创造性具有重要意义，对提升专利质量起到重要作用。同时通过上述对公知常识认定标准的分析，对公知常识认定是专利代理人在意见陈述中面临的难点问题，实践中也有对公知常识的各类探讨。❶❷ 那么对公知常识的认定可以从哪些方面进行判断？当申请人/专利代理人对审查意见认定的公知常识存在异议时应从哪些方面进行具有说服力的辩驳？以下将通过两个具体的案例，对公知常识认定涉及发明点的这类情况进行探讨。

二、发明点特征能否被认定为公知常识的分析

发明点特征是指专利申请中专利申请人认为对现有技术作出贡献的技术特征，是专利申请人认为对现有技术作出改进的技术特征，通常也是申请人认为专利申请中最为重要的技术特征。因此当发明点特征被审查意见认定为公知常

---

❶ 国红，黄非. 浅谈中国《专利审查指南》中与公知常识相关规定的变迁 [J]. 中国专利代理，2011（3）.

❷ 耿博，杨波. 论公知常识的举证 [J]. 中国专利代理，2006（12）.

识时，专利申请人通常会存在异议。但是，并非区别特征属于发明点特征就能够直接得到其不属于公知常识的结论，因此对发明点特征是否属于公知常识的正确分析和判断对提高专利质量尤为重要。

发明点特征作为区别特征的情况，具有以下特点：（1）基于该区别特征，本申请实际解决的技术问题与本申请所要解决的技术问题一致。（2）本申请所要解决的技术问题是申请人认为现有技术中没有解决的技术问题。

以下通过两个案例，探讨发明点特征能否被认定为公知常识的判断思路和参考结论。

（一）案例一

1. 基本案情

本案是一种确定光源最佳位置的装置。现有技术中设计透镜是先进行光路模拟，然后加工实际透镜，由于加工误差导致实际透镜的聚光效果与模拟时存在差异，那么实际透镜样品最佳聚光效果对应的光源位置一般都不是模拟时对应的光源位置。本申请所要解决的技术问题是如何准确地确定与实际透镜匹配的光源的最佳位置的问题。原始独立权利要求1如下：

一种确定光源最佳位置的装置，其特征在于，所述装置包括套筒、用于将光源置于所述套筒的一端的固定座、用于将透镜置于所述套筒的另一端的压圈以及用于检测所述光源经所述透镜透射后的能量的光检测器，所述光源和透镜的光轴与所述套筒的中轴线重合。

第一次审查意见通知书引用对比文件1。对比文件1公开了一种聚光变焦装置，包括套筒，将LED晶片固定在套筒一端的灯座，将透镜固定在套筒另一端的固定环，LED晶片和透镜的光轴与套筒的中轴线重合。通过套筒一端的伸缩组合结构可以调节透镜与LED晶片的位置，调整聚光及散光效果。

第一次审查意见通知书指出，权利要求1相对对比文件1的区别特征为确定光源最佳位置的装置和用于检测光源经过透镜透射后的光检测器。审查意见认为，本领域经常需要确定透镜与光源的位置关系以得到希望的发光效果，而为了解决该问题通常采用光检测器进行检测，因此审查意见认为确定光源最佳位置并采用光检测器是本领域的常用技术手段。

2. 对公知认定的判断

审查意见对对比文件1公开内容以及区别特征的认定均正确无误，对区别特征的评述未采用对比文件而是认为是常用技术手段，因此权利要求1是否具有创造性的判断焦点就集中在对于区别特征是否属于常用技术手段的认定上。

对区别特征进行分析可以发现,其中有一个区别特征是权利要求1的主题名称"确定光源最佳位置的装置",对于最佳位置的定义在权利要求1中并没有体现,但是在说明书中发明内容部分记载:本申请"提供一种确定光源最佳位置的装置,旨在解决现有技术未能便捷、准确地确定与实际透镜匹配的光源的最佳位置的问题"。可见,本申请的"确定光源最佳位置的装置"属于本申请的发明点特征,是为了使得实际透镜的发光效果与模拟时的效果最为匹配,这与审查意见认定的确定光源与透镜的最佳位置关系是为了得到希望的发光效果是不同的。即:本申请中的光源最佳位置是与实际透镜匹配最好的光源位置,而本领域通常的光源最佳位置是达到预定发光效果的光源位置。那么,基于上述区别特征,权利要求1实际解决的技术问题是如何使光源位置与实际透镜匹配最佳以得到实际透镜发光效果与模拟时发光效果一致,而不是解决如何确定光源位置以得到希望的发光效果的问题。即:区别特征是解决本领域某个技术问题的常用手段,但是这个技术问题并不是权利要求1实际解决的技术问题。

根据《专利审查指南2010》对公知常识的举例说明,区别特征可以认定为公知常识的情况是指区别特征是解决申请实际解决的技术问题的惯用手段或者在教科书或工具书中披露的解决申请实际解决技术问题的技术手段。可以看出,确定某个特征是否为公知是与该特征解决的问题密切相关的,不能脱离具体解决的技术问题而孤立地判断某个技术手段是否为公知常识或者常用技术手段。例如,螺栓连接是解决结构连接问题的常用手段,但是螺栓连接并不是解决信号传输问题的常用手段。因此,无论根据公知常识的标准还是实际中具体的示例,判断某个特征是否为公知常识是与解决的技术问题联系在一起的。

那么在本申请中,上述区别特征作为解决某个技术问题的常用技术手段,但是该技术问题并不是权利要求1实际解决的技术问题,那么根据上述分析,审查意见中认定"确定光源最佳位置的装置"为常用技术手段的论述理由并不能成立,不能认定该区别特征属于常用技术手段。

在审查意见对区别特征属于公知常识的认定不能成立的基础上,进一步来分析该区别特征是否属于公知常识。权利要求1实际解决的技术问题是如何使光源位置与实际透镜匹配最佳以得到实际透镜发光效果与模拟时发光效果一致,通过说明书发明内容以及背景技术的记载,上述技术问题即本申请所要解决的技术问题。也就是说,申请人认为上述技术问题在现有技术中没有解决,现有技术中不存在技术手段能够解决该技术问题。而根据提供的对比文件,其也不能解决该技术问题。那么根据已有证据，权利要求 1 实际解决的技术问题（即本申请所要解决的技术问题）在现有技术中没有得到解决，即现有技术中不存在解决上述技术问题的技术手段，更不可能存在解决上述技术问题的常用技术手段。因此，上述区别特征不是解决权利要求 1 实际解决技术问题的常用技术手段。

综上所述，对区别特征能否认定为公知常识，不能孤立地考虑该特征是否在本领域常见或常用，必须与该特征对应解决的技术问题联系在一起考虑。如果基于区别特征，申请实际解决的技术问题与该特征作为常用手段用于解决的技术问题一致，则能够认定区别特征属于公知常识，否则，则不能认定区别特征属于公知常识。在发明点特征作为区别特征的情况下，申请实际解决的技术问题即该申请所要解决的技术问题，是申请人认为本申请相对于现有技术的改进所在，在没有任何现有技术证据可以证明上述技术问题属于本领域已解决的技术问题并存在解决该问题的常用技术手段的情况下，不能将该发明点特征认定为公知常识。

（二）案例二

1. 基本案情

本案例是一种移动终端紫外线检测方法，现有的移动终端的紫外线检测方案需要移动终端时刻保持在紫外线检测状态，紫外线检测芯片时时处于工作状态，导致移动终端的电量严重浪费。在本申请中，只有在当前时间处于移动终端所处地理位置的日照时段内，移动终端才开启对紫外线的检测，从而避免了紫外线检测芯片时刻处于工作状态的情况，节省了移动终端的电量。原始独立权利要求 1 如下：

1. 一种移动终端紫外线检测方法，其特征在于，包括：

移动终端获取所述移动终端所处地理位置的日照时段；

所述移动终端判断所述地理位置的当前时间是否处于所述日照时段内；

若所述当前时间处于所述日照时段内，所述移动终端对紫外线进行检测。

第一次审查意见通知书引用对比文件 1。对比文件 1 公开了一种用于提供有关移动终端的 UV（紫外线辐射）信息的方法，定位移动终端当前位置并传送给服务器，移动终端从服务器获取 UV 信息，在用户进入 UV 值高的区域时发出警告，并设置警告时间地带，仅在白天期间或者 UV 值很高的时区内产生警告，由此防止不必要的电池浪费。

第一次审查意见通知书指出区别特征在于：移动终端获取移动终端所处地

理位置的日照时段，判断地理位置的当前时间是否处于日照时段内。审查意见认为权利要求1实际解决的技术问题是如何获取移动终端所处位置的时区信息和该时区的日照时段信息，得到该时段的紫外线。而现有移动终端能够获得其所在位置时区信息，相应地也就获得了日照时段，因此审查意见认为本领域技术人员容易获得移动终端所处地理位置的日照时段及紫外线信息。

2. 对公知认定的判断

对权利要求1和对比文件1进行分析可以得到，权利要求1与对比文件1的区别在于：权利要求1采用移动终端获取日照时段，判断当前时间是否属于日照时段，移动终端在当前时间属于日照时段时对紫外线进行检测；而对比文件1中不是移动终端对应进行上述操作，是移动终端从服务器获取紫外线信息，且移动终端只在白天或紫外线高的时区产生警告。也就是说，权利要求1中由移动终端作为主体获取日照时段，判断当前时间以及检测紫外线的这些特征均未被公开。基于本申请的记载，这些特征正是申请人认为本申请对现有技术的改进，用于解决如何节省移动终端检测紫外线所耗费电量的问题。可见，上述区别特征是本申请的发明点特征。基于该区别特征，权利要求1实际解决的技术问题即本申请所要解决的技术问题，即为如何节省移动终端检测紫外线所耗费电量的问题，而并不是审查意见中指出的如何获取移动终端所处位置的时区信息和该时区的日照时段信息，得到该时段的紫外线的问题。实际上，移动终端获得日照时段以及紫外线信息属于区别特征本身，审查意见将如何得到区别特征作为权利要求1实际解决的技术问题，而不是分析权利要求1整体的技术方案基于区别特征实际解决的技术问题。

根据上述案例一中对公知常识认定原则的分析，判断区别特征是否是公知常识必须考虑该特征是否是解决申请实际解决技术问题的公知手段。即在本案中，判断上述区别特征是否属于公知常识需要考虑该特征是否是解决如何节省移动终端检测紫外线所耗费电量的问题的公知手段。

从上述区别特征来说，虽然如审查意见所说，现有移动终端能够获得时区，从时区开始进一步可以获得日照时段与紫外线信息，即部分区别特征能够获得，但是本领域技术人员有没有动机进行上述操作呢？一般情况下，只有在移动终端进入不同时区，需要根据当前时区调整当前时间时才会通过移动终端获得时区，在其他情况下，移动终端通常不进行相关操作。可见，本领域技术人员并没有动机利用移动终端通过获得时区而获得日照时段与紫外线信息，那么进一步也没有动机利用上述特征去解决移动终端耗费电量的问题。

从如何节省移动终端检测紫外线所耗费电量的问题来说，对比文件1也提及了节省移动终端的电量，但其对应采用的技术手段是设置移动终端发出警告的时段和时区。即，从可参考的证据来看，现有技术虽提及解决移动终端节电的问题，却未提及从移动终端检测紫外线方面如何节省移动终端耗电的问题。而根据本申请的记载，本申请所要解决的技术问题是如何减少移动终端因紫外线检测所耗费的电量的问题，即该问题是申请人认为现有技术没有解决的问题。因此，根据现有证据以及申请人所了解的情况，权利要求1实际解决的技术问题在现有技术中没有解决，那么不存在解决该技术问题的公知或者常用手段。

那么，通过上述分析可知，部分区别特征虽能得到但不是解决权利要求1实际解决的技术问题的公知手段，而该技术问题不存在解决其的公知或者常用手段。因此，不能将上述区别特征认定为公知常识。

综上所述，本案例中，区别特征属于申请的发明点特征，申请实际解决的技术问题与申请所要解决的技术问题相同，通过对比文件以及本申请的证据分析以及逻辑推理，上述技术问题在现有技术中没有解决，不存在解决该技术问题的公知或者常用手段，那么区别特征也不是解决申请实际解决技术问题的公知或常用手段，不能被认定为公知常识。

（三）小　　结

从以上两个案例可以看出，在区别特征属于发明点特征的情况下，基于该区别特征，申请实际解决的技术问题是申请所要解决的技术问题。作为申请所要解决的技术问题，是申请人认为现有技术尚未解决的技术问题，并且在现有技术证据无法证明该技术问题已被解决的情况下，本领域技术人员能够有理由认定该技术问题在现有技术中未得到解决。而进一步分析，该问题在现有技术中没有得到解决，那么也就必然不存在解决该问题的公知或者常用手段。

通过上述分析，某特征被认定为属于公知常识，其含义是某特征作为解决某技术问题的技术手段属于公知常识。那么，在区别特征为发明点特征的情况下，现有技术中不存在解决申请实际解决的技术问题的公知或者常用手段，因此，区别特征作为解决申请实际解决的技术问题的技术手段不属于公知常识。从而，通常在区别特征为发明点特征的情况，该区别特征不应被认定为属于公知常识。

三、结　　论

虽然公知常识没有确切的定义，但是根据对其标准的分析，认定某特征是否为公知常识与该特征用于解决何种技术问题密切相关,不能脱离特征对应解决的技术问题而讨论该特征是否为公知常识。而通常情况下,如果某技术问题在现有技术中并非已被发现且已被解决,那么现有技术应当不存在解决该技术问题的公知或常用手段。那么,如果本申请中的区别特征是用于解决该技术问题的技术手段,则其不应被认为为公知常识。

因此,在答复区别特征被认定为公知常识的审查意见时,应当首先分析基于区别特征、申请实际解决的技术问题,再进一步分析区别特征是否是解决该技术问题的公知或者常用手段,才能得到对区别特征是否属于公知常识的正确判断。在区别特征为对应申请的发明点特征的情况下,即该区别特征在申请中的作用是用于解决申请声称所要解决的技术问题,那么基于该区别特征,申请实际解决的技术问题是申请声称所要解决的技术问题。而在无法提供确切现有证据证明该技术问题已被解决的情况下,通常认为该技术问题并未在现有技术中得到解决,因此也不存在解决其的公知或常用手段。从而,通常不应将发明点特征认定为公知常识。

综上所述,在区别特征为发明点特征的情况下,通常不应将发明点特征认定为公知常识。在具体的意见陈述中,应该结合证据和逻辑推理分析,正确确定申请实际解决的技术问题及解决该技术问题的现有公知或常用手段,针对上述两大重点进行充分说理,以得到对公知常识认定的正确判断和有说服力的意见陈述。

浅谈审查意见中运用法律思维释明公知常识

孙红花* 季 珩* 刘玲云*

【摘　要】

本文通过两个案例分析了创造性审查意见中合理运用法律思维来释明公知常识可以使得公知常识的说理更有说服力，即应注重证据运用和注重以技术为基础进行法律的推理和论证。

【关键词】

法律思维　审查意见　公知常识　说理　说服力

一、引　言

专利审查工作实质上是一种法律意义上对技术方案进行行政审批的工作，因此决定了审查员需要兼具法律和技术双重技能，即用技术思维认定技术事实，用法律思维做出审查决定❶。

创造性评判是专利审查工作的核心，"三步法"作为创造性评判的通用方法被广泛使用。在三步法中最关键的一步就是判断现有技术是否存在"技术

---

* 作者单位：国家知识产权局专利局专利审查协作北京中心。

❶ 张伟波. 对在岗实审员法律思维培养的思考 [J]. 审查业务通讯, 2015, 21 (4).

启示",而《专利审查指南2010》中指出如果区别技术特征为公知常识,则认为现有技术给出了"技术启示"。而这一步,也是审查实践过程中,申请人和审查员之间容易产生争议的问题,原因就在于审查员大多具有丰富的所属领域技术知识,但是缺少专业的法律知识背景,因而缺少法律思维,审查意见中容易用技术思维代替法律思维来对是否是公知常识进行评述,导致审查意见不具有说服力。

《专利审查指南2010》第二部分第八章第4.10.2.2节中规定:"审查员在审查意见通知书中引用的本领域的公知常识应当是确凿的,如果申请人对审查员引用的公知常识提出异议,审查员应当能够说明理由或提供相应的证据予以证明。"上述规定隐含着审查员在使用公知常识时可以"说明理由"或"举证证明"。而审查意见中"说明理由"或"举证证明"是否具有说服力,则是是否有效地运用了法律思维的体现。

下面将通过两个具体案例来进行阐述审查意见中如何运用法律思维来释明公知常识,以提高审查意见的效率。

二、案例分析

(一) 案例一❶

1. 案例简介

本案说明书中强调,其所要解决的技术问题是防止漏电发生,其采取的技术手段是"杆身外密贴一绝缘层",申请人强调本实用新型采用在杆身外密贴一绝缘层,从而实现了防漏电的目的,达到了安全使用的效果。授权的权利要求1如下:

"一种微风吊扇的吊杆,靠近圆管形杆身下端螺纹头的一侧开有供电源线穿出的窗口,靠近吊杆上端的管壁开有相对小孔,其特征在于杆身外密贴一绝缘层。"

该实用新型申请授权后,请求人向国家知识产权局提出撤销请求,认为上述专利不具备创造性。国家知识产权局撤销审查组经审查后以不符合《专利法》第22条第3款的规定为由撤销了该实用新型专利,在撤销决定中指出:对比文件1公开了一种微风吊扇吊杆,权利要求1与对比文件1的区别仅在于

---

❶ 专利复审委员会第2535号复审请求审查决定。

"杆身外密贴一绝缘层",从该专利的发明目的(防漏电)出发,本领域普通技术人员应用本领域的工作经验,无须付出创造性劳动就可以得到权利要求1所述的技术方案,故该专利的权利要求1不具备创造性。此后专利权人对上述公知常识的认定不服,提出复审请求。

2. 案例分析

由上可知,本案在撤销审查意见中将专利权人认定的发明点认为是"无须付出创造性劳动就可以得到",并且没有给出公知常识性证据,其说理也略显单薄。究其原因,还是审查员没有运用法律思维来指导审查,导致审查意见不能令人信服而提复审。

法律人注重以证据说话,强调在证据的基础上认清法律事实后,方可做出法律决定。具体到审查工作中,《专利审查指南2010》规定,在复审和无效请求审查中,"专利复审委员会可以依职权认定技术手段是否属于公知常识,并可以引入技术词典、技术手册、教科书等所属技术领域中的公知常识性证据"。因此,利用公知常识性证据来释明公知常识从而支持审查意见是依法行政的内在要求。

本案专利复审委员会最后经检索后结合公知常识性证据1(《塑料标准汇编》,中国轻工业出版社,1992年12月出版)维持原撤销决定,决定中指出:权利要求1与对比文件1的区别仅在于"杆身外密贴一绝缘层",证据1是一份聚氯乙烯热收缩套管的行业标准,其中公开了该塑料套管的一些用途和性能:将塑料套管套装在圆柱形的芯轴上,可起到防电绝缘的作用。而且该证据中明确记载了该套管可以用于电器、电子元件的绝缘包装,由此证据1证明了"杆身外密贴一绝缘层"是本领域的公知常识,权利要求1不具备创造性。

从本案例可以看出如果在撤销阶段就结合公知常识性证据来释明公知常识,专利权人争辩的可能性就比较小,那么就不会有后面的复审程序,从而能够节约程序。

(二)案例二❶

1. 案例简介

该申请涉及的一种双合金复合汽缸缸体,其要解决的技术问题是改善汽缸缸体的外形、提高其传热效率、减轻其重量。要求保护的独立权利要求1

---

❶ 学术委员会自主课题,"从复审视撤案件看创造性说理",课题编号:A130510。

如下：

"1. 一种双合金复合汽缸缸体，其特征在于该缸体由铬钒钛铸铁合金制造的缸套和由铝合金浇铸的缸套外套所组成；用镶嵌环将缸套和缸套外套的位置固定成为整体，并使两者紧密配合；所述镶嵌环为2～4道，是在缸套毛坯外壁车削加工而成。"

焦点问题在于，将缸套上设置的镶嵌环数量限制在2～4道，是否是本领域的公知常识。原审查部门认为上述区别属于本领域技术人员经过有限次试验容易得到的结论，属于本领域的公知常识，因此以对比文件1结合公知常识驳回了本申请。申请人不服，提出复审请求，指出从对比文件1的附图可知，其镶嵌部至少有7～8道，本申请将缸套上设置的镶嵌环数量限制在2～4道，并将镶嵌环的横截面大小限定为$2\times2mm$或$3\times3mm$，能有效保障浇铸的缸套外套与缸套之间有较强的包结力，而且使缸套外套的散热好，其不是本领域的公知常识。

2. 案例分析

由上可知，本案也存在对公知常识的认定的说理过于简略的问题，导致审查意见不能令人信服而提复审。

英国当代著名法哲学家麦考密克说："我们需要法律的技术人员，能干和有想象力的技术人员。但是，要成为这样一个技术人员，其任务就是仔细研究技术。在律师们的技术当中主要就是进行正确的推理和有力的论证的技术。"也就是说，法律思维就是要在技术的基础上进行法律的推理和论证。因此，法律说理是法律工作者以技术为基础运用法律思维来解决法律问题过程中的一个重要活动。所以也可以说，法律思维的核心之一即是法律说理。具体到审查工作中，《专利审查指南2010》第二部分第八章第4.10.1节中规定："审查的意见应当明确、具体，使申请人能够清楚地了解其申请存在的问题。"

机械领域常常面临结构元件的设置问题，而设置数量、设置位置等等类型的技术特征往往不容易检索到对比文件，此时采用"举证证明"这条路往往行不通，那么我们应该想到以上提到的第二种方式"说明理由"。但"经过有限次试验容易得到"式的说明理由显然是没有运用法律思维进行法律说理，因此审查意见不能令人信服，不能"使申请人能够清楚地了解其申请存在的问题"。

具体到本案，合议组发出复审通知书，指出：对比文件1中的镶嵌部与本发明的镶嵌环的作用相同，都是将缸套和缸套外套固定成为整体，并且将两者紧密结合，该镶嵌环的作用是本领域技术人员公知的。本领域技术人员在对缸套进行设计时必须结合镶嵌环的作用来设计镶嵌环的数量和尺寸。在工程技术领域，本领域技术人员对某个部件的数量和尺寸进行设计时，需要结合本领域的常识来考虑影响该设计的各个因素，以及不同设计方案对于技术方案的实施以及其取得技术效果的影响。综合考虑多个因素的不同影响，在一定的取值范围内进行合理选择，必要时可以进行有限的试验来进行验证，以上是本领域技术人员的常规技能。对于该申请来说，本领域技术人员需要结合镶嵌环的作用来考虑镶嵌环的数量和尺寸对于整个技术方案的影响。而镶嵌环的作用是本领域公知的，即增加镶嵌环的数量和尺寸，优点是可能使得缸套和缸套外套之间的连接紧固，配合紧密，两者的接触面积变大；缺点是缸套外套的浇注空间减少，可能导致浇注的铝合金外套体积减少，导致铝合金散热效果可能变差，而且加工过多的镶嵌环需要付出更多的机加工成本。以上是本领域技术人员根据镶嵌环、铝合金缸套外套在技术方案中的作用并结合其掌握的技术常识可以确定的。综合考虑上述各影响因素，本领域技术人员必然要根据实际情况（如镶嵌环高度、厚度、直径、工作温度等）和需求选择合适的镶嵌环的数量和尺寸，从而使最终产品满足实际需求。由于上述影响因素都是确定的，本领域技术人员可以进行有目的、有方向的试验，从而确定出一个较为合适的镶嵌环的数量和尺寸，而且确定出的镶嵌环的数量和尺寸所能取得的技术效果也是可以预料的。综上所述，本申请将缸套上设置的镶嵌环数量限制在2~4道，并将镶嵌环的横截面大小限定为$2\times2mm$或$3\times3mm$属于本领域的常规选择，并没有取得预料不到的技术效果。至于缸套外壁进行车削加工来制造镶嵌环，也是本领域的常规工艺。本领域技术人员公知，在该缸套外壁制造突出的镶嵌环，一般可以采取两种加工工艺：一种是将该镶嵌环与缸套一体浇铸成型，这样可以简化工序，但是缺点是增大了浇铸模具的制造难度；另一种工艺则是采取机加工的方式，例如车削在缸套外壁加工出该镶嵌环，其优点是简化了浇铸模具的制造，其缺点则是增加了工序，且破坏了缸套的金属流线，浪费了材料。以上两种工艺都是本领域的常规工艺，其各具特点。本领域技术人员在面对需要在缸套外壁加工镶嵌环的技术问题时，完全可以根据实际需要来合理选择一种适合的加工方式，这只是本领域技术人员的常规选择，不需要付出创造性的劳动。综上所述，合议组认为本申请权利要求不符合《专利法》第22条第3款规定的创造性。本案发出上述意见后，复审请求人最终未进行答复而视撤。

从本案例可以看出，在没有相关证据的前提下如何站在本领域技术人员的角度分析该技术特征成为关键。合议组将现有技术中哪些技术是公知的、围绕这些技术哪些影响因素也是公知的，由此推导出对结构元件的设计必然考虑到周知的因素，而周知的因素又必然影响最终元件数量的选择。通过以现有技术为基础，以本领域技术人员已经掌握的技术为前提，进行严密的推理，从而得出所争论的技术特征确实为常规技术手段的选择，这一推理过程是严密的法律思维的体现，其结论无疑是经得起推敲的，复审请求人也无法提出反驳意见，最终案件视撤。如果在实质审查阶段就能进行上述说理，申请人争辩的可能性就比较小，那么就不会有后面的复审程序，从而也能够节省程序。

三、小　结

在创造性的审查意见中，关于公知常识的说理是我们经常面对的问题。尤其是对于申请人或专利权人所认为的发明点，如果简单地认为其是公知常识，那么申请人或专利权人是很难接受的，此时即使结论正确也不能代表审查意见合理❶，因为对于申请人来说，公知常识的确认关系到专利申请是否能够获得授权或是证明专利是否有效。因此，为了避免审查意见中关于公知常识的说理过于简略而引起的申请人关于公知常识的异议质疑而导致的程序不当延长，审查员在审查意见中应尽可能地"说明理由"或"举证证明"。而注重检索、合理运用公知常识性证据和以技术为基础进行法律的推理和论证的充分说理，则是有效地运用了法律思维的体现，这样充分包含了法律思维的审查意见才更有说服力，能节约审查程序，更好地为社会服务。

---

❶ 姚正阳. 从一个案例浅谈创造性审查中公知常识的使用 [J]. 审查业务通讯, 2014, 20 (8).

浅谈最接近的现有技术与创造性判断

王 超[*]

【摘 要】

本文浅析了最接近的现有技术的选取与创造性判断之间的关系，通过对光电领域的一个案例的分析，指出在运用"三步法"进行创造性判断时，两篇对比文件结合不应当具有方向性，在最接近的现有技术的选取时应当考虑其所要解决的技术问题以及特征所起的作用。

【关键词】

创造性　最接近的现有技术　"三步法"　方向性

一、引　言

在目前的创造性判断的"三步法"中，第一步是确定最接近的现有技术，这是创造性判断的基础，而往往在现实中审查员面对众多检索到的现有技术文献，不知道如何确定哪一篇是最接近的现有技术。有时可能会出现这样的情况，即一项权利要求对于相同的若干对比文件的组合，往往由于最接近的现有技术的选择不同，从而对于创造性具体评价方式和结论则会有很大差别。因此，在进行创造性判断时最接近的现有技术的选择则显得非常重要。

---

[*] 作者单位：国家知识产权局专利局光电技术发明审查部。

二、最接近的现有技术的选取方式

《专利审查指南2010》第二部分第四章明确规定：最接近的现有技术，是指现有技术中与要求保护的发明最密切相关的一个技术方案，它是判断发明是否具有突出的实质性特点的基础。最接近的现有技术，例如可以是，与要求保护的发明技术领域相同，所要解决的技术问题、技术效果或者用途最接近和/或公开了发明的技术特征最多的现有技术，或者虽然与要求保护的发明技术领域不同，但能够实现发明的功能，并且公开发明的技术特征最多的现有技术。

从中可以看出《专利审查指南2010》以举例的方式给出了4种最接近的现有技术的选取方式：

（1）与要求保护的发明技术领域相同，所要解决的技术问题、技术效果或者用途最接近和公开了发明的技术特征最多的现有技术；

（2）与要求保护的发明技术领域相同，所要解决的技术问题、技术效果或者用途最接近的现有技术；

（3）与要求保护的发明技术领域相同，公开了发明的技术特征最多的现有技术；

（4）虽然与要求保护的发明技术领域不同，但能够实现发明的功能，并且公开发明的技术特征最多的现有技术。

一般来说，如果存在第（1）种类型的现有技术，大家会优先选择作为最接近的现有技术。然而在实际审查过程中，现有技术往往不满足第一种类型的条件，这时大家常常不知道如何选取最接近的现有技术。下面看一个具体的示例。

三、案例分析

某案涉及一种LED显示控制方法。其背景技术中指出现有的控制系统通常采用顺序轮循扫描方式，对于一个n扫（也即n条行线）的LED显示屏来说，传统的方法为先驱动第1扫，再驱动第2扫，直到最后一扫（第n扫），然后再次从第一扫开始直到第n扫，如此反复，具体可参阅图1。轮到某扫时有LED灯点亮，由于扫描式LED屏行线对地存在寄生电容，则该扫的前一扫的行线寄生电容中存储的电荷也能驱动该前一扫中与当前扫正常需要点亮的LED灯共享列线的LED灯微微点亮，该现象称为余辉。按照上面提到的现有控制系统的扫描方式，第2扫对应的余辉在第1扫出现，第3扫的余辉在第2扫出现，以此类推。由于最后一扫（第n扫）是第一扫的前一扫，第1扫对

浅谈最接近的现有技术与创造性判断

应的余辉在第 n 扫出现,而第 n 扫是远离第 1 扫的,因此第 n 扫上产生的余辉很是突兀,这样就会导致播放有黑色背景的画面容易在黑色背景区看到与正常点亮区域远离的余辉点,影响观看感受,这些点称为孤立点余辉。

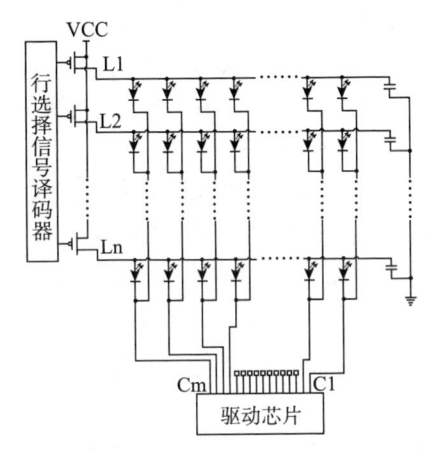

第一轮扫描	第二轮扫描	第三轮扫描	第四轮扫描	第五轮扫描	……
第1扫	第1扫	第1扫	第1扫	第1扫	
第2扫	第2扫	第2扫	第2扫	第2扫	
第3扫	第3扫	第3扫	第3扫	第3扫	
第4扫	第4扫	第4扫	第4扫	第4扫	
……					
第n扫	第n扫	第n扫	第n扫	第n扫	

图1 LED 显示面板及现有的驱动方法

为了解决上述问题,本申请要求保护了一种 LED 显示控制方法,适于应用在电连接 n 个扫描线的多个 LED,n 为大于 1 的正整数,其特征在于,包括步骤:在第 1 轮扫描过程中,接收行选择信号并对接收的行选择信号进行译码以按照第 1 扫描顺序对所述 n 个扫描线进行顺序扫描以驱动控制所述多个 LED;以及在第 2 轮扫描过程中,接收行选择信号并对接收的行选择信号进行译码以按照第二扫描顺序对所述 n 个扫描线进行顺序扫描以驱动控制所述多个 LED;其中,所述第一轮扫描过程和所述第二轮扫描过程交替进行,且所述第一扫描顺序和所述第二扫描顺序互为反序。该驱动方法参见图2。

第一轮扫描	第二轮扫描	第三轮扫描	第四轮扫描	第五轮扫描	……
第1扫	第1扫	第1扫	第1扫	第1扫	
第2扫	第2扫	第2扫	第2扫	第2扫	
第3扫	第3扫	第3扫	第3扫	第3扫	
第4扫	第4扫	第4扫	第4扫	第4扫	
……					
第n扫	第n扫	第n扫	第n扫	第n扫	

图2 本发明所采用的驱动方法

审查员检索到两篇相关对比文件，其中对比文件1（CN1773593A）公开了一种LED显示驱动方法，显示面板包括多行扫描线，扫描信号的扫描顺序在奇数编号的帧和偶数编号的帧之间交错地相反，由此平均而言均衡化所有像素的发射时间的周期。而对比文件2（CN102592542A）公开了一种LED显示屏的消隐控制方法，在LED显示屏行扫描过程中，消隐模块于每两行的扫描时间空隙对LED显示屏各列线的寄生电容进行充电，以达到有效地消除拖影现象的目的，其包括译码驱动电路。由对比文件1和2公开的内容可知：对比文件1属于与要求保护的发明技术领域相同，公开了发明的技术特征最多的现有技术；对比文件2属于与要求保护的发明技术领域相同，所要解决的技术问题、技术效果或者用途最接近的现有技术。两者都属于《专利审查指南2010》规定的可以作为最接近的现有技术的情况，那么究竟选择哪一篇对比文件作为最接近的现有技术呢？下面我们分别使用对比文件1和对比文件2作为最接近的现有技术来进行创造性的评述。

首先，将对比文件1作为最接近的现有技术。则权利要求所要求保护的技术方案与对比文件1相比，其区别特征是：扫描过程中对接收的行选择信号进行译码。而对比文件2已经公开了译码驱动电路，作用都是为了对行选择信号进行译码。因此对比文件2给出了技术启示，在对比文件1的基础上结合对比文件2能够显而易见地获得权利要求所保护的技术方案，该权利要求不具备创造性。

接着，将对比文件2作为最接近的现有技术。则权利要求所要求保护的技术方案与对比文件2相比，其区别特征是：在一第一轮扫描过程中，按照第一扫描顺序对所述n个扫描线进行顺序扫描以驱动控制所述多个LED；以及在一第二轮扫描过程中，按照第二扫描顺序对所述n个扫描线进行顺序扫描以驱动控制所述多个LED；其中，所述第1轮扫描过程和所述第2轮扫描过程交替进行，且所述第1扫描顺序和所述第2扫描顺序互为反序。虽然对比文件1已经公开了上述区别特征，但是该特征在对比文件1中的作用为"均衡化所有像素的发射时间的周期"，不同于权利要求1中"消除由于寄生电容引起的余辉而造成的观感不佳"的作用，因此对比文件2不存在技术启示。在对比文件2的基础上结合对比文件1不能够显而易见地获得权利要求所保护的技术方案，因此该权利要求具备创造性。

四、创造性判断的方向性

现在把问题上位一下。一个权利要求要求保护的技术方案包括两个技术特征团 A 和 B，特征团 A 中包括的技术特征多于特征团 B 包括的技术特征。其中特征团 A 被对比文件 1 公开，其作用与权利要求中的作用不同；特征团 B 被对比文件 2 公开，其作用与权利要求中的作用相同。对比文件 1 和 2 与申请的技术领域相同，目前表面上都可以作为最接近的现有技术。现在问题出现了，同样两篇对比文件，选取的最接近的现有技术相同，创造性判断的结论却不同。那么是两者结论都正确还是哪里出了问题，这点值得我们思考。

值得注意的一点是创造性的判断是站在本领域技术人员的角度上，《专利审查指南2010》第二部分第四章明确规定：发明是否具备创造性，应当基于所属技术领域的技术人员的知识和能力进行评价。所属技术领域的技术人员，也可称为本领域的技术人员，是指一种假设的"人"，假定他知晓申请日或者优先权日之前发明所属技术领域所有的普通技术知识，能够获知该领域中所有的现有技术，并且具有应用该日期之前常规实验手段的能力，但他不具有创造能力。

笔者认为，如果两篇对比文件能够结合起来评价权利要求的创造性，则从逻辑上说它们两者的结合不应当具有方向性。也就是说，无论是在对比文件 1 的基础上结合对比文件 2，还是在对比文件 2 的基础上结合对比文件 1，创造性判断的结论应当是一致的。如果考虑了方向性，则说明本领域技术人员面对同样的两篇对比文件，则需要具有一定的分析、选择的能力才能得出是否具有创造性的结论，这样的话则从侧面表明了所属技术领域的技术人员具有了一定创造能力，则这与创造性判断需要站在没有创造能力的本领域技术人员的角度上产生了一定的矛盾。

那么这一矛盾产生的根源在哪里呢？我们回过头来看一下上面总结的四种最接近的现有技术的选取方式。其中第 1、2、4 种选取方式都要求了所要解决的技术问题、技术效果或者用途最接近或者能够实现发明的功能，而第 3 种是"与要求保护的发明技术领域相同，公开了发明的技术特征最多的现有技术"，并未对其所要解决的技术问题、技术效果或者用途进行限定。问题一下就清楚了：创造性判断"三步法"的第三步判断显而易见时，认为只有另一份对比文件公开的相关特征所起的作用与区别特征在发明中实际所起的作用相同时才有技术启示，才能将两篇对比文件结合起来。如果选取的一篇公开技术特征最多的文献中所公开的特征起到的作用与发明中相应特征的作用不同时，反向结合时就会出现上述没有技术启示的问题。

五、结论和建议

为了避免选取不同的最接近的现有技术而引起上述创造性判断方向性的问题，笔者建议将最接近的现有技术，限定为可以是：与要求保护的发明技术领域相同，所要解决的技术问题、技术效果或者用途最接近和公开了发明的技术特征最多的现有技术，或者虽然与要求保护的发明技术领域不同，但能够实现发明的功能，并且公开发明的技术特征最多的现有技术。也就是说所选取的最接近的现有技术公开的特征应当与权利要求中相应特征的作用相同，不能仅仅认为公开的技术特征多就可以简单认定为最接近的现有技术。这样审查员在进行创造性判断时就不用考虑评述的方向性问题，避免了内在的逻辑问题，同时结合的说理也更容易。

对比文件与申请人/发明人紧密相关的发明申请的创造性问题

郭丽祥* 罗 丹**

【摘 要】

本文通过两个案例探讨了国内同一企业的系列改进型专利申请以及科技论文作者同为专利申请发明人的专利申请审查过程中的创造性问题。由于这两类申请的先天特点，审查意见通知书中引用的对比文件大多与原申请紧密相关，基于《专利法》第22条第3款的驳回风险较高，答复难度比较大。笔者对两个案件进行跟踪处理，发现如果专利代理人能够对案件的细节充分重视，与申请人/发明人密切联系配合，找准技术突破点，并辅以相适应的答辩方式，就可以大幅提高答辩成功的概率。

【关键词】

对比文件 申请人 发明人 创造性

一、引 言

随着我国专利制度和相关政策不断向好，不仅大量国外专利申请进入中

---

* 作者单位：北京邦信阳专利商标代理有限公司。
** 作者单位：工业和信息化部电子专利中心。

国，越来越多的国内企业、高校和科研院所也在扩大专利申请的规模，经过几年时间的申请数量的累积，加上国内外一些典型案件的辐射作用，国内申请人对专利申请质量和授权率日益重视，并且领头羊的通信、互联网企业已经在积极探索专利价值的体现路径。根据国家知识产权局数据，我国本土申请总量中发明申请量在2013年首次超过了三种专利申请（发明、实用新型和外观设计）总量的1/3，但授权率总体偏低。在这样的大背景下，社会对我国专利代理人的整体执业水平提出了更高的要求。本文将分析视角聚焦到国内发明申请案的对比文件与申请人/发明人紧密相关的创造性缺陷的审查和答复环节，通过两个案例近距离观察我国发明申请案的特点、现状和审查实践，期待从中总结出一些可借鉴的答复思路，为提升我国专利代理人代理质量助力。

二、案例分析

1. 案例一：在后申请是在先申请的改进型发明，申请人为同一人

涉案发明申请（以下简称"本申请"）的申请人为国内A企业，发明名称为"一种半闭自惰式振动流化干燥系统"，申请号201210211458.2，申请日2012年6月21日。本申请共经历四次审查意见通知书，第一次和第二次通知书均针对创造性问题，引用了三篇对比文件，其中对比文件1和2的申请人均为A企业。实际上，对比文件1和2是A企业在2010年和2008年分别递交的系列申请，本申请是它们的改进型申请，因此，本申请与对比文件1和2确实具有较多相同或等同的技术特征，可争辩的点最终都落在与对比文件3的对比分析上。

对比文件3为国外B公司进入中国的发明申请公布文本，名称为"用于防止粘结的方法和装置"。审查意见认为，对比文件3的流化床中"多孔输送器"相当于本申请的干燥床上设置的多个"底吹环缝混流喷嘴"，两者作用相同，用于输送干燥气体，将对比文件1～3相结合可得到本申请权利要求1的技术方案，因此权利要求1缺乏创造性，不符合《专利法》第22条第3款的规定。

《专利审查指南2010》中对创造性的分析遵循"三步法"原则：确定最接近的现有技术、确定区别技术特征和实际解决的技术问题，以及判断是否显而易见。在本案中，在承认最接近的现有技术的前提下，根据"三步法"原则，下一步应着力分析区别技术特征（即"底吹环缝混流喷嘴"）在结构、工作原理和作用效果等方面与对比文件3的差异，力求与对比文件3的"多孔输送

器"拉开距离,从而证明本申请技术方案非显而易见,具备创造性。

但是,由于原始申请文本本身撰写不到位,说明书中并未具体描述"底吹环缝混流喷嘴"的结构,仅在一处提到其为圆环形,对于其较为特殊的名称也没有给出明确的解释说明。这使得专利代理人的答辩陷入被动。因为如果按照"三步法"原则去修改文本、进行争辩,在《专利法》第33条修改不得超范围的限制下,将很难给出有力的答复理由,任何过多的说理都缺乏文件支持。

鉴于这种情况,答复第一次审查意见通知书时专利代理人的答复思路虽然是围绕"底吹环缝混流喷嘴"而展开的,但是为了避免引入新的内容,专利代理人刻意弱化了"底吹环缝混流喷嘴"本身的结构,而是将较多笔墨放在技术效果的比对上。比对的主要依据是:本申请的底吹环缝混流喷嘴是圆环状喷嘴结构,方向可调节,使得惰性气体可紧贴干燥床从喷嘴吹出,形成一层气垫,湿物料无法停留,喷嘴不易阻塞;而对比文件3的多孔输送器是通过"孔"输出气体,空气只能沿孔自下向上排出,当物料湿度较大时容易将开孔堵塞。

审查员发出第二次审查意见通知书,未接受对"一通"的答复理由。审查员指出:权利要求1的技术方案没有限定底吹环缝混流喷嘴的具体结构,并且该喷嘴方向可调节也没有体现在技术方案中,本领域技术人员也不能从原始文本中毫无疑义地确定其结构,因此方向可调节不能作为区别技术特征。审查员据此再次驳回了本申请全部权利要求的创造性。

从中可以看出,由于撰写阶段的专利代理人在初期没有对方案中的一些主要部件提起足够注意,虽然沿用了发明人在技术交底书中命名的部件名称——底吹环缝混流喷嘴,也描述了该部件带来的有益效果,但是对于该部件本身的结构特征却疏于描述,从而导致案件在实质审查阶段面临缺乏创造性、修改超范围、得不到说明书支持的多重风险,严重时还可能导致公开不充分的硬伤。

面对这种情况,专利代理人与发明人取得联系,双方就案件技术点进行了深入细致的讨论,在切实掌握技术方案原理的基础上,专利代理人了解到,本申请技术方案中的"底吹环缝混流喷嘴"实际上可以采用其他喷嘴代替,并不影响防堵塞效果的实现。也就是说,方案的关键在于在干燥床上设置了"喷嘴",而不在于设置什么样的"喷嘴"。于是,专利代理人调整思路进行了第二次答复,指出:根据本领域技术术语含义,"喷嘴"是喷射流体物质用的零部件，通常呈管状，出口端管孔较小；"孔"意为小洞、窟窿、孔穴、孔眼、孔洞等。两者在结构和功能上存在本质差别，不能等同看待。并且，本领域技术人员清楚地知晓"底吹环缝混流喷嘴"是"喷嘴"结构，不是开孔或其他结构。在效果方面：对比文件3通过开孔输送气体，开孔极易被物料堵塞；本申请设置喷嘴使方案得到优化，达到不易堵塞的效果，克服了对比文件3存在的技术缺陷。

可以看到，在第二次答复时专利代理人实际上并没有提出新的实质性证据，也没有作超出原始文本范围的解释，而是主动承认审查员认定的区别技术特征——底吹环缝混流喷嘴是一种公知的喷嘴，采用的依据均为领域内公知常识，以此为前提阐述"喷嘴"为整个技术方案带来意想不到的效果，从而证明了创造性。目前本申请在克服了两个不清楚缺陷之后已经获得授权。

笔者认为，本案答辩思路没有遵循常规的"三步法"原则，其巧妙之处在于，承认区别技术特征是公知结构不但没有使技术方案丧失创造性，更重要的是这种"主动承认"还免除了修改权利要求书的需要，免除了修改超范围的风险。应该注意，专利代理人整理上述答复思路的前提是需要与申请人充分讨论方案细节，掌握方案的本质意图，同时还需要衡量审查员的审查思路，才有可能定位合适的突破点答复成功，使申请人的改进型发明免受在先申请的影响。

同时，本案也应为我国专利代理人敲响警钟。我国正在深化改革提倡创新的新常态发展阶段，企业在生产研发中会产生大量的系列改进型发明创造，有些方案的创新高度可能不甚突出，需要专利代理人在前期撰写阶段充分关注技术方案的细节方面，注重权利要求的布局，并尽量为独立权利要求撰写具有防御功能的从属权项，当独立权利要求站立不稳时，可以发挥从属权利要求的防御作用，而不要因为说明书不支持、公开不充分、不清楚等本可以克服的因素导致从属权利要求形同虚设。

2. 案例二：在申请日之前发明人已公开发表相关科技论文

涉案发明申请（以下简称"本申请"）名称为"刮板输送机故障检测装置、系统及方法"，申请号为201110392150.8，申请日为2011年11月30日。本申请经历三次审查意见通知书，三次通知书均针对创造性问题，引用了一篇对比文件，为2011年4月公开发表的科技论文，论文作者与本申请发明人为同一人。实际上，发明人的该科技论文与本申请确属同一技术方案，论文中披露了较多内容，包括相同的附图，答复过程中争辩的焦点集中在本申请的

对比文件与申请人/发明人紧密相关的发明申请的创造性问题

"传感器、传感器固定板、被检测板和托辊的结构以及安装方式"被认定为本领域常规技术手段是否合理。

"一通"时审查员直接以对比文件1驳回了本申请独立权利要求的新颖性,指出其不符合《专利法》第22条第2款的规定。专利代理人在答复时修改了专利申请文件,将故障检测装置的检测逻辑加入到独权中。审查员未接受这样的修改,在"二通"时继续以《专利法》第22条第3款驳回了本申请的创造性。实际上,通过阅读专利申请文件可以判断出,检测逻辑的设置并不是本申请的重点,重点在于检测装置上各个必要部件的相对位置、安装方式以至于工作方式。在先发表的科技论文中虽然对这部分内容有所涉及,但具体的细节并没有被完全披露,例如部件之间的距离参数,可以作为区别技术特征进行意见陈述。按照这样的思路,专利代理人进行了第二次答复,将说明书中有详细记载而对比文件中粗略描述的内容(传感器、传感器固定板、被检测板和托辊的结构特征和相关参数)加入独立权利要求中,并通过合理推导证明传感器8是以非接触方式检测被检测板9的角位移,能够避免设备接触耗损,力图证明本申请符合创造性要求。然而,审查员在第三次审查意见通知书中将上述新补入的结构特征全部认定为本领域常规技术手段,参数范围认定为常规选择,据此再次驳回了本申请全部权利要求的创造性。可以看出,审查员对本案的驳回意向较为坚决。

为此,专利代理人与发明人就技术方案进行了全面讨论,切实掌握了方案的本质。专利代理人还请发明人补充了4幅"传感器检测状态图"(如图1所示,这4幅图在原始文本中没有记载),4幅图简单地示出了方案中传感器8

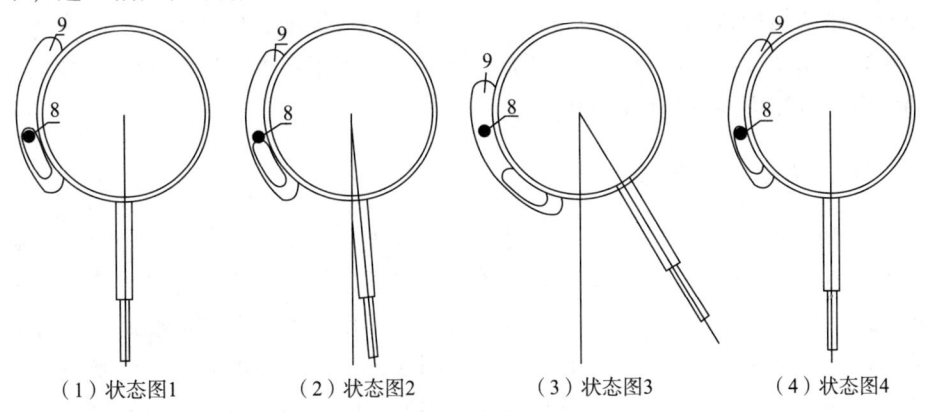

(1)状态图1　　(2)状态图2　　(3)状态图3　　(4)状态图4

图1　传感器检测状态图

在摆杆的一个摆动周期中必然经历的四个检测位置。在第三次答复中,专利代理人以4幅"传感器检测状态图"为基础,将传感器8获得检测信号的步骤分解为四步进行讲解,直接、明确地给出传感器8和被检测板9的位置演变过程,证明两者确实以非接触方式进行检测,从而系统可以获得传感器8的信号分别为0→1→1→0的时刻,进而可以获得不同位置收到信号的时间间隔,由时间和距离可以折算出托辊3的转速和周期,……从而实现刮板输送机的故障检测。

需要强调,上述传感器8工作过程的4幅图和文字描述并没有记载在原始文本中,只有当这些内容与原始方案内容之间具有必然性和唯一性关系时,这些内容才可能被审查员接受。答辩最后还需要将这些内容与方案的结构特征联系起来,例如增加这样的描述:"被检测板9整体设计成曲面形状,一是可贴合托辊3的曲面,二是在接近传感器8的端部有圆弧形镂空槽,从而可配合传感器8在前述四种位置状态下执行检测,检测精度高,设备损耗低,因此本申请中的传感器、传感器固定板、被检测板和托辊的结构以及安装方式不是本领域常规技术手段;对比文件1虽然使用了传感器,但其披露的内容非常有限,本领域技术人员无法想到具体的设置方式,也无法获得相应技术效果,……本申请权利要求1具备创造性。"目前,本案在第三次答复后已经获得授权。

总结来看,本案的发明人与对比文件的作者为同一人,审查员的驳回意向是相当坚决的。专利代理人最后采取了"基于结构特征描述工作方式,再以工作方式倒推结构特征"的思路,向审查员分解还原了方案的实现过程,从而对主张的结构特征并非常规技术手段的观点形成佐证。尽管工作方式并没有记载在原始文件中,但只要说理清楚、正确,有助于审查员理解还原技术方案的实质,就能提高答复成功的概率。

三、结束语和建议

对于本文中给出的两个案例,还需要作以下几点说明。在案例一中,如果审查员想要坚持驳回,则审查员还需要补充检索,找到合适的对比文件,再对案件进行全面重新评价,工作量是非常大的。假设审查员补充检索到了一篇将喷嘴用于防堵塞作用的对比文件,那么届时对比文件对该申请的影响将是毁灭性的,该申请的答复之路将会非常狭窄,驳回风险极高。因此,在采用本文的答复策略时需对方案作权衡评估,提前告知申请人可能的后果。在案例二中,专利代理人在最后一次答复时引入了较多原始专利申请文件中没有记载的内容，从而推动该申请获得了授权，但是新引入的内容也容易引发适用禁止反悔原则的问题，因此采用这种答复策略时需格外注意，应与申请人充分交换意见，提前告知申请人潜在的权利损失。当然，更重要的，提醒发明人注意今后务必先递交专利申请，再发表论文著作。

关于创造性评判中现有技术的结合启示浅析

王文涛* 刘文治* 刘 田* 张少文*

【摘 要】

本文针对创造性评判中如何考虑现有技术的结合启示这一问题，结合《专利审查指南 2010》中关于创造性审查的内容以及实际案例对该问题进行讨论，明确了在创造性评判中，应站在"本领域技术人员"的角度，不仅要考虑发明申请的技术方案本身，还要综合考虑本申请与对比文件之间的技术领域、技术问题、技术方案和技术效果四个方面，从而准确、合理地判断本申请相对于现有技术是否非显而易见。

【关键词】

创造性 现有技术 结合启示 "三步法"

一、引 言

自 1984 年我国开始实施《专利法》起，《专利法》中就对创造性进行了规定，《专利法》第 22 条第 3 款规定："创造性，是指与现有技术相比，该发

---

* 作者单位：国家知识产权局专利局专利审查协作湖北中心。

明具有突出的实质性特点和显著的进步,该实用新型具有实质性特点和进步。"相比于美、日、欧,我国对发明的创造性要求有所不同,既要求了要具有突出的实质性特点,也就是"非显而易见性",也要求了要有显著的进步。

然而,在实质审查过程中,进行创造性评判时,审查实践对于是否存在技术启示的标准难以执行一致,尤其是对于新审查员和次新审查员,他们常常会就同样的事实得到不同的创造性评判结论,尤其是涉及结合启示的情况,往往会给新审查员和次新审查员带来较大的困惑。

二、创造性的审查

《专利审查指南2010》是《专利法》的具体化,是我们在专利审查中的操作依据。《专利审查指南2010》第二部分第四章中对创造性的审查进行了说明,指出了创造性判断要以"本领域技术人员"为视角,不仅要考虑发明技术方案本身,还需要考虑发明所属技术领域、所解决的技术问题和所产生的技术效果,将发明作为一个整体来看待,判断发明相对于现有技术是否非显而易见以及是否具有显著的进步。在实质审查中,判断发明对于现有技术是否非显而易见是非常重要的一个环节,而在这个判断过程中,通常可按照"三步法"进行。我国"三步法"的判断方法是借鉴欧洲专利局的"问题—解决方案判断法"(Problem-solution Approach),主要包括三个步骤:(1)确定最接近的现有技术;(2)确定发明的区别特征和发明实际解决的技术问题;(3)判断要求保护的发明对本领域的技术人员来说是否显而易见。

从上述内容我们可以看出,"三步法"的判断过程实际上是一个逆向判断创造性的过程,并不符合发明的实际形成逻辑,这样很容易导致审查员出现"事后诸葛亮"的错误,特别是在第(3)步中判断是否显而易见时,这种情况尤为明显,这也是造成新审查员和次新审查员对于是否存在技术启示的标准难以把握的主要原因之一。

实际上,《专利审查指南2010》中对于如何实施上述第(3)步判断是否显而易见进行了详细的说明。《专利审查指南2010》中指出:"判断过程中,要确定的是现有技术整体上是否具有某种技术启示,即现有技术中是否给出将上述区别特征应用到最接近的现有技术以解决其存在的技术问题(发明实际解决的技术问题)的启示,这种启示会使本领域的技术人员在面对所述技术问题时,有动机改进该最接近的现有技术并获得要求保护的发明。"

从现有技术整体上考虑是否具有某种技术启示时,笔者认为这里的"整体"也就是要求我们在考虑现有的一项技术时，不应当只考虑其技术方案，还应当结合其所属的技术领域、所要解决的技术问题和所产生的技术效果进行整体考虑，这与《专利审查指南2010》中阐述的创造性审查原则相呼应。然而，在实质审查中，新审查员往往对技术方案比较关注，仅仅停留在技术特征比对的表象上，而常常会忽略技术问题的异同、技术领域的远近以及技术效果的有无，这也在一定程度上导致创造性的评述把握不准。下文结合两个实际案例，讨论分析如何从技术领域、技术问题、技术方案和技术效果四个方面来整体考虑，比较分析发明申请相对于现有技术的创造性。

三、实际案例

（一）案例1

1. 案情介绍

该申请涉及一种红外分析用待测薄片的制备方法。其所属技术领域是：红外分析用薄片制备；要解决的技术问题是：如何提高聚合物薄片的测试数据的重现性较差；其技术方案是：通过利用二次压片方法来制备待测聚合物薄片；达到的技术效果是：使得聚合物的晶型保持不规则排列，从而使得测试数据的重现性好。

本申请的权利要求1如下：

① 一种红外分析用待测薄片的制备方法，其特征在于，所述方法包括以下步骤：

S1. 将抗冲共聚物进行两次压片形成薄片；

S2. 将所述薄片在2~5min内冷却至室温形成所述待测薄片。

所述步骤S1包括：

S1.1. 将所述抗冲共聚物进行第一次压片，形成第一薄片；

S1.2. 将所述第一薄片加工为碎片；以及

S1.3. 采样与步骤S1.1相同的方法将所述碎片进行第二次压片形成所述薄片。

2. 对比文件介绍

审查员经过检索后，筛选得到了两篇对比文件。

对比文件1："热压片法定量分析丁基橡胶中硬脂酸含量"，孙秀霞等，广东化工，第39卷第2期，第250-251页，2012年2月。

对比文件2：一种温致发射率可逆变化材料（CN1544390A）。

其中：对比文件 1 涉及了一种红外分析用薄片样品制备方法，并公开了利用一次压片方法制备待测聚合物薄片样品；对比文件 2 涉及一种温致发射率可逆变化材料薄片样品制备方法，属于一种建筑材料的制备方法，并且公开了利用二次压片方法制备待测薄片样品，也就是公开了本申请的发明构思，还公开了利用可调发射率 M120 型红外测温仪对薄片样品的性能进行测试。

此时，如果单从技术特征是否公开而言，可得到如下结论：对比文件 1 为最接近的现有技术，公开了权利要求 1 技术主题和步骤 S2，本发明权利要求 1 请求保护的技术方案与对比文件 1 的区别特征在于：步骤 S1 以及步骤 S11、S12、S13，而该区别特征被对比文件 2 公开了。由此可见，对比文件 1 与本申请技术领域相同，而技术方案不同。对比文件 2 与本申请技术领域不同，但是技术方案相同。对比文件 1 公开了权利要求 1 请求保护的技术主题，对比文件 2 公开了权利要求 1 请求保护的技术方案的构思。那么此时对比文件 1 和对比文件 2 之间是否存在技术启示进行结合，从而得到本申请权利要求 1 请求保护的技术方案呢？

3. 创造性审查

如果仅仅是进行特征比对的话，笔者认为，大多数新审查员都会得出对比文件 1 和对比文件 2 之间具有结合启示的结论。下面，我们从整体上综合考虑本申请与对比文件 1 和对比文件 2 之间的技术领域、技术问题、技术方案和技术效果，看看是不是也会得到对比文件 1 和对比文件 2 之间具有结合启示的结论。

（1）技术领域。本发明与对比文件 1 中的红外分析用样品制备方法中涉及的材料均属于共聚物，一般为高分子有机物；而对比文件 2 中在建筑涂层材料中的添加物涉及材料为金属氧化物。二者属于完全不同类型的材料，其材料性质、制备方法一般均没有可借鉴性。虽然从大的角度来看都是材料制备，但由于材料领域过于宏大复杂，一般不应将涉及材料制备的技术领域无限上位，而应限制在同族、同类材料等技术领域。因此，从技术领域来看，对比文件 1 和对比文件 2 相差较大。

（2）技术问题。本发明中利用二次压片是为使得共聚物晶型呈不规则排列，使得测试数据的重现性好；对比文件 1 中是采用了一次压片方法来制备样品，显然它与本发明的技术问题不一样；而对比文件 2 是公开了利用二次压片方法来制备样品，但是对比文件 2 中利用二次压片的目的是为了使众多金属氧化物构成的混合物混合均匀，以方便添加在建筑涂料里。由此可见，本申请与对比文件2所要解决的技术问题并不一致。

（3）技术方案。本发明是对共聚物进行二次压片制备样品，对比文件1是对共聚物进行一次压片得到样品，而对比文件2是对金属氧化物混合物实施二次压片的方法来制备样品。从这个方面来看，对比文件1与本申请的技术方案完全不同，而对比文件2与本申请的技术方案相似；但是从实质上来看，本申请与对比文件2利用二次压片的对象不同，而且共聚物与金属氧化物之间相差较大，从这一点来看，二者的技术方案还存在一定的差异。

（4）技术效果。本发明利用二次压片的方法制备样品，达到了红外分析仪测试数据重现性好；而对比文件2利用二次压片的方法制备材料，其达到的技术效果是使得这种金属氧化物混合物与建筑涂料添加剂混合均匀，对墙体产生均衡的温度影响。虽然一定条件下的材料分布均匀会导致分析结果重复性好，但材料分析结果重复性好并不必然要求材料分布均匀，因此技术效果并不完全相同。

综上所述，由于对比文件1和对比文件2之间的技术领域、技术问题、技术方案与技术效果都存在较大差异，导致在整体上，本领域技术人员难以从金属氧化物混合物的制备领域去寻找共聚有机物的制备的技术启示。因此，对比文件1与对比文件2之间不具备结合启示，不适于评价本申请的创造性。

（二）案例2

1. 案情介绍

该申请涉及一种微电路机械冲击试验的固定方法。其所属技术领域是：微电路冲击试验的固定；要解决的技术问题是：如何提高机械冲击试验时微电路的固定效果；其技术方案是：通过利用液态石蜡固化封装微电路；达到的技术效果是：使得微电路无缝隙固定且可用于固定外形结构复杂的微电路，从而达到在微电路机械冲击试验中有效固定和保护微电路，避免微电路在冲击试验过程中被破坏。参见图1。

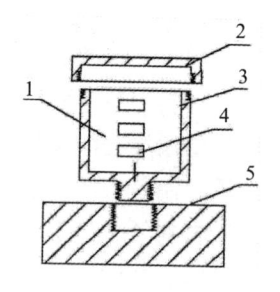

图1 案例2固定方法示意图

本申请的权利要求1如下：

一种微电路机械冲击试验的固定方法，其特征在于：

a. 在容器内放入微电路；

b. 向容器内倒入液态石蜡；

c. 液体石蜡固化,将微电路封装在容器内。

2. 对比文件介绍

审查员经过检索后,筛选得到了两篇对比文件。参见图 2 和图 3。

对比文件 1:PCB 板振动与冲击试验的固定夹具(CN201707185U)。

对比文件 2:一种印刷电路板封装方法(CN101965103A)。

其中,对比文件 1 涉及了一种 PCB 板振动与冲击试验的固定方法,并公开了利用一种机械式的固定方法来对 PCB 板进行固定,这与本申请背景技术中介绍的方法相同,都属于机械式固定;对比文件 2 涉及一种印刷电路板封装方法,并公开了利用液态环氧树脂固化来封装印刷电路板,公开了本申请的发明构思。

综上可知:对比文件 1 与本申请技术领域相同,而技术方案不同;对比文件 2 与本申请技术领域不同,但是技术方案相似;对比文件 1 公开了权利要求 1 请求保护的技术主题,对比文件 2 公开了权利要求 1 请求保护的技术方案的构思。那么,此时对比文件 1 与对比文件 2 之间是否存在技术启示呢?

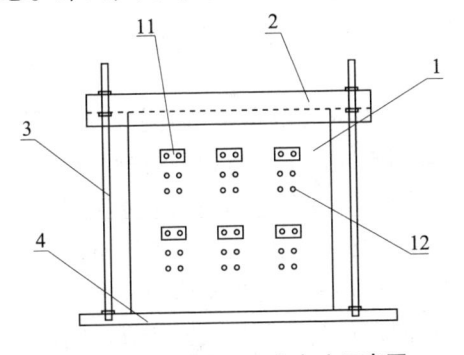

图 2 对比文件 1 固定方法示意图 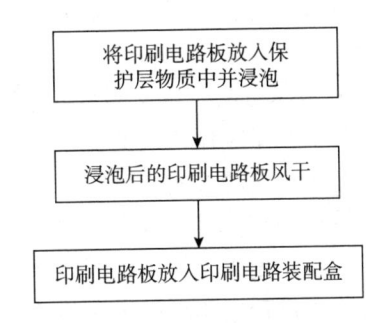   图 3 对比文件 2 固定方法示意图

3. 创造性审查

通过上述分析,同样可知本申请是否应该评述创造性的关键点在于:对比文件 1 与对比文件 2 之间是否具有结合启示。下面,依然从技术问题、技术方案、技术效果和技术领域四个方面来综合分析比较本申请与对比文件之间的异同,以判断本申请相对于现有技术是否非显而易见。

(1)技术领域。本发明与对比文件 1 的技术领域都是属于电路板在冲击试验时的固定方法,而对比文件 2 属于电路板的封装方法,二者存在一定差异。但是对于本领域技术人员而言,为了解决如何更有效地在冲击试验过程中固定电路板,其首先应该是从电路板冲击试验技术领域来寻找解决的办法,但是当本领域技术人员在该技术领域没有找到答案时，其应该有从其他技术领域来寻找解决技术问题的技术手段，也就是说当本领域技术人员从电路板冲击试验技术领域无法找到解决技术问题的技术手段时，他应该想到且具备从电路板固定封装的技术领域来寻找答案的能力。因此，尽管对比文件1和对比文件2在技术领域上有一定的差异，但是这种技术领域隔阂较小，本领域技术人员很容易将对比文件2中的技术手段转用于对比文件1以解决其技术问题。

（2）技术问题。本发明中利用液态石蜡固定封装微电路板，其目的是为了使得微电路在冲击试验过程中是无缝隙的固定，这样既可以避免冲击试验时对微电路造成损坏，还可以对外形结构复杂的电路板实现有效固定；而对比文件1中是采用了本申请背景技术中的机械式固定方法，对比文件2则是公开了利用液态环氧树脂来固化封装印刷电路板，其目的是为了完成印刷电路板的封装，同样可以实现对电路板无缝隙的固定，有效保护电路板且适用于外形结构复杂的电路板。尽管对比文件2不是对冲击试验中的电路板进行固定，但是从稍微上位一点的角度来看，其与本申请都是解决如何更好地固定封装电路板这个技术问题。也就是说，本申请与对比文件2所要解决的技术问题实质上是相同的。

（3）技术方案。本发明是冲击试验过程中的微电路采用液态石蜡来固定；对比文件1则是利用传统的机械式方法来固定冲击试验过程中的电路板，对比文件1与本申请的技术方案完全不同；而对比文件2是利用液态环氧树脂来对电路板进行固定，其与本申请都是利用一种非机械式的方法来固定电路，不同之处仅仅在于用来进行固定的试剂不同，而这种不同的根本原因在本申请与对比文件2中进行电路板固定封装的目的不同，且利用石蜡或者环氧树脂固定封装电路板。这是电路板固定封装领域的常用技术手段，也就是对比文件2中固定封装电路板的技术方案与本申请中所采用的技术方案是相似的。

（4）技术效果。本发明利用液态石蜡固定封装微电路，所要达到的技术效果是使得电路板有效固定，避免电路板避免在冲击过程中被破坏；对比文件1利用机械式方法固定电路板仅仅是为了使得电路板在冲击试验过程被固定；而对比文件2利用环氧树脂来固定封装印刷电路板，其达到的技术效果同样是保护电路板不会被破坏，防止电路板受到冲击等外力时遭受损坏。可见，本申请与对比文件2能够取得同样的技术效果。

综上所述，在对比文件1的基础上，本领域技术人员为了使得微电路在冲击试验过程中能够更有效地被固定，当其在电路板冲击试验技术领域寻找不到解决方案时，其能想到从对比文件 2 的电路板固定封装技术领域来寻求答案。因此，对比文件 1 与对比文件 2 之间具备结合启示，可以用于评价本申请的创造性。

四、结　论

创造性评判中现有技术之间的结合启示是新审查员和次新审查员不好把握的难点内容，本文通过具体案例，遵循从技术领域、技术问题、技术方案和技术效果四个方面综合考虑，判断本申请相对于现有技术是否非显而易见。

参考文献

王薇洁，王从雷. 从具体案例看专利法创造性判断标准［J］. 电视技术，2012，36（S2）：181-184.

关于"事后诸葛亮"的思考

喻学兵*

【摘　要】

　　发明的创造性的判断容易产生"事后诸葛亮",这缘于后见之明的偏误可能导致对原有的认知记忆失真,进而导致"三步法"分析过程中回忆与重建内化于心的内容时产生有偏误的判断结果。由于信息上的不对称,"事后诸葛亮"在客观上难以避免,应对"事后诸葛亮"的判断结果的争辩策略是积极协作创造性的判断人获得足够的发明历史信息,通过再现或复述发明产生的整个历史,这有利于判断人回到发明的起点,站在发明人的视角来看待发明,对失真的认知记忆进行纠偏,基于客观事实重构内化于心的内容,以期消除产生"事后诸葛亮"的客观因素。

【关键词】

　　发明的创造性　　"事后诸葛亮"　　发明的历史再现

一、引　言

　　发明的创造性判断实践通常使用"三步法"来评述发明相对于现有技术

---

* 作者单位:上海专利商标事务所有限公司。

是否是显而易见。"三步法"从理论上而言严谨且有效，如果能够准确把握就能得到一个客观的评价结果。然而，审查发明的创造性时，由于审查员是在了解了发明内容之后才作出判断，因而容易受发明本身的影响而对发明的创造性估计偏低，从而犯"事后诸葛亮"的错误。❶

二、"事后诸葛亮"的产生原因

"事后诸葛亮"的判断容易出现在创造性争辩的两个焦点中：（1）对比文件之间的结合是否存在技术启示；（2）公知常识的引入是否合适。公知常识的相当多的一部分对于业内人士而言是"无证自明"的，《专利审查指南2010》规定对此公知常识的引入只要有充分理由即可，❷ 在证据缺失的情况下，"事后诸葛亮"的判断更容易导致发明的创造性被低估。

"事后诸葛亮"的错误在《专利审查指南2010》中没有定义，在此以卡尼曼后见之明偏误（hindsight bias）来作为其表达，其指当人们得知某一事件结果后，夸大原先对这一事件的猜测的倾向。后见之明偏见的一个基本的例子是，在知道一个不可预见事件的结果后，一个人相信他（或她）之前知道这一切会这样。它可能隐藏在多方面问题上，比如设计、材料、测量方法上。后见之明的偏误可能导致记忆失真，以了解发明内容后获得提升的认知来替代被提升之前的认知，因此回忆与重建现有技术、技术问题、技术手段、技术效果等相关内容时产生有偏误的判断结果。因此，一旦"事后诸葛亮"的观点内化于心，则通过常规的答辩理由就极难改变判断人已形成的观点。

三、应对"事后诸葛亮"判断结果的策略

消除"事后诸葛亮"错误的有效手段就是对判断人的失真记忆进行纠偏，从而对其回忆与重建内容时产生错误的判断结果进行纠偏。很多人会有这样的体会：随着了解到的发明信息的增加，其对发明的理解就会逐渐改变。这在一段经典论述中也能得到一定程度的体现：❸

一项发明体现其存在的最为重要的方式是通过看得见的结构或者一系列的工程图纸。一项发明的"文字肖像"通常是为了满足专利法的要求而在事后

---

❶ 《专利审查指南2010》第二部分第四章第6.2节。
❷ 《专利审查指南2010》第二部分第八章第1.10.22节。
❸ 美国联邦索赔法院1967年在Auto Co. of America v. United States一案的判决，转引于：尹新天. 中国专利法详解[M]. 北京：知识产权出版社，2011：579.

撰写出来的,这种从实际机器到文字的转化常常会留下难以填补的缝隙。……了解其背景常常会完全改变你对权利要求书(发明)的最初理解。

信息的不对称可能是导致除发明人以外的人容易以"事后诸葛亮"的方式来判断发明的创造性的重要原因,反之,如果判断人能够获得与发明人实质上对称的信息,"事后诸葛亮"的错误就可能被避免。发明人掌握了发明的全部信息,而判断人通常通过专利申请文件来了解发明的信息。在考虑发明的创造性时,对发明本身的理解最好要比《专利法》对发明创造的定义更为宽泛一些。专利申请文件记载的发明内容是发明本身的一部分,并且发明的构思过程、孕育过程包括问题发现过程、分析、计算或实验过程也当属于发明本身的一部分。发明人通常是在经历了反复、曲折、失败的尝试之后才获得了专利申请文件记载的发明内容。若从工程项目的时间维度来看,发明本身包括了从项目的申请准备到项目的完成这一段时间内的项目全部技术内容,而专利申请文件记载的只是其中的一部分,其可能是一小段时间内或者一个时间点上的内容。

简言之,再现或复述发明产生的整个历史,有利于判断人回到发明的起点,站在发明人的视角来看待发明,其将对失真记忆进行纠偏,还将基于客观事实重构内化于心的内容,按照"三步法"的步骤分析出客观的判断结果。

四、案例讨论

下面通过一个案例来体会前述观点。

本案权利要求如下:

1. 用于网篮式购物车的垫块,其特征在于,从轴向看呈 U 形,具有两等长的侧壁,其中一侧壁上有卡槽,卡槽呈 L 形,两侧壁之间形成有狭缝,狭缝的上方为轴向孔,狭缝和轴向孔均贯穿于垫块的整个轴向。

图 1 显示了本发明的构造,图 2 显示了现有技术的构造,二者的实质性差别就在于本发明具有侧壁 12,而现有技术没有。本发明的效果是:两侧壁等长,因此有效地防止了垫块翻转或轴向移动,从而防止网篮式购物车的后翻挡板即使长期受到冲击力,也不会脱落。

关于"事后诸葛亮"的思考

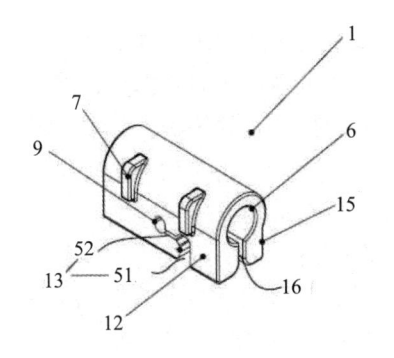

图1 本发明
1—垫块；6—圆孔；13—卡槽；51—入口导向槽；52—水平导向槽；12—侧壁；15—侧壁；16—狭缝；9—卡孔。

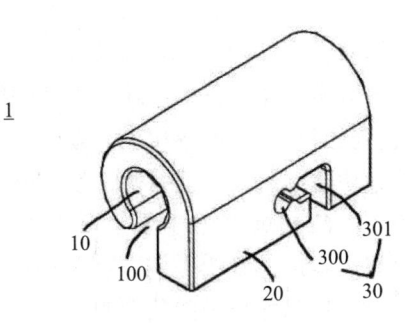

图2 现有技术
1—垫块；10—圆弧内孔；100—开口；20—延长壁；30—导向卡槽；301—导向槽；300—卡位孔。

实审审查员认为，权利要求与对比文件的区别在于本发明具有两等长侧壁。在对比文件公开的垫块的基础上，由于只有一侧有侧壁，另一侧没有侧壁，其在使用过程中对下端线的包裹性必然较差，会容易脱落。因此为了解决这一问题，容易想到也设置另一等长侧壁，通过对下端线的包裹避免容易脱落这一技术问题，区别技术特征只是在对比文件1的基础上的常规技术选择，并不需要付出创造性的劳动。

发明人对此不认同，在复审请求中提出，"为了能使垫块卡到下端线更稳定时"，基于对比文件提供的技术启示，本领域技术人员并不会想到在侧壁的对面设置另一侧壁。对比文件也是本发明人的专利申请，如同对比文件记载的内容，本申请的发明人没有一开始选用本申请的垫块结构，这是有原因的。本申请的发明人在确定对比文件的垫块时，当时的技术认识是对比文件的垫块更省材料，更容易安装，并且事实上垫块卡到下端线和竖线的稳定也是一样的，因此一开始就没有想到本申请的垫块，从这一点来说，依据对比文件来说很容易想到在侧壁的对面设置另一侧壁不符合实际要求。一般认为的"垫块和下端线的稳定"可能是产品一开始装配好之后或者短时间使用期间的可靠配合，就这一点来说，本发明和对比文件的垫块是差不多的，也是基于这样的认识，本申请发明人提出了对比文件的垫块。但是就产品的可靠性或者稳定性而言，即就长期使用之后垫块和下端线、竖线的稳定配合而言，本发明和对比文件的垫块是存在实质上的差异的，本发明人在设计对比文件的垫块时对此并不知晓。本发明人之所以在对比文件记载的发明提出两年之后才想到本发明的垫块，是因为在对比文件的垫块的基础上，经过两年的试用，本申请发明人才发现根据对比文件的垫块容易脱落，其稳定性和可靠性还需要提高，因此才着手研究、分析对比文件的垫块存在的问题，以期得到有益的解决方案。经研究和试验，在对比文件的垫块上，发明人发现以下内容（为了便于说明）：（1）一侧的垫块更易脱落。通过测试及观察发现，顺着组装反方向撞击的右侧垫块更易脱落。（2）就算不受安装反方向的力的作用，垫块也会存在一定的脱落。针对前述发现，发明人还经过多种最初设计，并经过多次评审以及小样测试，才获得了权利要求记载的发明。为便于了解本案的实际情况，提供下图，以下为发明人的改进过程。

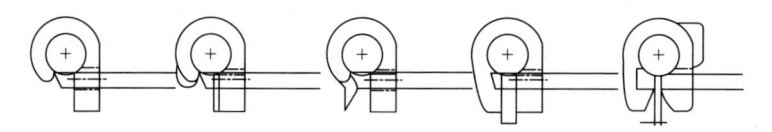

图3 曾尝试过的改进

最后的复审决定❶为，对比文件要解决的问题在于提供用于网篮式购物车的避免后翻网片产生噪音的垫块，垫块容易脱落这个技术问题在对比文件并未提及，另外对比文件也并未给出任何防止垫块脱落的技术启示，因此，本领域技术人员没有动机在对比文件的侧壁的对面与轴线对称的设置另一侧壁，以使两侧壁之间能更稳定地容纳下端线到卡位孔，从而垫块具有两等长侧壁，从轴向看呈U形、两侧壁之间形成狭缝，狭缝的上方为轴向孔、狭缝也贯穿于垫块的整个轴向，以便实现使垫块卡接到下端线更稳定，而本发明正是基于对对比文件所提出的垫块作出改进，以解决其容易脱落的问题，因此具有创造性。

在前述案例中，本发明与对比文件的差别很小，若是对网篮式购物车没有设计经验的人来判断本发明的创造性，就很容易得出否定的结论。究其原因，可能是当判断人得知权利要求记载的发明后，容易低估想到本发明的难度。尤其是其阅读说明书之后，其内心可能会认为垫块容易脱落这个技术问题是容易想到的，而事实上并非如此。如同发明人后来陈述的内容，发明人在对比文件的发明提出之日，也没有想到存在这样的技术问题，如果让判断人在没有知悉发明内容之前，仅仅阅读对比文件，事实上大多数事后是不能想到本发明的内容，因此其在通过阅读本申请文件之后，由于后见之明的偏见可能导致其对自

---

❶ 专利复审委员会第85781号复审请求审查决定。

身的有关技术认识的记忆失真,以至于在判断技术启示是否存在或者公知常识的引入是否合适时,其回忆与重建内容时产生错误的判断结果。发明人复审请求理由包括了技术问题的发现经过,首先指出发明人之前的技术认识是对比文件的垫块更省材料,更容易安装,并且垫块卡下端线和竖线的稳定似乎也没有问题,但是在经过两年的试用后,本申请发明人才发现根据对比文件的垫块容易脱落,其稳定性和可靠性还需要提高,如果判断人站在发明人的视角来看,这足以说明技术问题的发现并不容易。发明人复审请求理由还说明了针对发现的技术问题曾经采用的不同技术手段,即便是发现了技术问题,在解决技术问题的众多技术手段中,也是经过多次尝试才获得本发明的内容。前述案例通过再现本发明产生的历史,引导判断人回到发明的起点,站在发明人的视角来看待发明,基于客观事实而不是基于其失真的记忆或回忆来重构内化于心的内容,从而按照"三步法"的步骤分析出客观的判断结果。

五、小　　结

一种普遍的观点是:审查员站在社会公众的一方来行使法律赋予的权力审查发明,而发明人或者专利代理人则站在相反的一方。依据这种观点,在审查过程中,两种角色难免存在对抗性,但是创造性的判断具有相对性、主观性以及动态性的特点❶,这决定了发明要获得一个客观的审查结果需要发明人和审查员来协同工作、共同努力,消除主观因素,获得一个依据法律授权的客观结果。然而,由于相关信息的缺失,"事后诸葛亮"的错误在客观上难以避免。当质疑创造性的判断存在"事后诸葛亮"的错误时,最好不要消极地将其产生归因于审查员,除了要求审查员提供证据或者充分的理由外,由于申请文件记载的发明信息与发明的完整信息还存在一定的差距,发明人对此附有一定的义务来消除,通过有针对性地叙述或再现发明的产生历史,有利于审查员获得与发明人相同或接近的技术认识,避免由于隐藏在背后的技术认识分歧而导致的"事后诸葛亮"的判断结果。

---

❶ 黄熊. 专利申请撰写过程中提高创造性的若干方法 [J]. 电子知识产权, 2013 (5).

浅谈由区别技术特征确定发明实际解决的技术问题

刘 洋[*]

【摘 要】

　　本文尝试讨论根据区别技术特征确定发明实际解决技术问题的几种情形，认为在确定发明实际解决的技术问题时，应当对区别技术特征进行分析和判断。首先，需要分析和判断该区别技术特征是否对发明要解决的技术问题作出了贡献；其次，还要分析和判断该区别技术特征是单独产生某种技术效果，还是与其他区别技术特征或者与技术方案中的共有技术特征一起产生某种技术效果。

【关键词】

　　区别技术特征　发明实际解决的技术问题

一、引　言

　　在"三步法"判断创造性时，区别技术特征是发明请求保护的技术方案有别于最接近的现有技术的技术特征，发明实际解决的技术问题是基于区别技

---

[*] 作者单位：国家知识产权局专利局医药发明审查部。

术特征所能达到的技术效果来确定的❶。因此区别技术特征是确定发明实际解决的技术问题的前提,如何根据区别技术特征所能达到的技术效果来确定发明实际解决的技术问题是审查实践中的难点,也是进一步判断现有技术是否给出了将区别技术特征应用到最接近的现有技术以解决其存在的技术问题的技术启示的重要环节。本文尝试讨论根据区别技术特征确定发明实际解决的技术问题的几种特殊情形。

二、观　点

(一) 不能仅看待单一区别技术特征所能达到的技术效果

发明实际解决的技术问题是基于区别技术特征所能达到的技术效果来确定的,但是不能将每个区别技术特征认定为单一个体,还应考虑它们彼此之间以及它们和共有技术特征之间的联系,根据区别技术特征在技术方案整体所能达到的技术效果中起到的作用来确定发明实际解决的技术问题,并进一步判断现有技术从整体上是否给出了技术启示。

例如,某复审案例请求保护一种人胸腺肽的制备方法,首先构建融合蛋白基因序列,所述序列由人血清白蛋白 1-150~1-372 位氨基酸编码序列、人胸腺肽编码序列,以及位于两者之间的含有肠激酶酶切位点的连接肽编码序列构成,然后在酵母中表达该序列,最后纯化、酶切获得人胸腺肽。

驳回决定中认为,对比文件 1 (D1) 公开了一种融合蛋白的制备方法,首先构建融合蛋白基因序列,所述序列由人血清白蛋白氨基酸编码序列、人胸腺肽编码序列、以及位于两者之间的连接肽编码序列构成,然后在酵母中表达该序列,最后纯化获得融合蛋白。权利要求 1 和 D1 的区别在于:(1) 权利要求中人血清白蛋白是部分片段,而 D1 中是完整蛋白;(2) 权利要求中限定人血清白蛋白和胸腺肽之间的连接肽编码基因序列包含肠激酶酶切位点编码基因序列;(3) 权利要求中还包括对融合蛋白酶切获得人胸腺肽的步骤,而 D1 中没有对融合蛋白进行酶切。对于区别特征(2)而言,D2 公开了在大肠杆菌中表达人胸腺肽的方法,首先构建人胸腺肽融合蛋白基因序列,所述基因序列包括编码 TAT 蛋白片段和人胸腺肽以及位于连接肽和人胸腺肽之间含有编码肠激酶酶切位点的连接肽的氨基酸序列。对比文件 2 (D2) 公开了区别特征

---

❶ 参见《专利审查指南 2010》第二部分第四章第 3.2.1.1 节。

(2)，因此给出了在 D1 公开的连接肽中增加肠激酶酶切位点的技术启示。对于区别特征（1）和（3）而言，本领域技术人员进一步酶切融合蛋白获得人胸腺肽，并且通过常规实验确定融合蛋白中人血清白蛋白的基因序列片段是显而易见的。

复审请求人认为，D1 要解决的是人胸腺肽半衰期短导致用药间隔时间短的技术问题，因此选择了半衰期长的血清白蛋白与人胸腺肽构建融合蛋白。说明书中公开了使用本申请方法最后得到的人胸腺肽产量在 116mg/L 发酵液，本申请要解决的技术问题是提供一种高产出率的人胸腺肽的制备方法。因此本领域技术人员没有动机在 D1 的融合蛋白基因序列中增加酶切位点，更不会通过酶切切除融合蛋白中的人血清白蛋白获得人胸腺肽产品。而本申请的产量也远高于一般方法，如高于 D2 中公开的 12.5mg/L 发酵液。因此本申请具备创造性。

笔者认为，本案中的驳回决定并未直接认定发明实际解决的技术问题。但是，借助于复审请求人陈述的说明书的技术效果可以看出，本发明的效果在于人胸腺肽的产量提高，这个效果是由三个区别技术特征所共同达到的。因此发明相对于 D1 实际要解决的技术问题是提供一种高产率的人胸腺肽的制备方法。围绕这个技术问题，D1、D2 均不涉及提高人胸腺肽产率，因此 D2 虽然公开了区别技术特征（2），但是 D1、D2 没有结合的技术启示。

因此笔者认为，依据区别技术特征所能达到的技术效果确定发明实际解决的技术问题，不能割裂地看待每个区别技术特征所能达到的效果，而应该整体上考虑所有区别技术特征或者区别技术特征在整个技术方案中所能达到的技术效果。此外，在判断现有技术是否给出了改进最接近的现有技术的技术启示时，不能无视发明实际解决的技术问题，而仅仅根据区别技术特征是否在现有技术中被公开来判断。

（二）依据区别技术特征的"贡献"确定发明实际解决的技术问题

讨论此问题，首先应明确发明实际解决的技术问题与发明要解决的技术问题之间的区别和关联。笔者认为，首先，并不是任何情况下都需要重新确定发明实际解决的技术问题。"三步法"判断创造性的本意是追溯和还原发明历程。在这个前提下，只有审查中检索到了更接近的现有技术或者检索到了和背景技术中不同的现有技术时，才需要在找到区别技术特征之后进一步重新确定发明实际解决的技术问题。也就是说，当没有检索到更接近的现有技术或者检索到的最接近的现有技术就是说明书中声称的背景技术时，发明实际解决的技术问题就与发明要解决的技术问题可以是相同的，不必一定重新确定。这一观点实际上已在我国《专利审查指南2010》❶和《欧洲专利局申诉委员会案例法》❷中有所体现，此处不再赘述。其次，发明实际解决的技术问题虽然可能有别于发明要解决的技术问题，但是一定仍然在发明目的的范畴内，不会超出或者违反发明目的，在此基础上，发明实际解决的技术问题应该与发明要解决的技术问题之间存在一定的关联。

1. 如果区别技术特征对发明要解决的技术问题没有贡献，则可以将发明实际解决的技术问题确定为现有技术的替代技术方案

例如，某复审案例，现有技术所面临的技术问题是氨基酸添加到食品或饮料中常常产生降解臭味，申请发现酯化合物A添加到相应产品中可以遮蔽或减少氨基酸的降解臭味。权利要求请求保护一种含氨基酸的食品或饮料，其中氨基酸含量在食品或饮料中含有1%重量以上，进而含有0.1~2000ppm的酯化合物A。

驳回决定认为，D1公开了甲壳类动物味道调味品的制备方法，并具体公开了调味品中含有酯化合物A和氨基酸，酯化合物A含量为0.2~20重量%，氨基酸含量为0.01~50重量%，其添加在水煮鱼酱中的量为0.01%~2.0%。经计算，水煮鱼酱中的酯化合物A含量为0.002%~0.4%，氨基酸的含量为0.000001%~1.0重量%。权利要求4要求保护的技术方案与D1的区别技术特征为：权利要求限定的酯化合物、氨基酸在食品中的含量与D1的不同。基于上述区别技术特征，权利要求4相对于对比文件3实际解决的技术问题是提供一种具有不同酯含量和氨基酸含量的食品。因此本领域技术人员在D1的基础上结合本领域的公知常识得到权利要求的技术方案是显而易见的。

复审请求人认为，D1要解决的技术问题是提供一种利用美拉德反应制备调味品的方法，与本申请要解决的降低氨基酸降解臭味的技术问题毫不相关，因此本领域技术人员也没有动机去调整D1中的相关组分含量并获得氨基酸臭味降解得到改善的食品或饮料。

笔者认为，发明要解决的技术问题是遮蔽氨基酸的降解臭味，本申请提供的技术方案是使用酯化合物A遮蔽氨基酸的降解臭味，因此基于目前的证据，与解决此技术问题相关的两个特征，一是酯化合物A，二是酯化合物A和氨基

---

❶ 《专利审查指南》第二部分第四章第3.2.1.1节。
❷ 《欧洲专利局申诉委员会案例法》I 专利性 D 创造性 4.3.2。

酸的比例。D1 中公开了酯化合物 A 与氨基酸的组合，并且换算后酯化合物 A 与氨基酸含量的比值在 0.004~2000 的点值，恰好与权利要求中公开的酯化合物 A 与氨基酸含量的比值 0.00001~0.2 部分重合。因此 D1 虽然并未意识到或关注氨基酸降解臭味的技术问题，但是 D1 公开的技术方案实际上已经解决了发明要解决的技术问题。也就是说，区别技术特征对发明要解决的技术问题作出贡献的部分已在现有技术中被公开，如驳回决定中所述，发明实际解决的技术问题是提供一种具有不同酯含量和氨基酸含量的食品，这实际上就是现有技术的替代技术方案。

2. 如果区别技术特征对发明要解决的技术问题的贡献无法认定，则发明实际解决的技术问题可以是一个难度低于发明要解决技术问题的技术问题

例如，某复审案例，权利要求请求保护一种 $\delta^{13}C$ 分布为小于 -40‰的生物柴油产品的制备方法，所述产品是将光合作用生物置于过量 CO_2 的环境中获得的。驳回决定中认为，D1 公开了一种由光合生物制备生物柴油产品的方法。权利要求与 D1 的区别在于：权利要求中将光合作用生物置于过量 CO_2 中，并且限定了 $\delta^{13}C$ 分布为小于 40‰。因此发明实际解决的技术问题是提供一种具有为小于 40‰ $\delta^{13}C$ 分布的生物柴油产品。而 D2 公开了在烟道气环境中生长的植物体内的 $\delta^{13}C$ 为 32‰，烟道气中的 CO_2 含量高于大气，就是一种过量的 CO_2 环境，因此本领域技术人员接受 D2 的技术启示，获得小于 40‰ $\delta^{13}C$ 分布的生物柴油产品是显而易见的。

复审请求人认为，本申请的说明书中说明了 $\delta^{13}C$ 是通过公式换算得到的，其反映了同位素 ^{13}C 和 ^{12}C 的比例关系，$\delta^{13}C$ 的值越小，组合物中的 ^{13}C 含量就越低。发明要解决的技术问题是提供一种具有特定 $\delta^{13}C$ 分布的生物柴油产品。D2 公开的光合生物体内的 $\delta^{13}C$ 为 32‰，本领域技术人员即使接受 D2 的启示，也无法获得 $\delta^{13}C$ 分布小于 40‰的生物柴油。因此 D2 没有给出解决所述技术问题的技术启示。

本案例说明书中并未说明 $\delta^{13}C$ 分布对于生物柴油产品的作用，也没有记载不同 $\delta^{13}C$ 分布的生物柴油的技术效果。在实质审查过程中，申请人也没有就此问题进行过说明。常理推断，只要植物体能通过光合作用制备生物柴油，光合作用产物都会含有 $\delta^{13}C$ 分布。因此依据现有证据，无法判断出 $\delta^{13}C$ 的特定分布使请求保护的技术方案相对于 D1 的技术方案是否产生了有益的技术效果，特定的 $\delta^{13}C$ 分布对发明要解决的技术问题可能没有贡献。

在本案例中，如果根据区别技术特征来认定发明实际解决的技术问题，必

须考虑两个区别技术特征，即过量 CO_2 环境和获得 $\delta^{13}C$ 特定分布的燃料产品，而在无法确认 $\delta^{13}C$ 特定分布的技术效果时，可以在判断发明实际解决的技术问题时不考虑此技术特征，而仅考虑另一个区别技术特征，在此情况下，认定的发明实际解决的技术问题的技术难度实际上就低于发明要解决的技术问题。因此笔者倾向于认为将发明实际解决的技术问题认定为使用过量 CO_2 制备生物柴油产品的方法可能更为合适。当然针对这种情形，不能忽视现有技术中对区别技术特征作用的教导。以本案例而言，如果在审查过程中，检索到了说明 $\delta^{13}C$ 分布对燃料产品作用的现有技术或者申请人在意见陈述时借助于现有技术进行了说明，那么在判断发明实际解决的技术问题时就必须考虑这个。那样发明实际解决的技术问题可能技术难度更高。

三、小　结

（1）依据区别技术特征判断发明实际解决的技术问题，并进一步判断发明是否在现有技术中存在技术启示时，不能仅单一考虑某个区别技术特征，而应考虑全部区别技术特征之间是否共同达到某种技术效果，或者区别技术特征与共有技术特征是否共同达到某种技术效果，在此基础上确定发明实际解决的技术问题，并进一步判断现有技术是否存在技术启示。

（2）确定发明实际解决的技术问题，要基于区别技术特征所能达到的技术效果，如果区别技术特征并不能使发明的技术效果优于现有技术中公开的技术方案的技术效果，或者如果依据现有证据无法认定区别技术特征对发明的技术效果产生的作用，则可以认为区别技术特征对发明要解决的技术问题没有贡献，在确定发明实际解决的技术问题时暂时不考虑此技术特征。

四、说　明

本文探讨区别技术特征在创造性判断中的几种特殊情形，是在我国《专利审查指南 2010》的相关规定基础上进行的，在学习研究创造性判断的过程中，不可避免地受到了欧洲专利局审查指南和《欧洲专利局申诉委员会案例法》一些观点的影响，在此谨作说明。本文也对案例进行了简化和修改，这仅仅是为了更好地说明观点，与实际案情和审查结论无关。

包含性能参数特征的产品权利要求创造性的审查

艾变开[*]　孙瑞丰[*]

【摘　要】

　　本文基于性能参数特征隐含产品结构和组成信息的判断，结合案例，从性能参数与对比文件中已公开信息的关系、性能参数与其他非性能参数类区别特征的关系等角度探讨了包含性能参数特征的产品权利要求创造性审查中关于性能参数推定的具体考量因素；并对审查意见的撰写方式进行了探讨，以期理清该类申请的审查思路，促进审查标准的统一。

【关键词】

　　性能参数　创造性　审查　答复

一、引　言

　　《专利审查指南2010》第二部分第三章第3.2.5节中规定了对于包含参数特征的产品权利要求新颖性的审查所应当遵循的原则；同时，对于包含参数特征的产品权利要求创造性的审查，《专利审查指南2010》第二部分第三章第

---

[*] 作者单位：国家知识产权局专利局专利审查协作北京中心。

3.2.5节也给出了较为明确的指导，即"上述第3.2.5节中的基准同样适用于创造性判断中对该类技术特征是否相同的对比判断"。但是，在对参数特征进行推定而进行的新颖性判断过程中，权利要求中只有参数特征本身没有被对比文件明确公开，而在创造性判断中，权利要求与最接近的现有技术的区别除了参数特征本身之外，还可能有其他非参数类的区别特征，这就使得创造性的推定相较新颖性的推定更为复杂。

在创造性的判断过程中，对于产品权利要求中的性能参数类区别特征，与新颖性判断类似，首先要审查该性能参数特征是否隐含了产品结构和/或组成方面的不同，如果隐含了，则理所当然地不能采用推定的方式认为该参数特征被对比文件所公开，审查过程中只能采用创造性的思路进行审查。但是，实践中，性能参数是否一定隐含或者一定没有隐含权利要求所限定的产品的结构和/或组成方面的不同并不是很容易确定，或者在领域内没有统一的认识。那么这种情况下，对于参数特征与产品结构和/或组成之间的关系确定，就要结合参数与权利要求中，甚至说明书中被对比文件公开的信息，参数与其他区别特征之间的联系等方面综合考虑。如果考虑之后能够有合理的理由认为对比文件中公开的产品也具有权利要求中限定的性能参数，或者没有确定的理由认为对比文件中公开的产品不具有权利要求中所限定的参数，则对于该参数特征的评述可以采用类似于《专利审查指南2010》第二部分第三章第3.2.5节和第二部分第十章第5.3节新颖性审查部分的规定进行推定，反之，如果考虑之后有确定的理由认为对比文件中公开的产品不具有权利要求中所限定的性能参数特征，则采用创造性评述的一般思路进行审查，具体判断方式参见下文的说明。

二、包含性能参数特征的产品权利要求创造性审查中关于性能参数推定的具体考量因素

1. 性能参数特征与对比文件中公开信息的关系

在判断权利要求中限定的性能参数特征与对比文件中公开信息的关系时，除了要考虑所述性能参数与对比文件中公开的非区别特征，也即权利要求所限定的已经被对比文件公开的特征之间的关系，还需要考虑所述性能参数与对比文件说明书中公开的其他例如制备方法和实验效果等特征。下面分别以三个案例进行说明。

【案例1】根据非区别特征本身的性质推定性能参数相同或不同

权利要求1：一种用于制备生物全降解筷子的组合物，其特征在于：该组

合物包含 10~20wt% A，15~35wt% B，20~35wt% C，10~15wt% D 和 1~5wt% E，且该组合物制成的筷子的降解速率为 0.06~0.09%/天。

在说明书中，描述了 A、B 和 C 为形成筷子的树脂成分，D 为一种无机填料，E 为一种用于调色的染料，并且记载了，本申请正是通过选择特定种类的树脂成分得到了一种降解速率理想的生物全降解筷子。

对比文件 1 公开了一种用于制备生物全降解筷子的组合物，其中具体公开了所述组合物包含 15~20wt% A，20~30wt% B，30~35wt% C 和 10~15wt% D。可以看出，对比文件 1 中没有公开所述组合物包含 E，且没有公开该组合物制成的筷子的降解速率。

【案例分析】

在该案例中，本领域技术人员已知，降解速率主要与树脂成分相关，且在审申请说明书中已经记载了"本申请正是通过选择特定种类的树脂成分得到了一种降解速率理想的生物全降解筷子"，也即，本领域技术人员有比较充分的理由认为权利要求 1 请求保护的组合物制成的筷子的降解速率是由组分 A、B、C 和其含量决定的，而对比文件 1 公开的组合物中也含有组分 A、B 和 C，且组分 A、B 和 C 的含量落在权利要求 1 限定的范围内。此种情况下，对于降解速率这一性能参数的评述，可以参照《专利审查指南 2010》中在新颖性判断部分给出的上述原则进行推定。

反之，上述案例中，如果有一定的理由怀疑，例如组分 E 的引入也可能引起非区别特征之间反应关系或能力的变化，从而导致降解速率的不同，则对于性能参数的审查不适合采用上述推定的方式。

【案例 2】根据对比文件说明书与在审申请说明书中公开的制备方法推定性能参数相同

权利要求 1：一种聚酯基羧酸类减水剂，其制备原料包括：分子量为 2000~4000 的烯丙醇聚氧乙烯醚或甲基烯丙醇聚氧乙烯醚、丙烯酸、链转移剂、引发剂、碱性中和剂、水，所述减水剂的 2 小时坍落度保留值为 200~220mm。

对比文件 1 公开了一种聚酯基羧酸类减水剂，其制备原料包括：烯丙醇聚氧乙烯醚或甲基烯丙醇聚氧乙烯醚、丙烯酸、链转移剂、引发剂、碱性中和剂、水。

权利要求 1 与对比文件 1 的区别在于对比文件 1 中没有公开所述聚氧乙烯醚的具体分子量为 2000~4000，另外没有公开所述减水剂的 2 小时坍落度保留值为 200~220mm。此外，比较在审申请与对比文件 1 说明书中关于减水剂的制备方法后发现，对比文件1公开的减水剂制备方法除了没有具体公开原料聚氧乙烯醚的分子量，加料顺序、反应时间和压力等其他条件都相同。

【案例分析】

本领域技术人员基于本领域的一般常识认为，减水剂的坍落度值与聚氧乙烯醚的分子量不相关，而仅仅与其制备工艺相关，因而，基于对比文件1公开的减水剂制备工艺条件与在审申请说明书中记载的制备工艺条件完全相同，可以初步推定对比文件1中公开的减水剂的坍落度值落在权利要求1限定的范围内。

【案例3】根据对比文件说明书与在审申请说明书中记载的技术问题推定性能参数不同

权利要求1请求保护一种热收缩性多层薄膜，包含至少三层，该至少三层包括聚酯树脂的外表面层（a）、含聚酰胺树脂的中间层（b）和含可密封树脂的内表面层（c）；所述多层薄膜在50℃下在纵向和横向的热收缩应力均为至多3MPa，且在90℃下的热水收缩率为至少20%。

对比文件1公开了一种双向拉伸的热收缩性多层薄膜，包括至少三层，该至少三层包括聚酯外表面层、聚酰胺中间层和密封树脂内层，该多层薄膜在98℃下在纵向和横向的热水收缩率优选至少20%。

权利要求1与对比文件1的区别在于：（1）权利要求1中的热收缩率性薄膜在90℃下的热水收缩率为至少20%，而对比文件1的热收缩性薄膜在98℃下的热水收缩率至少为20%；（2）权利要求1的薄膜在50℃下在纵向和横向的热收缩应力均为至多3MPa，而对比文件1没有公开。

【案例分析】

该案例是一个真实的复审案例，就组分和制备方法而言，很难判断对比文件中公开的薄膜与权利要求中保护的薄膜其热水收缩率和热收缩应力是否相同。复审委员会在复审决定中认为，对比文件1所要解决的技术问题是提供一种双向拉伸的热收缩性薄膜，该热收缩性薄膜具有良好的拉伸性能、热封合性能和透明度，而在审申请所要解决的技术问题是在对比文件1技术方案的基础上，提供一种层状结构同对比文件1的热收缩性薄膜，但是其在50℃下在纵向和横向的热收缩应力均为至多3MPa，从而克服对比文件1所述热收缩薄膜容易产生包装变形、印刷偏差等缺陷，由此，权利要求1的技术方案正是为了克服对比文件1的技术缺陷而提出的，并产生了有益的技术效果，因而具备创造性。可见，在该案例中，复审委员会主要结合了对比文件与在审申请说明书关于技术问题的描述确认了权利要求 1 的创造性。

2. 性能参数与其他非性能参数类区别特征的关系

对于创造性审查过程中性能参数特征的审查，除了要考虑性能参数特征与对比文件中已经公开的信息之间的联系，也还需要考虑所述性能参数与其他非性能参数类区别特征之间的关系，否则就可能出现就特征评述特征，不能从整体上把握发明构思等问题。

【案例 4】其他非性能参数类区别特征与性能参数类区别特征显然相关

假设某案，其权利要求 1 与前述案例 1 相同，但是对比文件 1 公开的内容如下：

对比文件 1 公开了一种用于制备生物全降解筷子的组合物，其中具体公开了所述组合物包含 1~10wt% A，20~35wt% B，30~35wt% C，10~15wt% D 和 3~5wt% E。可以看出，对比文件 1 中公开的组合物中组分 A 的含量与权利要求 1 中相应组分 A 的含量不同，且没有公开该组合物制成的筷子的降解速率。

【案例分析】

在该案例中，组分 A 的含量与所述组合物制成的筷子的降解速率密切相关，组分 A 的含量不同很可能会导致所述组合物制成的筷子的降解速率不同。因此，此种情况下，不能继续采用上述案例 1 中的推定方式，而应当考虑现有技术中是否给出了将组分 A 的含量和降解速率调整到权利要求 1 范围内的技术启示，并且在创造性审查意见的撰写中，也不适合将这两个区别特征割裂开来考虑。

三、创造性审查意见中关于参数推定的撰写方式

如本文前言部分所述，对于参数的推定，《专利审查指南 2010》中规定了"如果所属技术领域的技术人员根据该性能、参数无法将要求保护的产品与对比文件产品区别开，则可推定要求保护的产品与对比文件产品相同"。实践中，审查员在创造性审查意见中关于参数推定的撰写也常常采用这种方式，事实上，对于化学领域的专利申请来说，往往在将在审申请与对比文件权利要求和说明书公开的信息进行比较以后，也还是难以确定对比文件中公开的产品是否具有权利要求中所限定相应产品的性能参数特征，因而，采用这种方式是比较恰当的，也是比较稳妥的。

但是，实践中，关于性能参数特征推定的审查意见中也会出现例如"权

利要求1中的某某特征属于产品本身固有的性质,该特征对于权利要求没有限定作用",以及"由于某某原因,本领域技术人员可以推定对比文件1中公开的产品也必然具有权利要求1中所限定的性能参数特征"这样的审查意见。笔者以为,对于前一种审查意见,"有没有限定作用"一般是在侵权判定中使用的一个考虑因素。2010年1月1日起施行的《最高人民法院关于审理侵犯专利权纠纷案件应用法律若干问题的解释》第7条规定:"人民法院判定被诉侵权技术方案是否落入专利权的保护范围,应当审查权利人主张的权利要求所记载的全部技术特征。"在审查阶段,审查员武断地认为性能参数不具有限定作用显然是欠妥当的。对于后一种审查意见,虽然其没有采用前述审查指南中规定的保守的推定方式,但是,在理由充分的情况下应该也是可以的。例如本文案例1的情况,本领域技术人员有比较确定的把握认为降解速率主要与树脂成分相关,且在审申请说明书中已经明确记载了"本申请正是通过选择特定种类的树脂成分得到了一种降解速率理想的生物全降解筷子",因此,在审查意见中审查员在充分说理的基础上推定"对比文件1中公开的筷子也必然具有权利要求1中所限定的降解速率"也无不妥。

四、小　结

综上所述,在创造性的判断过程中,对于产品权利要求中的性能参数类区别特征,与新颖性判断类似,首先要审查该性能参数特征是否隐含了产品结构和/或组成方面的不同,而在是否隐含产品结构和/或组成方面不同的判断过程中,要充分考虑所述性能参数类区别特征与对比文件中已公开的权利要求中限定的其他特征、说明书中给出的制备方法和说明书中的提到的技术问题等信息之间的关系,另外还需要考虑性能参数与其他非性能参数类区别特征之间的联系。对于审查意见的撰写,应该基于对比文件中公开的具体信息,详细说明推定的理由,通过与对比文件中给出信息的比对,基于本领域技术人员的认知选择采用"所属技术领域的技术人员根据该性能、参数无法将要求保护的产品与对比文件产品区别开。因而可推定要求保护的产品与对比文件产品相同"或者"对比文件中公开的产品也必然具有权利要求1中所限定的性能参数"这样的审查意见,而避免"权利要求中的性能参数没有限定作用"这样的意见。

对于《专利法》第 22 条中不起限定作用的技术特征的思考

王 艳* 郭姝梅*

【摘 要】

本文从侵权判定和专利审查阶段对于权利要求保护范围的相关规定存在差异入手,结合两个复审案例分析了对于《专利法》第 22 条中不起限定作用的技术特征的不同处理方式,并试图诠释专利审查阶段和侵权阶段对于该问题差异化处理的由来,进一步提出在撰写阶段撰写包含不起限定作用的技术特征的权利要求的优劣点,最后给出对于《专利法》第 22 条中不起限定作用的技术特征在撰写、审查以及侵权判定阶段如何处理的结论和建议。

【关键词】

《专利法》第 22 条 创造性 限定作用 权利要求保护范围

一、引 言

在专利侵权判定中,对于权利要求范围的解释适用全面覆盖原则,《最高人民法院关于审理侵犯专利权纠纷案件应用法律若干问题的解释》(法释

---

* 作者单位:国家知识产权局专利局电学发明审查部。

[2009] 21号) 第7条:"人民法院判定被诉侵权技术方案是否落入专利权的保护范围,应当审查权利人主张的权利要求所记载的全部技术特征。"同时作为专利审查活动中具有指导性意义的《专利审查指南2010》规定:"通常情况下,在确定权利要求的保护范围时,权利要求中的所有特征均应当予以考虑,而每一个特征的实际限定作用应当最终体现在该权利要求所要求保护的主题上。"具体到《专利法》第22条,即在评述权利要求的新颖性和创造性时,如何确定权利要求的保护范围,特别是对于那些对保护主题不起限定作用的技术特征如何处理,上述两个规定之间明显存在差异。

侵权阶段需要考虑权利要求的所有技术特征,而在审查阶段,如果判定某一特征对权利要求的主题不起限定作用,则可以在新颖性、创造性的判断中对该特征不加考虑。本文试图通过两个复审案例,说明在审查阶段,如何判断没有对权利要求所保护的主题起到限定作用的技术特征,并试图给出审查阶段和侵权阶段对于该问题差异化处理的由来,希望在以上分析的基础上,有助于发明人在原有发明构思之上,撰写出范围合理、保护力度更大的权利要求。

二、从两个案例出发

1. 复审案例1

某复审案具有如下撰写的权利要求:

一种用户识别卡,其特征在于,包括:集成电路IC芯片模块和带有IC芯片模块的槽位的小卡卡基;所述小卡卡基使用根据小卡的形状和尺寸、IC芯片模块的形状和尺寸,以及IC芯片模块在小卡上所处的相对位置预先制作的小卡卡基模具,采用一次成型工艺成型;所述IC芯片模块被封装在所述小卡卡基的槽位处。

与对比文件进行对比后,我们发现,对比文件公开了该权利要求中关于用户识别卡的全部结构特征,其区别仅仅在于:该权利要求中还用制卡工艺对该识别卡进行了限定,即"所述小卡卡基使用根据小卡的形状和尺寸,IC芯片模块的形状和尺寸,以及IC芯片模块在小卡上所处的相对位置预先制作的小卡卡基模具,采用一次成型工艺成型"。通过分析可见,对比文件和该权利要求所要求保护的用户识别卡的构造是相同的,在此基础上,该权利要求中采用制卡工艺对该用户识别卡进行了进一步的限定,则在对该权利要求的新颖性/创造性进行分析时,是否需要考虑制卡工艺对该识别卡的限定作用?

事实上目前存在两种观点。第一种观点认为,既然制卡工艺的特征出现在权利要求中,那么就需要对其加以考虑,进一步地,该权利要求所要求保护的用户识别卡是采用特定工艺制造的识别卡,和对比文件中的识别卡并不相同,因此该权利要求是具备新颖性的,如果该制卡工艺没有在现有技术中公开,则该权利要求也具备创造性。

第二种观点认为,制卡工艺没有给该用户识别卡本身带来区别于对比文件中识别卡的结构和/或组成上的任何改变,即虽然存在区别技术特征,但这些特征没有对该权利要求的主题——"一种用户识别卡"的结构作出实际的限定,对比文件1中的识别卡虽然与本申请的识别卡制卡工艺不同,但是制造出的产品是相同的。这种情况下,如果本专利申请和对比文件属于相同的技术领域,也达到了相同的技术效果,则可使用该对比文件评价该权利要求的新颖性问题。

2. 案例2

另一复审案例,具有如下撰写的权利要求:

一种鼠标,与包括多个计算机连接端口的一多计算机切换器进行耦接,其特征在于,包括:

一特定键;以及

一控制器,用以相应于该鼠标的一行为,产生至少一信号,且将该信号传送至该多计算机切换器,

其中,该多计算机切换器依据该信号侦测该鼠标的该行为,当该行为中侦测出该鼠标的一特定键上的多个点击时,响应该行为,依据该行为切换这些计算机连接端口;

这些计算机连接端口是以一环形顺序进行排列,且当相应该多个点击是于一既定时间间隔内被侦测时,该多计算机切换器切换这些计算机连接端口,以由一目前计算机连接端口切换至该环形顺序中该目前计算机连接端口后面的一下一计算机连接端口。

通过阅读专利申请文件,我们可以发现说明书中对于该权利要求所要求保护的主题是"一种鼠标限定为其是普通的市售鼠标"。对该权利要求的技术方案进行分析,我们发现该技术方案可分为两部分:第一部分是一个鼠标,该鼠标包括特定键以及控制器;第二部分是与鼠标连接的多计算机切换器,以及计算机切换器的工作方式及其构造。经过检索,找到一篇对比文件,其公开了第一部分,即鼠标及其构造,还公开了鼠标与多计算机切换器相连接,但是对于权利要求中的多计算机切换器的工作方式及其特殊构造并未公开。此时,对于

该对比文件能否评价该权利要求的新颖性/创造性，同样存在两种观点。

观点一认为，该权利要求中所要求保护的鼠标并不是普通的市售鼠标，其是与特定的多计算机切换器连接的鼠标，在考虑该权利要求的保护范围时，需要对其中的所有特征都纳入考虑范围，对于说明书中所述的鼠标可以是市售鼠标的限定，由于只有在权利要求不清楚时，才使用说明书对其解释，所以不应该根据说明书就将鼠标限定到市售鼠标的范围，而是应该根据权利要求本身划定其保护范围。如果对比文件没有公开多计算机切换器的工作方式及其特殊构造，并且这些未公开的技术特征也未被其他现有技术所公开，则该权利要求具备新颖性和创造性。

观点二认为，该权利要求的主题涉及一种鼠标，其中的多计算机切换器仅仅是与之连接，并未对其结构作出改变，从结构看，该权利要求所保护的鼠标就是一种市售的鼠标，同时说明书中进一步佐证了该结论，此时在考虑权利要求的保护范围时，仅仅需要考虑技术方案的第一部分即可，即包括特定键以及控制器的鼠标；对于与鼠标连接的多计算机切换器，以及计算机切换器的工作方式及其构造，由于其对鼠标的结构未作出任何改变，因此可认为其未对该权利要求的主题起到限定作用。这时，如果本申请和对比文件属于相同的技术领域，也达到了相同的技术效果，则可使用该对比文件评价该权利要求的新颖性问题。

3. 小　结

对于上述两个案例，共同点在于权利要求中存在对主题名称所限定的产品的结构没有起到限定作用的技术特征，对于这部分技术特征是按照法院的全面审查原则将其纳入新颖性/创造性的考虑范围内，还是按照《专利审查指南2010》的相关规定，对于没有对保护主题起到限定作用的技术特征在新颖性/创造性的评价时可不加以考虑是导致上述两种观点存在的根本缘由。以下，本文试图分析如此差异化规定的缘由。

三、差异化处理的缘由

从权利要求的基本要求来说，权利要求的主题名称应当与权利要求的技术内容相适应，一旦权利要求中出现对主题名称不起限定作用的技术特征，则应该要求申请人对这些特征予以删除，具体到《专利法》第22条，在考虑权利要求的新颖性/创造性时，对于没有对主题名称起到限定作用的技术特征不予考虑，是为了一旦获得授权，授权的权利要求是范围恰当、权利稳定的技术方案。同时，由于在审查阶段，申请人具有修改的机会，在实践中，申请人完全可以将作出智慧贡献的部分予以保留，而删除其他不必要的甚至是没有对主题产生限定作用的技术特征，或者将这些不对当前权利要求产生限定作用的技术特征组合成具有新的主题名称的技术方案。具体到上述两个复审案例：对于案例1，申请人可以申请一种制卡方法，以包括观点二中不予考虑的那些技术特征；对于案例2，申请人可以申请一种多计算机切换器，以包括观点二中不予考虑的那些技术特征。

但在侵权判定阶段不允许专利权人对授权的权利要求进行修改，一旦法官主观判定某特征不对权利要求的主题起到限定作用，则专利权人就无法作出任何补救措施，所以在侵权判定中，为了做到更加公平公正，就要对权利要求中的全部技术特征予以考虑。

四、撰写此类权利要求的优劣点

对于类似权利要求的撰写，优点在于可以增加权利要求的类型，进一步从多个侧面保护发明的总体构思。例如上述复审案例1，如果只保护一种制卡方法，则在未来的侵权判定中很难取证，但是如果请求的是一种IC卡，则侵权判定中取证就相对容易得多。一旦专利申请人在原申请文件中只撰写了一组权利要求，而在审查过程中认定存在没有对主题产生限定作用的技术特征时，就会使得该组权利要求不具备新颖性/创造性。当申请人试图通过将这些认定为没有对主题产生限定作用的技术特征重写组合为具有新的主题名称的一组权利要求时，审查阶段一旦认为新撰写的这组权利要求不符合《专利法实施细则》第51条第3款的规定，则申请人将面对被驳回的危险，从而使得申请人真正的智慧贡献并没有得到审查，而是因为形式问题被驳回，但真正的智慧贡献却被公开了。

五、结论与建议

本文基于两个复审案例分别从撰写、审查、侵权判定三个发明专利的阶段来给出了对于《专利法》第22条中不起限定作用的技术特征的思考。从中可看出，对于此类权利要求，在撰写阶段需要慎重，需多方面考虑其在后续审查和侵权判定中的风险。在审查和侵权判定阶段，对于此类权利要求应当引起特别关注，力求使申请人获得一个稳定、恰当的权利要求保护范围，并平衡专利权人和社会大众的利益。

技术效果畅谈

刘 耘[*]

【摘 要】

技术效果作为技术方案的三要素之一是专利申请和审查工作的重要内容。由于专利申请、审查实践的复杂性和技术方案的多样性,技术效果展现出内涵丰富、立体、多角度、多层次的综合特质。本文对在专利申请和审查实践中出现的11对技术效果进行梳理和探讨,以期获得对技术效果的更加深刻的认识和理解。据此提出了六大建议,这些建议有助于申请人撰写一份高质量的专利申请书,有助于申请人正确理解对比文件和审查意见通知后作出高质量的意见陈述书,从而显著提升专利申请质量。

【关键词】

技术效果 内涵丰富 综合特质

技术效果作为技术方案的三要素之一是专利申请和审查工作的重要内容。由于专利申请、审查实践的复杂性和技术方案的多样性,技术效果展现出内涵丰富、立体、多角度、多层次的综合特质。以下对在专利申请和审查实践中出现的11对技术效果进行梳理和探讨,以期获得对技术效果的更加深刻的认识和理解。

---

[*] 作者单位:北京东方亿思知识产权代理有限责任公司。

一、技术效果的基本内涵

技术效果顾名思义就是技术特征、技术方案的效果，该效果解决了现有技术中急需解决的技术问题，从而体现了技术特征、技术方案对人的使用价值。

技术效果与作用、功能是近义词，常常一起使用。如《专利审查指南2010》规定：

"通常，对产品权利要求来说，应当尽量避免使用功能或者效果特征来限定发明。"

"该技术手段在该其他部分所起的作用与该区别特征在要求保护的发明中为解决该重新确定的技术问题所起的作用相同。"

"最接近的现有技术，例如可以是虽然与要求保护的发明技术领域不同，但能够实现发明的功能，并且公开发明的技术特征最多的现有技术。"

如《审查操作规程2011》举例："案例4：权利要求：一种茶杯，其特征在于能够保温，'能够保温'是功能性限定，也可以理解为技术效果。"

如北京市高级人民法院《专利侵权判定指南》规定：

"16. 功能性技术特征，是指权利要求中的对产品的部件或部件之间的配合关系或者对方法的步骤采用其在发明创造中所起的作用、功能或者产生的效果来限定的技术特征。"

"43. 等同特征，是指与权利要求所记载的技术特征以基本相同的手段，实现基本相同的功能，达到基本相同的效果，并且所属技术领域的普通技术人员无需经过创造性劳动就能够想到的技术特征。"

"45. 基本相同的功能，是指被诉侵权技术方案中的替换手段所起的作用与权利要求对应技术特征在专利技术方案中所起的作用基本上是相同的。"

综上，一般我们说：技术特征、技术手段所起的作用、功能或者所达到/所产生的技术效果或者所实现的功能，但是我们不说发明的作用，而是说发明的功能、发明的技术效果。

二、各种类型的技术效果

在专利申请和审查实践存在以下多种类型的技术效果。

1. 本发明的技术效果和现有技术的技术效果

这是根据技术效果所属的技术方案的不同进行区分，并都以发明的申请日（或优先权日）为时间界限。

现有技术的技术效果包括最接近的对比文件的技术效果、另一对比文件的技术效果和公知常识中的公知技术效果。

发明的创造性中的"发明有显著的进步"是指发明与现有技术相比能够产生有益的技术效果。因而，在审查过程中，申请人与审查员经常争辩发明的技术效果与最接近的对比文件的技术效果、最接近的对比文件与和公知常识结合后产生的技术效果、最接近的对比文件与和另一对比文件结合后产生的技术效果等。

2. 声称的技术效果和实际的技术效果

声称的技术效果是指申请人在递交的专利申请文件中陈述的本发明要实现的技术效果和在审查阶段递交的意见陈述中陈述的本发明要实现的技术效果。由于声称的技术效果是申请人自己陈述的，因而具有主观性。在专利申请文件中申请人陈述的是本发明相对于背景技术的技术效果，而在审查阶段由于审查员已经检索出最接近的对比文件，申请人应当在意见陈述中陈述本发明相对于最接近对比文件的技术效果。

实际的技术效果是技术方案真正地实现的技术效果。由于在我国专利审查是实质审查，审查员的重要任务就是考察发明相对于最接近的对比文件的实际的技术效果，从而判断申请的技术方案对现有技术作出的实际贡献，也就是考察区别技术特征给发明带来的实际的技术效果，此外在考察现有技术是否存在技术启示的时候，还要考察相应的技术特征给对比文件带来实际的技术效果。在审查实践过程中，发明的实际的技术效果经过争辩之后由国家知识产权局或专利复审委员会最终确定，因而具有客观性。

当申请人声称的技术效果所对应的技术特征被最接近的对比文件公开时，此时声称的技术效果没有得到审查员的认可，因而不是本发明的实际的技术效果。此时，审查员根据权利要求相对于最接近的对比文件的区别技术特征确定本发明实际的技术效果。

当申请人声称的技术效果所对应的技术特征是区别技术特征时，声称的技术效果可以作为本发明实际的技术效果。

3. 记载的技术效果和隐含的技术效果

这是根据技术效果的体现方式不同来区分的。专利的申请和审查都是书面申请和书面审查。申请文件、对比文件中以文字形式记载的技术效果是记载的技术效果，因而是明示的，但是申请文件、对比文件并不记载所有的技术效果，因而从申请文件、对比文件的上下文能毫无疑义地理解到的技术效果就是隐含的技术效果。

由于申请人引用的背景技术和审查员确定的最接近的对比文件不同，记载的技术效果和实际的技术效果会不一致。

例如，在专利复审委员会第25317号无效宣告请求审查决定中，合议组认为：至于专利权人所声称的"托片5承受所述重力的受力点和托片的固定点，即螺栓7所在的位置之间的距离能够大大减小，这样可大大提高托片的承力能力，在同样的托片材料和结构的情况下，能够承受更大的重力"的技术效果，由于其并未记载在本专利的说明书中，本领域技术人员根据本专利说明书及权利要求书的记载也无法确定该技术特征能够为该权利要求所要求的技术方案带来上述技术效果。可见，专利权人所声称的技术效果不是记载的技术效果，而是隐含的技术效果，但不是审查员认可的实际的技术效果。

4. 基本的技术效果和最佳的技术效果

在专利申请文件中，在最佳实施方式部分往往陈述多个实施例，以实现发明内容的充分公开和对权利要求的支持。实施例对应的是最佳技术方案及其最佳的技术效果。而权利要求一般对一个或者多个实施例进行了合理的概括，特别是独立权利要求，只记载解决本发明的技术问题的必要技术特征，保护范围比较大，技术特征少且上位概括，因而仅仅实现为了解决本发明技术问题的基本的技术效果。也就是说独立权利要求限定的技术方案实现了基本的技术效果，而实施例的技术方案实现了最佳的技术效果。

因而在撰写说明书时，在发明内容部分阐述的是基本技术效果，而在最佳实施方式部分中阐述多个实施例，在每个实施例部分结尾处，阐述每个实施例的最佳的技术效果，最佳技术效果不仅包括为了解决本发明技术问题的基本的技术效果，还包括实施例技术方案所产生的其他技术效果。

在专利审查的过程中，对发明创造性的评价是针对权利要求限定的技术方案进行。因而，审查员只考察权利要求的技术方案所产生的技术效果，而说明书中多个实施例产生的最佳技术效果，只用于审查员理解权利要求的技术方案及其基本的技术效果。

5. 整体技术效果和局部的技术效果

技术效果是由技术效果中技术特征以及技术特征之间的关系的总和所产生的。❶ 从这个角度来看，局部、个体的技术特征所产生的技术效果是局部的技

---

❶ 参见《审查操作规程2011》第22页。

术效果，技术特征以及技术特征之间的关系的总和所产生的技术效果是整体技术效果，即整体技术效果考虑了技术特征之间的关系所对应的技术效果。

例如，在《审查操作规程2011》中提及的案例：权利要求1：一种印刷设备，其特征是部件A采用不易变形的材料B。发明人发现纸张跑偏的原因是印刷机使用一段时候后其中的部件A产生变形。对比文件1公开了类似的设备，具有部件A。权利要求1相对于对比文件1的区别技术特征是部件A使用材料B制造。

可以看出：部件A给本发明带来的不易变形的技术效果仅仅是局部的技术效果，由于部件A和技术方案印刷设备是局部和整体的关系，考虑到技术方案的整体性，部件A给本发明的整个技术方案带来的技术效果是：印刷时纸张不易跑偏。

然而，局部和整体都是相对的，在技术方案，技术方案整体和技术手段（功能组团）之间也是整体和局部的关系，技术手段和单个技术特征之间也是整体与局部的关系。

整体技术效果可以是各局部的技术效果之和。如在组合发明中，组合后的各技术特征之间在功能上无相互作用关系，仅仅是一种简单的叠加，总的技术效果是各组合部分效果之总和，❶ 即"1+1=2"的技术效果。

整体技术效果可以大于各局部的技术效果之和。如在组合发明中，组合后的各技术特征之间在功能上相互作用、相互支持，即产生了"1+1>2"的技术效果，即产生了新的技术效果。

6. 固有的技术效果和外因性的技术效果

这是根据技术效果产生的内因和外因来区分的。固有的技术效果是内因性的技术效果，该技术效果是由技术特征自身的特点、特性所决定的技术效果，也是该技术特征不可避免、必然带来的，也是客观的。该技术效果不受其他技术特征的影响。

例如，涂层的成分组成决定了其客观的技术效果，相同的涂层必然具有相同的技术效果。又如相同的材料必然具有相同的技术效果，相同的半导体器件结构客观上能够实现相同的技术效果等。

外因性的技术效果是受外部应用环境，即本技术特征与其他技术特征之间的相互联系和相互作用等的影响的技术效果。此时的技术效果随所在的应用环

---

❶ 参见《专利审查指南2010》第121页。

境不同而不同,由此相同的技术特征在本发明和对比文件各自所产生的技术效果不相同。

如在《审查操作规程2011》中提及的案例:权利要求1与对比文件1的区别在于:可燃气体喷嘴有一根与高压气源相通的中心管,而对比文件2公开了在其可燃气体喷嘴的中心有一根与高压气源相通的中心管。

尽管本发明和对比文件2的中心管结构相同,但是该中心管在各自技术方案中的技术效果各不相同。

7. 直接技术效果和最终技术效果

在阐述技术效果时,通常以递进的方式阐述技术效果,例如某个发明的技术效果是:在抑制触媒劣化的同时,还能抑制燃料电池堆的发电过剩或不足,从而能减少在有高压蓄电池时,避免反复对高压蓄电池充放电。在"从而"之前,是直接的技术效果,"从而"之后是最终的技术效果。

当审查员从现有技术获知直接技术效果和最终技术效果之间的必然联系时,一般以直接技术效果作为确定实际要解决的技术问题的基础,从而拉近最接近的对比文件和本发明的距离。

例如,在以上提及的印刷设备案例中,审查员将技术效果阐述为:使部件A不易变形,从而印刷时纸张不易跑偏。因而,本发明实际要解决的技术问题是如何使部件A不易变形。

然而,发明人首次发现了印刷时纸张容易跑偏的原因是部件A容易变形,即直接技术效果必然导致最终技术效果的原因是发明人首次发现的,该原因在申请日(或优先权日)之前并不为现有技术的技术人员所知悉。因而,应以本发明的最终技术效果作为确定实际要解决的技术问题的基础,即本发明实际要解决的技术问题是如何使印刷时纸张不易跑偏。

8. 可预期的技术效果和预料不到的技术效果

对于技术特征,如果其技术效果是本领域的技术人员根据本领域的申请日(优先权日)之前的技术水平通过合乎逻辑的分析、推理得到的,则这样的技术效果是可预期的。

例如,在选择发明中,在本领域技术人员获知尺寸等参数的变化与技术效果之间的关系的情况下,本领域的技术人员有能力调整尺寸等参数来获得最佳的技术效果,这样的技术效果是可预期的。

例如,在以上提及的印刷设备案例中,部件A给本发明带来的不易变形的技术效果是不易变形的材料B的自身固有特性所决定,由于不易变形的材料的特性为公众所熟知，因而，该固有的技术效果被审查员认定为可预期的技术效果。

预料不到的技术效果，是指发明同现有技术相比，其技术效果产生"质"的变化，具有新的性能；或者产生"量"的变化，超出人们预期的想象。这种"质"的或者"量"的变化，对所属技术领域的技术人员来说，事先无法预测或者推理出来❶。

例如，对于整体技术效果是各局部的技术效果之和，这样的"1 + 1 = 2"的技术效果显然是本领域技术人员可以预期的。对于整体技术效果大于各局部的技术效果之和，产生的"1 + 1 > 2"的技术效果是本领域技术人员预料不到的。

9. 单个技术效果和多个技术效果

这是从一个区别技术特征给发明带来的技术效果的数量来区分。一个区别技术特征有时给发明带来一个技术效果，有时带来多个技术效果。

当一个区别技术特征给发明带来多个技术效果时，应当注意多个技术效果之间的引起与被引起的关联性。

例如，在专利复审委员会第69891号复审请求决定中，复审请求人认为：修改后的权利要求1相对于对比文件1实际解决的技术问题是如何改进蓄电池的安全性，本申请实施例1~6证明了具有上述特征的电池具有良好的安全性，对比文件1未提及电池的安全性。

合议组认为：根据本申请说明书第4页最后1段至第5页第1段的记载"所述第一含锂金属复合氧化物和所述第二含锂金属复合氧化物的用量比（重量比）的优选范围为70~95:5~30，但是本发明的范围并不局限于此。如果其重量比低于上述范围的下限，阴极的电化学性能可能会有所降低；如果所述重量比高于上述范围的上限，所述氧化物可能不足以作为电阻，就难以实现改进电池安全性的效果"可知，本申请权利要求1中限定"所述第一含锂金属复合氧化物与第二含锂金属复合氧化物的重量比范围为70~95:5~30"，其解决的技术问题不仅仅在于改进电池的安全性，而且还包括改善阴极的电化学性能。在对比文件1公开的相关重量比的基础上，本领域技术人员容易获得权利要求1所限定的重量比范围，而且本领域技术人员根据两种材料对阴极电化学性能的公知影响可以合理预期其相应的技术效果。虽然对比文件1未提及通过

---

❶ 参见《专利审查指南2010》第125页。

改变第一含锂金属复合氧化物与第二含锂金属复合氧化物的重量比以改进电池的安全性,但由于本领域技术人员在对比文件1公开的相关重量比的基础上结合其掌握的技术常识容易获得权利要求1所限定的重量比范围,此时由于电池具有与本申请权利要求1相同的结构和组成,因而必然也改进了电池的安全性。

可见,审查员认定该区别技术特征"所述第一含锂金属复合氧化物与第二含锂金属复合氧化物的重量比范围为70~95∶5~30"给本发明带来了改进蓄电池的安全性(记载的技术效果)和改善阴极的电化学性能(隐含的技术效果)两个技术效果。该隐含的技术效果是本领域技术人员基于对比文件1可预期的技术效果。在相同的结构和组成情况下,本领域技术人员也必然实现该记载的技术效果。

10. 可拆分的技术效果和不可拆分的技术效果

专利的创造性的"三步法"判断就是将发明的技术方案基于最接近的对比文件的技术方案而拆分为区别技术特征和非区别技术特征。因而,合理的拆分出区别技术特征并确定区别技术特征对应的技术效果是专利创造性判断的"三步法"因有之义,也是创造性判断的客观化要求。

在审查阶段,审查员对发明的技术方案进行的拆分一般都是合理的,但是在一些情况下,对于区别特征之间的相互关联、相互作用,例如工作方式中的条件关系、机械结构中的配合关系、物质间的化学反应关系等,如果该区别技术特征离开其他的一个或者几个区别技术特征就不能实现其在发明整体技术方案中的功能和作用,则可认为该区别技术特征与其他区别技术特征之间是相互关联、相互作用的,此时应将这些技术特征作为一个整体判断其在发明技术方案中的作用。❶

由于技术效果和技术特征是一一对应的,因而,不可拆分的技术特征对应的就是不可拆分的技术效果。不可拆分的技术效果表现在不能单独考虑局部、各自的技术效果,是一种自身整体性更强的技术效果。

例如,在专利复审委员会第82603号复审请求决定中,对于技术特征"第三控制逻辑,所述第三控制逻辑用于确定所述TCC的滑差是否低于阈值;第四控制逻辑,所述第四控制逻辑用于如果所述TCC的滑差超过所述阈值则将

---

❶ 于萍. 创造性评价中实际解决技术问题的确定 [EB/OL]. (2013-12-20). http://www.sipo.gov.cn/mtjj/2013/201312/t20131220_890734.html.

所述致动压力调节至第一压力水平,其中所述第一压力使所述 TCC 的滑差增大"。

合议组认为:(1)对比文件 2 公开了将实际变矩器滑差与"故障滑差常量"或"滑差稳定性最大常量"进行比较的步骤。然而对比文件 2 并没有教导方法的下一步骤是调节变矩器离合器的致动压力。由此可见,对比文件 2 中仅公开了一个阈值比较的步骤,由于用于比较的目的不同,本领域技术人员难以从该单独的阈值比较的步骤中获得将该步骤应用到对比文件 1 中以在比较之后对例如变矩器的致动压力进行调节的技术启示。

(2)上述技术特征中的第三控制逻辑设置的比较的目的是直接为了第四控制逻辑的执行步骤作准备,两个技术特征组合在一起才能共同实现 TCC 滑差快速恢复的技术效果,而不能割裂开来单独考虑各自的技术效果。

11. 更好的技术效果和更差的技术效果

在审查过程中,更好的技术效果是确定本发明实际解决的技术问题的基础。确定发明实际解决的技术问题,首先应当分析要求保护的发明与最接近的现有技术相比有哪些区别特征,然后根据该区别技术特征所能达到的技术效果确定发明实际解决的技术问题,从这个意义上说,发明实际解决的技术问题,是指为获得更好的技术效果而需对最接近的现有技术进行改进的任务。❶

因此,在对最接近的现有技术进行改进而将最接近的对比文件和另一对比文件的技术方案结合的时候,一定是为了更好的技术效果而进行的结合,为了更差的技术效果不具有结合的动机。

例如,在专利复审委员会第 84888 号复审请求决定中,合议组认为:本申请权利要求 1 与对比文件 1 第九实施例的区别技术特征是"反应表面元件设置为金属丝网",对比文件 1 第九实施例将反应表面元件设置在蜂窝状支撑体上,可以使得需要净化的空气以最小的压力损失通过,由于空气压力损失最小化,其能够充分顺畅地通过净化设备,提高净化效果,本领域技术人员在改进对比文件 1 的净化设备时,其应该是进一步提高净化效果,而将对比文件 1 第九实施例的反应表面元件设置为金属丝网,空气的压力损失增大,不利于提高净化效果,所以,本领域技术人员没有动机如此改进。

---

❶ 参见《专利审查指南 2010》第 118 页。

三、建议和启示

以上仅仅为了论述的方便，而以孤立的方式将各技术效果分成 11 种类型，但是在专利的申请和审查实践中技术效果可以同时具有多个类型，例如，申请人在专利申请文件中声称的技术效果是记载的技术效果，记载的技术效果应当包括直接的技术效果和最终技术效果。而记载在发明内容部分的技术效果是基本的技术效果，记载在最佳实施方式部分的技术效果是最佳的技术效果，这就告诉我们要从多个角度综合审视技术效果（见表1）。

表1 多个角度综合审视技术效果

	多角度审视	各种类型的技术效果	
1	从所属技术方案的角度	本发明	现有技术
2	从申请和审查的角度	声称的	实际的
3	从技术方案记载的方式角度	记载的	隐含的
4	从权利要求和实施例的角度	基本	最佳
5	从部分与整体之间关系的角度	局部	整体
6	从技术效果产生原因的角度	固有的	外因性
7	从阐述技术效果的角度	直接	最终
8	从本领域技术人员是否预见的角度	可预期的	预料不到的
9	从形成技术效果的数量角度	单个	多个
10	从技术效果本身整体性角度	不可拆分	可拆分
11	从结合后技术效果的优劣角度	更好	更差

技术效果的立体综合特质为专利申请文件的撰写、审查意见的答复提供以下建议和启示：

（1）记载技术效果比隐含的技术效果更有说服力。因而，在撰写专利申请文件时，应当通过查新检索等多种手段准确地把握申请日前的本领域相关技术的最新动态，掌握现有技术的技术效果。即使审查员指出的最接近的对比文件与背景技术文件不同，在申请文件中记载的相对于背景技术的技术效果依然是相对于最接近的对比文件的技术效果，依然是本发明实际的技术效果。

（2）增强基本的技术效果的内在逻辑性，从如何发现、提出要解决现有技术中存在的技术问题→为了解决该技术问题而如何提出技术方案→所实现的基本的技术效果如何解决所提出的技术问题，这是基本的技术效果的内在逻辑主线。逻辑性越强，基本的技术效果越有说服力。此外，当基本的技术效果没有说服力时，可以将独立权利要求按照最佳实施例的技术方案进行进一步的限定，以最佳的技术效果来进一步加大本发明与对比文件在技术效果方面的差别。

（3）从本质上把握技术效果产生的原因。技术效果产生的内在原因对创造性的判断很重要，例如发明人对解决技术问题的原因的首次发现或者多个技术手段相互作用整体地解决了技术问题等。

（4）多层次立体地阐述技术效果，既要逻辑性地阐述基本的技术效果，也要阐述最佳的技术效果作为支撑，既要阐述直接的技术效果，也要阐述最终的技术效果，尽量使所阐述的技术效果完整地被审查员认可。

（5）要认清技术效果带来的风险，要警惕固有的技术效果带来的技术效果可预见性，关注直接技术效果和最终技术效果之间是否有必然联系，关注是否存在隐含的技术效果，关注多个技术效果之间的关联等。

（6）在答复审查意见通知书时，要分析所指出的隐含技术效果是否能从上下文毫无疑义地理解到，要分析审查员对技术方案的拆分是否合理，是否把不可拆分的技术效果进行了拆分，要分析对比文件结合后的技术效果是更好还是更差，分析是否预料不到的技术效果，分析尽管结构相同但是否是外因性的技术效果，分析是以直接技术效果还是以最终技术效果作为认定实际要解决的技术问题基础等。

总之，深入准确地理解和使用以上这些建议，将有助于申请人撰写一份高质量的专利申请书，有助于申请人正确理解对比文件和审查意见通知后作出高质量的意见陈述书，从而显著地提升专利申请质量。

四、结　　语

以上各种探讨，没有也不可能涵盖技术效果所有的类型，在此仅仅强调技术效果立体的、综合的特质，在撰写和答复审查意见通知书时要更多地关注技术效果，更深刻地理解技术效果。技术效果的更多内涵有待在今后的申请和审查实践进一步地总结，因此，本文的目的仅仅是抛砖引玉。不足之处和不周之处，恳请指正。

关于实用性审查中再现性的思考

汤丽妮*　何莉莉*（等同于第一作者）

【摘　要】

　　本文对于实用性审查中涉及再现性这一考虑因素的"随机因素"的内涵进行了一些浅见的思考。通过结合一个具体案例，对实用性和再现性的立法本意、再现性规定中的"随机因素"以及"实施结果应该是相同的"的内涵进行了初步探究，希望能为实用性审查提供一定的参考，并能够进一步明晰实用性的内涵和实质，以助于申请人对实用性的理解。

【关键词】

　　实用性　再现性　随机因素

一、引　言

　　《专利法》第22条第1款规定授予专利权的发明和实用新型应当具备新颖性、创造性和实用性。而在具体的审查工作中，从《专利审查指南2010》第二部分第八章第4.7节关于"全面审查"中规定"一般情况下，首先审查申请的主题是否属于专利法第五条、第二十五条规定的不授予专利权的情形；是

---

* 作者单位：国家知识产权局专利局光电技术发明审查部。

否符合专利法第二条第二款的规定;是否具有专利法第二十二条第四款所规定的实用性;说明是否按照专利法第二十六条第三款的要求充分公开了请求保护的主题。然后审查权利要求所限定的技术方案是否具备专利法第二十二条第二款和第三款规定的新颖性和创造性"可知,发明专利申请是否具备实用性是影响其能否被授予专利权的重要因素,并且一般情况下在审查顺序中要优先于新颖性和创造性的审查。这是因为从实用性的立法本意来看,实用性代表了发明内容在产业上的可实践性,一项发明只有具有产业上的可实践性,才能保证申请人和公众获得相对更加直接的利益,从而激励申请人和公众在此基础上进行进一步的技术创新。

因此,在目前牢固树立实质审查中以"三性"评判为主线,把新颖性、创造性和实用性审查作为工作的核心内容的大环境下,需要我们对实用性的内涵和实质进一步明晰,从而准确把握实用性的评判标准。以下希望通过一个具体的案例为基础,就实用性的再现性特征的内涵进行探讨。

二、案情介绍

某发明专利复审请求案涉及一种"一种活动托牙镶复工艺"和"一种固定桥牙的制作工艺",具体的技术方案如下:

1. 一种活动托牙镶复工艺,包括用嘴产生工作模型,操作模型,其特征在于:操作模型的制作是在工作模型脱膜后,立即用超硬石膏灌制成操作模型;将上、下牙颌模型固定在咬合器上,对工作模型进行修正后,划出假牙基托制作边缘;用不锈钢制作修复件,并将上述修复件暂时固定在工作模上,在工作模型涂分离剂,将调好的自凝塑料暂时固定;对制成的上、下颌齿从模型上取下,进行边缘修改;用调合的自凝塑料将基托淌平经抛光,一副活动托牙即制成。

2. 一种固定桥牙的制作工艺,包括用嘴产生工作模型,其特征在于:工作模型为用石膏一次灌制成型工序,操作模型制作工序,在工作模型脱膜后立即用超硬石膏灌制成操作模型;将上、下颌模型固定在咬合器上,对工作模型进行修正后,划出假牙基托制作边缘;在操作模型上将固位基牙的牙缝锯开,测量固位基牙的颈部高度和其周长(包括连接杆的长度),剪一片宽度和长度与固位基牙颈部的高度和周长相同的白合金片,备用;制作固位体套环,用上述白合金片在操作模型的固位基牙上制作固位体套、环;在固位套环与连接杆的连接处制一圆孔;扣板制作,在圆形白合金片上制出一孔;把一个由不锈钢丝制成的扣钉压进固位套环和扣板中的孔内,将其压紧;将制备好的修复件,按要求位置转移到工作模型上,并在工作模型上涂分离剂,用成品义齿或造牙塑料配合金属牙咬合面补充到固定桥牙的桥体部分,对牙咬合面进行修改调整,脱模后进行抛光,固定桥牙即制作成。

对于上述技术方案,有观点认为:权利要求1、2分别请求保护"一种活动托牙镶复工艺"和"一种固定桥牙的制作工艺",其中"用嘴产生工作模型"、"上、下牙颌模型"的工艺是根据患者因人而异地确定"上、下牙颌模型"或"修复件",最终制成"活动托牙",受到随机因素的影响,致使所属技术领域的技术人员不可能重复实现其方案,无再现性,因此不具备实用性。

三、分析讨论

上述认为不具备实用性的观点的根源在于对以上两个技术方案的再现性提出了质疑,认为该申请中的"活动托牙镶复工艺"和"固定桥牙的制作工艺"在重复实施过程中依赖随机因素,导致缺乏再现性。那么到底什么是随机因素,其在再现性这一影响实用性的因素的评判中又如何考虑,为此,我们有必要探究一下实用性以及再现性的立法本意。

实用性的立法本意在于"专利法所保护的技术方案应当能够在产业上被实际应用"这一初衷,一个在产业上没有用途或者无法再现的技术方案是无法被实际应用于产业上的,因此能够在产业上应用的技术方案应当具备能够在产业上被批量实现的特征,为此满足实用性要求的技术方案应当具备再现性。也即如果一项发明的技术方案涉及一种产品,那么这种产品就应该是能够批量制造的,如果一项发明涉及一种方法,那么这种方法就应该在产业实践中能够重复实施。

《专利审查指南2010》第二部分第五章的实用性,是指该发明或者实用新型能够制造或者使用,并且能够产生积极效果。再现性,是指所属技术领域的技术人员,根据公开的技术内容,能够重复实施专利申请中为解决技术问题所采用的技术方案。这种重复实施不得依赖任何随机的因素,并且实施结果应该是相同的。而随机因素可以理解为在一定条件下,可能发生也可能不发生的因素,如果技术方案的实现受随机因素的影响,即在确保发明所需全部技术条件下,技术方案仍然处于可能能够实现,也可能不能够实现的状态,此时将导致所属技术领域的技术人员不能确定地重复实施该技术方案,此时属于无再现性的情况,反之则具有再现性。关于随机因素对再现性的影响,《专利审查指南

2010》中仅规定了重复实施不依赖于任何随机因素，而对于实施结果仅仅规定了"应该是相同的"。那么对于再现性中"实施结果应该是相同的"的理解，笔者认为，实施结果"应该是相同的"只是在排除重复实施过程中随机因素导致的影响的前提下，得到的一种理想状态的描述；"应该相同"是在理想状态例如确保发明所需全部技术条件下必然的趋势或结果，其并不必然要求重复实施所得的产品权利要求中的产品或方法权利要求所得的产品在大小、尺寸上完全一样，即实际上达到绝对的百分之百一致的复制品的理想程度。有力的证据就是产业生产中的成品率，实际产业生产中即便是成品率高的产品也很难达到百分之百的成品率，且不论重复实施中的部分实施结果（非成品）与其他实施结果（成品）之间必然是有差异的，单就合格的产品而言，其或多或少也都存在一定的允许范围内的差异，然而此时该产品或该产品的生产方法仍然是能够重复实施的，因此在能够重复实施的前提下，实施结果程度上的差异并不意味着技术方案无再现性。尤其当技术方案的实施以及实施结果与个体差异有关系时，如果个体差异这一因素所导致的仅仅是最终实施结果程度的差异，例如尺寸、形状的不同，并且这些不同是完全可以预期甚至是实施结果所需要的，而这些不同并不影响技术方案的整体实施以及实施结果的可呈现性，那么不适于由于这些差异而认定所述技术方案无再现性。

具体到以上的案例，权利要求1请求保护"一种活动托牙镶复工艺"，权利要求2请求保护"一种固定桥牙的制作工艺"，二者均涉及一种方法，具体而言，权利要求1、2请求保护的技术方案涉及用嘴产生工作模型以及对工作模型进行修整加工的步骤。其中用嘴产生工作模型这一步骤与方法所实施的对象的具体的上下牙颌情况有关，因对象而异，会形成形状存有差异的不同的工作模型，但无论施加对象个体差异性有多大，依照权利要求1、2所限定的方法步骤，均可得到相应的假牙。本领域技术人员根据所公开的技术内容，可以对于不同的人重复实施权利要求1和2所述的工艺过程，虽然对不同的人实施该工艺所获得工作模型在尺寸、形状等方面有所不同，但最终都可获得不同的"上、下牙颌模型"或"修复件"最终制成"活动托牙"，此处的"不同"仅仅是实现的模型或修复件的尺寸或形状因为个体差异而产生的不同。这些不同是实施结果程度上的差异，不取决于随机因素，其与随机因素不属于同一个概念，并不影响所述活动托牙镶复工艺和固定桥牙的制作工艺的实施，即该工艺过程是能够重复实现的，其能够在产业上重复利用。基于此，不能依此认定权利要求1、2不具备实用性。

四、结　　论

从实用性的立法宗旨以及《专利审查指南2010》对于实用性、再现性的规定，结合以上案例的分析可以知晓，技术方案的实现受随机因素的影响，是指在确保发明所需全部技术条件下，导致技术方案仍然处于可能能够实现，也可能不能够实现的状态的因素，此时该技术方案的重复实施将依赖随机的因素。具有再现性的技术方案的重复实施不得依赖任何随机的因素，并且实施结果应该是相同的，而实施结果程度上的差异并不意味着技术方案无再现性。

浅述专利审查过程中"惯用手段"的适用

郝家宝[*]

【摘　要】

　　本文以"惯用手段"为"决定要点"的查询要素对专利复审委员会的复审决定进行检索,并对检索结果进行了统计分析,直观地反映出了"惯用手段"在专利审查过程中的适用情况,同时分析了适用过程中存在分歧的原因。

【关键词】

　　惯用手段　新颖性　创造性　抵触申请　实质审查

一、引　言

　　在近几年的专利代理过程中,专利代理人越来越多地遇到审查员以"惯用手段的直接置换"为理由来评述专利申请的新颖性或创造性,遇到此类审查意见时,专利代理人在答复时往往很难进行意见陈述。诚然,其中有些案件确实是因为专利申请文件的撰写或者是本身的技术方案中存在惯用手段的直接置换,但有些案件或许是在审查过程中审查员存在主观性的判断。通过复审决

---

[*] 作者单位:石家庄众志华清知识产权事务所(特殊普通合伙)。

定可以直观反映出专利审查过程中存在的相关问题。

在国家知识产权局专利复审委员会网站的"审查决定查询系统"中,以"惯用手段"为"决定要点"的查询要素进行检索,检索时间范围为2010年1月1日至2015年6月30日,共检索出1007份复审决定。其中的158份是依据《专利法》第22条第2款评述专利申请的新颖性,占比15.69%;837份是依据《专利法》第22条第3款评述专利申请的创造性,占比83.12%;12份是依据《专利法》第26条第4款进行的复审,占比1.19%。在评述新颖性的复审决定中,155份是撤销国家知识产权局作出的驳回决定,仅3份是维持驳回决定,复审成功率高达98.10%。在评述创造性的复审决定中,72份是撤销驳回决定,765份是维持驳回决定,复审成功率仅为8.60%。在依据《专利法》第26条第4款作出的复审决定中,9份是撤销驳回决定,3份是维持驳回决定,复审成功率75.00%。按照决定日对2010~2015年的审查决定逐年进行数量统计,统计结果依次为:65份、98份、93份、103份、388份、260份。

通过上述对检索结果的分析可以看出,关于"惯用手段"的复审决定数量在近两年的增速较快,主要集中在"惯用手段的直接置换"被审查员用来评述专利申请的创造性,而这也是专利代理人及申请人最难以接受或认可的审查理由,出现了较多的复审请求,但复审成功率却较低。由此可见,"惯用手段"是专利审查过程中较易出现分歧的矛盾节点,需要明确地认识"惯用手段"的适用情况。下文是笔者对"惯用手段"的适用情况进行的分析论述。

二、法律依据

在《专利审查指南2010》中,"惯用手段"主要出现在以下几部分中。

第一是出现在《专利审查指南2010》第二部分第二章第3.2节中,关于"权利要求书应当满足的要求"。用来判断权利要求书是否以说明书为依据、是否清楚地限定要求专利保护的范围,是以《专利法》第26条第4款为基准的。具体为:惯用手段被用来论证权利要求书中功能或效果特征的可验证性,即"只有在某一技术特征无法用结构特征来限定,或者技术特征用结构特征限定不如用功能或效果特征来限定更为恰当,而且该功能或者效果能通过说明书中规定的实验或者操作或者所属技术领域的惯用手段直接和肯定地验证的情况下,使用功能或者效果特征来限定发明才可能是允许的";惯用手段也被用来论证权利要求书是否清楚地限定要求专利保护的范围,即"特殊情况下,当产品权利要求中的一个或多个技术特征无法用结构特征予以清楚地表征时,允许借助物理或化学参数表征；使用参数表征时，所使用的参数必须是所属技术领域的技术人员根据说明书的教导或通过所属技术领域的惯用手段可以清楚而可靠地加以确定的"。

第二是出现在《专利审查指南 2010》第二部分第三章第 3.2 节中，关于"新颖性的审查基准"。用来判断发明或者新型有无新颖性，是以《专利法》第 22 条第 2 款为基准的。具体为："如果要求保护的发明或者实用新型与对比文件的区别仅仅是所属技术领域的惯用手段的直接置换，则该发明或者实用新型不具备新颖性。"

第三是出现在《专利审查指南 2010》第二部分第四章第 3.2 节中，关于"创造性的审查基准"。用来评价发明有无创造性，是以《专利法》第 22 条第 3 款为基准的。在使用"三步法"判断要求保护的发明相对于现有技术是否显而易见时，惯用手段作为公知常识的一种来使用。具体为："下述情况，通常认为现有技术中存在上述技术启示：（i）所述区别特征为公知常识，例如，本领域中解决该重新确定的技术问题的惯用手段，或教科书或者工具书等中披露的解决该重新确定的技术问题的技术手段。"

第四是出现在《专利审查指南 2010》第二部分第六章第 2.2 节中，关于"单一性的审查"。用来判断包含在一件申请中的两项以上发明是否明显不具有单一性，是以《专利法》第 31 条第 1 款为基准的。具体为："如果这几项发明没有包含相同或相应的技术特征，或所包含的相同或相应的技术特征均属于本领域惯用的技术手段，则它们不可能包含相同或相应的体现发明对现有技术作出贡献的特定技术特征，因而明显不具有单一性。"

三、适用分析

以上梳理出的《专利审查指南 2010》中"惯用手段"的出现情况，与对复审情况的检索分析结果相对应。在实际审查过程中，"惯用手段"用来判断权利要求书是否以说明书为依据、是否清楚地限定要求专利保护的范围，以及"惯用手段"用来判断包含在一件申请中的两项以上发明是否明显不具有单一性的情况出现得比较少，同时这两种情况也较易梳理和分析，不是专利审查中的矛盾节点，因此本文在此部分不作赘述，以下主要浅述"惯用手段"用来判断发明或者新型有无新颖性以及用来评价发明有无创造性两方面的适用情况。

1. 用来判断发明或者新型有无新颖性

《专利审查指南 2010》中详细阐述了新颖性的判断方法步骤，采用"惯用手段"来判断发明或新型有无新颖性,只是众多判断方法中的一种,因此也必须严格按照《专利审查指南2010》的要求来操作。

首要考虑的问题在于对比文件是抵触申请或现有技术中的哪一种,然后再按照单独对比原则进行审查。若对比文件为抵触申请,则其只能用来判断发明或者实用新型的新颖性。若对比文件为现有技术,则其既可判断发明或者实用新型的新颖性,又可评价发明的创造性。按照《专利审查指南2010》中的规定:"一件发明专利申请是否具备创造性,只有在发明具备新颖性的条件下才予以考虑。"因此也需按照"惯用手段的直接置换"先进行新颖性审查。

在审查操作过程中,审查员能够对"惯用手段的直接置换"的判断标准进行较好把握,专利代理人也能够在实质审查过程中通过说理、修改权利要求书等方法来消除缺陷,此类案件进入复审程序的数量相对较少,复审成功率也较高。

2. 用来评价发明有无创造性

《专利审查指南2010》中是将惯用手段作为公知常识的一种来使用,同时在公知常识的举证责任中也指出审查员可以在无须举证的情况下,仅凭说理来论述区别特征为本领域中解决该重新确定的技术问题的惯用手段。这就会导致出现以下问题:

对于审查员而言,《专利审查指南2010》中的规定免除了审查员的举证责任,使审查员在未检到对比文件的情况下也能对发明专利申请进行创造性审查,而审查员通常是阅读了专利申请文件并完全了解专利申请文件的整体技术方案之后,才对专利申请文件进行创造性评价,因而很容易出现"事后诸葛亮"的问题,使得审查员不能本着客观化的原则去评价创造性。

对于专利代理人而言,争辩"区别特征不是惯用手段"较为困难,专利代理人难以找到相关对比文件作为争辩的参照,仅凭说理争辩容易显得主观性较强,这就使得意见陈述的说服力较弱。

在审查操作过程中,不同的审查员对创造性的判断尺度把握有差异,专利代理人与审查员在实质审查过程中通过说理、修改权利要求书等方法可能难以消除缺陷,此类案件进入复审程序的较多,复审成功率也较低。

笔者认为,如果一项发明与最接近的现有技术相比存在区别特征,基于这些区别特征可以确定发明实际解决了某技术问题,同时该现有技术并不能想到要去解决所述实际解决的技术问题,也不能想到采用所述区别特征来解决所述实际解决的技术问题,即该现有技术对所述区别特征没有给出技术启示,这些区别特征也不是本领域中为解决该实际解决的技术问题的惯用手段，则发明相对于该现有技术是非显而易见的，此时，应当认为该发明具有突出的实质性特点和显著的进步，具备创造性。

四、小　结

"惯用手段"在专利审查过程中越来越多地被应用于评述专利申请的新颖性或创造性，在实际审查过程中，随着案件的具体情况不同、判断主体之间认知水平的差异等因素的存在，各种各样的问题会随之出现，希望在审查实践中能够形成一个统一的、客观化的评判标准，以利于提升专利审查和代理质量，促进专利事业的繁荣发展。

本文是对"惯用手段"在专利审查过程中适用情况的浅显分析，如有不妥，敬请批评指正。

参考文献

[1] 尹新天. 中国专利法详解 [M]. 北京：知识产权出版社，2011.

[2] 张海成. 论专利的新颖性——兼论专利法第三次修改对专利新颖性的规定及影响 [D]. 中国政法大学，2010.

[3] 唐杰敏，李镐的. 浅谈如何应对和防范惯用技术手段问题 [G] //中华全国专利代理人协会. 2014 年中华全国专利代理人协会年会第五届知识产权论坛论文. 北京：知识产权出版社，2014.

[4] 马欲洁，黄志敏. 浅谈惯用手段的直接置换与等同侵权的内在联系 [J]. 中国发明与专利，2012（S1）：26 - 28.

[5] 王会卿. 显而易见 vs 容易想到——对"容易想到"使用的认识和探讨 [G] //中华全国专利代理人协会. 2014 年中华全国专利代理人协会年会第五届知识产权论坛论文. 北京：知识产权出版社，2014.

[6] 赵传海，吴志敏，徐国亮. 浅析公知常识在新颖性与创造性判断中的适用 [G] //中华全国专利代理人协会. 2013 年中华全国专利代理人协会年会暨第四届知识产权论坛论文汇编. 北京：知识产权出版社，2013.

创造性答复方式的几个陷阱和应对之道

张浴月[*]

【摘　要】

　　本文通过回顾1个历经4次答复意见被驳回，提出了复审请求后，经历了复审通知后被复审委维持了驳回决定，后又提出行政诉讼的坎坷的审查—答复之路，总结了审查员与专利代理人面对创造性问题的常用套路，探讨了创造性审查意见难以精准、答复创造性容易流于表面的观点争论的重要成因，认为其在于专利代理人一方过分倚重有利于己方的法律解读的观点，更在于审查员和专利代理人之间的信息不对称。专利代理人应承担起查明包括对比文件的现有技术，以及本申请的各个特征的来由和意义的重任和义务，并建议专利代理人答复创造性时，不要仅停留在表面上，而是将答复创造性的重点放在事实和证据的分析上，从而帮助审查员对本申请与现有技术的差异有更清晰的判断，作出更准确的审查结论。

【关键词】

　　观点争论　信息不对称　惯用手段　三明治

---

[*] 作者单位：隆天知识产权代理有限公司。

一、案例简述

本申请在"背景技术"中指出要解决的技术问题是：导光板上所设置的凹槽的长度与导光板的长度相同，即设计在整个出光面上，导致凹槽与导光板上方的光学膜片产生碰撞或摩擦，容易产生缺损而导致亮点。

在具体实施方式中，提出的方案是导光板的从周边区延伸到出光区的总长度为 L，沿着导光板的长度延伸方向，其包括 5 个技术特征：

（1）凹槽图案的长度 D 与导光板 L 的关系，$0 < D < L$，优选小于 $1/4L$（特征 1）；

（2）凹槽图案的深度不一且逐渐变浅（特征 2）；

（3）多个凹槽图案的深度变化方式不同（特征 3）；

（4）多个凹槽图案的长度不同（特征 4）；

（5）多个凹槽图案的纵切面夹角不同（特征 5）。

二、对比文件简述

在整个审查过程中，只用了对比文件 1（以下简称"D1"），其公开如下技术要点。

1. 技术问题

导光板出现暗带区，从而导致导光板的出光不均匀。

2. 技术方案

根据光源与凹槽的距离，调整凹槽的密度，使得靠近点光源的凹槽（亮带区的凹槽）的间距大于远离点光源的凹槽（暗带区的凹槽）的间距，即亮带区的凹槽的密度小，暗带区的凹槽的密度大。

3. 技术效果

补偿了明暗之间的亮度差别，达到抑制暗带并提高背光模组的出光均匀度。

很重要的备注：D1 不管是背景技术还是具体实施方式中的附图，均显示了凹槽的长度 D 短于导光板的长度 L。

三、实质审查阶段的短兵相接

由于申请人每次收到审查意见通知书后，都会修改权利要求，导致上述 5 个特征所在权利要求发生变化，并且上述 5 个特征的组合方式发生变化，迫使审查员不得不调整其针对各特征的审查意见的顺序和组合方式。为了阐述方便，下面以各个特征而不是以权利要求为对象，来看看审查员与专利代理人是如何八仙过海、各显神通的。

在第一次审查意见通知书中，审查员指出 D1 公开了凹槽的长度 D 短于导光板的长度 L，因此解决了本申请要解决的问题，至于 D 小于 1/4L（特征1），深度不一且逐渐变浅（特征2）乃**惯用手段**，对于其他3个特征，审查员认为**均可根据需要选择**，例如 D1 的弧线槽与本申请的 V 形槽、U 形槽**具有等效的效果**，本领域普通技术人员**可以选择单独使用某种槽，也可以选择将几种槽同时使用**，从而得到了多个凹槽图案的深度变化方式不同（特征3），多个凹槽图案的长度不同（特征4），多个凹槽图案的纵切面夹角不同（特征5）（下文视情况，有时将特征 1~5 简称为调整深、长、角）。

可以看出，审查员为了"枪毙"掉这 5 个未被 D1 公开的特征，祭出了两大法宝：惯用手段、可以根据需要选择。

其中，对于直接说惯用手段好像有点说不过去的参数特征 3~5，审查员独出心裁地引进了这些参数所在的主体——凹槽，说"本领域普通技术人员可以选择单独使用某种槽，也可以选择将几种槽同时使用"，以此为桥梁，得到了特征 3~5 的不同的深度变化方式不同、不同长度以及不同夹角。必须承认，审查员借助这种不同形状的槽的组合做桥梁推导出目标特征的评述方式还是很有创意的。

接下来该代理人一显身手了，专利代理人也有自己的套路，那就是**先质疑"对手"（D1）**：D1 仅公开了调整凹槽间距，半点没提调整凹槽的深、长、角，如何有动机来调整凹槽的深、长、角，**再肯定"自己"（本发明）**：本发明的这些调整深、长、角的方式解决了背景技术提到的亮点问题。

在第二次审查意见通知书中，面对质疑，审查员增加了关于调整动机的意见，即，为了改善导光板的出光均匀性，本领域技术人员在 D1 的基础上可以容易地想到上述特征 1~5。

又该专利代理人了，基本还是上次的套路，质疑"对手"和肯定"自己"。所不同的是，这次"对手"是扩展到其他现有技术文献，"自己"的效果则扩展到了本申请未明文记载的效果，要点如下：

（1）D1 没有给出调整凹槽的深、长、角的启示，没有其他现有技术公开过调整凹槽的深、长、角使其变得不规则；

（2）调整凹槽的深、长、角并非惯用技术手段；

（3）调整凹槽的深、长、角可以使得导光板充分混光，得到更佳的出射光，而且解决了背景技术提到的亮点问题。

由上可看出，答复意见的广度有所扩展，但由于没有展开分析，虽然点在"穴位"，却缺少力道，有浮在表面上之虞，原因是：

（1）在质疑没有其他现有技术公开本发明的特征时，仅仅停留在质疑上，并没有对现有技术的技术发展情况给出一个阐述，导致与审查员的较量变成了一种观点争论，专利代理人的观点是没有证据公开就是有创造性，审查员的观点是即使没有证据公开也没有创造性。

（2）在与D1对比时，只是提了一句"没有其他现有技术公开过调整凹槽的深、长、角使其变得不规则"，并没有分析D1是否是不规则的，本发明如何就是不规则的，导致这里的"不规则"不能让审查员深刻理解认识到D1与本发明的特征的差异所在，而"沦"为一个简单的特征重述，难以引起审查员的重视。

（3）在提到本发明的效果时，只是将新的效果"使得导光板充分混光，得到更佳的出射光"与原来的效果"解决了亮点问题"并列，缺少细分各特征，以及各特征与效果之间的因果关系的分析，产生其效果只是为了克服创造性凭空"创造"出来的印象。

在第三次审查意见通知书中，面对专利代理人的上述质疑，审查员不甘示弱，进一步给出了如下调整凹槽的深、长、角是惯用技术手段的说理。

例如，根据光源与凹槽的距离，设置凹槽的深、长、角，进而得到更佳的出射光。

可见，专利代理人"质疑招"和"肯定招"没有实质的"杀伤力"，不能影响审查员对于相关现有技术的认知，所以审查员只需祭出其第三法器——"三明治"即可将拆招。具体为：将对比文件和要评价的发明进行概括、提炼，得到动机、效果等相同的元素（如本案，假设了与D1相同的动机的场合——根据光源与凹槽的距离调整，又概括出相同的效果，D1和本发明都要获得较佳的出射光）作为"三明治"的上下两个面包片，将不同的元素，通常是技术特征（如本案，凹槽的深、长、角设置方式）作为"三明治"中间的牛肉夹层。

又该专利代理人了，再次扩充答复意见，但仍只扩充了如下的法律观点部分：凹槽的深、长、角均为**参数**特征，不能因为参数限制就否认创造性；强烈要求审查员提供调整凹槽的深、长、角的证据，不能提供的话，应当认为本发明具有创造性。

然而观点争论往往是"横看成岭侧成峰，远近高低各不同"。在对对比文件1以及本发明的事实部分无争议，本发明的某个特征没有明确的证据公开的前提下，处于不同的立场，自然就会有不同的见解，专利代理人就会乐观地认为法律应该站在自己这边。不幸的是，审查员也是这么想的——法律应该站在我审查员这边！

可以这么说，这种观点争论是薄弱的或者是毫无意义的，因为专利代理人并没有提出支撑其观点的具体事实和理由。这场专利代理人与审查员之间的拔河比赛，由于法律赋予了审查员在某些场合下可以不提供证据的权力，注定了拔河的结果是审查员赢。

在答复第三次审查意见通知书时，申请人再次修改了权利要求，但仍只是调整了特征1~5所在的权利要求和组合方式。为了满足听证原则的相关规定，审查员发出第四次审查意见通知书，针对各个特征的评述与第三次审查意见通知书基本上相同，不同之处仅为根据新的修改，调整了针对各特征的审查意见的顺序和组合方式。

对此，专利代理人的出招没有什么新意，与答复第三次审查意见通知书的相同，还是要求审查员提供证据，还是观点争。

至此，发出驳回决定的条件"符合听证原则"终于成熟了，审查员"听"够了，终于心安理得地以与第四次审查意见通知书相同的意见发出了驳回决定。

小结：本申请的实质审查过程漫长的一个重要原因是：审查员与专利代理人之间的拉锯式的观点争。审查员按照《专利审查指南2010》的规定，以对比文件作为推理的基础起点，将特征1、2简单地断定为惯用手段，对特征3~5作了简单的逻辑推理，断定可以根据需要选择设置，得到了本申请的作为发明点的特征。专利代理人不同意，多次使出"质疑招"——认为"无证据，就是有创造性"，不承认、不正视法律规定中的不利于己方的解读。这样的观点争论的缺陷是明显的，只是在法律结论的层面进行争辩，而不是从支持这种结论的事实层面，因此争辩显得苍白无力，二来当申请人反复修改权利要求时，陈述理由只是随着特征所在的权利要求的变化而变化位置，造成审查程序没有意义地延长，因为这种延长没有用在查明事实这一刀刃上。

本申请的实质审查过程漫长的另一个重要原因是：专利代理人对"肯定招"的使用有点肤浅——"认为有有益的技术效果，就是有创造性"。笔者认为查明事实的关键角色是专利代理人而非审查员。因为审查员和专利代理人之间信息是不对称的,每个发明都有着独特的技术背景,其特征也都有着自己特别的来由和意义,审查员不太有可能了解清楚这些背景和各个特征的来由和意义,专利代理人则因离发明人更近,具有获得前述背景、来由、意义的先天优势,因此应当承担起查明事实的重任和义务(当然,专利代理人往往受限于其他的一些原因,如与申请人的合作协议等也可能捆绑了专利代理人的手脚,本文为了观点阐述方便,以没有这种捆绑为前提)。

四、复审阶段的你来我往

面对驳回决定,专利代理人提交了复审请求,并提出了两组实验数据来证明:在只有凹槽长度小于导光板长度(以下简称"D 小于 L")的特征的 D1 中,不能很好地解决本发明的技术问题,该长度必须进一步小于 1/4L,且和本发明的特征 3~5 组合,才能具有最佳的技术效果。

第一组实验(最佳实施例):多个凹槽的长度完全不同的情况下,导光板只有细微的暗带;第二组实验(最差实施例):多个凹槽的长度部分不同,部分相同,即不完全相同的情况下,导光板只有明显的暗带。

上述实验数据存在的问题是,都属于本申请中描述的技术方案,且不是针对权利要求所要求保护的方案,也未将重点放在权利要求的方案与 D1 的对比上。而只是从发明人的角度,将符合其发明构思的多个方案的优劣进行了排序。

正如后来专利复审委员会(以下简称"复审委")指出的,诉争权利要求保护的是不完全相同的类似第二组实验的情形,因此不能证明创造性。

在复审通知中,复审委对于 D1 与权利要求 1 的差异,即为何从 D1 的间距能联想到调整凹槽的深、长、角给出了更明确的说理方式,认为对比文件 1 的记载"该凹槽 3321,4321 的长度可以依据导光板的大小和暗区的范围扩大或者缩小线段的长度、宽度和深度",给出了调整的技术指引。

针对看似更有说服力的现有技术的指引,专利代理人是这么"招架"的:**虽然对比文件 1 已经启示**本领域技术人员可以通过调节凹槽间距、长度、宽度、深度等参数,以满足所需出光品质。但是在实践中,凹槽的深度要么越来越低要么越来越高,**可能确实**需要进行大量实验,付出辛苦的劳动,才能最终选择出凹槽的深度越来越低。

可见专利代理人对于 D1 给出了明确指引的情况承认了,缴械投降了!专利代理人似乎黔驴技穷地仍然使用了观点争论的方式,即在存在明确指引的调整可能的参数中,使用了有利于己方的法律解读的方式——本发明是几种可能中的一种,需要实验来确定。

注意,专利代理人使用了"可能确实需要进行大量实验"的措辞,可见其对于自己的论述的不自信,似乎在问自己,深度越来越低或越来越高,不就两种可能吗,需要大量实验吗?如前所述,这样的观点争的缺陷是明显的,不能真正有助于现有技术事实的查明,以及令本发明的发明点的优点突显。观点争论更明显的缺陷就是,在创造性事实难以树立或者处于未明的状态,审查员和专利代理人之间的拔河比赛是没有悬念的!

所以,复审委发出复审决定,维持驳回决定。

小结:建议专利代理人谨记:在同样的事实或法律既有不利于己方的解读,又有有利于己方的解读时,不要偷懒,不要想当然的认为审查员、法官等就应该按照有利于己方的方式解读,不这么解读就不合理、不公平。恰恰相反,在这种场合,发明有创造性的可能性与不具有创造性的可能性如果旗鼓相当或者优势不明显,审查员或法官等审判方更应该认为其不具有创造性,这毕竟关乎着专利的质量和荣誉!因此,证明有创造性的职责落在专利代理人的肩上,是专利代理人而非审判方需要拿出更翔实的证据、理由来证明自己的观点。

五、行政诉讼阶段

行政诉讼乃是最后的机会了,为了抓住这根救命稻草,专利代理人一方要用丰富是事实证据来支撑自己的"质疑招"和"肯定招"。

仔细分析 D1 的技术指引,发现该记载单独看来语句不通,技术术语不统一,容易产生多种理解,然而结合 D1 的上下文,正确的解读应该为:

(1) 调节凹槽的长、宽、深的前提条件:针对不同大小的导光板;

(2) 对于确定的一个导光板,调节凹槽的间距,而凹槽的其他参数,长、宽、深的任何一个参数是固定的一个值,而非多个值。

这样一分析,立刻就发现了所谓 D1 的技术指引其实不成立,其与本申请的对于确定的一个导光板,调节深、长、角,使得深浅不一、长短不一、宽窄不一等。

在实践中,对比文件的某些技术描述确实似是而非。审查员由于严格审查的职责所在,容易将其理解为就是公开了本申请的技术特征。这时候,就需要专利代理人沉着冷静地研判这些似是而非的描述究竟剑指何方。

同时,对于审查员所使出的常见武器(惯用手段、可以根据选择设定等),专利代理人需与发明人深入探讨申请日前现有技术的技术发展阶段和具体情况。

回到本申请,专利代理人经向发明人询问,了解到在本申请的申请日前现有技术并无深浅不一、长短不一的凹槽技术。那接着,专利代理人就需要证据来证明现有技术通常只有深度一致、长度一致的凹槽。

专利代理人还需防患于未然,想到对 D1 的解读不利于自己的情况。例如,尽管 D1 公开的确实只有深度一致、长度一致的凹槽,但其也许仅仅是示例而已,可能还包括变化深度、变化长度的凹槽呢?

为此,专利代理人就需要寻找证据排除掉上述可能。笔者提倡的一个方式就是,像我们敬业的人民警察一样锁定"嫌疑区域",认真实践"排查法",找到关键的线索。

通过全面研读 D1 所记载的内容,最终发现 D1 中提到网点,这一线索可以看出其导光板是印刷式导光板,即先制成表面光滑的板块,然后用具有高反射且不吸光的材料,在导光板的底面用网版印刷的方式印上扩散点即网点,印刷式的导光板具有开发成本低及生产快速的优点,并可以进一步得出该种类型的导光板在其所在年代受限于技术限制,惯用的是深度一致、长度一致的凹槽。

在排除了 D1 包括变化深度、变化长度的凹槽的可能性后,专利代理人还需对于本申请的变化深度、变化长度的凹槽的来由和意义问个为什么。

此处,重温一下本申请的相关内容为:说明书没有明确文字记载变化深度、变化长度的凹槽的来由和意义,即所解决的技术问题和所达到的技术效果,而只是记载了凹槽长度为什么要小于导光板的长度。

这种记载的缺失,多少影响了审判方对于本申请的技术特征和方案的创造性的理解。

此外,即使申请文件写得比较完整,每个特征的来由和意义都一一具明,由于申请在先,审查员检索对比文件在后,并且审查员往往选择更方便于按照法律规定进行评述的对比文件。这种种情况,使得对比文件难免不同于申请之日时申请人自己认为的现有技术,二者的比较后的区别特征变得面目全非,根本就不是发明人之前所认为的改进点了。

此时,就需要专利代理人立足于新的对比文件,与发明人充分沟通来一探究竟。

专利代理人应不必担心本申请与对比文件相比后的区别点,没有相关的技术问题和技术效果的记载,因为虽然没有明确文字记载,如果对于申请日前掌握本领域背景知识的本领域普通技术人员,在看到该区别特征后,能够毫无疑义地理解和确定得到各特征所解决的技术问题和所达到的技术效果,也可以用来确立创造性。

本申请就存在这种情况。申请日时,对于技术问题,只是提到导光板上所设置的凹槽的长度与导光板的长度相同,导致凹槽与导光板上方的光学膜片产生碰撞或摩擦,容易产生缺损而导致亮点改进点,然后在具体实施方式中就提到了技术特征1~5。也许对于当时的发明人,认为特征"凹槽长度小于导光板的长度"就足以,其他特征无须多提。却不知,这么做留下一些隐患会令人产生其他特征与该特征解决的是相同的技术问题,在功能上是等效的感觉。实际上,在本申请的实质审查与复审阶段,专利代理人、审查员甚至复审委都是这么认为的。

在行政诉阶段,经过与发明人方面的沟通,才认识到如下其他特征所实际解决的技术问题和达到的技术效果(当然,不排除可能只有在申请走到最后的阶段,快彻底无望授权时,专利代理人、发明人或申请人才会更加重视,投入更多的时间和精力来答复)。

(1) 技术问题。导光板的单个凹槽因深度不变产生的亮点和亮线问题,多个凹槽因等长而在多个凹槽的末端产生的亮线问题,影响了导光板的出光均匀性。

(2) 技术效果:①消除了亮点和亮线;②在制作导光板时,由于深度变浅,切割刀总体上挖出的导光板的肉比传统的要少,使得更多的导光板的材质可以保留,由于导光板的板材用于将光打散、均匀化,保留更多的导光板材质将达到更好的匀光效果,并能利用更多的光能,提高光源利用率,增加出光亮度,进而产生辉度提升的面光源;③由于总共从导光板挖出的肉比传统的要少,使得整个挖肉的时间变短了,提高了生产效率,降低了成本。

在明确了新确立的区别特征的技术问题和技术效果之后,就是如何化解审查员一方的"三明治"结构的问题。

如前所述,具有丰富审查经验的审查员善于制造以不变应万变的"三明治",将对比文件和要评价的发明进行概括,将动机和/或效果进行上位作为"三明治"的上下两个面包片,将技术特征作为"三明治"中间的牛肉夹层。

概括动机、效果真是一个好方式，既不会犯技术类的错误，又可以"可以根据需要选择"，安全选择出技术特征这个"瓢"。

这个"三明治"也有弱点，那就是，其动机和效果往往太笼统，**不具有明确的指引性**。这就是为何复审委会在实审审查员的审查意见的基础上，努力从 D1 以及其他现有技术文献中寻找明确指引的原因。不难理解专利代理人一方的破解之道，就是从细处着眼，寻找辨别出由于本申请与对比文件相比后的区别点所解决的更具体更下位的问题，以及本申请的特征背后的构思：

（1）D1 解决的是明暗带的差异导致的均匀性问题，而本发明解决的亮线、亮点导致的均匀性问题；

（2）D1 公开的发明构思是：调节凹槽的间距，使其**有规则**：亮带的凹槽间距值大，暗带的凹槽间距值小。这种有规则地调整凹槽密度，仅能抑制暗带。

而本申请特征 2~5 反映的一个共同的发明构思是：使得多个凹槽彼此不同，不规则，**呈不规律的乱数分布，从而可以更好地混光**，达到进一步消除细微的亮点和亮线的问题，获得更高品质的出光均匀度。

当然，这种不放过细节，深挖广掘的方式需要的不仅是专利代理人的认真、负责和专业意识，还需要发明人的配合。鉴于发明人不懂《专利法》，提供的信息很有可能不能用，就需要专利代理人能够进行较好的引导。当然，专利代理人如果在该申请的领域中的背景知识太少，也难以作出好的引导。

小结：建议专利代理人做案子时，尽可能地不要让自己停留在表面上的观点争论，施展表面上的花拳绣腿——"质疑招"和"肯定招"，而是一定要潜入技术中，了解每个案件中的相关技术，每个发明所独有的"小天地"。这样日积月累，不知不觉地就拥有了较为深厚的技术功底了，从而对发明人的引导就能更得心应手、更准确。在与审查员的拔河中，也能提出更翔实的事实依据了，从而给审查员呈出以事实为纬线，以法律为经线的逻辑周密的创造性答辩意见的锦缎，帮助审查员对本申请与现有技术的差异有更清晰的判断，从而作出更准确的审查结论。

如何答复"区别特征被同一对比文件公开"的审查意见

曹克浩* 刘婷婷**

【摘　要】

　　对于如何答复"区别特征被同一对比文件公开而不具备创造性"的审查意见，本文从"举证证明不存在结合启示"和"本领域技术人员改进对比文献的能力，超出了应当具有的一般创造能力"两个方面，提出了探索观点，并结合实际案例阐明了答复效果，以期为同仁借鉴参考。

【关键词】

　　创造性　答复审查意见　结合启示　一般创造能力

一、引　言

在涉及创造性的判断过程中，焦点主要集中在"现有技术整体上是否存在技术启示"。对此，《专利审查指南2010》规定，下述情况，通常认为现有技术中存在上述技术启示：……（ii）所述区别特征为与最接近的现有技术相

---

* 作者单位：国家知识产权局专利复审委员会。
** 作者单位：国家知识产权局专利局光电技术发明审查部。

关的技术手段。例如,同一份对比文件其他部分披露的技术手段,该技术手段在该其他部分所起的作用与该区别特征在要求保护的发明中为解决该重新确定的技术问题所起的作用相同。

一般而言,当获得了"区别特征被同一对比文件所公开"的对比文件时,由于其他部分所披露的内容通常是服务于对比文件所要解决的技术问题,因此审查员初步认为该对比文件已经给出结合启示,易于认为本领域技术人员在面对所述技术问题时能够将该部分技术信息应用到该最接近的现有技术以解决其存在的技术问题,从而认定发明不具备创造性。面对这种情形,如果申请人不能提出充分理由和证据进行答复,则有可能出现不利结果。为此,本文从一个实际案例出发,介绍如何答复涉及上述创造性的审查意见。

二、具体案例

申请人申请了一项"一种通过检测核磁共振成像技术来测定丙氨酸转氨酶(ALT)活性的方法"发明专利,该申请的独立权利要求1是:

一种应用包含^{13}C-丙酮酸盐的成像介质,通过^{13}C-核磁共振成像技术检测测定 ALT 酶活性的方法,其中检测^{13}C-丙氨酸和任选的^{13}C-乳酸盐和/或^{13}C-丙酮酸盐的信号。

先简单介绍该检测领域知识:ALT 酶(俗称"转氨酶")主要存在于肝细胞中,血液中含量很低。但一旦肝功能异常(如急性病毒性肝炎、酗酒或药物引起的肝损伤等)导致 ALT 酶大量分泌到血液中,那么通过检查血液的 ALT 酶含量可能推导出肝功能是否异常。虽然医疗人员和患者均公知血液中 ALT 酶含量是检测肝功能异常的标志,但临床肝功能检验中并非直接检测 ALT 酶含量,而是使用 ALT 酶催化丙氨酸和酮戊二酸反应生成产物丙酮酸盐(图1

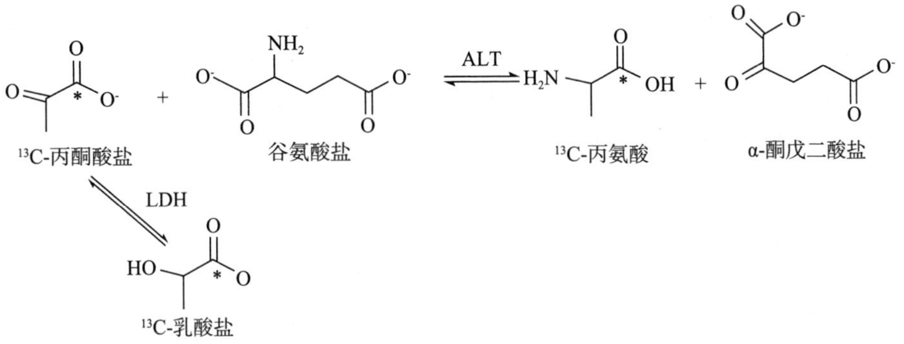

图1

中从右至左的过程），再通过额外的生化比色反应来检测丙酮酸盐产量，从而计算出 ALT 酶的含量。在该过程中，由于其他酶（例如乳酸脱氢酶，LDH）的影响，该反应还会产生副产物乳酸盐，但只有丙酮酸盐是检测 ALT 酶水平的指标。另外，碳元素有 3 种形态，即普通碳元素（^{12}C）、放射性^{13}C碳元素、放射性^{14}C碳元素。其中，^{13}C 或^{14}C 处理，指化合物中普通 C 元素被替换为放射性^{13}C 或^{14}C 元素，从而该化合物成为放射性物质。

至于本发明则是预先通过放射性^{13}C 处理丙酮酸盐、乳酸盐，待反应结束后不再进行额外的生化比色反应来检测丙氨酸、丙酮酸盐等，而是直接在放射性核磁共振成像介质中（类似于放射性 X 光检测系统）检测所产生的放射性丙氨酸和剩余的乳酸盐和/或丙酮酸盐的成像信号，来计算样品中的 ALT 含量，从而完成肝病的检测。因此该过程主要测定放射性丙氨酸的信号，并以放射性乳酸盐和/或丙酮酸盐的信号作为校正剂。即如图 1 所示的**从左至右**的反应过程。由此可见，图 1 所述的酶促反应是一个可逆过程，其反应方向取决于哪一方的反应物浓度的多少，即高浓度物质向低浓度物质方向反应。

审查员在一通中指出：对比文件 1 公开了一种使用放射性丙酮酸盐作为核磁共振成像剂的肿瘤成像方法（为便于理解，后文中"放射性"指的是"放射性^{13}C"），即已经公开了"放射性丙酮酸盐在制备核磁共振成像介质中的用途"，区别技术特征在于权利要求 1 进一步限定了所述成像介质用于测定 ALT 酶活性，而对比文件 1 中没有提及。基于上述区别特征所能达到的技术效果可以确定本申请实际要解决的技术问题是"提供一种利用放射性丙酮酸盐来检测 ALT 活性的方法"。然而对比文件 1 的其他部分中还公开了"通过使用核磁共振成像监控放射性丙酮酸盐至放射性乳酸盐或丙氨酸的转换可以研究人体内代谢过程"。而根据本领域公知常识可知"ALT 酶可逆地催化丙氨酸与酮戊二酸作用来生成丙酮酸盐和谷氨酸盐，代谢产物产量的多少即可反映所述酶活性的大小"。因此，在对比文件 1 公开的"放射性丙酮酸盐在制备成像介质中的用途"的基础上，本领域技术人员根据"检测放射性丙氨酸和任选的放射性乳酸盐和/或丙酮酸盐的信号来研究 ALT 酶代谢过程"的技术启示，将其与该基础结合，从而得到权利要求 1 所述测定 ALT 酶活性的技术方案，这也是显而易见的，因此权利要求 1 相对于对比文件 1 不具备创造性。

针对该审查意见，申请人将权利要求 1 修改为"放射性丙酮酸盐在制备用于通过核磁共振检测 ALT 酶活性的成像介质中的用途，其中检测放射性丙氨酸和任选的放射性乳酸盐和/或丙酮酸盐的信号"，即将权利要求 1 的主题由方法修改为用途。

申请人认为，虽然对比文件1公开了本申请检测的所有物质（放射性丙氨酸、放射性乳酸盐、放射性丙酮酸盐），但本申请是以放射性丙氨酸为检测指示剂，而放射性乳酸盐则作为比较剂来校正丙酸盐信号。而对比文件1是以放射性乳酸盐为指示剂，以丙氨酸作为比较剂来进行校正，二者正好相反，因此本申请所述的"检测放射性丙氨酸和任选的放射性乳酸盐和/或丙酮酸盐的信号"与对比文件1的公开内容之间存在显著和根本的差异，本领域技术人员基于对比文件1的公开内容也不可能想到这一技术特征，进而得到本申请的技术方案。

针对以上修改文本，审查员发出驳回决定，认为：（1）在对比文件1中已经公开了"放射性丙酮酸盐在制备成像介质中的用途"的基础上，申请人所述的检测物质之间的指示剂或比较剂的区别没有体现在修改后的权利要求1中，同时对放射性丙酮酸盐在制备所述的成像介质中的用途也没有任何限定作用。（2）申请人强调的对比文件1以乳酸盐作为指示剂仅仅是其对核磁共振图像的数据处理方式，其将乳酸盐信号作为基准对其他丙酮酸盐和/或丙氨酸的信号进行校正，其属于对图像的处理方式特征。（3）在对比文件1公开的"放射性丙酮酸盐在制备成像介质中的用途"以及检测物质相同（区别仅在于选择不同物质用于指示和校正）的基础上，结合本领域的公知常识（ALT酶可逆的催化丙氨酸与α-酮戊二酸作用可生成丙酮酸盐和谷氨酸，代谢产物产量的多少即可反映所述酶活性的大小），本领域技术人员能够想到将二者结合并通过简单选择而得到权利要求1所保护的技术方案，因此权利要求1相对于对比文件1不具备创造性。

随后请求人提交复审请求，并根据说明书将权利要求1修改为"放射性丙酮酸盐在制备用于通过体内核磁共振检测测定直接局限于肝的ALT活性的成像介质中的用途，其中检测放射性丙氨酸和任选的放射性乳酸盐和/或丙酮酸盐的信号；且其中放射性丙氨酸和任选的放射性乳酸盐和/或丙酮酸盐的信号用于产生指示被检查的肝的ALT酶活性的代谢分布图；其中通过所述代谢分布图获得的信息用于鉴别处于发展肝病风险的患者和/或候选者，以便采取预防措施来避免急性或慢性肝病的发展"。

请求人同时提交该申请说明书背景技术中引用的一篇现有文献作为证据1，并认为：（1）修改后的权利要求1直接限定放射性丙酮酸盐检测肝中的ALT酶活性的用途，这不同于检测血液中的ALT酶活性的用途。（2）证据1

代表最接近的现有技术,其教导了"现有技术中检测血液中的 ALT 酶水平,不能充分准确地预测肝损伤或肝病",因此相对于证据 1,本发明所要解决的技术问题可认为是如何提供 ALT 酶活性的替代检测方法,即如何在肝组织而非血液中进行精确检测 ALT 酶活性。(3)虽然本领域公知 ALT 酶能可逆催化上述反应过程,但是对比文件 1 和证据 1 都没有公开肝中的 ALT 酶活性是肝损伤的合适标记。因此对比文件 1 中并不存在促使本领域技术人员在面对本发明的技术问题时,通过修改证据 1 中的教导内容从而得到本发明请求保护的技术方案。

三、争论焦点

对于该案,复审委合议组观点不一。一方观点认为:虽然独立权利要求 1 与对比文件 1 利用了相似的技术手段,但二者解决的技术问题不同,即前者通过放射性丙酮酸盐成像技术来检测肝组织中的 ALT 酶活性,后者利用放射性丙酮酸盐成像技术检测体内肿瘤分布情况,因此,即使对比文件 1 中的其他部分给出了"放射性丙酮酸盐可用于研究人体内代谢过程"的启示,以及本领域公知"ALT 酶可逆的催化丙氨酸与酮戊二酸盐作用可生成丙酮酸盐和谷氨酸盐,代谢产物产量的多少即可反映所述酶活性的大小",也不足以存在以上内容进行结合的启示。此外,即使将以上内容进行组合和改进从而得到权利要求 1 的技术方案,也超出了所属领域技术人员的能力水平,这无疑是提高了发明申请审查的创造性高度,不利于《专利法》保护专利权人权益和鼓励发明创造的立法宗旨。

然而,另一方观点则认为:(1)虽然权利要求 1 与对比文件 1 所解决的技术问题不同,但是本申请和对比文件 1 同属于核磁共振成像技术,该技术已经广泛用于各种组织或肿瘤的图像显影检测中,例如检测肝、胆、肾器官甚至脑、血管组织或其肿瘤,因此二者属于高度相关的技术领域,这种领域之间的转换对于本领域技术人员而言并不存在技术障碍。(2)科技文献的撰写目的仅在于介绍技术本身,描述整个研究开发的过程和成果,没有必要特意披露其中某些技术特征如何与另外技术特征组合形成其他具有某种用途的产品,❶ 考虑到同一对比文件的其他部分公开了足够充分的技术内容,这已经给出了结合的启示。(3)对于包括公知常识在内的现有技术的范围设定,应当不局限于对比文件 1 公开的内容,而是可以扩展到本领域技术人员能够自然或很容易想

---

❶ 唐春. 专利创新高度及其发展趋势与影响研究[J]. 研究与发展管理, 2009(5): 81-87.

到的内容。由于本领域公知"ALT 酶可逆的催化涉及丙酮酸盐的反应,代谢产物产量的多少即可反映所述酶活性的大小",因此根据对比文件 1 给出的"放射性丙酮酸盐可用于研究人体内代谢过程"的启示,本领域技术人员能够自然或很容易想到的对比文件 1 所公开的涉及放射性丙酮酸盐能够用于研究人体内 ALT 酶代谢过程。(4)本领域技术人员应当具有组合和改进对比文献的一般创造能力,❶ 能够基于对比文件 1 公开的与权利要求 1 高度相似的技术手段,通过简单改造和选择即可获得权利要求 1 的技术方案,这也是显而易见的。

从表面上看,第二种观点中的第(2)~(4)点体现了应当提高发明创造性高度的新思路,即判断创造性高度过程中,可以从以下三个因素出发:(1)对于同一文件的不同部分中的技术内容,并不需要明确存在于文献中的结合启示。(2)在确定现有技术的范围时,既可以从文献资料中寻找现有技术,同时还可以从常识以及本领域技术人员的专业知识中寻找相关的现有技术。❷(3)所属技术领域的技术人员具有组合对比文献或者改进对比文献的一般能力。事实上,以上三个因素来自美国联邦最高法院审理的 KSR v. Teleflex 案(以下简称"KSR 案")的思路。❸ 该案对于现行的"非显而易见的思路"提出了不同思路,即"将两个或者多个对比文献结合的启示或者教导,不需要明确存在于文献中,甚至不需要存在于文献的固有内容中。因为采用新思路时已经假定,判断该发明是否有创造性的本领域的一般技术人员具有本技术领域正常的创造能力"。显然,该思路与现行的"非显而易见的思路"存在根本区别:"非显而易见的思路"强调发明只要对于现有技术而言不是显而易见即可,但即使相对于现有技术不是显而易见的技术方案,其创新高度也有高低区别。按照"非显而易见的思路"很难对其作进一步区分,导致专利创新高度要求难以大幅提高。由于新思路摆脱了非显而易见性的思路羁绊,使创造性标准可根据科技、社会发展的实际需要,确定理想的创新高度,❹ 因此在审查实践中,已经出现了应当适当提高发明创造性高度的建议。

四、合议组审查过程

面对两种观点,合议组并没有简单采纳一方观点,而是根据《专利法》

---

❶ 曹阳. 专利的非显而易见性判断 [J]. 北方法学, 2008 (2): 144 – 151.
❷ 唐春. 专利创新高度及其发展趋势与影响研究 [J]. 研究与发展管理, 2009 (5): 81 – 87.
❸ KSR International Co. vs. Teleflex Inc., No. 04 – 1350.
❹ 向莉. 浅谈专利政策中应如何把握创造性标准 [J]. 中国发明与专利, 2013 (7): 71 – 76.

保护的宗旨,应从"保护专利权人的合法权益,鼓励发明创造,推动发明创造的应用,提高创新能力"的角度公平、公正审查该复审请求。

首先,根据本申请说明书的记载,权利要求 1 所解决的技术问题是提供一种放射性丙酮酸盐在制备检测肝病的成像介质中的用途,其检测原理在于:以放射性丙酮酸盐作为反应物,以放射性产物丙氨酸为检测指示剂,并以放射性乳酸盐和/或丙酮酸盐作为校正剂,通过直接比较肝组织中的指示剂和校正剂的信号关系,来检测肝病。相比之下,虽然对比文件 1 也公开了放射性丙酮酸盐在制备成像介质中的用途,但其是以放射性产物乳酸盐为检测指示剂,以放射性反应物丙氨酸和/或丙酮酸盐作为校正剂,获得能够区分肿瘤组织和正常组织的图像。也就是说,对比文件 1 属于造影成像的检测原理,而本申请并非直接根据待测组织的造影成像进行检测,而是通过直接比较和分析相关检测的信号数据进行检测,二者存在明显区别。

其次,对于观点二中体现的"同一对比文件的不同部分的公开内容,已经存在结合启示"和"现有技术范围可扩展到本领域技术人员能够自然或很容易想到的内容"的思路,合议组检索发现本领域公知在检测 ALT 酶的常规技术中❶是以丙酮酸盐为指示剂,通过检测血清中的 ALT 水平来诊断肝病,并没有证据表明可通过直接测定肝中的丙氨酸水平来检测 ALT 水平,因此难以得出二者存在结合的启示。此外,即使从上述观点二的思路出发,将对比文件 1 公开的不同内容进行组合,以及结合本领域公知常识,也只能得到以放射性丙酮酸盐为指示剂,通过检测 ALT 水平来诊断肝病,而不是以丙氨酸为检测指示剂。

最后,对于"本领域技术人员应当具有的改进对比文献的一般创造能力,能够基于对比文件 1 公开的与权利要求 1 高度相似的技术手段,通过简单改造和选择即可获得权利要求 1 的技术方案"的思路,合议组认为,本领域技术人员能否根据对比文件 1 和公知常识进行相关改进,可根据"本领域技术人员应当具有何种能力水平"进行考虑。本案中,对比文件 1 是公开放射性丙酮酸盐用于肿瘤成像的现有技术,与背景技术中公开检测 ALT 酶的现有技术相比,二者所属的领域存在较大差异,这对于相关技术人员所要求的知识水平和技术能力而言都是不同的。因此,本发明不仅需要考虑能否想到将对比文件 1 中的技术手段转用于其他的技术领域,而且需要考虑如何改变检测指示剂,同时现

---

❶ 庞保军. 肝病诊断新技术 [M]. 北京:人民军医出版社,2004:17 - 22、163 - 171.

有技术中也不存在改变检测指示剂的"显而易见的常识",这已经远远超出了"本领域技术人员应当具有的改进对比文献的一般创造能力"。

合议组发出复审通知书,通过引导请求人从以上三个方面进行答复及提交相关证据,从而撤销了驳回决定。该案回到实审阶段后,审查员通过详细分析复审过程,充分理解发明和对创造性的判断更接近于客观真实,最终认可了该申请的创造性高度,并授予该申请专利权。

五、思考和建议

如上所述,该案之所以给申请人带来极大被动,很大程度上是由于未能有效进行意见答复。从表面上看,只是申请人在进行答复过程中,仅仅从自身对于发明技术方案的理解出发,过于强调本发明所解决的技术问题和技术方案不同于对比文件1,就认为本领域技术人员缺乏动机和能力去组合和改造对比文件1与现有技术来获得本发明的技术方案。但从深层次看,申请人并没有针对"同一对比文件的不同部分的公开内容,不一定存在结合启示"和"本领域技术人员应当具有的改进对比文献的一般创造能力"的有效答复方式,使得审查员不能确信发明的创造性高度。

另外,虽然现行的"非显而易见的思路"的判断标准并没有发生改变,但面对具有"非显而易见性"但创新程度较低的众多发明申请,在审查实践中易于出现"本领域技术人员显而易见尝试组合或改进对比文件,从而易于获得权利要求的技术方案"的认识。因此,这种传统的围绕着"发明相比于现有技术组合后的技术方案仍然具有非显而易见性"的答复方式,已经不能适应提高发明创造申请质量的现实需要。

那么该如何进行答复呢?本文建议可从以下两个方面入手:

一方面,当审查员认为"区别特征被同一对比文件公开的"时,如果申请人仅仅强调本申请的技术方案相对于二者结合得到的技术方案仍然是非显而易见的,则其也难以区分其创新程度的高低,从而影响答复效果。例如,本案中,申请人反复强调本申请中丙氨酸作为指示剂,而乳酸盐作为比较剂,这与对比文件1中两部分内容结合得到的技术方案正好相反,因此两种技术方案之间存在"显著和根本的差异"。然而,根据图1所示的可逆反应,无论选用丙氨酸还是乳酸盐作为指示剂,其都根据该可逆反应的任一反应方向所得到的代谢产物产量,来检测ALT酶的相应活性,从而完成发明目的。因此,这种答复方式,即使能说明本申请的技术方案相对于二者结合得到的技术方案具有一定的非显而易见性,也会被审查员认为本领域技术人员根据实际需要,在对比文件1组合的技术方案的基础上通过简单选择即可获得权利要求1的技术方案,从而认为其不具备创造性。

面对这种情形,申请人应当补充其他的答复方式。事实上,审查员已经通过举证来证明二者存在结合启示,申请人就应当提交反证说明二者之间不存在结合启示。然而,申请人在提交复审请求时提交了该申请说明书背景技术中引用的一篇现有文献作为证据,来说明现有的检测技术所存在的缺陷,这并没有围绕"对比文件1中其他部分公开的内容是否存在结合启示"进行质疑,因而达不到预期的答复效果。但通过复审通知书的引导,请求人提交了公知常识性证据,说明本领域公知通过检测丙酮酸盐作为指示剂来检测ALT酶水平,不能证明本发明通过检测丙氨酸来检测ALT酶,因此二者不存在结合启示。

另外,针对驳回决定所体现的"本领域技术人员具有改进对比文献的一般创造能力,从而通过简单选择易于得到权利要求1所保护的技术方案"的观点,申请人可围绕着"为获得本发明的技术方案而改进对比文献的能力,已经超出了本领域技术人员应当具有的一般创造能力"进行答复,即:(1)论述对于本领域技术人员而言,其一般创造能力应当具有何种能力水平;(2)为了获得本发明的技术方案而改进对比文件,这对于本领域技术人员应当具备何种能力水平;(3)通过比较两种能力水平是否一致,说明是否已经超出了本领域技术人员应当具有的一般创造能力的结论。这种答复方式,能够将审查意见通知书或驳回决定中笼统的审查意见,例如"在本领域技术人员根据该启示,能够想到将二者结合并通过简单选择而得到发明所保护的技术方案",清晰明确地归纳在以上3个判断步骤中,从而有针对性地论述或举证说明。

例如,请求人在答复复审通知书中,首先论述了本发明所属领域中的技术人员与对比文件1所属领域中的技术人员,其知识水平和技术能力是存在不同的。然后,论述了在为了获得本发明的技术方案而改进对比文件的过程中,本领域技术人员既要克服公知常识的束缚,还需要考虑如何进行选择。最后,通过比较得出了"超出本领域技术人员应当具有的改进对比文献的一般创造能力"的结论。

需要提醒的是,随着提高创新高度和审查质量的趋势日益明显,专利代理人应当更加积极引导申请人来理解审查意见,帮助申请人根据审查意见进行有针对性的答复,并就如何举证以及选择合适反证发挥更大的作用。

涉及商业方法的发明专利申请的创造性答辩

李镝的*　张露薇*

【摘　要】

　　随着中国经济的蓬勃发展,在商业领域内出现了大量的技术创新。近期为了鼓励商业领域的技术创新以促进经济发展,国家知识产权局对涉及商业方法的发明专利申请的审查策略进行了相应调整、即放宽了在技术方案即《专利法》第2条第2款方面对涉及商业方法的发明专利申请的审查尺度;与此同时,对涉及商业方法的发明专利申请的创造性审查又表现出与一般发明专利申请相区别的显著特点。在这种新的形势下,如何答复有关涉及商业方法的发明专利申请的审查意见以及如何撰写涉及商业方法的发明专利申请,对专利代理人提出了新的要求。

【关键词】

　　商业方法　创造性　发明专利　答复审查意见　撰写

---

* 作者单位:上海专尚知识产权代理事务所(普通合伙)。

一、有关商业方法的概念

1. 商业方法和商业方法专利

在世界范围内得到认同的对商业方法的界定❶是：处理或解决商业经济活动或事务的过程中，由人类智力创造的方法或规则单纯的商业方法属于智力活动规则。

商业方法专利，顾名思义，就是以单纯的商业方法为主题的专利。具体而言，关于商业方法专利的定义，如美国众议院议员 Rick Boucher 和 Howard Berman 在《2000 年商业方法专利促进法》的提案❷中给出了如下表述：商业方法专利是指下列方法之一：（1）一种经营、管理或其他操作某一企业或组织，包括适用于财经信息处理过程的技术方法；（2）任何应用于竞技、训练或个人技巧的技术方法；（3）上述二者所描述的由计算机辅助实施的技术或方法。

2. 涉及商业方法的专利申请

与商业方法专利不同，本文要讨论的涉及商业方法的专利申请请求保护的是涉及商业领域的技术方案，而不是单纯的商业方法。

涉及商业方法的专利申请的涉及面较广，笔者在专利代理实务中接触到的涉及商业方法的专利申请一般包括以下几大类：网络类（如网络游戏、网络社交、网络交易等）、金融类（如预算方法、交易安全等）、管理类（如数字权限管理）、市场营销类（如广告）。

二、涉及商业方法的专利申请在美国、欧洲以及中国的现状

1. 美　　国

商业方法和软件属于美国专利法保护的对象。在美国，传统的商业方法通常与计算机软件和硬件结合应用，使得涉及商业方法的专利申请不因属于抽象的智力成果而被排除在可专利性物质主题之外❸。而对涉及商业方法的软件的审查与一般专利申请的审查一样，即须满足创造性、即非显而易见性的规定❹。

---

❶ 冯发贵．我国商业方法专利化的可行性——以美国为例的分析［J］．社会科学研究，2006（3）．

❷ Statement of Congresman Rick Boucher, Introduction of the Business Method Patent Improvement Act of 2000, Tuesday, October 6, 2000, http://www.techlawjournal.com/intelpro/20001003.asp.

❸ 张玉蓉．美国商业方法专利争论及司法实践最新发展［J］．中国科技论坛，2011（1）．

❹ 张平．论商业方法软件专利保护的创造性标准——美、日、欧三方专利审查之比较［J］．知识产权，2010（6）．

在2009年,美国专利商标局授予的商业方法专利已达3912件❶,可见美国对于商业方法专利的态度是较为宽容和积极的。

2. 欧　　洲

相比于美国对商业方法的积极态度,欧洲表现得保守而谨慎。《欧洲专利公约》(EPC)第52条明确规定了商业方法和计算机程序属于不授予专利权的客体。2001年11月2日,EPC新的审查指南中指出:"一项有技术特性的产品或者方法,即使主张专利的主题定义了或至少包括有一项商业方法,仍然具有可专利性。"这意味着,与过去只要权利要求包含了商业方法即不授予专利权相比,欧洲对于涉及商业方法的专利申请的审查有所放宽,也就是说,一项具有技术特征且满足"三性"要求的涉及商业方法的专利申请是可以获得专利保护的。但是另一方面,商业方法本身仍不具备可专利性。目前欧盟对于涉及商业方法的专利申请的审查原则是:若商业方法没有与装置设备相联,则该方法就是EPC52(2)、52(3)所说的纯粹的商业方法,不属于专利保护的客体。❷

3. 中　　国

对于商业方法,我国采取了与欧洲类似的审查标准。在我国,单纯的商业方法属于智力活动规则,即属于我国《专利法》第25条第1款第(2)项规定的不授予专利权的客体,因此在中国不能获得专利权。

在《专利审查指南2010》中,明确将商业实施和经济等管理的方法及制度列为属于不授予专利权的客体,因此审查员在审查专利申请时将首先判断该申请的主题是否是可授权客体。这就造成了许多涉及商业方法的专利申请因为被审查员未经检索直接认定为非可授权客体而被驳回。

根据笔者的专利代理实践,在2014年以前,审查员针对大多数涉及商业方法的专利申请的驳回理由并不是申请属于《专利法》第25条第1款第(2)项规定的情形,而是不符合《专利法》第2条第2款的规定。这是因为,目前大多数涉及商业方法的专利申请都与计算机或通信领域相结合,即采用了这些技术领域中的技术手段,因此并不是单纯的智力活动规则;相反,审查员往往认为涉及商业方法的专利申请请求保护的方案尽管采用了计算机、网络等技术

---

❶ 刘银良. 美国商业方法专利的十年扩张与轮回:从道富案到Bilski案的历史考察[J]. 知识产权, 2010 (6).

❷ 郑鋆, 刘瑾. 商业方法专利审查标准的比较研究——以美国、欧盟、日本为例[J]. 法制与经济, 2012 (5).

手段，但是这些技术手段属于现有技术手段，因此不具备技术改进，从而整个方案不满足《专利法》第2条第2款的规定。

自2014年以来，笔者注意到国家知识产权局对于涉及商业方法的专利申请的审查实践发生了重大变化，即与以前主要采用《专利法》第2条2款评判涉及商业方法的专利申请相比，审查员目前更倾向于在检索到对比文件的基础上采用创造性标准来评述涉及商业方法的专利申请。也就是说，与以前审查员常常首先以涉及商业方法的专利申请不是技术方案为由对这类申请提出异议相比，目前审查员大多直接以创造性标准来评述涉及商业方法的专利申请。在这种新的审查形势下，专利代理人针对涉及商业方法的专利申请的答复审查意见和撰写策略也应发生相应改变，具体而言，申请人和专利代理人在其审查意见的答复和申请文件的撰写中最好注意到以下两点：（1）克服专利申请是纯粹的商业方法的缺陷；（2）突出技术进步以克服不具备创造性的缺陷。以下分别对这两点展开阐述。

三、新形势下对涉及商业方法的发明专利申请的审查意见答复及撰写建议

1. 克服专利申请是纯粹的商业方法的缺陷

尽管审查实践发生了上述变化，但是《专利法》和《专利审查指南2010》中有关商业方法的规定并未改变，纯粹的商业方法仍旧是不能获得专利保护的。也就是说，涉及商业方法的发明申请首先仍须具备技术性，才能触发创造性的审查；没有技术性，创造性审查无从谈起。而且，基于《专利法》第25条第1款第（2）项，主观性比较强，一旦审查员在第一次审查意见通知书中认定权利要求限定的方案属于纯粹的商业方法即属于智力活动的规则和方法，则仅仅通过争辩来使审查员相信该方案属于技术方案的难度较大。❶

在涉及商业方法的发明专利申请的实质审查过程中，如果权利要求被审查员认定是纯粹的商业方法即属于智力活动的规则和方法，则专利代理人可以首先根据说明书中的记载确定该方案可应用到的技术领域并确定其可解决的技术问题和产生的技术效果，然后，在此基础上尝试将其修改为具有技术性即解决所确定的技术问题并产生相应技术效果的技术方案。同时，在意见陈述书中阐

---

❶ 李海霞. 关于专利法意义上的"智力活动的规则和方法"之初步思考［J］. 法制与社会，2015（5）.

述修改后的权利要求能带来的技术效果。例如，当专利申请记载的方案为抽象的算法时，可以将算法中的参数或变量与特定技术领域中的对应技术特征相结合，以解决技术问题并产生技术效果。当专利申请记载的方案为抽象的建模方法或模型时，可以将该建模方法或模型应用于具体的技术领域以解决技术问题并产生技术效果。通过上述做法，有可能更好地克服专利申请是纯粹的商业方法即属于智力活动的规则和方法这一缺陷，从而很好地维护申请人的利益。

同理，专利代理人在为申请人撰写涉及商业方法的专利申请时，也应突出其技术性。例如，可以在申请文件中补充将原方案与具体技术领域相结合的实施例并且阐述能够解决的技术问题以及所产生的技术效果，同时在权利要求中体现出这种结合。通过专利代理人在撰写时把关，有可能从源头上避免申请人提出的方案被审查员认定成纯粹的商业方法，进而属于智力活动的规则和方法，从而更好地维护申请人的利益。

2. 突出技术进步以克服不具备创造性的缺陷

涉及商业方法的发明专利申请是否具备技术性就足够了呢？答案是否定的。涉及商业方法的发明专利申请除了技术性以外还需具备进步性。笔者在专利代理实践中发现，相当一部分涉及商业方法的发明专利申请在实质审查程序中由于不具备显著的技术进步而被审查员认定不具备创造性，乃至被驳回。这主要是因为，涉及商业方法的发明专利申请往往包含一些与商业方法相关的手段，比如支付记账方式、游戏方式、广告方式或者管理方式等，而这些与商业方法相关的手段往往因为未产生技术效果而被审查员认定是一种人为规定，因此审查员一旦在检索后确定本申请请求保护的方案与对比文件的区别仅在于上述与商业方法相关的手段即所谓的人为规定，就会认定该方案与对比文件相比不具备显著的技术进步，进而作出该方案不具备创造性的判断。由此可见，与普通的发明专利申请一般因不具备突出的实质性特点即非显而易见性而被判定为不具备创造性不同，涉及商业方法的发明专利申请中不少是因为不具备突出的技术进步而被判定为不具备创造性。笔者认为，这种差异的出现是可以理解的，因为对审查员而言，认定某人为规定不具备技术进步的说理一般要比认定该人为规定是显而易见的说理更容易为人接受。正是由于这种区别，专利代理人在答复涉及商业方法的发明专利申请的审查意见时，不妨考虑通过修改权利要求以突出技术进步，来克服方案不具备创造性的缺陷。下面举一个具体案例来说明这种情况及其应对方法（请注意，为了更加清楚地说明情况，笔者对所有案例进行了适当的改编）。

【案例 1】

申请人提交的发明专利申请的独立权利要求为：

一种在移动设备上实施的方法，包括：

将嵌入了一个或多个广告的内容分割成多个段；

标识所述内容的多个段中的哪些段是用于节目的段；

标识所述多个段中的哪些段是用于广告的段，其中至少一个所述用于广告的段包括至少一个广告；以及

在移动设备上提供支付选项，以仅输出所述用于节目的段，而不输出所述用于广告的段。

上述权利要求定义了一种在移动设备上实施的播放付费节目的方法，其中当用户在移动设备上付费时，仅播出节目而不播出广告。申请人认为，其申请的发明点在于：在移动设备上提供支付选项以便不播出广告。进入实质审查程序以后，审查员在引用对比文件的基础上指出，该权利要求与对比文件的区别特征"在移动设备上提供支付选项以便不播出广告"是不产生任何技术效果的人为规定或商业规则，因此该权利要求请求保护的方案与现有技术相比不具备技术进步，因而不具备《专利法》第 22 条第 3 款规定的创造性。

幸运的是，专利代理人在进一步分析说明书后发现，在具体实施例中还描述有"客户付费后仅传送节目而不传送广告"这一方案，而这一方案显然是能够带来技术进步的：因为现有技术中采用的是"付费后不播放广告，但是广告仍然传送给客户"，而本方案不仅是不播放广告，而是根本就不再传送广告，这与现有技术相比显然能够大大节省带宽。专利代理人据此建议申请人将权利要求的最后一句修改为："在移动设备上提供支付选项，以仅**传送**所述用于节目的段，而不**传送**所述用于广告的段"，以突出上述技术进步。结果，审查员在后续审查意见中撤销了关于该权利要求不具备创造性的异议。

从上面的例子可以发现，如果专利代理人在涉及商业方法的发明专利申请的实质审查程序中遇到因方案与对比文件相比不具备技术进步而导致不具备创造性的缺陷，则可以根据说明书的记载对权利要求进行相应的修改以凸显其技术进步，从而克服不具备创造性的缺陷。

申请人在上面的案例中无疑是幸运的，因为说明书记载了能够带来技术进步的方案，从而为权利要求的修改提供了依据。然而，在笔者的专利代理实践中，有一部分发明专利申请却没有这么幸运。这些发明专利申请由于在说明书中未记载能够带来技术进步的实施例而导致可能出现以下情形：如果审查员在

检索后指出本申请相对于对比文件而言不具备创造性,则专利代理人在答复审查意见时很有可能无法作出有助于克服不具备创造性缺陷的实质性修改,通常仅能进行争辩,最终造成这些申请被驳回。由此可见,为了从源头上避免这种情况的出现,专利代理人最好在撰写涉及商业方法的发明专利申请之初就注意突出方案能带来的技术进步。下面举一案例来说明这种情况及其应对之法。

【案例2】

申请人自己撰写的独立权利要求为:

一种至少部分地由计算设备实现的方法,包括:

接收访问数字娱乐内容的请求,所述请求包括作出该请求的用户的身份以及关于所请求的数字娱乐内容及其数据格式的信息;以及

如果确定该用户具有访问所述数字娱乐内容的所述数据格式的权限,则准许所述用户访问所述数字娱乐内容的所述数据格式。

上述权利要求定义了一种付费娱乐访问服务,其中用户在开通相应权限以后能够访问相应格式的娱乐内容,例如,白金用户能够访问影片的全高清分辨率版本,而普通用户仅能访问影片的普通分辨率版本。专利代理人在简单检索后结合本领域的技术常识发现,本申请与现有技术的区别仅在于,在确定用户具有访问所请求数字娱乐内容的所请求数据格式的权限时准许用户进行该访问。而这一区别特征又容易被审查员认为是一种不会产生任何技术效果的用户权限设定规则,审查员进而会认定整个方案因没有带来任何技术进步而不具备创造性。专利代理人发现,申请人提供的交底材料中也未记载其他有技术改进的方案。但专利代理人并未因此就建议申请人放弃申请,相反,专利代理人积极地与申请人沟通并引导其拓展思路。几经思索,申请人又补充了一个与现有技术相比具有技术进步的具体实施例,即在用户请求访问数字娱乐内容的某个数据版本时,不仅确定该用户是否有权访问该数字娱乐内容的该数据格式,而且还确定该数据格式是否能够在用户的设备上呈现,由此可以防止用户下载其设备不能播放的数据格式的数字娱乐内容。专利代理人据此将原权利要求修改为:

一种至少部分地由计算设备实现的方法,包括:

接收访问具有多个数据格式的数字娱乐内容的请求,所述请求包括作出该请求的用户的身份以及关于所请求的数字娱乐内容及其数据格式的信息;以及

如果确定该用户具有访问所述数字娱乐内容的所述数据格式的权限,<u>并且如果所述数据格式能够被该用户的设备呈现</u>,则准许所述用户访问所述数字娱

乐内容的所述数据格式。

如上所述，修改后的权利要求1与现有技术相比显然具备了技术进步，因为通过确定用户请求的数据格式是否能够被用户的设备来呈现，可以避免用户在下载某种数据格式的数字娱乐内容以后才发现其设备不能播放该数据格式的娱乐内容，由此可以节省网络和计算资源。该申请在实质审查程序中未遇到来自审查员的创造性异议，顺利地获得了授权。

这个示例表明，专利代理人在撰写涉及商业方法的发明专利申请时最好能够注意突出其技术进步，以避免本申请因不具备技术进步而被审查员认定为不具备创造性。专利代理人发现申请人提供的交底材料未记载具有技术进步的方案时，不应简单地建议申请人放弃申请，相反，专利代理人可以积极地引导申请人拓展其思路，进一步补充能带来技术进步的其他方案。也就是说，专利代理人在撰写之初就应当及早发现申请人提供的实施例中可能存在的上述问题，并与申请人充分沟通以补充具备技术进步的实施例。这样就有可能既使专利申请具备授权前景、避免申请人的花费付诸东流，又加快了审查进程，缩短申请人获得专利权的等待时间。

此外，由于检索能力有限等原因，专利代理人不能确定涉及商业方法的发明专利申请的交底材料中记载的方案是否具备技术进步时，专利代理人可以积极地引导申请人补充能带来技术进步的实施例，并将其写入到说明书或者从属权利要求中。这样一来，即使审查员在实质审查程序中基于检索到的对比文件确定独立权利要求的方案不能带来技术进步，也可以将说明书或从属权利要求中的能带来技术进步的方案补充到独立权利要求中。由此，既没有不必要地缩小独立权利要求的保护范围，也降低了因权利要求不具备技术进步而被审查员以不具备创造性驳回的风险。

四、结　语

在国家知识产权局改变了对涉及商业方法的发明专利申请的审查策略以后，涉及商业方法的发明专利申请有望出现百花齐放的局面。笔者相信，如果专利代理人在涉及商业方法的发明专利申请的审查意见答复及撰写时能够注意到上述两个方面，就有可能使更多满足《专利法》要求的涉及商业方法的发明专利申请获得授权，进而促进经济领域的创新，推动社会的发展。

从技术角度对创造性评述中"有限的试验"内涵和适用条件的分析

王鹏飞[*]

【摘　要】

　　发明申请创造性评述过程中使用的判断依据"有限的试验"与《专利法》和《专利审查指南2010》中指明的"技术"有严格的对照关系。本文经过结合相应的技术语境分析,得出"有限的试验"需要具备验证性试验的实质,在实现时具备真实客观、非复杂性等特点,并且又进一步探讨了"有限的试验"在创造性评述过程中的适用边界和适用条件。

【关键词】

　　技术角度　有限的试验　适用边界　适用条件　验证性试验

一、引　言

　　在发明申请的实质审查阶段,审查主体经常会在发明技术方案创造性的评述过程中对所发明的产品和方法技术方案中的——化学成分的组成、机械结构的搭配组合、相应结构的材质选择,以及有关各类技术参数中的数值或数值范

---

[*] 作者单位:国家知识产权局专利局专利审查协作河南中心。

围的选择等技术特征的公知常识的说理过程中,使用"有限的试验"作为依据进行公知常识的评述。但是,对于了解专利申请技术方案的专利代理人、申请人或发明人,乃至相关公众中的本领域技术人员而言,由于认识主体的专业知识和经验积累的差异,其难免对"有限的试验"得出的结论产生质疑和误解。究其原因,很大程度上是因为《专利审查指南2010》对于创造性评述中"有限的试验",只点出了笼统的概念和可以使用该种判断的基准,但并未给出"有限的试验"的适用场景,因此很难在存在主观判断和认识参差不齐的案情认识主体之间形成共识,所以产生质疑和争议在所难免。

值得强调的是,本文介绍从技术角度提出对创造性评述中"有限的试验"的适用边界和条件的提出,以及相关验证性实验的规则的合理应用,并不是为了制定一种有关"有限的试验"的框架式规则,而是为了在创造性的评述过程中认识和实践范围内,在一定程度上达成有关案件技术方案认识主体各方对"有限的试验"的认同,从而明确对合理理解和应用这个重要概念和判断的意义。

二、在创造性评述中"有限的试验"被使用的状况

《专利审查指南2010》(以下简称"指南")第二部分第四章第2.2节从对"突出的实质性特点"的定义引申出的有关"有限的试验"的内容为:"发明有突出的实质性特点,是指对所属技术领域的技术人员来说,发明相对于现有技术是非显而易见的。如果发明是所属技术领域的技术人员在现有技术的基础上仅仅通过合乎逻辑的分析、推理或者有限的试验可以得到的,则该发明是显而易见的,也就不具备突出的实质性特点。"而作为涉及"有限的试验"的描述,能否作为"三步法"之外的评价创造性的标准来运用,并无明确规定。

相对于理论而言,在发明专利的实质审查实践中,以常见的机械技术领域为例,各类装置产品的发明专利的实质审查,审查员倾向于在有关各类技术参数中的数值或数值范围的选择等技术特征的公知常识的说理过程中,使用"有限的试验"作为依据进行创造性的评述。而在其他技术领域此类情况也是屡见不鲜。审查员往往只要看到技术手段、材料或数值范围的优选,就直接认定为"有限的试验"可以获得,"是否为解决特定技术问题""是否具有技术启示"等常常不被考虑,所以存在很多适用"有限次试验"评价创造性妥当与否的争议。如申请日为2004年9月23日、名称为"快速活络扳手"的涉案实用新型(200420090400.8),有关"在有限次实验的基础上,选择螺距为

4~10mm 的蜗杆是显而易见的"的争论，可以提供相关的例证。❶ 并且上述案例可以提出如下具有探讨意义的问题："有限的试验"的适用前提该如何把握。

三、从技术角度对创造性评述中"有限的试验"实质的分析

首先有必要探讨清楚"有限的试验"的实质和内涵，以及讨论该命题的具体语境是什么。在对于创造性评述中"有限的试验"问题的认识方面，有研究者认为，判断《专利法》中创造性时现有技术和本申请的技术方案作为整体之间的非逻辑关系显然是不应当考虑的，《指南》中关于创造性判断中提到的"有限的试验"在延长认识内容之后的分析判断仍然是一个逻辑推理的问题，即"有限的试验"应当理解为已有技术已经教导的实验，属于已有技术的合理延伸。❷

（一）"有限的试验"与《专利法》第2条规定的"技术"的关联

既然"有限的试验"属于已有技术的合理延伸，那么分析"有限的试验"的逻辑出发点必然是与《指南》对于技术的定义"专利法第2条第3款所述的技术方案是对要解决的技术问题所采取的利用了自然规律的技术手段的集合"。因为此处存在循环定义的问题，所以借助于世界知识产权组织在1977年所出版的《发展中国家许可贸易指南》对技术下的定义是："关于制造产品、实施工艺流程、提供服务的系统知识，即为技术。"而"有限的试验"的实验目的、实验环境、实验方法和对于实验分析的结论需要从上述的有关技术的定义进行演绎，那么"有限的试验"的"出发点"需从上述讨论的技术的范畴出发，从而讨论其内涵和各种特点❸。

（二）"有限的试验"所依据的技术环境和知识集合

试验的目的则是需要执行实验，获取或验证试验的结果和数据而进行的，并给出了实验的环境和所需器材设备，以及科研技术人员加以操作就可以完成实验的试验方案，并能产生相应的实验结果。"有限的试验"无疑和实验存在

---

❶ 毛利群.关于适用"公知常识"及"有限次试验"评价创造性的思考［G］//中华全国专利代理人协会.专利法第22条——创造性理论与实践——2011年专利审查与专利代理高端学术研讨会论文选编.北京：知识产权出版社，2011：607-620.

❷ 刘俊士.专利创造性分析原理［M］.北京：知识产权出版社，2012：96-131.

❸ 吴重庆.自然科学与技术研究方法［M］.北京：北京交通大学出版社，2012：96-131.

被包含和包含的种属关系，联系生产和科研的实际，能产生与实验相关的知识的集合和技术环境可以从以下承载知识的数据库和环境得到：在开展审查的日期前公开了实验目的、实验条件、实验设备和实验方法的技术内容和实验环境。参照《指南》有关本领域技术人员"具有应用该日期之前常规实验手段的能力"的定义，对于记载有关实验的知识的载体可以是各类文献，如不限于中国的国家标准，其他国际标准，各种印刷的、打字的纸件，也可以是影音资料，因为篇幅类型不再列举。这些出版物与现有技术的公开标准类似，同样可以包括正在工作的实验室环境，即各种公立和私人的研究机构的实验室环境，如国家实验室、学校实验室、各类企业和研究机构建立的研究场所、私人研究者的实验环境等。对于实验者的口述类别的内容的采用也属于"有限的试验"可参照的方面。最重要的一点，"有限的试验"并不排除简单实验带来的结果的证实，如著名的伽利略的铁球实验，证明了"物体下落的速度与物体的重力无相关性"这一命题。

而"有限的试验"也是从上述实验环境和技术内容得到，只是"有限的试验"需要和《专利法》第22条第3款规定的创造性以及《指南》规定的创造性的评述中的规定相联系。因此"有限的试验"较之与技术相关的实验，具有自身独特的特点。

（三）"有限的试验"的实质和内涵

首先，"有限的试验"需要具备验证性实验的属性，因此就决定了实验具有的非探究实验的性质。验证性实验是指对研究对象有一定的了解，并形成了一定的认识或提出了某种假说，为验证这种认识或假说是否正确而进行的一种实验。这种实验注重的是结果——事实、概念和理论，而不是探究的过程。❶对于实验的"某种假说"的来源，则需要联系创造性评述过程中对于走"三步法"产生的区别技术特征能否使用公知常识进行说理，即联系现有技术中是否给出将所述区别特征应用到最接近的现有技术以解决其存在的技术问题的启示。

关于验证性实验的执行模式，该种实验伴随着对概念和原理进行分析的过程，并且按照被公开的实验条件和实验方法进行对目标实验的复制，❷参照《指南》第二部分第四章第2.2节中对突出的实质性特点的判断中所用的思维

---

❶ 王后雄，等. 谈验证性实验与探究性实验的融合 [J]. 教育探索，2006 (12).
❷ 刘伟. 验证性实验新探 [J]. 中国职业技术教育，2002 (17).

方法——"所述的本领域技术人员在现有技术的基础上仅仅通过合乎逻辑的分析、推理",并且对实验取得的结果进行的是"合乎逻辑的分析、推理",从而保证了"有限的试验"的验证性实验的特性。

其次,"有限的试验"要求在推理和判断过程中需要具有严格的真实性和客观性的特点。这决定了所进行的实验要验证的技术问题必须是确定的,并且需要将要验证的问题概括成简要的命题形式,如"采用 X/Y/Z 材料的组合可以使设备取得更高的强度","采用 $0.05 \sim 0.1 mg/cm^3$ 的药剂用量可以取得更好的杀虫效果"等,这样该技术问题不仅是客观存在的,而且在申请人和审查员之间形成共识。另外,该实验进行的方式在第(二)部分的有关实验依据的技术环境和知识集合的内容中是客观存在的,并且实验的条件和实验方法需要是真实和确定的。虽然这种实验是以思维再现的方式进行推理,但是同样需要具有在技术方面的真实且确定。

再次,"有限的试验"因其自身性质的要求需要具备非复杂性的特点。因为《指南》对本领域技术人员的要求为"具有应用该日期之前常规实验手段的能力"。因此"有限的试验"所采用的形式和所要解决的技术问题的复杂程度需要在一定的限度。如申请案件"一种 X 合金产品的机械加工和热处理的方法",其独立权利要求 1 中对方法的主题的限定的以加工工序步骤的形式出现的特征多达 20 项以上,并且每个加工工序步骤具有实质性内容。在说明书的实施例部分,本申请详细记录了采用了上述加工工序步骤的技术方案所取得实验的数据和相应的技术效果,而对比文件虽然公开了技术方案的主题,但是只公开了 5 项加工工序的步骤,并且在说明书部分并没有公开采用最接近的现有技术的技术方案所取得的实验数据,并且公开的技术效果也没有明确表明所取得的具体技术效果。因此可以判断,此时对于该申请的创造性评述过程中使用"有限的试验"作为结合技术启示的判据则存在复杂性过高的因素。并且,对于本申请技术方案中存在试验手段、规模庞大的情况,"有限的试验"作为判据的说服力也是大打折扣的。

四、创造性评述中"有限的试验"的适用边界和适用条件

综合上述讨论的内容,创造性评述中的"有限的试验"在对区别技术特征进行"是否显而易见"的判断时,必须具有一定的适用边界和适用条件。首先,作为适用条件之一,本申请和最接近的现有技术要具有如下前提:所解决的技术问题相同,并且本领域技术人员有动机有方向对现有技术进行改造;

其次，在进行"有限的试验"判断的过程中，需要对"有限的试验"的验证性实验的形式进行确认，以保证"有限的试验"的非探究性质，从而杜绝了"事后诸葛亮"的倾向；再次，还要确认所进行的试验的真实性和客观性，技术问题概括得是否适当；最后，还要确认"有限的试验"的非复杂性的特点，从"三步法"的"第三步"开始始终防止对公知常识的滥用。

五、结　　论

在创造性评述过程中，为了弥合申请人和审查主体对于《专利法》第22条创造性评述过程中的"有限的试验"的应用缺乏既定的共识和前提下产生的诸多争议，提出了需要明确"有限的试验"的实质和内涵的要求，在本文中首先明确了其概念跟《专利法》相关的技术语境的紧密关系，以及"有限的试验"所依据的技术环境和知识集合，从而得出其实质和内涵，并且详尽介绍了"有限的试验"所具备的特点，最终得出创造性评述中"有限的试验"的适用边界和适用条件。而上述内容的理解和运用，申请人和审查主体在评价发明申请创造性的过程中对于合理使用"有限的试验"的场景和前提的认定会形成一定程度的共识，有助于申请案件在创造性方面使用"有限的试验"的判据的审查过程的进行。

浅谈创造性审查关于"合乎逻辑的分析、推理或有限的试验"的理解

许肖丽* 谭 远*（等同于第一作者）
路传亮*（等同于第一作者）

【摘 要】

《专利审查指南2010》中未对"显而易见"中的"合乎逻辑的分析、推理或有限的试验"的判断方法进行规定，导致审查过程中出现一些争议。本文从各国关于"合乎逻辑的分析、推理或有限的试验"相关规定出发，对"合乎逻辑的分析、推理或有限的试验"与显而易见性之间的关系进行分析，并结合案例给出了具体判断方法。

【关键词】

创造性 推理 有限的试验 技术启示 预期效果

一、引 言

《专利法》第22条第3款规定：创造性，是指与现有技术相比，发明具有突出的实质性特点和显著的进步，该实用新型具有实质性特点和进步。《专利

---

* 作者单位：国家知识产权局专利局专利审查协作江苏中心。

审查指南2010》第二部分第四章第2.2节"突出的实质性特点"部分规定：发明具有突出的实质性特点，指对所属技术领域的技术人员来说，发明相对于现有技术是非显而易见的。如果发明是所属技术领域的技术人员在现有技术的基础上仅仅通过合乎逻辑的分析、推理或者有限的试验可以得到的，则该发明是显而易见的，也就不具备突出的实质性特点。《专利审查指南2010》第二部分第四章第3.2节"审查基准"部分具体给出了创造性的判断标准。其中判断发明是否具有突出的实质性特点，就是要判断对本领域的技术人员来说，要求保护的发明相对于现有技术是否显而易见。关于判断要求保护的发明相对于现有技术是否显而易见的判断方法是"三步法"，"三步法"第（三）步判断是否显而易见时，"要确定的是现有技术整体上是否存在某种技术启示，即现有技术中是否给出将上述区别特征应用到该最接近现有技术以解决其存在的技术问题（即发明实际解决的技术问题）的启示。并列举了具有技术启示的三种情形：（1）所述区别特征为公知常识；（2）所述区别特征为与最接近的现有技术相关的技术手段，例如，同一份对比文件其他部分披露的技术手段，该技术手段在该其他部分所起的作用与该区别特征在要求保护的发明中为解决该重新确定的技术问题所起的作用相同；（3）所述区别特征为另一篇对比文件中披露的相关技术手段，该技术手段在该对比文件中所起的作用与该区别特征在要求保护的发明中为解决该重新确定的技术问题所起的作用相同。从上述创造性中突出的实质性特点的判断原则和判断方法来看，并没有给出发明是显而易见的定义中规定的"如果发明是所属技术领域的技术人员在现有技术的基础上仅仅通过合乎逻辑的分析、推理或者有限的试验可以得到的"是如何判断的，也没有关于"合乎逻辑的分析、推理或者有限的试验"的示例。因此，在实际审查过程中对于"合乎逻辑的分析、推理或者有限的试验"的使用也比较模糊。

二、国家/地区关于"合乎逻辑的分析、推理或者有限的试验"的相关规定

1. 美　国

2013年3月16日生效的《美国发明法案》（AIA）第103条（可专利性条件、非显而易见主题）规定，如果请求保护发明与现有技术之间的差异在请求保护发明的有效申请日之前对本领域技术人员而言整体上是显而易见的，那么即使该发明没有如第102条那样得到等同地公开，该发明也是不能授权

的。不能以进行本发明的方式否定可专利性。美国专利商标局专利审查指南中并没有对显而易见给出具体的定义，然而该指南公布了关于显而易见的7种有效推理，其中第5种为：基于显而易见的尝试即可产生成功的合理预期，从确认的、可预期的以及有限数量的解决方案中选择。

此外，该指南中还作出如下说明，进行显而易见性判断的关键点在于，看相关技术领域的普通技术人员在发明作出时能够知道什么，以及他在考虑了所述技术后将合理地预期到能够做什么。

2. 欧　　洲

《欧洲专利公约》第56条规定：如果本领域技术人员参考本领域现有技术并不显而易见，那么应当认为发明具有创造性。《欧洲专利局审查指南》C部分第11.4节规定：术语"显而易见"是指没有超越技术的正常发展进程，仅仅是简单地或合乎逻辑地由现有技术得到，即没有超越所预期的本领域技术人员所具有的任何技能或能力的运用。

此外，《欧洲专利局审查指南》C部分第四章附件"评价创造性的指引"中，作为从多个公知的可能性中显而易见的、不具备创造性的选择，列举的若干个事例中的情形（2）发明是从范围有限的可能性当中，选择特定的尺寸、温度范围或其他参数，这些参数明显可以通过一般的反复试验或设计程序可以获得的。

3. 日　　本

《日本专利审查指南》2.4节给出了创造性的判断方法：确定要求保护的发明是否具有创造性，即确定是否能够通过经常地考虑本领域技术人员在申请提出时在准确理解目前的发明所属技术领域的状况后将会做什么，从而推出本领域技术人员基于所引证的发明可以容易地获得要求保护的发明。

《日本专利审查指南》中没有对显而易见作出定义，但是对显而易见性给出了判断方法：在确定要求保护的发明以及一个或多个引证的发明中描述了什么之后，选择一个最适合进行推理的引证的发明。将要求保护的发明与引证的发明进行对比，并分清限定发明的内容中的相同点和不同点。然后，基于以上所选择的发明的内容，其他引证的发明（包括公知的或公用的技术）和公知常识，尝试进行要求保护的发明缺乏创造性的推理（《日本专利审查指南》第Ⅱ部分第2章第2.5（2）节）。推理一项发明是否属于在现有技术的基础上对最佳材料的选择、对设计工艺的修改、特征的简单罗列，或者推理现有技术公开的内容对本领域技术人员来说是否有理由或动机实现该发明。

4. 各国家/地区规定的对比分析

对比美国、欧洲以及日本的创造性审查中的显而易见判断过程，都强调了在现有技术基础上的推理或推出，以及在考虑了现有技术后对结果的合理预期，而不管是美国的"推理"、欧洲的"简单地或合乎逻辑地由现有技术得到"、还是日本的"推出"，都跟我国的"合乎逻辑的分析、推理"的表述如出一辙。而在涉及试验的相关表述中，美国认为从确定的有限数目的、可以预料的解决方案中选择，并具有合理的可预期的成功，即"显易尝试"标准，则发明是显而易见的，欧洲认为当发明是从范围有限的可能性当中，选择特定的尺寸、温度范围或其他参数，这些参数明显可以通过一般的反复试验或设计程序可以获得的，发明是显而易见的；日本则认为针对数值范围的发明，进一步明确：通过实验优化数值范围或选定最佳数值范围，属于本领域技术人员发挥通常的创造能力，一般不认为具有创造性。各国虽然表述略有不同，但是总体上都认为从有限范围内选择可预期结果的试验，发明是显而易见的。

结合上述分析，笔者认为能否进行"合乎逻辑的分析、推理或者有限的试验"取决于现有技术的教导或启示、是否具备逻辑指引以及效果的可预测性。判断现有技术整体上是否存在教导或启示以及改进动机的过程，即是合乎逻辑的分析和推理的过程。而当发明是从范围有限的可能性当中，选择特定的尺寸、温度范围或其他参数发明是从范围有限的可能性当中，选择特定的尺寸、温度范围或其他参数时，这些参数是可以通过常规试验可以获得的，则可认为是进行"有限的试验"可以得到的。

三、案例分析

本发明涉及一种对鸡体进行预冷处理，改变鸡体的吸水率从而提高其肉质的工艺。

权利要求1：一种鸡体预冷处理工艺，其特征在于，该工艺的具体步骤是：(1) 拔净鸡体表面的小毛，并掏出内脏；(2) 第一个罐采用水温为8～12℃，有效氯浓度为60ppm的消毒水，将鸡体放入第一个罐内，使水面覆盖住全部鸡体，浸泡10～15min后取出；(3) 将取出后的鸡体放入第二个罐内，向其中加入水温为2～4℃，有效氯浓度为60ppm的消毒水，浸泡10～15min后取出；(4) 预冷后的鸡体进行转挂；(5) 待鸡体温度≤10℃进行称重分级包装。

对比文件1：一种对宰后白条鸡的预冷却工艺，包括：(1) 采用常规工艺将三黄鸡屠宰后制成白条鸡胴体；(2) 白条鸡肉冷却：第一个冷却罐温度为

10℃，将白条鸡浸泡一定时间后取出；将取出后的白条鸡放入第二个冷却罐内，预冷温度为4℃；预冷时间为30/35/40min，加入的次氯酸钠为30/50/80mg/kg（1ppm=1mg/kg）；（3）将预冷后的白条鸡进行转挂；（4）将白条鸡送入分割车间进行定量包装。

对比文件1中明确提到了次氯酸钠浓度越高，白条鸡胴体表面的菌落总数和大肠菌群越少。

分析：权利要求1与对比文件1的区别在于本申请限定在第一个冷却罐和第二个罐中倒入有效氯浓度为60ppm的消毒水；而对比文件氯浓度为50ppm或80ppm。

审查员认为对比文件1已经明确提到了次氯酸钠浓度越高，白条鸡胴体表面的菌落总数和大肠菌群越少，在此基础上，本领域技术人员能够根据鸡体需要的卫生程度来通过有限的试验来调整两个预冷步骤中加入的消毒水的有效氯浓度。申请人的意见陈述认为：消毒水的浓度不是简单地通过有限次的试验就能得出的，虽然次氯酸钠的浓度越高，其对抑制菌落总数和大肠菌群的抑制效果越好，可是这个浓度，在不同的温度下有个最佳值，这个数值的确定并不是本领域技术人员显而易见的，需要付出创造性的劳动。

根据本文对各国关于"合乎逻辑的分析、推理或者有限的试验"相关表述的比较分析得出，是否为"合乎逻辑的分析、推理或者有限的试验"取决于现有技术是否具有教导或启示、是否具备逻辑指引以及效果是否能预期。

1. 现有技术中是否有教导或启示

对比文件1公开了以下内容：抑制菌落总数试验和抑制大肠菌试验时，次氯酸钠的加入量分别为：30mg/kg、50mg/kg以及80mg/kg，其中次氯酸钠的加入量的最好水平为80mg/kg，且次氯酸钠的浓度越高，其对抑制菌落总数和大肠菌群的抑制效果越好。换而言之，对比文件1给出了提高次氯酸钠消毒液的浓度从而提高其抑制菌落总数和大肠菌群的效果的技术启示。

2. 现有技术中对试验方向的逻辑指引

对比文件1中明确提到了次氯酸钠浓度越高，白条鸡胴体表面的菌落总数和大肠菌群越少。并且所属技术领域的技术人员知晓次氯酸钠的浓度并不是越高越好，过高的浓度不仅会增加生产成本，还有可能导致次氯酸钠残留在鸡体表面，反而降低鸡体的质量，在对比文件1已经公开了"第一个冷却罐温度为10℃，将鸡浸泡一段时间后取出；并将取出后的鸡放入第二个冷却罐内，浸泡30分钟，预冷温度为4℃；加入的次氯酸钠为50mg/kg"的基础上，所属技术领域的技术人员有动机根据抑菌需求并结合鸡肉产品需要达到的卫生程度来调整次氯酸钠的浓度：在合理的数值范围内通过改变单位质量的溶剂中的次氯酸钠加入量。

3. 试验效果是否能够预见

所属技术领域的技术人员可以预见次氯酸钠浓度越高，白条鸡胴体表面的菌落总数和大肠菌群越少，在考虑生产成本的基础上，适当提高次氯酸钠加入量所带来的技术效果与现有技术的教导和启示所预见的效果相一致，即提高次氯酸钠消毒水的抑菌能力。

综上所述，现有技术中已经给出了教导和启示，使得所属技术领域的技术人员在面对其所要解决的技术问题时，有动机改进最接近的现有技术并通过有限的试验得到权利要求请求保护的技术方案，发明相对于现有技术是显而易见的，不具备创造性。

四、结　　论

根据上述分析可以得到，合乎逻辑的分析、推理和有限试验的能力是所属技术领域的技术人员在存在确定的逻辑指引的情况下，有预期地对现有技术中公开的技术方案进行改进的能力。判断现有技术整体上是否存在教导或启示以及改进动机的过程，即是合乎逻辑的分析和推理的过程。而当发明是从范围有限的可能性当中，选择特定的尺寸、温度范围或其他参数时，这些参数是可以通过常规试验获得的，则可认为是进行"有限的试验"可以得到的。如果任何现有技术的特征或所属技术领域的技术人员的一般知识使得所属技术领域的技术人员将有动机或受到启示在最接近的现有技术的基础上通过合乎逻辑的分析、推理或有限的试验可以得到要求保护的发明，并具有合理的成功可能性，则发明从整体上说是显而易见的。

其具体判断方法为：（1）判断现有技术整体上是否存在技术启示进行改进以解决其技术问题，该改进有无本质变化；（2）现有技术中是否对改进方向进行了逻辑指引，使得所属技术领域的技术人员朝着某个方向进行改进能够获得有益效果；（3）该改进所带来的技术效果对于所属技术领域的技术人员来说是可预见的。另外需要注意的是，在工程技术领域，几乎所有的试验都是有限次的，"有限的试验"并不是强调试验的次数，"有限的试验"不能等同于"有限次的试验"，更多关注的应该是实验进行的难度、试验仅需普通劳动还是需要超越普通劳动，是常规试验还是非常规试验。

化学领域答复审查意见过程中如何有效争辩缺乏技术启示

彭晓玲[*]

【摘　要】

本文仅就创造性问题答复过程中,如何有效利用"缺乏技术启示"进行抗辩进行了初步的探讨。并根据笔者多年经验,结合具体实例,从"所要解决的技术问题""关注技术领域""结合技术效果""捕捉反向技术启示""注意遗漏的技术特征"以及"谨防盲目等同"等几个角度进行了进一步的探讨。创造性答复过程中要注重对技术内容的把握,更要关注推理的逻辑性是否合理。

【关键词】

专利　创造性　技术启示

在创造性审查意的答复过程中,有效利用缺乏技术启示来进行抗辩,往往能起到举足轻重的作用。如何有效地证明缺乏技术启示,并能让审查员接受。笔者认为最关键的是专利代理人要深入研究技术方案,抓住发明的核心点所在。同时更要关注审查员推理过程中的逻辑性是否存在问题。实务中有些专利代理人往往将审查意见直接转给发明人,让发明人去提供发明点。坦白讲这不

---

[*] 作者单位:北京远立知识产权代理事务所。

是一种很负责任的做法，发明人往往不太懂发明点是什么意思。即便专利代理人指出要查找技术区别点，但很多细节性的问题，发明人是很难有专利代理人的敏感度的。现就笔者比较常用的一些理由拿出来与同仁进行探讨，希冀可以抛砖引玉。

一、关注技术问题，从所解决的技术问题的角度谈技术启示

审查员在审查的过程中一般都是采用"三步法"的方式，即通过技术特征比对的方式，先选出最相关的对比文件，找出区别技术特征。再给出该区别技术特征的出处，然后两篇或多篇对比文件结合推知本申请的发明内容。或者是如果该区别技术特征没有文献出处，则审查员一般会说"是本领域普通技术人员的公知常识""通过有限次实验可以得到的"等。这种方式其实最容易"事后诸葛亮"。也就是说先不考虑两者结合是否有启示，而是先将两篇对比文件找到，再结合起来，当然地就得到了本申请的技术效果。在这一过程中其实在两篇或者多篇文献间是缺乏结合的技术启示的。但为了模糊两者之间缺乏技术启示的问题，审查员通常会把所要解决的技术问题作概括化、模糊化或者偏移化处理。比如说某一涉及催化剂的申请，其中一项区别技术特征主要用于改进催化剂的稳定性。而对比文件涉及同种催化剂，并其中公开了同样的特征。审查员便提到"为了改进催化剂的性能，本领域普通技术人员很容易想到……"这里审查员便把所要解决的技术问题进行了概括化的处理，本申请中改进催化剂稳定性属于改进催化剂性能中的一种，但改进催化剂性能却不能直接导向至可以提高催化剂稳定性。这时，专利代理人在答复的过程中，一定要抓住问题的核心，关注推理的逻辑性，切莫被审查员的思路带走而忽视真正所要解决的技术问题，最终影响了专利申请的授权。

笔者在答复审查员意见过程中遇到过相当多类似的案件，现给出一个审查员对所要解决的技术问题进行偏移化处理的例子。本申请涉及"一种催化剂载体的制备方法"，其与现有技术的区别在于"采用的表面活性剂为双子表面活性剂"，则审查员据此归纳出本申请要解决的技术问题在于"如何进一步提高载体成型过程中物料的粘连性、流变性并达到更加优异的扩孔效果，增强传质"。但实际上本申请要解决的技术问题在于"提高球形载体的收率，改善球形载体的强度，提高球形载体完整颗粒的比例"。这里审查员在归纳技术问题时往往是依据区别技术特征的常规用途来归纳。此时，如果审查员所归纳的技术问题与本申请所要解决的真正技术问题存在明显区别的话，那么答辩过程自

然就顺畅了,创造性争辩也就有希望了。

下面结合一个具体案例来进一步探讨关注所要解决的技术问题与技术启示之间存在何种关联。某申请预保护某脱氢反应催化剂的还原活化方法。对于脱氢反应催化剂出于其稳定性考虑在制备过程中往往活性金属以氧化态和硫化态存在,而在进行脱氢反应前需要对催化剂进行还原活化。现有技术为催化剂还原活化过程中,初期活性高容易导致催化剂失活。因此,在活化前需要对催化剂进行纯化,以降低活化过程初期催化剂的活性,进而降低催化剂失活率。对此,发明人发明了一种低温还原活化的方法,进而省略了还原活化过程中的钝化步骤。审查员针对性地找到了最相关对比文件。为清楚起见,这里仅列出讨论所需的技术特征。

表1

序号	特征	本申请	对比文件	是否构成区别技术特征
1	还原活化温度/℃	240~350	300~700	交叉,不构成区别技术特征
2	脱氢反应的温度/℃	550~650	300~700	包含,构成区别技术特征

结合表1的比较,审查员归纳出区别技术特征在于第2点。继而审查员归纳出权利要求1实际解决的技术问题是:优化低温还原后的脱氢催化剂用于催化脱氢的反应温度。而对比文件1实施例中公开了600℃的对应反应温度,因此,权利要求1不具备创造性。

这里我们不难看出,审查员将所要解决的技术问题转移了。审查员基于其所认定的区别技术特征重新认定了所要解决的技术问题。但本申请的主要发明点在于发明了一种新的催化剂还原方法,主要特点在于省略了此类方法中常用的催化剂钝化过程,而改用低温还原的方式,省略了催化剂钝化步骤,同样达到了提高催化剂稳定性的效果。但问题在于对比文件1作为同类的催化剂,还原过程中也未采用钝化方式,并且其还原活化温度为300~700℃,其端点值300℃落入了本申请预保护的240~350℃范围内。因此,其原有发明点看似完全不存在了。进而审查员又重新归纳了新的发明点,即优化脱氢反应的温度。但该温度范围内的一个点已经被实施例公开了,案子走到这里似乎进入了一个死胡同。

但笔者经过仔细研究发现,本申请的发明点实际上不应该改变。本申请的创新点还在于采用了低温活化的方式,省略了催化剂钝化步骤。但作为同类催化剂对比文件1为何也没有钝化步骤呢?笔者发现尽管是同类催化剂,但对比文件1所公开的仅仅是实验室反应，而本申请则是针对工业催化剂。在实验室反应中，催化剂失活后的更换非常容易实现。因此，实验者更多考虑的是催化剂的活性问题，并未涉及催化剂稳定性问题。尽管对比文件1的还原方案看似与本申请相似，但实际上对比文件1中并未有任何提及提高催化剂稳定性的问题。对比文件1的还原温度范围是与本申请的温度范围有交叉，但对比文件1并未意识到低温还原有助于提高催化剂稳定性；对比文件1确实是没有钝化步骤，但实际上他是以牺牲催化剂稳定性为代价的。因此，对比文件1并未给出低温还原来提高催化剂稳定性的技术启示。为此，笔者采用了排除的方式，对还原活化温度进行了进一步限定，排除了对比文件1所公开的300℃这一温度点，并从发明点与技术启示两个角度出发进行了争辩，最终使得该案获得了授权。

在本案中，审查员仅用一篇对比文件似乎已经公开了本申请核心发明点，而其仅存的区别技术特征则改变了本发明所要解决的技术问题。这里笔者想提醒专利代理人，在答辩的过程中一定要切记，不能跟着审查员的思路走，受审查员的思路影响。一定要坚持住自己的主线。尽管看起来本申请的发明点已完全被公开，但这里对比文件与本申请所要解决的技术问题并不相同。如果我们忽略了这一点，而被审查员带到新的技术问题上，那么本申请则真的是死路一条了。

二、关注技术领域，从现有技术是否存在所要解决的技术问题角度来谈结合的启示

目前技术的分化越来越细，逐步向着"一公分宽度，十公里深度"的趋势发展。这一技术发展过程中所形成的发明创造，则需要领域分化越来越细。那么专利代理人在答复审查员意见的过程中，则肩负着向审查员解释清楚其中细微差别的任务。对于不同的技术领域，对技术的要求往往不同，这就给两篇文件的结合带来了障碍，为我们答辩提供了思路和机会。

下面以笔者处理过的一件申请为例，与大家共同探讨，为了简化起见，在此，省略了与探讨内容不相关的审查意见及答辩内容。

本申请涉及一种加氢裂化催化剂，公开了催化剂的载体及活性金属含量等，其发明点在于在加氢裂化催化剂中引入了助剂P，催化剂在加氢裂化反应状态下活性金属组分化合物为金属的磷化态，并具体给出了P与活性金属的摩尔比。其主要目的在于提高加氢裂化催化剂的中油选择性。对此，审查员找到

的对比文件1为一种加氢处理催化剂，经与对比文件1对比后认为权1相对于对比文件所要解决的技术问题是：在催化剂中形成活性金属磷化态，改善催化剂的催化性能。同时审查员引用了对比文件2，对比文件2为一种加氢脱硫催化剂，其催化剂中含有磷，并在反应前对催化剂进行氢气活化使金属形成磷化态，因此，审查员认为本申请权1的技术方案是显而易见的，权利要求1缺乏创造性。

这里本申请是一种加氢催化剂，对比文件也都是加氢催化剂，似乎两者已经属于相同或相近的技术领域了。但实际上我们仔细分析就会发现其中的不同，特别是与发明点相关的不同点所在。本发明的目的在于通过助剂P的存在方式的改变，使得在加氢裂化过程中可以最大量的生产中间馏分油，也就是提高催化剂的中油选择性，这需要对催化剂的酸性中心进行调整。对比文件1作为一种加氢脱硫催化剂，其反应过程没有对酸性中心的要求，而本发明多产中间馏分油的实现则恰恰是通过对催化剂B酸中心的改变而实现的。经过分析表明，活性金属磷化态与分子筛的B酸中心互相作用，显著改善了沸石上的酸强度分布，使强酸减少，中强度酸增加，酸中心数目有所增加，并且L酸中心数相对减少，这样可以降低强裂解功能，增加中等强度酸量有利于提高催化剂的活性，降低反应温度，并提高中间馏分油（煤油和柴油）的选择性。而对比文件1和对比文件2作为加氢精制催化剂，根本不存在要提高酸中心，提高中油选择性这样的技术需求，就更谈不上提高中油选择性的技术启示了。尽管在其催化剂中加了助剂P，但由于没有给出添加助剂P可以提高催化剂中油选择性的技术启示而使其不能影响本申请的创造性。目前该案按此思路进行答辩并已取得授权。

类似的答辩还有很多，如审查员拿脱氢反应催化剂来评加氢反应催化剂的创造性，认为两者均为临氢反应，反应机理相当，有结合的启示，该如何答辩？笔者主要就从加氢反应与脱氢反应的反应条件出发来进行答辩。众所周知，加氢反应是一种放热反应，一般要求反应温度不高，基本上不超过100℃。而催化脱氢反应在热力学上是吸热、分子数增加的可逆反应。因此，脱氢反应一般要在较高的温度下进行，如笔者所代理案件实施例中公开的520℃。正是由于这种反应条件的不同，导致对其催化剂的要求必然不同。

关于技术领域的问题，审查员肯定是倾向于更上位，而专利代理人在答辩时则要更下位，更为细分。但是仅仅提出个概念还是不够的，更要给出这样细分后两个领域的不同点所在，这种不同点会给本发明带来何种的区别？这样才会有理有据，更易令人信服。

三、其他

另外，实务中还有很多个点可以作为缺乏技术启示争辩的着眼点。基于篇幅关系，笔者不再进行详细阐述。而且每件申请都有其自身的特点，也不能一概而论，这里笔者再示例性列出一些，供同仁探讨。

1. 关注技术难点，结合技术效果

在专利审查的过程中，审查员经常会用"本领域普通技术人员容易想得到"来否定创造性。对于此类的审查意见，通常是最为棘手的。专利代理人一般认为不能简单地认定为"本领域技术人员容易想得到"，但怎样答辩此类问题呢？笔者认为主要还是要关注技术难点，体现技术难度，结合技术效果，避免"事后诸葛亮"。以笔者代理过的一件申请来讲，本申请主要涉及一种分子筛的制备方法，审查员找了两篇分子筛的制备方法的专利，通过两篇对比文件的结合，公开了本申请的制备方法中的全部技术特征，区别仅在于各步骤间的顺序不同。审查员认为调整各步反应的前后顺序，通过有限次实验可以达到，属于本领域普通技术人员容易想得到的，因此，没有创造性。对此，笔者从各步骤顺序选择的特殊性方面进行了争辩，指出其中某两步骤是本申请的关键，其中的先后结合关系是不能改变的，并指出这一种步骤关系为产品带了何种意想不到的孔结构方面的改进。并且，结合实施例及对比例的数据进一步证明了这种选择的特殊性和不可替代性。笔者在这里想强调的是，对于此类是否容易想得到的问题，要给出有理有据的论证，除了从技术方案本身来强调区别外，最好能结合技术效果来强化说理的可信程度。

2. 捕捉反向技术启示

审查员更多地关注技术特征，没时间也没动力对技术进行整体细致的把握。因此，审查员所引的对比文件往往也能被我们所用。笔者曾经代理过的一件申请是关于一种催化剂活性金属的浸渍方法的，审查员找出的最相关对比文件也公开了类似的方法，但其中操作顺序存在不同，审查员认为这种不同是本领域普通技术人员容易想得到的。但经过阅读对比文件，笔者发现，对比文件对审查员所引用的方法是持有相反意见的。对比文件中明确提到采用该方法会导致"晶粒团聚比较严重"。可见，对比文件认为该方法是不可取的，可以说是给出了相反的技术启示。

3. 注意遗漏的技术特征

在审查的过程中，有时为了使现有技术与本申请看起来更接近，审查员经常会笼统地描述区别技术特征。例如，笔者曾处理过一件以方法限定的产品专利申请，审查员在总结区别技术特征时仅笼统地提到制备方法上略有不同，但是通过有限实验可以很容易得到。但该发明的关键点就在于制备过程中在适当的时候引入了另外一种铝源，而这种铝源的引入为分子筛核壳结构创造了条件，这是本领域普通技术人员所不容易想到的。在这种时候一定要将技术特征细化，不能进行笼统的概述，一定要达到与权利要求字面对应的程度，以免遗漏重要区别技术特征。笔者还遇到过关于反应工艺的，审查员认为本申请与对比文件"均采用气液逆流操作的方式"。但实际上对比文件中的气体最终是从反应器底部流出，而本申请中气体则是从反应器顶部流出。虽然两者进料方式相同，但出料方式不同。这一区别技术特征便被审查员有意无意地忽略了。

4. 谨防盲目等同、张冠李戴

有时审查员会将看起来相像，实质不相关的特征互相等同。作为专利代理人则一定要认真比对，谨防被张冠李戴。笔者处理过一个关于催化剂级配的申请，其中一个特征在于催化剂活性金属含量由低到高的级配。而审查员找到了一篇对比文件，其中提到在加氢催化剂前增加预氢化步骤，预氢化的反应条件更为温和。因此，审查员认为对比文件已经给出了催化剂活性由低到高的启示。但实际上对比文件中预氢化和加氢过程中发生的分别是两种不同的反应，即预氢化过程发生的是加氢饱和反应，而加氢过程则是加氢脱氧反应。对于两种不同类型的催化剂，两者之间并没什么必然联系，更不可能存在催化剂活性由低到高的启示。况且，这里预氢化的反应条件更为温和也仅仅指的是反应温度，与催化剂活性无关。

总之，在创造性问题审查意见的答复过程中，对于技术启示问题的抗辩往往会起到举足轻重的作用。作为专利代理人，一定先要充分理解本申请的技术方案，其所解决的技术问题。然后再仔细分析对比文件中所涉及的相关内容。往往在答复的过程中对于对比文件2及其后的对比文件的阅读通常比对比文件1更为重要。对创造性的答复不仅仅涉及技术内容，往往更多地要求对推理的逻辑性的把握，在这一层面上，专利代理人的工作往往比发明人来得更为重要。因此，作为专利代理人责无旁贷。

浅谈稀土发光材料的新颖性和创造性审查

张 丹[*]

【摘 要】

本文通过理论分析结合实际案例，简述稀土发光材料在新颖性和创造性判断时的审查思路和审查策略，旨在帮助申请人了解审查员在判断一件涉及稀土发光材料专利申请的新颖性和创造性时的审查原则以及审查重点，提高专利文件撰写质量和意见陈述书的质量，提高授权率，促进我国在该领域的更好发展，提高国内相关行业在国际上的竞争力。

【关键词】

稀土发光材料 新颖性 创造性

一、前 述

随着照明、显示领域的不断发展，稀土发光材料由于具有发光谱带窄、转换效率高、发射波长分布区域宽、物理和化学性能稳定等优异性能，对其研究与应用进入到一个前所未有的阶段。随着该领域的发展，相关专利申请也是日

---

[*] 作者单位：国家知识产权局专利局化学发明审查部。

益增多。但是在专利审查过程中，如何认定一件稀土发光材料专利申请的新颖性和创造性，以及在审查过程中对于新颖性和创造性判断的侧重点在哪里，一直是困扰申请人和代理人的难点问题。本文将以理论结合案例的形式，初步讨论如何对一件专利申请的新颖性和创造性进行审查。

二、发光原理简介

稀土发光材料是由基质和激活剂组成，其表达方式可以以举例的方式列出如下几种：①$M_{(m-x)}A_aO_b$：Re_x、②$M_{(m-x)}Re_xA_aO_b$、③$M_mA_aO_4$：Re（应理解此时 Re 的量并不是 1）、④$(m-x)MO \cdot (b/2)A_2O_3 \cdot (x/2)Re_2O_3$。在一些材料中还可以掺入另一种杂质离子来改善发光性能，称为敏化剂。激活剂和敏化剂在基质中都以离子状态存在，分别部分取代基质晶体中原有格位上的离子，形成杂质缺陷，构成发光中心。

发光通常被认为是能量的传递与释放的过程，首先是由基质晶格吸收激发能，将能量传递给掺杂离子，使其到达激发态，它可以直接返回基态，以辐射的形式将吸收的激发能量释放出来，形成发光；或者是由一个处于激发态的活性中心（敏化剂）将其激发能量转移给临近的另一个发光中心（激活剂），使其发光增强❶。

基质是影响发光性能的一个主要因素，基质是晶体化合物，发射光谱的光谱结构（形状、劈裂等）、最强谱峰及其移动，主要取决于基质化合物的组成和结构❷。因此在创造性判断时，我们通常会把基质的组成和结构作为检索重点，并将具有相同基质组成和结构的对比文件作为最接近的现有技术。

激活剂的电子跃迁是产生发光的根本原因。通常所说的稀土元素共 17 种，包括镧系元素 15 种以及 IIIB 族的钪（Sc）和钇（Y）❸。稀土离子的优异发光性能是与其特殊的电子层结构决定的。下面以镧系元素为例进行简单介绍。镧系元素电子层结构的特点是电子在外数第三层的 4f 轨道上填充，描述稀土化合物的发光性质，主要是表述稀土离子 4f 轨道上的电子的运动状态和能级特征。镧系的核外电子构型如表 1 所示。

---

❶ 李建宇. 稀土发光材料及其应用 [M]. 北京：化学工业出版社，2003：4.
❷ 肖治国，等. 半导体照明发光材料及应用 [M]. 北京：化学工业出版社，2008：14 - 15.
❸ 李建宇. 稀土发光材料及其应用 [M]. 北京：化学工业出版社，2003：1.

表1 镧系的核外电子构型

周期	原子序数	元素符号	电子层														
			K	L		M			N				O				P
			1s	2s	2p	3s	3p	3d	4s	4p	4d	4f	5s	5p	5d	5f	6s	6p	6d
6	57	La	2	2	6	2	6	10	2	6	10		2	6	1		2		
	58	Ce	2	2	6	2	6	10	2	6	10	1	2	6	1		2		
	59	Pr	2	2	6	2	6	10	2	6	10	3	2	6			2		
	60	Nd	2	2	6	2	6	10	2	6	10	4	2	6			2		
	61	pm	2	2	6	2	6	10	2	6	10	5	2	6			2		
	62	Sm	2	2	6	2	6	10	2	6	10	6	2	6			2		
	63	Eu	2	2	6	2	6	10	2	6	10	7	2	6			2		
	64	Gd	2	2	6	2	6	10	2	6	10	7	2	6	1		2		
	65	Tb	2	2	6	2	6	10	2	6	10	9	2	6			2		
	66	Dy	2	2	6	2	6	10	2	6	10	10	2	6			2		
	67	Ho	2	2	6	2	6	10	2	6	10	11	2	6			2		
	68	Er	2	2	6	2	6	10	2	6	10	12	2	6			2		
	69	Tm	2	2	6	2	6	10	2	6	10	13	2	6			2		
	70	Yb	2	2	6	2	6	10	2	6	10	14	2	6			2		
	71	Lu	2	2	6	2	6	10	2	6	10	14	2	6	1		2		

在反应中稀土元素易于失去3个电子成为+3价离子。由于电子轨道能级存在能级交错的现象，如图1所示。

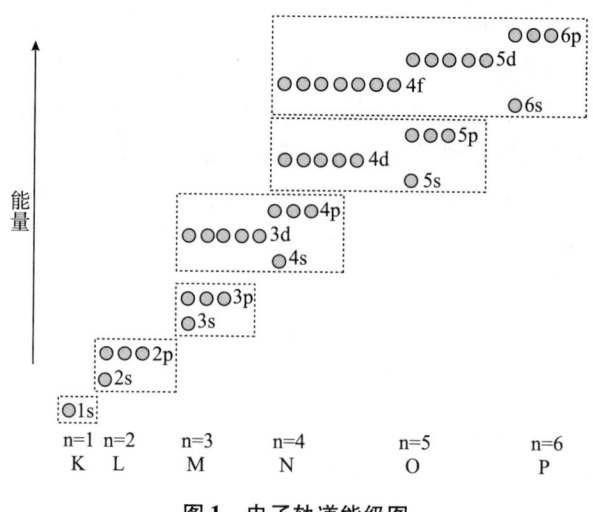

图1 电子轨道能级图

因此稀土元素是在 5d、6s 或 4f 亚层失去 3 个电子。根据 Hund 规则和 Pauli 不相容原理，失去 3 个电子后 4f 轨道上的电子分布如表 2 所示。

表 2　4f 轨道电子分布

	4f 电子数	4f 轨道电子分布						
La^{3+}	0							
Ce^{3+}	1	↑						
Pr^{3+}	2	↑	↑					
Nd^{3+}	3	↑	↑	↑				
Pm^{3+}	4	↑	↑	↑	↑			
Sm^{3+}	5	↑	↑	↑	↑	↑		
Eu^{3+}	6	↑	↑	↑	↑	↑	↑	
Gd^{3+}	7	↑	↑	↑	↑	↑	↑	↑
Tb^{3+}	8	↑↓	↑	↑	↑	↑	↑	↑
Dy^{3+}	9	↑↓	↑↓	↑	↑	↑	↑	↑
Ho^{3+}	10	↑↓	↑↓	↑↓	↑	↑	↑	↑
Er^{3+}	11	↑↓	↑↓	↑↓	↑↓	↑	↑	↑
Tm^{3+}	12	↑↓	↑↓	↑↓	↑↓	↑↓	↑	↑
Yb^{3+}	13	↑↓	↑↓	↑↓	↑↓	↑↓	↑↓	↑
Lu^{3+}	14	↑↓	↑↓	↑↓	↑↓	↑↓	↑↓	↑↓

由表 2 中可知，La^{3+}、Gd^{3+} 和 Lu^{3+} 的 4f 轨道处于全空、半充满和全充满的状态，化学性质稳定，适合作为基质材料使用；而其他离子由于 4f 轨道属于未填满状态，电子层中存在未成对电子，容易发生电子的跃迁，其跃迁可产生发光，因此适合作为激活剂使用。

通常，+3 价是稀土离子的正常价态，具有 4f→4f 跃迁的发光材料的发光特征是：（1）发射光谱呈线状，受温度影响小；（2）由于 4f 轨道处于内层，受到外界环境的影响小，基质变化对发射波长的影响不大；（3）温度淬灭小，浓度淬灭小，荧光寿命长。而 Eu^{3+} 和 Yb^{3+} 由于的 4f 电子数分别为 6 和 13，Eu^{2+} 和 Yb^{2+} 的 4f 电子数分别与其相邻的下一个 +3 价离子相同，为 7 和 14，因此 Eu^{3+} 和 Yb^{3+} 容易得到一个电子成为稳定的半充满或全充满态，从而呈现 Eu^{2+} 和 Yb^{2+}；Ce^{3+} 和 Tb^{3+} 由于的 4f 电子数分别为 1 和 8，Ce^{4+} 和 Tb^{4+} 的 4f 电子数分别与其相邻的上一个 +3 价离子相同,为 0 和 7,因此 Ce^{3+} 和 Tb^{3+} 容易失去一个电子成为稳定的全空或半充满态,从而呈现 Ce^{4+} 和 Tb^{4+}。对于非正常价态 +2 价的稀土离子,存在两种电子层构型:$4f^{n-1}5d^1$ 和 $4f^n$,容易发生 $4f^{n-1}5d^1 \to 4f^n$ 跃迁(即 5d→4f 跃迁)。5d→4f 跃迁的发光特征是:(1)吸收和发射呈宽带;(2)基质对发射光谱的影响较大,不同的基质中发射光谱可以位移,可以分布于整个紫外至红外光区;(3)荧光寿命短;(4)发射强度比 f→f 跃迁强;(5)价态不易稳定。在基质中 Eu^{2+} 离子是最容易氧化的二价稀土离子,其谱带的能量最低,最容易观察到 d→f 跃迁,Eu^{2+} 的 d→f 跃迁发射波长可在很大范围内波动,基本上覆盖了可见光区和紫外光区❶。

浓度淬灭现象是影响发光特性的另一个主要因素,浓度淬灭,其本质是杂质淬灭引起的发射强度下降。荧光体中相同的激活离子所处的激发能态都是相同的,当激活剂浓度增加时,这些能态会足够近地靠拢,因此极易发生能态间的能量转移。这种迅速广泛的能量传递结果,使能量通过淬灭杂质中心消耗于基质晶格振动中,导致发光强度下降❷。因此我们通常认为,由于浓度淬灭现象的存在,对于激活剂使用量的选择是一个本领域技术人员的常规选择,难以给发明带来突出的实质性特点,除非申请人能够证明这种选择确实能产生预料不到的技术效果。

在创造性审查中,由于激活剂种类的有限性,以及我们对稀土离子正常价态与非正常价态性质的了解,通常认为对于激活剂的选择是一种显而易见的选择(由于双激活剂或更多激活剂情况可能相对复杂,需要考虑的因素会更多,为了解释的方便此处的显而易见性指的是单激活剂的情况),因此预料不到的技术效果对于证明一件申请的创造性显得尤为重要。而证明其创造性的关键主要在于发光强度、发光效率、显色指数等,而由于 +3 价稀土离子 f→f 跃迁受基质影响小,通常显示其特征发光,而变价稀土离子的发光波长会随基质不同产生变化,因此发光波长的不同对于创造性的证明力要弱于上述其他性质。

三、稀土发光材料的新颖性和创造性审查

通常我们对于稀土化合物的审查是参照化合物的审查方法进行审查,但是

---

❶ 肖治国,等. 半导体照明发光材料及应用 [M]. 北京:化学工业出版社,2008:16-17.
❷ 肖治国,等. 半导体照明发光材料及应用 [M]. 北京:化学工业出版社,2008:41-42.

由于稀土发光材料实际上是一种复合物，有时其结构上的特殊性导致其审查上在某些方面与一般化合物的审查有所不同，有其自身特点，因此本文下面将以案例的形式浅谈如何判断稀土发光材料的新颖性和创造性。

（一）新颖性审查

【案例1】书写方式的影响

权利要求要求保护一种光致发光材料，其包含式（1）的组合物：

$$aL \cdot bM \cdot cAl \cdot dSi \cdot pP \cdot O : fR \quad 式（1）$$

其中 L 选自 Na 和/或 K；

M 是选自由 Sr、Ca、Mg 和 Ba 组成的组的一种或多种的二价金属；

Al、Si、P 和 O 表示它们各自的元素；

R 选自一种或多种稀土元素活化剂；

并且其中所述变量 a、b、c、d、p 和 f 是：

$0.0 \leq a \leq 0.1$；$0.0 \leq b \leq 0.3$；$0.0 \leq c \leq 0.4$；$0.0 \leq d \leq 0.3$；

$0.0 \leq p \leq 0.5$；$0.0 < f \leq 0.25$，

条件是所述变量 d 和 p 的至少一个 >，并且所述变量 a 和 b 的至少一个 >0。

对比文件公开了一种发光材料，其中具体公开了一种荧光体 $Ca_{0.89}Na_{0.1}Eu_{0.005}Al_{1.9}Si_{2.1}O_8$。

简单地从对比文件荧光体的表达式来看，虽然相应的元素种类均落在权利要求的范围内，但是 Ca、Al、Si、O 的量均没有落在权利要求的范围内，因此这样来看对比文件貌似并不能破坏权利要求的新颖性。但是荧光体与其他化合物相比，一个显著特点是表达方式可以进行"归一化"处理，即通常认为在没有其他相反证据的情况下，荧光体中各元素的量均乘以或除以同一数值，表达的仍然是同一荧光体。由于本申请权利要求中 O 的存在量有确定值，即 1，因此考虑以 O 的量为基准进行比较，将对比文件公开的上述荧光体中 O 的量也设定为 1，即各元素的量均除以 8，相应得到 $Ca_{0.11125}Na_{0.0125}Eu_{0.000625}Al_{0.2375}Si_{0.2625}O$ 表示的荧光体。再将该经过"归一化"处理后的荧光体与权利要求要求保护的荧光体进行比较，各元素的量均落在权利要求的范围内，因此权利要求不具备新颖性。

【案例2】利用本领域知识对价态进行认定

权利要求要求保护一种用于等离子显示面板的红色荧光体，它包含 $(Y, Gd)Al_3(BO_3)_4:Eu^{3+}$。对比文件公开了一种用于真空紫外线发光元件的荧光体，用 $Y_{0.570}Gd_{0.38}Eu_{0.05}Al_3(BO_3)_4$ 表示，并且所述荧光体发红光。

将对比文件公开的荧光体与权利要求进行比较，可以发现有两点无法直接进行比较：一是权利要求没有限定元素 Y 和 Gd 的量，也没有限定激活剂 Eu 的量，无法直接看出对比文件的荧光体中相应元素的量是否落在其范围内。二是对比文件没有直接公开激活剂 Eu 的价态。

首先，由于权利要求中没有限定 Y 和 Gd 的量，根据该表达方式，我们通常认为 Y 和 Gd 可以是任意值，只要保证两者的和为 1；而对于激活剂，这种表达方式通常认为激活剂的量可以在任意合适范围内添加，只要是在大于 0 小于 1 的范围内。因此基于这种理解，对比文件公开的荧光体中，元素 Y、Gd 和 Eu 的量分别落在了权利要求的范围内。

其次，虽然对比文件没有直接公开激活剂 Eu 的价态，但是我们可以通过理论分析，毫无疑义地确定 Eu 的价态。1、+3 价态镧系离子的外层电子形成了满壳层（$5s^25p^6$），4f 轨道处于内层，很少受到外界环境的影响，因此材料的发光颜色基本不随基质的不同而改变。因此 +3 价的 Eu 存在其特征峰，即显示红色发光。2、红光不属于 +2 价 Eu 的特征发光，并且并不是所有基质化合物都能够将 Eu^{2+} 掺入进去，也就是说并不是 Eu^{2+} 在任何基质化合物中都能稳定存在。对于 +2 价 Eu 多元氧化物能否稳定存在，存在一判断的"指南"：(1) 有一个氧化亚铕相存在，必定也有一个锶的相应类似物存在（反言之不成立）；(2) 氧化亚铕相必须有一个合适的晶格能；(3) 在氢化物中，与 Eu^{2+} 共存的其他阳离子应不易被还原❶。基于上述分析，对比文件公开的荧光体的基质并不属于 Eu^{2+} 稳定存在的条件，并且该荧光体发射的是 Eu^{3+} 的特征峰，因此能够毫无疑义地确定对比文件荧光体中的激活 Eu 为 +3 价。权利要求不具备新颖性。

【案例3】方法特征对产品的限定作用

权利要求要求保护一种铝酸盐系荧光体，用组成式 7$(Sr_{1-x}Eu_x)O \cdot yAl_2O_3$ 表示，式中 x、y 分别表示 $0 < x \leq 0.5$，$1 \leq y \leq 36$，通过紫外线激发和电子射线激发在发光峰值波长 470~500nm 处发光。

对比文件公开了一种铝酸盐类荧光体，用 7$(M_{1-x}Eu_x)O \cdot yAl_2O_3$ 表示，其中 M 选自 Ca、Sr、Ba 中一种或几种，其中 $0 < x \leq 0.5$，$1 \leq y \leq 36$，并具体公开了一系列荧光体，如表 3 所示。

---

❶ 肖治国，等. 半导体照明发光材料及应用 [M]. 北京：化学工业出版社，2008：41-42.

表3　荧光体组成及发射光谱

实验序号	(Sr+Eu)/Al	Eu/Sr	发光峰值波长（nm）
1	7/6	0.02/0.98	412
2	7/8	0.02/0.98	413
3	7/12	0.02/0.98	412
4	7/14	0.02/0.98	412
5	8/18	0.02/0.98	408
6	7/36	0.02/0.98	406
7	7/54	0.02/0.98	406

按照目前的表述方式，该申请权利要求属于一种使用性能参数限定的产品权利要求。从组成看，对比文件实验1~7的荧光体均落在权利要求的范围内，但是发光峰值波长不同。这种情况下，即荧光体的组成相同，但是发光波长等性能不同，我们通常认为这可能是由于荧光体内部结构不同导致的，也可能是尺寸、形貌的不同导致的。但是依据目前的权利要求，权利要求与对比文件的荧光体组成相同，尽管两种荧光体之间的发光波长不同，但是仅根据性能参数发光峰值波长的不同我们认为不能将两种荧光体区分开来，因此我们会推定权利要求的荧光体与对比文件的荧光体相同。权利要求不具备新颖性。

对于这类申请，我们认为其发光性能的不同通常是由于两者的制备方法不同，进而导致荧光体内部结构不同或形貌、尺寸的不同带来的结果。在说明书中没有记载荧光体的微观结构、形貌、尺寸的情况下，此时制备方法对荧光体的区分显得尤为重要。因此依据《专利审查指南2010》的规定，对于包含制备方法特征的产品权利要求，如果所属技术领域的技术人员可以断定该方法必然使产品具有不同于对比文件产品的特定结构和/或组成，则该权利要求具备新颖性。在这种情况下，如果我们能确定其制备方法的不同会导致发光性能不同时，允许申请人加入方法特征来克服其新颖性问题。

（二）创造性审查

【案例4】最接近的现有技术的选择

权利要求要求保护一种铝酸盐红色荧光粉，其特征在于其化学组成为 $SrAl_{12-x-y}Mn_xMg_yO_{19}$，其中，$0.006 \leq x \leq 0.6$，$0.006 \leq y \leq 0.6$。

对比文件1公开了一种铝酸盐绿色荧光体，用 $M_xAl_{12-y-z}Mn_yMg_zO_{19}$ 表示，其中M为Ba或Sr中的至少一种元素，$0.7 \leq x \leq 1.2$，$0.6 \leq y \leq 1.0$，$0.1 \leq z \leq 0.3$。

对比文件 2 公开了一种红色铝酸盐荧光粉，$Ca_{1-x-y}Sr_xMg_yAl_{12-z}O_{19}$：$Mn_z^{4+}$，其中 $0 \leqslant x < 0.5$，$0 \leqslant y < 1$，$z = 0.01 - 0.1$，在近紫外、蓝光激发下，发射明亮深红色荧光。

对比文件 1 的荧光体与权利要求荧光体的基质相同，但是由于是绿色荧光体，并且制备过程存在还原气氛，因此可以判断对比文件 1 中的激活剂 Mn 为 +2 价。对比文件 1 与本申请相比，基质相同，但是激活剂不同。对比文件 2 与本申请相比，激活剂相同，但基质不同。在这种情况下如何确定选择哪篇对比文件作为最接近的现有技术？这需要我们了解基质和激活剂在发光材料中的作用。激活剂（有时还掺入另一种杂质称为敏化剂，用于传递能量）在基质中以离子状态存在，部分的取代基质晶体中原有格位上的离子，形成杂质缺陷，构成发光中心，发光过程的实质就是从基质到激活剂能量传递的过程；在这个过程中基质组成对发光的影响是决定性的，其组成的任何变化都可能导致基质吸收的改变，从而改变能量传递过程，这种影响包括：（1）改变激活离子的能级结构；（2）影响跃迁概率。因此不同基质中同一稀土离子的发射光谱的分布和强度都会有很大差别。❶ 在这种情况下，我们通常选择公开了相同基质的对比文件作为最接近的现有技术来进行创造性的判断。

【案例 5】 无机发光材料创造性判断的重点为预料不到的技术效果

权利要求要求保护一种碱土金属焦矾酸盐蓝绿色荧光粉，其特征是所述蓝绿色荧光粉化学表达式：$M_{2-x}V_2O_7$：Eu_x^{2+}，其中 M 表示为碱土金属中的一种或两种离子的组合，$0.005 \leqslant x \leqslant 0.2$。

对比文件公开了荧光体 $Sr_2V_2O_7$：Eu^{3+}，Eu^{3+} 的掺杂浓度分别可以是 1m%、0.5m%、0.3m%、0.1m%。其发射光谱图如图 2 所示。

从对比文件公开的内容可以看出，对比文件与权利要求相比，基质组成和激活剂的用量均落在权利要求的范围内，区别仅在于激活剂种类不同，对比文件的激活剂为 +3 价 Eu，权利要求中为 +2 价 Eu。

首先，从显而易见性上来看，我们已经熟知，Eu^{2+} 为 Eu^{3+} 的常见变价形式，与外层电子形成了满壳层（$5s^25p^6$），4f 轨道处于内层，很少受到外界环境的影响的 Eu^{3+} 不同，属于非正常价态的 Eu^{2+}，其 d→f 跃迁由于 5d 轨道裸露于外层，受外部场的影响显著，因此发射光谱随基质组成、结构的改变而发生明显变化。d→f 跃迁发射波长可在很大范围内波动，基本上覆盖了可见光区

---

❶ 肖治国，等. 半导体照明发光材料及应用 [M]. 北京：化学工业出版社，2008：16.

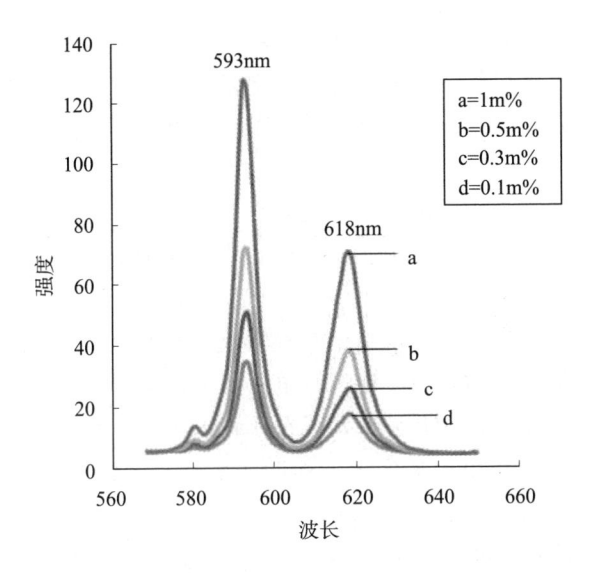

浅谈稀土发光材料的新颖性和创造性审查

图 2 发射光谱图

和紫外光区。并且对于 Eu^{2+} 稳定存在的条件。在新颖性案例 2 中也已经提及，对比文件荧光体的基质也符合 Eu^{2+} 稳定存在的条件。因此综上所述，将对比文件中的激活剂 Eu^{3+} 替换为 Eu^{2+} 对本领域技术人员来说是显而易见的；本案判断的关键在于是否产生预料不到的技术效果。

从产生的技术效果进行分析，如果权利要求的技术方案相对于对比文件的效果的改进仅仅是发光峰波长位置的不同，通过前述分析可知，由于 Eu^{2+} 发射光谱受基质影响较大，因此产生不同于 Eu^{3+} 的发射峰位置是本领域技术人员可以预期到的。判断的重点应放于发光强度、发光效率等的改进上。如果申请人只能证明仅存在发光波长上的区别，无法证明其他性能上能够产生更好的效果，我们通常会认为这属于本领域技术人员能够预期的效果，不属于预料不到的技术效果，无法认可其创造性。

本案给我们的启示在于：对于单激活剂荧光体，如果现有技术存在相同基质的荧光体，区别仅在于激活剂的不同时，如果激活剂是常见的镧系稀土离子，由于镧系元素种类的有限性以及本领域技术人员镧系离子的认知，我们通常认为激活剂之间的替换是显而易见的；创造性判断的重点在于是否取得预料不到的技术效果，对于显示其特征发射峰的正常价态的激活剂，其预料不到的技术效果主要体现在发光强度、发光效率等的改进上，对于发白光的荧光体，其预料不到的技术效果还包括对于显色指数的改进；另外由于目前蓝色荧光体的发光效率普遍低于绿色和红色荧光体，难以满足商业上的使用要求，因此对于蓝色荧光体发光效率提高的要求应低于对于绿色和红色荧光体发光效率提高程度的要求。

【案例6】 非单一激活剂的技术启示

权利要求要求保护一种可发红光的磷酸盐上转换发光纳米晶，其化学组成式为 $RE_{1-x-y}PO_4 : xLn, yYb$，其中 $RE = Y^{3+}$，La^{3+} 或 Gd^{3+}，$Ln = Eu^{3+}$，$x = 0.001-0.1$，$y = 0.05-0.8$；该纳米晶在蒸馏水中可形成持久稳定的悬浮液，在980m激发泵浦下，共掺 Eu^{3+} 和 Yb^{3+} 的纳米晶发红光。

对比文件1公开了一种上转换纳米晶 $LaPO_4 : Er, Yb$，其中 Er, Yb 分别以1mol%掺杂，其在970nm激发下发射明亮的红光和绿光，其中 Er^{3+} 离子的激发是通过 Yb^{3+} 离子对它的能量传递。

对比文件2涉及在硅玻璃中由于 Yb^{3+} 离子的能量传递给 Eu^{3+} 存在由红外线到可见光的能量上转换，在973nm的激发源激发下发出黄—橙黄。

对于双激活剂的荧光体，由于两种激活剂之间可能存在相互干扰，在这种情况下，对比文件能够评价权利要求的创造性往往需要技术上的分析。

从本案来看，Yb 是一种常见的上转换敏化剂，该敏化剂吸收基质的能量，并将该能量全部或部分传递给激活剂 Eu，敏化 Eu 的发光。对于这类案件，通常的判断思路是，对比文件是否给出了基质与敏化剂，敏化剂与激活剂之间能够进行能量传递的技术启示。对比文件1与要求保护的技术方案情况相同，其中已经明确公开了 Er^{3+} 离子的激发是通过 Yb^{3+} 离子对它的能量传递，在该荧光体中基质 $LaPO_4$ 将吸收的能量传递给敏化剂 Yb^{3+}，再由 Yb^{3+} 将能量传递给激活剂 Er^{3+}，从而使 Er^{3+} 发光。即对比文件1给出了磷酸镧基质能够有效地将激发能传递给敏化剂 Yb^{3+} 的技术启示，权利要求与对比文件1公开的内容相比，区别在于使用的激活剂不同。对比文件2给出了 Yb^{3+} 能有效敏化激活剂 Eu^{3+} 的技术启示，在这种情况下，本领域技术人员有动机尝试用对比文件2中的激活剂替换对比文件1中的激活剂，实现在 $LaPO_4$ 基质中 Yb^{3+} 对 Eu^{3+} 的敏化。

四、结　　论

本文仅是以具体实例的形式对于无机发光材料的新颖性和创造性审查思路和策略进行了简单分析，旨在使申请人了解我们在判断一件涉及稀土发光材料专利申请的新颖性和创造性时的审查原则以及审查重点；但是案例的三性评判特别是创造性的审查，与现有技术的发展，对比文件公开的程度，本领域技术人员对申请日之前的技术的掌握情况密切相关，由于时间的有限性，本文不能包含稀土发光材料"三性"审查时出现的所有情况，因此具体案件的审查还可能会根据具体案情给出其他合理的审查策略。

从一起无效案例思考如何避免外观设计专利与在先权利相冲突

胡义康[*]

【摘 要】

外观设计专利授权前只进行初步审查制度,一般不可能调查是否与在先权利相冲突,但在无效程序中,与在先权利相冲突却是宣告专利无效的之一。从最新无效案例的创新性观点出发,思考如何避免外观设计专利与在先权利相冲突,提出应该从外观设计专利的设计、申请以及无效各环节着手,做好在先权利的检索和规避,并在最后大胆地提出删除《专利法》第23条第3款的建议。

【关键词】

外观设计 无效 在先权利 冲突

一、"00333252.7号专利无效案"基本案情

白家与白象之争历时8年,从商标之争到外观设计专利无效纠纷,随着最高人民法院于2014年10月11日作出(2014)知行字第4号行政裁定书以及国家知识产权局专利复审委员会于2015年4月16日作出第25699号无效宣告

---

[*] 作者单位:宁波诚源专利事务所有限公司。

请求决定书而终于尘埃落定。"国家知识产权局专利复审委员会与白象食品股份有限公司、陈朝晖外观设计专利权无效行政纠纷申请再审案（最高人民法院（2014）知行字第4号行政裁定书）"也因此入选"2014年中国法院十大创新性知识产权案件"。整个案件的经过如下：

（1）陈朝晖于2000年10月16日向国家知识产权局提出产品名称为"食品包装袋"的00333252.7号外观设计专利申请，并于2001年5月2日被授权公告。2009年8月4日，白象食品股份有限公司（原为河南省正龙食品有限公司，以下简称"白象公司"）向国家知识产权局专利复审委员会提出该00333252.7专利无效宣告请求，其理由是该00333252.7专利与其在先注册的第1506193号注册商标专用权相冲突，不符合《专利法》第23条的规定。

（2）国家知识产权局专利复审委员会于2009年12月8日作出第14261号无效宣告请求决定书，以"请求人提交的附件1所示注册商标的核准注册日在本专利申请日之后，不属于专利法第二十三条规定的在先取得的合法权利"为由，维持第00333252.7号外观设计专利权有效。

（3）白象公司不服被告国家知识产权局专利复审委员会作出的第14261号无效宣告请求审查决定，向北京市第一中级人民法院提起诉讼。北京市第一中级人民法院于2011年9月20日作出（2010）一中知行初字第1242号行政判决书，认为"本专利授权公告日为2001年5月2日，而原告主张的注册商标专用权的核准注册日为2001年1月14日，早于本专利授权公告日，因此，原告享有该注册商标专用权产生的时间早于本专利，该注册商标专用权构成本专利的在先权利"，并以适用法律错误为由，判决撤销被告国家知识产权局专利复审委员会作出的第14261无效宣告请求审查决定，并判令被告国家知识产权局专利复审委员会重新作出无效宣告审查决定。

（4）国家知识产权局专利复审委员会不服北京市第一中级人民法院（2010）一中知行初字第1242号行政判决，向北京市高级人民法院提起上诉。北京市高级人民法院于2012年5月16日作出（2011）高行终字第1733号行政判决书，认定"河南省正龙食品有限公司在本案中所主张的在先取得的合法权利重点在于其基于商标在先申请而享有的商标申请权"，"而根据本院已查明的事实可知，白象公司涉案注册商标的申请日为1997年12月12日，早于本专利的申请日2000年10月16日，因此，白象公司基于涉案注册商标而享有的商标申请权构成《专利法》第23条规定的在先取得的合法权利"，并以"原审判决在事实认定和法律适用方面均存在错误，但判决结果正确，本院在纠正原审判决相关错误的基础上，对其结论予以维持"为由判决"驳回上诉，维持原判"。

（5）国家知识产权局专利复审委员会不服北京市高级人民法院（2011）高行终字第1733号行政判决，向最高人民法院申请再审，最高人民法院经审理，于2014年10月11日作出（2014）知行字第4号行政裁定书，认为"只要商标申请日在外观设计专利申请日之前，在先申请的注册商标专用权就可以对抗在后申请的外观设计专利权"，"白象公司的第1506193号商标的申请日在本专利申请日之前，且第1506193号商标被核准注册后在白象公司提起本次专利无效宣告请求时仍然有效，第1506193号注册商标专用权可以对抗本专利，用于判断本专利是否与之相冲突"，逐裁定驳回国家知识产权局专利复审委员会的再审申请。

（6）在北京高级人民法院第（2011）高行终字第1733号生效判决撤销了第14261号无效宣告请求审查决定后，国家知识产权局专利复审委员会也重新成立合议组，并于2015年4月16日作出第25699号无效宣告请求决定书，以"若在先注册商标的申请日早于外观设计专利申请日，并且初步审定公告日也早于专利申请日，那么外观设计专利的实施客观上可能会与该在先注册商标构成权利冲突。如果外观设计专利中与在先注册商标文字或者图案相近似的文字或者图案属于商标意义上的使用，并且最终使用的商品与在先注册商标核准使用的商品构成类似商品，从而外观设计专利的使用会使相关公众产生混淆误认，则外观设计专利与在先注册商标构成权利冲突"为由，宣告第00333252.7号外观设计专利权全部无效。

二、"00333252.7号专利无效案"的指导意义

"00333252.7号专利无效案"的审理适用的是2000年《专利法》。有关与在先权利冲突问题，现行的2008年《专利法》较修改前的2000年《专利法》有了很大进步，比如：2000年的《专利法》第23条用的措辞是"并不得与他人在先取得的合法权利相冲突"，而现行的2008年《专利法》第23条已经将其修改为"不得与他人在申请日以前已经取得的合法权利相冲突"。因此，关于在先权利取得的判断时间是专利申请日还是专利授权日的争议，2008年《专利法》第23条第3款已经明确为申请日以前已经取得。相应地，2010年修改后的《专利法实施细则》第66条第3款规定："以不符合专利法第二十三条第三款的规定为理由请求宣告外观设计专利权无效，但是未提交能够证明

权利冲突的证据的，专利复审委员会不予受理。"与修改前的《专利法实施细则》第 65 条第 3 款关于"以授予专利权的外观设计与他人在先取得的合法权利相冲突为理由请求宣告外观设计专利权无效，但是未提交生效的能够证明权利冲突的处理决定或者判决的，专利复审委员会不予受理"的规定相比，专利复审委员会审理涉及权利冲突的外观设计无效案件不再以生效处理决定或者判决作为受理的前提条件。

然后，"00333252.7 号专利无效案"所确立的观点，给外观设计无效代理和审查仍具有创新性的指导意义。正如最高人民法院民三庭庭长宋晓明在最高人民法院公布"2014 年中国法院十大创新性知识产权案件"时指出：这些案件，有的涉及当前知识产权司法保护前沿问题，有的通过裁判对新出现知识产权权利形式给予保护，有的在纠纷最终处理方式上有所创新，对同类案件处理具有示范意义。"国家知识产权局专利复审委员会与白象食品股份有限公司、陈朝晖外观设计专利权无效行政纠纷申请再审案"明确了商标申请日在解决权利冲突问题时的法律意义。"只要商标申请日在专利申请日之前，且在专利无效宣告请求提出时商标已被核准注册并仍然有效，在先申请的注册商标专用权就可以对抗在后申请的外观设计专利权，进而用于判断是否与外观设计专利权相冲突。本案对适用专利法第二十三条的规定，判断注册商标专用权是否构成合法在先权利时，须以核准注册日作为时间节点的规则进行了一定程度的突破，对涉及权利冲突案件的审理具有一定的指引价值"。

三、避免与在先权利相冲突提高外观设计专利稳定性的思考

保护在先权利，即是外观设计专利授权的实质条件，也是无效宣告请求的法定理由之一。按照《专利法》第 23 条规定，任何在先权利只要被外观设计申请人应用于其外观设计中都会与该外观设计专利权相冲突，也就是说包括商标专用权、著作权、名称权、姓名权、肖像权等合法性权利相冲突。由于《专利审查指南 2010》中关于外观设计的初步审查规定，外观设计不得出现人物肖像、厂商名称，因而实际上可能与外观设计专利权相冲突的主要是商标专用权和著作权。❶

笔者认为，为避免外观设计专利与在先权利相冲突，应该从外观设计专利的设计、申请以及无效各环节着手，做好在先权利的检索和规避，才能提高外

---

❶ 吴观乐．专利代理实务（上册）[M]．北京：知识产权出版社，2006：320．

观设计专利的稳定性。

（1）鉴于外观设计与在先合法权利相冲突的判断，相对于与现有技术判断而言，更多的是法律判断而非技术判断，因此，对于擅长技术而法律较弱的专利代理人，必须通过不断学习提高自身的法律素养，包括对《商标法》《著作权法》《反不正当竞争法》等其他知识产权法的学习和掌握，以便能对权利冲突有准确的法律判断。

（2）外观设计专利的设计和申请阶段，外观设计申请人和专利代理人应该尽可能做好初步检索。通过与外观设计设计人沟通，了解设计人在设计时是否存在抄袭、模仿他人创作的美术作品图案、他人的注册商标、他人已使用在商品上的特有的图案、装潢等情形。如果有，专利代理人应该劝说设计人删除此类图案、商标、装潢作为自己的产品外观设计的一部分或全部。专利代理人并应该在向设计人沟通的基础上，进一步通过检索，避免与在先的合法权利相冲突。

（3）外观设计专利授权后，尽管专利权评价报告不针对"权利冲突"进行检索，专利代理人仍应尽可能建议专利权人请求国家知识产权局就该授权外观设计作出专利权评价报告。

（4）即使受到无效宣告请求通知书，作为专利权一方的专利代理人，也应坦然面对，并严格按照无效程序，针对无效请求人提交的理由和所附的证据逐一分析无效宣告请求的理由是否成立，竭力维护专利权人的利益。

四、建 议

通过以上分析，不难发现，尽管我国通过不断完善法律和规章，但如何解决外观设计专利权与在先权利冲突问题，其实对于专利行政部门和司法部门来说仍然没得到令人满意的效果。笔者建议，不如索性借鉴发明和实用新型的从属专利制度，删除《专利法》第23条第3款，不再将权利无冲突作为外观设计专利的授权条件，承认外观设计专利权与在先权利共存的合理性，而将外观设计专利权与在先权利冲突问题留给《商标法》《著作权法》或者《反不正当竞争法》等其他知识产权实体法按侵权事宜处理。

参考文献

尹新天. 中国专利法详解［M］. 北京：知识产权出版社，2011：306-314.